TEPS

서울대 텝스관리위원회
공식 기출문제집

100% 활용법

 무료 교재(실전용&복습용) MP3

방법

해커스인강(HackersIngang.com) 접속 ▶

상단의 [텝스 → MP3/자료 → 문제풀이 MP3] 클릭해 다운받기

* QR코드로 [문제풀이 MP3] 바로가기 ▶

 무료 기출 단어암기장&
무료 단어암기 MP3

 무료 받아쓰기&
쉐도잉 워크북

방법

해커스인강(HackersIngang.com) 접속 ▶

상단의 [텝스 → MP3/자료 → 무료 MP3/자료] 클릭해 다운받기

* QR코드로 [MP3/자료] 바로가기 ▶

 무료 모바일 자동 채점 + 성적 분석 서비스

교재 내 수록되어 있는 실전 TEST의 채점 및 성적 분석 서비스를 제공합니다.

* 바로 이용하기 ▶

 무료 텝스 적중예상특강

방법 1

해커스텝스(Hackers.co.kr) 접속 ▶

상단 [텝스] 메뉴 클릭 ▶

[텝스 무료강의 → 텝스 적중예상특강]

메뉴 클릭하여 이용하기

방법 2

[해커스텝스] 어플 다운로드 후 접속 ▶

상단의 메뉴(☰) 버튼 클릭 ▶

[학습컨텐츠 → 무료강의] 메뉴 클릭 ▶

[텝스 적중예상특강] 메뉴 클릭하여 이용하기

* QR코드로 [텝스 적중예상특강] 바로가기 ▶

1위 해커스의 노하우가 담긴
해커스텝스 무료 학습 자료

[해커스어학원] 2015 대한민국 퍼스트브랜드 대상 외국어학원 부문(한국소비자포럼)

1 매일 업데이트되는 텝스 실전문제로 시험 대비
매일 텝스 풀기

2 14년 연속 베스트셀러 1위 해커스텝스의 비법 수록
텝스 리딩 무료강의

청해 **강로사**　　문법 **설미연**　　독해 **손승미**

3 1위 해커스 스타 강사진의
텝스 적중예상특강으로 고득점 달성
텝스 적중예상특강

4 텝스 필수 기출 어휘 학습
매일 텝스 어휘

5 텝스 최신 기출 어휘를 꼼꼼하게 복습
해커스 텝스 기출 보카 TEST

[해커스어학연구소] 알라딘 베스트셀러 외국어 분야 텝스 Reading/Listening 부문 14년 연속 1위
(2008.11.~2023.01. 월별베스트 기준, READING 134회, LISTENING 171회, 구문독해 37회)

더 많은 텝스 무료자료는 　해커스텝스　 검색 　에서 확인하세요

해커스텝스 바로가기

TEPS

서울대 텝스관리위원회
공식 기출문제집

문제집

해커스

TEPS

서울대 공식 기출문제집

텝스관리위원회

문제집

해커스

다양한 무료 텝스 강의 및 학습 자료는
해커스텝스에서! Hackers.co.kr

텝스 실전 대비,
"기출문제집"으로
충분할까?

시험은 얼마 남지 않았고,
실전 감각도 익히면서 확실하게
대비하고 싶은데...

해커스는 자신 있게 말합니다.
텝스 시험, [TEPS 서울대 텝스관리위원회 공식 기출문제집]으로
가장 확실하게 대비할 수 있습니다.

실제 시험의 문제 유형을 파악할 수 있는 **최신 기출문제 5회분**으로,
한 문제를 풀어도 정답의 근거를 확실히 알 수 있는 **상세한 해설**로,
최신 출제 경향과 영역별 문제 풀이 노하우를 얻을 수 있는 **영역별 핵심 전략**으로,

[TEPS 서울대 텝스관리위원회 공식 기출문제집]과 함께한다면,
실전에 대비할 수 있는 진짜 실력을 키울 수 있습니다.

원하는 목표 점수,
해커스와 함께라면 단기간에 달성할 수 있습니다!

실제 시험으로 완벽 실전 대비! 실전완성 문제집 [책 속의 책]

상세한 해설로 고득점 대비! 약점보완 해설집

- 무료 단어암기장 & 단어암기 MP3
- 무료 문제풀이 MP3
- 무료 받아쓰기 & 쉐도잉 워크북

해커스인강(HackersIngang.com)

교재 구성 및 특징

최신 기출문제 5회분으로 실전 감각 완성!

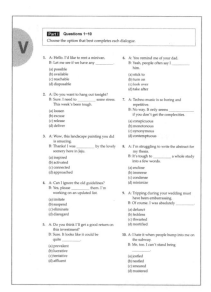

최신 기출문제 5회분 수록

풍부한 실전 경험을 쌓을 수 있도록, 텝스 최신 기출문제 5회분을 제공하였습니다.

실제 시험 음원 제공

실제 텝스 시험 음원을 통해 음성의 구성 및 빠르기를 생생하게 체험함으로써 실전 감각을 키울 수 있습니다.

자동 채점 및 성적 분석 서비스

모바일로 제공되는 자동 채점 서비스를 통해, 실제 문제풀이 시간에 맞게 기출문제를 풀며 실전 감각을 키우고, 정답률 및 취약 유형 분석을 통해, 자신이 취약한 문제 유형을 파악하여 미리 대비할 수 있습니다.

영역별 핵심 전략으로 완벽한 문제 유형 파악!

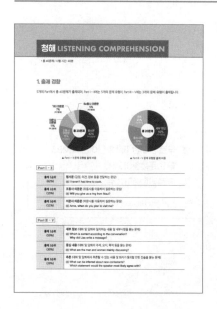

최신 출제 경향

텝스 시험의 문제 유형별 출제 비율을 제공하고 유형별 출제 형태를 빈출순으로 정리하여 효과적으로 학습할 수 있게 하였습니다.

핵심 전략

각 영역의 파트별 핵심 전략을 제공하여 영역별 출제 공식과 정답의 단서를 찾는 방법을 한눈에 확인할 수 있게 하였습니다.

취약 유형 분석과 상세한 해설로 확실한 점수 상승!

해설 & 오답분석

모든 문항에 표기된 난이도를 통해 고난도 문제를 확인할 수 있고, 상세한 정답 해설과 까다로운 문제 유형에 제공된 오답분석을 통해 모든 문제를 꼼꼼하게 학습할 수 있습니다.

텝스 치트키

헷갈리기 쉬운 문법 문제에 보충 설명을 제공하여, 텝스 시험에 출제되는 핵심 문법 포인트의 공략법을 한눈에 쉽게 확인할 수 있습니다.

풍부한 추가 학습자료로 고득점 달성!

텝스 기출 단어암기장 & 단어암기 MP3

텝스 시험에 등장하는 빈출 어휘만 모은 단어암기장을 눈으로 읽고 귀로 들으며 암기할 수 있습니다.

받아쓰기 & 쉐도잉 워크북

청해 지문의 핵심 문장들을 받아 적고 따라 말하는 연습을 통해 듣기 실력을 향상시킬 수 있습니다.

* 학습자료는 해커스인강(HackersIngang.com) 사이트에서 무료로 제공됩니다.

텝스 시험 소개

텝스란?

TEPS란 Test of English Proficiency developed by Seoul National University의 약자로, 서울대학교 언어교육원에서 개발하고 TEPS관리위원회에서 주관하는 국내 개발 영어 인증 시험입니다. 실제 활용하는 영어 능력을 평가함으로써, 기업체 및 공사, 고시 및 대학 입시 등 각종 자격요건 평가 시험으로 활용됩니다.

텝스의 구성

영역	파트	내용	문항 수	시간	배점
청해	Part I	질의 응답 (하나의 문장을 듣고 이어질 응답 고르기)	10	40분	240점
	Part II	짧은 대화 (3턴의 주고받는 대화를 듣고 이어질 응답 고르기)	10		
	Part III	긴 대화 (6~7턴의 주고받는 대화를 듣고 질문에 알맞은 답 고르기)	10		
	Part IV	담화문 (한 명의 화자가 말하는 긴 내용을 듣고 질문에 알맞은 답 고르기) (1지문 1문항)	6		
	Part V	긴 담화문 (한 명의 화자가 말하는 긴 내용을 듣고 질문에 알맞은 답 고르기) (1지문 2문항)	4		
어휘	Part I	구어체 (대화문의 빈칸에 가장 적절한 어휘 고르기)	10	25분	60점
	Part II	문어체 (단문의 빈칸에 가장 적절한 어휘 고르기)	20		
문법	Part I	구어체 (대화문의 빈칸에 가장 적절한 답 고르기)	10		60점
	Part II	문어체 (단문의 빈칸에 가장 적절한 답 고르기)	15		
	Part III	대화 및 문단 (어법상 틀리거나 어색한 부분 고르기)	5		
독해	Part I	빈칸 채우기 (빈칸에 가장 적절한 답 고르기)	10	40분	240점
	Part II	어색한 문장 찾기 (한 단락의 글에서 내용 흐름상 어색한 부분 고르기)	2		
	Part III	내용 이해 (지문을 읽고 질문에 가장 적절한 답 고르기) (1지문 1문항)	13		
	Part IV	내용 이해 (지문을 읽고 질문에 가장 적절한 답 고르기) (1지문 2문항)	10		
14개 파트			135문항	105분	600점

시험 접수 및 성적 확인

1. 시험 접수
- 인터넷 접수 : www.teps.or.kr에서 회원가입 후 인터넷 접수할 수 있습니다.
- 방문 접수 : www.teps.or.kr → '시험접수' 메뉴 → '접수처 접수안내'에서 접수처 확인 후 방문 접수할 수 있습니다.

2. 응시 및 성적 확인
- 응시일 : 매달 토요일과 일요일 중 1~3회이며, 정확한 날짜는 www.teps.or.kr에서 확인할 수 있습니다.
- 성적 확인 : 성적 발표 일시는 시험 접수 시 확인할 수 있으며, 성적은 휴대폰 문자 및 인터넷으로 확인이 가능합니다.

시험 당일 준비물

신분증	컴퓨터용 사인펜	수정테이프	아날로그 손목시계

- 신분증은 주민등록증, 운전면허증, 청소년증 등이 인정되며, 자세한 신분증 규정은 www.teps.or.kr에서 확인할 수 있습니다.
- 답안 마킹은 컴퓨터용 사인펜으로만 가능하며, 수정테이프가 아닌 수정액을 사용하면 채점 오류가 발생합니다.

텝스 응시 관련 Tips

1. 고사장 가기 전	• 준비물을 잘 챙겼는지 확인합니다. • 시험 장소를 미리 확인해 두고, 규정된 입실 시간에 늦지 않도록 유의합니다.
2. 고사장 입구에서	• 수험표에 적힌 수험 번호가 배정된 고사실을 확인합니다.
3. 시험 보기 직전	• 시험이 끝날 때까지 휴식 시간이 없으므로 화장실은 미리 다녀옵니다. • 휴대폰 및 전자기기를 모두 제출합니다.
4. 시험 시	• 답안을 따로 마킹할 시간이 없으므로 풀면서 바로 마킹합니다. • 정해진 영역을 푸는 시간에 다른 영역의 문제를 풀지 않도록 합니다. (부정 행위로 간주됨) • 대부분의 영역이 앞에는 쉬운 문제가, 뒤에는 어려운 문제가 나오므로, 앞부분을 빨리 풀어 시간을 확보합니다. • 각 영역의 어려운 문제에서 오래 머무르지 않아 다른 문제 풀이 시간에 영향이 가지 않도록 합니다. • 문제지의 빈 공간에 조금씩 필기하는 것이 가능합니다.

텝스 시험 미리보기

청해 영역 LISTENING COMPREHENSION

텝스 청해 영역의 Part I~III는 각각 10문항, Part IV는 6문항, Part V는 4문항을 풀도록 구성되어 있습니다. Part I~IV는 각 대화나 담화마다 한 문제가 출제되며, Part V는 한 담화에 두 문제가 출제됩니다. 순수하게 들어서 이해한 것만을 평가하기 위해 문제와 보기 모두 시험지에 인쇄되어 있지 않습니다.

Part I 하나의 문장을 듣고 이어질 응답 고르기 (10문항, 1~10번)

화자의 말을 듣고 그 말에 가장 적절한 응답을 4개의 보기 중에서 고르는 유형입니다. 일상적인 대화 내용이며, 대화와 보기는 한 번만 들려줍니다.

> W: Anne, when do you plan to visit me?
> M: _____
>
> (a) I'll head home pretty soon.
> (b) I have time off next week.
> (c) Sorry. I had to leave early.
> (d) Oh, thanks for inviting me.

해설 when을 사용하여 방문 시점을 묻는 말에, 다음 주에 방문할 것이라는 의미를 간접적으로 전달한 (b)가 정답이다.

Part II 3턴의 주고받는 대화를 듣고 이어질 응답 고르기 (10문항, 11~20번)

짧은 대화를 듣고 마지막 화자의 말에 대한 알맞은 응답을 4개의 보기 중에서 고르는 유형입니다. Part I과 마찬가지로 일상적인 대화 내용이며 대화와 보기는 한 번만 들려줍니다.

> M: Hi. Am I heading towards the orchard?
> W: No, you should've made a left on Forest Road.
> M: What do you suggest I do?
> W: _____
>
> (a) You'd better let me drive.
> (b) Try to come back after the harvest.
> (c) Stopping here is convenient.
> (d) Turn around at the next intersection.

해설 What을 사용하여 과수원으로 가는 방법을 묻는 말에, '다음 교차로에서 유턴하라'며 길을 알려준 (d)가 정답이다.

Part Ⅲ 6~7턴의 주고받는 대화를 듣고 질문에 알맞은 답 고르기 (10문항, 21~30번)

Part Ⅲ는 두 사람이 주고받는 긴 대화를 듣고 1개의 질문에 답하는 유형입니다. 대화 상황 → 대화 → 질문 → 보기 순으로 한 번만 들려줍니다.

Listen to a conversation between two friends.

M: What's that on your knee?
W: Oh, it's a brace. I need it because I'm coming off an injury.
M: I've never worn one. Does it help?
W: Yeah. It gives support and additional protection to my knee.
M: It looks like it limits your mobility, though.
W: Well, yeah. But that's something I'm willing to compromise.

Q: What is the conversation mainly about?

(a) What caused the woman's injury
(b) How the woman's knee was affected
(c) Why the woman needs protective gear
(d) What compromise the woman made

해설 여자가 부상이 나아가는 중이라 보호대가 필요하다고 했으므로 (c)가 정답이다.

Part IV 한 명의 화자가 말하는 긴 내용을 듣고 질문에 알맞은 답 고르기 (6문항, 31~36번)

Part IV는 한 명의 화자가 말하는 뉴스, 광고, 강의 등의 담화를 듣고 1개의 질문에 답하는 유형입니다. 담화→질문→담화→질문→보기 순으로 들려주며, 담화와 질문을 두 번 들려주지만 어휘 수준이 높고 내용이 깁니다.

The country's lawmakers are being lauded for proposed legislation that purports to crack down on air pollution. I'm flabbergasted that no one in government realizes what a paper tiger these laws would be. They would establish air pollution quotas on the national level, meaning that pollution could reach dangerous levels in specific areas, but if the overall quota for the country is not exceeded, then no laws will have been broken. Up to five people a day are dying nationwide because of complications from air pollution, so baby steps like this won't cut it.

Q: What is the talk mainly about?

(a) Concern over legislation that is too lax on pollution
(b) Whether existing environmental laws are effective or not
(c) Disappointment with the government's refusal to support antipollution laws
(d) The personal impact of air pollution on individuals

해설 대기 오염 할당량을 규정하는 법안이 종이호랑이에 불과할 것이라며 법안의 허점에 대해 지적했으므로 (a)가 정답이다.

Part V 한 명의 화자가 말하는 긴 내용을 듣고 질문에 알맞은 답 고르기 (4문항, 37~40번)

Part V는 한 명의 화자가 말하는 뉴스, 광고, 강의 등의 담화를 듣고 2개의 질문에 답하는 유형입니다. Part IV와 동일하게 담화 → 질문 → 담화 → 질문 → 보기 순으로 들려주지만 내용이 더 깁니다.

Let's continue our discussion of the brain. As I was saying, the corpus callosum is the bundle of nerve fibers that links the brain's hemispheres, acting as a kind of bridge that spans the two symmetrical halves. It facilitates the transmission of signals between our left brain and right brain. It is also crucial to eyesight, balance, and touch. In recent years, it has been associated with memory capacity and handedness, or whether a person favors the right or left hand. It is this emerging area of research that I'd like to focus on today. While experts viewed handedness as an oddity in the past, studies are revealing that it accounts for a number of physical and mental differences between left-handed and right-handed people. In general, left-handed individuals possess a larger abundance of neurons in the corpus callosum than right-handed people, which translates into a capacity to recall certain information. So, while right-handed folks can memorize reams of details about a subject like the Civil War, lefties can more proficiently recollect contextual details, like where and when they encountered the information.

Q1: What is the speaker mainly doing in the talk?

(a) **Explaining how recall is linked to handedness**
(b) Speculating about the memorization skills of righties
(c) Underlining the corpus callosum's importance
(d) Describing how the brain encodes information

Q2: According to the talk, how do left-handed people differ from right-handed people?

(a) They encounter difficulties recalling dates and places.
(b) Their left brains exhibit a genetic abnormality.
(c) They require contextual clues to properly interpret facts.
(d) **Their corpus callosum has a greater number of neurons.**

해설 [Q1] 왼손잡이와 오른손잡이 사람들 사이의 기억력의 차이에 대해 말하고 있으므로 (a)가 정답이다.
[Q2] 왼손잡이인 사람들은 오른손잡이인 사람들보다 뇌량에 더 많은 양의 뉴런을 가지고 있다고 했으므로 (d)가 정답이다.

어휘 및 문법 영역 VOCABULARY & GRAMMAR

텝스 어휘 & 문법 영역은 통합 25분 동안 어휘에서 30문항, 문법에서 30문항, 총 60문항을 풀도록 구성되어 있습니다. 어휘 영역은 상대적으로 문제 길이가 짧기 때문에 약 10분 정도의 시간을 할애하는 것이 권장되고, 문법 영역은 Part III에 상대적으로 길이가 긴 지문이 등장하는 것을 고려하여 약 15분의 시간을 분배하여 푸는 것이 권장됩니다.

VOCABULARY

텝스 어휘 영역은 Part I에서 10문항, Part II에서 20문항, 총 30문항을 풀도록 구성되어 있습니다. Part I에서는 구어체, Part II에서는 문어체를 통해 어휘 능력을 평가합니다. 단어의 단편적인 의미보다는 문맥에서 쓰인 상대적인 의미를 더 중요하게 다룹니다.

Part I 짧은 대화 중 빈칸 채우기 (10문항, 1~10번)

A와 B의 짧은 일상 대화 내의 빈칸에 알맞은 어휘를 보기 4개 중에 고르는 유형입니다. 기본 어휘의 다양한 구어적 활용과 하나의 어휘처럼 관용적으로 굳어져 쓰이는 어구 표현을 묻습니다.

A: Can I _____ your class, professor?
B: I'm sorry, but undergraduates aren't allowed to sit in on law courses.

(a) submit
(b) audit
(c) assign
(d) listen

해설 학부생들은 수업에 참관할 수 없다고 응답했으므로, '청강'이 가능한지 묻는 것이 문맥상 자연스럽다. 따라서 (b)가 정답이다.

Part II 서술 문장 중 빈칸 채우기 (20문항, 11~30번)

한두 개의 문장 내의 빈칸에 알맞은 어휘를 보기 4개 중에 고르는 유형입니다. 일상 생활에서 흔히 접할 수 있는 안내문이나 광고문 외에도 학술 분야를 다룬 문장이 나오므로 Part I보다 난도가 높은 편입니다.

Due to its _____ ratings, Harry Acton's talk show on the LNB Network will probably be cancelled.

(a) stirring
(b) faltering
(c) sobering
(d) beguiling

해설 토크쇼가 폐지되는 이유가 '주춤거리는' 시청률 때문이라는 것이 문맥상 자연스럽다. 따라서 (b)가 정답이다.

GRAMMAR

텝스 문법 영역은 Part I에서 10문항, Part II에서 15문항, Part III에서 5문항, 총 30문항을 풀도록 구성되어 있습니다. 구어와 문어, 단문과 장문 등 다양한 상황과 길이의 문장을 통하여 문법 사항 이해도 및 활용도를 평가합니다.

Part I 짧은 대화 중 빈칸 채우기 (10문항, 1~10번)

A와 B의 짧은 대화 내의 빈칸에 어법·문법적으로 알맞은 것을 보기 4개 중에 고르는 유형입니다.

A: Dave, it's your turn to do the dishes.
B: But I _____ them last time and the time before that.

(a) wash
(b) washed
(c) have washed
(d) had washed

해설 '지난번에 설거지를 했다'라는 문맥이므로 과거 시제 (b)가 정답이다.

Part II 서술 문장 중 빈칸 채우기 (15문항, 11~25번)

하나의 문장 내의 빈칸에 문법적으로 알맞은 것을 보기 4개 중에 고르는 유형으로, 일상 생활, 시사, 학술 분야를 다룬 문장이 나오므로 Part I보다 난이도가 높은 편입니다.

Foreign visitors who use the rail system for the first time often find themselves _____.

(a) to perplex
(b) perplex
(c) perplexed
(d) perplexing

해설 목적어 themselves와 목적격 보어 자리의 perplex가 수동의 의미로 해석되므로 과거분사 (c)가 정답이다.

Part III 긴 대화나 서술 지문 중 어법·문법상 틀린 문장 찾기 (5문항, 26~30번)

네 차례 오가는 A와 B의 대화 혹은 네 개의 문장으로 이루어진 서술 지문 중 어법·문법적으로 틀린 문장을 찾는 유형입니다. 지문의 길이가 길고 학술적인 내용을 다루기도 하므로 가장 어렵다고 여겨지는 파트입니다.

(a) Elephants are large land-dwelling mammals characterized by their long snouts and ivory tusks. (b) Only three of the hundreds of elephant species that once existed remain at this time, namely, savanna, forest, and Asian elephants. **(c) The only two continents which these surviving species can be found are Africa and Asia.** (d) Climate change, habitat loss, and human intrusion have contributed to the elephant's status as an endangered animal.

해설 (c) 관계대명사 which는 완전한 절을 이끄는 '전치사 + 관계대명사'인 in which 또는 관계부사 where로 바뀌어야 맞다.

독해 영역 READING COMPREHENSION

텝스 독해 영역은 40분 동안 총 35문항을 풀도록 구성되어 있습니다. 따라서 응시자는 1분에 1문제 꼴로 빠르게 문제를 해결해야 합니다. Part I~III은 보통 1개의 단락으로 이루어진 지문 한 개당 하나의 문제가 출제되고, Part IV는 2개 이상의 단락으로 이루어진 지문 한 개당 두 개의 문제가 출제됩니다. 지문은 편지·코멘트, 광고, 공지, 기사·논평 등의 실용문과 인문·사회·자연과학 등의 분야에 걸친 비전문적 학술문으로 구성되며, 일부 지문에서는 실제를 반영하는 다양한 디자인이 적용됩니다.

Part I 지문 내 빈칸 채우기 (10문항, 1~10번)

한 개의 지문 내의 빈칸에 지문의 흐름상 적절한 내용 또는 연결어를 보기 4개 중에 고르는 유형입니다. 1번~8번에는 내용을 넣는 문제가, 9번~10번에는 연결어를 넣는 문제가 나옵니다.

A private organization is taking on the challenge of _____. As proof of its commitment to the project, the institution has acquired 12 acres of land, where several tenements will be constructed to free an estimated 1,000 homeless families from the daily struggle they face living on the streets. In addition, the institution has convinced several businesses to donate appliances with which to furnish the homes. Lastly, the institution has vowed to bear the financial burden of maintaining the dwellings even after they are occupied.

(a) distributing appliances to the homeless
(b) rebuilding the homes of accident victims
(c) providing permanent residences for the less fortunate
(d) helping the poor with their employment prospects

해설 이 단체가 노숙자 주택 건설용 토지를 취득했고, 가전제품 기부를 이끌었으며, 주택 유지비를 부담하겠다고 서약한 내용이 나온다. 따라서 (c)가 정답이다.

Part II 지문 흐름상 어색한 문장 찾기 (2문항, 11~12번)

다섯 문장으로 이루어진 지문 가운데 네 개의 문장이 보기로 주어지며 이 문장 중 글의 주제와 관련이 없거나 문맥에 맞지 않는 문장을 선택해야 합니다.

In the past, individual fishermen would go out to sea and catch fish using simple tools. (a) A fishnet was typically used, and the catch provided just enough for a family's needs, barring a few leftovers that might be sold. (b) However, these days, most seafood is caught using complex, large-scale commercial fishing methods. (c) Modern procedures utilize powerful deep-sea vessels and sophisticated mechanical equipment that are a far cry from what traditional fishermen employed. **(d) Today, many small-scale fishermen complain of a diminished catch because most areas are pillaged by commercial fishermen at the earliest opportune moment.**

해설 (d)는 현대 소규모 어부들이 겪는 어려움에 대해 언급하여, 지문 전체에서 이야기하고 있는 '과거와 현대의 낚시 방식 대조'와는 관련이 없으므로 (d)가 정답이다.

Part Ⅲ 지문을 읽고 질문에 답하기 (13문항, 13~25번)

보통 1개의 단락으로 이루어진 지문을 읽고 질문에 대해 가장 적절한 답을 고르는 유형입니다. 일반적으로 중심 내용을 묻는 문제, 세부 내용을 묻는 문제, 바르게 추론된 것을 묻는 문제 순으로 출제됩니다.

Dear Mr. Kowalski,

Welcome to the company! As president of the workers union, I would like you to know how happy I am with your appointment to the company's top office. I look forward to establishing a satisfactory relationship with you, and I pledge my cooperation in helping the company grow. Furthermore, the union is fully committed to nurturing a more harmonious work environment. That being said, as the new CEO, the employees expect you to deliver on your promise to settle the issues left unresolved by the previous management.

Respectfully,
Stanley Malkovich

Q: Which of the following is correct according to the letter?

(a) Mr. Kowalski promised to help Mr. Malkovich manage the company.
(b) Stanley Malkovich helped appoint new company leadership.
(c) Union members are demanding better compensation packages.
(d) Mr. Malkovich hopes the CEO will deal with unsettled issues.

해설 Mr. Malkovich는 새로 임명된 회사 대표인 Mr. Kowalski가 이전 경영진이 해결하지 못한 문제들을 해결할 것을 기대한다고 했으므로 (d)가 정답이다.

Part IV 지문을 읽고 질문에 답하기 (10문항, 26~35번)

2개 이상의 단락으로 이루어진 지문을 읽고 2개의 문제에 대해 가장 적절한 답을 고르는 유형입니다. 보통 중심 내용을 묻는 문제, 세부 내용을 묻는 문제, 바르게 추론된 것을 묻는 문제 중 두 문항이 주어집니다.

Job Opportunity

The Grand Wilmington Hotel, a luxury establishment located on the outskirts of Franklin, is seeking an experienced, dynamic, hard-working individual to fill the role of hotel manager.

What Will Your Duties Be?
As hotel manager, you will be responsible for handling day-to-day operations. These include scheduling, budgeting, delegating tasks, and responding to guest inquiries. You will also recruit, interview, and train staff members in the necessary skills for their jobs.

What Are We Looking For?
In order to carry out these duties to the high standards of the Grand Wilmington, it is vital that you have a minimum of three years' experience managing a five-star hotel with 200 or more rooms. You must also hold a degree from a fully accredited hospitality school, be capable of directing multiple teams of workers, and be fluent in both English and Spanish. Qualified candidates are encouraged to forward their résumés along with the contact information of two former employers to jobs@grandwilmington.com no later than August 5.

Q1: What is one of the hotel manager's duties?

(a) The completion of regular safety checks throughout the hotel
(b) The creation of the marketing schedule for hotel promotions
(c) The training of new workers in the abilities required for their roles
(d) The collection of guests' opinions of the hotel during their stays

Q2: Which of the following is correct according to the advertisement?

(a) Applicants must submit two letters of reference from past employers.
(b) Proficiency in multiple languages is a requirement for the position.
(c) Applicants must send a completed application form after August 5.
(d) The manager is responsible for multiple branches of the Grand Wilmington.

해설 [Q1] 호텔 관리자는 직원들의 직무에 필수적인 기술을 교육할 것이라고 했으므로 (c)가 정답이다.
　　 [Q2] 지원자는 영어와 스페인어에 모두 능통해야 한다고 했으므로 (b)가 정답이다.

수준별 맞춤 학습 플랜

* TEST 1을 마친 후 결과에 맞는 학습 플랜을 선택하여 공부합니다.

〉〉 2주 완성 학습 플랜

- 맞은 개수가 110개 이상인 학습자
- 첫째 날에는 TEST 1회분을 OMR 답안지를 활용하여 실전처럼 풀어본 후 틀린 문제 유형을 파악합니다.
- 둘째 날에는 해석·해설을 통해 틀렸던 문제와 헷갈렸던 문제를 다시 풀어보면서 완벽하게 이해합니다.
- '복습 및 어휘 암기' 날에는 취약한 문제 유형 위주로 복습하고 <기출 단어암기장>을 활용하여 어휘를 암기합니다.

	Day 1	Day 2	Day 3	Day 4	Day 5	Day 6
Week 1	TEST 1 풀기	TEST 1 심화학습	TEST 2 풀기	TEST 2 심화학습	TEST 3 풀기	TEST 3 심화학습
Week 2	TEST 1~3 복습 및 어휘 암기	TEST 4 풀기	TEST 4 심화학습	TEST 5 풀기	TEST 5 심화학습	TEST 4~5 복습 및 어휘 암기

〉〉 3주 완성 학습 플랜

- 맞은 개수가 85~109개인 학습자
- 첫째 날에는 TEST 1회분을 OMR 답안지를 활용하여 실전처럼 풀어본 후 틀린 문제 유형을 파악합니다.
- 둘째 날과 셋째 날에는 청해&어휘 영역, 문법&독해 영역으로 나누어 틀렸던 문제와 헷갈렸던 문제를 다시 풀어보면서 완벽하게 이해합니다
- '복습 및 어휘 암기' 날에는 취약한 문제 유형 위주로 복습하고 <기출 단어암기장>을 활용하여 어휘를 암기합니다.

	Day 1	Day 2	Day 3	Day 4	Day 5	Day 6
Week 1	TEST 1 풀기	TEST 1 청해 & 어휘 심화학습	TEST 1 문법 & 독해 심화학습	TEST 2 풀기	TEST 2 청해 & 어휘 심화학습	TEST 2 문법 & 독해 심화학습
Week 2	TEST 1~2 복습 및 어휘 암기	TEST 3 풀기	TEST 3 청해 & 어휘 심화학습	TEST 3 문법 & 독해 심화학습	TEST 4 풀기	TEST 4 청해 & 어휘 심화학습
Week 3	TEST 4 문법 & 독해 심화학습	TEST 3~4 복습 및 어휘 암기	TEST 5 풀기	TEST 5 청해 & 어휘 심화학습	TEST 5 문법 & 독해 심화학습	TEST 5 복습 및 어휘 암기

4주 완성 학습 플랜

- 맞은 개수가 84개 이하인 학습자
- 첫째 날에는 TEST 1회분을 OMR 답안지를 활용하여 실전처럼 풀어본 후 틀린 문제 유형을 파악합니다.
- 둘째 날에는 청해 영역을, 셋째 날에는 어휘&문법 영역을, 넷째 날에는 독해 영역으로 나누어 틀렸던 문제와 헷갈렸던 문제를 다시 풀어보면서 완벽하게 이해합니다.
- '청해 심화학습' 날에는 <받아쓰기&쉐도잉 워크북>을 활용하고, '복습 및 어휘 암기' 날에는 취약한 문제 유형 위주로 복습하면서 <기출 단어암기장>을 활용하여 어휘를 암기합니다.

	Day 1	Day 2	Day 3	Day 4	Day 5	Day 6
Week 1	TEST 1 풀기	TEST 1 청해 심화학습	TEST 1 어휘 & 문법 심화학습	TEST 1 독해 심화학습	TEST 2 풀기	TEST 2 청해 심화학습
Week 2	TEST 2 어휘 & 문법 심화학습	TEST 2 독해 심화학습	TEST 1~2 복습 및 어휘 암기	TEST 3 풀기	TEST 3 청해 심화학습	TEST 3 어휘 & 문법 심화학습
Week 3	TEST 3 독해 심화학습	TEST 4 풀기	TEST 4 청해 심화학습	TEST 4 어휘 & 문법 심화학습	TEST 4 독해 심화학습	TEST 3~4 복습 및 어휘 암기
Week 4	TEST 5 풀기	TEST 5 청해 심화학습	TEST 5 어휘 & 문법 심화학습	TEST 5 독해 심화학습	TEST 5 복습 및 어휘 암기	TEST 1~5 총정리

다양한 무료 텝스 강의 및 학습 자료는
해커스텝스에서! Hackers.co.kr

최신 출제 경향으로 보는

영역별
핵심 전략

청해 **LISTENING COMPREHENSION**
어휘 **VOCABULARY**
문법 **GRAMMAR**
독해 **READING COMPREHENSION**

청해 LISTENING COMPREHENSION

• 총 40문제 / 시험 시간: 40분

1. 출제 경향

5개의 Part에서 총 40문제가 출제되며, Part I ~ II에는 5개의 문제 유형이, Part III ~ V에는 3개의 문제 유형이 출제됩니다.

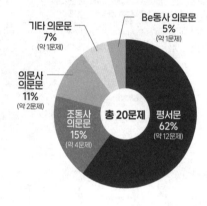

▲ Part I ~ II 문제 유형별 출제 비중

▲ Part III ~ V 문제 유형별 출제 비중

Part I ~ II

출제 1순위 (62%)	**평서문** (감정, 의견, 정보 등을 전달하는 문장) ex I haven't had time to cook.
출제 2순위 (15%)	**조동사 의문문** (조동사를 이용하여 질문하는 문장) ex **Will** you give us a ring from Maui?
출제 3순위 (11%)	**의문사 의문문** (의문사를 이용하여 질문하는 문장) ex Anne, **when** do you plan to visit me?

Part III ~ V

출제 1순위 (50%)	**세부 정보** (대화 및 담화와 일치하는 내용 및 세부사항을 묻는 문제) ex Which is **correct** according to the conversation? 　　**Why** did Lisa write a message?
출제 2순위 (30%)	**중심 내용** (대화 및 담화의 주제, 요지, 목적 등을 묻는 문제) ex What are the man and woman **mainly** discussing?
출제 3순위 (20%)	**추론** (대화 및 담화에서 추론할 수 있는 내용 및 화자가 동의할 만한 진술을 묻는 문제) ex What can be **inferred** about race contestants? 　　Which statement would the speaker **most likely agree with**?

2. 파트별 핵심 전략

청해 영역은 단기간에 점수를 올리기 어려우므로, <받아쓰기&쉐도잉 워크북>을 통해 스크립트를 받아쓰고 따라 말하는 연습을 꾸준히 하는 것이 좋습니다.

Part I ~ II Part I: 하나의 문장을 듣고 이어질 응답 고르기 Part II: 3턴의 주고받는 대화를 듣고 이어질 응답 고르기	**핵심 전략** **질문에서 핵심 키워드를 파악합니다.** **세부 전략** • 의문사(What, Why, Where, When 등), 조동사(Can, Would, Should 등), Be동사(Is, Are 등) 뒤에서 질문의 핵심 키워드가 주로 언급되므로, 해당 부분을 집중하여 듣는 것이 중요합니다. • 질문/대화에서 언급된 단어를 그대로 사용하거나, 언급된 단어와 관련이 있는 단어를 사용한 헷갈리는 응답이 오답으로 제시되므로, 다양한 오답 유형을 미리 학습합니다. • 일상적인 대화 상황과 관련된 다양한 구어 표현을 외워둡니다.
Part III ~ V Part III: 6~7턴의 주고받는 대화를 듣고 질문에 알맞은 답 고르기 Part IV ~ V: 한 명의 화자가 말하는 긴 내용을 듣고 질문에 알맞은 답 고르기	**핵심 전략** **문제 유형별로 정답의 단서를 찾습니다.** **세부 전략** • Part III ~ IV는 문제 유형의 배열이 '중심 내용' → '세부 정보' → '추론 문제'로 정해져 있다는 것을 염두에 둡니다. • 중심 내용 문제는 지문의 초반을 집중해서 듣고, 지문에서 자주 언급되는 단어를 종합하여 정답의 단서를 찾아야 합니다. • 세부 정보 문제는 대화에서 언급되는 구체적인 지명, 시간, 수치 등이 정답의 단서가 될 수 있으므로, 문제지 여백에 세부적인 내용을 간단하게 메모하며 듣습니다. • 추론 문제는 지문의 중심 소재에 관해 추론할 수 있는 것에 관해 묻는 경우가 많아, 지문의 키워드를 파악한 후, 키워드가 언급된 주변을 집중하여 듣습니다. • Part IV ~ V는 '담화' → '질문'을 두 번 들려주므로, 처음 담화를 들을 때는 주제와 문제 유형을 파악하는 데 초점을 두고, 질문을 들은 후에는 정답의 단서를 찾는 데 초점을 두는 것이 효과적입니다.

어휘 VOCABULARY

* 총 30문제 / 권장 시간: 약 10분

1. 출제 경향

2개의 Part에서 총 30문제가 출제되며, 6개의 어휘 유형이 출제됩니다.

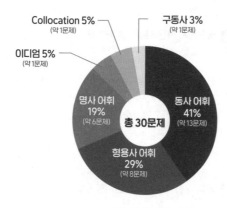

▲ 어휘 유형별 출제 비중

출제 1순위 (41%)	**동사 어휘** (빈칸에 적절한 동사 어휘 고르는 문제)
출제 2순위 (29%)	**형용사 어휘** (빈칸에 적절한 형용사 어휘 고르는 문제)
출제 3순위 (19%)	**명사 어휘** (빈칸에 적절한 명사 어휘 고르는 문제)
출제 4순위 (각 3~5%)	**이디엄** (빈칸에 적절한 이디엄을 고르거나 이디엄의 일부를 완성하는 어휘 고르는 문제) **Collocation** (빈칸에 Collocation의 일부를 완성하는 어휘 고르는 문제) **구동사** (빈칸에 적절한 구동사를 고르는 문제)

2. 파트별 핵심 전략

어휘 영역에서 출제되는 어휘는 청해·문법·독해 영역의 어휘에 비해 난도가 훨씬 높습니다. 어휘 영역은 시험에서 차지하는 비중은 낮지만 고득점의 키를 잡고 있다고 할 정도로 중요하므로, 어휘 실력이 부족하다고 생각하는 학습자들은 〈해커스 텝스 기출 보카〉 교재를 통해 텝스 빈출 어휘 및 고난도 어휘를 학습하는 것을 추천합니다.

Part I & II Part I: 짧은 대화 중 빈칸 채우기 Part II: 서술 문장 중 빈칸 채우기	**핵심 전략** **단어의 단편적인 의미보다는 문맥에서 쓰인 의미에 초점을 두고 문제를 읽습니다.** 세부 전략 • **문제 전체를 읽습니다.** Collocation, 이디엄의 일부를 묻는 문제 등은 빈칸 앞과 뒤만 읽고도 답을 찾을 수 있으나, 대부분의 경우 대화와 문장의 일부만 읽고서는 정확하게 정답을 선택할 수 없습니다. 따라서 문장 전체를 빠르게 읽은 후 답을 찾습니다. • **어휘의 쓰임을 중심으로 정답을 선택합니다.** 우리말 의미로는 비슷하지만 제시된 문장에서의 쓰임에 적절하지 않아 답이 되지 않는 어휘들이 함께 보기로 출제되므로, 의미뿐만 아니라 쓰임에 근거해서 답을 찾습니다. • **형태가 유사한 어휘들의 정확한 의미를 외워둡니다.** 정답 어휘와 유사한 형태를 지닌 어휘들이 보기로 출제되므로, 정답을 쉽게 고를 수 있도록 형태가 유사한 어휘들의 의미 차이를 미리 외워두면 도움이 됩니다. • **앞부분 문제를 빠르게 풀고 뒷부분 문제에 시간을 할애합니다.** 각 파트의 앞부분 문제가 쉬운 편이고 뒷부분으로 갈수록 어려워지므로, 읽자마자 바로 정답을 체크하는 빠른 속도로 앞부분 문제를 풀어야, 뒷부분의 어려운 문제를 푸는 데 더 많은 시간을 사용할 수 있습니다.

문법 GRAMMAR

• 총 30문제 / 권장 시간: 약 15분

1. 출제 경향

3개의 Part에서 총 30문제가 출제되며 다양한 유형의 문법 포인트가 출제됩니다.

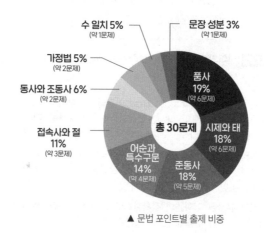

▲ 문법 포인트별 출제 비중

출제 1순위 (19%)	**품사** (명사, 관사, 대명사, 형용사, 부사, 전치사의 쓰임 등)
출제 2순위 (18%)	**시제와 태** (단순/진행/완료 시제의 쓰임, 능동태/수동태의 쓰임 등) **준동사** (to 부정사, 동명사, 분사의 쓰임 등)
출제 3순위 (14%)	**어순과 특수구문** (올바른 어순, 비교/생략/도치 구문 등)
출제 4순위 (11%)	**접속사와 절** (관계대명사, 부사절, 명사절의 쓰임 등)
출제 5순위 (6%)	**동사와 조동사** (조동사 should가 생략되는 동사의 쓰임, 조동사 관용표현 등)
출제 6순위 (5%)	**가정법** (if가 생략된 가정법, 혼합 가정법 등) **수 일치** (주어와의 수 일치 등)
출제 7순위 (3%)	**문장 성분** (주어/목적어/보어/수식어 자리 등)

2. 파트별 핵심 전략

텝스 시험의 문법 영역은 출제되는 문법 포인트가 광범위하므로, 다양한 문법 포인트를 알고 있는 것이 중요합니다. <해커스 텝스 Reading> 교재를 활용하여 문법 포인트별 출제될 수 있는 문제 유형을 학습하는 것을 추천합니다.

Part I & II Part I: 짧은 대화 중 빈칸 채우기 Part II: 서술 문장 중 빈칸 채우기	• **보기를 먼저 읽어 출제 포인트를 찾아 냅니다.** 보기를 통해 문제의 문법 포인트가 무엇인지 먼저 파악하면, 문제를 보다 빠르고 정확하게 풀 수 있습니다. • **오답노트를 활용합니다.** 문법의 경우, 오답패턴 분석과 문법 포인트를 암기하면 확실히 점수가 오를 수 있으므로 평소 문법 학습 시, 오답노트를 활용하여 오답과 정답을 꼼꼼히 분석하도록 합니다.
Part III 긴 대화나 서술 지문 중 어법·문법상 틀린 문장 찾기	• **문맥을 파악하며 보기를 읽습니다.** 문맥에 맞지 않는 시제나 조동사 찾기 등 해석을 해야만 풀 수 있는 문제가 많이 출제됩니다. 특히, 서술문의 경우 지문이 학술적인 내용으로 되어 있어 어렵게 느껴지므로, 모든 보기를 꼼꼼히 해석하여 문맥과 흐름을 파악하는 것이 좋습니다.

3. 유형별 핵심 전략

품사	각 품사의 자리와 쓰임이 정확한지 확인합니다.
시제와 태	[시제] 빈칸 주변의 시간 관련 표현을 통해 단서를 파악합니다. [태] 동사 뒤 목적어의 존재 여부를 통해 능동태/수동태를 구별합니다.
준동사	[분사] 분사의 수식을 받는 명사와 분사의 관계를 파악합니다. [그 외] to 부정사 또는 동명사를 목적어로 취하는 동사 목록을 암기해둡니다.
어순과 특수구문	[어순] 문장의 종류에 맞는 어순이 사용되었는지 확인합니다. [특수구문] 반복어구가 생략되었는지, 주어-동사가 도치되지 않았는지 등을 확인합니다.
접속사와 절	접속사가 이끄는 절이 문장 내에서 명사/형용사/부사 중 어떤 역할을 하는지 파악합니다.
동사와 조동사	문장 내 당위성(주장·요구·명령·제안) 표현 또는 문맥을 파악합니다.
가정법	가정법 과거/과거완료/미래를 이루는 문장 구조를 암기해둡니다.
수 일치	주어가 단수인지 복수인지 파악합니다.
문장 성분	주어, 동사, 목적어를 모두 갖추고 있는 문장인지 파악합니다.

독해 READING COMPREHENSION

* 총 35문제 / 시험 시간: 40분

1. 출제 경향

총 35문제가 출제되며, 5개의 문제 유형이 출제됩니다.

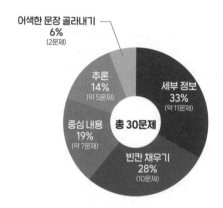

▲ 문제 유형별 출제 비중

출제 1순위 (33%)	세부 정보 (지문의 세부 정보를 묻는 문제로 Correct/육하원칙 문제가 있음) ex Which of the following is **correct** about Mr. Kowalski? **Why** are some people in San Francisco homeless?
출제 2순위 (28%)	빈칸 채우기 (문장의 일부 또는 연결어를 빈칸에 넣는 문제)
출제 3순위 (19%)	중심 내용 (글의 주제, 요지, 목적 등을 묻는 문제) ex What is the writer's **main point**? What is the **main purpose** of the news report?
출제 4순위 (14%)	추론 (지문에 드러나 있지 않은 내용을 바르게 추론한 보기를 고르는 문제) ex What can be **inferred** from the passage? Which statement would the writer **most likely agree with**?
출제 5순위 (6%)	어색한 문장 골라내기 (한 단락의 글에서 흐름상 어색한 내용 고르는 문제)

2. 파트별 핵심 전략

독해 영역은 40분에 35문제를 풀어야 하는 만큼, 속독과 파트별 문제 공략법을 통해 문제를 풀어야 합니다. 그리고 지문의 단서가 정답에 paraphrase(바꾸어 표현하기) 되는 경우가 많기 때문에 단서가 어떻게 paraphrase 되는지 정리하면서 학습하는 것이 도움이 됩니다.

Part I 빈칸에 흐름상 적절한 내용 고르기	**핵심 전략** 빈칸 주위를 먼저 읽고 글의 흐름을 파악합니다. **세부 전략** • **빈칸이 있는 문장을 먼저 읽습니다.** 어떤 내용이 빈칸에 들어가야 하는지 확인 후, 해당 내용 위주로 지문을 빠르게 읽어 내려가는 것이 효율적입니다. • **지문의 중심 내용을 파악하며 읽습니다.** 빈칸은 지문의 앞부분이나 마지막에 오는 경우가 많은데, 이 경우 주로 중심 내용이 정답이 되므로, 반복되는 어휘를 통해 중심 내용을 파악합니다. • **연결어를 찾습니다.** However, As a result, In particular 등과 같은 글의 흐름을 전환하는 연결어 위주로 읽어 글의 맥락을 빠르게 파악합니다.
Part II 한 단락의 글에서 흐름상 어색한 내용 고르기	**핵심 전략** 첫 문장에서 지문의 주제를 파악합니다. **세부 전략** • **첫 문장을 주의 깊게 읽습니다.** 대부분 첫 문장이 주제문이며 그 주제와 관련이 없는 보기 문장이 정답이 되는 경우가 많으므로 반드시 첫 문장을 주의 깊게 읽고 그 내용을 기억하며 보기 문장을 읽습니다. • **각 문장 간의 공통점과 차이점을 파악합니다.** 각 문장의 공통점과 차이점을 정리하며 지문을 읽으면, 일관성이 결여된 문장을 찾아내는 데 효과적입니다.
Part III ~ IV 지문을 읽고 질문에 적절한 내용 고르기	**핵심 전략** 문제 및 보기에서 키워드를 파악하고 지문을 읽습니다. **세부 전략** • **지문의 중심 내용을 파악하며 읽습니다.** 중심 내용 문제뿐 아니라, Correct 문제와 추론 문제의 경우에도 중심 내용이 정답인 경우가 많으므로, 중심 내용이 자주 나오는 첫 문장이나 마지막 문장, 또는 예시 앞 부분을 집중하여 읽습니다. • **지문의 내용이 paraphrase 되어 정답으로 출제됩니다.** 정답은 지문에 있는 표현이 다른 표현으로 paraphrase 되는 경우가 많으므로 의미가 비슷한 어휘나 표현들을 평소에 외워둡니다. • **보기를 먼저 읽고 지문을 읽습니다.** Correct 문제와 육하원칙 문제의 경우, 보기에서 먼저 키워드를 파악하여 키워드가 언급된 주변 위주로 지문을 읽으면 시간을 절약할 수 있습니다.

TEPS 서울대 텝스관리위원회
공식 기출문제집

TEST1

테스트 전 확인사항

1. OMR 답안지를 준비하셨나요? ☐
2. 컴퓨터용 사인펜, 수정 테이프를 준비하셨나요? ☐
3. 음성을 들을 준비를 하셨나요? ☐

TEST 1
음성 바로 듣기

🎧 **TEST 1.mp3 음성 바로 듣기**

해커스인강(HackersIngang.com)에서 무료 다운로드
상단 메뉴 [MP3/자료 → 문제풀이 MP3]

자동 채점 및 성적 분석
서비스 바로 이용하기

🔖 **자동 채점 및 성적 분석 서비스**

· 타이머, 모바일 OMR, 자동 채점
· 정답률 및 취약 유형 분석

시험 시간 : 105분
시작 시간 : _____ 시 _____ 분 ~ 종료 시간 : _____ 시 _____ 분

LISTENING COMPREHENSION

DIRECTIONS

In the Listening Comprehension section, all content will be presented orally rather than in written form. This section contains five parts. For each part, you will receive separate instructions. Listen to the instructions carefully, and choose the best answer from the options for each item.

Part I Questions 1~10

You will now hear ten individual spoken questions or statements, each followed by four spoken responses. Choose the most appropriate response for each item.

Part II Questions 11~20

You will now hear ten short conversation fragments, each followed by four spoken responses. Choose the most appropriate response to complete each conversation.

You will now hear ten complete conversations. For each conversation, you will be asked to answer a question. Before each conversation, you will hear a short description of the situation. After listening to the description and conversation once, you will hear a question and four options. Based on the given information, choose the option that best answers the question.

L

You will now hear six short talks. After each talk, you will be asked to answer a question. Each talk and its corresponding question will be read twice. Then you will hear four options which will be read only once. Based on the given information, choose the option that best answers the question.

Part V Questions 37~40

You will now hear two longer talks. After each talk, you will be asked to answer two questions. Each talk and its corresponding questions will be read twice. However, the four options for each question will be read only once. Based on the given information, choose the option that best answers each question.

VOCABULARY & GRAMMAR

DIRECTIONS

These two sections test your vocabulary and grammar knowledge. You will have 25 minutes to complete a total of 60 questions: 30 from the Vocabulary section and 30 from the Grammar section. Be sure to follow the directions given by the proctor.

1. A: Hello. I'd like to rent a minivan.
    B: Let me see if we have any _____.

    (a) possible
    (b) available
    (c) reachable
    (d) disposable

2. A: Do you want to hang out tonight?
    B: Sure. I need to _____ some stress. This week's been tough.

    (a) loosen
    (b) excuse
    (c) release
    (d) deliver

3. A: Wow, this landscape painting you did is amazing.
    B: Thanks! I was _____ by the lovely scenery here in Jeju.

    (a) inspired
    (b) activated
    (c) connected
    (d) approached

4. A: Can I ignore the old guidelines?
    B: Yes, please _____ them. I'm working on an updated list.

    (a) imitate
    (b) suspend
    (c) eliminate
    (d) disregard

5. A: Do you think I'll get a good return on this investment?
    B: Sure. It looks like it could be quite _____.

    (a) prevalent
    (b) lucrative
    (c) tentative
    (d) affluent

6. A: You remind me of your dad.
    B: Yeah, people often say I _____ him.

    (a) stick to
    (b) turn on
    (c) look over
    (d) take after

7. A: Techno music is so boring and repetitive.
    B: No way. It only seems _____ if you don't get the complexities.

    (a) conspicuous
    (b) monotonous
    (c) synonymous
    (d) contemptuous

8. A: I'm struggling to write the abstract for my thesis.
    B: It's tough to _____ a whole study into a few words.

    (a) enclose
    (b) immerse
    (c) condense
    (d) minimize

9. A: Tripping during your wedding must have been embarrassing.
    B: Of course. I was absolutely _____.

    (a) defunct
    (b) feckless
    (c) thwarted
    (d) mortified

10. A: I hate it when people bump into me on the subway.
    B: Me, too. I can't stand being _____.

    (a) jostled
    (b) nestled
    (c) smeared
    (d) mustered

Part II **Questions 11~30**

Choose the option that best completes each sentence.

11. After a long day at work, Tim liked to _____ at home by watching TV with his wife.

   (a) joke
   (b) play
   (c) relax
   (d) sleep

12. The rock band Rhythm Animals will be _____ live this Saturday at the National Stadium.

   (a) displaying
   (b) appearing
   (c) exposing
   (d) issuing

13. Files that have been deleted accidentally can be _____ from your computer's recycle bin.

   (a) installed
   (b) corrected
   (c) recovered
   (d) confirmed

14. The atmosphere of Venus is _____ mainly of carbon dioxide.

   (a) designed
   (b) organized
   (c) composed
   (d) structured

15. When children transfer schools, they may have a hard time _____ to their new environment.

   (a) adjusting
   (b) modifying
   (c) converting
   (d) transmitting

16. A cargo ship was badly damaged near Northton after _____ an iceberg.

   (a) leaping
   (b) striking
   (c) blaming
   (d) pushing

17. Pro-democracy protests have succeeded in _____ corrupt dictatorships and replacing them with new governments.

   (a) instilling
   (b) jeopardizing
   (c) disqualifying
   (d) overthrowing

18. Because it can survive in extremely harsh conditions, heather is considered one of Britain's _____ shrubs.

   (a) bulkiest
   (b) hardiest
   (c) nimblest
   (d) brawniest

19. After trying for hours to contact her friend, Janice became so _____ that she simply gave up.

   (a) obstructed
   (b) unimpeded
   (c) exasperated
   (d) antagonized

20. Employees have been told to _____ all complaints with the human resources department.

   (a) insert
   (b) register
   (c) confront
   (d) implement

21. Firefighters must follow strict safety _____ to avoid serious accidents.

    (a) treaties
    (b) charters
    (c) archives
    (d) protocols

22. Two passengers on a Sparrow Airlines flight were _____ on suspicion of smuggling illegal goods.

    (a) detained
    (b) impaired
    (c) extracted
    (d) disrupted

23. Most antibiotics work by _____ the growth of bacteria rather than killing individual bacteria cells.

    (a) shedding
    (b) digesting
    (c) divulging
    (d) inhibiting

24. During last night's competition, the swim team _____ onlookers with an amazing show of athleticism.

    (a) awed
    (b) poked
    (c) vowed
    (d) lauded

25. Napoleon was finally _____ at the battle of Waterloo and sent into exile on a distant island.

    (a) abolished
    (b) invalidated
    (c) vanquished
    (d) squandered

26. Cindy is so _____ that she attends church services every week without fail.

    (a) filial
    (b) pious
    (c) benign
    (d) clerical

27. Because of the heavy rains, the city has been _____ with water, forcing many residents to evacuate.

    (a) tarnished
    (b) ransacked
    (c) inundated
    (d) discharged

28. When making a risky decision, it is vital to consider the potential _____ your choice may have later.

    (a) stipulations
    (b) antecedents
    (c) repercussions
    (d) circumstances

29. Travelers are advised to get vaccinations in order to avoid _____ serious illnesses overseas.

    (a) garnering
    (b) beckoning
    (c) contracting
    (d) sanctioning

30. More evidence is needed to _____ support for Professor Smith's argument about the causes of high crime rates.

    (a) ascend
    (b) bolster
    (c) perturb
    (d) upbraid

You have finished the Vocabulary questions. Please continue on to the Grammar questions.

1. A: Which painting do you like the most?
    B: I don't know. There are so many
    _____ from.

    (a) chosen
    (b) choose
    (c) choosing
    (d) to choose

2. A: Why didn't you buy any fruit at the
    supermarket?
    B: Their produce can't compare with
    _____ they have at the farmers'
    market.

    (a) that
    (b) what
    (c) which
    (d) where

3. A: You ate a lot at the buffet today.
    B: _____ breakfast, I was hungry.

    (a) To skip
    (b) Skipped
    (c) Skipping
    (d) Having skipped

4. A: How's your physical therapist?
    B: Great. She's really providing
    _____ from my back pain.

    (a) relief
    (b) reliefs
    (c) the reliefs
    (d) every relief

5. A: I'll meet you downstairs at the café.
    B: OK. I'll come down as soon as I
    _____ sending this email.

    (a) finish
    (b) finished
    (c) will finish
    (d) will have finished

6. A: How's work on the city hall building
    coming along?
    B: Not bad. Approximately half of the old
    building _____ so far.

    (a) has restored
    (b) had restored
    (c) has been restored
    (d) had been restored

7. A: The restaurant was a bit of a letdown.
    B: I had a feeling it _____.

    (a) would
    (b) would be
    (c) would have
    (d) would have been

8. A: Can we have an extension on the
    project?
    B: No. It's imperative that it _____
    done on time.

    (a) is
    (b) be
    (c) will be
    (d) is being

9. A: Have Tom and Julie settled their
    differences?
    B: No. And neither _____ any
    time soon, if you ask me.

    (a) has apologized
    (b) have apologized
    (c) is going to apologize
    (d) are going to apologize

10. A: Did you buy anything at the store?
    B: Yes, I got _____.

    (a) the two mats you told me
    (b) two of the mats you told me
    (c) the two of mats you told me about
    (d) two of the mats you told me about

Choose the option that best completes each sentence.

G

11. It remains to be seen _____ John will accept the offer to work overseas.

    (a) that
    (b) until
    (c) unless
    (d) whether

12. Studies show that _____ timing meals can improve weight loss.

    (a) the most proper
    (b) more proper
    (c) properly
    (d) proper

13. By the time Georgetown's public transit project is finished, the city _____ three new subway lines.

    (a) is adding
    (b) has added
    (c) will have added
    (d) will have been adding

14. Amy knew the punch line to the joke because she had heard _____ like it before.

    (a) them
    (b) that
    (c) any
    (d) one

15. Vaccines have helped to wipe out _____ number of deadly viruses.

    (a) a
    (b) the
    (c) each
    (d) several

16. If Brad _____ harder as a young man, he would be wealthier now.

    (a) has worked
    (b) had worked
    (c) would work
    (d) would have worked

17. The government's attempts to stimulate the economy _____ strong job growth so far this year.

    (a) lead to
    (b) leads to
    (c) has led to
    (d) have led to

18. Students _____ to be excused for an absence must provide documentation.

    (a) requested
    (b) to request
    (c) requesting
    (d) have requested

19. The firm's credit rating will drop _____ it fail to make interest payments on time.

    (a) could
    (b) might
    (c) would
    (d) should

20. The National Unity Party has attracted _____ since it changed its stance on social issues.

    (a) support more ever ardent
    (b) ever more ardent support
    (c) support ever more than ardent
    (d) ever ardent more than support

21. The restaurant _____ out of business last year after a highly publicized food poisoning incident.

(a) forced
(b) has forced
(c) was forced
(d) has been forced

22. Tim's business trip, _____ unnecessary after the company found a new supplier, was canceled.

(a) deeming
(b) to deem
(c) deemed
(d) deem

23. Novelist Virginia Woolf might never have been so successful _____ the support of her husband, Leonard.

(a) for it had not been
(b) had it not been for
(c) if for it had not been
(d) if had it not been for

24. The nuclear disarmament campaign will open a new front _____ the government's war against violence.

(a) in
(b) at
(c) by
(d) onto

25. Professor Davies is trying to develop a process _____ organic waste can be transformed into energy.

(a) that
(b) which
(c) through that
(d) through which

G

Read each dialogue or passage carefully and identify the option that contains a grammatical error.

26. (a) A: Did you end up taking a budget airline for your flight last week?
(b) B: Yeah. I got quite a reasonably price, and the service was good.
(c) A: Great. Was it much cheaper than flying with a major carrier?
(d) B: Yeah, even with the added cost of meals and baggage.

27. (a) A: It looks like our profits have fallen for the third quarter in a row.
(b) B: What do you think is behind this slump we seem to be in?
(c) A: The regulations were enacted last year have really hurt demand.
(d) B: Well, I guess all we can do now is wait for the market to improve.

28. (a) Kava is a root used to make a traditional drink consumed across the South Pacific. (b) The root is ground up and mixed with water to produce what many call "kava tea." (c) The drink is milky brown in color and has an earthy flavor that is not to everyone's liking. (d) Nevertheless, it catches on at a few bars in North America because of its soothing effects.

29. (a) Surveys have provided insights into the factors that influence how likely people are to adopt driverless vehicles. (b) Unsurprisingly, these surveys confirm that young people are more likely than older ones to consider purchasing such vehicles. (c) They also suggest that income level is a relevant factor, with luxury car owners being the most interesting in the technology. (d) Finally, they show that people generally feel more comfortable with driverless vehicles that allow occupants to take control.

30. (a) Before the advent of canning, sailors had great difficulty to keep food for long sea journeys. (b) Meat had to be salted to prevent it from rotting, and vegetables needed to be eaten quickly. (c) As a solution, sailors consumed "hardtack," a kind of biscuit which could be kept for years. (d) Unfortunately, even hardtack was liable to become infested with insects if improperly stored.

You have reached the end of the Vocabulary & Grammar sections. Do NOT move on to the Reading Comprehension section until instructed to do so. You are NOT allowed to turn to any other section of the test.

READING
COMPREHENSION

DIRECTIONS

This section tests your ability to comprehend reading passages. You will have 40 minutes to complete 35 questions. Be sure to follow the directions given by the proctor.

Part I   **Questions 1~10**

Read the passage and choose the option that best completes the passage.

1.

> Hi Karen,
>
> I just wanted to apologize for _____. It wasn't until I got a message from Julia asking what time I'd be arriving that I remembered it was last night. Sorry it slipped my mind. Unfortunately, I was at a client dinner and couldn't come. I wanted to stop by later, but the dinner went on too long. In any case, I hope the party went well.
>
> Martin

(a) missing your party
(b) leaving your party early
(c) coming to the party uninvited
(d) forgetting to invite you to the party

2. Although Venus is relatively close to Earth, space agencies have not directed many missions there. Their reason for focusing on other planets is mainly pragmatic. Venus has an atmosphere of sulfuric acid, surface temperatures hot enough to melt lead, and high surface pressures. Under these conditions, rovers sent to the planet's surface would break down within hours. Because of this issue, space agencies have largely chosen to devote funding to exploring other planets. After all, it makes little sense to send expensive rovers to Venus if these devices cannot _____.

(a) descend to the planet's surface
(b) enter into orbit around the planet
(c) withstand the harsh conditions there
(d) take accurate measurements of its climate

3. Ultrabox Cinemas is pleased to announce that, starting from next month, we'll _____ _____. We're proud to bring high-quality entertainment to locals and tourists alike. Now, to enable visitors to better enjoy our filmmakers' work, we'll be offering special subtitled screenings of the best domestic films. The screenings will take place regularly at several locations, with subtitles in one of the three languages most commonly used by foreign visitors. For more information, check the Ultrabox website.

(a) begin hosting special international movie nights
(b) provide subtitles in a wider variety of languages
(c) offer domestic films with foreign-language subtitles
(d) start showing popular movies from various countries

4. Molecular gastronomy, a cooking style that uses chemistry and physics to alter the flavor and appearance of food, has become a fad among restaurants striving to be cutting edge. The foods made using its techniques, such as transparent ravioli and spherically shaped frozen juices, can seem magical at first. But some restaurants repeat the same tricks so often that the novelty fades. Thus, although few can deny the "wow" factor of their first encounter with molecular gastronomy, the style unfortunately tends to _____ _____.

(a) have a negative effect on food quality
(b) be inaccessible to ordinary diners
(c) lose its impact through overuse
(d) be misused by unoriginal chefs

5. Dawn Kelly's novel *Frail Memories* has won the Watson Literature Prize Foundation's inaugural Public Choice Award. The winner was chosen from among previous Watson Prize winners through online public voting. Kelly was gracious in accepting the honor, crediting her win to director Liam Stone. Stone brought the brilliant but obscure novel to public attention through his critically acclaimed cinematic adaptation. There is little doubt that Kelly is partly correct in her assessment, but she is also being overly modest. Although Stone deserves some credit, Kelly's success is largely a testament to _____ _____.

(a) her previous bestselling novels
(b) her truly impressive literary abilities
(c) the shift in public taste away from novels
(d) the foundation's preference for honoring films

6. In the US alone, patients spend $100 billion per year on back pain treatments. Back surgeries account for as much as 40% of this figure. However, these surgeries have a success rate of only 35%, lead to frequent complications, and increase the chances of dependency on painkillers. Moreover, research suggests that noninvasive treatments—such as resistance exercises done under the guidance of a qualified physiotherapist—are more effective. With these facts in mind, many people suffering from back pain would do well to _____.

(a) weigh the costs of various surgical treatments
(b) undertake rigorous physiotherapy after surgery
(c) avoid surgery through moderate use of painkillers
(d) consider other treatments before turning to surgery

7. People often complain that politicians live their lives separated from common citizens, surrounded by other political elites. While this complaint is not necessarily inaccurate, it implies a false dichotomy between politicians and people as a whole. The truth is that almost all people live within social bubbles, having been conditioned since early childhood to associate with certain groups of people. In other words, complaints about politicians being detached from their constituents overlook the fact that _____ _____.

(a) distinct social groups will become the norm
(b) politicians have an obligation to serve all people
(c) people in general have fairly limited social spheres
(d) political affiliation is influenced by social conventions

8. The poet Allen Ginsberg was a leading figure of the Beat Generation, a literary movement that emerged after World War II. Ginsberg and others in the movement disdained the literary and academic establishment, which they felt pressured artists to conform to outdated norms of artistic expression. Ginsberg denounced this system in "Howl," the poem that catapulted him to international fame. After making his name, however, Ginsberg mellowed considerably in his outlook and accepted a string of prestigious academic positions. The rebellious young poet, it turned out, was to _____ _____.

(a) become increasingly hardened against the establishment
(b) abandon his literary ideals to achieve fame and fortune
(c) embrace the very institutions derided in his early work
(d) adapt his poetic style to the shifting literary landscape

9.

Easton Denies Misspending

National Health Services director Walter Easton is in trouble over his travel arrangements. A *Daily Enquirer* investigation revealed that Easton billed taxpayers for over $200,000 on private jet travel last year. Easton took these flights despite many low-cost commercial options being available for the same routes. _____, he chartered a flight from the capital to Bridgemont for $12,000 instead of opting for a business class flight available for $880. Mr. Easton has defended the expenditures as necessary due to his busy schedule.

(a) To be sure
(b) For instance
(c) In conclusion
(d) At the same time

R

10. In 1925, Italian prime minister Benito Mussolini declared himself leader for life. Despite Mussolini's anti-democratic agenda, many in the US media refused to condemn his regime. _____, many of the articles published about Mussolini in the American press were downright positive. Some historians speculate that journalists ignored Mussolini's autocratic tendencies because of his staunch opposition to communism, which many Americans saw as an even greater threat than fascism.

(a) In fact
(b) Even so
(c) In short
(d) To begin

Part II **Questions 11~12**

Read the passage and identify the option that does NOT belong.

11. There are many ways to get more exercise without drastically changing your daily routine. (a) For example, you can make short trips on foot instead of traveling by vehicle. (b) If you live on an upper floor, you can take the stairs instead of the elevator. (c) Also, you will feel healthier and stronger from having become more active. (d) On shopping trips, you can carry your bags rather than using a shopping cart.

12. In the 1960s and 1970s, American scientist Alexander Schauss conducted studies into the psychological and physiological effects of color. (a) He found that a particular shade of pink considerably lowered people's pulse and respiration rate. (b) On the basis of this finding, Schauss convinced a prison to paint its cells pink and observe its inmates. (c) Remarkably, the newly painted cells led to lower rates of violent behavior during the initial test period. (d) To obtain the desired shade, Schauss created a mixture consisting of eight parts white to one part red paint.

Read the passage, question, and options. Then, based on the given information, choose the option that best answers each question.

R

13.

To: Patty Getty <p.getty@dlmag.com>
From: H. Boxer <h.boxer@dlmag.com>
Subject: Please consider

Dear Ms. Getty,

Over the past four years, I've enjoyed my experience as a staff writer for *Dynamic Life Magazine*. However, despite positive performance reviews, I haven't received a pay increase during this time. I believe I'm an asset to this company, and I'd appreciate this recognition for my hard work. I hope you'll look into this matter.

Harold Boxer

Q: What is the main purpose of the email?

(a) To request a salary increase
(b) To resign because of low wages
(c) To argue for higher pay for staff writers
(d) To ask for a personal performance review

14. The landmass that comprises Australia is vast in size and great in age. However, despite these features, Australia yields very few fossil discoveries. Most older fossils are buried deep underground and get pushed to the surface by geological processes such as those responsible for mountain formation. As Australia has been geologically inactive for tens of millions of years, however, its older fossils remain inaccessible under thick layers of rock. Meanwhile, more recent fossils, which are located closer to the surface, have been destroyed by the 30 million years of erosion that have affected the continent.

Q: What is the main topic of the passage?

(a) Reasons for the rarity of fossil discoveries in Australia
(b) Examples of unusual fossil discoveries in Australia
(c) Causes of the destruction of Australia's rare fossils
(d) Theories about the origins of Australia's fossils

15.

Biggy Burgers

Burger Paradise for Vegetarians

At Biggy Burgers, we pride ourselves on our wide selection of mouthwatering vegetarian burgers. Now we're making these burgers even better with an all new vegetarian patty made from healthier ingredients.

Starting next month, all our vegetarian burgers will be made using this new patty, which tastes even more like real beef. Come taste one of our new patties in our signature Green Dream Burger, which we'll be offering at a 20% discount all month.

See you at Biggy Burgers!

Q: What is mainly being advertised about Biggy Burgers?

(a) It won an award for its newest burger.
(b) It has a variety of vegetarian-friendly options.
(c) It is offering a discount to promote a new burger.
(d) It will start using a newly developed vegetarian patty.

16. Archaeological evidence suggests that income inequality was far more severe in ancient Europe and Asia than in the pre-Columbian civilizations of the New World. One theory to account for this discrepancy focuses on agricultural practices. Through a quirk of geography and evolution, the New World, prior to contact with the Old World, lacked animals that could be domesticated for farming. Owners of cattle, oxen, and horses in the Old World were able to amass greater wealth than peasants who lacked these animals. In the New World, where these creatures remained unknown until after the voyages of Christopher Columbus, agricultural societies remained relatively egalitarian.

Q: What is the writer's main point about economic inequality in the Old World?

(a) It was reduced through access to New World agricultural techniques.
(b) It was worse than in the New World owing to animal domestication.
(c) It was problematic because of its negative effects on agriculture.
(d) It was deepened through pressures to colonize the New World.

17.

To: Martin <marty.gager@marketwizards.biz>
From: Susan <sue.tremblay@marketwizards.biz>
Subject: Re: Marketing Report

Hi Martin,

Thanks for getting the marketing report back to me. The budget figures on page 6 look great now. I also like what you did with the sales bar chart on page 13. The bars are more colorful now, so they're much easier to see. One last thing: I went over our sales projections and found some errors on page 18. I corrected them, but please double-check that section just in case.

Susan

Q: What is Martin being asked to do?

(a) Update the budget figures
(b) Review the sales projections
(c) Fix errors in the expense report
(d) Use colors for the sales bar chart

18. In the Atlantic Ocean, horseshoe crabs spawn during May and June, with females laying their eggs during full moons and new moons. Females crawl from the ocean to the shore with the males clinging to their backs. At the edge of the water, the females dig multiple small holes in the sand and lay thousands of eggs, while the males fertilize any nearby eggs. After spawning, the males and females return to the ocean, leaving the eggs behind to hatch on their own.

Q: Which of the following is correct about Atlantic horseshoe crabs?

(a) Males carry females to the shore on their backs.
(b) Females bury their eggs in shallow water.
(c) Females use several holes to deposit their eggs.
(d) Males fertilize the eggs of one female each.

19. When orange-fleshed sweet potatoes were first introduced to the United States several decades ago, farmers wanted to distinguish them from more traditional white-fleshed sweet potatoes. Accordingly, they adopted the word "yam," derived from the African word "nyami." This choice was potentially confusing, as the nyami, or true yam, is a completely different starchy root plant cultivated in Africa and Asia. Because of the possibility of confusion, the US Department of Agriculture now requires that American yams also carry the term "sweet potato" on their labels to avoid ambiguity.

Q: Why was the term "yam" adopted in the US?

(a) To make the nyami more acceptable to Americans
(b) To indicate the local origin of a variety of sweet potato
(c) To differentiate a newly introduced type of sweet potato
(d) To help people avoid mistakenly buying white sweet potatoes

20.

Artsworld

===

Another McKay Sculpture Sold

A 1960 sculpture by Kevin McKay titled *Evening Stars* was sold to a private collector for $1.5 million yesterday. The artist's works have been fetching remarkable sums recently. His masterpiece *Sunshine*, for example, was purchased for $4 million six months ago, becoming the most expensive McKay artwork ever sold. That sale broke the record of $3.5 million set roughly a year earlier by *Silent Waves*, a sculpture McKay completed two years before his death in 1974. His final sculpture, *Jest*, which was unveiled just days before his passing, is slated to be sold next month.

Q: Which of the following is correct according to the news report?

(a) *Evening Stars* was sold for $1.5 million in 1960.
(b) *Sunshine* was sold prior to the sale of *Silent Waves*.
(c) *Silent Waves* held the price record for about a year.
(d) *Jest* was revealed to the public after McKay's death.

21.

> ### COME TO SEE
>
> ### YOUR MALL REIMAGINED!
>
> Featuring three stories of shopping, dining, and entertainment, Delano Mall provides the ultimate shopping experience.
>
> After a year of renovations, the first floor has been remodeled to showcase a wider range of luxury brands. At the food court on the second floor, some fast-food outlets have been replaced with premium eateries. With the addition of a new ten-screen cinema at the former site of Mega-lo-Mart, the mall's top floor now also offers quality entertainment for the whole family.
>
> *Delano Mall*

Q: Which of the following is correct about Delano Mall?

(a) It offered more high-end goods before the renovations.
(b) It used to have a food court on the third floor.
(c) Its food court now has fewer fast-food restaurants.
(d) Its cinema has reopened in its original location.

22. Before red blood cells mature, they go through an immature phase, during which they are referred to as reticulocytes. Because mature red blood cells only survive for about four months, the body must continuously produce reticulocytes to replace them. Reticulocytes are generated within bone marrow and released into the blood stream, where they account for approximately 1% of red blood cells. Tests to determine reticulocyte levels can help doctors gauge a patient's recovery from chemotherapy. As this treatment destroys red blood cells, patients who are recovering have a high proportion of reticulocytes, indicating that their body is working to replace lost red blood cells.

Q: Which of the following is correct according to the passage?

(a) Reticulocytes become mature red blood cells in the bone marrow.
(b) Mature red blood cells outnumber reticulocytes in the blood stream.
(c) Chemotherapy results in an increase in the number of red blood cells.
(d) Reticulocyte levels remain low as patients recover from chemotherapy.

23. The latest movie from Lindsay Sheldon, *People*, has generated a media firestorm, with many condemning the film's graphic depiction of war violence. These concerns have some legitimacy, but art has always been a medium through which to explore life's dark aspects. A socially engaged director, Sheldon uses deliberately disturbing imagery, allowing the audience to feel war's impact as intensely as possible. This tactic may leave many uncomfortable, but it is necessary to spur changes our society needs.

Q: Which statement about Lindsay Sheldon would the writer most likely agree with?

(a) Her film's glorification of violence is disturbing.
(b) She ignores the roots of war in societal breakdown.
(c) She failed to anticipate the angry reaction to her film.
(d) Her film's graphic imagery can promote anti-war views.

24.

Daily Sports Journal	March 11 **Basketball**

Another Bitter Night for the Knights

Jeremy Pitman

The Knights basketball team extended their losing streak last night with a stinging loss to the Tigers. Following a thrilling start to the season, the Knights have fallen apart, having looked particularly dismal since Darren Paulson was sidelined with a season-ending knee injury.

Unless the team stages a dramatic reversal, it has little hope of repeating last season's impressive playoff run, which saw the team fall just short of victory.

With the trade deadline looming, coach Frank Stevenson has said that the team's only hope of making the playoffs without Paulson might be to swap some of the team's younger players for a proven scorer.

Q: What can be inferred from the news report?

(a) Stevenson is seeking to trade Darren Paulson.
(b) The Knights' loss to the Tigers was unexpected.
(c) The Knights won the championship last season.
(d) Paulson is not expected to return by the playoffs.

25. In 1993, the US Federal Reserve Bank decided to increase transparency. To this end, it started to make all notes from its Federal Open Markets Committee meetings available for public viewing. A comparison of the proceedings before and after this change revealed a shift in the behavior of newer committee members. When meetings were still confidential, these less experienced members were more vocal about policy decisions. After the change, they tended to defer to the committee chairperson. Most likely, the newer members, knowing that their statements were on the record, were simply reluctant to advocate alternative policies that could ultimately fail.

Q: What can be inferred about Federal Reserve meetings from the passage?

(a) Members of the public attended them to challenge decisions.
(b) Committee members demanded the release of notes from them.
(c) Publicizing notes from them suppressed members' policy debates.
(d) Releasing notes from them decreased agreement among members.

R

Read the passage, questions, and options. Then, based on the given information, choose the option that best answers each question.

Questions 26-27

Travelers, Try Centrino's Freedom Card Today!

Love traveling? Looking for the perfect credit card? Centrino's Freedom Card grants users access to airport lounges around the world as well as triple points for all travel-related purchases!

Apply for a card today and enjoy these additional perks exclusively for new users:
• A sign-up bonus of 75,000 points.*
• A $200 travel credit for the first year.**
• A $100 discount on the annual $500 card fee.***

Apply online or in person at any Centrino Bank branch. This deal expires at the end of the month.

Points can be redeemed only for purchases made through centrino.com.
**This credit is automatically applied to the first $200 spent on travel-related purchases.*
***This discount is applied only if the card holder spends $3,000 in the first four months of owning the card.*

---

26. **Q:** What is mainly being advertised?

   (a) Conditions for signing up for a new credit card
   (b) Special rewards for signing up for a credit card
   (c) Special discounts for users of a new credit card
   (d) New benefits for current users of a credit card

27. **Q:** Which of the following is correct about Centrino's Freedom Card?

   (a) It grants users triple points for all purchases.
   (b) It can be applied for at Centrino Bank branches.
   (c) Its points can be used for all travel-related purchases.
   (d) Its travel credit is only available for four months after sign-up.

MyRide | Passenger Questionnaire   [Save] [Submit]

Thank you for using the MyRide app for your latest journey. Your feedback will help us improve our service.

How did you hear about our service?

○ Internet   ○ TV or Radio   ○ Print Ad   ● Friends or Family   ○ Other

Rate our service	Poor	Fair	Good	Excellent
Convenience of app	○	○	●	○
Pick-up speed	○	○	○	●
Driver	○	●	○	○
Fare	○	○	●	○

Additional Comments

My husband and I needed a ride from the ferry terminal to our hotel in Harrisburg. One of my friends had tried the MyRide app and recommended it, so we decided to use it ourselves. It was complicated to use at first, but once we figured out how to use it, an SUV arrived almost immediately. The driver was quiet throughout the ride, which my husband and I appreciated. His driving was smooth, so the trip was comfortable. However, the driver left us to unload our own luggage, which contributed to our low rating for him. The fare seemed a bit pricey, but upon reflection, it was actually pretty reasonable for the city.

---

28. Q: Why was the reviewer not fully satisfied with the driver?

(a) She found the ride overpriced.
(b) She had trouble contacting him.
(c) She was annoyed by his driving style.
(d) She was not assisted with her luggage.

29. Q: Which of the following is correct about the reviewer?

(a) She used the app to find a ride to the ferry terminal.
(b) She chose the app at her family's suggestion.
(c) She found the app difficult to use initially.
(d) She disliked her driver's talkativeness.

Questions 30-31

Nature ▼   **Space ▼**   Animals ▼   Psychology ▼   Society ▼

A Mystery of the Solar System

Our solar system, unlike many others, has few relatively massive bodies in close proximity to its star. Many other systems have super-Earths—rocky planets two to ten times larger than Earth—as well as gassy planets like Neptune. However, our inner solar system, which encompasses the planets from Mercury to Mars, has no bodies larger than Earth. A theory accounting for this anomaly centers on our solar system's largest planet, Jupiter.

According to recent calculations, Jupiter is our solar system's oldest planet, likely having grown to twenty times the mass of Earth within the solar system's first million years of existence. Astronomers theorize that Jupiter once drifted closer to the Sun, drawing in rocky matter and gas with its gravitational force. This process basically swept the inner solar system clean, leaving less material for the formation of later planets such as Mercury, Venus, and Earth, resulting in their relatively diminutive size.

30. **Q:** What is the passage mainly about?

(a) What our solar system's planets are made of
(b) Why our inner solar system lacks large planets
(c) When our solar system's largest planets formed
(d) How the order of our solar system's planets changed

31. **Q:** According to the passage, what was likely the first planet in our solar system to form?

(a) Earth
(b) Jupiter
(c) Mercury
(d) Neptune

Project Azorian

In 1968, a Soviet submarine sank in the Pacific Ocean. Mistakenly believing that it had collided with a US submarine, the Soviets attempted to locate the wreckage, but their efforts proved unsuccessful. However, the US military, using superior acoustic technology, was able to pinpoint the sunken vessel. Subsequently, the US launched Project Azorian, a top secret attempt to recover the submarine, dubbed *K-129*, for intelligence-gathering purposes.

To mask their activities, the US military concocted a story involving famously eccentric billionaire Howard Hughes. At their direction, Hughes publicly proclaimed that he was building a ship, the *Hughes Glomar Explorer*, to extract mineral deposits from the seabed. The vessel's true purpose was to raise the Soviet submarine to the surface. When the *Explorer* was eventually deployed, the Soviets investigated it, but they found nothing suspicious and departed.

As *K-129* rested three miles deep, the *Explorer* used a giant claw to attempt to hoist the wreckage. A mile off the seabed, the 300-foot submarine broke apart, but the claw successfully raised 40 feet of it to the surface. Although it was not the coveted intelligence bonanza, it did provide useful information on Soviet capabilities, including submarine manuals.

32. **Q:** What did Howard Hughes pretend to be doing with his ship?

(a) Searching for sunken treasure
(b) Engaging in a mining operation
(c) Assisting in disaster recovery tasks
(d) Testing underwater acoustic equipment

33. **Q:** What can be inferred from the passage?

(a) The Soviets lacked a precise idea of the lost submarine's location.
(b) The US military was responsible for the submarine's disappearance.
(c) The US military recruited Hughes for his expertise in salvage operations.
(d) The Soviets regarded the information contained in K-129 as unimportant.

R

Office of Senator Oliver Holdsworth

PRESS RELEASE
October 23

From the start, I made my opposition to the Better Education Act (BEA) clear. My position has not changed: we must repeal the law and replace it with legislation that raises standards, increases accountability, and frees up schools to experiment. The amendment voted on today would have repealed the BEA but would not have provided an alternative. For this reason, I could not vote with my colleagues in favor of the amendment.

As I have stated repeatedly, simply going back to the previous system will not suffice. We need a durable solution for our education system. Furthermore, I cannot overemphasize that a major failing of the BEA was that it was passed with little input from conservatives. We cannot repeat the Liberal Party's costly mistake and pass education reform legislation on a strictly partisan basis. We must return to holding hearings, reaching across the aisle, and listening to the input of experts before making decisions. Our constituents expect and deserve no less from us.

34. **Q:** What is the writer mainly doing in the second paragraph?

(a) Calling for bipartisan cooperation on education reform
(b) Explaining the reasons for an amendment's partisan nature
(c) Criticizing the government's failure to pass an education bill
(d) Outlining alternative amendments to new education legislation

35. **Q:** What can be inferred from the press release?

(a) The amendment was pushed through with the support of Liberals.
(b) Senator Holdsworth has a comprehensive alternative to the BEA.
(c) The BEA originally attracted support from Holdsworth's party.
(d) Senator Holdsworth had minimal input into drafting the BEA.

[해설집] 정답·스크립트·해석·해설 p. 2

You have reached the end of the Reading Comprehension section. Please remain seated until you are dismissed by the proctor. You are NOT allowed to turn to any other section of the test.

다양한 무료 텝스 강의 및 학습 자료는
해커스텝스에서! Hackers.co.kr

TEPS 서울대 텝스관리위원회
공식 기출문제집

TEST 2

테스트 전 확인사항

1. OMR 답안지를 준비하셨나요? ☐
2. 컴퓨터용 사인펜, 수정 테이프를 준비하셨나요? ☐
3. 음성을 들을 준비를 하셨나요? ☐

TEST 2
음성 바로 듣기

🎧 **TEST 2.mp3 음성 바로 듣기**

해커스인강(HackersIngang.com)에서 무료 다운로드
상단 메뉴 [MP3/자료 → 문제풀이 MP3]

자동 채점 및 성적 분석
서비스 바로 이용하기

🖹 **자동 채점 및 성적 분석 서비스**

· 타이머, 모바일 OMR, 자동 채점
· 정답률 및 취약 유형 분석

시험 시간 : 105분

시작 시간 : _____시 _____분 ~ 종료 시간 : _____시 _____분

LISTENING COMPREHENSION

DIRECTIONS

In the Listening Comprehension section, all content will be presented orally rather than in written form. This section contains five parts. For each part, you will receive separate instructions. Listen to the instructions carefully, and choose the best answer from the options for each item.

L

Part I **Questions 1~10**

You will now hear ten individual spoken questions or statements, each followed by four spoken responses. Choose the most appropriate response for each item.

Part II **Questions 11~20**

You will now hear ten short conversation fragments, each followed by four spoken responses. Choose the most appropriate response to complete each conversation.

You will now hear ten complete conversations. For each conversation, you will be asked to answer a question. Before each conversation, you will hear a short description of the situation. After listening to the description and conversation once, you will hear a question and four options. Based on the given information, choose the option that best answers the question.

L

Part IV Questions 31~36

You will now hear six short talks. After each talk, you will be asked to answer a question. Each talk and its corresponding question will be read twice. Then you will hear four options which will be read only once. Based on the given information, choose the option that best answers the question.

Part V Questions 37~40

You will now hear two longer talks. After each talk, you will be asked to answer two questions. Each talk and its corresponding questions will be read twice. However, the four options for each question will be read only once. Based on the given information, choose the option that best answers each question.

L

VOCABULARY & GRAMMAR

DIRECTIONS

These two sections test your vocabulary and grammar knowledge. You will have 25 minutes to complete a total of 60 questions: 30 from the Vocabulary section and 30 from the Grammar section. Be sure to follow the directions given by the proctor.

1. A: What time does the subway stop running?
    B: I'm not sure. Let me _____ the subway app on my phone.

    (a) check
    (b) claim
    (c) serve
    (d) pass

2. A: I'd like to invite you to my wedding, Brian.
    B: Thanks! It'd be an _____ to attend.

    (a) honor
    (b) episode
    (c) occasion
    (d) affection

3. A: You seemed bored during the lecture.
    B: Yes, I didn't find the professor very _____.

    (a) appetizing
    (b) engaging
    (c) tempting
    (d) alarming

4. A: Joe is so childish sometimes.
    B: I know. He can be quite _____.

    (a) illusory
    (b) inherent
    (c) immature
    (d) inaccurate

5. A: Congratulations on winning the writing contest! You must be thrilled.
    B: Yeah, I was _____ when I got the news.

    (a) timid
    (b) earnest
    (c) ecstatic
    (d) prudent

6. A: Do we all need to go to the meeting?
    B: Yes, the boss said that attendance is _____.

    (a) rigorous
    (b) pertinent
    (c) verifiable
    (d) mandatory

7. A: You're quite good at public speaking.
    B: Thanks. But I still wish I were more _____.

    (a) fanatical
    (b) eloquent
    (c) intrusive
    (d) gratuitous

8. A: Frank Zappa made so many albums!
    B: I know. He could _____ several in a single year.

    (a) rake in
    (b) pass up
    (c) churn out
    (d) carry over

9. A: Should I complain about the long work hours?
    B: I wouldn't. You might _____ the boss. He's sensitive to criticism.

    (a) renounce
    (b) exacerbate
    (c) antagonize
    (d) incapacitate

10. A: The referee was terrible tonight!
    B: I agree. The last penalty call in particular was a(n) _____!

    (a) impiety
    (b) travesty
    (c) profanity
    (d) ambiguity

Choose the option that best completes each sentence.

11. Brushing your teeth regularly can help
    _____ tooth decay.

    (a) release
    (b) oppose
    (c) commit
    (d) prevent

12. Scientists have suggested that solar
    _____ might be responsible for
    weather variations.

    (a) tension
    (b) activity
    (c) exercise
    (d) practice

13. Children under the age of 13 who wish to
    ride the roller coaster must be _____
    by an adult.

    (a) accompanied
    (b) maintained
    (c) contained
    (d) included

14. Many manufacturing jobs have been
    _____ because of increasing reliance
    on robots.

    (a) exhibited
    (b) eliminated
    (c) duplicated
    (d) postponed

15. The new reading room will be large
    enough to _____ up to 50 children
    at a time.

    (a) embrace
    (b) familiarize
    (c) standardize
    (d) accommodate

16. Daehan Tech is being investigated for tax
    evasion after _____ legally required
    information on its tax returns.

    (a) omitting
    (b) revoking
    (c) repealing
    (d) nullifying

17. Squids can _____ ink from their
    bodies, creating a dark cloud to confuse
    predators.

    (a) absorb
    (b) squirt
    (c) chase
    (d) rinse

18. All teachers at Franklin Middle School
    are _____ annually to ensure that
    students are receiving high-quality
    instruction.

    (a) escorted
    (b) extracted
    (c) evaluated
    (d) estimated

19. President Ronald Reagan saw organized
    crime as a _____ to society and
    signed legislation to fight it.

    (a) stigma
    (b) heresy
    (c) scruple
    (d) menace

20. It is important to get enough sleep, as
    sleep _____ is bad for health.

    (a) deprivation
    (b) inferiority
    (c) affliction
    (d) scarcity

21. After watching a touching documentary about poverty, Sarah felt _____ to donate money to charity.

(a) enforced
(b) dignified
(c) converted
(d) compelled

22. Sales of the Solar 2 smartphone _____ after the faster and more stylish Solar 3 went on sale.

(a) plunged
(b) retreated
(c) imparted
(d) degraded

23. Michelle found her life so _____ that she decided to take an overseas trip to relieve her boredom.

(a) adamant
(b) perpetual
(c) innocuous
(d) monotonous

24. When Jan got too sick to play, she was forced to _____ the tennis match to her opponent.

(a) forfeit
(b) unleash
(c) displace
(d) transmit

25. To receive a certificate in computer science, you must show a high level of _____ in programming languages.

(a) sufficiency
(b) proficiency
(c) reputability
(d) attainability

26. Many people are giving up junk food in a battle against their _____ waistlines.

(a) multiplying
(b) simmering
(c) dwindling
(d) bulging

27. The city's subway system is being expanded outward to connect residents on the city's _____ to the downtown area.

(a) terrain
(b) vanguard
(c) periphery
(d) panorama

28. The judge deemed the criminal's actions so _____ that he sentenced the man to life in prison.

(a) strident
(b) fallacious
(c) discordant
(d) abominable

29. Although critics tried their best to make sense of the artist's work, his paintings were largely _____.

(a) venerable
(b) sagacious
(c) assiduous
(d) inscrutable

30. The old city hall has been neglected for years, so now it is _____ and in urgent need of repairs.

(a) decrepit
(b) aberrant
(c) fractious
(d) congruent

You have finished the Vocabulary questions. Please continue on to the Grammar questions.

Choose the option that best completes each dialogue.

G

1. A: Have you managed to find a new
       apartment?
    B: Yes. I'm going to take the one _____
       I looked at last week.

    (a) that
    (b) what
    (c) where
    (d) whom

2. A: I'm going to start saving more money.
    B: Great idea. Building up your savings
       _____ good sense.

    (a) make
    (b) makes
    (c) is making
    (d) are making

3. A: Do you like going to parties?
    B: No. I find _____ with strangers
       difficult.

    (a) talk
    (b) to talk
    (c) talking
    (d) having talked

4. A: I was surprised to get promoted.
    B: You definitely _____. You've
       proven that you're a very capable team
       member!

    (a) deserved doing it
    (b) deserved to do
    (c) deserved to
    (d) deserved

5. A: That film wasn't well made at all.
    B: I know. I couldn't imagine a _____
       constructed story!

    (a) poor
    (b) poorest
    (c) most poorly
    (d) more poorly

6. A: It's too bad that you missed the
       football game!
    B: If I _____ more time, I definitely
       would've attended.

    (a) would have
    (b) have had
    (c) had had
    (d) have

7. A: You look annoyed. What's wrong?
    B: The woman _____ at the café
       downstairs got my order wrong.

    (a) works
    (b) worked
    (c) to work
    (d) working

8. A: How long have you been in Canada?
    B: I've lived here since I _____ from
       college.

    (a) graduate
    (b) graduated
    (c) had graduated
    (d) have graduated

9. A: How's the new intern doing?
    B: For _____ so inexperienced, he's
       getting great results.

    (a) each
    (b) him
    (c) one
    (d) it

10. A: Aren't you concerned about your
       performance review?
    B: No, I've put in a lot of effort, so I'm
       not _____.

    (a) the least bit worried about it
    (b) the least worried bit about it
    (c) worried a bit about it the least
    (d) worried the least about it a bit

Choose the option that best completes each sentence.

11. Many people do not wash their hands as often as they _____.

    (a) will
    (b) may
    (c) would
    (d) should

12. George Eliot, _____ first novel came out in 1859, became one of the leading writers of the Victorian period.

    (a) who
    (b) when
    (c) which
    (d) whose

13. When the computer system crashed, many documents _____.

    (a) lost
    (b) have lost
    (c) were lost
    (d) have been lost

14. Angry workers blame the company's CEO for making _____ effort to avoid layoffs.

    (a) few
    (b) little
    (c) many
    (d) much

15. Upset with his art dealer, the artist stopped producing prints and refused _____ new orders.

    (a) to take
    (b) taking
    (c) took
    (d) take

16. All staff members who _____ their time sheets for this month must do so by today.

    (a) will not submit
    (b) had not submitted
    (c) are not submitting
    (d) have not submitted

17. _____ the recession is officially over, many people still feel that their financial situation is shaky.

    (a) Provided that
    (b) By the time
    (c) Although
    (d) Since

18. The professor recommended that Kevin _____ the conclusion to his paper.

    (a) revise
    (b) revises
    (c) is revising
    (d) will revise

19. Flights will resume once the runway has been cleared _____ snow.

    (a) of
    (b) on
    (c) over
    (d) from

20. Among the best-selling novels of the 1980s _____ Patricia Miller's *Dangerous Clues*.

    (a) have been
    (b) has been
    (c) were
    (d) was

21. Some of the provisions _____
in the senator's speech last week were
later removed from the immigration bill.

(a) condemned
(b) to condemn
(c) condemning
(d) were condemned

22. Alex was so selfish that his roommates
found _____.

(a) impossible living with him
(b) him impossible to live with
(c) he was impossible living with
(d) he was impossible with living

23. Sailors still out at sea are now in _____
because of the sudden storm that has hit
the coast.

(a) peril
(b) perils
(c) a peril
(d) the perils

24. The police could not determine _____
_____.

(a) whose fault was in the car accident
(b) whose car accident was at the fault
(c) who was in the car accident at fault
(d) who was at fault in the car accident

25. Interest rates _____ at their lowest
level in decades, many people are
considering taking out loans.

(a) are
(b) to be
(c) being
(d) have been

G

Part III   Questions 26~30

Read each dialogue or passage carefully and identify the option that contains a grammatical error.

26. (a) A: Lavender Bloom's newly released album sounds so strangely to me.
(b) B: Really? I found it enjoyable. Their new direction is quite original.
(c) A: Well, it's too unconventional for my tastes. I prefer their older albums.
(d) B: I disagree. I actually found their style too straightforward before.

27. (a) A: You look quite familiar. Have we met somewhere before?
(b) B: Yes, I think I introduced to you at Jane's housewarming.
(c) A: Oh, that's right! It's been so long that I almost forgot.
(d) B: That's all right. I think we only got a chance to talk briefly.

28. (a) Thorny devils are small reptiles that are native to Australia. (b) Covering with spikes, they have a natural defense against predators. (c) Interestingly, they also change colors depending on the weather. (d) While they are yellow and red in warm weather, they are dark-colored in the cold.

29. (a) For many decades, almost all scientists assumed that people need roughly the same balance of nutrients. (b) Recent studies, however, have provided evidence suggesting that this assumption was being simply untrue. (c) These studies have shown that genes play a major role in determining the ideal nutrient levels for each person. (d) Thus, it seems that people might benefit from following diets individually tailored to their personal needs.

30. (a) Scientists believe that the solar system is enveloped in a bubble of gas 300 light years wide. (b) The bubble was formed by the explosions of several nearby stars around 10 million years ago. (c) These explosions occurred at a time when early humans and other great apes were evolving. (d) Despite the explosions occurred fairly close to Earth, the evolution of these species was unaffected.

You have reached the end of the Vocabulary & Grammar sections. Do NOT move on to the Reading Comprehension section until instructed to do so. You are NOT allowed to turn to any other section of the test.

READING
COMPREHENSION

DIRECTIONS

This section tests your ability to comprehend reading passages. You will
have 40 minutes to complete 35 questions. Be sure to follow the directions
given by the proctor.

Read the passage and choose the option that best completes the passage.

1.

> To all employees:
>
> Limelight Marketing would like to notify all employees that we will be _____
> _____. All employees have a minimum of 15 days of paid
> annual leave. However, many consistently take fewer than this number each year. In
> keeping with our commitment to work-life balance, we believe that it is important for
> employees to use all their leave. Managers will be responsible for ensuring that this
> policy is followed within their departments.
>
> Marsha Douglas
> Limelight Marketing CEO

(a) requiring full use of annual leave
(b) introducing more flexible paid leave
(c) granting workers full pay during leave
(d) paying employees for any unused leave

2. At the end of this season, basketball star Stan Morris will become a free agent, as his
contract with the Lions is ending. Sources close to Morris say that he is frustrated with the
team's performance. In particular, he is upset that management failed to bring in the
supporting players needed to make the Lions a championship contender. The Lions are
almost certain to offer Morris a generous contract extension. However, it seems likely that
he will leave for a team where he will _____.

(a) be allowed to assume a more central role
(b) be rewarded financially for his contributions
(c) enjoy greater appreciation from his teammates
(d) have a better chance of winning a championship

3. Research suggests that parents who spend too much time using mobile devices may be _____. In surveys, parents were asked to rate the extent to which technology interrupted their daily interactions with family members. They were also asked to rate how often their children were disruptive. After controlling for various factors, the researchers found a correlation between parents' distractedness and children's troublesome actions. Although the results were not entirely conclusive, the researchers advised parents to consider the effects of their screen time on children.

(a) communicating ineffectively with their children
(b) causing their children to become withdrawn
(c) contributing to their children's misbehavior
(d) creating a generation of isolated children

4. Several years ago, I was the victim of bank fraud. Having lost a fair amount of money, I was extremely upset and went through a dark period. The feelings of anger and despair would have been hard to bear without the support of friends and the help of a therapist. Eventually, I regained my peace of mind and realized that I would be able to rebuild my savings. But the experience showed me that one of the greatest dangers of fraud is that it can _____.

(a) seriously damage a victim's relationships
(b) leave victims unable to survive financially
(c) significantly reduce a victim's earning potential
(d) have a profound psychological impact on victims

5. Some health experts argue that a special sales tax on sugary drinks would dramatically reduce diabetes and obesity rates. Although this proposal sounds promising in theory, it has not generally worked out in the real world. For example, when Mexico introduced such a tax, it saw an immediate dip in sales of sugary drinks. However, the only real long-term effect of the tax was to fill the government's coffers. Within a relatively short period of time, consumption returned to pre-tax levels, despite the tax remaining. The case can therefore be made that such taxes _____.

(a) produce different results in each country
(b) cause people to consume more sugary drinks
(c) accomplish little beyond generating revenues
(d) lead to public discontent despite their efficacy

6. After emigrating to the United States in 1933, Albert Einstein used his fame to _____ _____. As a Jewish man, Einstein had suffered from anti-Semitism in Nazi Germany prior to World War II. This racism forced him into exile in the US, where his scientific discoveries brought him renown. Seeing the parallels between the situation of Jews in Germany and blacks in the US, Einstein publicly supported the American civil rights movement. For his actions, he was placed under FBI surveillance, as civil rights leaders were then viewed as Communist threats. However, Einstein's fame insulated him from outside pressures, enabling him to continue championing progressive causes.

(a) challenge anti-Semitic movements
(b) denounce racism in his new homeland
(c) urge US authorities to confront Nazism
(d) persuade the world to emulate America

7. Because of a lack of regular roadways, oil companies have to restrict drilling operations in the Arctic to the winter months. During this period, the ground freezes completely, allowing companies to establish temporary ice roads for transporting workers and equipment. However, due to global warming, the window during which such ice roads can be used is becoming progressively shorter. Consequently, oil companies are finding it harder to conduct exploration and production operations each year. Currently, companies are investigating technological solutions for this problem. Without significant innovation, however, it is probable that oil companies in the Arctic will _____ _____.

(a) have ever shorter working seasons
(b) see their equipment become obsolete
(c) need to explore increasingly remote areas
(d) face a shortfall in demand for their products

8. Today the English Restoration period poet and dramatist Nahum Tate is mainly remembered for his _____. After producing several minor dramas and operatic librettos, he turned to the works of Shakespeare for inspiration. Reworking the text of what is perhaps Shakespeare's darkest play, *King Lear*, Tate replaced the play's tragic conclusion with the joyous marriage of Lear's youngest daughter. Although Tate's other works have mostly been forgotten, this one continues to be mocked for its sentimentality.

(a) efforts to restore classic tragedies to their original form
(b) competition with Shakespeare to write sentimental dramas
(c) misguided attempt to give a classic tragedy a happy ending
(d) sentimental adaptations of Shakespeare's plays for the opera

9.

Absolutely Filmtastic!

Last night's broadcast of the Stargazer Film Awards was a great surprise. In recent years, the ceremony has been long and tedious, featuring safe jokes from the hosts and long speeches from the winners. _____, this year's broadcast was almost perfect, with many genuinely funny moments over the course of a mere 60-minute show. After the event concluded, many viewers went online to praise the much-improved ceremony.

(a) Of course
(b) In contrast
(c) Additionally
(d) Subsequently

R

10. Antibiotic medications are crucial for human well-being, yet pharmaceutical companies devote hardly any resources to researching them. Because these drugs are generally effective after just a few doses, patients using them do not need long courses of treatment. _____, profits from the drugs are comparatively low, which makes pharmaceutical companies reluctant to invest in them. For the most part, these companies prefer to pursue treatments for chronic conditions, since these treatments generate far more consistent revenue than antibiotics do.

(a) To be sure
(b) As a result
(c) For example
(d) In conclusion

Part II **Questions 11~12**

Read the passage and identify the option that does NOT belong.

R

11. Having barely recovered from last year's product recall, automaker Power Motors is again in trouble. (a) The company is recalling all of its recently released Seneca sedans over serious safety issues. (b) A mechanical issue has been found that could cause the brakes to fail in emergency situations. (c) While no accidents have been reported, the problem is another blow to the company's reputation. (d) The company has increased production to keep up with consumer demand for the popular vehicles.

12. According to experts, the common claim that red wine is beneficial for human heart health lacks a strong empirical basis. (a) The claim is often based on clinical studies of a supposedly healthy chemical called resveratrol, which is present in small quantities in red wine. (b) However, these studies were undertaken on mice, not on human subjects, and involved levels of resveratrol far higher than those present in wine. (c) Because drinking a large volume of alcohol can have harmful effects, many experts now recommend that people have no more than a glass of wine per day. (d) What is more, separate studies comparing people in different wine-drinking regions found no correlation between health and resveratrol levels.

Read the passage, question, and options. Then, based on the given information, choose the option that best answers each question.

13.

Jade Resort — A Luxury Experience

Rising above a sandy Caribbean beach, Jade Resort has views like no other. Guests can choose from various rooms, each overlooking breathtaking scenery.

Enjoy your evenings watching the sparkling blue waves, or wake up with a view of the rugged mountains. Choose a garden room to enjoy the sight of exotic flowers. Or try a harbor view and relax while taking in the sunset.

Visit jaderesort.com to book today!

Q: What is mainly being advertised about Jade Resort?

(a) It offers a choice of rooms with various scenic views.
(b) Its design was inspired by its natural surroundings.
(c) It provides easy access to beaches and mountains.
(d) Its rooms all have visually attractive interiors.

14. Many websites specialize in helping professionals find freelance work. Such websites might tempt some people into quitting their jobs and trying to earn a living entirely through online freelancing. However, starting out as a freelancer is not easy. Before most employers will hire a freelancer, they want to read positive reviews of the person's work. Unfortunately, when people are getting started, they have no online reputation. For this reason, they often struggle for some time to find freelance work online.

Q: What is the writer's main point about freelancers?

(a) They can be held back by a lack of reviews.
(b) They are increasingly working totally online.
(c) They can benefit from sharing reviews of employers.
(d) They should promote their services on their websites.

15. Due to climate change, many bird species are undertaking their seasonal nesting migrations earlier or later than usual. Because these birds require specific conditions upon reaching their destinations, these changes could have major implications for the future of certain species. For example, birds that reach their nesting grounds too early may encounter a scarcity of local food sources. Similarly, those that arrive too late may miss the optimal breeding period, resulting in a higher mortality rate for their chicks. In either case, the likelihood of the species thriving in the years to come is diminished.

Q: What is mainly being said about climate change?

(a) It can lead to shortages of food along migration routes.
(b) It threatens birds by altering the timing of migrations.
(c) It can cause birds to migrate to the wrong locations.
(d) It is damaging habitats used by migratory birds.

16. In 2010, the eruption of Eyjafjallajökull, a volcano in Iceland, sent a massive ash cloud across Europe. Because of the danger of this cloud, thousands of flights across the continent were canceled, resulting in a relentless wave of negative news stories. While many feared that this media coverage would prove detrimental for Iceland's tourism industry, Icelandic officials perceived an opportunity and moved to capitalize on the attention that their homeland was receiving. Launching a media blitz, they highlighted Iceland's breathtaking natural wonders, including its volcanoes and lava fields. Their gambit paid off, and international arrivals to the small island nation swelled in subsequent years.

Q: What is the writer's main point about the volcanic eruption?

(a) It was used by Iceland's leaders to promote tourism.
(b) Its impact on Icelandic tourism exceeded expectations.
(c) It caused serious damage to Iceland's tourism industry.
(d) Its effect on Iceland's tourism sector continues to be felt.

17.

> ## Nanny Needed
>
> A French family based in Edsonville is seeking a full-time, live-in nanny for their two-year-old son. The applicant shall:
>
> - be a native English speaker, who speaks exclusively in English to the child
> - possess a childcare qualification (ideally degree level, but certificate level also considered)
> - have at least two years' worth of experience as a nanny
>
> The successful candidate can expect a generous salary and four weeks of paid vacation. Cooking and food preparation skills are not required.
>
> To apply, email mariemichoux@email.com.

Q: Which of the following is required from the successful applicant?

(a) The ability to prepare food
(b) A college degree in childcare
(c) Competence in spoken French
(d) Two years of nannying experience

18. The Temple of Artemis was located in the ancient Greek city of Ephesus. The original temple, built during the Bronze Age, was destroyed by a flood in the seventh century BC. In 550 BC, a decade-long reconstruction effort yielded a more impressive version of the original temple. However, this version was burned down in 356 BC. In 323 BC, work began on what became the most majestic version of the temple, later classified as one of the Seven Wonders of the Ancient World. By AD 401, this version had been destroyed by opponents of paganism, and only fragments of this temple remain today.

Q: Which of the following is correct about the Temple of Artemis?

(a) Its original version was destroyed in a massive fire.
(b) It remained intact in its original form until 550 BC.
(c) It became more majestic with each reconstruction.
(d) Its remnants have been completely lost over time.

19. Since the ban on smoking in public places was introduced five years ago, the number of young smokers has fallen from 26% to 17%. When asked about their feelings toward the ban, the majority of the 4,300 respondents expressed support, with only 12% wanting it to be overturned. The most commonly cited benefits, at 67% each, were that public places have become more family friendly and that people's clothes no longer smell of smoke.

Q: What percentage of people oppose the ban?

(a) 12%
(b) 17%
(c) 26%
(d) 67%

20.

City of Eastford

Executive Summary: Report on Cyclist Safety

This report presents the findings of an investigation into cyclist safety in the city.

- Female cyclists suffered lower overall injury rates than men, likely because of females' lower average cycling speeds.
- Injury rates were lower in areas where cyclists outnumber those using other forms of transportation.
- Areas that mandate that cyclists wear helmets did not have lower injury rates than other areas.

We conclude that the most effective form of injury prevention is infrastructure that separates cyclists from traffic. Local governments should therefore prioritize bike lanes and similar solutions over measures to boost compliance with helmet laws.

Q: Which of the following is correct according to the report?

(a) Men tend to suffer fewer cycling injuries than women do.
(b) Areas with a high proportion of cyclists have lower injury rates.
(c) Cyclists have lower injury rates in places with helmet laws.
(d) Helmet laws are more effective than bike lanes at preventing injuries.

21. In an effort to reduce traffic, London introduced a "congestion charge," a fee to drive a car into the city center. This charge proved effective at deterring drivers from taking their cars downtown. However, it also had unintended consequences. After the charge was introduced, more people began using taxis and buses to get around the city center. Unlike most regular cars, these forms of transportation run on diesel fuel, which produces nitrogen dioxide emissions. Consequently, the charge led to an unanticipated increase in this dangerous form of air pollution in the city center.

Q: Which of the following is a reason for the increase in nitrogen dioxide levels in central London?

(a) Car usage has become increasingly common.
(b) Buses and taxis have begun using diesel fuel.
(c) Motorists have shifted to public transportation.
(d) People have switched to driving diesel-powered cars.

22. Animals are often described as being either "warm-blooded" or "cold-blooded." However, these terms are regarded as imprecise by scientists. In general, warm-blooded animals have several characteristics: they are endothermic, meaning they can control their temperature from within; homeothermic, meaning they maintain a steady body temperature; and tachymetabolic, meaning they have a high resting metabolic rate. Unlike warm-blooded animals, cold-blooded ones are generally ectothermic, meaning they draw heat from external sources; poikilothermic, meaning they can exist at a range of internal temperatures; and bradymetabolic, meaning they can lower their metabolic rate when resting, allowing them to eat less frequently than tachymetabolic animals.

Q: Which of the following is correct according to the passage?

(a) Warm-blooded animals cannot regulate their body temperature internally.
(b) Cold-blooded animals maintain a constantly low body temperature.
(c) Bradymetabolic animals adjust their metabolic rate during inactive periods.
(d) Tachymetabolic animals need not feed as often as bradymetabolic ones.

23.

From: Suzie Bowie <suzie.bowie@whizmail.com>
To: John Crawford <j.crawford@emailwizard.com>
Subject: Sunday night

Hi John!

It would mean a lot to me if you could come by the restaurant this Sunday around 7 p.m. I want to show my gratitude to the regulars who have supported the place over the years. It's sad to see the place go, but it's just not financially feasible anymore. I won't be opening to the public that day, so the gathering should be small and friendly. Of course, this send-off will be totally on me. Your presence will be more than enough. There will be plenty of food and drinks. Let me know if you can come!

Suzie

Q: What can be inferred from the email?

(a) John used to work at Suzie's restaurant.
(b) Suzie is going to close down her restaurant.
(c) John started going to Suzie's restaurant recently.
(d) Suzie is hosting John's farewell party at her restaurant.

24. During the recent real estate boom, I decided to invest in a condominium. I figured that I could afford the mortgage payments simply by renting the property out. Unfortunately, I didn't screen my tenant properly, and she soon fell behind on her payments and created other headaches. After skipping countless nights out and canceling my annual vacation to pay the bills, I decided that enough was enough and put the property up for sale. Luckily, the market was still strong, and I made out all right, but I never want to be a landlord again.

Q: What can be inferred about the writer from the passage?

(a) He bought his property at a disadvantageous time.
(b) He miscalculated the cost of his mortgage payments.
(c) His property investment negatively affected his lifestyle.
(d) His financial losses from the property outweighed his gains.

25.

National Dispatch

Movie Review: *Cosmic Fear* Surpasses Original
By Wesley Saunders

The sci-fi epic *Cosmic Fear*—the sequel to last year's popular *Cosmic Fantasy*—premiered this week. Although the original film was a hit with audiences, it was lambasted by critics, who found the story of foolhardy spacefarers woefully far-fetched. The sequel might have been a similarly implausible thrill ride had writer Jay Gould, creator of the groundbreaking *Lost Ones* sci-fi TV series, not been enlisted to produce the script. Despite following the same foolhardy band of spacefarers, his story probes profound issues, such as humanity's search for its ultimate origins. Combined with the film's grim realism, these elements make *Cosmic Fear* a surefire critical and popular success.

Q: What can be inferred from the passage?

(a) Gould did not produce the script for *Cosmic Fantasy*.
(b) *Cosmic Fear* focuses on the serious risks of space travel.
(c) Gould drew inspiration for *Lost Ones* from *Cosmic Fantasy*.
(d) *Cosmic Fantasy* far surpasses *Cosmic Fear* in terms of quality.

Part IV   Questions 26~35

Read the passage, questions, and options. Then, based on the given information, choose the option that best answers each question.

Questions 26-27

Re: Your offer

From: Jim Edwards <jimmyedwards@electromail.com>

Date: June 26, 2019

To: Paula Daniels <p.daniels@zippymail.com>

Hi Paula,

It's good to hear from you. I'd be happy to meet you for a coffee, but I'm going to be traveling for a conference this weekend. I'll be back next Wednesday. Would you like to meet up after work on Thursday or Friday? If not, I can also make time in the afternoon next Sunday. Just let me know when is best for you!

Jim

> ------------ Original Message ------------
> From: Paula Daniels <p.daniels@zippymail.com>
> Subject: Your offer
>
> Hi Jim,
>
> It was good meeting you at Kevin's party on Sunday. It's always nice to talk with someone else involved in the international development field, especially someone with so much experience. I thought I'd take you up on your offer. I could really use some advice on getting ahead in the field. Are you free this weekend? I'd be happy to treat you to a coffee and chat.
>
> Paula

---

26. **Q:** What is Jim mainly doing in his email?

   (a) Confirming a meeting time
   (b) Inviting Paula to a conference
   (c) Suggesting times to meet Paula
   (d) Informing Paula of a job opening

27. **Q:** What can be inferred from the emails?

   (a) Paula is a senior development worker.
   (b) Jim offered to give Paula career advice.
   (c) Jim and Kevin are acquaintances from work.
   (d) Paula and Jim are going to the same conference.

R

Cantonville Police Department

A reminder to residents:

The fifth annual Cantonville Fireworks Festival will take place this Saturday. To allow visitors to reach the festival site more easily, the city is taking a number of steps, including implementing street closures and parking restrictions.

- Vehicle traffic will be prohibited on Chapman Road from 6 p.m. to midnight from the Landsview Bridge to Church Street.
- Cyclists are strongly encouraged to avoid the festival area because of the high volume of pedestrians.
- Those taking taxis must use designated pickup and drop-off points outside the festival area at Eaton Station and Starworld Mall.
- A shuttle bus service to the festival area will be in operation from Central Station. Festival-goers can also take this bus back to the station when they leave.

28. **Q:** What is the main topic of the notice?

    (a) Alternative routes to a festival area
    (b) Security procedures in effect at a festival
    (c) Transportation options for festival visitors
    (d) Measures to improve access to a festival site

29. **Q:** Which of the following is correct according to the notice?

    (a) Roads will be reopened to traffic at 6 p.m.
    (b) Visitors are encouraged to take bicycles to the festival.
    (c) Eaton Station is located within the festival area.
    (d) Shuttle buses are available to and from the festival.

R

A Great Reservoir Is Drying Up

Lake Powell is arguably the most recognizable man-made reservoir in the United States. It was formed in 1963 with the completion of the Glen Canyon Dam, which diverted water from the Colorado River into Glen Canyon. The reservoir reached full capacity 17 years later in 1980, before reaching its highest ever level in 1983 during one of the heaviest floods in the history of the Colorado River.

Among man-made reservoirs in the United States, Lake Powell has a maximum holding capacity second only to that of its sister reservoir, Lake Mead, which sits further down the Colorado River. However, dry conditions in recent years, along with a major five-year drought beginning in 2000, have affected the water supply of these reservoirs. In the drought years alone, Lake Powell dropped by nearly 100 feet—about one-fifth of its maximum depth. Meanwhile, Lake Mead has been hit even harder and now holds even less water by volume than Lake Powell does.

30. Q: In what year did Lake Powell reach its highest recorded water level?

(a) 1963
(b) 1980
(c) 1983
(d) 2000

31. Q: Which of the following is correct about Lake Powell?

(a) It had become full within a year of the Glen Canyon Dam's completion.
(b) It has the greatest water holding capacity of any reservoir in the US.
(c) It dropped to one-fifth of its maximum depth during the drought.
(d) It currently holds a larger volume of water than Lake Mead does.

KNOXFORD TRIBUNE

| Home | International | National | Local | Sports | Arts | Lifestyle |

Whitby Off to Shaky Start

By Julie Vernon

Steve Whitby announced his candidacy for mayor of Knoxford yesterday. With an illustrious record in both the public and private sectors, he represents the first credible challenger to Mayor Lisa Howard in recent memory. In a bid to gain support for his campaign, he is promising to mend divisions in city council and the community.

However, pressed on what his agenda is, Whitby has been tentative and evasive. He supports strengthening the local economy and improving city infrastructure but seems wary of giving specifics on his strategy to accomplish these goals.

Whitby insists that he needs to consult the community before settling on a specific platform. Be that as it may, reporters present during the announcement agreed that Whitby's persistent equivocation makes him seem apprehensive about taking firm steps as a leader. He will need to start spelling out his vision soon if he hopes to catch up in the polls before election day.

32. **Q:** Why are reporters critical of Steve Whitby?

(a) He declines to give particulars about reaching his goals.
(b) He lacks significant qualifications and experience.
(c) He puts little effort into building consensus.
(d) He refuses to listen to others' opinions.

33. **Q:** What can be inferred from the news report?

(a) Howard's approval rating has fallen throughout her term.
(b) Whitby's cautious approach has made him appear reliable.
(c) Whitby is the candidate most favored by pro-business voters.
(d) Howard is currently a more popular candidate than Whitby is.

R

The Origins of Life

When life appeared on our planet four billion years ago, the Sun was in a stage of development marked by much lower energy expenditures. According to calculations, it should not have produced enough heat to create the liquid water necessary for life to emerge on Earth. So how did life begin? This seeming contradiction is referred to as the "Faint Young Sun Paradox."

Among the theories that could resolve this paradox, one is especially promising. According to this explanation, intense bursts of electromagnetic energy from the Sun, known as solar flares, were far more frequent during Earth's early years. These explosions, which coincide with massive eruptions of plasma, would have triggered chemical reactions in Earth's atmosphere. Specifically, they would have split nitrogen molecules, which would then have fused with oxygen, carbon dioxide, and methane.

The end result of these reactions would have been greenhouse gases, particularly nitrous oxide. These gases could have warmed the planet and allowed liquid water to form. Many of the chemicals created in this process are also thought to be fundamental building blocks of life.

34. **Q:** What is the main topic of the passage?

(a) Opposing positions on a scientific paradox
(b) A proposed solution to a scientific paradox
(c) Theoretical problems with a scientific paradox
(d) A new discovery resolving a scientific paradox

35. **Q:** According to the theory, what triggered the warming that caused liquid water to form on Earth?

(a) The splitting of nitrogen molecules around the Sun
(b) The effects of solar flares on atmospheric chemistry
(c) The steady increase in energy emissions from the Sun
(d) The superheating of greenhouse gases by solar plasma

[해설집] 정답·스크립트·해석·해설 p. 42

You have reached the end of the Reading Comprehension section. Please remain seated until you are dismissed by the proctor. You are NOT allowed to turn to any other section of the test.

다양한 무료 텝스 강의 및 학습 자료는
해커스텝스에서! Hackers.co.kr

TEPS 서울대 텝스관리위원회
공식 기출문제집

TEST 3

테스트 전 확인사항

1. OMR 답안지를 준비하셨나요? ☐
2. 컴퓨터용 사인펜, 수정 테이프를 준비하셨나요? ☐
3. 음성을 들을 준비를 하셨나요? ☐

TEST 3
음성 바로 듣기

🎧 **TEST 3.mp3 음성 바로 듣기**

해커스인강(HackersIngang.com)에서 무료 다운로드
상단 메뉴 [MP3/자료 → 문제풀이 MP3]

자동 채점 및 성적 분석
서비스 바로 이용하기

 자동 채점 및 성적 분석 서비스

· 타이머, 모바일 OMR, 자동 채점
· 정답률 및 취약 유형 분석

시험 시간 : 105분
시작 시간 : _____시 _____분 ~ 종료 시간 : _____시 _____분

LISTENING

COMPREHENSION

DIRECTIONS

In the Listening Comprehension section, all content will be presented orally rather than in written form. This section contains five parts. For each part, you will receive separate instructions. Listen to the instructions carefully, and choose the best answer from the options for each item.

Part I   Questions 1~10

You will now hear ten individual spoken questions or statements, each followed by four spoken responses. Choose the most appropriate response for each item.

Part II   Questions 11~20

You will now hear ten short conversation fragments, each followed by four spoken responses. Choose the most appropriate response to complete each conversation.

Part III Questions 21~30

You will now hear ten complete conversations. For each conversation, you will be asked to answer a question. Before each conversation, you will hear a short description of the situation. After listening to the description and conversation once, you will hear a question and four options. Based on the given information, choose the option that best answers the question.

L

L

Part IV **Questions 31~36**

You will now hear six short talks. After each talk, you will be asked to answer a question. Each talk and its corresponding question will be read twice. Then you will hear four options which will be read only once. Based on the given information, choose the option that best answers the question.

Part V   Questions 37~40

You will now hear two longer talks. After each talk, you will be asked to answer two questions. Each talk and its corresponding questions will be read twice. However, the four options for each question will be read only once. Based on the given information, choose the option that best answers each question.

L

VOCABULARY & GRAMMAR

DIRECTIONS

These two sections test your vocabulary and grammar knowledge. You will have 25 minutes to complete a total of 60 questions: 30 from the Vocabulary section and 30 from the Grammar section. Be sure to follow the directions given by the proctor.

Part I **Questions 1~10**

Choose the option that best completes each dialogue.

1. A: Can I pay with a credit card?
   B: I'm sorry. We only _____ cash.

   (a) pass
   (b) treat
   (c) accept
   (d) charge

2. A: Will you be in Taipei long?
   B: No, just for a three-day _____.

   (a) gap
   (b) stay
   (c) space
   (d) pause

3. A: Can I pet your dog?
   B: Of course! My dog is _____.

   (a) pale
   (b) gentle
   (c) capable
   (d) familiar

4. A: Everyone who went to lunch
      yesterday got food poisoning.
   B: I guess the fact that I couldn't go was
      _____.

   (a) going against the grain
   (b) a blessing in disguise
   (c) a drop in the bucket
   (d) food for thought

5. A: Would you be able to attend a meeting
      at 3 p.m.?
   B: Sure. I can _____ my schedule to
      accommodate that.

   (a) insert
   (b) arrange
   (c) regulate
   (d) combine

6. A: This soup doesn't have much flavor.
   B: Yes, it's quite _____.

   (a) ripe
   (b) bland
   (c) soggy
   (d) coarse

7. A: Should I present this information as
      both a line and bar graph?
   B: No, having two charts is _____.

   (a) intricate
   (b) manifold
   (c) redundant
   (d) ambiguous

8. A: Beth never spends money on others.
   B: I know. She's really _____.

   (a) stingy
   (b) discreet
   (c) nominal
   (d) scrawny

9. A: Why is Dave so insensitive?
   B: Don't take it personally. He's just got
      a(n) _____ personality.

   (a) elusive
   (b) incisive
   (c) devious
   (d) abrasive

10. A: You played with such _____
       during your violin recital.
    B: Thanks! I wanted to deliver an
       energetic performance.

    (a) verve
    (b) amity
    (c) ennui
    (d) pique

Part II **Questions 11~30**

Choose the option that best completes each sentence.

11. Certain medicines can have negative
_____ on unborn babies, so
pregnant women should consult their
doctors.

   (a) pains
   (b) habits
   (c) effects
   (d) illnesses

12. The hood on our new Snowcliff jacket is
_____, so you can remove it if it's
not needed.

   (a) flexible
   (b) portable
   (c) adjustable
   (d) detachable

13. The burning of fossil fuels _____
carbon, most of which enters the
atmosphere as carbon dioxide gas.

   (a) relieves
   (b) releases
   (c) displays
   (d) dismisses

14. The police work hard to minimize
injuries in any _____ between
themselves and protestors.

   (a) conventions
   (b) coalitions
   (c) collapses
   (d) clashes

15. The two nations signed a _____,
ending the long-standing dispute
between them.

   (a) warrant
   (b) stamp
   (c) treaty
   (d) duty

16. The discovery of several earthlike planets
has _____ more interest in the field
of astronomy.

   (a) imported
   (b) generated
   (c) addressed
   (d) originated

17. Failure to _____ to the company's
confidentiality agreement can result in
termination.

   (a) belong
   (b) adhere
   (c) migrate
   (d) connect

18. The governor's proposed welfare policies
are shallow promises to win votes and
are not driven by _____ concern.

   (a) admissible
   (b) gracious
   (c) genuine
   (d) judicial

19. Despite reported sightings of the famed
beast, most people believe the Loch Ness
Monster to be _____.

   (a) deficient
   (b) mythical
   (c) synthetic
   (d) prophetic

20. It is often necessary to clear away the
_____ that settles at the bottom of
rivers to keep those rivers navigable.

   (a) bedrock
   (b) reservoir
   (c) sediment
   (d) multitude

21. The mother _____ the crying infant by rocking him gently.

(a) hushed
(b) lamented
(c) repressed
(d) embedded

22. Students should have their standardized test scores forwarded to the _____ they are applying to.

(a) provisions
(b) disciplines
(c) institutions
(d) commissions

23. In order to clear up confusion, the foreign minister will deliver a speech _____ the administration's immigration policy.

(a) transcending
(b) improvising
(c) delineating
(d) contriving

24. The earliest stages of stomach cancer often go _____ because they rarely produce noticeable symptoms.

(a) dissipated
(b) mistreated
(c) undetected
(d) inactivated

25. Officials report that the state's water supply has been nearly _____ due to the ongoing drought.

(a) depleted
(b) indulged
(c) vandalized
(d) squandered

26. The player was accused of _____ the fight by shoving a player from the other team.

(a) instilling
(b) instigating
(c) calibrating
(d) formulating

27. Bootbright shoe polish will not only protect your leather shoes but also give them a brilliant _____!

(a) zest
(b) tang
(c) quirk
(d) sheen

28. Rescue workers successfully _____ a dog from its doghouse after it was trapped by debris from a tornado.

(a) extricated
(b) extradited
(c) repudiated
(d) reciprocated

29. Upon his _____ in 1229, Ögedei Khan became supreme khan of the Mongols.

(a) abolition
(b) coronation
(c) abomination
(d) differentiation

30. Please wear white gloves so as not to _____ the surface of our museum's artwork with fingerprints.

(a) nab
(b) mar
(c) wilt
(d) coax

You have finished the Vocabulary questions. Please continue on to the Grammar questions.

Choose the option that best completes each dialogue.

1. A: Excuse me. Where's the nearest bus
       stop?
    B: There's _____ just around the
       corner.

    (a) none
    (b) such
    (c) one
    (d) it

2. A: Why don't you buy a new car instead
       of a used one?
    B: If I _____ more money, I would.

    (a) would have
    (b) had had
    (c) have
    (d) had

3. A: Do you have any plans after school?
    B: I _____ a classmate to do
       homework together.

    (a) met
    (b) have met
    (c) am meeting
    (d) will have met

4. A: Can you believe I paid half price for
       this purse?
    B: Wow! Now that's _____ I call a
       deal.

    (a) in which
    (b) in what
    (c) which
    (d) what

5. A: How often should I have my eyesight
       _____?
    B: I'd recommend getting an eye exam
       every two years.

    (a) checked
    (b) to check
    (c) checking
    (d) was checked

6. A: Sharon's upset that I wasn't honest
       with her.
    B: Well, you should've known better than
       _____ to her.

    (a) lie
    (b) to lie
    (c) lying
    (d) having lied

7. A: Promotions shouldn't be based solely
       on _____.
    B: I agree. They should be merit-based.

    (a) seniority
    (b) seniorities
    (c) a seniority
    (d) the seniorities

8. A: Did Walter offer an apology?
    B: No, and it was pretty inconsiderate of
       him _____.

    (a) not offering
    (b) not to do
    (c) not to
    (d) not

9. A: Are you gaining subscribers for your
       new video blog?
    B: Yeah. Subscriptions _____ by
       20% in the last two months.

    (a) had jumped
    (b) have jumped
    (c) were jumping
    (d) have been jumping

10. A: Thanks for the tips. Is there anything
       else to know before I visit Seoul?
    B: I think _____.

    (a) that about covers it
    (b) it about covers that
    (c) that covers about it
    (d) it covers about that

G

11. Many dieters fail to see results because they _____ underestimate how much they eat.

    (a) great
    (b) greatly
    (c) greater
    (d) greatest

12. The forest fire that started a week ago _____ extinguished by fire crews two days later.

    (a) was
    (b) has been
    (c) had been
    (d) will have been

13. The government will consider _____ produce exports in light of the recent parasite outbreak.

    (a) ban
    (b) bans
    (c) to ban
    (d) banning

14. The annual report _____ intensively over the last few weeks.

    (a) reviewed
    (b) is reviewed
    (c) has reviewed
    (d) has been reviewed

15. When consumers found out about the business's unethical practices, they demanded that it _____ held accountable.

    (a) be
    (b) was
    (c) had been
    (d) would be

16. The researcher planned to present at several conferences this year, the first _____ will be held on Friday.

    (a) of which
    (b) of that
    (c) which
    (d) that

17. The executives decided against making their reform plan public _____ the proper time had arrived to do so.

    (a) while
    (b) since
    (c) until
    (d) as

18. The salesperson told the customer that _____ he become dissatisfied with the product, he could return it within 30 days.

    (a) should
    (b) would
    (c) might
    (d) could

19. In its latest issue, the university newspaper ran an article about difficulties _____ foreign students.

    (a) face
    (b) faced
    (c) facing
    (d) to face

20. While the Human Rights Council is _____, it does its best to protect human rights.

    (a) by no perfect means
    (b) by no means perfect
    (c) not perfect by means
    (d) not by means perfect

21. Unwilling to accept the majority of the union's requests, the company made _____ concessions during negotiations.

(a) neither
(b) both
(c) few
(d) all

22. The movie's failure at the box office was _____ its cast's lack of star power.

(a) partly do with
(b) to partly do with
(c) partly to do with
(d) to do with partly

23. Perhaps the oldest academic field of study, physics _____ the study of matter and motion.

(a) involve
(b) involves
(c) has involved
(d) have involved

24. _____ the company to the verge of bankruptcy, the CEO was finally forced out by angry shareholders.

(a) Driven
(b) To drive
(c) To be driving
(d) Having driven

25. In 2014, the Russian ruble fell 40% _____ the US dollar.

(a) to
(b) for
(c) against
(d) towards

G

Read each dialogue or passage carefully and identify the option that contains a grammatical error.

26. (a) A: Word has it that you did some volunteering over the weekend.
    (b) B: Yeah. I worked at a charity event that held downtown.
    (c) A: Oh, really? Did the event turn out to be a success?
    (d) B: I'd say so. We raised about 100 million won—far more than expected.

27. (a) A: I think studying foreign languages help students experience other cultures.
    (b) B: How could simply learning a language give one a feel for a foreign culture?
    (c) A: Well, for one, languages using honorifics demonstrate a culture's value for respect.
    (d) B: Maybe, but I think acquiring real cultural knowledge is nearly impossible without travel.

28. (a) During Lunar New Year celebrations in Singapore, people like to eat a food known as *yu sheng*. (b) This dish is a salad made of mixed vegetables, fruit, fish, crackers, plum sauce, and a lot more. (c) As part of the dining ritual, those present collectively toss the ingredients with their chopsticks. (d) It is believed that the highest the diners toss the food, the more luck they will have in the new year.

29. (a) Anthony van Dyck was a highly accomplished seventeenth-century Belgian artist working in Europe. (b) Having studied under painter Peter Paul Rubens, he eventually became England's top court painter. (c) Van Dyck was acclaimed for his color schemes and garnered praise for his unique compositional techniques. (d) Ever the artist, van Dyck did not limit himself to painting, dabbled in etchings and engravings as well.

30. (a) In the 1970s, disco took the club world by storm with its fresh, soulful, and upbeat sound. (b) It certainly went on to influence on the music world, but it affected the fashion world as well. (c) A musically outlandish style that centered on a flashy dance floor, disco called for flair to match. (d) As a result, designers came out with ornate clothing intended to stand out on the dance floor.

You have reached the end of the Vocabulary & Grammar sections. Do NOT move on to the Reading Comprehension section until instructed to do so. You are NOT allowed to turn to any other section of the test.

READING
COMPREHENSION

DIRECTIONS

This section tests your ability to comprehend reading passages. You will have 40 minutes to complete 35 questions. Be sure to follow the directions given by the proctor.

Part I **Questions 1~10**

Read the passage and choose the option that best completes the passage.

1.

> Attention Creston Mall Visitors:
>
> Due to a flooding incident, we were forced to close the mall last week. We are pleased to say that the south part of the mall, including the food court, has now reopened. Repairs are still being done in the north part of the mall, leaving that entrance currently inaccessible. All businesses are expected to be up and running again in a few days. Until then, _____.
>
> Creston Mall Management

(a) only stores on the south side will be open
(b) just the north entrance will be accessible
(c) the mall will be closed to the public
(d) the food court will be closed off

---

2. A few months ago, my boss asked if I'd be willing to do some traveling for work. I reluctantly accepted, feeling I had little choice. My coworkers urged me to tell my boss how I really felt. Initially, I didn't listen because I was worried that I'd be entrusted with fewer important projects if I told her the truth. Eventually, I realized I couldn't handle all the traveling, so I ended up being honest with my boss. She was totally understanding. Looking back, I regret not _____ sooner.

(a) confronting my coworkers
(b) agreeing to my boss's request
(c) asking for more responsibilities
(d) following my coworkers' advice

3. For people diagnosed with celiac disease—a digestive disorder triggered by wheat proteins—avoiding gluten is crucial for health. However, many non-sufferers choose to follow this diet because they believe that going gluten-free is an effective way to detoxify and lose excess weight. This may be true when consuming a gluten-free diet mostly of unprocessed whole foods which are lower in calories, such as fruits, vegetables, and lean meats. But many gluten-free products are more calorie-dense and less healthy than their gluten-containing counterparts and can lead to the opposite of the intended effect. Clearly, following a gluten-free diet _____.

(a) can actually lead to celiac disease
(b) is an effective method to lose weight
(c) is only appropriate for celiac patients
(d) does not always mean healthier eating

4. When using social media, people sometimes try to cloak their boasting in the guise of humility. For instance, someone wanting to draw attention to their generosity without appearing to show off might comment: "My $1,000 donation was so small." However, research reveals that this type of boasting _____.
Most people see through so-called humblebragging and react very negatively to it, finding the lack of sincerity to be more distasteful than straight-up boasting.

(a) rarely has the desired effect
(b) usually goes unnoticed by others
(c) can make people seem too humble
(d) is not easy to do in a sincere manner

5. Provincial officials are meeting this week to address the _____
_____. Prolonged dry spells have caused the lake to shrink over the past decade. As a result of the increased evaporation, dust particles from parched areas of the lake bed have blown into neighboring cities. These particles have been found to be contaminated with pollutants that had previously seeped into the lake. Authorities must now grapple with the potential public health implications of this situation.

(a) rate of water evaporation in Lake Jasper
(b) toxic dust from the drying bed of Lake Jasper
(c) problem of chemicals seeping into Lake Jasper
(d) legal implications of Lake Jasper's increasing toxicity

6. Fizz Soda's new line of fruit juices has struggled to penetrate southern markets, primarily due to the prevalence of rival Joo-C, which has cultivated a brand that appeals to health-conscious consumers. But despite Joo-C's gains, business insiders say the company may be receptive to acquisition offers. Fizz Soda, meanwhile, has plenty of capital available from its sustained success in most other major markets. In order to capture a greater portion of the southern market share, Fizz Soda is therefore recommended to _____ _____.

(a) attempt a buyout of the Joo-C brand
(b) adopt the marketing strategies of Joo-C
(c) stick to promoting sodas over fruit juices
(d) emphasize the health benefits of its juices

7. In southern Italy, the spread of a plant pathogen that targets olive trees _____ _____. Experts on the pathogen maintain that to contain the disease, all trees suspected of being infected must be destroyed. However, locals, for whom olives play a significant cultural role, are revolting against this advice. For generations, locals have planted olives to commemorate important life events, such as births. They claim that cutting down these trees, some of which are over a thousand years old, would mean destroying parts of their history and cultural identity.

(a) is leading to a long-awaited change in culture
(b) is causing a reappraisal of farming practices
(c) has negatively impacted the local economy
(d) has pitted scientists against local residents

8. After experiencing undesirable outcomes, people often engage in counterfactual thinking, imagining ways the event could have gone differently. Previous research has suggested that such thoughts serve to prevent future negative outcomes, but a recent study demonstrated otherwise. After a practice test, participants were asked to reflect on missed questions and record their thoughts. They were then given as much time as they wanted before a final exam. Participants who had demonstrated counterfactual thinking tended to shift responsibility for the mistake away from their own study habits, resulting in decreased study time and poor performance on the subsequent test. In this instance, counterfactual thinking _____.

(a) proved disadvantageous for future performance
(b) provided an effective way of learning new material
(c) caused participants to overestimate their original score
(d) put more pressure on participants to succeed on the next test

9. In 1987, the Canadian government introduced a new one-dollar coin intended to replace paper dollar bills. The coin, minted with the image of a bird called a loon, quickly became known as the "loonie." The nickname grew so popular that it was trademarked by the Royal Canadian Mint. _____, the two-dollar coin was called the "toonie" upon its release, in reference to the popularity of the name of the first coin.

(a) Nonetheless
(b) In particular
(c) Subsequently
(d) In conclusion

10. Big companies frequently support research that ends up in scientific journals. Advocates of such support claim that it helps advance scientific studies in the face of limited funding. However, others have voiced suspicions that such publications are often used simply as indirect marketing tools that are not in the public interest. _____, critics claim that policymakers should ascribe less weight to these industry-funded studies.

(a) In the same sense
(b) For this reason
(c) In addition
(d) Even so

Part II   **Questions 11~12**

Read the passage and identify the option that does NOT belong.

11. If your smartphone is overheating, there are several things you can do to cool it down. (a) Typically, smartphones heat up when energy from the battery is expended on apps. (b) You can reduce this energy expenditure by simply turning off any apps that you are not using. (c) Also, when you do not need your phone, turn it to airplane mode to limit battery usage. (d) Energy-draining malware often disguises itself in order to infect your smartphone.

12. According to a new study, scientists may have found the true purpose of zebra stripes. (a) Researchers discovered that the stripes create optical illusions when zebras are in motion. (b) Scientists have long theorized about the stripes, with some suggesting that they aided in communication. (c) As a result, predators receive misleading information about the zebras' positioning and movements. (d) Such visual confusion makes it more difficult for predators to launch attacks on their would-be prey.

Part III   **Questions 13~25**

Read the passage, question, and options. Then, based on the given information, choose the option that best answers each question.

R

13.

Introducing the EasyAccess App!

If you're in a wheelchair or on crutches and find it difficult to get around the city, EasyAccess is the perfect solution!

This new app provides optimized walking routes that take your needs into account. Want to avoid steep hills or paths blocked by construction? Input your preferences, and EasyAccess will recommend the best route based on the incline of hills and real-time street conditions.

Get a free trial right now at www.easyaccessapp.com!

Q: What is mainly being advertised about EasyAccess?

(a) It is free for people with disabilities.
(b) It helps users design their own local maps.
(c) It provides the fastest route based on real-time data.
(d) It suggests routes to help users with mobility issues.

14. During the course of World War II, the British military decided to execute a daring nighttime raid against a German base in occupied French territory. The British had been suffering heavy losses due in part to the Germans' highly advanced radar system. Accordingly, they hoped to obtain a German radar device to study it for weaknesses. In February of 1942, paratroopers parachuted into a location in France near the radar installation, raided the station, and seized one of the devices. They then escaped by sea with their prize, which would help shift the course of the conflict.

Q: What is the main topic of the passage?

(a) The capture of German radar technology by the British
(b) Britain's technological superiority over the Germans
(c) The invasion of a major radar base in Germany
(d) Germany's plans for a new radar system

15. In certain urban centers in the US, coyote populations have become a concern. Some residents have suggested selective hunting of these wild dogs, but this is both dangerous to locals and counterproductive. When coyote packs come under pressure, they split into smaller groups and expand into new territories. They communicate through calls to get a sense of the number of coyotes nearby. If this number dips due to hunting, coyotes can begin raising litters two to three times the normal size. So instead of hunting coyotes, cities would be better off learning to live with their presence.

Q: What is the main idea of the passage?

(a) Coyotes become more aggressive when hunted.
(b) Hunting coyotes is dangerous to urban residents.
(c) Coyote populations have risen due to less hunting.
(d) Hunting would not effectively reduce coyote populations.

16.

Central Press

Amusement Park Brings Good News for Patmon County
Danielle Jenner

What was feared to be another local-investment-gone-bad has taken a brighter turn. Yesterday, investors in ThrillWorld, the four-years defunct amusement park in Patmon County, reached a subsidy agreement with the State Fair Board.

The company's six-month interim lease has been extended for two more years, allowing it to resume the overhaul of the park that began last year. While minor specifics are still being worked out by the board's finance committee, all signs are positive for a reopening of the park within 18 months. Good news for local revenue and jobs alike!

Q: What is mainly being reported about ThrillWorld?

(a) It is expected to surpass previous profits.
(b) New investors have agreed to take it over.
(c) Refurbishment of it is now set to continue.
(d) Its development has boosted the local economy.

17.

> ### Luxury yacht for sale!
>
> I bought the Baby Belle four years ago from its original owner. It has spent minimal time in open water and is in nearly mint condition despite having been built nine years ago. The Baby Belle is available for sale or rent for commercial use. Commercial contracts will be negotiated for two-year terms and paid yearly.
>
> Contact babybelle@email.com for more information.

Q: How many years old is the Baby Belle?

(a) Two
(b) Four
(c) Five
(d) Nine

18. In 1839, Italian composer Gaetano Donizetti finished his opera *L'ange de Nisida*. For the first production of the opera, Donizetti chose a theater company in Paris. He worried that censors in Italy would disapprove of the opera's subject matter: the mistress of a king from the Naples region of Italy. Unfortunately, the French theater company went bankrupt, and the opera was never performed as it was originally written during Donizetti's lifetime.

Q: Why did Donizetti decide to present *L'ange de Nisida* in France?

(a) His theater company in Italy went bankrupt.
(b) His operas usually did better in France than in Italy.
(c) He was afraid the Italian authorities would object to it.
(d) He wanted to test the opera on a French audience first.

19.

> ## Morter Elementary School
>
> Dear Parents,
>
> On October 5, Morter Elementary will host its third annual bake sale. As usual, most of the sale's profits will go to charity. But this year, for the first time, a portion will also help finance an upcoming student trip to Deerwood Park. So far, we have a few volunteers to bring baked goods, but many more are needed. Even if you don't bake, your help with staffing the sale would be welcome.
>
> Sincerely,
>
> *Jessica Peters*
> Principal

Q: Which of the following is correct according to the letter?

(a) This bake sale will be the school's first charity event.
(b) The school has funded trips through its bake sale before.
(c) Only some of the earnings will be used for the student trip.
(d) Only volunteers willing to donate baked goods are needed.

20. The Maldives is a nation consisting of over 1,000 coral reef islands. Fishing once reigned as the country's primary source of income but has since been surpassed by tourism, causing many residents of smaller islands to relocate to make way for resorts. Other residents, meanwhile, have been forced to desert their islands due to climate change. The Giraavaru people, for instance, moved once due to erosion and once again to make way for an international airport. Most displaced residents go to Malé, the capital city, where about 150,000 people—roughly 40% of the total population—live.

Q: Which of the following is correct about the Maldives?

(a) Fishing is still its primary source of national income.
(b) Tourism has mostly driven locals to its smaller islands.
(c) Some of its small islands have been totally abandoned.
(d) The majority of its population now lives in its capital city.

21. The term "mycorrhiza" refers to a form of nutrient exchange between trees and fungi. This relationship begins in the soil, where a dense network of fungi absorbs moisture from dead organisms such as roundworms. The fungi produce enzymes capable of breaking down the proteins of these organisms, but because fungi cannot photosynthesize, they must get their energy elsewhere. Thus, they coil their filaments tightly around the roots of trees, from which they derive sugar. This entanglement creates a perfect symbiosis as the trees also benefit by acquiring much-needed minerals from the dead organisms, which trees cannot break down themselves.

Q: Which of the following is correct according to the passage?

(a) Fungi cannot dissolve roundworm proteins.
(b) Fungi receive their energy in the form of sugar.
(c) Trees provide fungi with minerals through their roots.
(d) Tree enzymes break down dead organisms in the soil.

22.

The Metroville Post

ElectroLane CEO's Departure

By CARL REED

ElectroLane's Chief Executive Officer, Beth Williams, has announced her decision to step down from her position. Williams, who has been with the company since it was founded in 2006, has served as CEO since 2014. She expressed her confidence in incoming CEO Jeff Johnston, praising his leadership and tech prowess as Optimal Hosting's vice president—a position which he leaves next week. The two executives are also former colleagues, as Williams got her start at Optimal. Though leaving the top post, Williams will remain involved in ElectroLane, as she is its largest shareholder.

Q: Which of the following is correct according to the news report?

(a) Williams has served as CEO since ElectroLane's creation.
(b) Johnston has already left his position at Optimal Hosting.
(c) Johnston and Williams used to work together at Optimal.
(d) Williams will no longer be ElectroLane's top shareholder.

23. As a restaurant owner, I know the importance of customer complaints. But it really bothers me when customers come to my establishment, take issue with some aspect of their meal, and then go home and complain on social media. What can I possibly do for them at that point? If my customers feel that my restaurant hasn't delivered on its promises, I'll go out of my way to fix that situation. I can't do that for the ones who don't come directly to me, though—it's a no-win scenario.

Q: What can be inferred about the writer from the passage?

(a) She pays little attention to complaints on social media.
(b) She rarely receives complaints from customers in person.
(c) She prefers in-person complaints to social media complaints.
(d) She disagrees with most of the complaints about her restaurant.

24. US president Richard Nixon and his vice president Spiro Agnew had an unsteady relationship. At one point, Nixon even contemplated appointing Agnew to the Supreme Court to preclude the possibility of Agnew becoming his successor. However, when Nixon became embroiled in the Watergate scandal, he found Agnew useful. He believed that the public would not support attempts to oust him, as they knew that Agnew would then automatically assume the presidency. Ultimately, both men faced a humiliating end to their careers. Nixon stepped down, disgraced, and Agnew resigned to avoid jail time for taking bribes.

Q: What can be inferred from the passage?

(a) Nixon believed the public preferred him to Agnew.
(b) Nixon saw Agnew as unqualified for the Supreme Court.
(c) Agnew made various attempts to succeed Nixon as president.
(d) Agnew attempted to oust Nixon during the Watergate scandal.

25. Research has revealed some interesting patterns regarding people who watch various kinds of crime shows. Researchers found that people who watched nonfiction crime documentaries, which often end without a resolution, tended to have less confidence in the justice system and greater fear of becoming a victim. Meanwhile, no such tendencies were found in those who watched crime dramas, which feature fictional worlds with a more stark definition of good and evil, and where criminals are always apprehended. These viewers were more likely to support harsher criminal sentencing.

Q: What can be inferred from the passage?

(a) Fictional crime dramas result in greater empathy for criminals.
(b) Crime drama viewers are less likely to distrust the justice system.
(c) Frequent viewers of crime dramas are more likely to commit crimes.
(d) Exposure to real crime stories increases support for the death penalty.

R

Part IV Questions 26~35

Read the passage, questions, and options. Then, based on the given information, choose the option that best answers each question.

Questions 26-27

---

http://www.healthworld.com/about-psoriasis

What is Psoriasis?

Psoriasis is a skin condition that affects millions of people throughout the world. The condition results in red, dry, or scaly patches of skin on the body. The condition can be difficult to deal with, and people often have incorrect notions about it. Below we will discuss some of the myths surrounding this condition.

1. Psoriasis spreads to others by touch.
Fact: Scientists have proven that psoriasis is not contagious. Research indicates that there is a genetic component to how it is passed on. However, there is no indication that it can be passed to others through touch.

2. Psoriasis is caused by poor hygiene.
Fact: Scientists do not know exactly what causes psoriasis. But they do know that it is not caused by a failure to shower or keep clean.

3. Psoriasis goes away on its own.
Fact: Some people go through periods where psoriasis gets less severe. There is, however, no cure for the condition or guarantee that it will improve with time.

---

26. **Q:** What is the main purpose of the passage?

(a) To clear up misconceptions about psoriasis
(b) To explain the symptoms and causes of psoriasis
(c) To offer ways to prevent psoriasis from spreading
(d) To provide answers to common questions about psoriasis

27. **Q:** What is one way scientists believe people get psoriasis?

(a) Failing to shower regularly
(b) Inheriting it from their parents
(c) Letting the skin become too dry
(d) Touching people affected with it

≡ MENU   🔍 SEARCH

Recent Job Postings

Courtroom Clerk

The Greenville County Court is seeking one full-time courtroom clerk. Responsibilities include recording and preparing minutes for all types of court proceedings, and maintaining and coordinating the court calendar.

<u>Minimum Qualifications</u>: A two-year college degree and two years of clerical experience in a banking, court, legal, or social services environment; OR two years of full-time employment as a courtroom clerk or legal processing assistant in lieu of a degree.

<u>Benefits</u>:
• Annual salary: $55,000
• 10 days of paid vacation annually for the first 2 years, 15 days annually thereafter
• Life insurance policy of $15,000 with the option of purchasing additional coverage
• Matching contributions to health insurance and dental insurance premiums
• 100% reimbursement of up to $1,000 annually in expenses for job-related certification courses

<u>Deadline</u>: All application materials (including application form, résumé, and cover letter) must be submitted by August 9. Applicants meeting the minimum requirements will be invited to take a written examination on August 24. Selected applicants will then be asked to come in for interviews the following week.

28. **Q:** What benefit does the position offer during the first year of employment?

(a) Fifteen days of paid vacation time
(b) A paid life insurance policy of $15,000
(c) A $1,000 bonus for relevant certification
(d) Fully covered medical and dental insurance

29. **Q:** Which of the following is correct according to the job listing?

(a) A completed college degree is not strictly required.
(b) Previous experience as a courtroom clerk is mandatory.
(c) Application materials will be accepted until August 24.
(d) Applicants must take a written test after an interview.

Flavius Belisarius

In the sixth century, the Eastern Byzantine Empire was poised to send out armies and recapture its former glory. Emperor Justinian I chose Flavius Belisarius to be the general in charge of those armies. After a series of victories in Persia and North Africa, Belisarius was sent on a mission to recapture Italy, the former heart of the Roman Empire. He won Italy through a combination of military might and treachery. Some of the nobles he conquered actually offered to make him king of Italy. Although Belisarius had ultimately refused this offer out of loyalty to Justinian, the general's popularity among both his soldiers and defeated enemies raised the suspicion of the emperor, who was wary that Belisarius would usurp the throne.

With Italy under Byzantine control, the jealous Justinian recalled Belisarius to the capital, away from the army with which he had become incredibly popular. A few years later, Justinian was forced to send the general back to Italy to quell an uprising his replacements had been unable to handle. Despite loyally carrying out the emperor's orders again, Belisarius was met with suspicion instead of gratitude. Later in life, Belisarius was summoned again to the capital, where he was jailed on fabricated charges of corruption.

30. **Q:** What is the writer mainly saying about Belisarius?

(a) He fell out of favor with the emperor after failing to conquer Italy.
(b) His achievements were never acknowledged by Justinian.
(c) He was mistrusted by Justinian despite remaining loyal.
(d) His military victories led to him becoming king.

31. **Q:** Why was Belisarius sent to Italy a second time?

(a) To retake the area for the Roman Empire
(b) To conquer it and reinstate the king of Italy
(c) To arrest nobles conspiring to make him king
(d) To suppress a rebellion against the Byzantines

≡ MENU   Q.

THE DAILY OBSERVER

| Home | **National** | Local | Sports | Arts |

More Bad Press for Murphy

When pharmaceutical entrepreneur Greg Murphy was convicted of fraud and sentenced last month, public sentiment was that justice had been served. It is interesting to note, however, how the public's previous notions about Murphy affected his trial.

As recently published court transcripts reveal, the jury selection process was far from smooth. Many in the pool of jurors had to be excused from the trial because of their biases against Murphy. During the selection process, these potential jurors did not hold back their views. They clearly expressed their contempt for Murphy, who had imposed massive price hikes on various pharmaceuticals last year.

Some expressed disgust at not only his price hikes but also his general image. He acquired the reputation of a bully after social media spats with ordinary citizens were widely reported in the news. Even his recent contributions to charity were seen as a cheap publicity stunt to do damage control.

---

32. **Q:** What is mainly being reported about Greg Murphy?

   (a) He was given a harsher sentence due to his fame.
   (b) He showed no remorse for his actions during the trial.
   (c) His recent trial has greatly harmed his public persona.
   (d) His negative image made it difficult to find an impartial jury.

33. **Q:** What can be inferred about Greg Murphy?

   (a) He is attempting to stay out of the public eye.
   (b) He will reduce the prices of his pharmaceuticals.
   (c) He has failed to improve his reputation through charity.
   (d) He intentionally provoked the public to delay jury selection.

R

To the Editor:

Many of the roads in our state are dilapidated. We see workers out on the roads every day, and still, the state only gets to about 35% of its road problems per year. Clearly, a lack of funds keeps us in this situation. Despite dipping into the general tax coffers, the state still can't cover the shortfall in the Infrastructure Fund (IF), whose primary source of revenue is the gas tax.

Some lawmakers have proposed increasing the gas tax, which hasn't been touched in 20 years. But what they fail to realize is that this tax doesn't go as far as it used to. That's because more drivers are turning to more fuel-efficient cars, which require less gas, or to electric cars, which don't require any gas at all.

A better solution is to switch to a tax based on the number of miles driven instead. This would ensure that those who use the roads most would bear the largest responsibility for maintaining them.

-John LeMont

34. Q: Which of the following is correct according to the letter?

(a) Most of the road repairs are being done unnecessarily.
(b) The majority of road problems are being addressed.
(c) Road repairs are fully financed by the gas tax.
(d) The gas tax has not been raised in two decades.

35. Q: Which statement would the writer most likely agree with?

(a) The gas tax is not a sustainable revenue source for the IF.
(b) A mileage-based tax system should supplement the gas tax.
(c) The general public should be open to paying more taxes overall.
(d) The newly imposed tax should not be set aside specifically for road work.

[해설집] 정답·스크립트·해석·해설 p. 82

You have reached the end of the Reading Comprehension section. Please remain seated until you are dismissed by the proctor. You are NOT allowed to turn to any other section of the test.

다양한 무료 텝스 강의 및 학습 자료는
해커스텝스에서! Hackers.co.kr

TEPS 서울대 텝스관리위원회
공식 기출문제집

TEST 4

테스트 전 확인사항

1. OMR 답안지를 준비하셨나요? ☐
2. 컴퓨터용 사인펜, 수정 테이프를 준비하셨나요? ☐
3. 음성을 들을 준비를 하셨나요? ☐

🎧 **TEST 4.mp3 음성 바로 듣기**

해커스인강(HackersIngang.com)에서 무료 다운로드
상단 메뉴 [MP3/자료 → 문제풀이 MP3]

TEST 4
음성 바로 듣기

📑 **자동 채점 및 성적 분석 서비스**

· 타이머, 모바일 OMR, 자동 채점
· 정답률 및 취약 유형 분석

자동 채점 및 성적 분석
서비스 바로 이용하기

시험 시간 : 105분

시작 시간 : _____시 _____분 ~ 종료 시간 : _____시 _____분

LISTENING
COMPREHENSION

DIRECTIONS

In the Listening Comprehension section, all content will be presented orally rather than in written form. This section contains five parts. For each part, you will receive separate instructions. Listen to the instructions carefully, and choose the best answer from the options for each item.

L

You will now hear ten individual spoken questions or statements, each followed by four spoken responses. Choose the most appropriate response for each item.

Part II Questions 11~20

You will now hear ten short conversation fragments, each followed by four spoken responses. Choose the most appropriate response to complete each conversation.

Part III **Questions 21~30**

You will now hear ten complete conversations. For each conversation, you will be asked to answer a question. Before each conversation, you will hear a short description of the situation. After listening to the description and conversation once, you will hear a question and four options. Based on the given information, choose the option that best answers the question.

L

Part IV   Questions 31~36

You will now hear six short talks. After each talk, you will be asked to answer a question. Each talk and its corresponding question will be read twice. Then you will hear four options which will be read only once. Based on the given information, choose the option that best answers the question.

L

Part V   Questions 37~40

You will now hear two longer talks. After each talk, you will be asked to answer two questions. Each talk and its corresponding questions will be read twice. However, the four options for each question will be read only once. Based on the given information, choose the option that best answers each question.

VOCABULARY & GRAMMAR

DIRECTIONS

These two sections test your vocabulary and grammar knowledge. You will have 25 minutes to complete a total of 60 questions: 30 from the Vocabulary section and 30 from the Grammar section. Be sure to follow the directions given by the proctor.

1. A: Can we meet once a week to discuss business?
    B: OK. Let's _____ a regular time every Friday.

    (a) set
    (b) fill
    (c) give
    (d) open

2. A: Can you help me put these files in order?
    B: Sure, I can _____ them for you.

    (a) arrange
    (b) regulate
    (c) establish
    (d) distribute

3. A: The overhead bin is full. Where can I put my bag?
    B: I'll _____ it in a different spot.

    (a) pass
    (b) book
    (c) store
    (d) stock

4. A: You're a little too outspoken in meetings.
    B: Sorry, I'll try to _____ my criticisms.

    (a) call out
    (b) tone down
    (c) back out of
    (d) stand up for

5. A: There's a lot of unnecessary repetition in your speech.
    B: I see. I'll remove the parts that are _____.

    (a) divergent
    (b) persistent
    (c) redundant
    (d) extravagant

6. A: The sink isn't draining properly.
    B: The pipes must be _____.

    (a) braced
    (b) clogged
    (c) drowned
    (d) squeezed

7. A: You're so careful and thorough in your work.
    B: Yeah, I've always been _____ about every single detail.

    (a) tolerant
    (b) discreet
    (c) ambiguous
    (d) meticulous

8. A: Sorry to hear that your client lost his court case.
    B: Well, the evidence against him was simply _____.

    (a) unintuitive
    (b) implausible
    (c) indisputable
    (d) unpersuasive

9. A: Universal health care would be way too expensive.
    B: Agreed. The high cost means that the idea isn't really _____.

    (a) feasible
    (b) amicable
    (c) innocuous
    (d) prosperous

10. A: Was John disappointed that he didn't make the football team?
    B: Yes. He tried to hide it, but he was clearly _____.

    (a) feckless
    (b) maniacal
    (c) stupendous
    (d) despondent

Choose the option that best completes each sentence.

11. Because they held such different views, Martin and Gina often _____ about politics.

    (a) cried
    (b) argued
    (c) worried
    (d) guessed

12. Drink fluids before, during, and after sporting _____ to keep your body hydrated.

    (a) goods
    (b) events
    (c) chances
    (d) motions

13. WBS News has been _____ a rare one-on-one interview with the president of Russia.

    (a) served
    (b) granted
    (c) donated
    (d) supplied

14. Students can gain free _____ to academic journals through the university library.

    (a) entry
    (b) access
    (c) passage
    (d) privilege

15. Experts recommend minimizing _____ to harmful UV radiation by applying sunscreen.

    (a) liability
    (b) exposure
    (c) immunity
    (d) consensus

16. A shop clerk at Claret Diamonds was caught trying to steal some of the store's _____, including rings and bracelets.

    (a) clientele
    (b) provisions
    (c) components
    (d) merchandise

17. Medieval scholars often work with rare _____ written by unknown authors.

    (a) superstitions
    (b) manuscripts
    (c) submissions
    (d) monuments

18. To prevent protesters from marching down Main Street, the police put up _____ to block their route.

    (a) barriers
    (b) margins
    (c) limitations
    (d) boundaries

19. Whether you are _____ on your first job or have been working for years, *Workplace Tips* offers great advice for you.

    (a) featuring
    (b) infringing
    (c) embarking
    (d) elaborating

20. The sharp _____ in the US economy in 2009 led to a rise in unemployment.

    (a) omission
    (b) deflection
    (c) contraction
    (d) suppression

21. Apply pressure to a wound in order to _____ the flow of blood.

(a) halt
(b) bind
(c) mute
(d) mend

22. The hospital's privacy regulations are designed to keep patients' medical information strictly _____.

(a) secluded
(b) anecdotal
(c) segregated
(d) confidential

23. Because of its extremely harsh climate, the Sahara Desert is among the most _____ places on Earth.

(a) scarce
(b) barren
(c) vacuous
(d) reclusive

24. Environmental degradation threatens the incredible _____ of species found in the Amazon Basin.

(a) amplitude
(b) lavishness
(c) sufficiency
(d) abundance

25. Many reptiles can _____ detection from predators by blending in with their surroundings.

(a) evade
(b) outwit
(c) perplex
(d) surpass

26. Jessica's self-confidence was seriously _____ by her mistakes at work.

(a) convoluted
(b) overlooked
(c) exemplified
(d) undermined

27. Language is full of _____, which allow people to discuss taboo subjects in a more socially acceptable manner.

(a) hyperboles
(b) collocations
(c) conundrums
(d) euphemisms

28. Andy proved that his debate opponent's argument was _____ by showing it to be based on a logical mistake.

(a) untenable
(b) amenable
(c) decorous
(d) ominous

29. During the trial, the defense called on a witness to _____ the accused's version of events, helping to set him free.

(a) obliterate
(b) exonerate
(c) rehabilitate
(d) corroborate

30. Criticisms of the president's supposed failings are _____ on misconceptions about the extent of his power.

(a) predicated
(b) expounded
(c) emblazoned
(d) inaugurated

> You have finished the Vocabulary questions. Please continue on to the Grammar questions.

1. A: Should I wait for your other guests before eating?
   B: No. Just help _____ to what's available.

   (a) you
   (b) your
   (c) yours
   (d) yourself

2. A: How was your meeting with your professor?
   B: She's making me _____ my entire literature review.

   (a) rewrite
   (b) rewrote
   (c) rewriting
   (d) to rewrite

3. A: How often do new issues of this magazine come out?
   B: Oh, one _____ every month.

   (a) releases
   (b) is released
   (c) has released
   (d) has been released

4. A: These statistics are misleading. Don't you agree?
   B: Well, the truth about statistics _____ that they can easily be manipulated.

   (a) is
   (b) are
   (c) has been
   (d) have been

5. A: Are you certified to teach math?
   B: No. If I _____, I'd be working in that field.

   (a) were
   (b) would be
   (c) have been
   (d) would have been

6. A: Have you finished editing my report?
   B: Yeah. I didn't find much _____ needs correcting.

   (a) that
   (b) what
   (c) of which
   (d) of whom

7. A: What took you so long to answer the door?
   B: Sorry, I _____ to music, so I didn't hear you knock.

   (a) listen
   (b) listened
   (c) have listened
   (d) was listening

8. A: Do you think you left the keys on the kitchen counter?
   B: I _____, but I thought I put them in my bag.

   (a) could
   (b) could have
   (c) could leave
   (d) could have left

9. A: How did you handle not having real saffron for the recipe?
   B: Well, there _____ little choice, I used a substitute.

   (a) was
   (b) been
   (c) being
   (d) has been

10. A: Why didn't Tom tell us about his promotion?
    B: He probably just didn't think it was _____.

    (a) that big of a deal
    (b) a big deal of that
    (c) of a that big deal
    (d) that of a big deal

G

11. _____ the price of gasoline is rising, many people are still planning to travel this summer.

    (a) Since
    (b) Unless
    (c) Whether
    (d) Although

12. The teacher grew frustrated with how _____ her students were to participate in class discussions.

    (a) reluctant
    (b) reluctantly
    (c) most reluctant
    (d) more reluctantly

13. _____ all his money, Ken had to wait until payday to buy a new jacket.

    (a) Spent
    (b) To spend
    (c) Having spent
    (d) To have spent

14. Judy's boss asked that she _____ more thorough when writing reports.

    (a) be
    (b) was
    (c) will be
    (d) has been

15. The wrestler _____ defeated in competition until he went up against the national champion last night.

    (a) will never be
    (b) has never been
    (c) had never been
    (d) was never being

16. The police department proposed creating a new unit _____ sole purpose would be to fight cybercrime.

    (a) that
    (b) which
    (c) whom
    (d) whose

17. Although Sam was up all night studying for the exam, his efforts did not make _____ difference.

    (a) little
    (b) most
    (c) much
    (d) every

18. Even as a child, Mozart _____ amaze audiences with his musical talent.

    (a) must
    (b) might
    (c) would
    (d) should

19. As Jane had grown tired, she suggested _____ to the hotel for some rest.

    (a) to return
    (b) returning
    (c) having returned
    (d) to have returned

20. The whistleblower's documents _____ new light on the banking crisis once they are made public.

    (a) shed
    (b) will shed
    (c) have shed
    (d) are shedding

21. Users _____ inappropriate content on LifeWeb's message boards will be suspended by our administrators.

(a) posting
(b) posted
(c) posts
(d) post

22. The ski season for most resorts in the White Peaks typically _____ from early December to late March.

(a) run
(b) runs
(c) is running
(d) are running

23. For most staff, even a generous severance package is _____ a steady job.

(a) for little consolation losing
(b) losing for little consolation
(c) little consolation for losing
(d) for losing little consolation

24. The actor's first foray _____ directing was an unexpected success.

(a) of
(b) by
(c) into
(d) from

25. Heightened tensions during the Cold War led _____ a global conflict.

(a) the outbreak of many to fear
(b) to many fear of the outbreak
(c) many fear to the outbreak of
(d) many to fear the outbreak of

G

Read each dialogue or passage carefully and identify the option that contains a grammatical error.

26. (a) A: I hear you are to honor at the awards ceremony tonight.
    (b) B: Yes! I'm flattered the committee is recognizing my work.
    (c) A: I take it you have an acceptance speech prepared?
    (d) B: It's coming along nicely, though I'm not done just yet.

27. (a) A: Did you hear that Jake got his license suspended for reckless drivings?
    (b) B: Yeah. It puts him in a tough spot, since he drives a lot for his job.
    (c) A: I know. He begged to be given a fine rather than the suspension.
    (d) B: He stood little chance considering how strictly the law is enforced here.

28. (a) One of the defining moments in the lead-up to the Soviet Union's fall was the failed coup against Soviet leader Mikhail Gorbachev. (b) In 1991, communist hard-liners opposing to Gorbachev's reforms placed him under arrest and declared a state of emergency. (c) Thousands of protesters took to the streets and formed a human barricade to protect the Russian Parliament from the coup. (d) Climbing atop a tank surrounded by the crowd, reformist Boris Yeltsin urged the crowds to hold strong and defeat the coup.

29. (a) Many people believe that the best way to gain muscle mass is to lift relatively heavy weights. (b) However, recent research suggests that lifting lighter weights can be equally beneficial. (c) Weightlifters simply need to complete the lifting motion more times with lighter weights. (d) This finding is good news for those avoid lifting huge weights for fear of injury.

30. (a) At its height, the East India Company accounted for roughly half of the world's trade, partly because of its aggressive tactics. (b) While it focused primary on commerce, the company also kept private armies in its employ. (c) It used its military power to control vast areas of India, facilitating company business in the region. (d) The company eventually developed a total monopoly on trade with India and amassed great wealth and political power.

You have reached the end of the Vocabulary & Grammar sections. Do NOT move on to the Reading Comprehension section until instructed to do so. You are NOT allowed to turn to any other section of the test.

READING

COMPREHENSION

DIRECTIONS

This section tests your ability to comprehend reading passages. You will have 40 minutes to complete 35 questions. Be sure to follow the directions given by the proctor.

1.

> Dear Tim,
>
> I'm writing to request that you _____. The company president just asked me to go on a business trip with her, so I won't be able to give the presentation as planned this Friday. As you worked with me on the preparations, you're familiar with the content. I don't think it can wait, so I'd like you to take charge. If you have any questions, please don't hesitate to contact me.
>
> Marsha

(a) postpone the date of the presentation
(b) deliver Friday's presentation in my place
(c) prepare the presentation during my absence
(d) summarize the presentation for the president

2. When people hear that I quit my full-time job to become a freelance photographer, they often tell me that I'm courageous. People seem to admire those who leave the workaday world for independent employment. They don't seem to realize that freelancing is less risky for some people than for others. I have a husband with a steady income and parents who helped with my student loans. Unlike most people, I had figures in my life to fall back on in case things didn't work out. So when people commend my bravery, I feel obliged to tell them that _____.

(a) freelancing is actually quite difficult
(b) I still have doubts about my decision
(c) success only comes from taking risks
(d) I'm just fortunate to have a safety net

3. Concerns over rising antibiotic resistance have led to calls to curb the unnecessary use of antibiotic medications. However, recent studies indicate that other factors are also contributing to the problem. For example, chemicals in some herbicides have been found to render bacteria less susceptible to antibiotics. There is also evidence that food preservatives and other common products could be having a similar effect. In short, the issue of growing antibiotic resistance _____.

(a) cannot be blamed solely on overuse of antibiotics
(b) will almost certainly continue to worsen over time
(c) requires stricter regulation of antibiotic medications
(d) has started to cause problems beyond the medical field

4.

To our readers:

Many of you have criticized our decision to hire columnist Gillian Walsh. We're aware that her perspectives on political issues may conflict with yours and with those of many of our staff columnists. However, we feel that we have a duty as a news outlet to represent diverse viewpoints. Doing so fosters debate and helps us all develop more nuanced positions. For these reasons, we stand by our decision to _____

_____.

The Greenburg Gazette

(a) maintain our strong political orientation
(b) discuss issues outside the realm of politics
(c) provide a platform for an alternative voice
(d) challenge columnists from other publications

5. Research has shown that raising children _____.
When a couple has a child, they go through several significant transitions. They often begin seeing each other as domestic, rather than romantic, partners. As a result, they focus on communicating about their child's needs instead of their own. Over time, parents report deriving less enjoyment from their relationship with their partner. Although couples with children are less likely to get divorced, they are actually less happy with their partners than childless couples are, regardless of marital status or income level.

(a) has been linked with an increased risk of divorce
(b) causes especially high stress for low-income parents
(c) can lead to a lack of communication between spouses
(d) adversely affects couples' satisfaction in their relationships

6. The prolonged dispute between Northern Railways and the train drivers' union appears set to continue. Union insiders have hinted that they will reject the latest deal offered by the railway. Unless an agreement is signed, commuters already exasperated with the railway will face further service disruptions. Even though the strike has entered its third week, many commuters still have not found convenient alternatives and blame the railway for their troubles. In light of this situation, the union's hardline stance will put pressure on Northern Railways to sweeten its offer in order to _____.

(a) stop more workers from striking
(b) prevent a strike from taking place
(c) avoid angering customers any further
(d) remain competitive with other railways

7. After languishing unread for centuries, the epic poem *De rerum natura* by ancient Roman poet Lucretius was rediscovered in 1417. The poem's atomistic worldview shocked Renaissance readers, who generally believed that the universe had been created by a supreme being for the sake of humanity and that human beings possess an immortal soul. For Lucretius, everything in existence was composed of tiny physical particles continuously disintegrating and recombining. According to this view, humans were just like any other creature: denizens of a world governed exclusively by physical laws. In 1417, such assertions were profoundly troubling. After all, pondering them entailed opening one's mind to the possibility that _____.

(a) people are subject to unknowable spiritual laws
(b) the universe itself would eventually cease to exist
(c) the physical world is subordinate to the spiritual one
(d) humans do not occupy a special place in the universe

8. In Yellowstone National Park's early years, concessionaires developed new areas of the park to accommodate the increasing numbers of visitors. Because of existing regulations, the first facilities they built were all more than a quarter mile away from the park's main natural attractions, so the attractions' natural setting was protected. In a bid to attract more customers, however, the concessionaires eventually had the building restriction reduced to one-eighth of a mile, whereupon they quickly erected new hotels without regard for the environment. These projects altered the park's landscape, often for the worse, but for concessionaires _____.

(a) expanding the park was the only way to encourage tourism
(b) moving buildings further from attractions seemed beneficial
(c) challenging government regulations appeared largely hopeless
(d) capitalizing on tourism took precedence over preserving nature

9. Cities worldwide have been replacing traditional streetlights with light-emitting diodes (LEDs). Because LEDs are more energy efficient, they can help cities save resources. As they are brighter than traditional lights, however, they cause increased light pollution. Some experts are concerned that this additional light pollution could have negative effects. _____, it could interfere with people's sleep cycles or disrupt the night-time activities of animals.

   (a) Therefore
   (b) Regardless
   (c) In addition
   (d) For instance

10. Many foods with distinctive flavors or strong odors are commonly referred to as acquired tastes. Examples include durian fruit and asparagus. People often start out detesting these foods before gradually developing a fondness for them. Sometimes people change their opinion of these foods through repeatedly trying them. _____, they may find that their views change as they grow older, with foods that they hated as children suddenly seeming delicious.

    (a) Otherwise
    (b) Thereafter
    (c) Meanwhile
    (d) Alternatively

Part II Questions 11~12

Read the passage and identify the option that does NOT belong.

11. Research shows that Asian elephants have a keen sense of empathy. (a) Scientists have identified various behaviors indicating that these elephants can recognize each other's feelings. (b) For example, when one elephant is agitated, others will sometimes stroke it comfortingly with their trunks. (c) In some cases, they have also been observed making calls of distress in response to other elephants' suffering. (d) Asian elephants also communicate their intentions in a variety of ways, often using their ears, tail, and trunk.

12. Premium fashion retailer Summersby is taking steps to ensure that its expansion into new markets goes smoothly. (a) Rather than rushing to cash in on its popularity, it has decided on a slow approach to opening new stores. (b) By hiring new staff months in advance, it is making sure that its employees are well trained before meeting customers. (c) The steady growth experienced by the company in recent years has led to dramatically increased revenue. (d) The company is also carefully selecting its new locations in some of the country's busiest shopping malls.

Part III **Questions 13~25**

Read the passage, question, and options. Then, based on the given information, choose the option that best answers each question.

R

13.

From: Hotel Pro

To: Maxwell Powell

Subject: You won't want to miss this!

_____

Like our site? Share the love!

Want to earn extra discounts while helping your friends find great deals? Then visit www.hotelpro.biz/promotion today. We'll provide you with a personal link to share on social media. For each person who books a hotel through your link, you'll receive a coupon for 15% off a booking! Help your friends—and yourself—save money on vacations!

Q: What is mainly being advertised?

(a) A website with reviews of budget hotels
(b) A promotion for a hotel's frequent guests
(c) A discount for large group bookings at a hotel
(d) A reward for recommending a hotel booking website

14. Scientists have noticed an increase in the number of venomous black-banded sea kraits along the southern coast of Jeju Island. The sightings are unusual because these snakes are typically found in warmer western Pacific waters near Japan and Taiwan. Scientists theorize that climate change is extending their range by making the waters around Jeju more hospitable to the snakes. As this trend continues, the creatures are likely to become even more prevalent in Korean waters.

Q: What is mainly being reported about black-banded sea kraits?

(a) Sightings of them are causing growing concern in Jeju.
(b) They are struggling to adapt to Jeju's changing climate.
(c) They are now more common in Jeju than in Japan or Taiwan.
(d) Climate change is causing them to appear more often in Jeju.

15. Despite efforts to promote gender equality, a pay gap still exists between men and women. One factor contributing to this gap is that women tend to assume the majority of parental duties at the expense of their careers. As a result, they fall behind men in terms of work experience, which is eventually reflected in lower average salaries. For greater gender equality in the workplace, societal expectations regarding parenting roles need to change.

Q: What is the writer's main point about the gender pay gap?

(a) It forces many parents to divide household labor unequally.
(b) It arises from society's tendency to undervalue women's labor.
(c) It causes many women to give up their careers for parenthood.
(d) It results partly from women's choice to prioritize parental duties.

16. Cambodia has a centuries-old tradition of martial arts such as cham bab, pradal serey, and bokator. However, in the 1970s, the country's leaders were overthrown by a communist insurgency, and the brutal Khmer Rouge regime took power. In the ensuing years, many traditional martial arts masters were killed, and the sports nearly vanished. Only recently have they undergone a tentative renewal. Now the remaining masters are once more attempting to pass on knowledge of their disciplines, training younger generations in a small number of gyms.

Q: What is the writer mainly saying about traditional Cambodian martial arts?

(a) They are being revived after having nearly disappeared.
(b) They have regained popularity thanks to modern masters.
(c) They flourished despite being banned by the Khmer Rouge.
(d) They have been modernized since the fall of the Khmer Rouge.

17.

Salsa Class Starting Soon!

Salsa Sensations is opening another class for beginners in Springfield this month!

<u>When</u>: 8 p.m. to 9:30 p.m. on Thursday nights
<u>Where</u>: Basement studio of Shakeit Club
<u>Fee</u>: $60 for four lessons

✓ Registration will be limited to no more than 12 members, with a minimum of 6 for classes to run.
✓ Full payment must be made before the first lesson.
✓ Practice your moves upstairs after the lesson until the club closes at 2 a.m.
✓ No cover charge for the club; drinks starting from $5.

Sign up at salsasensations.com!

Q: Which of the following is correct according to the advertisement?

(a) The class is for dancers of various skill levels.
(b) Registration will not exceed 6 members per class.
(c) Participants can pay for each session individually.
(d) The club hosts free dancing after the class.

18. Dallol Volcano, located in northern Ethiopia, might seem like an unlikely tourist destination. After all, the surrounding area is the hottest inhabited place on Earth, with temperatures regularly exceeding 46°C. However, travelers come to Dallol to marvel at its brightly colored sulfur formations. These formations, filled with minerals pushed up from deep down within the ground, are visible throughout the wide, flat crater that comprises the volcano. Although the volcano has not erupted since 1926, visitors to the area must be careful as it remains active and contains toxic gases and strong acids.

Q: Why do many tourists visit Dallol Volcano?

(a) It releases glowing gases from its tall peak.
(b) It is situated in an area with a mild climate.
(c) It offers a chance to witness regular eruptions.
(d) It contains visually impressive mineral formations.

19.

Resignation Protocol

In the event that an employee resigns, supervisors must take the following actions:

- Upon receiving an employee's notice of resignation, written or oral, supervisors must respond with a written confirmation.
- Supervisors must then submit a Separation Notice form together with the employee, to be forwarded to the Human Resources and Accounting departments. Up-to-date contact details must be included on the form, as tax documents will be mailed to the employee's home address.
- Finally, supervisors must ensure that the employee hands in all company materials on their last day of employment.

Q: Which of the following is correct according to the passage?

(a) The protocol applies solely to supervisors' resignations.
(b) Supervisor confirmations may be either written or oral.
(c) Contact details are required on the Separation Notice form.
(d) Employees are handed tax documents prior to their final day.

20. The Okavango Delta of northwest Botswana is one of the world's largest inland deltas. Annual flooding from the Okavango River during Botswana's dry season and precipitation during its rainy season feed the delta's massive permanent swamps and seasonally flooded grassland area. The biological cycles of native plants and animals are harmonized with the area's seasonal rains and flood patterns. As the delta lacks an outlet to the sea, its water drains into the sands of the Kalahari Desert, another part of the African Rift Valley System.

Q: Which of the following is correct about the Okavango Delta?

(a) It dries up completely during Botswana's dry season.
(b) It gets too little rain to maintain swamps year-round.
(c) Its seasonal flooding harms local plants and wildlife.
(d) Its water does not flow directly out into the ocean.

21.

National Business Monitor   October 22

Company News

FilmFlow Making Moves

Rob Farrow

Online movie streaming giant FilmFlow will increase its monthly
subscription fee next month. The move was not unexpected, with some
industry analysts predicting the change for months. FilmFlow cited the need
to cover the costs of producing its new original content, which is expected
to begin airing in a few weeks. Shares in the company had dropped 2% last
month due to concerns over the company's ongoing spending on this new
content. FilmFlow has been acting swiftly to defend its share price, which is
already rallying on today's announcement.

Q: Which of the following is correct about FilmFlow?

(a) Its user fee increase will take effect in a few months.
(b) It took the industry by surprise with its fee increase.
(c) It has already begun releasing its new original content.
(d) Its share price rose with the news of its fee increase.

22. The textile and fashion industry in Brazil is huge, ranking as the second-largest source of
employment in the country. Roughly 30,000 textile companies operate within the nation
and are well known for their adherence to fair labor standards. Such standards, however,
have resulted in production costs that exceed those in the same sectors of other countries.
Brazil's textile industry has also focused on supplying the domestic market, where 85% of
output stays. This has forced the country to grapple with cheap imports from China
without being able to fall back on a strong customer base overseas.

Q: What is one reason that Brazil's textile industry is facing difficulties?

(a) It is excessively reliant on supplying export markets.
(b) It has faced criticism for unfair treatment of workers.
(c) Its labor standards have led to high production costs.
(d) Its workforce lacks adequate skills to compete globally.

23. Last year, my daughter asked me to look after my four-year-old granddaughter during the workday. I was happy to and only asked her to cover the costs of meals and activities. This arrangement seemed to be working out at first, but eventually my daughter admitted that she hadn't expected the cost to be so high. I explained that I liked taking my granddaughter out but that I couldn't afford to with my fixed income. She said she understood but still found the cost burdensome. So we reached a compromise, and now I've found many ways of entertaining my granddaughter at home.

Q: What can be inferred about the writer from the passage?

(a) She has frequent arguments with her daughter.
(b) She pays for most of her granddaughter's activities.
(c) She has cut down on spending for her granddaughter.
(d) She gave up working to take care of her granddaughter.

24.

Miltonburg Times   July 23
                                                                    Lifestyle

Restaurateur Betting Big on Japanese Cuisine

Despite the popularity of Japanese cuisine, there has long been a paucity of quality ramen restaurants in Miltonburg. This is starting to change with the opening of Tokyo Noodles by enterprising restaurateur Gilbert Blake.

After offering ramen at his sushi restaurant, Blake realized that there was demand for a good ramen place. He subsequently opened a new restaurant dedicated to ramen that is prepared by a Japanese chef for maximum authenticity.

Although the venture will not outshine Blake's sushi place any time soon, it has already created quite a buzz among food critics.

Q: What can be inferred about Gilbert Blake from the restaurant review?

(a) He is adapting ramen to suit the taste of Miltonburg locals.
(b) Ramen was popular among customers of his sushi restaurant.
(c) His new place is successful despite receiving lukewarm reviews.
(d) Tokyo Noodles is attracting more customers than his sushi place.

25. Architect Franz Schmidt has gained accolades by designing buildings that stand out from their surroundings. Although his distinctive creations often breathe life into otherwise prosaic neighborhoods, they can also be jarring in areas with already harmonious aesthetics. Unfortunately, Schmidt's recently completed Magic Museum, with its loud colors and twisting shapes, is precisely this sort of incongruous presence in the heart of the historic downtown district. Schmidt is undoubtedly visionary, but he often seems oblivious to the outside world while creating his designs.

Q: Which statement about Franz Schmidt would the writer most likely agree with?

(a) He tends to sacrifice beauty for functionality.
(b) His museum design is uncharacteristic of his style.
(c) His designs are mostly undeserving of their popularity.
(d) He should give more attention to the settings for his works.

Part IV

Questions 26~35

Read the passage, questions, and options. Then, based on the given information, choose the option that best answers each question.

Questions 26-27

26. Q: What is the main purpose of Sean's message?

(a) To ask Jenn to modify the software
(b) To inform Jenn of changes to the software
(c) To ask Jenn to confirm receipt of updated software
(d) To request a meeting with Jenn about the updated software

27. Q: When did Jenn receive the updated software?

(a) Last week
(b) This morning
(c) Yesterday morning
(d) Yesterday afternoon

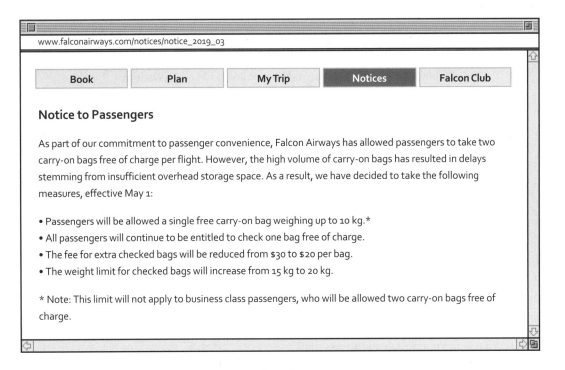

www.falconairways.com/notices/notice_2019_03

| Book | Plan | My Trip | Notices | Falcon Club |

Notice to Passengers

As part of our commitment to passenger convenience, Falcon Airways has allowed passengers to take two carry-on bags free of charge per flight. However, the high volume of carry-on bags has resulted in delays stemming from insufficient overhead storage space. As a result, we have decided to take the following measures, effective May 1:

• Passengers will be allowed a single free carry-on bag weighing up to 10 kg.*
• All passengers will continue to be entitled to check one bag free of charge.
• The fee for extra checked bags will be reduced from $30 to $20 per bag.
• The weight limit for checked bags will increase from 15 kg to 20 kg.

* Note: This limit will not apply to business class passengers, who will be allowed two carry-on bags free of charge.

28. **Q:** Which of the following is correct about Falcon Airways?

(a) It will adopt its modified baggage policy immediately.
(b) It is increasing surcharges for additional checked bags.
(c) It is introducing a lower weight limit for checked bags.
(d) It will still grant two free carry-ons for business class.

29. **Q:** Why is Falcon Airways changing its baggage policy?

(a) It has no additional space to keep checked luggage.
(b) It is taking too long to load and unload checked bags.
(c) Passengers rarely take advantage of its current policy.
(d) The large number of carry-on bags is slowing its operations.

R

A Dinosaur's Mysterious Demise

The Berlin-Ichthyosaur State Park in the ghost town of Berlin, Nevada, is home to a prehistoric mystery that has never been solved. In 1928, scientists discovered a bed of 217-million-year-old fossils in the area. The bones belonged to nearly 40 huge extinct marine reptiles called ichthyosaurs.

In the 1950s, Charles Camp and Samuel Welles excavated the site. Based on their findings, Camp hypothesized that the creatures had beached themselves in a manner similar to today's whales. However, subsequent research disproved this theory by showing that the bones had been deposited in deep water, meaning that the ichthyosaurs must have perished in the open seas.

Later scientists proposed that an algae bloom may have killed the ichthyosaurs, or that the creatures had somehow all fallen prey to some terrible predator. Investigations to solve this mystery are still ongoing.

30. Q: What is the main topic of the passage?

(a) Theories about the origins of some ichthyosaur fossils
(b) Evidence of ichthyosaurs being wiped out by predators
(c) Reasons for the great variety of ichthyosaur fossil deposits
(d) Speculation about the causes of the ichthyosaurs' extinction

31. Q: Why was Charles Camp's hypothesis eventually abandoned?

(a) The fossils showed signs of attacks by predators.
(b) Evidence of an algae bloom was discovered with the fossils.
(c) The ichthyosaurs were found not to have died in shallow water.
(d) New findings indicate a connection between ichthyosaurs and whales.

Questions 32-33

≡ MENU   🔍

SPORTING WORLD DIGEST

Mark Turner's Quest for Redemption

Since losing to lightweight champion Bill Smith three years ago, boxer Mark Turner has craved a rematch. However, his trainer stated yesterday that Turner first needs to prove himself in his upcoming bout against the young sensation Alexander Ashburn.

Such a victory would restore Turner to the ranks of the boxing world's top competitors and increase audience interest in a rematch with Smith. Although the first fight between Turner and Smith was competitive, Turner's career since then has been unimpressive: he lost two of his past four fights and has failed to secure a knockout in nearly two years.

To convince the world that he stands a chance against the champion, Turner will need not only to defeat Ashburn but also to do so in a decisive fashion. While there are many naysayers, Turner is currently the favorite in his upcoming fight and insists that he still has the skills and power to dominate his opponent and earn a chance for redemption against Smith.

32. **Q: What is the main topic of the news report?**

(a) Why Turner lost his first fight against Smith
(b) What Turner has done since losing his title fight
(c) Why Turner is generally expected to beat Ashburn
(d) What Turner needs to do to deserve a second title fight

33. **Q: What can be inferred from the news report?**

(a) Turner was favored to win his first fight against Smith.
(b) Ashburn has a more impressive record than Smith does.
(c) Turner has previously faced opponents tougher than Smith.
(d) Smith would be the heavy favorite in a fight against Turner now.

Questions 34-35

Political Insight

Two Sides of the American Right

For over a hundred years, American conservatives have been divided over whether to take an interventionist or isolationist approach to world affairs, with the two sides alternating at the head of the right. Beginning in the 1920s, presidents Warren Harding and Calvin Coolidge kept America out of military conflicts in Europe. But after World War II, a new generation of conservative leaders, including intellectual William Buckley and Republican presidential nominee Barry Goldwater, argued that the US needed to take an active role in world affairs to stop the spread of communism.

When the Cold War drew to a close, the tide turned once more, and isolationist conservatives regained influence. Led by commentator Pat Buchanan, prominent figures on the right called on America to avoid foreign entanglements. When Democrat Bill Clinton was president, one of conservatives' biggest complaints was that he worked with the UN on humanitarian interventions, which they saw as a threat to US sovereignty. More recently, the September 11 attacks caused the pendulum to swing the other way yet again, with conservatives in George W. Bush's administration espousing American involvement in Afghanistan and Iraq.

34. **Q:** What can be inferred from the passage?

(a) US interventionists mostly condemn unilateral military action.
(b) Communism's spread pushed the right toward interventionism.
(c) William Buckley promoted the foreign policy of Warren Harding.
(d) Conservative foreign policy was consistently isolationist before 1920.

35. **Q:** Why did conservatives oppose Bill Clinton's decision to begin humanitarian interventions?

(a) They expected it to make the US too isolationist.
(b) They worried about it weakening US independence.
(c) They feared the US being drawn into a long conflict.
(d) They doubted Clinton's ability to carry out his plans.

[해설집] 정답·스크립트·해석·해설 p. 122

You have reached the end of the Reading Comprehension section. Please remain seated until you are dismissed by the proctor. You are NOT allowed to turn to any other section of the test.

다양한 무료 텝스 강의 및 학습 자료는
해커스텝스에서! Hackers.co.kr

TEPS 서울대 텝스관리위원회
공식 기출문제집

TEST 5

테스트 전 확인사항

1. OMR 답안지를 준비하셨나요?   ☐
2. 컴퓨터용 사인펜, 수정 테이프를 준비하셨나요?   ☐
3. 음성을 들을 준비를 하셨나요?   ☐

TEST 5
음성 바로 듣기

🎧 TEST 5.mp3 음성 바로 듣기

해커스인강(HackersIngang.com)에서 무료 다운로드
상단 메뉴 [MP3/자료 → 문제풀이 MP3]

자동 채점 및 성적 분석
서비스 바로 이용하기

🖾 자동 채점 및 성적 분석 서비스

- 타이머, 모바일 OMR, 자동 채점
- 정답률 및 취약 유형 분석

시험 시간 : 105분
시작 시간 : _____ 시 _____ 분 ~ 종료 시간 : _____ 시 _____ 분

LISTENING COMPREHENSION

DIRECTIONS

In the Listening Comprehension section, all content will be presented orally rather than in written form. This section contains five parts. For each part, you will receive separate instructions. Listen to the instructions carefully, and choose the best answer from the options for each item.

L

You will now hear ten individual spoken questions or statements, each followed by four spoken responses. Choose the most appropriate response for each item.

Part II   Questions 11~20

You will now hear ten short conversation fragments, each followed by four spoken responses. Choose the most appropriate response to complete each conversation.

Part III

Questions 21~30

You will now hear ten complete conversations. For each conversation, you will be asked to answer a question. Before each conversation, you will hear a short description of the situation. After listening to the description and conversation once, you will hear a question and four options. Based on the given information, choose the option that best answers the question.

You will now hear six short talks. After each talk, you will be asked to answer a question. Each talk and its corresponding question will be read twice. Then you will hear four options which will be read only once. Based on the given information, choose the option that best answers the question.

Part V   Questions 37~40

You will now hear two longer talks. After each talk, you will be asked to answer two questions. Each talk and its corresponding questions will be read twice. However, the four options for each question will be read only once. Based on the given information, choose the option that best answers each question.

L

VOCABULARY & GRAMMAR

DIRECTIONS

These two sections test your vocabulary and grammar knowledge. You will have 25 minutes to complete a total of 60 questions: 30 from the Vocabulary section and 30 from the Grammar section. Be sure to follow the directions given by the proctor.

Part I   **Questions 1~10**

Choose the option that best completes each dialogue.

1. A: I can't believe you _____ the project in time.
   B: I stayed up late to get it done.

   (a) settled
   (b) gathered
   (c) contained
   (d) completed

2. A: Let's try the new Thai restaurant tomorrow.
   B: Sure, I'll call them to _____ a table.

   (a) assign
   (b) order
   (c) enter
   (d) book

3. A: Did you see a doctor about your cough?
   B: I did. I was _____ with asthma.

   (a) labeled
   (b) identified
   (c) diagnosed
   (d) prescribed

4. A: How much money is in our bank account?
   B: I'll need to check our current _____.

   (a) measure
   (b) registry
   (c) balance
   (d) invoice

5. A: The service at this café is great.
   B: Yeah, it has a good _____ for that.

   (a) response
   (b) reputation
   (c) impression
   (d) appearance

6. A: Wow! Your car looks _____.
   B: That's because I just got it washed.

   (a) purified
   (b) opulent
   (c) pristine
   (d) refined

7. A: I should've thought more before buying this house.
   B: Yeah, it was quite a _____ decision.

   (a) hasty
   (b) fickle
   (c) crude
   (d) weary

8. A: Should I pay off my credit card debt with a personal loan?
   B: No, it's not _____. You could end up paying more interest.

   (a) fiscal
   (b) lenient
   (c) precise
   (d) prudent

9. A: I need someone to help me move my couch.
   B: Ask your nephew. He's _____.

   (a) brawny
   (b) affluent
   (c) irascible
   (d) prodigal

10. A: Are you throwing Jeff a surprise birthday party?
    B: Yes, so don't _____ that you know about it.

    (a) let on
    (b) sell out
    (c) make up
    (d) talk back

Choose the option that best completes each sentence.

V

11. Many countries are trying to _____ less on fossil fuels by using renewable energy sources.

    (a) rely
    (b) pass
    (c) burn
    (d) trade

12. Being _____ in a foreign language can open up many career opportunities.

    (a) essential
    (b) possible
    (c) routine
    (d) fluent

13. A local youth basketball team is headed to the state championship games after _____ in a tournament last night.

    (a) certifying
    (b) qualifying
    (c) authorizing
    (d) guaranteeing

14. Internet service will be temporarily _____ for maintenance between 2 p.m. and 4 p.m.

    (a) excluded
    (b) dismissed
    (c) postponed
    (d) suspended

15. A diplomat is _____ to act as a representative of a nation and to advance its interests abroad.

    (a) implied
    (b) obligated
    (c) estimated
    (d) restrained

16. All of our products go through rigorous inspections to check for even minor _____.

    (a) defects
    (b) barriers
    (c) struggles
    (d) dilemmas

17. To _____ employees, management should provide incentives that make them feel appreciated.

    (a) recall
    (b) retain
    (c) reserve
    (d) recollect

18. Reproducing copyrighted material without permission _____ upon the author's rights.

    (a) imposes
    (b) infringes
    (c) oversteps
    (d) trespasses

19. The desert is _____, so plants can be forced to go without water for extended periods of time.

    (a) arid
    (b) limp
    (c) vapid
    (d) coarse

20. All liquids and gels in your carry-on baggage must be stored in clear bottles with a _____ of three ounces or less.

    (a) dimension
    (b) substance
    (c) volume
    (d) portion

21. With years of groundbreaking research to her name, the scholar is regularly described as one of the most _____ in her field.

(a) eminent
(b) enigmatic
(c) expansive
(d) extraneous

22. The jury took hours to deliver a _____ that the defendant was innocent.

(a) decree
(b) verdict
(c) concord
(d) mandate

23. The foggy conditions _____ efforts to locate the missing hikers, causing delays.

(a) yielded
(b) divulged
(c) exploited
(d) hampered

24. The stock market _____ nearly 10% today as corporations reported disappointing quarterly earnings.

(a) submerged
(b) condensed
(c) plunged
(d) collided

25. John's account of the burglary held up, as it was _____ by several other eyewitnesses.

(a) verified
(b) garnered
(c) provoked
(d) accredited

26. A(n) _____ Buddhist, the Chinese poet Wang Wei became known as the "Poet Buddha" for his commitment to the religion.

(a) acute
(b) devout
(c) opaque
(d) concise

27. If human consumption continues at its current rate, many finite resources may be _____ within the next 50 years.

(a) mangled
(b) corroded
(c) exhausted
(d) abnegated

28. Add loose gravel to soil to make it more _____, allowing water to be absorbed easily.

(a) porous
(b) tangible
(c) resilient
(d) conducive

29. Ammonium hydroxide, a common household cleaning agent, is so _____ that it can lead to serious chemical burns.

(a) caustic
(b) virulent
(c) scathing
(d) retentive

30. Recently proposed budget cuts could have negative _____ for schools.

(a) pretensions
(b) prerogatives
(c) reformations
(d) repercussions

You have finished the Vocabulary questions. Please continue on to the Grammar questions.

Choose the option that best completes each dialogue.

1. A: Are you nervous about your driving test?
    B: No. I'm expecting _____ it without much difficulty.

    (a) to have passed
    (b) passing
    (c) to pass
    (d) pass

2. A: Have you seen any good movies recently?
    B: I saw one last weekend _____ starred Bob Ferguson.

    (a) that
    (b) who
    (c) where
    (d) whose

3. A: When are you returning from your trip?
    B: I _____ back until next week.

    (a) wasn't
    (b) won't be
    (c) haven't been
    (d) won't have been

4. A: Will the library be shut down?
    B: Yes, _____ the community takes action to save it.

    (a) once
    (b) since
    (c) unless
    (d) except

5. A: I feel like I'm getting old too fast.
    B: Me, too. I wish I _____ in my twenties again!

    (a) were
    (b) had been
    (c) would be
    (d) was being

6. A: The kitchen sink's not draining.
    B: Well, I guess it's _____ again.

    (a) clog
    (b) to clog
    (c) clogged
    (d) clogging

7. A: How's your essay coming along?
    B: Not great. I haven't really made _____ progress with it.

    (a) a
    (b) the
    (c) any
    (d) some

8. A: What happened to the sick dog at the animal shelter?
    B: It _____ from the other pets until it fully recovered.

    (a) separates
    (b) is separated
    (c) had separated
    (d) was separated

9. A: I love an ice cream sundae on a hot day.
    B: Me, too. But better than that _____.

    (a) is sharing one with you
    (b) is one you sharing with
    (c) one is sharing with you
    (d) with you is sharing one

10. A: I didn't realize Gary was so tall.
    B: I know. _____ alongside his basketball teammates, he always looked short to me.

    (a) Having seen
    (b) Seeing
    (c) To see
    (d) Seen

G

11. Both officials were offered a bribe, but
_____ accepted, reporting the
incident to the police instead.

    (a) all
    (b) any
    (c) either
    (d) neither

12. While recovering from knee surgery, Bob
was told to exercise very _____.

    (a) gentle
    (b) gently
    (c) gentler
    (d) gentlest

13. The CEO _____ from his post
last week, a month after the scandal
broke out.

    (a) stepped down
    (b) will step down
    (c) has stepped down
    (d) was stepping down

14. Job prospects in the US auto industry
_____ despite a long period of
increased output.

    (a) have been declined
    (b) has been declined
    (c) have declined
    (d) has declined

15. The buyout of the company resulted
_____ many older employees losing
their jobs all at once.

    (a) in
    (b) to
    (c) of
    (d) with

16. Mary's recommendation letters were
_____ helped her get the job.

    (a) that
    (b) what
    (c) which
    (d) whose

17. Tourists _____ goods that exceed
the duty-free allowance of $600 must
declare them.

    (a) carry
    (b) carried
    (c) to carry
    (d) carrying

18. When John's business started to flounder,
the urgency of the situation required that
he _____ cuts to his staff.

    (a) make
    (b) makes
    (c) had made
    (d) would make

19. Although Eli wanted to stay at the party
longer, he decided he had
better _____.

    (a) not
    (b) not to
    (c) not do
    (d) not to do

20. The new wage system led to the company
_____ higher profits than the year
before.

    (a) reports
    (b) reported
    (c) to report
    (d) reporting

21. After the international soccer tournament finished, the stadium _____ unused for several months.

(a) left
(b) has left
(c) was left
(d) has been left

22. The union _____ not change its position even though its demands were unlikely to be met.

(a) should
(b) would
(c) might
(d) must

23. The Tigers' third loss in the series means that _____ eliminated from the playoffs.

(a) the team has been all but
(b) all but the team has been
(c) all the team has been but
(d) the team but all has been

24. Although most people believed that the suspect was guilty, he managed to get off on _____.

(a) technicality
(b) a technicality
(c) any technicalities
(d) much technicalities

25. The teacher, _____ as tardiness, insisted that her students be on time for every lesson.

(a) disliking so much nothing
(b) disliking nothing so much
(c) nothing much so disliking
(d) so disliking nothing much

Part III **Questions 26~30**

Read each dialogue or passage carefully and identify the option that contains a grammatical error.

26. (a) A: Gina is worried that not enough people will come to her party.
(b) B: Why is she stressing out already? She just told people about it.
(c) A: I know. And the party isn't being held for another two weeks.
(d) B: She should relax. By then, more people will accept her invitation.

27. (a) A: Do you know anything about the recycling initiative the city council is preparing?
(b) B: No. When announced the program, they didn't elaborate on any specific details.
(c) A: That's odd. Surely they'll have to open it up for public scrutiny at some point.
(d) B: I think that they want to garner greater support before fully unveiling the plan.

28. (a) The Venus flytrap is a carnivorous plant that is perhaps most notable for its unusual way of trapping prey. (b) When an insect makes contact with the plant's sensory hairs, its trapping structure prepares to close. (c) However, the trap does not snap shut until the sensory hairs detect additional movement. (d) This mechanism prevents it from trapping debris and guarantees it has captured prey worth of consumption.

29. (a) A common misconception regarding introverts are that they tend to be socially aloof. (b) This assumption probably stems from introverts' extreme independence and their dislike of small talk. (c) Their desire for independence is also frequently mistaken for a general disinterest in social contact. (d) Actually, introverts need human interaction just as much as others, albeit in a slightly different form.

30. (a) A major obstacle to extended space missions is the loss of bone density suffered by astronauts. (b) The weightlessness in space causes bones to lose density at a rate of about 1% per month. (c) This is a serious concern because of it can eventually compromise astronauts' ability to execute mission tasks. (d) To slow the loss of bone density, astronauts use resistance training and consume dietary supplements.

You have reached the end of the Vocabulary & Grammar sections. Do NOT move on to the Reading Comprehension section until instructed to do so. You are NOT allowed to turn to any other section of the test.

READING
COMPREHENSION

DIRECTIONS

This section tests your ability to comprehend reading passages. You will have 40 minutes to complete 35 questions. Be sure to follow the directions given by the proctor.

Part I Questions 1~10

Read the passage and choose the option that best completes the passage.

1.

> Dear Ms. Roy,
>
> Greenhill University is sending you this email to inform you that _____ _____. We thank you for considering our institution. You will be informed via email of our final admissions decision no later than March 31. If you have any questions, please feel free to contact us. For reference, your application number is 50078.
>
> Greenhill University Admissions

(a) your application has been received
(b) you have been accepted into our program
(c) we have extended our application deadline
(d) we have officially begun accepting applications

2. The chocolate makers at Choc-O-Chunk are delighted to _____! For years, fans of our Megachunk bar have been asking for an even more extreme chocolate experience. Now, Choc-O-Chunk is ready to deliver with our Megachunk X! This bar uses the same classic ingredients as the original but with double the thickness. Megachunk X makes even our chunkiest bars look thin by comparison. Try one today!

(a) present our thickest bar to date
(b) rerelease one of our previous bars
(c) announce a bite-sized chocolate bar
(d) introduce a new ingredient to our bar

3. Certain organs in the human body are considered vestigial, meaning they once served a purpose but are now unessential. For example, a person can survive seemingly unharmed even if the spleen is removed. However, recent research has uncovered that, far from being useless, the spleen actually plays a key role in the immune system. Other supposedly expendable organs are likewise turning out to have valuable functions; the appendix, for instance, helps maintain healthy gut bacteria. These discoveries show that _____ _____.

(a) the human body has multiple unnecessary organs
(b) several organs in the body fill unexplainable roles
(c) these so-called vestigial organs remain for a reason
(d) removing vestigial organs helps the body to function

4. A few months ago, my husband and I felt that it was time to send our son to preschool. We first looked into a private school at the recommendation of my sister. The school itself was great, but the tuition fees were quite high. So we took a tour of a public school, which costs considerably less, and we were suitably impressed. We went home and thought about the pros and cons of each school. Ultimately, we decided that _____ _____. Seeing that our son loves his school, we have never regretted our choice. We are also happy to have started a college fund with the money we saved.

(a) it would be best to take my sister's advice
(b) it was too early to enroll our son in preschool
(c) the public school did not meet our expectations
(d) the private school's expense outweighed its benefits

5. A growing number of financial commentators have been sounding alarms about the rate of retirement savings in the US, which they say could lead to disastrous consequences down the road. Yet their projections do not always square with reality. In tightened financial circumstances, retirees often adapt by cutting back on spending. They also tend to leave their savings intact and simply withdraw what is earned in interest. This prevents larger withdrawals even in cases where the sum in the bank is ample. When looking at these tendencies, it seems as though financial commentators _____ _____.

(a) misjudge the difficulty of saving for retirement
(b) do not fully comprehend people's desire to retire
(c) expect retirees to drastically change their spending habits
(d) are underestimating people's ability to live within their means

6. The government is pleased to announce that an agreement has been reached on the Unionville Correctional Facility. Since the company originally hired to renovate the facility went bankrupt, many of the subcontractors working on the site have not received full payment for their services. As part of today's agreement between the government, banks, and a new builder, the renovations will resume and the subcontractors will receive what they are owed. We are pleased to have reached an agreement which _____ _____.

(a) rewards workers' loyalty with bonus package options
(b) settles all past payments while planning for the future
(c) holds the old builder accountable for the failed project
(d) shuts down the project in a fair way for all those involved

7. Bluesky Media Corporation remains in dire straits financially despite _____ _____. Compared with last quarter, operating costs fell from $95 million to $85 million, while revenue jumped roughly 10% from $1.66 billion to $1.81 billion. Bluesky said that this increase could be attributed to its growing television viewers. But even with this boost, Bluesky has had difficulty staying afloat. With plummeting film revenue and minimal profits from its online ventures, its dramatic growth in this single area has been the company's only saving grace.

(a) its move to offer streaming services
(b) a revenue surge from TV productions
(c) an unprecedented spike in film revenue
(d) its recent acquisition of a major competitor

8. Disagreements surrounding the concept of free speech may be due to the fact that _____ _____. The oldest concept of free speech, *isegoria*, can be traced to fifth-century Athens. While commonly translated as "freedom of speech," the word literally means "equal speech in public." In practice, this provided all citizens the right to debate publicly during assemblies. A later concept, *parrhesia*, is also commonly translated as "freedom of speech," but it connotes speaking honestly and even offensively in non-formal settings. Today, we often wrestle with these contrasting concepts when discussing the right to free speech.

(a) the phrase evolved in ancient Greek society
(b) public and private speech have subtle differences
(c) its role in ancient Greece is largely misunderstood
(d) it originated from two fundamentally distinct ideas

9. Although most of Antarctica is covered in ice and snow, its Dry Valleys are an exception. The valleys are protected from sea ice by nearby mountains and are too far inland to receive much moisture from the ocean's waters. They also experience powerful winds that evaporate all water, ice, and snow. This leads to extremely low humidity and a complete lack of precipitation. _____, Antarctica's Dry Valleys are believed to be the driest place on Earth.

(a) In fact
(b) Similarly
(c) Regardless
(d) For instance

10. Research indicates that highly confident people are more likely to become leaders. This is in part because people who lack confidence are less inclined to pursue, or feel secure in, leadership positions. _____, leaders actually perform better when they underestimate their own ability. Self-doubt seems to foster greater deliberation, preventing leaders from taking unnecessary risks.

(a) Moreover
(b) To be sure
(c) Nonetheless
(d) Put another way

Part II **Questions 11~12**

Read the passage and identify the option that does NOT belong.

11. Multitasking may make you feel efficient, but experts warn that it can actually decrease your productivity. (a) This is because our brains lack the capacity to perform many high-level cognitive functions at the same time. (b) When we attempt to multitask, our brains are actually switching back and forth from one task to the next. (c) These shifts of focus take time and repetition to be restored, slowing down our work. (d) Also, some tasks, such as listening to music, do not significantly interrupt our neural pathways.

12. Glendale County's new mandatory school uniform policy has been met with a backlash from parents and teachers alike. (a) Parents are worried that this could be a needless expense which will also upset their children. (b) Teachers are concerned about enforcement, arguing that policing student attire will be a burden. (c) Indeed, studies have shown that students clad in conservatively designed uniforms behave better. (d) Adding to the discontent has been the school board's failure to inform the public prior to voting.

Read the passage, question, and options. Then, based on the given information, choose the option that best answers each question.

R

13. Recently, technologies have been developed that allow bees to deliver pesticides to crops. The idea is simple: First, pesticide powder is placed inside a beehive. Then, bees coated with the powder fly to various plants, spreading it as they go. Crops ranging from blueberries to bell peppers can be protected through this technique. But the method is only recommended for use inside greenhouses, since it offers little control over where pesticides are spread.

Q: What is the passage mainly about?

(a) The effect of pesticides on bee populations
(b) The various methods of applying pesticides
(c) The advantages of natural pesticide delivery
(d) The use of bees to deliver pesticides to crops

14.

MEMO

Subject: Dress Code Policy

Westfield Capital is modifying its dress code. Currently, the number of dress code regulations for female employees exceeds those for male employees. We feel that this does not reflect our commitment to equality. Internal regulations have therefore been updated to remove these additional requirements, such as the one regarding high heels.

If you have any questions regarding what is appropriate, please email HR Director Shauna Lee at s.lee@westcap.com.

Q: What is mainly being announced?

(a) Revisions to the dress code for women
(b) Changes to make the dress code less casual
(c) New consequences for dress code violations
(d) Additional dress code requirements for males

15. Early pirates were able to thrive in the rocky coastlines of the eastern Mediterranean. The shore's hidden coves allowed pirates to launch ambushes on coastal trade routes. Since the coastal soil was rocky, it was unsuited to agriculture, so most coastal residents fished for their living. When these poor fishermen skilled at navigating local waters looked out and saw rich merchant vessels passing by, it is easy to imagine why they might have been tempted to turn to piracy and improve their lot in life.

Q: What is the passage mainly about?

(a) The navigational skills of Mediterranean pirates
(b) The raiding tactics used by Mediterranean pirates
(c) The conditions giving rise to Mediterranean piracy
(d) The trade between Mediterranean locals and pirates

16. Research has shown that teachers hired in the US during the 2008 economic recession improved students' academic performance more effectively than those hired at other times. This is less surprising than it seems. When the economy falters, many highly capable and educated people lack job opportunities. In this case, these people, seeking positions offering competitive pay in an otherwise unstable time, appear to have turned to vacancies in the education sector. This effect was bolstered by the relative lack of high paying positions in other sectors during the recession.

Q: What is the writer mainly saying about the impact of the economic crisis on US education?

(a) A tough job market brought competent people into teaching.
(b) Many people went back to school to gain a competitive edge.
(c) The financial crisis encouraged more investment in education.
(d) Higher standards for new teachers improved teaching quality.

17.

Notice of Public Auction

The City of Hillside is excited to announce a public auction to benefit the city council. The auction's featured items are two used police motorcycles, one Speed Star and one Motor-X, both well maintained. The vehicles will be on display at Central Police Station on January 31, and the auction will take place on February 1, at the city courthouse. Stop by the station to see the motorcycles along with the other lots up for auction.

The City of Hillside

Q: Which of the following is correct according to the announcement?

(a) The auction's proceeds go directly to the police department.
(b) The viewing and auction are being held at separate places.
(c) The auction will be held a week from the public viewing.
(d) The motorcycles are the only items being auctioned off.

18. In the early twentieth century, a single gray wolf was responsible for the death of around $25,000 worth of livestock—the equivalent of about $300,000 today—over a ten-year period. It was nicknamed Custer Wolf, after the city near which it wreaked havoc. A bounty on the wolf rose steadily to $500, but the creature proved elusive; one man tracked it unsuccessfully for five years. It was eventually shot by experienced federal hunter H. P. Williams after a seven-month hunt. Locals were surprised to learn that the supposed "enormous beast" was of a relatively normal size and weight.

Q: Which of the following is correct about Custer Wolf?

(a) It was named after the hunter who killed it.
(b) The bounty placed on it was first set at $500.
(c) H. P. Williams tracked it for about five years.
(d) It was no larger than a standard gray wolf.

19.

TECHNOLOGY

The Future of Battery Power

Hilary Dunn

BE Electronics has announced a new technology that will allow smartphones to charge five times faster. The secret is graphene, a form of carbon which can convey electricity 140 times faster than silicon does. Graphene batteries will reduce charging times from one hour to 12 minutes and have a range of other benefits. They can boost the battery capacity of smartphones by as much as 45% and remain stable at up to 60°C, potentially making them useful in future electric vehicles. The company recently applied to patent its new technology.

Q: Which of the following is NOT stated as a benefit of graphene?

(a) It can charge smartphones in as little as 12 minutes.
(b) It can extend smartphone battery capacity by up to 45%.
(c) It can maintain stability at temperatures as high as 60°C.
(d) It can transfer electricity five times faster than silicon does.

20. In 1928, neuroscientist Santiago Ramón y Cajal declared that neurogenesis—the birth of new neurons—was impossible in adult human brains. His findings went unchallenged for decades until Fernando Nottebohm revealed evidence of newly created neurons in the brains of adult birds. This spurred new studies demonstrating neurogenesis in adult cats, mice, and other animals, overturning Cajal's seemingly outdated findings. But common wisdom may be shifting once again; recent research by Arturo Alvarez-Buylla found no new neurons in the hippocampus region of brains from live or deceased adult humans. His findings remain contested, but time will eventually settle this debate.

Q: Which of the following is correct according to the passage?

(a) Cajal's research was never accepted by the scientific community.
(b) Nottebohm challenged Cajal's theory through human study.
(c) Alvarez-Buylla's research supports Cajal's original findings.
(d) Alvarez-Buylla found evidence of neurogenesis only in live humans.

21.

FILMING NOTICE

Lowell University campus will serve as a filming location from Monday, May 13 to Wednesday, May 15. As a result, some parking restrictions will be in place. Beginning Sunday evening, May 12, no parking will be allowed on University Avenue. Loading docks in Reynolds Club, Mandel Hall, and Bartlett Hall will remain accessible. Traffic will still be able to flow freely along the street at all hours, and parking will be permitted once again on the evening of May 15, when filming ends.

Q: Which of the following is correct according to the announcement?

(a) Parking restrictions on campus will start on May 13.
(b) University Avenue will be closed to traffic during filming.
(c) Loading trucks will have no access to Mandel Hall.
(d) Parking restrictions will be lifted on Wednesday.

22. Whether they play themselves or just watch, many young Americans enjoy online gaming. Indeed, a survey recently found that 73% of Americans between ages 14 and 21 had played or watched video games online in the previous year. Among them, 59% reported having played games, while 58% said they had watched online streams of games, and 45% said they had both played and watched. Online gaming is popular among both genders; nine out of ten young males play or watch online video games, along with more than half of young females.

Q: What did the survey reveal about Americans aged 14 to 21?

(a) Online gaming is almost equally popular among males and females.
(b) More than half of females neither play nor watch online video games.
(c) Nearly three-quarters of them either play or watch online video games.
(d) Almost half of them have watched other people playing online video games.

23. When I landed my first leading role in a romantic comedy, I was ecstatic. The movie was a success, and it led to a string of films. But soon I realized that my big break had actually been a curse. Movie directors pegged me as the romantic comedy guy and never took me seriously. I was desperate to reinvent myself. I eventually turned to the stage, where I could demonstrate my acting ability. I never looked back and am happier than ever.

Q: What can be inferred about the writer from the passage?

(a) He was unable to match the success of his first movie.
(b) He had a hard time adjusting to sudden fame initially.
(c) He was mostly offered similar types of roles in movies.
(d) He plans to transition back into acting in romantic comedies.

24. Some believe that meat grown using cellular agriculture (CA)—the practice of growing animal products from cell cultures instead of livestock—is the food of the future. But is CA the healthy and environmentally friendly solution it is made out to be? Lab-grown meat will simply enable our habit of excessive meat consumption. Advocates tout the health benefits of CA over ordinary meat, but they fail to mention the risk that overconsumption of any kind of animal-based protein entails. Furthermore, some studies suggest that the environmental impact of large-scale factory-grown meat production would not be so different from that of current meat production.

Q: Which statement would the speaker most likely agree with?

(a) It is infeasible to use CA to mass-produce meat.
(b) Proponents of CA are overselling its actual benefits.
(c) Meat consumption trends make CA unlikely to catch on.
(d) CA poses greater health risks than traditional agriculture does.

25. Falling on the same day as Easter Monday, Sham el-Nessim is a spring holiday in Egypt that dates back to at least 2700 BC. It marks the arrival of spring, and its name is derived from the Egyptian word "shemu," which describes the seasonal renewal of life. After Egypt was Christianized, the holiday became associated with Easter. Later, when Egypt became Arabized, "shemu" became the phonetically similar "Sham el-Nessim," an Arabic phrase meaning "smelling the breeze." This is coincidentally how Egyptians now celebrate this national holiday: by picnicking in public spaces.

Q: What can be inferred about Sham el-Nessim from the passage?

(a) It is still also referred to as "shemu."
(b) It is not a religious Christian holiday.
(c) It was rejected by Arab citizens of Egypt.
(d) It was named to reflect how it is celebrated.

Part IV **Questions 26~35**

Read the passage, questions, and options. Then, based on the given information, choose the option that best answers each question.

Questions 26-27

Julio's Hotcakes | Customer Satisfaction Survey   Save   Submit

Thank you for dining at Julio's Hotcakes. Please take a few minutes to share your feedback of your dining experience. We appreciate your opinion.

How did you hear about us?
○ Word of mouth   ○ Billboard   ○ Online   ● Other

Please rate us:	Poor	Fair	Average	Good	Excellent
Service	○	●	○	○	○
Cleanliness	○	○	○	○	●
Atmosphere	○	○	○	●	○
Taste	○	○	○	●	○
Value	○	○	○	●	○

Additional Comments:

I walk by Julio's all the time since it's in my neighborhood. My friend and I decided to try it for brunch. I wanted the blueberry pancakes, but the kitchen was out of blueberries. None of the other pancake options really appealed to me, so I went with the garden omelet that my friend had suggested. I asked our server, Suzie, to hold the onions. It wasn't long before the food came out, but I realized that my request hadn't been fulfilled. Suzie was apologetic, but it was still annoying. When my omelet came back out, it was tasty. However, my friend's waffles had gotten cold because he'd waited for me. Overall, the experience wasn't great, and unless the menu expands to include more meatless dishes, I doubt I'll be back.

---

26. **Q:** How did the reviewer know about Julio's Hotcakes?

(a) His friend works there.
(b) He regularly passes by it.
(c) He saw an advertisement.
(d) His friend recommended it.

27. **Q:** What can be inferred about the reviewer?

(a) He prefers to eat vegetarian options.
(b) He was served someone else's order.
(c) He was disappointed with the slow service.
(d) He will return to try the blueberry pancakes.

Light Studios

Dear Mr. Williams,

Thank you for contacting us about the part-time graphic design position. The job posting was specifically for a graphic designer to edit images for several of our publications. Unfortunately, while your résumé indicates that you have some experience with this kind of image editing, it is not enough for our needs. However, our management team was impressed by your extensive experience in video editing.

We are always open to adding talented individuals to our staff where they fit best. We would therefore like to offer you a chance to interview for a video editing position that we will be posting next week. Please let us know if you would be interested in pursuing this opportunity.

Sincerely,

David Park

Light Studios Human Resources Department

28. **Q: What is the letter mainly informing Mr. Williams of?**

(a) A second interview invitation
(b) An alternative job opportunity
(c) The next steps in the hiring process
(d) The requirements for a design position

29. **Q: Which of the following is correct according to the letter?**

(a) The image editing job is a full-time position.
(b) Mr. Williams has insufficient image editing experience.
(c) Mr. Williams applied for two positions at Light Studios.
(d) Light Studios has posted a job ad for a video editor.

Questions 30-31

THE DAILY PRESS

Against the Stream

Dan Edison, director of the recent blockbuster *Storm Chaser*, is butting heads with online entertainment company NetFilms. He argues that the increasing dominance of streaming services like NetFilms is making the theatrical success of his newest film, distributed by traditional film powerhouse Bryson Pictures, the exception rather than the rule. According to Edison, the release of films directly to streaming platforms is contributing to the demise of movie theaters.

He says NetFilms ought to follow in the footsteps of rival Greenboat, whose original films get a 90-day theatrical release before becoming accessible online. Greenboat's 2017 box office surprise, *Spaniel*, attests to the financial viability of this strategy. But NetFilms seems content to forgo ticket sales and instead generate revenue by appealing to subscribers.

It is true that NetFilms' business model has enabled it to support unorthodox content. For example, its original movie *Bakersville* and experimental documentary *Main Drag* were powerful but extremely quirky—hardly standard fare for a theatrical release. However, Edison's remarks should not be taken lightly. While the company's willingness to produce this kind of content is commendable, its business practices are harming the industry in ways that cannot be overlooked.

---

30. Q: Which film was produced by a traditional film studio?

(a) *Spaniel*
(b) *Bakersville*
(c) *Main Drag*
(d) *Storm Chaser*

31. Q: What can be inferred about NetFilms from the article?

(a) Greenboat has succeeded by copying its film release strategy.
(b) Its original films fill underrepresented markets in the industry.
(c) It is more concerned with box office success than artistic value.
(d) Edison is overstating the impact it has had on the film industry.

The Bretton Woods System

In 1944, representatives from the Allied nations of World War II convened to discuss issues related to the international monetary landscape. This conference was triggered by war-related economic fallout and geopolitical power imbalances that the representatives hoped to address. What resulted was codified as the Bretton Woods system, a consensus stipulating that all participating nations tie their currencies to the dollar, which, in turn, was fixed to gold, thereby promoting parity and transparency.

This arrangement represented the first example of a comprehensive system for governing exchange rates between independent states. The smooth functioning of the system was to be aided by the concurrently established International Monetary Fund (IMF), an organization tasked with monitoring exchange rates and helping ease temporary payment imbalances.

The changes set in motion by the Bretton Woods system would prevail for almost three decades. But by the mid-1960s, the United States was suffering from a combination of inflation and recession, making it increasingly more difficult to maintain the system. In 1971, the US decided to no longer tie its currency to gold, rendering the dollar fiat money—currency whose value is determined solely by law instead of being underpinned by intrinsic value. This effectively spelled the demise of the system.

32. **Q:** What did the representatives at the 1944 conference decide?

(a) Fiat currencies would be adopted by all participating nations.
(b) Exchange rates would be set by each nation independently.
(c) The IMF would replace the existing Bretton Woods system.
(d) Their currencies would be linked to a common standard.

33. **Q:** What is the third paragraph mainly about?

(a) The process of reforming the Bretton Woods system
(b) The effects of the collapse of the Bretton Woods system
(c) The United States' role in establishing the Bretton Woods system
(d) The circumstances leading to the end of the Bretton Woods system

Questions 34-35

| ≡ | **Science World** | |

Solving a Genetic Puzzle

Scientists analyzing animal DNA have been puzzled to find that certain genes necessary for life appear absent in some species. For example, desert-dwelling sand rats seem to lack the vital gene Pdx1, which controls insulin production, as well as 87 other genes surrounding Pdx1. But scientists have detected the chemical compounds that these genes create in the animals' tissues. This suggests the genes are actually present but difficult to detect with current research methods.

The same phenomenon has been observed in bird species; 274 genes are currently unaccounted for in bird species whose genomes have been sequenced to date. It has been proposed that guanine (G) and cytosine (C), two of the four "base" molecules that form DNA, are the reason these genes remain undetected. DNA sequences with many GC base pairs have been known to create problems for certain DNA-sequencing technologies, and the missing DNA sequences in sand rats and birds happen to be richer in these molecules than in adenine (A) and thymine (T), the other base pair. Scientists are hopeful they will soon be able to unlock further clues.

34. Q: What is the main topic of the passage?

　(a) The absence of seemingly vital genes in some animals
　(b) The mystery of essential genes appearing to be missing
　(c) The discovery of formerly missing genes in several animals
　(d) The unexplainable biological processes caused by some genes

35. Q: Which of the following is correct according to the passage?

　(a) The chemical products of Pdx1 were missing in sand rats.
　(b) Bird species lack 274 genes previously thought to be vital for life.
　(c) Current technologies have trouble detecting GC-rich DNA sequences.
　(d) The missing genes in sand rats include more AT than GC base pairs.

[해설집] 정답·스크립트·해석·해설 p. 162

You have reached the end of the Reading Comprehension section. Please remain seated until you are dismissed by the proctor. You are NOT allowed to turn to any other section of the test.

다양한 무료 텝스 강의 및 학습 자료는
해커스텝스에서! Hackers.co.kr

다양한 무료 텝스 강의 및 학습 자료는
해커스텝스에서! Hackers.co.kr

TEPS 서울대 텝스관리위원회
공식 기출문제집

정답 한눈에 보기 & OMR 답안지

정답 한눈에 보기

TEST 1

LISTENING COMPREHENSION

1	c	2	c	3	d	4	b	5	b
6	b	7	c	8	a	9	c	10	d
11	b	12	a	13	a	14	d	15	d
16	a	17	c	18	c	19	d	20	a
21	b	22	d	23	a	24	d	25	b
26	d	27	d	28	b	29	c	30	b
31	a	32	c	33	c	34	a	35	c
36	d	37	b	38	c	39	b	40	c

VOCABULARY

1	b	2	c	3	a	4	d	5	b
6	d	7	b	8	c	9	d	10	a
11	c	12	b	13	c	14	c	15	a
16	b	17	d	18	b	19	c	20	b
21	d	22	a	23	d	24	a	25	c
26	b	27	c	28	c	29	c	30	b

GRAMMAR

1	d	2	b	3	d	4	a	5	a
6	c	7	b	8	b	9	c	10	d
11	d	12	c	13	c	14	d	15	a
16	b	17	d	18	c	19	d	20	b
21	c	22	c	23	b	24	a	25	d
26	b	27	c	28	d	29	c	30	a

READING COMPREHENSION

1	a	2	c	3	c	4	c	5	b
6	d	7	c	8	c	9	b	10	a
11	c	12	d	13	a	14	a	15	d
16	b	17	b	18	c	19	c	20	c
21	c	22	b	23	d	24	d	25	c
26	b	27	b	28	d	29	c	30	b
31	b	32	b	33	a	34	a	35	d

TEST 2

LISTENING COMPREHENSION

1	d	2	a	3	a	4	b	5	a
6	c	7	d	8	b	9	b	10	c
11	d	12	c	13	a	14	b	15	d
16	a	17	b	18	a	19	a	20	c
21	c	22	c	23	a	24	b	25	d
26	c	27	d	28	b	29	d	30	d
31	a	32	c	33	c	34	b	35	d
36	d	37	d	38	b	39	c	40	d

VOCABULARY

1	a	2	a	3	b	4	c	5	c
6	d	7	b	8	c	9	c	10	b
11	d	12	b	13	a	14	b	15	d
16	a	17	b	18	c	19	d	20	a
21	a	22	a	23	d	24	a	25	b
26	d	27	c	28	d	29	d	30	a

GRAMMAR

1	a	2	b	3	c	4	c	5	d
6	c	7	d	8	b	9	c	10	a
11	d	12	d	13	c	14	b	15	d
16	d	17	c	18	a	19	a	20	d
21	a	22	b	23	a	24	d	25	c
26	a	27	b	28	b	29	b	30	d

READING COMPREHENSION

1	a	2	d	3	c	4	d	5	c
6	b	7	a	8	c	9	b	10	b
11	d	12	c	13	a	14	a	15	b
16	a	17	d	18	c	19	a	20	b
21	c	22	c	23	b	24	c	25	a
26	c	27	b	28	d	29	d	30	c
31	d	32	a	33	d	34	b	35	b

TEST 3

LISTENING COMPREHENSION

1	d	2	a	3	a	4	c	5	a
6	d	7	c	8	d	9	a	10	c
11	b	12	a	13	b	14	c	15	d
16	b	17	b	18	d	19	c	20	a
21	b	22	a	23	a	24	b	25	b
26	b	27	d	28	c	29	d	30	b
31	d	32	c	33	b	34	d	35	a
36	a	37	c	38	d	39	d	40	b

VOCABULARY

1	c	2	b	3	b	4	b	5	b
6	b	7	c	8	a	9	d	10	a
11	c	12	d	13	b	14	d	15	c
16	b	17	b	18	c	19	b	20	c
21	a	22	c	23	c	24	c	25	a
26	b	27	d	28	a	29	b	30	b

GRAMMAR

1	c	2	d	3	c	4	d	5	a
6	b	7	a	8	c	9	b	10	a
11	b	12	a	13	d	14	d	15	a
16	a	17	c	18	a	19	c	20	b
21	c	22	c	23	b	24	d	25	c
26	b	27	a	28	d	29	d	30	b

READING COMPREHENSION

1	a	2	d	3	d	4	a	5	b
6	a	7	d	8	a	9	c	10	b
11	d	12	b	13	d	14	a	15	d
16	c	17	d	18	c	19	c	20	c
21	b	22	c	23	c	24	a	25	b
26	a	27	b	28	b	29	a	30	c
31	d	32	d	33	c	34	d	35	a

TEST 4

LISTENING COMPREHENSION

1	d	2	a	3	a	4	d	5	a
6	b	7	a	8	d	9	a	10	c
11	d	12	b	13	a	14	a	15	c
16	c	17	a	18	d	19	a	20	c
21	a	22	d	23	b	24	a	25	b
26	b	27	b	28	c	29	c	30	a
31	d	32	b	33	b	34	d	35	c
36	c	37	d	38	c	39	d	40	a

VOCABULARY

1	a	2	a	3	c	4	b	5	c
6	b	7	d	8	c	9	a	10	d
11	b	12	b	13	b	14	b	15	b
16	d	17	b	18	a	19	c	20	c
21	a	22	d	23	b	24	d	25	a
26	d	27	d	28	a	29	d	30	a

GRAMMAR

1	d	2	a	3	b	4	a	5	a
6	a	7	d	8	b	9	c	10	a
11	d	12	a	13	c	14	a	15	c
16	d	17	c	18	c	19	b	20	b
21	a	22	b	23	c	24	c	25	d
26	a	27	a	28	b	29	d	30	b

READING COMPREHENSION

1	b	2	d	3	a	4	c	5	d
6	c	7	d	8	d	9	d	10	d
11	d	12	c	13	d	14	d	15	d
16	a	17	d	18	d	19	c	20	d
21	d	22	c	23	c	24	b	25	d
26	c	27	d	28	d	29	d	30	a
31	c	32	d	33	d	34	b	35	b

TEST 5

LISTENING COMPREHENSION

1	a	2	c	3	a	4	d	5	d
6	c	7	b	8	d	9	a	10	b
11	a	12	d	13	b	14	c	15	a
16	c	17	a	18	a	19	c	20	b
21	a	22	d	23	c	24	d	25	a
26	b	27	d	28	b	29	c	30	c
31	b	32	b	33	c	34	d	35	d
36	b	37	b	38	d	39	c	40	d

VOCABULARY

1	d	2	d	3	c	4	c	5	b
6	c	7	a	8	d	9	a	10	a
11	a	12	d	13	b	14	d	15	b
16	a	17	b	18	b	19	a	20	c
21	a	22	b	23	d	24	c	25	a
26	b	27	c	28	a	29	a	30	d

GRAMMAR

1	c	2	a	3	b	4	c	5	a
6	c	7	c	8	d	9	a	10	d
11	d	12	b	13	a	14	c	15	a
16	b	17	d	18	a	19	a	20	d
21	c	22	b	23	a	24	b	25	b
26	d	27	b	28	d	29	a	30	c

READING COMPREHENSION

1	a	2	a	3	c	4	d	5	d
6	b	7	b	8	d	9	a	10	c
11	d	12	c	13	d	14	a	15	c
16	a	17	b	18	d	19	d	20	c
21	d	22	c	23	c	24	b	25	b
26	b	27	a	28	b	29	b	30	d
31	b	32	d	33	d	34	b	35	c

TEPS

Test of English Proficiency
developed by
Seoul National University

수험번호
Registration No.

성명
Name

성명	한글
	한자

문제지번호
Test Booklet No.

감독관확인란

청해 Listening Comprehension

1	ⓐ ⓑ ⓒ ⓓ	21	ⓐ ⓑ ⓒ ⓓ
2	ⓐ ⓑ ⓒ ⓓ	22	ⓐ ⓑ ⓒ ⓓ
3	ⓐ ⓑ ⓒ ⓓ	23	ⓐ ⓑ ⓒ ⓓ
4	ⓐ ⓑ ⓒ ⓓ	24	ⓐ ⓑ ⓒ ⓓ
5	ⓐ ⓑ ⓒ ⓓ	25	ⓐ ⓑ ⓒ ⓓ
6	ⓐ ⓑ ⓒ ⓓ	26	ⓐ ⓑ ⓒ ⓓ
7	ⓐ ⓑ ⓒ ⓓ	27	ⓐ ⓑ ⓒ ⓓ
8	ⓐ ⓑ ⓒ ⓓ	28	ⓐ ⓑ ⓒ ⓓ
9	ⓐ ⓑ ⓒ ⓓ	29	ⓐ ⓑ ⓒ ⓓ
10	ⓐ ⓑ ⓒ ⓓ	30	ⓐ ⓑ ⓒ ⓓ
11	ⓐ ⓑ ⓒ ⓓ	31	ⓐ ⓑ ⓒ ⓓ
12	ⓐ ⓑ ⓒ ⓓ	32	ⓐ ⓑ ⓒ ⓓ
13	ⓐ ⓑ ⓒ ⓓ	33	ⓐ ⓑ ⓒ ⓓ
14	ⓐ ⓑ ⓒ ⓓ	34	ⓐ ⓑ ⓒ ⓓ
15	ⓐ ⓑ ⓒ ⓓ	35	ⓐ ⓑ ⓒ ⓓ
16	ⓐ ⓑ ⓒ ⓓ	36	ⓐ ⓑ ⓒ ⓓ
17	ⓐ ⓑ ⓒ ⓓ	37	ⓐ ⓑ ⓒ ⓓ
18	ⓐ ⓑ ⓒ ⓓ	38	ⓐ ⓑ ⓒ ⓓ
19	ⓐ ⓑ ⓒ ⓓ	39	ⓐ ⓑ ⓒ ⓓ
20	ⓐ ⓑ ⓒ ⓓ	40	ⓐ ⓑ ⓒ ⓓ

어휘 & 문법 어휘 Vocabulary

1	ⓐ ⓑ ⓒ ⓓ	21	ⓐ ⓑ ⓒ ⓓ
2	ⓐ ⓑ ⓒ ⓓ	22	ⓐ ⓑ ⓒ ⓓ
3	ⓐ ⓑ ⓒ ⓓ	23	ⓐ ⓑ ⓒ ⓓ
4	ⓐ ⓑ ⓒ ⓓ	24	ⓐ ⓑ ⓒ ⓓ
5	ⓐ ⓑ ⓒ ⓓ	25	ⓐ ⓑ ⓒ ⓓ
6	ⓐ ⓑ ⓒ ⓓ	26	ⓐ ⓑ ⓒ ⓓ
7	ⓐ ⓑ ⓒ ⓓ	27	ⓐ ⓑ ⓒ ⓓ
8	ⓐ ⓑ ⓒ ⓓ	28	ⓐ ⓑ ⓒ ⓓ
9	ⓐ ⓑ ⓒ ⓓ	29	ⓐ ⓑ ⓒ ⓓ
10	ⓐ ⓑ ⓒ ⓓ	30	ⓐ ⓑ ⓒ ⓓ
11	ⓐ ⓑ ⓒ ⓓ		
12	ⓐ ⓑ ⓒ ⓓ		
13	ⓐ ⓑ ⓒ ⓓ		
14	ⓐ ⓑ ⓒ ⓓ		
15	ⓐ ⓑ ⓒ ⓓ		
16	ⓐ ⓑ ⓒ ⓓ		
17	ⓐ ⓑ ⓒ ⓓ		
18	ⓐ ⓑ ⓒ ⓓ		
19	ⓐ ⓑ ⓒ ⓓ		
20	ⓐ ⓑ ⓒ ⓓ		

문법 Grammar

1	ⓐ ⓑ ⓒ ⓓ	21	ⓐ ⓑ ⓒ ⓓ
2	ⓐ ⓑ ⓒ ⓓ	22	ⓐ ⓑ ⓒ ⓓ
3	ⓐ ⓑ ⓒ ⓓ	23	ⓐ ⓑ ⓒ ⓓ
4	ⓐ ⓑ ⓒ ⓓ	24	ⓐ ⓑ ⓒ ⓓ
5	ⓐ ⓑ ⓒ ⓓ	25	ⓐ ⓑ ⓒ ⓓ
6	ⓐ ⓑ ⓒ ⓓ	26	ⓐ ⓑ ⓒ ⓓ
7	ⓐ ⓑ ⓒ ⓓ	27	ⓐ ⓑ ⓒ ⓓ
8	ⓐ ⓑ ⓒ ⓓ	28	ⓐ ⓑ ⓒ ⓓ
9	ⓐ ⓑ ⓒ ⓓ	29	ⓐ ⓑ ⓒ ⓓ
10	ⓐ ⓑ ⓒ ⓓ	30	ⓐ ⓑ ⓒ ⓓ
11	ⓐ ⓑ ⓒ ⓓ		
12	ⓐ ⓑ ⓒ ⓓ		
13	ⓐ ⓑ ⓒ ⓓ		
14	ⓐ ⓑ ⓒ ⓓ		
15	ⓐ ⓑ ⓒ ⓓ		
16	ⓐ ⓑ ⓒ ⓓ		
17	ⓐ ⓑ ⓒ ⓓ		
18	ⓐ ⓑ ⓒ ⓓ		
19	ⓐ ⓑ ⓒ ⓓ		
20	ⓐ ⓑ ⓒ ⓓ		

독해 Reading Comprehension

1	ⓐ ⓑ ⓒ ⓓ	21	ⓐ ⓑ ⓒ ⓓ
2	ⓐ ⓑ ⓒ ⓓ	22	ⓐ ⓑ ⓒ ⓓ
3	ⓐ ⓑ ⓒ ⓓ	23	ⓐ ⓑ ⓒ ⓓ
4	ⓐ ⓑ ⓒ ⓓ	24	ⓐ ⓑ ⓒ ⓓ
5	ⓐ ⓑ ⓒ ⓓ	25	ⓐ ⓑ ⓒ ⓓ
6	ⓐ ⓑ ⓒ ⓓ	26	ⓐ ⓑ ⓒ ⓓ
7	ⓐ ⓑ ⓒ ⓓ	27	ⓐ ⓑ ⓒ ⓓ
8	ⓐ ⓑ ⓒ ⓓ	28	ⓐ ⓑ ⓒ ⓓ
9	ⓐ ⓑ ⓒ ⓓ	29	ⓐ ⓑ ⓒ ⓓ
10	ⓐ ⓑ ⓒ ⓓ	30	ⓐ ⓑ ⓒ ⓓ
11	ⓐ ⓑ ⓒ ⓓ	31	ⓐ ⓑ ⓒ ⓓ
12	ⓐ ⓑ ⓒ ⓓ	32	ⓐ ⓑ ⓒ ⓓ
13	ⓐ ⓑ ⓒ ⓓ	33	ⓐ ⓑ ⓒ ⓓ
14	ⓐ ⓑ ⓒ ⓓ	34	ⓐ ⓑ ⓒ ⓓ
15	ⓐ ⓑ ⓒ ⓓ	35	ⓐ ⓑ ⓒ ⓓ
16	ⓐ ⓑ ⓒ ⓓ		
17	ⓐ ⓑ ⓒ ⓓ		
18	ⓐ ⓑ ⓒ ⓓ		
19	ⓐ ⓑ ⓒ ⓓ		
20	ⓐ ⓑ ⓒ ⓓ		

주민등록번호
National ID No.

수험번호
Registration No.

비밀번호
Password

고사실번호
Room No.

좌석번호
Seat No.

서약

본인은 답안 작성 시 유의사항을 준수하고, TEPS관리위원회의 부정행위 및 규정위반 처리규정을 준수할 것을 서약합니다.

답안작성시 유의사항

1. 답안 작성은 반드시 컴퓨터용 싸인펜을 사용해야 합니다.
2. 답안을 정정할 경우 수정테이프(수정액은 불가)를 사용해야 합니다.
3. 본 답안지는 컴퓨터로 처리되므로 훼손해서는 안되며, 답안지 하단의 타이밍마크(▮▮▮)를 찢거나, 낙서 등으로 훼손해 인한 채손 시 불이익이 발생할 수 있습니다.
4. 답안은 문항당 정답 1개만 골라 ▮와 같이 진하게 기재해야 하며, 필기구 오류나 본인의 부주의로 표기란 경우에는 답 관리위원회의 OMR판독기의 판독결과에 따르며, 그 결과는 본인이 책임집니다.
   Good ▮   Bad ⊙ⓧ◐⊘
5. 감독관의 확인이 없는 답안지는 무효처리됩니다.

TEPS

Test of English Proficiency
developed by
Seoul National University

수험번호
Registration No.
영문
한자

성명
Name

최종학력

초등학교 졸업	○
중학교 졸업	○
고등학교 졸업	○
전문대학 졸업	○
대학 졸업	○
대학원 졸업	○
기타	○

직 업

공무원	○
교사 / 강사	○
전문 업 주 부	○
농 / 임 / 어업	○
기타	○
무직	○

현재 교사님의 만족도

매우 만족	○
만족	○
보통	○
불만	○

소 속

성 학 생	○
초 중 학 학 교 교 생 생	○ ○
고등학교 생	○
전문대학 생	○
대 학 생	○
대학원 생	○
일 반	○

전 공

경제 / 경영	○
어학	○
교육	○
법학	○
사회과학	○

예 체 능	○
의 학 계 열	○
인 문 학	○
자 연 과	○
기 타	○

성명(성, 이름순으로 기재)
Name

질 문 란

1. 가장 중점적으로 학습하는 영역은?
ⓐ 듣기 ⓑ 어휘 ⓒ 문법
ⓓ 읽기 ⓔ 말하기 ⓕ 쓰기

2. 실질적으로 가장 많이 사용하는 영어 능력은?
ⓐ 듣기 ⓑ 어휘 ⓒ 문법
ⓓ 읽기 ⓔ 말하기 ⓕ 쓰기

3. 업무 및 일상생활에서 영어를 사용하는 빈도는?
ⓐ 전혀 없음 ⓑ 가끔 있음 ⓒ 자주 있음 ⓓ 매우 자주 있음

4. 스스로 생각하는 영역별 영어능력 수준은?

	매우높음	높음	보통	낮음	매우낮음
청해	○	○	○	○	○
어휘	○	○	○	○	○
문법	○	○	○	○	○
독해	○	○	○	○	○

5. 선호하는 영어학습 방법은?
ⓐ 자습 ⓑ 어학원 또는 개인교습
ⓒ 온라인강의 ⓓ 인터넷 커뮤니티 및 스터디
ⓔ 사내교육 및 연수

6. 정규 교육과정을 포함하여 영어를 학습한 기간은?
ⓐ 3년 미만 ⓑ 3년 이상 6년 미만 ⓒ 6년 이상 9년 미만
ⓓ 9년 이상 12년 미만 ⓔ 12년 이상

7-1. 영어권 국가에서 체류한 경험은?
ⓐ 없다 ⓑ 6개월 미만 ⓒ 6개월 이상 1년 미만
ⓓ 1년 이상 2년 미만 ⓔ 2년 이상

7-2. 영어권 국가에 체류한 경험이 있다면 체류 목적은?
ⓐ 유학 ⓑ 어학연수 ⓒ 여행 ⓓ 업무 ⓔ 기타

8. TEPS를 치르는 목적은?
ⓐ 취업 ⓑ 승진/해외파견 ⓒ 입학/편입학
ⓓ 개인실력 측정 ⓔ 좋은자격 및 인증
ⓕ 병역지원(KATUSA/어학병/병역특례 등)
ⓖ 기타

9. 진학이나 공무원 선발을 위해 TEPS를 치르는 경우 다음 중 해당되는 것은?
ⓐ 학부일반/편입 ⓑ 일반대학원 ⓒ 전문대학원
ⓓ 국가직(5급) ⓔ 국가직(7급) ⓕ 기타

〈부정행위 및 규정위반 처리규정〉

1. 모든 부정행위 및 규정위반 적발 시 이에 대한 조치는 TEPS관리위원회의 처리규정에 따라 이루어집니다.

2. 부정행위 및 규정위반 행위는 현장 적발뿐만 아니라 사후에도 적발될 수 있으며 모두 동일한 조치가 취해집니다.

3. 부정행위 적발 시 이전 회차 및 당해 성적은 무효화되며 TEPS관리위원회에서 주관하는 5년까지 시험의 응시자격이 제한됩니다.

4. 문제지 이외에 메모를 하는 행위와 시험 문제의 일부 또는 전부를 유출하거나 공개하는 경우 부정행위로 처리됩니다.

5. 각 파트별 시간을 준수하지 않거나, 시험 종료 후 답안 작성을 계속할 경우 규정위반으로 처리됩니다.

자르는 선

TEPS

Test of English Proficiency
developed by
Seoul National University

성명 / Name | 한글 | 한자
수험번호 / Registration No.
문제지번호 / Test Booklet No.

청해 / Listening Comprehension

1 a b c d | 21 a b c d
2 a b c d | 22 a b c d
3 a b c d | 23 a b c d
4 a b c d | 24 a b c d
5 a b c d | 25 a b c d
6 a b c d | 26 a b c d
7 a b c d | 27 a b c d
8 a b c d | 28 a b c d
9 a b c d | 29 a b c d
10 a b c d | 30 a b c d
11 a b c d | 31 a b c d
12 a b c d | 32 a b c d
13 a b c d | 33 a b c d
14 a b c d | 34 a b c d
15 a b c d | 35 a b c d
16 a b c d | 36 a b c d
17 a b c d | 37 a b c d
18 a b c d | 38 a b c d
19 a b c d | 39 a b c d
20 a b c d | 40 a b c d

어휘 & 문법 / 어휘 Vocabulary

1 a b c d | 21 a b c d
2 a b c d | 22 a b c d
3 a b c d | 23 a b c d
4 a b c d | 24 a b c d
5 a b c d | 25 a b c d
6 a b c d | 26 a b c d
7 a b c d | 27 a b c d
8 a b c d | 28 a b c d
9 a b c d | 29 a b c d
10 a b c d | 30 a b c d
11 a b c d
12 a b c d
13 a b c d
14 a b c d
15 a b c d
16 a b c d
17 a b c d
18 a b c d
19 a b c d
20 a b c d

문법 Grammar

1 a b c d | 21 a b c d
2 a b c d | 22 a b c d
3 a b c d | 23 a b c d
4 a b c d | 24 a b c d
5 a b c d | 25 a b c d
6 a b c d | 26 a b c d
7 a b c d | 27 a b c d
8 a b c d | 28 a b c d
9 a b c d | 29 a b c d
10 a b c d | 30 a b c d
11 a b c d
12 a b c d
13 a b c d
14 a b c d
15 a b c d
16 a b c d
17 a b c d
18 a b c d
19 a b c d
20 a b c d

독해 / Reading Comprehension

1 a b c d | 21 a b c d
2 a b c d | 22 a b c d
3 a b c d | 23 a b c d
4 a b c d | 24 a b c d
5 a b c d | 25 a b c d
6 a b c d | 26 a b c d
7 a b c d | 27 a b c d
8 a b c d | 28 a b c d
9 a b c d | 29 a b c d
10 a b c d | 30 a b c d
11 a b c d | 31 a b c d
12 a b c d | 32 a b c d
13 a b c d | 33 a b c d
14 a b c d | 34 a b c d
15 a b c d | 35 a b c d
16 a b c d
17 a b c d
18 a b c d
19 a b c d
20 a b c d

주민등록번호 / National ID No.
수험번호 / Registration No.
비밀번호 / Password
좌석번호 / Seat No.
고사실번호 / Room No.
감독관확인란

서약

본인은 답안 작성 시 유의사항을 준수하고, TEPS관리위원회의 부정행위 및 규정위반 처리규정을 준수할 것을 서약합니다.

답안작성시 유의사항

1. 답안 작성은 반드시 컴퓨터용 싸인펜을 사용해야 합니다.
2. 답안을 정정할 경우 수정테이프(수정액 사용불가)를 사용해야 합니다.
3. 본 답안지는 컴퓨터로 처리되므로 훼손해서는 안되며, 답안지 하단의 타이밍마크(▮▮▮)를 찢거나, 낙서 등으로 인한 훼손 시 불이익을 받을 수 있습니다.
4. 답안은 문항당 정답 1개만 골라 ❶와 같이 정확히 기재해야 하며, 필기구 오류나 본인의 부주의로 표기란 경우에는 당 관리위원회의 OMR판독기의 판독결과에 따르므로, 그 결과는 본인이 책임집니다.
   Good ● Bad ⨂ ◐ ⊗ ✗
5. 감독관의 확인이 없는 답안지는 무효처리됩니다.

TEPS

Test of English Proficiency developed by
Seoul National University

뒷면(Side2)

수험번호 Registration No.
성명 Name

영문
한자

최종학력

○ 초등학교졸업
○ 중학교졸업
○ 고등학교졸업
○ 전문대학졸업
○ 대학교졸업
○ 대학원졸업
○ 기타

소속

○ 초등학생
○ 중학생
○ 고등학생
○ 전문대학생
○ 대학생
○ 대학원생
○ 일반

직업

○ 학생
○ 전문영무
○ 사무
○ 서비스/영업/판매직
○ 생산/기술직

○ 공무원
○ 교사/강사
○ 전업주부
○ 농/임/어업
○ 기타
○ 무직

전공

○ 경제/경영
○ 공학
○ 교육
○ 법학
○ 사회과학
○ 기타

현재 교사정의 만족도

○ 매우 만족
○ 만족
○ 보통
○ 불만
○ 매우 불만

성명(성, 이름순으로 기재) Name

질문란

1. 가장 중점적으로 학습하는 영역은?
ⓐ 듣기 ⓑ 어휘 ⓒ 문법
ⓓ 읽기 ⓔ 말하기 ⓕ 쓰기

2. 실질적으로 가장 많이 사용하는 영어 능력은?
ⓐ 듣기 ⓑ 읽기 ⓒ 말하기 ⓓ 쓰기

3. 업무 및 일상생활에서 영어를 사용하는 빈도는?
ⓐ 전혀 없음 ⓑ 가끔 있음 ⓒ 자주 있음 ⓓ 매우 자주 있음

4. 스스로 생각하는 영역별 영어능력 수준은?

	매우높음	높음	보통	낮음	매우낮음
청해	○	○	○	○	○
어휘	○	○	○	○	○
문법	○	○	○	○	○
독해	○	○	○	○	○

5. 선호하는 영어학습 방법은?
ⓐ 자습 ⓑ 어학원 또는 개인교습
ⓒ 온라인강의 ⓓ 인터넷 커뮤니티 및 스터디
ⓔ 사내교육 및 연수

6. 정규 교육과정을 포함하여 영어를 학습한 기간은?
ⓐ 3년 미만 ⓑ 3년 이상 6년 미만 ⓒ 6년 이상 9년 미만
ⓓ 9년 이상 12년 미만 ⓔ 12년 이상

7-1. 영어권 국가에서 체류한 경험은?
ⓐ 없다 ⓑ 6개월 미만 ⓒ 6개월 이상 1년 미만
ⓓ 1년 이상 2년 미만 ⓔ 2년 이상

7-2. 영어권 국가에 체류한 경험이 있다면 체류 목적은?
ⓐ 유학 ⓑ 어학연수 ⓒ 여행 ⓓ 업무 ⓔ 기타

8. TEPS를 치르는 목적은?
ⓐ 취업 ⓑ 승진/해외파견 ⓒ 입학/편입학
ⓓ 개인실력 측정 ⓔ 졸업자격 및 인증
ⓕ 영어자격인증(KATUSA/어학병/영어특기 등)
ⓖ 기타

9. 진학이나 공무원 선발을 위해 TEPS를 치르는 경우 다음 중 해당되는 것은?
ⓐ 학부졸업/편입 ⓑ 일반대학원 ⓒ 전문대학원
ⓓ 국가직(5급) ⓔ 국가직(7급) ⓕ 기타

〈부정행위 및 구성위반 처리규정〉

1. 모든 부정행위 및 구성위반 적발 시 이에 대한 조치는 TEPS관리위원회의 처리규정에 따라 이루어집니다.

2. 부정행위 및 구성위반 행위는 현장 적발만이 아니라 사후에도 적발될 수 있으며 모두 동일한 조치가 취해집니다.

3. 부정행위 및 구성위반 적발 시 이전 회차 및 당해 성적은 무효화되며 사안에 따라 최대 5년간까지 TEPS관리위원회에서 주관하는 모든 시험의 응시자격이 제한됩니다.

4. 문제지 이외에 메모를 하는 행위와 시험 문제의 일부 또는 전부를 유출하거나 공개하는 경우 부정행위로 처리됩니다.

5. 각 파트별 시간을 준수하지 않거나, 시험 종료 후 답안 작성을 계속할 경우 규정위반으로 처리됩니다.

자르는 선

TEPS

Test of English Proficiency
developed by
Seoul National University

수험번호 Registration No.
성명 Name
영문 / 한글 / 한자

문제지번호 Test Booklet No.

감독관확인란

청해 Listening Comprehension

1	ⓐ ⓑ ⓒ ⓓ	21	ⓐ ⓑ ⓒ ⓓ
2	ⓐ ⓑ ⓒ ⓓ	22	ⓐ ⓑ ⓒ ⓓ
3	ⓐ ⓑ ⓒ ⓓ	23	ⓐ ⓑ ⓒ ⓓ
4	ⓐ ⓑ ⓒ ⓓ	24	ⓐ ⓑ ⓒ ⓓ
5	ⓐ ⓑ ⓒ ⓓ	25	ⓐ ⓑ ⓒ ⓓ
6	ⓐ ⓑ ⓒ ⓓ	26	ⓐ ⓑ ⓒ ⓓ
7	ⓐ ⓑ ⓒ ⓓ	27	ⓐ ⓑ ⓒ ⓓ
8	ⓐ ⓑ ⓒ ⓓ	28	ⓐ ⓑ ⓒ ⓓ
9	ⓐ ⓑ ⓒ ⓓ	29	ⓐ ⓑ ⓒ ⓓ
10	ⓐ ⓑ ⓒ ⓓ	30	ⓐ ⓑ ⓒ ⓓ
11	ⓐ ⓑ ⓒ ⓓ	31	ⓐ ⓑ ⓒ ⓓ
12	ⓐ ⓑ ⓒ ⓓ	32	ⓐ ⓑ ⓒ ⓓ
13	ⓐ ⓑ ⓒ ⓓ	33	ⓐ ⓑ ⓒ ⓓ
14	ⓐ ⓑ ⓒ ⓓ	34	ⓐ ⓑ ⓒ ⓓ
15	ⓐ ⓑ ⓒ ⓓ	35	ⓐ ⓑ ⓒ ⓓ
16	ⓐ ⓑ ⓒ ⓓ	36	ⓐ ⓑ ⓒ ⓓ
17	ⓐ ⓑ ⓒ ⓓ	37	ⓐ ⓑ ⓒ ⓓ
18	ⓐ ⓑ ⓒ ⓓ	38	ⓐ ⓑ ⓒ ⓓ
19	ⓐ ⓑ ⓒ ⓓ	39	ⓐ ⓑ ⓒ ⓓ
20	ⓐ ⓑ ⓒ ⓓ	40	ⓐ ⓑ ⓒ ⓓ

어휘 & 문법 Vocabulary / Grammar

어휘 Vocabulary

1	ⓐ ⓑ ⓒ ⓓ	21	ⓐ ⓑ ⓒ ⓓ
2	ⓐ ⓑ ⓒ ⓓ	22	ⓐ ⓑ ⓒ ⓓ
3	ⓐ ⓑ ⓒ ⓓ	23	ⓐ ⓑ ⓒ ⓓ
4	ⓐ ⓑ ⓒ ⓓ	24	ⓐ ⓑ ⓒ ⓓ
5	ⓐ ⓑ ⓒ ⓓ	25	ⓐ ⓑ ⓒ ⓓ
6	ⓐ ⓑ ⓒ ⓓ	26	ⓐ ⓑ ⓒ ⓓ
7	ⓐ ⓑ ⓒ ⓓ	27	ⓐ ⓑ ⓒ ⓓ
8	ⓐ ⓑ ⓒ ⓓ	28	ⓐ ⓑ ⓒ ⓓ
9	ⓐ ⓑ ⓒ ⓓ	29	ⓐ ⓑ ⓒ ⓓ
10	ⓐ ⓑ ⓒ ⓓ	30	ⓐ ⓑ ⓒ ⓓ
11	ⓐ ⓑ ⓒ ⓓ		
12	ⓐ ⓑ ⓒ ⓓ		
13	ⓐ ⓑ ⓒ ⓓ		
14	ⓐ ⓑ ⓒ ⓓ		
15	ⓐ ⓑ ⓒ ⓓ		
16	ⓐ ⓑ ⓒ ⓓ		
17	ⓐ ⓑ ⓒ ⓓ		
18	ⓐ ⓑ ⓒ ⓓ		
19	ⓐ ⓑ ⓒ ⓓ		
20	ⓐ ⓑ ⓒ ⓓ		

문법 Grammar

1	ⓐ ⓑ ⓒ ⓓ	21	ⓐ ⓑ ⓒ ⓓ
2	ⓐ ⓑ ⓒ ⓓ	22	ⓐ ⓑ ⓒ ⓓ
3	ⓐ ⓑ ⓒ ⓓ	23	ⓐ ⓑ ⓒ ⓓ
4	ⓐ ⓑ ⓒ ⓓ	24	ⓐ ⓑ ⓒ ⓓ
5	ⓐ ⓑ ⓒ ⓓ	25	ⓐ ⓑ ⓒ ⓓ
6	ⓐ ⓑ ⓒ ⓓ	26	ⓐ ⓑ ⓒ ⓓ
7	ⓐ ⓑ ⓒ ⓓ	27	ⓐ ⓑ ⓒ ⓓ
8	ⓐ ⓑ ⓒ ⓓ	28	ⓐ ⓑ ⓒ ⓓ
9	ⓐ ⓑ ⓒ ⓓ	29	ⓐ ⓑ ⓒ ⓓ
10	ⓐ ⓑ ⓒ ⓓ	30	ⓐ ⓑ ⓒ ⓓ
11	ⓐ ⓑ ⓒ ⓓ		
12	ⓐ ⓑ ⓒ ⓓ		
13	ⓐ ⓑ ⓒ ⓓ		
14	ⓐ ⓑ ⓒ ⓓ		
15	ⓐ ⓑ ⓒ ⓓ		
16	ⓐ ⓑ ⓒ ⓓ		
17	ⓐ ⓑ ⓒ ⓓ		
18	ⓐ ⓑ ⓒ ⓓ		
19	ⓐ ⓑ ⓒ ⓓ		
20	ⓐ ⓑ ⓒ ⓓ		

독해 Reading Comprehension

1	ⓐ ⓑ ⓒ ⓓ	21	ⓐ ⓑ ⓒ ⓓ
2	ⓐ ⓑ ⓒ ⓓ	22	ⓐ ⓑ ⓒ ⓓ
3	ⓐ ⓑ ⓒ ⓓ	23	ⓐ ⓑ ⓒ ⓓ
4	ⓐ ⓑ ⓒ ⓓ	24	ⓐ ⓑ ⓒ ⓓ
5	ⓐ ⓑ ⓒ ⓓ	25	ⓐ ⓑ ⓒ ⓓ
6	ⓐ ⓑ ⓒ ⓓ	26	ⓐ ⓑ ⓒ ⓓ
7	ⓐ ⓑ ⓒ ⓓ	27	ⓐ ⓑ ⓒ ⓓ
8	ⓐ ⓑ ⓒ ⓓ	28	ⓐ ⓑ ⓒ ⓓ
9	ⓐ ⓑ ⓒ ⓓ	29	ⓐ ⓑ ⓒ ⓓ
10	ⓐ ⓑ ⓒ ⓓ	30	ⓐ ⓑ ⓒ ⓓ
11	ⓐ ⓑ ⓒ ⓓ	31	ⓐ ⓑ ⓒ ⓓ
12	ⓐ ⓑ ⓒ ⓓ	32	ⓐ ⓑ ⓒ ⓓ
13	ⓐ ⓑ ⓒ ⓓ	33	ⓐ ⓑ ⓒ ⓓ
14	ⓐ ⓑ ⓒ ⓓ	34	ⓐ ⓑ ⓒ ⓓ
15	ⓐ ⓑ ⓒ ⓓ	35	ⓐ ⓑ ⓒ ⓓ
16	ⓐ ⓑ ⓒ ⓓ		
17	ⓐ ⓑ ⓒ ⓓ		
18	ⓐ ⓑ ⓒ ⓓ		
19	ⓐ ⓑ ⓒ ⓓ		
20	ⓐ ⓑ ⓒ ⓓ		

주민등록번호 National ID No.

수험번호 Registration No.

비밀번호 Password

고사실란 Room No.

좌석번호 Seat No.

ⓐ ⓑ ⓒ ⓓ ⓔ

서약

본인은 답안 작성 시 유의사항을 준수하고, TEPS관리위원회의 부정행위 및 규정위반 처리규정을 준수할 것을 서약합니다.

답안작성시 유의사항

1. 답안 작성은 반드시 컴퓨터용 싸인펜을 사용해야 합니다.
2. 답안을 정정할 경우 수정테이프(수정액)를 사용해야 합니다.
3. 본 답안지는 컴퓨터로 처리되므로 훼손해서는 안되며, 답안지 하단의 타이밍마크(▐▐▐)를 찢거나, 낙서 등으로 인한 훼손 시 불이익이 발생할 수 있습니다.
4. 답안은 문항당 정답을 1개만 골라 ● 와 같이 정확히 기재해야 하며, 필기구 오류나 본인의 부주의로 잘못 표기한 경우에는 당 관리위원회의 OMR판독기의 판독결과에 따르며, 그 결과는 본인이 책임집니다.

   Good ●   Bad ⦶ ◍ ◑ ⊗ ◓

5. 감독관의 확인이 없는 답안지는 무효처리됩니다.

TEPS

Test of English Proficiency
developed by
Seoul National University

수험번호
Registration No.

성명
Name 영문 / 한자

성명(성, 이름순으로 기재)
Name

차 별

최종학력

초등학교 졸업
중학교 졸업
고등학교 졸업
전문대학 졸업
대학교 졸업
대학원 졸업
기타

소 속

초중
고등학교
고
전문대학
대학
대학원
일반

직 업

공무원
교사 / 강사
전문직
농·임·어업
서비스·영업/판매
생산 / 기술직
기타
무직

전 공

경제 / 경영
인문
어학
사회
교육
예체능
의학계열
이학
자연
공학
기타

현재 교사경의 만족도

매우 만족
만족
보통
불만족
매우 불만족

〈부정행위 및 규정위반 처리규정〉

1. 모든 부정행위 및 규정위반 적발 시 이에 대한 조치는 TEPS관리위원회의 처리규정에 따라 이루어집니다.

2. 부정행위 및 규정위반 행위는 현장 적발뿐만 아니라 사후에도 적발될 수 있으며 모두 동일한 조치가 취해집니다.

3. 부정행위 적발 시 이전 회차 및 당해 성적은 무효화되며 TEPS관리위원회에서 주관하는 5단계까지 시험의 응시자격이 제한됩니다.

4. 문제지 이외에 메모를 하는 행위와 시험 문제의 일부 또는 전부를 유출하거나 공개하는 경우 부정행위로 처리됩니다.

5. 각 파트별 시간을 준수하지 않거나, 시험 종료 후 답안 작성을 계속할 경우 규정위반으로 처리됩니다.

질 문 란

1. 가장 중심적으로 학습하는 영역은?
ⓐ 듣기 ⓑ 어휘 ⓒ 문법
ⓓ 읽기 ⓔ 말하기 ⓕ 쓰기

2. 실질적으로 가장 많이 사용하는 영어 능력은?
ⓐ 듣기 ⓑ 읽기 ⓒ 말하기 ⓓ 쓰기

3. 업무 및 일상생활에서 영어를 사용하는 빈도는?
ⓐ 전혀 없음 ⓑ 가끔 있음 ⓒ 자주 있음 ⓓ 매우 자주 있음

4. 스스로 생각하는 영역별 영어능력 수준은?

	매우높음	높음	보통	낮음	매우낮음
청해	○	○	○	○	○
어휘	○	○	○	○	○
문법	○	○	○	○	○
독해	○	○	○	○	○

5. 선호하는 영어학습 방법은?
ⓐ 자습 ⓑ 어학원 또는 개인교습
ⓒ 온라인강의 ⓓ 인터넷 커뮤니티 및 스터디
ⓔ 사내교육 및 연수

6. 정규 교육과정을 포함하여 영어를 학습한 기간은?
ⓐ 3년 미만 ⓑ 3년 이상 6년 미만 ⓒ 6년 이상 9년 미만
ⓓ 9년 이상 12년 미만 ⓔ 12년 이상

7-1. 영어권 국가에서 체류한 경험은?
ⓐ 없다 ⓑ 6개월 미만 ⓒ 6개월 이상 1년 미만
ⓓ 1년 이상 2년 미만 ⓔ 2년 이상

7-2. 영어권 국가에 체류한 경험이 있다면 체류 목적은?
ⓐ 유학 ⓑ 어학연수 ⓒ 여행 ⓓ 업무 ⓔ 기타

8. TEPS를 치르는 목적은?
ⓐ 취업 ⓑ 승진/해외파견 ⓒ 업무, 편의력
ⓓ 개인실력 측정 ⓔ 영어지원(KATUSA/어학병/병역특례 등)
ⓕ 졸업자격 및 인증 ⓖ 기타

9. 진학이나 공무원 선발을 위해 TEPS를 치르는 경우 다음 중 해당되는 것은?
ⓐ 하부학/편입 ⓑ 일반대학원 ⓒ 전문대학원
ⓓ 국가직(5급) ⓔ 국가직(7급) ⓕ 기타

[TEPS]

Test of English Proficiency
developed by
Seoul National University

수험번호 Registration No.

성명 Name 한글 / 한자

문제지번호 Test Booklet No.

감독관확인란

청 해 Listening Comprehension

1	ⓐ ⓑ ⓒ ⓓ	21	ⓐ ⓑ ⓒ ⓓ
2	ⓐ ⓑ ⓒ ⓓ	22	ⓐ ⓑ ⓒ ⓓ
3	ⓐ ⓑ ⓒ ⓓ	23	ⓐ ⓑ ⓒ ⓓ
4	ⓐ ⓑ ⓒ ⓓ	24	ⓐ ⓑ ⓒ ⓓ
5	ⓐ ⓑ ⓒ ⓓ	25	ⓐ ⓑ ⓒ ⓓ
6	ⓐ ⓑ ⓒ ⓓ	26	ⓐ ⓑ ⓒ ⓓ
7	ⓐ ⓑ ⓒ ⓓ	27	ⓐ ⓑ ⓒ ⓓ
8	ⓐ ⓑ ⓒ ⓓ	28	ⓐ ⓑ ⓒ ⓓ
9	ⓐ ⓑ ⓒ ⓓ	29	ⓐ ⓑ ⓒ ⓓ
10	ⓐ ⓑ ⓒ ⓓ	30	ⓐ ⓑ ⓒ ⓓ
11	ⓐ ⓑ ⓒ ⓓ	31	ⓐ ⓑ ⓒ ⓓ
12	ⓐ ⓑ ⓒ ⓓ	32	ⓐ ⓑ ⓒ ⓓ
13	ⓐ ⓑ ⓒ ⓓ	33	ⓐ ⓑ ⓒ ⓓ
14	ⓐ ⓑ ⓒ ⓓ	34	ⓐ ⓑ ⓒ ⓓ
15	ⓐ ⓑ ⓒ ⓓ	35	ⓐ ⓑ ⓒ ⓓ
16	ⓐ ⓑ ⓒ ⓓ	36	ⓐ ⓑ ⓒ ⓓ
17	ⓐ ⓑ ⓒ ⓓ	37	ⓐ ⓑ ⓒ ⓓ
18	ⓐ ⓑ ⓒ ⓓ	38	ⓐ ⓑ ⓒ ⓓ
19	ⓐ ⓑ ⓒ ⓓ	39	ⓐ ⓑ ⓒ ⓓ
20	ⓐ ⓑ ⓒ ⓓ	40	ⓐ ⓑ ⓒ ⓓ

어휘 & 문법 / 어휘 Vocabulary

1	ⓐ ⓑ ⓒ ⓓ	21	ⓐ ⓑ ⓒ ⓓ
2	ⓐ ⓑ ⓒ ⓓ	22	ⓐ ⓑ ⓒ ⓓ
3	ⓐ ⓑ ⓒ ⓓ	23	ⓐ ⓑ ⓒ ⓓ
4	ⓐ ⓑ ⓒ ⓓ	24	ⓐ ⓑ ⓒ ⓓ
5	ⓐ ⓑ ⓒ ⓓ	25	ⓐ ⓑ ⓒ ⓓ
6	ⓐ ⓑ ⓒ ⓓ	26	ⓐ ⓑ ⓒ ⓓ
7	ⓐ ⓑ ⓒ ⓓ	27	ⓐ ⓑ ⓒ ⓓ
8	ⓐ ⓑ ⓒ ⓓ	28	ⓐ ⓑ ⓒ ⓓ
9	ⓐ ⓑ ⓒ ⓓ	29	ⓐ ⓑ ⓒ ⓓ
10	ⓐ ⓑ ⓒ ⓓ	30	ⓐ ⓑ ⓒ ⓓ
11	ⓐ ⓑ ⓒ ⓓ
12	ⓐ ⓑ ⓒ ⓓ
13	ⓐ ⓑ ⓒ ⓓ
14	ⓐ ⓑ ⓒ ⓓ
15	ⓐ ⓑ ⓒ ⓓ
16	ⓐ ⓑ ⓒ ⓓ
17	ⓐ ⓑ ⓒ ⓓ
18	ⓐ ⓑ ⓒ ⓓ
19	ⓐ ⓑ ⓒ ⓓ
20	ⓐ ⓑ ⓒ ⓓ

문법 Grammar

1	ⓐ ⓑ ⓒ ⓓ	21	ⓐ ⓑ ⓒ ⓓ
2	ⓐ ⓑ ⓒ ⓓ	22	ⓐ ⓑ ⓒ ⓓ
3	ⓐ ⓑ ⓒ ⓓ	23	ⓐ ⓑ ⓒ ⓓ
4	ⓐ ⓑ ⓒ ⓓ	24	ⓐ ⓑ ⓒ ⓓ
5	ⓐ ⓑ ⓒ ⓓ	25	ⓐ ⓑ ⓒ ⓓ
6	ⓐ ⓑ ⓒ ⓓ	26	ⓐ ⓑ ⓒ ⓓ
7	ⓐ ⓑ ⓒ ⓓ	27	ⓐ ⓑ ⓒ ⓓ
8	ⓐ ⓑ ⓒ ⓓ	28	ⓐ ⓑ ⓒ ⓓ
9	ⓐ ⓑ ⓒ ⓓ	29	ⓐ ⓑ ⓒ ⓓ
10	ⓐ ⓑ ⓒ ⓓ	30	ⓐ ⓑ ⓒ ⓓ
11	ⓐ ⓑ ⓒ ⓓ
12	ⓐ ⓑ ⓒ ⓓ
13	ⓐ ⓑ ⓒ ⓓ
14	ⓐ ⓑ ⓒ ⓓ
15	ⓐ ⓑ ⓒ ⓓ
16	ⓐ ⓑ ⓒ ⓓ
17	ⓐ ⓑ ⓒ ⓓ
18	ⓐ ⓑ ⓒ ⓓ
19	ⓐ ⓑ ⓒ ⓓ
20	ⓐ ⓑ ⓒ ⓓ

독 해 Reading Comprehension

1	ⓐ ⓑ ⓒ ⓓ	21	ⓐ ⓑ ⓒ ⓓ
2	ⓐ ⓑ ⓒ ⓓ	22	ⓐ ⓑ ⓒ ⓓ
3	ⓐ ⓑ ⓒ ⓓ	23	ⓐ ⓑ ⓒ ⓓ
4	ⓐ ⓑ ⓒ ⓓ	24	ⓐ ⓑ ⓒ ⓓ
5	ⓐ ⓑ ⓒ ⓓ	25	ⓐ ⓑ ⓒ ⓓ
6	ⓐ ⓑ ⓒ ⓓ	26	ⓐ ⓑ ⓒ ⓓ
7	ⓐ ⓑ ⓒ ⓓ	27	ⓐ ⓑ ⓒ ⓓ
8	ⓐ ⓑ ⓒ ⓓ	28	ⓐ ⓑ ⓒ ⓓ
9	ⓐ ⓑ ⓒ ⓓ	29	ⓐ ⓑ ⓒ ⓓ
10	ⓐ ⓑ ⓒ ⓓ	30	ⓐ ⓑ ⓒ ⓓ
11	ⓐ ⓑ ⓒ ⓓ	31	ⓐ ⓑ ⓒ ⓓ
12	ⓐ ⓑ ⓒ ⓓ	32	ⓐ ⓑ ⓒ ⓓ
13	ⓐ ⓑ ⓒ ⓓ	33	ⓐ ⓑ ⓒ ⓓ
14	ⓐ ⓑ ⓒ ⓓ	34	ⓐ ⓑ ⓒ ⓓ
15	ⓐ ⓑ ⓒ ⓓ	35	ⓐ ⓑ ⓒ ⓓ
16	ⓐ ⓑ ⓒ ⓓ
17	ⓐ ⓑ ⓒ ⓓ
18	ⓐ ⓑ ⓒ ⓓ
19	ⓐ ⓑ ⓒ ⓓ
20	ⓐ ⓑ ⓒ ⓓ

주민등록번호 National ID No.

수험번호 Registration No.

비밀번호 Password

고사실란 Room No.

좌석번호 Seat No.

서 약

본인은 답안 작성 시 유의사항을 준수하고, TEPS관리위원회의 부정행위 및 규정위반 처리규정을 준수할 것을 서약합니다.

답안작성시 유의사항

1. 답안 작성은 반드시 컴퓨터용 싸인펜을 사용해야 합니다.
2. 답안을 정정할 경우 수정테이프(수정액 사용불가)를 사용해야 합니다.
3. 본 답안지는 컴퓨터로 처리되므로 훼손해서는 안되며, 답안지 하단의 타이밍마크(▮▮▮)를 찢거나, 낙서 등으로 인한 훼손 시 불이익이 발생할 수 있습니다.
4. 답안은 문항당 정답을 1개만 골라 ● 와 같이 정확히 기재해야 하며, 필기구 오류나 본인의 부주의로 표기란 경우에는 답 관리위원회의 OMR판독기의 판독결과에 따르므로, 그 결과는 본인이 책임집니다.

   Good ● | Bad ⊙ ◐ ⊗ ⦸

5. 감독관의 확인이 없는 답안지는 무효처리됩니다.

TEPS

Test of English Proficiency
developed by
Seoul National University

뒷면(Side2)

수험번호 Registration No.	
성명 Name	영문
	한자

최종학력

- 초등학교 졸업
- 중학교 졸업
- 고등학교 졸업
- 전문대학 졸업
- 대학교 졸업
- 대학원 졸업
- 기타

직 업

- 공무원
- 교사 / 강사
- 전문직
- 농 / 임 / 어업
- 서비스/영업/판매직
- 생산 / 기술직
- 무직

소 속

- 초등학생
- 중학생
- 고등학생
- 전문대학생
- 대학생
- 대학원생
- 일반

전 공

- 경제 / 경영
- 공학
- 교육
- 사회
- 예체능
- 의학 계열
- 인문
- 자연과학
- 기타

현재 교사님의 만족도

- 매우 만족
- 만족
- 보통
- 불만
- 매우 불만

성명(성, 이름순으로 기재) Name

(OMR 마킹 영역 – 성명 및 자필란)

질 문 란

1. 가장 중심적으로 학습하는 영역은?
ⓐ 듣기 ⓑ 어휘 ⓒ 문법
ⓓ 읽기 ⓔ 말하기 ⓕ 쓰기

2. 실질적으로 가장 많이 사용하는 영어 능력은?
ⓐ 듣기 ⓑ 읽기 ⓒ 말하기 ⓓ 쓰기

3. 업무 및 일상생활에서 영어를 사용하는 빈도는?
ⓐ 전혀 없음 ⓑ 가끔 있음 ⓒ 자주 있음 ⓓ 매우 자주 있음

4. 스스로 생각하는 영역별 영어능력 수준은?

	매우높음	높음	보통	낮음	매우낮음
청해	○	○	○	○	○
어휘	○	○	○	○	○
문법	○	○	○	○	○
독해	○	○	○	○	○

5. 선호하는 영어학습 방법은?
ⓐ 자습 ⓑ 어학원 또는 개인교습
ⓒ 온라인강의 ⓓ 인터넷 커뮤니티 및 스터디
ⓔ 사내교육 및 연수

6. 정규 교육과정을 포함하여 영어를 학습한 기간은?
ⓐ 3년 미만 ⓑ 3년 이상 6년 미만 ⓒ 6년 이상 9년 미만
ⓓ 9년 이상 12년 미만 ⓔ 12년 이상

7-1. 영어권 국가에서 체류한 경험은?
ⓐ 없다 ⓑ 6개월 미만 ⓒ 6개월 이상 1년 미만
ⓓ 1년 이상 2년 미만 ⓔ 2년 이상

7-2. 영어권 국가에 체류한 경험이 있다면 체류 목적은?
ⓐ 유학 ⓑ 어학연수 ⓒ 여행 ⓓ 업무 ⓔ 기타

8. TEPS를 치르는 목적은?
ⓐ 취업 ⓑ 승진/해외파견 ⓒ 입학/편입학
ⓓ 개인실력 측정 ⓔ 졸업자격 및 인증
ⓕ 병역지원(KATUSA/어학병/병역특례 등)
ⓖ 기타

9. 진학이나 공무원 선발을 위해 TEPS를 치르는 경우 다음 중 해당되는 것은?
ⓐ 학부입학/편입 ⓑ 일반대학원 ⓒ 전문대학원
ⓓ 국가직(5급) ⓔ 국가직(7급) ⓕ 기타

〈부정행위 및 규정위반 처리규정〉

1. 모든 부정행위 및 규정위반 적발 시 이에 대한 조치는 TEPS관리위원회의 처리규정에 따라 이루어집니다.

2. 부정행위 및 규정위반 행위는 현장 적발뿐만 아니라 사후에도 적발될 수 있으며 모두 동일한 조치가 취해집니다.

3. 부정행위 적발 시 이전 회차 및 당해 성적은 무효화되며 사안에 따라 최대 5년까지 TEPS관리위원회에서 주관하는 모든 시험의 응시자격이 제한됩니다.

4. 문제지 이외에 메모를 하는 행위와 시험 문제의 일부 또는 전부를 유출하거나 공개하는 경우 부정행위로 처리됩니다.

5. 각 파트별 시간을 준수하지 않거나, 시험 종료 후 답안 작성을 계속할 경우 규정위반으로 처리됩니다.

자르는 선

앞면(Side1)

[TEPS]

Test of English Proficiency
developed by
Seoul National University

성명 / Name
한글
한자

수험번호 / Registration No.

문제지번호 / Test Booklet No.

감독관확인란

청해 / Listening Comprehension

1~40

어휘 & 문법

어휘 / Vocabulary

문법 / Grammar

독해 / Reading Comprehension

주민등록번호 / National ID No.

수험번호 / Registration No.

비밀번호 / Password

고사실란 / Room No.

좌석번호 / Seat No.

서약

본인은 답안 작성 시 유의사항을 준수하고, TEPS관리위원회의 부정행위 및 규정위반 처리규정을 준수할 것을 서약합니다.

답안작성시 유의사항

1. 답안 작성은 반드시 컴퓨터용 싸인펜을 사용해야 합니다.
2. 답안을 정정할 경우 수정테이프(수정액 사용불가)를 사용해야 합니다.
3. 본 답안지는 컴퓨터로 처리되므로 훼손해서는 안되며, 답안지 하단의 타이밍마크(▥)를 찢거나, 낙서 등으로 인한 훼손 시 본인이 불이익을 받을 수 있습니다.

4. 답안은 문항당 정답을 1개만 골라 ● 와 같이 정확히 기재해야 하며, 필기구 오류나 본인의 부주의로 표기란 경우(아래 당 관리위원회의 OMR판독기의 판독결과에 따르며, 그 결과는 본인이 책임진다.)

Good ●   Bad ⊙ ◐ ⊗ ✗

5. 감독관의 확인이 없는 답안지는 무효처리됩니다.

TEPS

Test of English Proficiency
developed by
Seoul National University

뒷면(Side2)

〈부정행위 및 규정위반 처리규정〉

1. 모든 부정행위 및 규정위반 적발 시 이에 대한 조치는 TEPS관리위원회의 처리규정에 따라 이루어집니다.

2. 부정행위 및 규정위반 행위는 현장 적발뿐아니라 사후에도 적발될 수 있으며 모두 동일한 조치가 취해집니다.

3. 부정행위 적발 시 이전 회차 및 당해 성적은 무효화되며 시안에 따라 최대 5년간까지 TEPS관리위원회에서 주관하는 모든 시험의 응시자격이 제한됩니다.

4. 문제지 이외에 메모를 하는 행위와 시험 문제의 일부 또는 전부를 유출하거나 공개하는 경우 부정행위로 처리됩니다.

5. 각 파트별 시간을 준수하지 않거나, 시험 종료 후 답안 작성을 계속할 경우 규정위반으로 처리됩니다.

수험번호 / 성명

수험번호 Registration No.	
성명 Name	영문
	한자

성명(성, 이름순으로 기재) Name

자필

소 속

- 초등학생
- 중학생
- 고등학생
- 전문대학생
- 대학생
- 대학원생
- 일반

전공

- 경제 / 경영
- 어학
- 교육
- 사회
- 과학

직 업

- 학생
- 전문직
- 경영직
- 사무직
- 서비스/영업/판매직
- 생산/영업/기술직
- 공무원
- 교사 / 강사
- 자영업
- 농 / 임 / 어업
- 기타
- 무직

현재 교직장의 만족도

- 매우 우호
- 만보통
- 불만

최종학력

- 초등학교 졸업
- 중학교 졸업
- 고등학교 졸업
- 전문대학교졸업
- 대학교 졸업
- 대학원 졸업
- 기타

질 문 란

1. 가장 중점적으로 학습하는 영역은?
ⓐ 듣기 ⓑ 어휘 ⓒ 문법
ⓓ 읽기 ⓔ 말하기 ⓕ 쓰기

2. 실생활으로 가장 많이 사용하는 영어 능력은?
ⓐ 듣기 ⓑ 읽기 ⓒ 말하기 ⓓ 쓰기

3. 업무 및 일상생활에서 영어를 사용하는 빈도는?
ⓐ 전혀 없음 ⓑ 가끔 있음 ⓒ 자주 있음 ⓓ 매우 자주 있음

4. 스스로 생각하는 영역별 영어능력 수준은?

	매우 높음	높음	보통	낮음	매우 낮음
청해	○	○	○	○	○
어휘	○	○	○	○	○
문법	○	○	○	○	○
독해	○	○	○	○	○

5. 선호하는 영어학습 방법은?
ⓐ 자습 ⓑ 어학원 또는 개인교습
ⓒ 온라인강의 ⓓ 인터넷 커뮤니티 및 스터디
ⓔ 사내교육 및 연수

6. 정규 교육과정을 포함하여 영어를 학습한 기간은?
ⓐ 3년 미만 ⓑ 3년 이상 6년 미만 ⓒ 6년 이상 9년 미만
ⓓ 9년 이상 12년 미만 ⓔ 12년 이상

7-1. 영어권 국가에서 체류한 경험은?
ⓐ 없다 ⓑ 6개월 미만 ⓒ 6개월 이상 1년 미만
ⓓ 1년 이상 2년 미만 ⓔ 2년 이상

7-2. 영어권 국가에 체류한 경험이 있다면 체류 목적은?
ⓐ 유학 ⓑ 어학연수 ⓒ 여행 ⓓ 업무 ⓔ 기타

8. TEPS를 치르는 목적은?
ⓐ 취업 ⓑ 승진/해외파견 ⓒ 입학, 편입학
ⓓ 개인실력 측정 ⓔ 좋업자격 및 인증
ⓕ 병역지원(KATUSA/어학병/병역특례 등)
ⓖ 기타

9. 진학이나 공무원 선발을 위해 TEPS를 치르는 경우 다음 중 해당되는 것은?
ⓐ 학부입학/편입 ⓑ 일반대학원 ⓒ 전문대학원
ⓓ 국가직(5급) ⓔ 국가직(7급) ⓕ 기타

해커스인강 HackersIngang.com

본 교재 인강 · 무료 실전용&복습용 MP3 · 무료 기출 단어암기장 및 단어암기 MP3 · 무료 받아쓰기&쉐도잉 워크북

해커스텝스 Hackers.co.kr

스타강사의 무료 적중예상특강 · 무료 매일 실전 텝스 문제 · 무료 텝스 단어시험지 자동생성기

해커스텝스와 함께라면 취약영역은 없다!

텝스 취약영역 극.복.비.법!

텝스 리딩 기본기 완성

텝스 1위 설미연 선생님이 알려주는
[텝스 베이직 리딩 무료강의]

혼자 공부하기 어렵다면?
초보자도 텝스 문법/어휘/독해 기본기 4주 완성!

청취력 향상

꾸준한 받아쓰기로 청취력 향상
[AP 뉴스 받아쓰기]

청해 정답 고르기 힘들다?
청취력 향상부터 시사 어휘까지 공부!

기출어휘 암기

텝스 베스트셀러 1위
[해커스 텝스 기출 보카]

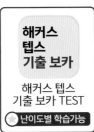

무작정 외우면 될까?
최신 기출, 빈출 단어 중심으로 외우자!

어플로 스마트하게 학습

텝스 학습자를 위한 필수 어플

▲ 무료
다운로드

▲ 무료
다운로드

[강의평가 1위] 해커스어학원 텝스 정규/실전 문법 강의평가 1위(2018년 9월~2019년 3월 기준)
[해커스 텝스 기출 보카] 교보문고 외국어 베스트셀러 텝스 분야 1위(2021.01.19. 온라인 주간집계 기준)

텝스에 대한 모든 정보가 있는 곳 해커스텝스 검색   해커스텝스 바로가기 ▶

텝스 고득점 달성을 위한

나의 목표 달성기

목표 개수 ＿＿＿＿＿＿＿＿ / 135개

달성 목표일 ＿＿＿＿＿＿ 년 ＿월 ＿일

각 테스트를 마친 후 채점 결과를 아래의 <맞은 개수 표>에 기입합니다.
그 중 합계는 <실력 향상 확인 그래프>에 ■로 표시하여, 실력의 변화를 직접 확인해 보세요.
달성 목표일은 p.20~21의 '수준별 맞춤 학습 플랜'을 참고해서 정해 보세요!

맞은 개수 표

	TEST 1	TEST 2	TEST 3	TEST 4	TEST 5
청해	/40	/40	/40	/40	/40
어휘	/30	/30	/30	/30	/30
문법	/30	/30	/30	/30	/30
독해	/35	/35	/35	/35	/35
합계	/135	/135	/135	/135	/135

실력 향상 확인 그래프

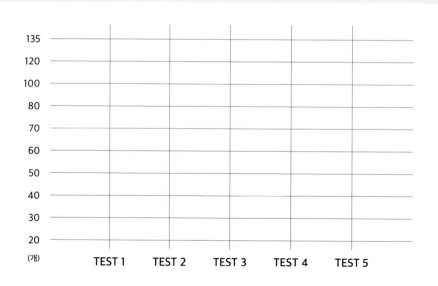

TEPS

서울대
텝스관리위원회
공식 기출문제집

해커스

LISTENING COMPREHENSION

1	c	의문사 의문문	9	c	평서문	17	c	평서문	25	b	세부 정보	33	c	세부 정보
2	c	조동사 의문문	10	d	평서문	18	c	평서문	26	d	세부 정보	34	a	세부 정보
3	d	평서문	11	b	평서문	19	d	Be동사 의문문	27	d	세부 정보	35	c	세부 정보
4	b	의문사 의문문	12	a	평서문	20	a	평서문	28	b	세부 정보	36	d	추론
5	b	평서문	13	a	평서문	21	b	중심 내용	29	c	추론	37	b	세부 정보
6	b	평서문	14	a	평서문	22	d	중심 내용	30	b	추론	38	c	추론
7	c	평서문	15	d	기타 의문문	23	a	중심 내용	31	a	중심 내용	39	b	중심 내용
8	a	평서문	16	a	평서문	24	d	세부 정보	32	c	중심 내용	40	c	세부 정보

VOCABULARY

1	b	형용사 어휘	7	b	형용사 어휘	13	c	동사 어휘	19	c	형용사 어휘	25	c	동사 어휘
2	c	Collocation	8	c	동사 어휘	14	c	이디엄	20	b	동사 어휘	26	b	형용사 어휘
3	a	동사 어휘	9	d	형용사 어휘	15	a	동사 어휘	21	d	명사 어휘	27	c	동사 어휘
4	d	동사 어휘	10	a	동사 어휘	16	b	동사 어휘	22	a	동사 어휘	28	c	명사 어휘
5	b	형용사 어휘	11	c	동사 어휘	17	d	동사 어휘	23	d	동사 어휘	29	c	동사 어휘
6	d	구동사	12	b	동사 어휘	18	b	형용사 어휘	24	a	동사 어휘	30	b	동사 어휘

GRAMMAR

1	d	준동사	7	b	어순과 특수구문	13	c	시제와 태	19	d	가정법	25	d	접속사와 절
2	b	접속사와 절	8	b	동사와 조동사	14	d	품사	20	b	어순과 특수구문	26	b	품사
3	d	준동사	9	c	시제와 태	15	a	품사	21	c	시제와 태	27	c	준동사
4	a	품사	10	d	어순과 특수구문	16	b	가정법	22	c	준동사	28	d	시제와 태
5	a	시제와 태	11	d	접속사와 절	17	d	시제와 태	23	b	가정법	29	c	준동사
6	c	시제와 태	12	c	품사	18	c	준동사	24	a	품사	30	a	준동사

READING COMPREHENSION

1	a	빈칸 채우기	8	c	빈칸 채우기	15	d	중심 내용	22	b	세부 정보	29	c	세부 정보
2	c	빈칸 채우기	9	b	빈칸 채우기	16	b	중심 내용	23	d	추론	30	b	중심 내용
3	c	빈칸 채우기	10	a	빈칸 채우기	17	b	세부 정보	24	d	추론	31	b	세부 정보
4	c	빈칸 채우기	11	c	어색한 문장 골라내기	18	c	세부 정보	25	c	추론	32	b	세부 정보
5	b	빈칸 채우기	12	c	어색한 문장 골라내기	19	b	세부 정보	26	b	중심 내용	33	a	추론
6	d	빈칸 채우기	13	a	중심 내용	20	c	세부 정보	27	b	세부 정보	34	a	중심 내용
7	c	빈칸 채우기	14	a	중심 내용	21	c	세부 정보	28	d	세부 정보	35	d	추론

LISTENING COMPREHENSION

문제집 p. 33

Part I

1 의문사 의문문 Where
난이도 ●●○

M: Where'd you get your cellphone case?
W: ＿＿＿＿＿＿＿＿＿＿＿＿

(a) I always carry it.
(b) My sister bought it from me.
(c) **I picked one up at the mall.**
(d) It's in my pocket.

M: 핸드폰 케이스는 어디서 구했어?
W: ＿＿＿＿＿＿＿＿＿＿＿＿

(a) 나는 항상 들고 다녀.
(b) 내 여동생이 나에게서 샀어.
(c) 쇼핑몰에서 하나 샀어.
(d) 내 주머니에 있어.

정답 (c)

해설 Where를 사용하여 핸드폰 케이스를 어디서 구했는지 묻는 말에, '쇼핑몰에서 하나 샀다'라며 케이스를 구입한 곳에 대한 정보를 전달한 (c)가 정답이다.

오답분석
(a) 핸드폰 케이스를 어디서 구했는지 묻는 말에 항상 들고 다닌다고 답한 것은 적절하지 않다.
(b) 질문의 get(구하다)과 의미가 비슷한 bought(샀다)를 사용한 오답으로, 핸드폰 케이스를 어디서 구했는지 묻는 말에 여동생이 자신에게서 샀다고 답한 것은 틀리다.
(d) 질문의 cellphone case를 가리키는 대명사 it을 사용한 오답으로, 핸드폰 케이스를 어디서 구했냐는 말에 자신의 주머니에 있다고 답한 것은 틀리다.

어휘 carry v. 들고 다니다 pick up phr. 사다

2 조동사 의문문 Would
난이도 ●●○

W: Would you mind helping me move next week?
M: ＿＿＿＿＿＿＿＿＿＿＿＿

(a) Yeah. I would've, if you'd asked.
(b) Actually, I moved already.
(c) **Not at all. I'd be happy to lend a hand.**
(d) Thanks, but I can handle it.

W: 다음 주에 내가 이사하는 것 좀 도와줄래?
M: ＿＿＿＿＿＿＿＿＿＿＿＿

(a) 그래. 네가 물어봤다면 그랬을 거야.
(b) 실은, 나 이미 이사했어.
(c) 당연하지. 기꺼이 도와줄게.
(d) 고마워, 하지만 내가 처리할 수 있어.

정답 (c)

해설 Would you를 사용하여 다음 주에 이사하는 것을 도와 달라고 요청하는 말에, '기꺼이 도와주겠다'라며 요청을 수락한 (c)가 정답이다.

오답분석
(a) Yeah(그래)가 정답처럼 들려 혼동을 준 오답으로, 이사를 도와 달라고 요청하는 말에 네가 물어봤으면 그랬을 거라고 답한 것은 적절하지 않다.
(b) 다음 주에 이사를 도와 달라고 요청하는 상황에서, 이미 이사했다고 답한 것은 틀리다.
(d) 이사를 도와 달라고 요청하는 말에, 고맙지만 자신이 처리할 수 있다고 답한 것은 틀리다.

어휘 handle v. 처리하다

3 평서문 감정 전달
난이도 ●●○

M: Sorry for missing yesterday's seminar.
W: ＿＿＿＿＿＿＿＿＿＿＿＿

(a) Don't worry. You did a great job.
(b) I'm sure the seminar will go well.
(c) Maybe someone can cover for you.
(d) **That's OK. I know you couldn't help it.**

M: 어제 세미나에 참석하지 못해서 죄송해요.
W: ＿＿＿＿＿＿＿＿＿＿＿＿

(a) 걱정하지 마세요. 고생하셨어요.
(b) 세미나가 잘 될 거라고 확신해요.
(c) 아마 누군가 대신 해 줄지도 몰라요.
(d) 괜찮아요. 어쩔 수 없었다는 거 알아요.

정답 (d)

해설 세미나에 참석하지 못한 것을 사과하는 말에, '어쩔 수 없었다는 것을 안다'라며 괜찮다는 의미를 전달한 (d)가 정답이다.

오답분석
(a) Don't worry(걱정하지 마세요)가 정답처럼 들려 혼동을 준 오답으로, 세미나에 참석하지 못해서 사과하는 상황에서 고생했다고 답한 것은 틀리다.
(b) 질문의 seminar(세미나)를 반복해서 사용한 오답으로, 세미나에 참석하지 못해서 사과하는 말에 세미나가 잘 될 거라고 확신한다고 답한 것은 적절하지 않다.
(c) 이미 세미나에 참석하지 못한 상황에서 누군가가 대신 해 줄지도 모른다고 답한 것은 적절하지 않다.

어휘 cannot help phr. 어쩔 수 없이 ~하다, ~하지 않을 수 없다

4 의문사 의문문 How
난이도 ●●○

W: How about eating at PizzaWorld again?
M: _____

(a) I guess we should finally try it.
(b) Sure, I can't get enough of their food.
(c) But I've been craving pizza.
(d) I'd rather stick with something I know.

W: PizzaWorld에서 다시 식사하는 건 어때?
M: _____

(a) 결국 우리가 시도해봐야 할 것 같아.
(b) 물론이지, 그들의 음식은 질리지 않아.
(c) 하지만 나는 피자를 몹시 원해.
(d) 난 차라리 내가 아는 것을 고수하고 싶어.

정답 (b)

해설 How about을 사용하여 PizzaWorld에서 다시 식사하는 것이 어떨지 제안하는 말에 '그들의 음식은 질리지 않는다'라며 간접적으로 제안을 수락한 (b)가 정답이다.

오답분석
(a) PizzaWorld에서 다시 식사하는 것이 어떨지 묻는 상황에서, 결국 시도해봐야 할 것 같다고 답한 것은 적절하지 않다.
(c) 질문의 pizza를 반복해서 사용한 오답으로, PizzaWorld에서 다시 식사하는 것이 어떨지 제안하는 말에 피자를 몹시 원한다는 응답은 적절하지만, 역접의 접속사 But(하지만)이 응답을 이끌고 있으므로 틀리다.
(d) I'd rather(나는 차라리 ~하고 싶어)가 정답처럼 들려 혼동을 준 오답으로, PizzaWorld에서 다시 식사하는 것이 어떨지 제안하는 말은 그곳의 음식을 이미 안다는 의미이므로 차라리 아는 것을 고수하고 싶다고 답한 것은 틀리다.

어휘 crave v. 몹시 원하다 stick to phr. ~를 고수하다

5 평서문 정보 전달
난이도 ●●○

M: I might move into a smaller apartment to save money.
W: _____

(a) I guess that'd give you more space.
(b) Good idea. Downsizing would help you cut costs.
(c) But your apartment's big enough already.
(d) Yeah, your rent's more affordable now.

M: 나는 돈을 절약하기 위해 더 작은 아파트로 이사할지도 몰라.
W: _____

(a) 그러면 공간이 더 넓어지겠네.
(b) 좋은 생각이야. 규모를 줄이면 비용을 절약하는 데 도움이 될 거야.
(c) 하지만 네 아파트는 이미 충분히 넓어.
(d) 그래, 이제 집세가 더 알맞네.

정답 (b)

해설 돈을 절약하기 위해 더 작은 아파트로 이사하겠다는 말에, '규모를 줄이면 비용을 절감할 수 있다'라며 동조한 (b)가 정답이다.

오답분석
(a) 질문의 smaller(더 작은)와 관련된 space(공간)를 사용한 오답으로, 더 작은 아파트로 이사할지도 모른다는 말에 공간이 더 넓어지겠다고 답한 것은 적절하지 않다.
(c) 질문의 apartment(아파트)를 반복해서 사용한 오답으로, 더 작은 아파트로 이사할지도 모른다는 말에 아파트가 이미 충분히 넓다고 답한 것은 틀리다.
(d) save money(돈을 절약하다)와 관련된 affordable(알맞은)을 사용한 오답으로, 아직 이사를 가지 않은 상황에서 이제 집세가 더 알맞다고 답한 것은 적절하지 않다.

어휘 downsize v. 규모를 줄이다
affordable adj. (가격 등이) 알맞은

6 평서문 감정 전달
난이도 ●○○

W: Thanks for bringing me a cup of coffee.
M: _____

(a) It's kind of you to offer.
(b) Oh, don't mention it.
(c) That'd be great.
(d) I'll get it next time.

W: 커피 한 잔 가져다줘서 고마워.
M: _____

(a) 제안해 줘서 고마워.
(b) 아, 천만에.
(c) 그렇게 해주면 좋겠어.
(d) 다음에 받을게.

정답 (b)

해설 커피를 준 것에 대해 고마움을 표시하는 말에, '천만에'라며 고마움에 대한 응답을 전달한 (b)가 정답이다.

오답분석
(a) 커피를 가져다준 것에 대한 고마움을 표시하는 상황에서, 제안해 줘서 고맙다고 답한 것은 적절하지 않다.
(c) 커피를 가져다준 것에 대한 고마움을 표시하는 상황에서, 그렇게 해주면 좋겠다고 답한 것은 틀리다.
(d) 질문의 cup을 가리키는 대명사 it을 사용한 오답으로, 커피를 준 것에 대한 고마움을 표시하는 말에 다음에 받겠다고 답한 것은 적절하지 않다.

7 평서문 정보 전달

난이도 ●●○

M: Hello, I'm returning a missed call from this number.

W: _____

(a) OK, I'll try calling again later.
(b) I hope you get through this time.
(c) **My apologies. I misdialed.**
(d) It was probably a prank caller.

M: 안녕하세요, 이 번호로 걸려 온 부재중 전화 때문에 전화 드렸어요.

W: _____

(a) 네, 나중에 다시 걸어 볼게요.
(b) 이 시간을 잘 이겨 내길 바라요.
(c) 죄송해요. 전화를 잘못 걸었어요.
(d) 그건 아마 장난 전화를 건 사람이었을 거예요.

정답 (c)

해설 부재중 전화 때문에 전화했다는 말에, '전화를 잘못 걸었다'라며 사과한 (c)가 정답이다.

오답분석

(a) OK(네)가 정답처럼 들려 혼동을 준 오답으로, 부재중 전화 때문에 전화했다는 말에 나중에 다시 걸어 보겠다고 답한 것은 적절하지 않다.
(b) 부재중 전화 때문에 다시 전화를 건 상황에서, 이 시간을 잘 이겨 내길 바란다고 답한 것은 틀리다.
(d) 질문의 call(전화)과 관련된 prank caller(장난 전화를 건 사람)를 사용한 오답으로, 자신이 전화를 먼저 건 상황에서 장난 전화를 건 사람이었을 거라고 답한 것은 틀리다.

어휘 misdial v. 전화를 잘못 걸다
prank caller phr. 장난 전화를 건 사람

8 평서문 의견 전달

난이도 ●●●

W: It must be hard to make ends meet on a volunteer's stipend.

M: _____

(a) **Yeah, I'm barely scraping by, to be honest.**
(b) True. I'm actually making a difference.
(c) It means I don't have to supplement my income.
(d) The work's not so bad once you get used to it.

W: 자원봉사자의 급여로 먹고살기 힘들겠어.

M: _____

(a) 응, 솔직히 말해서 겨우겨우 살아가고 있어.
(b) 맞아. 난 사실 변화를 만들고 있어.
(c) 그것은 내 수입을 보충할 필요가 없다는 뜻이야.
(d) 그 일은 익숙해지면 그렇게 나쁘지 않아.

정답 (a)

해설 자원봉사자의 급여로 먹고살기 힘들겠다며 걱정을 나타내는 말에, '겨우겨우 살아가고 있다'라며 여자의 말에 동의하고 있는 (a)가 정답이다.

오답분석

(b) True(맞아)가 정답처럼 들려 혼동을 준 오답으로, 자원봉사자의 급여로 먹고살기 힘들겠다는 말에 변화를 만들고 있다고 답한 것은 적절하지 않다.
(c) 질문의 stipend(급여)와 의미가 비슷한 income(수입)을 사용하여 혼동을 준 오답으로, 자원봉사자의 급여로 먹고살기 힘들겠다고 말하는 상황에서 자신의 수입을 보충할 필요가 없다고 답한 것은 적절하지 않다.
(d) 자원봉사자의 급여로 먹고살기 힘들겠다는 말에 일에 익숙해지면 나쁘지 않다고 답한 것은 틀리다.

어휘 make ends meet phr. 먹고살다, 수입 내에서 살다
stipend n. 급여 barely adv. 겨우겨우
scrape by phr. (근근이) 살아가다 supplement v. 보충하다

9 평서문 정보 전달

난이도 ●●○

M: I tried to patch things up with my girlfriend, but she wouldn't even hear me out.

W: _____

(a) Then maybe it's time to talk it over with her.
(b) Well, that shows she's not ready to part ways.
(c) **Then just move on. You've done all you can.**
(d) You should've told her your side of the story.

M: 여자친구와 화해하려고 했지만, 그녀는 내 말을 끝까지 들으려 하지도 않았어.

W: _____

(a) 그럼 그녀와 상의할 때가 된 것 같아.
(b) 음, 그건 그녀가 각자의 길을 갈 준비가 되어 있지 않다는 거야.
(c) 그럼 그냥 넘어가. 너는 할 수 있는 모든 것을 했어.
(d) 너는 그녀에게 네 이야기를 했어야 했어.

정답 (c)

해설 여자친구와 화해하려고 했지만 그녀가 자신의 말을 끝까지 들으려 하지도 않았다는 말에, '그럼 그냥 넘어가라. 네가 할 수 있는 모든 것을 했다'라며 조언한 (c)가 정답이다.

오답분석

(a) 질문의 girlfriend를 가리키는 대명사 her를 사용한 오답으로, 여자친구가 자신의 말을 끝까지 들으려 하지 않았다는 말에 그녀와 상의할 때가 된 것 같다고 답한 것은 적절하지

않다.

(b) 여자친구와 화해하려고 했지만 실패한 상황에서, 그녀가 각자의 길을 갈 준비가 되어 있지 않다고 답한 것은 틀리다.

(d) 질문의 hear(듣다)와 관련된 told(말했다)를 사용하여 혼동을 준 오답으로, 여자친구가 자신의 말을 끝까지 듣지 않았다는 말에 그녀에게 네 이야기를 했어야 했다고 답한 것은 틀리다.

어휘 patch up phr. 화해하다, 수선하다 hear out phr. 끝까지 듣다
part way phr. 각자의 길을 가다

10 평서문 의견 전달
난이도
●●●

W: The company should convert the spare meeting room into an employee lounge.

M: _____

(a) Agreed. Another meeting room would be nice.
(b) Nice idea, but two meeting rooms aren't necessary.
(c) Right. We rarely use the lounge anyway.
(d) Yeah, we do need somewhere to unwind.

W: 회사는 남는 회의실을 직원 휴게실로 개조해야 해요.
M: _____

(a) 동의해요. 다른 회의실이 좋을 것 같아요.
(b) 좋은 생각이에요, 하지만 회의실 두 개는 필요 없어요.
(c) 맞아요. 어차피 우리는 휴게실을 거의 이용하지 않아요.
(d) 네, 우리는 긴장을 풀 곳이 필요해요.

정답 (d)

해설 회사가 남는 회의실을 직원 휴게실로 개조해야 한다는 말에, '우리는 긴장을 풀 곳이 필요하다'라며 동의한 (d)가 정답이다.

[오답분석]
(a) Agreed(동의해요)가 정답처럼 들려 혼동을 준 오답으로, 회의실을 휴게실로 개조해야 한다는 말에 다른 회의실이 좋을 것 같다고 답한 것은 적절하지 않다.
(b) Nice idea(좋은 생각이에요)가 정답처럼 들려 혼동을 준 오답으로, 회의실을 휴게실로 개조해야 한다는 말에 회의실 두 개는 필요 없다고 답한 것은 틀리다.
(c) Right(맞아요)가 정답처럼 들려 혼동을 준 오답으로, 회의실을 휴게실로 개조해야 한다는 말에 휴게실을 거의 이용하지 않는 말로 동의하는 것은 틀리다.

어휘 convert v. 개조하다 lounge n. 휴게실
unwind v. 긴장을 풀다

Part II

11 평서문 감정 전달
난이도
●○○

M: Congratulations on taking the job offer in London!
W: Thanks. It's stressful planning a move abroad, though.
M: I bet. I hope your company's helping with the process.
W: _____

(a) OK, I'll do what I can for them.
(b) Yeah, they've been very supportive.
(c) Well, I might take their job offer.
(d) No, they only help employees relocate.

M: 런던의 일자리 제안을 수락한 것 축하해!
W: 고마워. 하지만 해외로 이사하는 것을 계획하는 일은 스트레스야.
M: 그럴 것 같아. 네 회사가 그 과정을 돕고 있기를 바라.
W: _____

(a) 알았어, 그들을 위해 할 수 있는 것을 할게.
(b) 응, 그들은 정말 힘이 되고 있어.
(c) 음, 나는 그들의 일자리 제안을 받아들일지도 몰라.
(d) 아니, 그들은 직원들의 이주만 도와줘.

정답 (b)

해설 회사가 이사 과정을 돕고 있기를 바란다는 말에, '그들은 정말 힘이 되고 있다'라며 회사가 이사 과정에 도움이 된다는 의미를 전달한 (b)가 정답이다.

어휘 abroad adv. 해외로 process n. 절차
supportive adj. 힘이 되는, 지원적인 relocate v. 이주(이동)하다

12 평서문 감정 전달
난이도
●○○

W: Let's see a movie this weekend.
M: OK. How about the latest *Defenders* movie?
W: I'm tired of watching superhero movies all the time.
M: _____

(a) OK, then let's watch a comedy or something.
(b) Yeah, I hear it's getting great reviews.
(c) I know! I can't wait to see it, either.
(d) Me, too. They're my favorites.

W: 이번 주말에 영화 보자.
M: 좋아. 「Defenders」 영화 최신편은 어때?
W: 나는 늘 슈퍼히어로 영화를 보는 게 지겨워.

M: _____

(a) 좋아, 그러면 코미디 영화나 그 비슷한 걸 보자.
(b) 그래, 좋은 평을 받고 있다고 들었어.
(c) 맞아! 나도 그거 빨리 보고 싶어.
(d) 나도야. 그건 내가 제일 좋아하는 영화들이야.

정답 (a)

해설 늘 슈퍼히어로로 영화를 보는 게 지겹다는 말에, '코미디 영화나 그 비슷한 걸 보자'라며 대안을 제시한 (a)가 정답이다.

어휘 latest adj. 최신의, 최근의

---

13 평서문 정보 전달 난이도 ●○○

M: I bumped into Alice today.
W: I heard she has a new boyfriend.
M: Yeah, and she wants us to meet him this Saturday.
W: _____

(a) I have other plans that day, though.
(b) It's time they got back together.
(c) I didn't know she was dating.
(d) It was nice talking to him.

M: 나 오늘 Alice와 우연히 만났어.
W: 그녀에게 새 남자친구가 생겼다고 들었어.
M: 응, 그리고 그녀는 우리가 이번 주 토요일에 그를 만나기를 원해.
W: _____

(a) 하지만 그날은 다른 계획이 있어.
(b) 그들이 다시 뭉칠 시간이야.
(c) 그녀가 사귀고 있는지 몰랐어.
(d) 그와 이야기해서 즐거웠어.

정답 (a)

해설 Alice가 이번 주 토요일에 자신의 남자친구를 만나기를 원한다는 말에 '그날은 다른 계획이 있다'라며 그녀의 남자친구를 만날 수 없다는 의미를 전달한 (a)가 정답이다.

어휘 bump into phr. ~와 우연히 만나다

---

14 평서문 정보 전달 난이도 ●○○

W: Can I borrow your notes from history class?
M: What happened to yours?
W: I can't find them anywhere. I must've lost them.
M: _____

(a) OK, I'll take notes for you.
(b) Don't worry. I'll return them safely.

(c) I didn't know you're taking the course.
(d) Let me photocopy mine for you, then.

W: 역사 수업 시간에 필기한 것 좀 빌릴 수 있을까?
M: 네 것은 어떻게 된 거야?
W: 어디에서도 찾을 수 없어. 잃어버렸나 봐.
M: _____

(a) 응, 필기해 놓을게.
(b) 걱정하지 마. 안전하게 돌려줄게.
(c) 네가 그 수업을 듣고 있는 줄 몰랐어.
(d) 그럼 너를 위해 내 것을 복사해 줄게.

정답 (d)

해설 수업 시간에 필기한 것을 잃어버렸다는 말에, '너를 위해 내 것을 복사해 주겠다'라며 자신이 도울 수 있다는 의미를 전달한 (d)가 정답이다.

어휘 borrow v. 빌리다 return v. 돌려주다 photocopy v. 복사하다

---

15 기타 의문문 부정 의문문 난이도 ●○○

M: Oh no! My library book is due today.
W: You'd better return it this afternoon, then.
M: But isn't the library closed on public holidays?
W: _____

(a) You can't borrow it, anyway.
(b) I'd take it back before the holiday, then.
(c) I'm not sure what time it closes.
(d) You can leave it in the drop box any day.

M: 어떡해! 내 도서관 책을 오늘까지 반납해야 해.
W: 그럼 오후에 반납하는 게 좋을 거야.
M: 하지만 도서관은 공휴일에 문이 닫혀 있지 않아?
W: _____

(a) 어쨌든 너는 그것을 빌릴 수 없어.
(b) 그럼 내가 연휴 전에 다시 가져가야겠네.
(c) 몇 시에 문을 닫는지 잘 모르겠어.
(d) 너는 그것을 언제든지 반납함에 둘 수 있어.

정답 (d)

해설 isn't를 사용하여 도서관이 공휴일에 문이 닫혀 있지 않은지 묻는 말에, '그것을 언제든지 반납함에 둘 수 있다'라며 공휴일에도 책을 반납할 수 있다는 의미를 전달한 (d)가 정답이다.

어휘 library n. 도서관 public holiday phr. 공휴일 drop box phr. 반납함

---

16 평서문 감정 전달 난이도 ●○○

W: I heard you got into a car accident.

M: Yeah, someone crashed into me last night.

W: Wow. I hope you weren't hurt.

M: _____

(a) I'm fine. Just a little shaken up.

(b) Thanks. I'll visit you in the hospital.

(c) True, but my insurance will cover the repairs.

(d) Actually, it was the other driver's fault.

W: 네가 교통사고를 당했다고 들었어.

M: 응, 어젯밤에 누군가 나를 들이받았어.

W: 저런. 네가 다친 게 아니었으면 좋겠어.

M: _____

(a) 난 괜찮아. 그냥 좀 놀랐어.

(b) 고마워. 내가 병원으로 널 찾아갈게.

(c) 맞아, 하지만 내 보험이 수리비를 보상할 거야.

(d) 사실, 그것은 다른 운전자의 잘못이었어.

정답 (a)

해설 상대방이 다친 게 아니었으면 좋겠다는 말에, '괜찮다. 그냥 좀 놀랐다'라며 크게 다치지 않았다는 의미를 전달한 (a)가 정답이다.

어휘 car accident phr. 교통사고 crash into phr. 들이받다 shaken adj. 놀란, 충격을 받은 insurance n. 보험

---

17 평서문 정보 전달

M: Could you help me prepare dinner?

W: Sure. Just tell me what to do.

M: You can start by washing the vegetables.

W: _____

(a) Thanks for doing that.

(b) That'll save me some time.

(c) Consider it done.

(d) Please get right on it.

M: 저녁 식사 준비하는 것 좀 도와줄래?

W: 물론이지. 뭘 해야 할지만 말해줘.

M: 야채를 씻는 것부터 시작하면 돼.

W: _____

(a) 그렇게 해줘서 고마워.

(b) 그러면 시간이 좀 절약될 거야.

(c) 맡겨만 줘.

(d) 바로 시작해줘.

정답 (c)

해설 저녁 식사 준비를 도와달라는 남자의 말에 여자가 뭘 하면 될지 묻자 야채 씻기부터 시작하면 된다고 했다. 이에 '맡겨만 달라'라며 자신이 돕겠다는 의미를 전달한 (c)가 정답이다.

---

18 평서문 의견 전달

W: Did you tell Lucy that she was being laid off?

M: I did. She didn't seem upset at all.

W: Really? That's a strange reaction.

M: _____

(a) She didn't want to break the news.

(b) I know. I hate seeing her upset.

(c) I guess she saw it coming.

(d) Yeah. She hasn't been told yet.

W: Lucy에게 그녀가 해고될 거라고 말했나요?

M: 했어요. 그녀는 전혀 화난 것 같지 않았어요.

W: 정말요? 예상 밖의 반응이네요.

M: _____

(a) 그녀는 그 소식을 전하고 싶지 않았어요.

(b) 알아요. 저는 그녀가 화내는 것을 보기 싫어요.

(c) 제 생각엔 그녀가 그것을 예상한 것 같아요.

(d) 네. 그녀는 아직 듣지 못했어요.

정답 (c)

해설 해고 소식에 대한 Lucy의 반응이 예상 밖이라는 말에, '그녀가 그것을 예상한 것 같다'라며 그 이유를 추측한 (c)가 정답이다.

어휘 lay off phr. 해고하다 break the news phr. 소식을 전하다

---

19 Be동사 의문문 사실 확인

M: Mary? Is that you?

W: John! I thought you moved to Harrisville.

M: I did. I'm just visiting family. Are you still living here in Mapleton?

W: _____

(a) I'm just in Harrisville for business.

(b) Actually, I moved here, too.

(c) I've never been there before.

(d) Yeah, I've never left.

M: Mary? 너 맞니?

W: John! 나는 네가 Harrisville로 이사했다고 생각했어.

M: 이사했어. 그냥 가족들 보러 온 거야. 너는 아직도 여기 Mapleton에 살고 있어?

W: _____

(a) 난 그냥 사업차 Harrisville에 왔어.

(b) 사실, 나도 여기로 이사했어.

(c) 나는 그곳에 가본 적이 없어.

(d) 응, 나는 떠난 적이 없어.

정답 (d)

해설 Are you를 사용하여 여자가 계속 Mapleton에 살고 있는지

묻는 말에, '떠난 적이 없다'라며 계속 살고 있다는 의미를 전달한 (d)가 정답이다.

20 평서문 정보 전달
난이도 ●●●

W: I've been following the election day coverage all evening.
M: Oh, the senate race! So who's ahead in the polls?
W: The Liberals, but it's quite close.
M: _____

(a) I had a feeling it'd be a tight contest.
(b) Sounds exciting. I'll keep you posted.
(c) They need to work harder to catch up.
(d) It was close right up until election day.

W: 나는 선거일 보도를 저녁 내내 주시하고 있어
M: 아, 상원 선거전! 그래서 여론조사에서 누가 앞서고 있어?
W: 자유당, 하지만 꽤 막상막하야.
M: _____

(a) 치열한 경쟁이 될 것 같은 예감이 들었어.
(b) 흥미진진하게 들려. 너에게 계속 알려줄게.
(c) 그들은 따라잡기 위해 더 열심히 일할 필요가 있어.
(d) 선거일 직전까지 막상막하였어.

정답 (a)

해설 자유당이 앞서고 있지만 꽤 막상막하라는 말에 '치열한 경쟁이 될 것 같은 예감이 들었어'라며 두 당의 여론조사 격차가 크지 않을 것이라고 예상했다는 의미를 전달한 (a)가 정답이다.

어휘 coverage n. 보도 senate n. 상원 race n. 선거전
close adj. (경쟁 등이) 막상막하인

Part Ⅲ

21 중심 내용 주제
난이도 ●○○

Listen to a conversation at a restaurant.

W: Did you enjoy your meal, sir?
M: Yes, but my bill seems to be wrong.
W: Really? What's the problem?
M: It says I had dessert, but I didn't.
W: Sorry, I'll take care of that.
M: Thank you.

Q: What are the man and woman mainly discussing?

(a) The price of a dessert
(b) A mistake on the man's bill

(c) A problem with the man's meal
(d) The lack of dessert options

식당에서의 대화를 들으시오.

W: 식사 맛있게 하셨나요?
M: 네, 하지만 제 계산서가 잘못된 것 같아요.
W: 정말요? 뭐가 문제죠?
M: 제가 디저트를 먹었다고 쓰여 있는데, 저는 먹지 않았어요.
W: 죄송합니다, 제가 그 문제를 처리할게요.
M: 감사합니다.

Q: 남자와 여자는 주로 무엇을 논의하고 있는가?

(a) 디저트 가격
(b) 남자의 계산서의 오류
(c) 남자의 식사와 관련한 문제
(d) 디저트 선택지의 부족

정답 (b)

해설 대화의 주제를 묻는 문제이다. 여자가 식사를 맛있게 했는지 묻자, 남자가 계산서가 잘못된 것 같다(my bill seems to be wrong)고 한 후, 계산서의 오류에 대해 이야기했다. 이를 '남자의 계산서의 오류'라고 종합한 (b)가 정답이다.

어휘 bill n. 계산서

22 중심 내용 주요 행위
난이도 ●○○

Listen to two employees discuss their coworker.

M: What's going on with Matt? He's been acting strange lately.
W: Yeah, he's going through some tough times.
M: I hope he's not having problems here at work.
W: Actually, his mother's been sick.
M: Oh, is that why he's missed work so often?
W: Yeah, he's had to look after her.

Q: What is the woman mainly doing?

(a) Describing Matt's problems with his work
(b) Defending Matt's decision to take sick leave
(c) Clarifying the nature of Matt's mother's illness
(d) Explaining the reason for Matt's unusual behavior

두 직원이 동료에 관해 이야기하는 것을 들으시오.

M: Matt에게 무슨 일이 있는 건가요? 그가 요즘 이상하게 행동하고 있어요.
W: 네, 그는 힘든 시기를 겪고 있어요.
M: 그가 여기 직장에서 문제를 겪고 있는 게 아니길 바라요.
W: 실은, 그의 어머니가 편찮으세요.

M: 아, 그래서 그가 그렇게 자주 결근했던 건가요?

W: 맞아요, 그는 그녀를 돌봐야 했어요.

Q: 여자는 주로 무엇을 하고 있는가?

(a) Matt의 일에 대한 문제점을 설명하고 있다.
(b) 병가를 내기로 한 Matt의 결정을 옹호하고 있다.
(c) Matt의 어머니의 병의 성격을 명확하게 설명하고 있다.
(d) Matt의 이상한 행동에 대한 이유를 설명하고 있다.

정답 (d)

해설 대화에서 여자가 무엇을 하고 있는지 묻는 문제이다. Matt가 요즘 이상하게 행동하고 있다는 남자의 말에, 여자가 그의 어머니가 편찮으시다(his mother's been sick)고 하며 그의 이상한 행동에 대한 이유를 설명하는 대화가 이어졌다. 이를 'Matt의 이상한 행동에 대한 이유를 설명하고 있다'라고 종합한 (d)가 정답이다.

어휘 defend v. 옹호하다, 변호하다 unusual adj. 이상한, 특이한

23 중심 내용 주제
난이도 ●●○

Listen to a conversation about artworks.

W: Did you like any paintings you saw today?
M: Yeah, but they're out of my price range.
W: Mine, too. The artist is asking for too much.
M: I know. It's not like he's famous.
W: That's right. It's totally unreasonable.
M: I doubt he'll sell many.

Q: What is the main topic of the conversation?

(a) The excessive asking prices of an artist's works
(b) The disappointing quality of an expensive artwork
(c) The reasons for an increase in the prices of artworks
(d) The impact of an artist's fame on the price of his paintings

예술 작품에 관한 대화를 들으시오.

W: 오늘 본 그림 중에 마음에 드는 게 있었어?
M: 응, 하지만 그것들은 내 가격대 밖이야.
W: 내가 본 것도 그래. 그 예술가는 너무 과한 값을 부르고 있어.
M: 그러니까. 그가 유명한 것도 아니고.
W: 맞아. 이건 완전히 불합리해.
M: 그가 많이 팔지 모르겠어.

Q: 대화의 주제는 무엇인가?

(a) 예술가의 작품에 대한 과도한 호가
(b) 비싼 예술 작품의 실망스러운 품질
(c) 예술 작품 가격 상승의 이유들
(d) 예술가의 명성이 그림 가격에 미치는 영향

정답 (a)

해설 대화의 주제를 묻는 문제이다. 마음에 드는 그림이 있었냐는 여자의 질문에, 있었지만 그 그림들이 자신의 가격대 밖이다(they're out of my price range)라는 남자의 대답이 이어진 후, 예술가가 과한 값을 부르고 있다는 내용의 대화가 이어지고 있다. 이를 '예술가의 작품에 대한 과도한 호가'라고 종합한 (a)가 정답이다.

어휘 price range phr. 가격대 unreasonable adj. 불합리한 excessive adj. 과도한 asking price phr. 호가 fame n. 명성

24 세부 정보 육하원칙
난이도 ●○○

Listen to a conversation about a bakery.

M: I went to Suzie's Sweets yesterday.
W: Oh, the lines there are always so long.
M: I don't mind the wait, but I can never get the lemon cupcakes.
W: That's the signature item there, right?
M: Yeah, and they're a bargain, so they're always sold out.
W: Well, I can't believe people are willing to line up for cupcakes!

Q: What is the man's complaint about Suzie's Sweets?

(a) It always has long lines.
(b) It charges too much for its goods.
(c) Its selection of cupcakes is too small.
(d) Its signature item always sells out.

제과점에 관한 대화를 들으시오.

M: 어제 Suzie's Sweets에 갔었어.
W: 아, 거기는 줄이 항상 너무 길어.
M: 기다리는 건 상관없지만, 레몬 컵케이크는 절대 살 수 없어.
W: 그게 그곳의 특징적인 제품이잖아, 그렇지?
M: 응, 그리고 그것들은 싸게 파는 제품이라서, 항상 매진이야.
W: 음, 사람들이 컵케익을 위해 기꺼이 줄을 선다는 것을 믿을 수 없네!

Q: Suzie's Sweets에 대한 남자의 불만은 무엇인가?

(a) 항상 줄이 길다.
(b) 상품 가격이 너무 비싸다.
(c) 그곳의 컵케이크 선택지는 너무 적다.
(d) 그곳의 특징적인 제품은 항상 매진이다.

정답 (d)

해설 Suzie's Sweets에 대한 남자의 불만이 무엇인지 묻는 문제이다. Suzie's Sweets의 특징적인 제품인 레몬 컵케이크는 싸게 파는 제품이라서 항상 매진이다(they're a bargain, so they're always sold out)라고 했으므로, 이를

'그곳의 특징적인 제품은 항상 매진이다'라고 바꾸어 표현한 (d)가 정답이다.

어휘 signature adj. 특징적인 bargain n. 싸게 파는 제품, 할인 상품
sold out phr. 매진된

---

25 세부 정보 Correct

난이도
●●○

Listen to a conversation between two students.

W: I'm struggling in Professor Henderson's history course.

M: I took that last semester. His lectures are engaging.

W: I know, but his quizzes are so hard. I barely passed the last one.

M: Have you turned in any assignments yet?

W: The first one's due next week. I'm not sure I'm on the right track.

M: Show it to him during office hours. He gives solid feedback.

Q: Which is correct about the woman?

(a) She is taking the history class with the man.

(b) She finds Professor Henderson's lectures interesting.

(c) She failed Professor Henderson's last quiz.

(d) She has submitted her first history assignment.

두 학생 사이의 대화를 들으시오.

W: 나는 Henderson 교수님의 역사 강의에서 고군분투하고 있어.

M: 나는 지난 학기에 그 수업을 들었어. 그의 강의는 매력적이야.

W: 맞아, 하지만 그의 퀴즈는 너무 어려워. 나는 지난 퀴즈를 간신히 통과했어.

M: 아직 아무 과제도 제출 안 했어?

W: 첫 번째 과제가 다음 주까지야. 내가 제대로 하고 있는지 잘 모르겠어.

M: 그의 업무 시간에 그것을 보여드려. 그는 확실한 의견을 주셔.

Q: 여자에 대해 맞는 것은 무엇인가?

(a) 남자와 함께 역사 수업을 듣고 있다.

(b) Henderson 교수의 강의가 흥미롭다고 생각한다.

(c) Henderson 교수의 지난 퀴즈에서 낙제했다.

(d) 그녀의 첫 번째 역사 과제를 제출했다.

정답 (b)

해설 여자에 대한 내용과 일치하는 것을 묻는 문제이다. Henderson 교수의 강의가 매력적이라는 남자의 말에, 여자가 맞다(I know)고 동의했다. 이를 'Henderson 교수의 강의가 흥미롭다고 생각한다'라고 바꾸어 표현한 (b)가 정답이다.

어휘 struggle v. 고군분투하다 engaging adj. 매력적인

---

barely adv. 간신히 turn in phr. 제출하다 submit v. 제출하다

---

26 세부 정보 육하원칙

난이도
●○○

Listen to two friends discuss a fitness center.

M: Did you renew your gym membership?

W: No, I'm going to find a new place next month.

M: Why? Your membership was a good deal, and the place is well equipped.

W: I know. I like the management, too. But I'm moving across town next month.

M: Oh, so you don't want to travel there?

W: Exactly. I'm looking for one in my new neighborhood.

Q: Why did the woman decide against renewing her gym membership?

(a) She dislikes the management's changes.

(b) She finds the membership fees too high.

(c) She wants a gym with newer equipment.

(d) She plans to work out near her new home.

두 친구가 피트니스 센터에 관해 이야기하는 것을 들으시오.

M: 체육관 회원권 갱신했어?

W: 아니, 나는 다음 달에 새로운 곳을 찾아볼 예정이야.

M: 왜? 네 회원권은 좋은 조건이었고, 그곳은 시설도 잘 갖추어져 있잖아.

W: 알아. 운영진도 좋아. 하지만 나는 다음 달에 시내 건너편으로 이사할 거야.

M: 아, 그럼 그곳까지 이동하고 싶지 않은 거야?

W: 맞아. 새 동네에서 체육관을 찾고 있어.

Q: 여자는 왜 그녀의 체육관 회원권을 갱신하지 않기로 했는가?

(a) 운영진의 변화를 싫어한다.

(b) 회원권 요금이 너무 비싸다고 생각한다.

(c) 더 새로운 장비가 있는 체육관을 원한다.

(d) 새집 근처에서 운동할 계획이다.

정답 (d)

해설 여자가 왜 그녀의 체육관 회원권을 갱신하지 않기로 했는지 묻는 문제이다. 다음 달에 새로운 체육관을 찾아볼 예정이라는 여자의 말에 남자가 이유를 묻자, 다음 달에 시내 건너편으로 이사할 것이라서 새 동네에서 체육관을 찾고 있다(I'm looking for one in my new neighborhood)고 했다. 이를 '새집 근처에서 운동할 계획이다'라고 바꾸어 표현한 (d)가 정답이다.

어휘 renew v. 갱신하다 membership v. 회원권
equip v. 시설을 갖추다 management n. 운영진

27 세부 정보 Correct

난이도 ●○○

Listen to a conversation about a rock band.

W: What do you think about Dovetail's new album?

M: It sounds too mainstream. What happened to their experimental spirit?

W: They said they wanted a more pop-oriented sound.

M: What a shame. They should never have fired their lead guitarist.

W: I know. He was the main creative force on their previous albums.

M: Right. The new guy just follows conventional formulas.

Q: Which is correct about the band Dovetail?

(a) Their new album is more experimental than previous ones.

(b) They are attempting to move away from pop music.

(c) Their previous lead guitarist voluntarily left the band.

(d) They have hired a more conventional lead guitarist.

록 밴드에 관한 대화를 들으시오.

W: Dovetail의 새 앨범에 대해 어떻게 생각해?

M: 너무 대세를 따르는 것처럼 들려. 그들의 실험 정신은 어떻게 된 거야?

W: 그들은 좀 더 대중음악적인 소리를 원한다고 했어.

M: 아쉽다. 그들은 리드 기타리스트를 절대 해고하지 말았어야 했어.

W: 그러게 말이야. 그는 그들의 이전 앨범들의 주된 창조력이었어.

M: 맞아. 새로 온 사람은 그저 틀에 박힌 방식을 따를 뿐이야.

Q: 밴드 Dovetail에 대해 맞는 것은 무엇인가?

(a) 그들의 새 앨범은 이전 앨범들보다 더 실험적이다.

(b) 대중음악에서 벗어나려고 시도하고 있다.

(c) 이전 리드 기타리스트는 자발적으로 밴드를 떠났다.

(d) 좀 더 틀에 박힌 리드 기타리스트를 고용했다.

정답 (d)

해설 밴드 Dovetail에 대한 내용과 일치하는 것을 묻는 문제이다. 이전의 리드 기타리스트가 밴드의 이전 앨범들의 주된 창조력이었다는 여자의 말에, 남자가 동의하면서 새로 온 사람은 그저 틀에 박힌 방식을 따를 뿐이다(The new guy just follows conventional formulas)라고 했다. 이를 '좀 더 틀에 박힌 리드 기타리스트를 고용했다'라고 바꾸어 표현한 (d)가 정답이다.

어휘 mainstream adj. 대세의, 주류의 experimental adj. 실험적인

pop n. 대중음악 previous adj. 이전의
conventional adj. 틀에 박힌, 전통적인 formula n. 방식

28 세부 정보 육하원칙

난이도 ●●○

Listen to a conversation between two friends.

M: I'm still getting bombarded with Internet pop-up ads.

W: What happened to the pop-up blocker I installed?

M: My new browser's got one, so I turned that one off.

W: Why? It can stop stuff that your browser's pop-up blocker misses.

M: I just thought the external one wasn't necessary anymore.

W: No way. You should use both in conjunction.

Q: What does the woman advise the man to do?

(a) Install another pop-up blocker

(b) Use two pop-up blockers together

(c) Turn off the new browser's pop-up blocker

(d) Disable the external pop-up blocker

두 친구 사이의 대화를 들으시오.

M: 아직도 나에게 인터넷 팝업 광고가 쏟아지고 있어.

W: 내가 설치한 팝업 차단기는 어떻게 된 거야?

M: 내 새 브라우저에도 하나 있어서, 그걸 껐어.

W: 왜? 그건 네 브라우저의 팝업 차단기가 놓치는 것을 막을 수 있어.

M: 난 그냥 외부 차단기는 더 이상 필요 없다고 생각했어.

W: 절대 아냐. 둘 다 함께 사용해야 해.

Q: 여자는 남자에게 무엇을 하도록 권고하는가?

(a) 다른 팝업 차단기를 설치한다.

(b) 두 개의 팝업 차단기를 함께 사용한다.

(c) 새 브라우저의 팝업 차단기를 끈다.

(d) 외부 팝업 차단기를 비활성화한다.

정답 (b)

해설 여자가 남자에게 권고하는 것이 무엇인지 묻는 문제이다. 외부 차단기가 더 이상 필요 없다고 생각했다는 남자의 말에 대해, 여자가 둘 다 함께 사용해야 한다(You should use both in conjunction)고 했다. 이를 '두 개의 팝업 차단기를 함께 사용한다'라고 바꾸어 표현한 (b)가 정답이다.

어휘 bombard v. 쏟아붓다, 퍼붓다 install v. 설치하다
external adj. 외부의, 부수적인 in conjunction phr. 함께

Listen to a conversation about work.

W: How's your new job going?

M: I feel like my job trainer dislikes me.

W: Why? You're always receptive to new ideas.

M: I know, but she finds fault with everything I do.

W: Maybe she's just trying to motivate you.

M: If so, it's having the opposite of her intended effect!

Q: What can be inferred from the conversation?

(a) The man is learning little from the training.

(b) The woman finds the man overly defensive.

(c) **The man is discouraged by the trainer's feedback.**

(d) The trainer is impressed with the man's performance.

일에 관한 대화를 들으시오.

W: 새 직장은 어때?

M: 내 직무 교육 담당자가 나를 싫어하는 것 같아.

W: 왜? 넌 항상 새로운 생각을 잘 받아들이잖아.

M: 맞아, 하지만 그녀는 내가 하는 모든 일에 흠을 잡아.

W: 아마도 그녀는 단지 너에게 동기를 부여하려고 하는 것일 거야.

M: 그렇다면, 그것은 그녀가 의도한 것과 정반대의 결과를 초래하고 있는 거야!

Q: 대화에서 추론할 수 있는 것은 무엇인가?

(a) 남자는 교육에서 배우는 것이 거의 없다.

(b) 여자는 남자가 지나치게 방어적이라고 생각한다.

(c) 남자는 교육 담당자의 의견에 낙담했다.

(d) 교육 담당자는 남자의 성과에 감명을 받았다.

정답 (c)

해설 대화를 통해 추론할 수 있는 것을 묻는 문제이다. 직무 교육 담당자가 남자에게 동기를 부여하려고 하는 것이라는 여자의 말에, 그것은 교육 담당자가 의도한 것과 정반대의 결과를 초래하고 있는 것이다(it's having the opposite of her intended effect)라는 남자의 응답이 이어졌다. 이를 바탕으로 남자는 동기를 부여받기는커녕 동기를 잃었음을 알 수 있으므로, '남자는 교육 담당자의 의견에 낙담했다'라고 추론한 (c)가 정답이다.

어휘 receptive adj. 잘 받아들이는 motivate v. 동기를 부여하다
opposite n. 정반대의 것 intended adj. 의도한
defensive adj. 방어적인

Listen to two friends discuss a baseball game.

M: I can't believe the Eagles let another championship slip away.

W: I know! They really blew it in the final inning.

M: You have to give the Lions credit, though.

W: Yeah. They never gave up, even though it seemed hopeless nearly all game.

M: Right. I still feel bad for the Eagles.

W: Me too. It was quite an upset. I thought it was finally the Eagles' year.

Q: What can be inferred from the conversation?

(a) The Eagles were the defending champions.

(b) **The Eagles were leading for most of the game.**

(c) The Lions were expected to be the winners.

(d) The Lions had a strong start to the game.

두 친구가 야구 경기에 관해 이야기하는 것을 들으시오.

M: Eagles가 또 한 번의 우승을 놓치다니 믿을 수 없어!

W: 그러니까! 그들은 마지막 회에 정말 기회를 날려버렸어.

M: 하지만 Lions는 인정해줘야 해.

W: 맞아. 그들은 거의 모든 경기가 희망이 없어 보였지만 결코 포기하지 않았어.

M: 맞아. 난 여전히 Eagles가 안됐어.

W: 나도 그래. 꽤 속상했어. 나는 마침내 Eagles의 해라고 생각했거든.

Q: 대화에서 추론할 수 있는 것은 무엇인가?

(a) Eagles는 전년도 우승자였다.

(b) Eagles가 경기 대부분에서 우세를 보이고 있었다.

(c) Lions가 우승자가 될 것으로 예상되었다.

(d) Lions는 경기에서 우세한 출발을 했다.

정답 (b)

해설 대화를 통해 추론할 수 있는 내용을 묻는 문제이다. Eagles가 또 다른 우승을 놓치다니 믿을 수 없다는 남자의 말에, 여자가 그들은 마지막 회에 정말 기회를 날려버렸다(They really blew it in the final inning)고 했고, 이어서 Lions는 거의 모든 경기가 희망이 없어 보였지만 결코 포기하지 않았다(They never gave up ~ nearly all game)고 했다. 이를 바탕으로 Eagles는 거의 모든 회에서 우세를 보이다가 마지막 회에서 Lions에 졌음을 알 수 있으므로, 'Eagles가 경기 대부분에서 우세를 보이고 있었다'라고 추론한 (b)가 정답이다.

어휘 championship n. 우승 slip away phr. 놓치다
blow v. (기회를) 날리다 inning n. (9회 중의 한) 회
credit n. 인정, 칭찬 defending champion phr. 전년도 우승자
lead v. 우세를 보이다 strong start phr. 우세한 출발

classify v. 분류하다 commercial adj. 상업용의
residential adj. 주거용의 property n. 재산, 부동산
tax rate phr. 세율 non-profit adj. 비영리의

Part IV

31 중심 내용 주제

난이도 ●●○

In local news, Greenville's licensed daycare centers are preparing to challenge the city government. Under local laws, the daycare centers are classified as commercial rather than residential buildings. As a result, they are subject to the higher property tax rate on commercial buildings, despite their status as non-profit organizations. The organizers of the 15 centers in the city are joining together to oppose their classification, noting that daycare centers in most other cities are treated as residential properties and taxed accordingly.

Q: What is mainly being reported about Greenville's daycare centers?

(a) They are attempting to obtain a lower tax rate.
(b) They are fighting to be given non-profit status.
(c) They are seeking property tax exemption.
(d) They are joining forces to recover unfair payments.

지역 뉴스에 따르면, Greenville의 인가받은 어린이집들이 시 정부에 이의를 제기할 준비를 하고 있습니다. 지역 법상, 어린이집들은 주거용 건물이 아닌 상업용 건물로 분류됩니다. 이에 따라, 그것들은 비영리단체 지위임에도 불구하고 상업용 건물에 대한 더 높은 재산세율의 대상이 됩니다. 시내의 15개 어린이집의 설립자들은 다른 대부분의 도시의 어린이집이 주거용 부동산으로 취급되고 그에 따라 세금이 부과된다는 점을 언급하며, 그들의 분류에 반대하기 위해 연합하고 있습니다.

Q: Greenville의 어린이집에 대해 주로 보도되고 있는 것은 무엇인가?

(a) 더 낮은 세율을 얻으려고 시도하고 있다.
(b) 비영리 지위를 얻기 위해 싸우고 있다.
(c) 재산세 면제를 요구하고 있다.
(d) 불공정한 지불금을 회수하기 위해 협력하고 있다.

정답 (a)

해설 Greenville의 어린이집에 대해 주로 보도되고 있는 것이 무엇인지 묻는 문제이다. Greenville의 어린이집들은 상업용 건물로 분류되어 상업용 건물에 대한 더 높은 재산세율의 대상이 된다(they are subject to ~ on commercial buildings)고 했고, 시내의 어린이집 설립자들이 그들의 분류에 반대하기 위해 연합하고 있다(The organizers ~ to oppose their classification)고 했다. 이를 '더 낮은 세율을 얻으려고 시도하고 있다'라고 종합한 (a)가 정답이다.

어휘 licensed adj. 인가받은, 허가된 daycare center phr. 어린이집

32 중심 내용 주제

난이도 ●○○

Now let's look at the influence of automation on journalism. Using algorithms, computers can already produce news stories. But they're confined in terms of the types of coverage they can provide. Because they simply gather and organize facts, news algorithms can describe events but can't interpret them. For example, they can summarize the stock market's performance, but they can't explain the causes behind the day's ups and downs. Due to this constraint, news algorithms are most useful for reporting on recurring events, such as daily or weekly weather forecasts.

Q: What is the main topic of the talk?

(a) Factors affecting the quality of algorithmic news coverage
(b) The reasons for inaccurate reporting from news algorithms
(c) Limits to the type of news coverage provided by algorithms
(d) The threat of news algorithms to standards of good journalism

---

이제 자동화가 저널리즘에 미치는 영향을 살펴봅시다. 알고리즘을 사용하여 컴퓨터는 이미 뉴스 기사를 만들어낼 수 있습니다. 그러나 그것들은 제공할 수 있는 보도 유형에 있어 제한되어 있습니다. 뉴스 알고리즘은 단순히 사실을 수집하고 구성하기 때문에 사건을 설명할 수는 있지만 해석할 수는 없습니다. 예를 들어, 그것들은 주식 시장의 실적을 요약할 수 있지만, 그날의 상승과 하락 이면의 원인을 설명할 수 없습니다. 이러한 제약으로 인해, 뉴스 알고리즘은 일일 또는 주간 일기 예보와 같은 반복되는 사건을 보도하는 데 가장 유용합니다.

Q: 담화의 주제는 무엇인가?

(a) 알고리즘 뉴스 보도의 질에 영향을 미치는 요인
(b) 뉴스 알고리즘이 부정확한 보도를 하는 이유
(c) 알고리즘에 의해 제공되는 뉴스 보도 유형에 대한 한계
(d) 좋은 저널리즘의 기준에 대한 뉴스 알고리즘의 위협

정답 (c)

해설 담화의 주제를 묻는 문제이다. 담화의 초반에서 컴퓨터가 알고리즘을 사용하여 뉴스 기사를 만들어낼 수 있다고 한 후, 그러한 방식은 제공할 수 있는 보도 유형에 있어 제한되어 있다(confined in terms of the types of coverage they can provide)라고 설명했다. 이를 '알고리즘에 의해 제공되는 뉴스 보도 유형에 대한 한계'라고 종합한 (c)가 정답이다.

어휘 automation n. 자동화 confined adj. 제한된
coverage n. 보도 interpret v. 해석하다 constraint n. 제약

33 세부 정보 육하원칙   난이도 ●○○

Before wrapping up tonight, I'd like to remind everyone of the conference schedule for tomorrow. Our first panel discussion will be held from 10 a.m. until noon. After breaking for lunch, we'll return for some small-group strategy sessions at 2 o'clock. Those sessions are scheduled to run until 6 p.m. After dinner, management staff will have a team meeting from 8 to 9 p.m., but everyone else will be free for the evening.

Q: At what time will the small-group strategy sessions finish?

(a) 12 p.m.
(b) 2 p.m.
(c) 6 p.m.
(d) 9 p.m.

오늘 밤 마무리하기 전에, 내일 있을 회의 일정을 모두에게 상기시켜 드리고 싶습니다. 우리의 첫 번째 패널 토론은 오전 10시부터 정오까지 열릴 것입니다. 점심 식사를 위해 휴식한 후에, 우리는 2시에 소그룹 전략 회의로 돌아올 것입니다. 그 회의들은 오후 6시까지 진행될 예정입니다. 저녁 식사 후, 경영진은 오후 8시부터 9시까지 팀 회의를 가질 예정이지만, 다른 직원들은 저녁 시간에 자유 시간을 가질 것입니다.

Q: 소그룹 전략 회의는 몇 시에 끝날 것인가?

(a) 오후 12시
(b) 오후 2시
(c) 오후 6시
(d) 오후 9시

정답 (c)

해설 소그룹 전략 회의가 언제 끝날 것인지 묻는 문제이다. 소그룹 전략 회의는 2시에 시작해 오후 6시까지 진행될 예정이다 (Those sessions are scheduled to run until 6 p.m.)라고 했으므로, (c)가 정답이다.

어휘 conference n. 회의 discussion n. 토론
strategy n. 전략 management staff phr. 경영진

34 세부 정보 Correct   난이도 ●●○

In tonight's news, the Department of Labor has reported an increase of 29,000 jobs for last month. (a)This figure surpasses economists' average forecast of 18,000 new jobs for the month. Meanwhile, (b)the unemployment rate dropped to a nine-year low of 5.6% after having risen slightly in the previous month. (c)The hospitality industry led in job gains, followed by the retail industry. Unfortunately, wage growth came in far below expectations, (d)with average wages rising just 0.5% compared with the 1.5% projected by economists.

Q: Which is correct according to the news report?

(a) Economists underestimated the total number of jobs gained.
(b) The unemployment rate has risen for the past two months.
(c) Job gains in retail exceeded those in the hospitality industry.
(d) Wages surprised economists by declining overall.

오늘 밤 뉴스에서 노동부는 지난달 29,000개의 일자리가 증가했다고 보도했습니다. (a)이 수치는 이달 신규 일자리를 1만 8,000개로 예측한 경제학자들의 평균 예측치를 웃돕니다. 한편, (b)실업률은 지난달 소폭 상승한 뒤 9년 만의 최저치인 5.6%로 떨어졌습니다. (c)서비스업이 일자리 증가세를 주도했고, 소매업이 뒤를 이었습니다. 불행히도, (d)평균 임금이 경제학자들이 예상한 1.5%에 비해 0.5% 상승하는 데 그쳐 임금 상승은 기대치를 훨씬 밑돌았습니다.

Q: 뉴스 보도에 따르면 맞는 것은 무엇인가?

(a) 경제학자들은 총 신규 일자리 수를 과소평가했다.
(b) 실업률은 지난 두 달 동안 상승했다.
(c) 소매업의 일자리 증가분은 서비스업의 일자리 증가분을 초과했다.
(d) 임금이 전반적으로 하락하여 경제학자들을 놀라게 했다.

정답 (a)

해설 뉴스 보도의 내용과 일치하는 것을 묻는 문제이다. 29,000개의 일자리가 증가된 것에 대해 이 수치는 이달 신규 일자리를 1만 8,000개로 예측한 경제학자들의 평균 예측치를 웃돈다 (This figure surpasses ~ 18,000 new jobs for the month)라고 했다. 이를 '경제학자들은 총 신규 일자리 수를 과소평가했다'라고 바꾸어 표현한 (a)가 정답이다.

 오답분석
(b) 실업률은 지난달 소폭 상승한 뒤 9년 만의 최저치인 5.6%로 떨어졌다고 했으므로, 담화의 내용과 다르다.
(c) 서비스업이 일자리 증가세를 주도했고 소매업이 뒤를 이었다고 했으므로, 담화의 내용과 반대된다.
(d) 평균 임금은 0.5% 상승했다고 했으므로, 담화의 내용과 반대된다.

어휘 surpass v. 웃돌다 forecast n. 예측
unemployment rate phr. 실업률 slightly adj. 소폭으로
hospitality industry phr. 서비스업
retail industry phr. 소매업 exceed v. 초과하다

35 세부 정보 Correct

Class, let's turn our attention to perhaps the world's most dangerous bird, the cassowary. These flightless birds are (a)brownish colored when they're young and gradually develop black feathers. They start out relatively docile, but (b)they become increasingly aggressive as they mature. (c)A fully grown cassowary can stand two meters tall and has a menacing hammer-like appendage on its featherless blue head. Cassowaries have three toes on each foot, and their middle toenails are extremely long—around five inches. (d)Although these nails are rather blunt, they can be lethal when a cassowary delivers a kick.

Q: Which is correct about cassowaries?

(a) Their feathers turn from black to brown.

(b) They become less threatening as they mature.

(c) They have no feathers on their heads as adults.

(d) Their toenails are dangerous because of their sharpness.

여러분, 어쩌면 세상에서 가장 위험한 새인 화식조에게 관심을 돌려봅시다. 날지 못하는 이 새들은 (a)어릴 때 갈색이었다가 점차 검은 깃털이 자라납니다. 그들은 처음에는 비교적 온순하지만, (b)자라면서 점점 더 공격적으로 변합니다. (c)다 자란 화식조는 높이가 2미터에 달하며 깃털이 없는 푸른 머리 위에 위협적인 망치 같은 부속 기관이 있습니다. 화식조들은 한쪽 발에 세 개의 발가락이 있고, 중간 발톱은 5인치 정도로 매우 깁니다. (d)이 발톱들은 다소 무디지만, 화식조가 발길질을 할 때 치명적일 수 있습니다.

Q: 화식조에 대해 맞는 것은 무엇인가?

(a) 그들의 깃털은 검은색에서 갈색으로 변한다.

(b) 자라면서 덜 위협적으로 된다.

(c) 성체가 되었을 때 머리에 깃털이 없다.

(d) 그들의 발톱은 날카로움 때문에 위험하다.

정답 (c)

해설 화식조에 대한 내용과 일치하는 것을 묻는 문제이다. 다 자란 화식조(A fully grown cassowary)는 깃털이 없는 푸른 머리 위에(on its featherless blue head) 위협적인 망치 같은 부속 기관이 있다고 했다. 이를 '성체가 되었을 때 머리에 깃털이 없다'라고 바꾸어 표현한 (c)가 정답이다.

오답분석
(a) 어릴 때 갈색이었다가 점차 검은 깃털이 자라난다고 했으므로, 담화의 내용과 반대된다.
(b) 자라면서 점점 더 공격적으로 변한다고 했으므로, 담화의 내용과 반대된다.
(d) 발톱들은 다소 무디다고 했으므로, 담화의 내용과 반대된다.

어휘 cassowary n. 화식조 gradually adv. 점차, 점진적으로 aggressive adj. 공격적인 mature v. 자라다, 성숙해지다 menacing adj. 위협적인 appendage n. 부속 기관 toenail n. 발톱 blunt adj. 무딘 lethal adj. 치명적인

36 추론 Opinion

Ladies and gentlemen, our province is facing a teacher shortage. What's the governor's proposed solution? He wants to give senior school administrators more leeway in determining what constitutes adequate qualifications for new teachers. In my view, we should be insisting on higher standards for new teachers across the province. We want the best possible candidates, don't we? The governor obviously disagrees. Instead of trying to attract more and better applicants by focusing on salaries and benefits, he wants to let schools recruit people who wouldn't even be considered for teaching positions under our current standards.

Q: Which statement would the speaker most likely agree with?

(a) Teachers currently receive adequate salaries.

(b) Requirements for new teachers are unrealistically high.

(c) The shortage of qualified teachers is being overestimated.

(d) The governor's proposal would lower teaching quality.

신사 숙녀 여러분, 우리 주(州)는 교사 부족에 직면해 있습니다. 주지사가 제안한 해결책은 무엇입니까? 그는 고위 학교 관리자들에게 신규 교사들의 적절한 자격을 구성하는 것이 무엇인지를 결정하는 데 더 큰 재량권을 주기를 원합니다. 제가 볼 때, 우리는 주 전역에서 신규 교사들에 대한 더 높은 기준을 주장해야 합니다. 우리는 가능한 최고의 후보자를 원합니다, 그렇지 않나요? 주지사는 분명히 반대합니다. 그는 급여와 복리후생에 집중함으로써 더 많은, 그리고 더 나은 지원자들을 끌어들이기 위해 노력하는 대신, 현재 우리의 기준으로는 교사직에 고려조차 되지 않을 사람들을 학교들로 하여금 채용하게 하고 싶어 합니다.

Q: 글쓴이가 가장 동의할 것 같은 진술은 무엇인가?

(a) 교사들은 현재 적절한 월급을 받고 있다.

(b) 신규 교사에 대한 요구 사항은 비현실적으로 높다.

(c) 자격을 갖춘 교사의 부족이 과장되고 있다.

(d) 주지사의 제안은 교육의 질을 떨어뜨릴 것이다.

정답 (d)

해설 화자가 가장 동의할 것 같은 진술이 무엇인지 묻는 문제이다. 자신들은 가능한 최고의 후보자를 원하는(We want the best possible candidates) 반면 주지사는 이를 분명히 반대한다(The governor obviously disagrees)고 했고, 그가 현재 기준으로는 교사직에 고려조차 되지 않을 사람들을 학교로 하여금 채용하게 하고 싶어 한다(he wants to let schools recruit ~ under our current standards)고 했다. 따라서 '주지사의 제안은 교육의 질을 떨어뜨릴 것이다'라고 추론한 (d)가 정답이다.

어휘   province n. 주(州)   governor n. 주지사
administrator n. 관리자, 행정인   leeway n. 재량, 자유
determine v. 결정하다   adequate adj. 적절한
qualification n. 자격   insist v. 주장하다
candidate n. 후보자   obviously adv. 분명히
applicant n. 지원자   benefit n. 복리후생
consider v. 고려하다   requirement n. 요구 사항
unrealistically adv. 비현실적으로
overestimate v. 과장하다, 과대평가하다

Part V

[37-38]

Good evening, everybody. I'm the director here at the Winslow Gallery. First of all, I'd like to thank you for attending our annual fundraiser auction tonight. ³⁸You were each invited because of your generous support of the gallery over the years. The proceeds from previous auctions have been used to hire additional staff and also to create cultural programs for the community. Funds raised from this evening's event ³⁷will go towards upgrades to our gallery building. Please enjoy some musical entertainment until dinner is served at 7 p.m. Afterwards, we'll begin the auction, which will include works donated by several well-known local artists. I hope you enjoy the evening and take home something special.

안녕하세요, 여러분. 저는 여기 Winslow 갤러리의 책임자입니다. 우선 오늘 밤 연례 모금 경매에 참석해 주셔서 감사합니다. ³⁸여러분은 각자 여러 해 동안 갤러리를 아낌없이 지원해 주셨기에 초대되었습니다. 이전 경매의 수익금은 추가 직원을 고용하고 공동체를 위한 문화 프로그램을 만드는 데 사용되었습니다. 오늘 저녁 행사에서 모금된 자금은 ³⁷저희 갤러리 건물을 개선하는 데 쓰일 것입니다. 오후 7시에 저녁 식사가 제공될 때까지 음악 연주를 즐기세요. 그 후에, 우리는 몇몇 유명한 지역 예술가들이 기증한 작품들을 포함하는 경매를 시작할 것입니다. 즐거운 저녁 되시고 특별한 물건을 집으로 가져가시길 바랍니다.

어휘   director n. 책임자, 감독   annual adj. 연례의
fundraiser n. 모금 (행사)   auction n. 경매
generous adj. 아낌없는, 관대한   proceeds n. 수익금

go towards phr. ~에 쓰이다, ~에 도움되다   donate v. 기증하다

37 세부 정보   육하원칙
난이도 ●○○

Q: What will the proceeds from today's auction be used for?

(a) To support local artists
(b) To improve the gallery building
(c) To hire more museum employees
(d) To establish new cultural programs

Q: 오늘 경매의 수익금은 무엇을 위해 사용될 것인가?

(a) 지역 예술가들을 지원하기 위해
(b) 갤러리 건물을 개선하기 위해
(c) 더 많은 미술관 직원을 고용하기 위해
(d) 신규 문화 프로그램을 만들기 위해

정답 (b)

해설   경매의 수익금이 무엇을 위해 사용될 것인지 묻는 문제이다. 행사에서 모금된 자금이 갤러리 건물을 개선하는 데 쓰일 것이다(will go towards upgrades to our gallery building)라고 했다. 이를 '갤러리 건물을 개선하기 위해'라고 바꾸어 표현한 (b)가 정답이다.

어휘   establish v. 만들다, 설립하다

38 추론   Infer
난이도 ●●○

Q: What can be inferred from the announcement?

(a) Music will be performed live during the dinner.
(b) The auction is open to all members of the public.
(c) Many guests have been to the gallery's past auctions.
(d) The items being auctioned have been exhibited before.

Q: 공고에서 추론할 수 있는 것은 무엇인가?

(a) 저녁 식사 중에 음악이 라이브로 연주될 것이다.
(b) 경매는 모든 일반인들에게 공개된다.
(c) 많은 손님들이 갤러리의 이전 경매에 참여한 적이 있다.
(d) 경매 중인 물품들은 이전에 전시된 적이 있다.

정답 (c)

해설   공고에서 추론할 수 있는 것을 묻는 문제이다. 참석자들은 여러 해 동안 갤러리를 아낌없이 지원해 주어서 초대되었다(You were each ~ support of the gallery over the years)고 했다. 따라서 '많은 손님들이 갤러리의 이전 경매에 참여한

TEPS 서울대 텝스관리위원회 공식 기출문제집

적이 있다'라고 추론한 (c)가 정답이다.

오답분석

(a) 저녁 식사가 제공될 때까지 음악 연주를 즐기라고만 언급되었고, 저녁 식사 중에도 음악이 연주될 것인지는 언급되지 않았다.

(b) 경매 참여자들은 여러 해 동안 갤러리를 지원해 주었기 때문에 초대되었다고 했으므로, 경매가 모든 일반인들에게 공개된다는 것은 잘못된 추론이다.

(d) 경매 중인 물품들이 이전에 전시된 적이 있는지는 언급되지 않았다.

어휘 exhibit v. 전시하다

[39-40]

Today I'd like to discuss the human remains discovered in bogs in Northern Europe. Some date all the way back to the Stone Age, but most are from between 700 BC and AD 200. These remains, dubbed "bog bodies," have intrigued researchers not only because of the insights they provide into long-lost cultures but also because of how remarkably well preserved they are. [39]Several factors have prevented their decay. One is [40(b)]the naturally low oxygen level in bogs, which reduces bacterial growth. Another is the presence of a plant called sphagnum. [40(c)]When this plant dies, it releases chemicals that further prevent the spread of bacteria. Low bacteria levels keep soft tissues from decomposing, so the hair and skin of the bog bodies remain intact. Still, these bodies aren't in perfect condition. They're [40(d)]often shrunken and deformed due to bone decay. Additionally, acids in the bogs destroy DNA, which has robbed archaeologists of other clues about these mysterious individuals.

오늘 저는 북유럽의 늪지에서 발견된 사람의 유해들에 대해 이야기하고 싶습니다. 일부는 석기 시대로 거슬러 올라가지만, 대부분은 기원전 700년에서 기원후 200년 사이의 것입니다. '늪지 사체'라고 불리는 이 유해들은 오랫동안 잊혀 있던 문화에 대해 그것들이 제공한 통찰력 때문만이 아니라 그것들이 얼마나 놀랍도록 잘 보존되어 있는지로 인해 연구자들의 호기심을 불러일으켰습니다. [39]몇 가지 요인이 그것들의 부패를 막았습니다. 하나는 [40(b)]늪지의 자연적으로 낮은 산소 수치인데, 이것은 세균의 성장을 감소시킵니다. 또 다른 것은 물이끼라고 불리는 식물의 존재입니다. [40(c)]이 식물이 죽으면, 세균의 확산을 더 막는 화학물질을 방출합니다. 낮은 세균 수치는 연조직이 부패하는 것을 막아서, 늪지 사체의 털과 피부는 온전하게 남아 있습니다. 그럼에도 불구하고, 이 사체들이 완벽한 상태에 있는 것은 아닙니다. 그것들은 [40(d)]종종 뼈의 부패로 인해 쪼그라들고 변형됩니다. 게다가, 늪지에 있는 산은 DNA를 파괴하는데, 이것은 고고학자들에게서 이 불가사의한 사람들에 대한 다른 단서들을 빼앗았습니다.

어휘 human remains phr. 사람의 유해 bog n. 늪지
date back phr. 거슬러 올라가다 dub v. ~라고 부르다
intrigue v. 호기심을 불러일으키다 insight n. 통찰력, 식견
remarkably adv. 놀랍도록 preserve v. 보존하다
decay n. 부패; v. 부패하다 oxygen n. 산소
soft tissue phr. 연조직 decompose v. 부패하다
intact adj. 온전한 shrunken adj. 쪼그라든
deformed adj. 변형된, 기형의 archaeologist n. 고고학자

39 중심 내용 주제

난이도 ●●○

Q: What is the main topic of the talk?

(a) Efforts to preserve bog bodies
(b) Factors contributing to the preservation of bog bodies
(c) Theories surrounding the origin of bog bodies
(d) Scientific implications of the discovery of bog bodies

Q: 담화의 주제는 무엇인가?

(a) 늪지 사체를 보존하기 위한 노력
(b) 늪지 사체의 보존에 기여하는 요인
(c) 늪지 사체의 기원을 둘러싼 이론
(d) 늪지 사체의 발견이 갖는 과학적 시사점

정답 (b)

해설 담화의 주제를 묻는 문제이다. 늪지 사체가 놀랍도록 잘 보존되어 있다고 한 뒤 몇 가지 요인이 그것들의 부패를 막았다(Several factors have prevented their decay)며 이에 대한 설명이 이어지고 있다. 이를 '늪지 사체의 보존에 기여하는 요인'이라고 종합한 (b)가 정답이다.

어휘 origin n. 기원 implication n. 시사점

40 세부 정보 Correct

난이도 ●●○

Q: Which is correct according to the talk?

(a) Most bog bodies are between 200 and 700 years old.
(b) High oxygen levels in bogs prevent bacterial growth.
(c) Chemicals from decaying plants protect bog bodies.
(d) Bog bodies have particularly well-preserved bones.

Q: 담화에 따르면 맞는 것은 무엇인가?

(a) 대부분의 늪지 사체는 200년에서 700년이 되었다.
(b) 늪지의 높은 산소 수치는 세균의 성장을 막는다.
(c) 부패하는 식물에서 나오는 화학물질이 늪지 사체를 보호한다.
(d) 늪지 사체는 특히 잘 보존된 뼈를 가지고 있다.

정답 (c)

해설 담화의 내용과 일치하는 것을 묻는 문제이다. 물이끼가 죽으면 세균의 확산을 더 막는 화학 물질을 방출한다(When this plant dies ~ the spread of bacteria)고 했고, 낮은 세균 수치는 연조직이 부패하는 것을 막는다(Low bacteria levels ~ from decomposing)라고 했다. 이를 '부패하는 식물에서 나오는 화학물질이 늪지 사체를 보호한다'라고 바꾸어 표현한 (c)가 정답이다.

오답분석

(a) 대부분의 늪지 사체가 기원전 700년에서 기원후 200년 사이의 것이라고는 했지만, 200년에서 700년이 되었는지는 언급되지 않았다.

(b) 늪지는 자연적으로 산소 수치가 낮다고 했으므로, 담화의 내용과 반대된다.

(d) 사체들은 종종 뼈의 부패로 인해 쪼그라들고 변형된다고 했으므로, 담화의 내용과 반대된다.

어휘 particularly adv. 특히

VOCABULARY

문제집 p. 39

Part I

1 형용사 어휘 available   난이도 ●○○

A: 안녕하세요. 미니밴을 빌리고 싶은데요.
B: 이용 가능한 것이 있는지 알아볼게요.

(a) 가능한
(b) 이용 가능한
(c) 도달 가능한
(d) 일회용의

정답 (b)

해설 미니밴을 빌리고 싶다는 말에 '이용 가능한' 것이 있는지 알아보겠다는 내용의 응답이 오는 것이 문맥상 자연스럽다. 따라서 (b) available이 정답이다.

어휘 rent v. 빌리다

2 Collocation release stress   난이도 ●○○

A: 오늘 밤에 같이 놀래?
B: 물론이지. 스트레스를 좀 해소해야겠어. 이번 주는 힘들었어.

(a) 느슨하게 하다
(b) 핑계를 대다
(c) 해소하다
(d) 배달하다

정답 (c)

해설 같이 놀 것인지 묻는 말에 Sure(물론이지)라고 동의하며 이번 주는 힘들었다고 했으므로, 스트레스를 '해소해야'겠다는 내용이 오는 것이 문맥상 자연스럽다. 따라서 빈칸 뒤의 stress(스트레스)와 어울려 '스트레스를 해소하다'라는 Collocation인 release stress를 완성하는 (c) release가 정답이다.

어휘 hang out phr. 놀다

3 동사 어휘 inspire   난이도 ●●○

A: 와, 네가 그린 이 풍경화는 굉장해.
B: 고마워! 나는 이곳 제주의 아름다운 경치에 영감을 받았어.

(a) 영감을 주다
(b) 활성화하다
(c) 연결하다
(d) 접근하다

정답 (a)

해설 풍경화에 대해 칭찬하는 말에, 아름다운 경치에서 '영감을 받았다'라는 내용의 응답이 오는 것이 문맥상 자연스럽다. 따라서 (a) inspired가 정답이다.

어휘 landscape painting phr. 풍경화 scenery n. 경치

4 동사 어휘 disregard
난이도 ●●○

A: 이전 지침을 무시해도 될까요?
B: 네, 무시해 주세요. 제가 업데이트된 목록을 작성하고 있어요.

(a) 흉내 내다
(b) 정지시키다
(c) 제거하다
(d) 무시하다

정답 (d)

해설 이전 지침을 무시해도 되는지 묻는 말에, Yes(네)라고 허락하고 있으므로, '무시해' 달라는 내용이 이어지는 것이 문맥상 자연스럽다. 따라서 (d) disregard가 정답이다.

어휘 guideline n. 지침

5 형용사 어휘 lucrative
난이도 ●●○

A: 이 투자로 내가 좋은 수익을 얻을 수 있을 것 같아?
B: 물론이지. 그것은 꽤 수익성이 좋을 것 같아 보여.

(a) 널리 퍼진
(b) 수익성이 좋은
(c) 잠정적인
(d) 부유한

정답 (b)

해설 투자로 좋은 수익을 얻을 수 있을지 묻는 말에 Sure(물론이지)라고 동의하고 있으므로, 그것이 '수익이 좋을' 것 같다는 내용이 이어지는 것이 문맥상 자연스럽다. 따라서 (b) lucrative가 정답이다. '투자'가 부유한 것은 아니므로 (d)는 오답이다.

어휘 return n. 수익 investment n. 투자

6 구동사 take after
난이도 ●●○

A: 너는 네 아빠를 생각나게 하는구나.
B: 맞아요, 사람들은 종종 제가 아빠를 닮았다고 해요.

(a) ~을 고수하다
(b) ~을 켜다
(c) ~을 훑어보다
(d) ~을 닮다

정답 (d)

해설 아빠를 생각나게 한다는 말에, 사람들은 종종 자신이 아빠를 '닮았다'고 한다는 내용의 응답이 오는 것이 문맥상 자연스럽다. 따라서 (d) take after가 정답이다.

어휘 remind of phr. ~를 생각나게 하다

7 형용사 어휘 monotonous
난이도 ●●●

A: 테크노 음악은 너무 지루하고 반복적이야.
B: 말도 안 돼. 복잡한 특징들을 이해하지 못할 때만 단조로워 보이는 거야.

(a) 눈에 띄는
(b) 단조로운
(c) 동의어의
(d) 멸시의

정답 (b)

해설 테크노 음악이 너무 지루하고 반복적이라는 말에, No way(말도 안 돼)라며 부정하고 있으므로, 복잡한 특징들을 이해하지 못할 때만 '단조로워' 보이는 것이라는 내용의 응답이 오는 것이 문맥상 자연스럽다. 따라서 (b) monotonous가 정답이다.

어휘 repetitive adj. 반복적인 complexity n. 복잡한 특징

8 동사 어휘 condense
난이도 ●●○

A: 나는 논문의 초록을 쓰느라 애쓰고 있어.
B: 연구 전체를 몇 단어로 요약하는 것은 어려워.

(a) 에워싸다
(b) 몰두하게 만들다
(c) 요약하다
(d) 최소화하다

정답 (c)

해설 논문의 초록을 쓰느라 애쓰고 있다는 말에, 연구를 '요약하는' 것이 어렵다는 내용의 응답이 오는 것이 문맥상 자연스럽다. 따라서 (c) condense가 정답이다.

어휘 struggle v. 애쓰다 abstract n. 초록 thesis n. 논문

9 형용사 어휘 mortified
난이도 ●●●

A: 네 결혼식 중에 발을 헛디뎌서 당황했겠다.
B: 당연하지. 나는 정말로 당황했어.

(a) 소멸한
(b) 무기력한
(c) 좌절된
(d) 당황한

정답 (d)

해설 결혼식 중에 발을 헛디뎌서 당황했겠다는 말에, Of course(당연하지)라고 동의하고 있으므로, 자신이 정말로 '당황했다'라는 내용이 이어지는 것이 문맥상 자연스럽다. 따라서 (d) mortified가 정답이다.

어휘 trip v. 발을 헛디디다 embarrassing adj. 당황한

10 동사 어휘 jostle
난이도 ●●●

A: 지하철에서 사람들이 나에게 부딪힐 때 정말 싫어.
B: 나도 그래. 밀쳐지는 건 딱 질색이야.

(a) 밀다
(b) 자리 잡다
(c) 더럽히다
(d) 소집하다

정답 (a)

해설 지하철에서 사람들이 부딪힐 때 싫다는 말에, Me, too(나도 그래)라고 동의하고 있으므로, '밀쳐지는' 건 딱 질색이라는 내용의 응답이 오는 것이 문맥상 자연스럽다. 따라서 (a) jostled가 정답이다.

어휘 bump v. 부딪히다

Part II

11 동사 어휘 relax
난이도 ●○○

직장에서 긴 하루를 보낸 후, Tim은 그의 아내와 함께 TV를 시청하면서 집에서 쉬는 것을 좋아했다.

(a) 농담하다
(b) 놀다
(c) 쉬다
(d) 자다

정답 (c)

해설 직장에서 돌아와 TV를 시청하는 것에 대해 이야기하고 있으므로, '쉬는' 것을 좋아한다는 내용이 오는 것이 문맥상 자연스럽다. 따라서 (c) relax가 정답이다.

12 동사 어휘 appear
난이도 ●○○

록 밴드 Rhythm Animals는 이번 주 토요일 국립 경기장에서 생방송으로 모습을 드러낼 것이다.

(a) 전시하다
(b) 모습을 드러내다
(c) 노출하다
(d) 발행하다

정답 (b)

해설 국립 경기장에서 생방송을 하는 상황에 대해 이야기하고 있으므로, 문맥상 생방송으로 '모습을 드러낼' 것임을 짐작할 수 있다. 따라서 (b) appearing이 정답이다. 자동사 display는 '전시하다, 과시하다'라는 의미로서 문맥에 맞지 않으므로 (a)는 오답이다.

13 동사 어휘 recover
난이도 ●○○

실수로 삭제된 파일은 당신의 컴퓨터의 휴지통에서 복구될 수 있다.

(a) 설치하다
(b) 정정하다
(c) 복구하다
(d) 확정하다

정답 (c)

해설 실수로 삭제된 파일에 대해 이야기하고 있으므로, 문맥상 이것은 컴퓨터의 휴지통에서 '복구될' 수 있다는 것을 짐작할 수 있다. 따라서 (c) recovered가 정답이다.

어휘 accidentally adv. 실수로 recycle bin phr. 휴지통

14 이디엄 be composed of
난이도 ●●○

금성의 대기는 주로 이산화탄소로 구성되어 있다.

(a) 설계된
(b) 조직화된
(c) 구성된
(d) 구조화된

정답 (c)

해설 금성의 대기에 대해 이야기하고 있으므로, 그것이 이산화탄소로 '구성되어' 있다는 내용이 오는 것이 문맥상 자연스럽다. 따라서 빈칸 앞의 be동사, 빈칸 뒤의 전치사 of와 함께 '~로 구성되다'라는 이디엄 be composed of를 완성하는 (c) composed가 정답이다.

어휘 atmosphere n. 대기 Venus n. 금성
carbon dioxide phr. 이산화탄소

15 동사 어휘 adjust
난이도 ●●○

아이들이 전학을 갈 때, 그들은 새로운 환경에 적응하는 데 힘든 시간을 겪을지도 모른다.

(a) 적응하다
(b) 수정하다
(c) 전환하다
(d) 전송하다

정답 (a)

해설 아이들이 전학을 가는 상황에 대해 이야기하고 있으므로, 그들이 새로운 환경에 '적응하는' 데 힘든 시간을 겪을지도 모른다는 내용이 오는 것이 문맥상 자연스럽다. 따라서 (a) adjusting이 정답이다.

어휘 transfer v. 전학 가다 environment n. 환경

16 동사 어휘 strike
난이도 ●●○

화물선 한 척이 빙산에 <u>부딪친</u> 후 Northton 근처에서 심하게 파손되었다.

(a) 도약하다
(b) 부딪치다
(c) 비난하다
(d) 밀다

정답 (b)

해설 빈칸에는 '화물선이 심하게 파손되도록 한 원인'을 나타내는 어휘가 들어가야 하며, 빈칸 뒤쪽에 iceberg(빙산)라는 내용이 있으므로, 화물선이 빙산에 '부딪친' 후 심하게 파손되었다는 내용이 오는 것이 문맥상 자연스럽다. 따라서 (b) striking이 정답이다.

어휘 cargo ship phr. 화물선 iceberg n. 빙산

17 동사 어휘 overthrow
난이도 ●●○

민주주의를 지지하는 시위는 부패한 독재 정권을 <u>타도하고</u> 그들을 새 정부로 교체하는 데 성공했다.

(a) 주입하다
(b) 위태롭게 하다
(c) 자격을 박탈시키다
(d) 타도하다

정답 (d)

해설 부패한 독재 정권에서 새 정부로 교체된 상황에 대해 이야기하고 있으므로, 민주주의를 지지하는 시위가 독재 정권을 '타도했다'는 내용이 오는 것이 문맥상 자연스럽다. 따라서 (d) overthrowing이 정답이다. disqualify는 뒤에 '사람 + from' 형태가 와야 하므로 (c)는 오답이다.

어휘 pro-democracy adj. 민주주의를 지지하는 protest n. 시위 corrupt adj. 부패한 dictatorship n. 독재 정권 replace v. 교체하다

18 형용사 어휘 hardy
난이도 ●●○

헤더는 매우 혹독한 환경에서도 살아남을 수 있기 때문에, 영국에서 <u>가장 강인한</u> 관목 중 하나로 여겨진다.

(a) 가장 부피가 큰
(b) 가장 강인한
(c) 가장 민첩한
(d) 가장 건장한

정답 (b)

해설 헤더가 매우 혹독한 환경에서도 살아남을 수 있다고 했으므로, 영국에서 '가장 강인한' 관목임을 짐작할 수 있다. 따라서 hardy의 최상급인 (b) hardiest가 정답이다.

어휘 heather n. 헤더(낮은 산·황야 지대에 나는 야생화)

extremely adv. 매우, 극도로 harsh adj. 혹독한 shrub n. 관목

19 형용사 어휘 exasperated
난이도 ●●●

Janice는 몇 시간 동안 그녀의 친구와 연락하려고 시도한 후, <u>몹시 화가 나서</u> 그냥 포기해버렸다.

(a) 막힌
(b) 방해받지 않는
(c) 몹시 화가 난
(d) 적대감을 불러일으킨

정답 (c)

해설 몇 시간 동안 친구와 연락하려고 시도한 후 포기한 상황에 대해 이야기하고 있으므로, 그녀가 '몹시 화가 난' 것을 짐작할 수 있다. 따라서 (c) exasperated가 정답이다. Janice가 다른 이의 적대감을 불러일으킨 것이 아니므로 (d)는 오답이다.

어휘 simply adv. 그냥, 그저

20 동사 어휘 register
난이도 ●○○

직원들은 모든 불만들을 인사부에 <u>등록하라는</u> 지시를 받았다.

(a) 삽입하다
(b) 등록하다
(c) 직면하다
(d) 실행하다

정답 (b)

해설 직원들의 불만에 대해 이야기하고 있으므로, 이를 인사부에 '등록하라'는 지시를 받았다는 내용이 오는 것이 문맥상 자연스럽다. 따라서 (b) register가 정답이다.

어휘 complaint n. 불만 human resources department phr. 인사부

21 명사 어휘 protocol
난이도 ●●○

소방관들은 심각한 사고를 피하기 위해 엄격한 안전 <u>규약</u>을 따라야만 한다.

(a) 조약
(b) 헌장
(c) 기록 보관소
(d) 규약

정답 (d)

해설 빈칸에는 '소방관들이 심각한 사고를 피하기 위해 따라야 하는 것'을 나타내는 어휘가 들어가야 하므로 엄격한 안전 '규약'을 따라야만 한다는 내용이 오는 것이 문맥상 자연스럽다. 따라서 (d) protocols가 정답이다.

22 동사 어휘 detain
난이도 ●●○

Sparrow 항공 여객기에 타고 있던 승객 두 명이 불법 물품을 밀반입한 혐의로 <u>구속되었다</u>.

(a) 구속하다
(b) 손상시키다
(c) 추출하다
(d) 지장을 주다

정답 (a)

해설 여객기에 불법 물품을 밀반입한 상황에 대해 이야기하고 있으므로, 이 혐의로 인해 승객이 '구속되었다'는 내용이 오는 것이 문맥상 자연스럽다. 따라서 (a) detained가 정답이다.

어휘 passenger n. 승객 suspicion n. 혐의
smuggle v. 밀반입하다 illegal adj. 불법의

23 동사 어휘 inhibit
난이도 ●●○

대부분의 항생제는 개별 세균 세포를 죽이기보다는 세균의 성장을 <u>억제함으로써</u> 작용한다.

(a) 없애다
(b) 소화하다
(c) 누설하다
(d) 억제하다

정답 (d)

해설 항생제의 작용에 대해 이야기하고 있으므로, 세균의 성장을 '억제한다'는 내용이 오는 것이 문맥상 자연스럽다. 따라서 (d) inhibiting이 정답이다.

어휘 antibiotic n. 항생제

24 동사 어휘 awe
난이도 ●●○

어젯밤 시합 동안, 그 수영팀은 놀라운 운동신경을 보여주며 구경꾼들이 <u>경외심을 갖게 했다</u>.

(a) 경외심을 갖게 하다
(b) 찌르다
(c) 맹세하다
(d) 칭찬하다

정답 (a)

해설 수영팀이 놀라운 운동신경을 보여준 상황에 대해 이야기하고 있으므로, 구경꾼들이 '경외심을 갖게 했다'는 내용이 오는 것이 문맥상 자연스럽다. 따라서 (a) awed가 정답이다.

어휘 competition n. 시합, 경쟁 onlooker n. 구경꾼
athleticism n. 운동신경

25 동사 어휘 vanquish
난이도 ●●●

나폴레옹은 결국 워털루 전투에서 <u>패배했고</u> 멀리 떨어진 섬으로 추방되었다.

(a) 폐지시키다
(b) 무효화하다
(c) 패배하다
(d) 낭비하다

정답 (c)

해설 나폴레옹이 멀리 떨어진 섬으로 추방된 배경을 나타내는 어휘가 들어가야 하므로, 그가 워털루 전투에서 '패배했다'라는 내용이 오는 것이 문맥상 자연스럽다. 따라서 (c) vanquished가 정답이다.

어휘 exile n. 추방 distant adj. 멀리 떨어진

26 형용사 어휘 pious
난이도 ●●●

Cindy는 아주 <u>독실해서</u> 매주 교회 예배에 빠짐없이 참석한다.

(a) 자식의
(b) 독실한
(c) 온화한
(d) 성직자의

정답 (b)

해설 Cindy가 매주 교회 예배에 빠짐없이 참석한다고 했으므로, 그녀가 아주 '독실하다'라는 내용이 오는 것이 문맥상 자연스럽다. 따라서 (b) pious가 정답이다.

어휘 without fail phr. 빠짐없이, 언제나

27 동사 어휘 inundate
난이도 ●●●

폭우로 인해, 그 도시는 빗물로 <u>침수되었고</u>, 많은 주민들을 대피하게 만들었다.

(a) 더럽히다
(b) 뒤엎다
(c) 침수시키다
(d) 배출하다

정답 (c)

해설 폭우로 인해 주민들이 대피한 상황에 대해 이야기하고 있으므로, 도시가 빗물로 '침수되었다'라는 내용이 오는 것이 문맥상 자연스럽다. 따라서 (c) inundated가 정답이다.

어휘 heavy rain phr. 폭우 evacuate v. 대피하다

28 명사 어휘 repercussion
난이도 ●●○

위험한 결정을 내릴 때, 당신의 선택이 나중에 미칠 수 있는 잠재적인 <u>영향</u>을 고려하는 것이 필수적이다.

(a) 규정
(b) 선례
(c) 영향
(d) 상황

정답 (c)

해설 위험한 결정을 내릴 때 고려해야 하는 것에 대해 이야기하고 있으므로, 그 선택이 미치는 잠재적인 '영향'을 고려해야 한다는 내용이 오는 것이 문맥상 자연스럽다. 따라서 (c) repercussions가 정답이다.

어휘 risky adj. 위험한 vital adj. 필수적인 consider v. 고려하다
potential adj. 잠재적인

---

29 동사 어휘 contract
난이도 ●●○

여행자들은 해외에서 심각한 질병에 걸리는 것을 피하기 위해 예방 접종을 받도록 권고된다.

(a) 모으다
(b) 부르다
(c) 걸리다
(d) 제재하다

정답 (c)

해설 여행자들이 예방 접종을 받도록 권고되는 상황에 대해 이야기하고 있으므로, 그들이 심각한 질병에 '걸리는 것'을 피하기 위해서라는 내용이 오는 것이 문맥상 자연스럽다. 따라서 (c) contracting이 정답이다. garner는 정보, 지지 등을 모아 획득한다는 의미이므로 (a)는 오답이다.

어휘 advise v. 권고하다 vaccination n. 예방 접종
illness n. 질병

---

30 동사 어휘 bolster
난이도 ●●○

높은 범죄율의 원인에 대한 Smith 교수의 주장에 대한 지지를 강화하기 위해서는 더 많은 증거가 필요하다.

(a) 오르다
(b) 강화하다
(c) 동요시키다
(d) 질책하다

정답 (b)

해설 교수의 주장에 대한 지지에 대해 이야기하고 있으므로, 그 지지를 '강화하기' 위해서 더 많은 증거가 필요하다는 내용이 오는 것이 문맥상 자연스럽다. 따라서 (b) bolster가 정답이다.

어휘 evidence n. 증거 argument n. 주장
crime rate phr. 범죄율

GRAMMAR

문제집 p. 43

Part I

1 준동사 to 부정사
난이도 ●●○

A: 어떤 그림이 제일 좋니?
B: 모르겠어. 선택할 수 있는 것이 너무 많아.

정답 (d)

해설 '선택할 수 있는 것이 너무 많다'라는 문맥이 되어야 자연스러우므로, 명사 many(많은 것)를 뒤에서 꾸며 '선택할 수 있는'이라는 의미를 나타내는 형용사적 용법의 to 부정사 (d) to choose가 정답이다.

---

2 접속사와 절 명사절 접속사
난이도 ●●○

A: 왜 슈퍼마켓에서 아무 과일도 사지 않았어?
B: 그곳의 농산물은 농산물 시장에 있는 것과 비교할 수 없어.

정답 (b)

해설 전치사 with 다음에 빈칸이 있으므로 빈칸 이하(___ they have at the farmers' market)는 전치사 with의 목적어 자리에 올 수 있는 명사절이다. 따라서 빈칸에는 명사절을 이끄는 명사절 접속사가 와야 한다. 빈칸 뒤에 동사 have만 있고 목적어가 없는 불완전한 절이 왔으므로 불완전한 절을 이끌 수 있는 명사절 접속사 (b), (c)가 정답의 후보이다. '농산물 시장에 있는 것'이라는 의미가 되어야 하므로 (b) what이 정답이다. 가리키는 대상의 선택지가 정해져 있는 상황이 아니므로, (c) which는 오답이다.

어휘 produce n. 농산물; v. 산출하다
farmers' market phr. 농산물 시장

---

3 준동사 분사
난이도 ●●●

A: 너 오늘 뷔페에서 많이 먹더라.
B: 아침을 거르고 나니 배가 고팠어.

텝스 치트키

분사구문의 완료형 having p.p.는, 분사구문이 주절보다 이전 시점에 일어난 일을 나타낼 때 쓴다.

정답 (d)

해설 주어 I, 동사 was, 보어 hungry를 갖춘 완전한 문장이므로 빈칸 이하(___ breakfast)는 수식어 자리이다. 보기 중 수식어 자리에 올 수 있는 to 부정사 (a)와 분사 (b), (c), (d) 모두 정답의 후보이다. '아침을 거른' 시점은 '배가 고픈' 시점보다 앞선 것

이므로, 완료형 분사구문을 완성하는 (d) Having skipped
가 정답이다. to 부정사 (a)는 '아침을 거르기 위해 배가 고팠다'
라는 어색한 문맥을 이루므로 오답이다.

어휘 skip v. 거르다

---

4 품사 명사

난이도 ●○○

A: 네 물리치료사 어때?
B: 훌륭해. 그녀는 정말로 내 요통을 완화해 주고 있어.

정답 (a)

해설 보기의 명사 relief는 '완화'라는 의미로 쓰일 때 불가산 명사로
관사와 함께 쓰이지 않고 복수형으로 쓰이지도 않는다. 따라서
(a)가 정답이다.

어휘 physical therapist phr. 물리치료사 back pain phr. 요통
relief n. 완화

---

5 시제와 태 현재 시제

난이도 ●●○

A: 아래층 카페에서 만나자.
B: 알겠어. 이 이메일 다 보내자마자 내려갈게.

정답 (a)

해설 as soon as(~하자마자)와 같이 시간이나 조건을 나타내는 부
사절 접속사가 이끄는 종속절에서는 미래 시제 대신 현재 시제
를 쓴다. 따라서 현재 시제 (a) finish가 정답이다.

---

6 시제와 태 능동태와 수동태

난이도 ●●○

A: 시청 건물 작업은 잘 되고 있나요?
B: 나쁘지 않아요. 지금까지 기존 건물의 대략 절반이 복구되었
어요.

정답 (c)

해설 주어인 half of the old building(기존 건물의 절반)과 보기에
제시된 동사 restore(복구하다)가 '기존 건물의 절반이 복구되
다'라는 수동의 의미로 해석되므로 수동태 (c)와 (d)가 정답의
후보이다. 빈칸 뒤의 so far(지금까지)를 통해 '기존 건물이 복
구되는' 것이 과거의 어떤 시점부터 현재까지 계속되는 문맥임
을 알 수 있으므로 현재완료 시제 (c) has been restored가
정답이다.

어휘 approximately adv. 대략 restore v. 복구하다

---

7 어순과 특수구문 생략

난이도 ●●●

A: 그 식당은 좀 실망스러웠어.
B: 나는 그럴 것 같은 느낌이 들었어.

정답 (b)

해설 문맥상 '나는 그럴 것 같은 느낌이 들었어'라는 의미가 되어야
자연스럽고, A의 말을 근거로 이를 영어로 표현하면 I had a
feeling it would be a letdown이 된다. 동사 be 뒤에 앞서
나온 어구 a letdown이 반복되므로 이를 생략한 (b) would
be가 정답이다.

어휘 letdown n. 실망

---

8 동사와 조동사 의무의 주절 뒤 종속절의 동사

난이도 ●●●

A: 그 프로젝트 기한을 연장할 수 있나요?
B: 아니요. 반드시 제시간에 끝나야 해요.

텝스 치트키

의무, 제안, 요청을 나타내는 동사, 명사, 형용사가 주절에 나오면, 종속절
에 '(should +) 동사원형'이 와야 한다.

의무, 제안, 요청을 나타내는 형용사
imperative/necessary/essential 필수적인   important 중요한
advisable 바람직한   crucial 중요한

정답 (b)

해설 주절에 '의무'를 나타내는 형용사 imperative(반드시 ~해야 하
는)가 왔으므로 종속절(that절)에 '(should +) 동사원형'이 와
야 한다. 따라서 be동사의 원형 (b) be가 정답이다.

어휘 extension n. (기한 등의) 연장 imperative adj. 반드시 ~해야 하는
on time phr. 제시간에

---

9 시제와 태 미래 시제

난이도 ●●○

A: Tom과 Julie는 의견 차이를 해결했어?
B: 아니. 그리고 내 개인적인 생각으로는, 어느 쪽도 금방 사과
하지 않을 거야.

정답 (c)

해설 '금방 사과하지 않을 것'이라는 '미래' 상황에 대한 문맥이므로,
빈칸에는 미래의 계획을 나타내는 동사가 필요하다. 보기 중 미
래의 계획, 생각을 나타내는 be going to를 포함한 (c)와 (d)
가 정답의 후보이다. 대명사 neither(어느 쪽도 ~아니다)는 단
수이므로 단수 동사가 사용된 (c) is going to apologize가
정답이다.

어휘 settle v. 해결하다 difference n. (의견) 차이
apologize v. 사과하다

---

10 어순과 특수구문 '명사 + 수식어' 어순

난이도 ●●●

A: 가게에서 뭐라도 좀 샀니?
B: 응, 네가 말한 그 매트 두 장을 샀어.

정답 (d)

해설 문맥상 '네가 말한 그 매트 두 장을 샀다'라는 의미가 되어야

TEST 1
TEST 2
TEST 3
TEST 4
TEST 5

TEPS 서울대 텝스관리위원회 공식 기출문제집

자연스럽다. 따라서 got의 목적어로 '그 매트 두 장'을 뜻하는 two of the mats가 오고 관계절 you told me about이 이를 뒤에서 수식하는 (d) two of the mats you told me about이 정답이다. 참고로, 동사 tell이 '~에 대해 말하다'라는 의미로 쓰일 때는 전치사 about을 포함하여 tell about의 형태로 쓰이므로, about이 포함되지 않은 (a), (b)는 오답이다.

Part II

11 접속사와 절 명사절 접속사
난이도 ●●○

John이 해외 근무 제의를 받아들일지 아닐지는 두고 봐야 한다.

정답 (d)

해설 문장의 동사는 remains, 보어는 to be seen이므로 빈칸 이하(___ John will accept the offer to work overseas)는 문장의 진짜 주어인 명사절이다. 빈칸 뒤에 주어 John, 동사 will accept, 목적어 the offer를 갖춘 완전한 절이 왔으므로 완전한 절을 이끄는 명사절 접속사 (a), (d)가 정답의 후보이다. 'John이 해외 근무 제의를 받아들일지 아닐지는 두고 봐야 한다'라는 문맥이 되어야 자연스러우므로, '~인지 아닌지'라는 의미의 접속사 (d) whether가 정답이다.

어휘 overseas adv. 해외에서

12 품사 부사
난이도 ●●○

연구에 따르면 식사 시간을 적절하게 맞추는 것이 체중 감량을 증진할 수 있다.

정답 (c)

해설 문맥상 '식사 시간을 적절하게 맞추는 것'이라는 의미가 되어야 자연스러우므로, 빈칸은 동명사 timing을 수식하는 자리이다. 목적어가 있는 동명사는 부사가 수식하므로, 부사 (c) properly가 정답이다.

어휘 time v. 시간을 맞추다 properly adv. 적절하게

13 시제와 태 미래완료 시제
난이도 ●●●

Georgetown의 대중교통 프로젝트가 끝날 때쯤에, 그 도시는 세 개의 새로운 지하철 노선을 추가하게 될 것이다.

정답 (c)

해설 빈칸 앞에서 미래 시점을 나타내는 시간 표현인 'By the time + 주어(Georgetown's ~ project) + 동사(is finished)'가 왔고, 문맥상 미래에 '대중교통 프로젝트를) 끝내는' 시점에는 세 개의 새로운 지하철 노선이 '추가되어 있을 것'임을 알 수 있다. 따라서 특정 미래 시점 이전에 시작된 일이 그 시점에 완료될 것임을 나타내는 미래완료 시제 (c) will have added가 정

답이다.

어휘 public transit phr. 대중교통

14 품사 부정대명사
난이도 ●○○

Amy는 이전에 비슷한 농담을 들은 적이 있었기 때문에 그 농담의 웃음 포인트를 알고 있었다.

정답 (d)

해설 문맥상 '비슷한 농담을 들은 적이 있었기 때문에'라는 의미가 되어야 자연스러우므로, 빈칸은 앞에 나온 단수 명사 joke(농담)를 대신하는 부정대명사의 자리이다. 따라서 부정대명사 (d) one이 정답이다.

어휘 punch line phr. 웃음 포인트, 결정적인 구절

15 품사 관사
난이도 ●○○

백신은 많은 수의 치명적인 바이러스를 없애는 데 도움을 주었다.

정답 (a)

해설 문맥상 '백신은 많은 수의 치명적인 바이러스를 없애는 데 도움을 주었다'라는 의미가 되어야 자연스러우므로, 빈칸 뒤의 number of와 함께 쓰여 '많은 수의 ~'라는 뜻의 수량 표현 a number of를 완성하는 관사 (a) a가 정답이다. the number of는 '~의 수'라는 의미이므로 문맥상 어울리지 않아 (b) the는 오답이다.

어휘 wipe out phr. ~을 없애다 deadly adv. 치명적인

16 가정법 혼합 가정법
난이도 ●●○

Brad가 젊었을 때 더 열심히 일했더라면, 그는 지금 더 부유할 것이다.

○── 텝스 치트키

혼합 가정법은 '가정법 과거완료 + 가정법 과거'의 혼합형으로, 'If + 주어 + had p.p., 주어 + would / should / could / might + 동사원형'의 형태이며, '만약 (과거에) ~했었더라면 (지금) -할 텐데'라는 의미이다.

정답 (b)

해설 주절에 현재의 반대를 나타내는 가정법 과거 동사 would be가 왔고 현재 시제를 나타내는 단서(now)가 있는 반면, if절에는 과거 시제를 나타내는 단서(as a young man)가 있으므로 과거의 반대를 나타내는 '가정법 과거완료'를 쓴 혼합 가정법 문장이다. 따라서 빈칸에는 가정법 과거완료를 완성하는 'had p.p.' 형태 (b) had worked가 정답이다.

TEST 1
TEST 2
TEST 3
TEST 4
TEST 5

TEPS 서울대 텝스관리위원회 공식 기출문제집

17 시제와 태 현재완료 시제

난이도 ●●○

경기를 부양하려는 정부의 노력은 올해 들어 지금까지 뚜렷한 일자리 증가로 이어졌다.

정답 (d)

해설 빈칸 뒤쪽의 so far(지금까지)는 현재완료 시제와 자주 쓰이는 표현이고, '정부의 노력이 뚜렷한 일자리 증가로 이어진 것'이 올해 초부터 현재까지 계속되는 문맥이므로 현재완료 시제 (d) have led to가 정답이다. 참고로, 문장의 주어는 복수 명사 The government's attempts이므로 단수 동사 (c)는 오답이다.

어휘 stimulate v. (경기를) 부양하다, 자극하다

18 준동사 분사

난이도 ●●○

결석을 양해받기를 요청하는 학생들은 반드시 서류를 제시해야 한다.

정답 (c)

해설 주어 Students, 동사 must provide, 목적어 documentation을 갖춘 완전한 문장이므로 빈칸을 포함하는 어구(___ to be excused for an absence)는 빈칸 앞의 Students를 수식하는 수식어 자리이다. 따라서 수식어 자리에 올 수 있는 분사 (a), (c)와 to 부정사 (b)가 정답의 후보이다. 수식받는 주어 Students(학생들)와 보기에 제시된 동사 request(요청하다)가 '학생들이 (결석을 양해받기를) 요청하다'라는 능동의 의미로 해석되고, 빈칸 뒤에 request의 목적어 to be excused가 있으므로, 현재분사 (c) requesting이 정답이다.

어휘 excuse v. 양해하다 absence n. 결석
documentation n. 서류

19 가정법 if가 생략된 가정법 미래

난이도 ●●●

이자를 제때 내지 못하면 그 회사의 신용등급은 떨어질 것이다.

정답 (d)

해설 문맥상 '이자를 제때 내지 못하는' 상황을 가정하고 있다. 주절의 동사 will drop을 근거로, 종속절(if절)에는 이와 짝을 이루어 가정법 미래를 완성하는 'if + 주어 + should + 동사원형' 형태가 와야 함을 알 수 있다. 이때 if절에서 if가 생략되면 주어와 should가 도치되므로, 'should + it' 형태를 완성하는 (d) should가 정답이다.

어휘 credit rating phr. 신용등급 interest n. 이자

20 어순과 특수구문 명사를 수식하는 요소들

난이도 ●●○

국민통합당은 사회 문제에 대한 입장을 바꾼 이후 언제나 열렬한 지지를 이끌어왔다.

━○ 텝스 치트키

여러 품사가 명사를 수식할 경우, '(관사 +) (부사 +) 형용사 + 명사'의 어순이 되어야 한다.

정답 (b)

해설 여러 품사가 명사를 수식하는 경우, '(관사 +) (부사 +) 형용사 + 명사'의 어순으로 온다. 따라서 '부사(ever more) + 형용사(ardent) + 명사(support)'의 어순으로 '언제나 열렬한 지지'라는 의미를 나타내는 (b) ever more ardent support가 정답이다. 참고로, ever more는 '언제나'라는 뜻을 가진 부사 표현이다.

어휘 attract v. 이끌다 ever more phr. 언제나 ardent adj. 열렬한

21 시제와 태 능동태와 수동태

난이도 ●●○

그 식당은 작년에 널리 알려진 식중독 사건 이후 어쩔 수 없이 폐업하게 되었다.

정답 (c)

해설 주어 The restaurant(그 식당)와 보기의 동사 force(어쩔 수 없이 ~하게 만들다)가 '그 식당이 어쩔 수 없이 ~하게 되다'라는 수동의 의미로 해석되므로 수동태 (c)와 (d)가 정답의 후보이다. last year(작년)를 통해 '식당이 어쩔 수 없이 폐업하게 된 것'은 과거 시점의 일이라는 것을 알 수 있으므로 과거 시제 (c) was forced가 정답이다.

어휘 publicize v. 널리 알리다 food poisoning phr. 식중독

22 준동사 분사

난이도 ●●○

회사가 새로운 공급처를 찾은 후 불필요하다고 판단된 Tim의 출장이 취소되었다.

정답 (c)

해설 주어 Tim's business trip, 동사 was canceled를 갖춘 완전한 문장이므로 빈칸을 포함하는 어구(___ unnecessary after the company found a new supplier)는 주어를 수식하는 수식어 자리이다. 따라서 수식어 자리에 올 수 있는 분사 (a), (c)와 to 부정사 (b)가 정답의 후보이다. 주어와 보기의 동사 deem이 'Tim의 출장이 ~라고 판단되다'라는 수동의 의미로 해석되므로 과거분사 (c) deemed가 정답이다.

어휘 supplier n. 공급처 deem v. 판단하다

23 가정법　if가 생략된 가정법 관용구문　난이도 ●●●

> 소설가 버지니아 울프는 그녀의 남편인 레너드의 지원이 아니었다면 결코 그렇게 성공적이지 못했을 것이다.

⟶○ 텝스 치트키

가정법 문장에서는 if절이 생략될 수 있는데, if가 생략된 가정법 관용구문으로는 'Were it not for + 명사(~가 아니라면)'와 'Had it not been for + 명사(~가 아니었다면)'가 있다.

정답 (b)

해설 주절에 가정법 과거완료 동사 might ~ have been이 왔으므로, 빈칸에는 이와 짝을 이루어 가정법 과거완료를 완성하는 'had p.p.' 형태가 와야 한다. 이때 if절에서 if가 생략되면 주어와 조동사가 도치되므로 (b) had it not been for가 정답이다. 참고로, had it not been for는 '~이 아니었다면'이라는 의미의 가정법 관용구문이다.

24 품사　전치사　난이도 ●●○

> 핵무기 감축 운동은 정부의 폭력과의 전쟁에서 새로운 전선을 펼 것이다.

정답 (a)

해설 '전선(front)'은 전쟁의 한 부분이므로, 부분을 나타내는 전치사 (a) in이 정답이다. (b) at은 war와 함께 쓰여 '전쟁 중인'이라는 의미를 나타내므로 정답이 될 수 없다.

어휘 nuclear disarmament phr. 핵무기 감축
violence n. 폭력

25 접속사와 절　'전치사 + 관계대명사'　난이도 ●●●

> Davies 교수는 유기 폐기물이 에너지로 전환될 수 있는 과정을 개발하려고 노력하고 있다.

정답 (d)

해설 빈칸 뒤에 주어 organic waste, 동사 can be transformed를 갖춘 완전한 절이 왔으므로, 완전한 절을 취할 수 있는 접속사 (a)와 '전치사 + 관계대명사' 형태의 (d)가 정답의 후보이다. 선행사인 process(과정)가 빈칸 뒤의 절(organic waste ~ into energy)과 함께 '유기 폐기물이 에너지로 전환될 수 있는 과정'이라고 해석되는 것이 자연스럽고, 과정을 통해 유기 폐기물이 에너지로 전환되는 것이므로, '~을 통해'를 뜻하는 전치사 through를 포함한 (d) through which가 정답이다. (a) that도 명사절 접속사나 부사절 접속사로 쓰일 때 완전한 절 앞에 올 수 있으나, 여기에서는 명사절이나 부사절을 이끄는 경우가 아니므로 오답이다.

어휘 organic waste phr. 유기 폐기물　transform v. 전환하다

Part III

26 품사　형용사와 부사　난이도 ●○○

> (a) A: 지난주에 비행편으로 저가 항공사를 타게 됐니?
> (b) B: 응. 나는 꽤 합리적인 가격에 탔고, 서비스도 좋았어.
> (c) A: 잘됐네. 대형 항공사로 비행하는 것보다 훨씬 저렴했어?
> (d) B: 응, 식사와 수하물 비용 추가를 포함해도 말이야.

정답 (b) reasonably → reasonable

해설 (b)에서 명사 price를 부사 reasonably가 수식하면 틀리다. 명사를 수식하는 것은 부사가 아니라 형용사이므로, 부사 reasonably는 형용사 reasonable로 바뀌어야 맞다.

어휘 budget adj. 저가의; n. 예산　airline n. 항공사
reasonable adj. 합리적인　carrier n. 항공사
baggage n. 수하물

27 준동사　분사　난이도 ●●○

> (a) A: 3분기 연속 우리의 수익이 감소한 것 같아요.
> (b) B: 우리가 처한 것처럼 보이는 이 불황의 이면에 무엇이 있다고 생각하나요?
> (c) A: 작년에 제정된 규제들이 수요에 정말 타격을 줬어요.
> (d) B: 음, 지금 우리가 할 수 있는 일은 시장이 좋아지기를 기다리는 것뿐인 것 같아요.

정답 (c) were enacted → enacted

해설 (c)는 주어 The regulations, 동사 have hurt, 목적어 demand를 갖춘 완전한 문장이므로, 보기의 were enacted는 주어를 수식하는 수식어가 되어야 한다. 주어 The regulations(규제들)와 동사 enact(제정하다)는 '규제들이 제정되다'라는 수동의 의미로 해석되므로, were enacted는 과거분사 enacted로 바뀌어야 맞다.

어휘 profit n. 수익　quarter n. 분기　in a row phr. 연속으로
regulation n. 규제　enact v. 제정하다　demand n. 수요

28 시제와 태　과거 시제　난이도 ●●○

> (a) 카바는 남태평양 전역에서 소비되는 전통 음료를 만드는 데 사용되는 뿌리이다. (b) 그 뿌리는 잘게 빻아져 물과 섞여 많은 사람들이 '카바 차'라고 부르는 것을 만들어낸다. (c) 그 음료는 우윳빛 갈색이고 모두가 좋아하지는 않는 흙맛이 난다. (d) 그럼에도 불구하고, 그것은 진정 효과 때문에 북미의 몇몇 술집에서 인기를 얻었다.

정답 (d) catches on → caught on

해설 현재 시제는 반복되는 일이나 습관, 일반적인 사실을 표현할 때 쓴다. (d)에서 카바 차가 '몇몇 술집에서 인기를 얻은' 것은 일반적인 사실이 아니라 특정 시점에 일어난 과거의 사실이므로, 현재 시제 catches on은 과거 시제 caught on으로 바뀌어

야 맞다.

어휘 traditional adj. 전통적인 grind v. (잘게) 빻다
soothing adj. 진정의

---

29 준동사 현재분사와 과거분사
난이도 ●●●

(a) 설문조사는 사람들이 무인 자동차를 채택할 가능성이 얼마나 큰지에 영향을 미치는 요인들에 대한 이해를 제공했다. (b) 놀랄 것도 없이, 이러한 설문조사는 젊은 사람들이 나이 든 사람들보다 그러한 차량 구매를 고려할 가능성이 더 크다는 것을 확인시켜준다. (c) 그것들은 또한 소득 수준이 유의미한 요소임을 암시하는데, 고급 차 소유주들이 이 기술에 가장 관심이 많은 사람들이다. (d) 마지막으로, 그것들은 사람들이 일반적으로 탑승자가 제어할 수 있게 해주는 무인 자동차에 더 편안함을 느낀다는 것을 보여준다.

정답 (c) interesting → interested

해설 (c)에서 with 이하의 분사구문은 '고급 차 소유주들이 이 기술에 가장 관심이 많은 사람들이다'라는 문맥이 되는 것이 자연스럽다. 분사구문의 주어 luxury car owners(고급 차 소유주들)와 동사 interest(관심을 갖게 하다)가 '고급 차 소유주들이 ~에 관심을 갖게 되다'라는 수동의 의미가 되어야 하므로, 현재분사 interesting은 과거분사 interested로 바뀌어야 맞다.

어휘 insight n. 이해 driverless vehicle phr. 무인 자동차
relevant adj. 유의미한 occupant n. 탑승자

---

30 준동사 to 부정사와 동명사
난이도 ●●○

(a) 통조림 제조업이 등장하기 전에, 선원들은 긴 항해를 위해 음식을 보관하는 데 큰 어려움을 겪었다. (b) 고기는 썩지 않도록 소금에 절여야 했고, 야채는 빨리 먹어야 했다. (c) 해결책으로, 선원들은 몇 년 동안 보관할 수 있는 비스킷의 일종인 '건빵'을 먹었다. (d) 불행하게도, 건빵조차도 부적절하게 보관되면 벌레가 들끓기 쉬웠다.

정답 (a) to keep → keeping

해설 (a)의 have difficulty(어려움을 겪다) 뒤에 동명사를 취하여 '~에 어려움을 겪다'라는 의미를 완성하는 표현이므로 뒤에 to 부정사 to keep이 오면 틀리다. 따라서 to 부정사 to keep은 동명사 keeping으로 바뀌어야 맞다.

어휘 advent n. 등장, 출현 canning n. 통조림 제조(업)
sailor n. 선원 salt v. 소금에 절이다 rot v. 썩다
consume v. 먹다, 소비하다 hardtack n. 건빵
be liable to phr. ~하기 쉬운 infest v. 들끓다

READING COMPREHENSION

문제집 p. 47

Part I

1 빈칸 채우기 문장 일부
난이도 ●○○

안녕하세요 Karen,

저는 그저 ＿＿＿＿＿＿＿＿＿＿＿에 대해 사과하고 싶었어요. Julia로부터 몇 시에 도착하는지 묻는 메시지를 받고 나서야 그것이 어젯밤이었다는 것이 생각났어요. 깜빡 잊어버려서 죄송해요. 안타깝게도, 저는 고객과의 식사 자리에 있어서 갈 수 없었어요. 나중에 들르고 싶었는데, 저녁 식사가 너무 길어졌어요. 어쨌든, 파티가 잘 진행되었길 바라요.

Martin

(a) 당신의 파티에 참석하지 못한 것
(b) 당신의 파티를 일찍 떠난 것
(c) 초대되지 않은 파티에 간 것
(d) 당신을 파티에 초대하는 것을 잊어버린 것

정답 (a)

해설 빈칸이 있는 문장 I just wanted to apologize for ＿＿＿＿ (저는 그저 ＿＿＿＿＿에 대해 사과하고 싶었어요)를 통해, 사과하고자 하는 내용을 빈칸에 넣어야 함을 알 수 있다. 깜빡 잊어버려서 미안하다(Sorry it slipped my mind)고 했고, 파티가 잘 진행되었길 바란다(I hope the party went well)고 했으므로 깜빡 잊고 파티에 참석하지 못한 것에 대해 사과하고 있는 것을 알 수 있다. 이를 바탕으로 Martin이 '상대방의 파티에 참석하지 못한 것'에 대해 사과하고 싶었음을 알 수 있으므로 (a)가 정답이다.

어휘 apologize v. 사과하다
slip one's mind phr. 깜빡 잊어버리다 stop by phr. 들르다

---

2 빈칸 채우기 문장 일부
난이도 ●●○

비록 금성이 지구와 비교적 가깝지만, 우주 기관들은 그곳에서 많은 임무를 지휘하지는 않았다. 그들이 다른 행성에 집중하는 이유는 주로 실용적인 것이다. 금성은 유황산으로 이루어진 대기와, 납을 녹일 수 있을 만큼 뜨거운 표면 온도와, 높은 지상 기압을 가지고 있다. 이러한 조건 하에서, 금성 표면으로 보내진 탐사선들은 몇 시간 안에 고장이 날 것이다. 이 문제 때문에, 우주 기관들은 주로 다른 행성을 탐사하는 데 자금을 쏟기로 결정했다. 결국, 그 기기들이 ＿＿＿＿＿＿＿＿＿＿ 수 없다면 값비싼 탐사선들을 금성에 보내는 것은 이치에 맞지 않는다.

(a) 금성 표면으로 하강할
(b) 금성의 궤도에 진입할

(c) 그곳의 혹독한 환경을 견딜
(d) 금성의 기후를 정확하게 측정할

정답 (c)

해설 빈칸이 있는 문장 After all ~ cannot _____(결국 ~ 맞지 않는다)을 통해, 탐사선들을 금성에 보내는 것이 이치에 맞지 않도록 만드는 조건을 빈칸에 넣어야 함을 알 수 있다. 금성의 대기, 표면 온도, 지상 기압을 언급한 후, 금성 표면으로 보내진 탐사선들은 몇 시간 안에 고장이 날 것(rovers sent to the planet's surface would break down within hours)이라고 했다. 이를 바탕으로 탐사선들이 '그곳의 혹독한 환경을 견딜' 수 없다는 것을 알 수 있으므로 (c)가 정답이다.

어휘 agency n. 기관 direct v. 지휘하다
pragmatic adj. 실용적인 atmosphere n. 대기
sulfuric acid phr. 유황산
surface temperature phr. 표면 온도 lead n. 납
surface pressure phr. 지상 기압 rover n. 탐사선
descend v. 하강하다 orbit n. 궤도

---

3 빈칸 채우기 문장 일부 난이도 ●○○

Ultrabox Cinemas는 다음 달부터 저희가 _____ 것이라고 발표하게 되어 기쁩니다. 저희는 현지인과 관광객 모두에게 고품질의 엔터테인먼트를 제공하게 되어 자랑스럽습니다. 이제, 방문객들이 우리 영화 제작자들의 작품을 더 잘 즐길 수 있도록, 저희는 최고의 국산 영화들에 대한 특별 자막 상영을 제공할 것입니다. 상영은 여러 장소에서 정기적으로 진행될 것이며, 외국인 방문객들이 가장 많이 사용하는 세 가지 언어 중 하나로 자막이 제공됩니다. 더 많은 정보를 원하시면, Ultrabox 웹사이트를 확인해 주세요.

(a) 특별 국제 영화의 밤을 개최하기 시작할
(b) 보다 다양한 언어로 자막을 제공할
(c) 국산 영화를 외국어 자막과 함께 제공할
(d) 여러 나라의 인기 영화를 상영하기 시작할

정답 (c)

해설 빈칸이 있는 문장 Ultrabox Cinemas is pleased ~ we'll _____(Ultrabox Cinemas는 다음 달부터 저희가 ____ 것이라고 ~ 기쁩니다)을 통해, 빈칸에는 Ultrabox Cinemas가 발표하는 내용을 넣어야 함을 알 수 있다. 최고의 국산 영화들에 대한 특별 자막 상영을 제공할 것(offering ~ the best domestic films)이라고 했고, 외국인 방문객들이 가장 많이 사용하는 세 가지 언어 중 하나로 자막이 제공된다(with subtitles ~ commonly used by foreign visitors)고 했다. 이를 바탕으로 Ultrabox Cinemas는 다음 달부터 '국산 영화를 외국어 자막과 함께 제공할' 것임을 알 수 있으므로 (c)가 정답이다.

어휘 announce v. 발표하다 filmmaker n. 영화 제작자
screening n. 상영 regularly adv. 정기적으로
domestic adj. 국산의

---

4 빈칸 채우기 문장 일부 난이도 ●●○

화학과 물리학을 이용해 음식의 맛과 모양을 바꾸는 요리 방식인 분자 요리는 최첨단이 되기 위해 분투하는 식당들 사이에서 유행이 되었다. 투명한 라비올리와 둥근 형태의 얼린 주스처럼 분자 요리 기술을 사용하여 만들어진 음식들은 처음에는 마법처럼 보일 수 있다. 하지만 몇몇 식당들은 너무 자주 같은 기교를 반복해서 신기함이 사라진다. 따라서, 분자 요리와의 첫 만남의 '깜짝 놀라게 하는' 요소를 부인할 수 있는 사람은 거의 없지만, 불행하게도 그 방식은 _____ 경향이 있다.

(a) 식품 품질에 부정적인 영향을 끼치는
(b) 일반 손님은 가까이하기 어려운
(c) 남용 때문에 영향력을 상실하는
(d) 독창적이지 않은 요리사들에게 오용당하는

정답 (c)

해설 빈칸이 있는 문장 Thus, although few can deny ~ tends to _____(따라서, 분자 요리와의 ~ 그 방식은 _____)를 통해, 빈칸에는 분자 요리 방식에 어떤 경향이 있는지에 대한 내용을 넣어야 함을 알 수 있다. 몇몇 식당들은 너무 자주 같은 기교를 반복해서 신기함이 사라진다(some restaurants repeat ~ the novelty fades)고 했다. 이를 바탕으로 분자 요리 방식은 '남용 때문에 영향력을 상실하는' 경향이 있음을 알 수 있으므로 (c)가 정답이다.

어휘 molecular gastronomy phr. 분자 요리
chemistry n. 화학 physics n. 물리학 fad n. 유행
strive v. 분투하다 cutting edge phr. 최첨단의, 최첨단
transparent adj. 투명한 novelty n. 신기함, 참신함
wow factor phr. 깜짝 놀라게 하는 요소 encounter n. 만남

---

5 빈칸 채우기 문장 일부 난이도 ●●○

Dawn Kelly의 소설 「Frail Memories」가 Watson 문학상 재단의 첫 번째 Public Choice 상을 수상했다. 수상자는 온라인 공개 투표를 통해 이전의 Watson 상 수상자 중에서 선택되었다. Kelly는 자신의 수상에 대한 공을 Liam Stone 감독에게 돌리며 그 상을 정중하게 받아들였다. Stone은 비평가들의 극찬을 받은 영화적 각색을 통해 이 훌륭하지만 잘 알려져 있지 않았던 소설이 대중의 주목을 받게 했다. Kelly의 평가가 어느 정도 옳다는 것에는 의심의 여지가 없지만, 그녀는 또한 지나치게 겸손하다. 비록 Stone이 어느 정도의 공로를 인정받을 만하지만, Kelly의 성공은 대체로 _____에 대한 증거이다.

(a) 그녀의 이전 베스트셀러 소설들
(b) 그녀의 실로 인상적인 문학적 능력
(c) 소설에서 벗어난 대중의 취향 변화
(d) 영화에 상을 수여하는 것에 대한 재단의 선호

정답 (b)

해설 빈칸이 있는 문장 Although Stone deserves some credit ~ a testament to _____(비록 Stone이 ~ Kelly의 성공은 대체로 _____에 대한 증거이다)를 통해, 빈칸에는 Kelly의 성공이 무엇을 입증하는지를 넣어야 함을 알 수 있다.

Kelly의 소설은 훌륭하지만 잘 알려져 있지 않았던 소설(the brilliant but obscure novel)이라고 했다. 이를 통해 Kelly의 성공은 '그녀의 실로 인상적인 문학적 능력'에 대한 증거임을 알 수 있으므로 (b)가 정답이다.

어휘 inaugural adj. 첫 번째의, 개회의
gracious adj. 정중한, 우아한
obscure adj. 잘 알려져 있지 않은, 모호한
critically acclaimed phr. 비평가들의 극찬을 받은
adaptation n. 각색 modest adj. 겸손한
testament n. 증거, 입증 preference n. 선호

6 빈칸 채우기 문장 일부
난이도 ●●○

미국에서만, 환자들은 요통 치료에 연간 1,000억 달러를 소비한다. 허리 수술은 이 수치의 40%를 차지한다. 그러나 이 수술은 성공률이 35%에 불과하며, 잦은 합병증으로 이어지고, 진통제에 대한 의존 위험성도 높아진다. 또한, 연구는 자격이 있는 물리치료사의 지도하에 행해지는 저항 운동과 같은 비침습적 치료가 더 효과적이라는 것을 시사한다. 이러한 사실을 염두에 두고, 요통으로 고통받는 많은 사람들은 _____ 것이 좋을 것이다.

(a) 여러 가지 외과적 치료의 비용을 따지는
(b) 수술 후에 철저한 물리치료를 받는
(c) 진통제의 적당한 사용으로 수술을 피하는
(d) 수술에 의지하기 전에 다른 치료법을 고려하는

정답 (d)

해설 빈칸이 있는 문장 With these facts in mind ~ would do well to ____(이러한 사실을 염두에 두고 ~ 많은 사람들은 ___)를 통해, 빈칸에는 요통으로 고통받는 사람들이 해야 하는 것을 넣어야 한다. 수술의 성공률은 35%에 불과하다(these surgeries have a success rate of only 35%)고 했고, 저항 운동과 같은 비침습적 치료가 더 효과적(noninvasive treatments ~ are more effective)이라고 했다. 이를 바탕으로 요통으로 고통받는 사람들은 '수술에 의지하기 전에 다른 치료법을 고려하는' 것이 좋다는 것을 알 수 있으므로 (d)가 정답이다.

어휘 account for phr. ~을 차지하다 complication n. 합병증
painkiller n. 진통제
noninvasive adj. 비침습적인(수술을 하지 않는)
physiotherapist n. 물리치료사
do well to ~ phr. ~하는 것이 좋다 surgical adj. 외과의
turn to phr. ~에 의지하다

7 빈칸 채우기 문장 일부
난이도 ●●○

사람들은 흔히 정치인들이 다른 정치 엘리트들에게 둘러싸인 채 일반 시민들과 분리되어 살아간다고 불평한다. 이 불평이 꼭 부정확한 것은 아니지만, 이는 전체적으로 정치인과 국민 간의 잘못된 이분법을 내포하고 있다. 진실은 거의 모든 사람들이 어린 시절부터 특정 집단의 사람들과 어울리도록 길들여져서 소규모 집단 속에서 산다는 것이다. 다시 말해, 정치인들이 그들의 유권

자들로부터 분리된 것에 대한 불평은 _____ 는 사실을 간과하고 있다.

(a) 구별되는 사회 집단이 표준이 될 것이다
(b) 정치인들이 모든 사람들에게 봉사할 의무가 있다
(c) 사람들이 전반적으로 상당히 제한된 사회적 영역을 가지고 있다
(d) 정치적 관계는 사회적 관습에 영향을 받는다

정답 (c)

해설 빈칸이 있는 문장 In other words ~ the fact that ____ (다시 말해 ~ 불평은 ____는 사실을 간과하고 있다)을 통해, 빈칸에는 정치인들이 유권자들로부터 분리된 것에 대해 불평하는 사람들이 간과하는 사실을 넣어야 함을 알 수 있다. 거의 모든 사람들이 특정 집단의 사람들과 어울리도록 길들여져서 소규모 집단 속에서 산다(almost all people ~ with certain groups of people)고 했다. 이를 바탕으로 정치인들의 분리는 정치인들만의 특징이 아닌 전반적인 사람들의 특징임을 알 수 있으므로, (c)가 정답이다.

어휘 complain v. 불평하다 politician n. 정치인
inaccurate adj. 부정확한
social bubble phr. 소규모 집단, 소규모 모임
detached adj. 분리된, 고립된
constituent n. 유권자, 선거구민 overlook v. 간과하다
obligation n. 의무 social sphere phr. 사회적 영역
affiliation n. 관계, 소속

8 빈칸 채우기 문장 일부
난이도 ●●○

시인 앨런 긴즈버그는 제2차 세계대전 이후 등장한 문학 운동인 비트 세대를 이끄는 인물이었다. 긴즈버그와 그 운동에 참여한 다른 사람들은 문학적 기득권층과 학문적 기득권층을 경멸했는데, 그들이 느끼기에 이 기득권층들은 예술가들에게 구시대적인 예술적 표현 규범에 순응해야 한다는 압박을 주었다. 긴즈버그는 그가 급격하게 국제적인 명성을 얻게 한 시 'Howl'에서 이 체계를 비난했다. 하지만 이름을 떨친 후, 긴즈버그는 세계관이 상당히 온건해졌고 일련의 권위 있는 학문적 지위를 받아들였다. 그 반항적인 젊은 시인은, 알고 보니, _____ 된 것이었다.

(a) 기득권층에 대해 점점 더 강경해지게
(b) 명성과 부를 얻기 위해 그의 문학적 이상을 버리게
(c) 그의 초기 작품에서 조롱받았던 바로 그 제도들을 수용하게
(d) 그의 시풍을 변화하는 문학적 전망에 맞추게

정답 (c)

해설 빈칸이 있는 문장 The rebellious young poet, it turned out, was to ____(그 반항적인 젊은 시인은, 알고 보니, ____ 된 것이었다)를 통해, 빈칸에는 긴즈버그가 어떻게 되었는지를 넣어야 함을 알 수 있다. 지문 초반에 긴즈버그는 기득권층을 경멸했다고 한 후, 그가 이름을 떨친 후 그의 세계관이 상당히 온건해졌고 일련의 권위 있는 학문적 지위를 받아들였다(Ginsberg mellowed ~ academic positions)고 했다. 이를 통해 긴즈버그가 '그의 초기 작품에서 조롱받았던 바로 그

제도들을 수용하게' 되었음을 알 수 있으므로 (c)가 정답이다.

어휘 disdain v. 경멸하다 establishment n. 기득권층
outdated adj. 구시대적인 denounce v. 비난하다
catapult v. 급격하게 어떤 상태에 이르게 하다
mellow v. 온건해지다 outlook n. 세계관, 관점
a string of phr. 일련의 prestigious adj. 권위 있는, 명문의
rebellious adj. 반항적인 institution n. 제도
deride v. 조롱하다

---

9 빈칸 채우기 연결어
난이도 ●○○

Easton이 비용 낭비를 부인하다

국립보건국 국장 Walter Easton은 그의 이동 방식으로 곤경에 처해 있다. 「Daily Enquirer」의 조사에 따르면 Easton은 지난해 개인 제트기 이동으로 납세자들에게 20만 달러 이상을 청구한 것으로 드러났다. Easton은 동일한 노선에 대해 이용할 수 있는 저가의 상업적 선택지가 많았음에도 불구하고 이러한 항공기들을 이용했다. _____, 그는 880달러에 이용할 수 있는 비즈니스 클래스 항공편을 선택하는 대신 12,000달러에 수도에서 Bridgemont로 가는 항공편을 전세 냈다. Easton씨는 그 지출이 자신의 바쁜 일정 때문에 필요한 것이었다고 변호했다.

(a) 확실히
(b) 예를 들면
(c) 결론적으로
(d) 동시에

정답 (b)

해설 빈칸 앞 문장은 Easton이 이동할 때 개인 항공기들을 이용했다는 내용이고, 빈칸 뒤 문장은 그가 수도에서 Bridgemont로 이동할 때 12,000달러를 내고 항공편을 전세 냈다는 구체적 사례에 관한 내용이다. 따라서 보기 중 앞 문장에 대한 예시를 나타내는 (b) For instance(예를 들면)가 정답이다.

어휘 arrangement n. (처리) 방식 investigation n. 조사
bill v. 청구하다 commercial adj. 상업적인
route n. 노선, 길 charter v. (비행기나 배를) 전세 내다
expenditure n. 지출 defend v. 변호하다

---

10 빈칸 채우기 연결어
난이도 ●●○

1925년에, 이탈리아 총리 베니토 무솔리니는 스스로를 종신 지도자로 선언하였다. 무솔리니의 반민주적 의제에도 불구하고, 미국 언론의 많은 사람들은 그의 정권을 비난하는 것을 거부했다. _____, 미국 언론에서 무솔리니에 대해 게재된 많은 기사들은 전적으로 긍정적이었다. 일부 역사학자들은 기자들이 공산주의에 대한 그의 확고한 반대 때문에 무솔리니의 독재적 성향을 무시했다고 추측하는데, 많은 미국인들은 공산주의를 파시즘보다도 더 큰 위협으로 보았다.

(a) 실제로
(b) 그렇기는 하지만
(c) 요컨대
(d) 우선

정답 (a)

해설 빈칸 앞 문장은 미국 언론의 많은 사람들이 무솔리니의 정권을 비난하는 것을 거부했다는 내용이고, 빈칸 뒤 문장은 미국 언론에서 무솔리니에 대해 게재된 기사들은 전적으로 긍정적이었다며 앞의 내용을 보충하고 있다. 따라서 앞 문장에 대해 더 자세한 사실을 덧붙이는 (a) In fact(실제로)가 정답이다.

어휘 prime minister phr. 총리 declare v. 선언하다
condemn v. 비난하다 regime n. 정권
speculate v. 추측하다 autocratic adj. 독재적인
staunch adj. 확고한 opposition n. 반대
communism n. 공산주의

Part II

11 어색한 문장 골라내기
난이도 ●○○

당신의 하루 일과를 극적으로 바꾸지 않고도 더 많은 운동을 할 수 있는 많은 방법이 있다. (a) 예를 들어, 차로 이동하는 대신 걸어서 짧은 외출을 할 수 있다. (b) 위층에 산다면, 엘리베이터 대신 계단을 이용할 수 있다. (c) 또한, 당신은 더 활동적이 되어 더 건강하고 기운이 나는 것을 느낄 것이다. (d) 쇼핑 외출 시, 당신은 쇼핑 카트를 사용하기보다는 가방을 들고 다닐 수 있다.

정답 (c)

해설 첫 문장에서 하루 일과를 극적으로 바꾸지 않고도 더 많은 운동을 할 수 있는 많은 방법이 있다고 했고, (a), (b), (d)는 각각 그 방법을 언급했다. 반면 (c)의 '더 활동적이 됨으로써 얻는 효과'는 지문 전체에서 이야기하고 있는 '더 많은 운동을 할 수 있는 방법'과는 관련이 없으므로 (c)가 정답이다.

어휘 drastically adv. 극적으로 vehicle n. 차, 탈것

---

12 어색한 문장 골라내기
난이도 ●○○

1960년대와 1970년대에, 미국 과학자 Alexander Schauss는 색의 심리적, 생리학적 영향에 대한 연구를 수행했다. (a) 그는 특정한 분홍색 색조가 사람들의 맥박과 호흡수를 상당히 낮춘다는 것을 발견했다. (b) 이 발견에 기초하여, Schauss는 교도소가 감방을 분홍색으로 칠하고 수감자들을 관찰하도록 설득했다. (c) 놀랍게도, 새로 칠해진 감방들은 초기 실험 기간 동안 폭력적인 행동의 비율을 낮췄다. (d) 원하는 색조를 얻기 위해, Schauss는 흰색 물감 8에 빨간색 물감 1의 비율로 이루어진 혼합물을 만들었다.

정답 (d)

해설 첫 문장에서 Alexander Schauss가 색의 심리적, 생리학적 영향에 대한 연구를 수행했다고 했다. (a)는 그 연구의 결과, (b)는 연구 결과에 기초한 실험, 그리고 (c)는 그 실험의 효과를 설명했다. 반면 (d)는 분홍색 물감의 구성 성분에 대한 내용으로, 지문 전체에서 다루는 '색의 심리적, 생리학적 영향에 대한 연구'와 관련이 없으므로 (d)가 정답이다.

어휘 psychological adj. 심리적인
physiological adj. 생리적인 shade n. 색조, 미묘한 차이
considerably adv. 상당히 pulse n. 맥박
respiration rate phr. (1분간의) 호흡수
on the basis of phr. ~에 기초하여 inmate n. 수감자
remarkably adv. 놀랍게도 initial adj. 초기의
consist of phr. ~으로 이루어지다

Part III

13 중심 내용 목적
난이도 ●○○

수신: Patty Getty <p.getty@dlmag.com>
발신: H. Boxer <h.boxer@dlmag.com>
제목: 고려해 주십시오

Ms. Getty께,

지난 4년 동안, 저는 「Dynamic Life 잡지」의 전속 작가로서의 경험을 누렸습니다. 하지만, 긍정적인 인사 고과에도 불구하고, 저는 이 기간 동안 급여 인상을 받지 못했습니다. 저는 제가 이 회사의 유용한 자산이라고 믿고 있으며, 저의 노고에 대해 이러한 인정을 해주시면 감사하겠습니다. 이 문제를 검토해 주시기를 바랍니다.

Harold Boxer

Q: 이메일의 주된 목적은 무엇인가?

(a) 봉급 인상을 요청하기 위해
(b) 낮은 임금으로 인해 사직하기 위해
(c) 전속 작가들에 대한 더 높은 급여를 주장하기 위해
(d) 개인 인사 고과에 대해 묻기 위해

정답 (a)

해설 이메일의 주된 목적을 묻는 문제이다. 전속 작가로서 일한 기간 동안 급여 인상을 받지 못했다(I haven't received ~ during this time)고 했고, 자신의 노고에 대한 인정(this recognition for my hard work)을 해달라고 했다. 이를 '봉급 인상을 요청하기 위해'라고 종합한 (a)가 정답이다.

어휘 staff writer phr. 전속 작가
performance review phr. 인사 고과
asset n. (유용한) 자산 appreciate v. 감사하다
recognition n. 인정 look into phr. ~을 검토하다
resign v. 사직하다 wage n. 임금

14 중심 내용 주제
난이도 ●○○

호주를 구성하는 땅덩어리는 아주 광대하고 매우 오래되었다. 하지만, 이러한 특징들에도 불구하고, 호주는 화석 발견물이 거의 나오지 않는다. 대부분의 오래된 화석들은 깊은 지하에 묻혀 있고 산의 형성 원인이 되는 과정과 같은 지질학적 과정에 의해 표면으로 밀려 나온다. 그러나 호주는 수천만 년 동안 지질학적으로 활동이 없었기 때문에, 호주의 오래된 화석들은 두꺼운 암석층 아래에서 접근하기 어려운 상태로 남아 있다. 한편, 지표면 더

가까운 곳에 위치한 더 최근의 화석들은 그 대륙에 영향을 준 3천만 년간의 침식에 의해 파괴되었다.

Q: 지문의 주제는 무엇인가?

(a) 호주에서 화석 발견물이 드문 이유
(b) 호주에서 발견된 특이한 화석의 예시
(c) 호주 희귀 화석이 파괴된 원인
(d) 호주 화석의 기원에 관한 이론

정답 (a)

해설 지문의 주제를 묻는 문제이다. 호주는 화석 발견물이 거의 나오지 않는다(Australia yields very few fossil discoveries)고 언급한 후, 지문 전반적으로 그 이유를 설명하고 있다. 이를 '호주에서 화석 발견물이 드문 이유'라고 종합한 (a)가 정답이다.

어휘 landmass n. 땅덩어리 comprise v. 구성하다
discovery n. 발견(물) buried adj. 묻힌
geological adj. 지질학적인 responsible adj. 원인이 되는
inaccessible adj. 접근하기 어려운 erosion n. 침식
destruction n. 파괴

15 중심 내용 주제
난이도 ●○○

Biggy Burgers
채식주의자를 위한 버거 천국

Biggy Burgers에서, 저희는 군침이 도는 다양한 채식 버거에 자부심을 느낍니다. 이제 저희는 더 건강한 재료로 만들어진 완전히 새로운 채식 패티로 이 버거들을 한층 더 개선하고 있습니다.

다음 달부터, 저희의 모든 채식 버거는 이 새로운 패티를 사용하여 만들어질 것인데, 이것은 한층 더 진짜 소고기 같은 맛이 납니다. 다음 달 내내 20퍼센트 할인된 가격으로 제공되는 저희의 대표 메뉴 Green Dream 버거로 저희의 새로운 패티 중 하나를 맛보러 오세요.

Biggy Burgers에서 만나요!

Q: Biggy Burgers에 대해 주로 광고되고 있는 것은 무엇인가?

(a) 최신 버거로 상을 받았다.
(b) 채식주의자에게 친화적인 다양한 메뉴가 있다.
(c) 새로운 버거를 홍보하기 위해 할인을 제공하고 있다.
(d) 새롭게 개발된 채식 패티를 사용하기 시작할 것이다.

정답 (d)

해설 Biggy Burgers에 대해 주로 광고되고 있는 것을 묻는 문제이다. 더 건강한 재료로 만들어진 완전히 새로운 채식 패티(an all new vegetarian patty made from healthier ingredients)를 언급한 뒤, 모든 채식 버거가 이 새로운 패티를 사용하여 만들어질 것이라고 광고하고 있다. 이를 '새롭게 개발된 채식 패티를 사용하기 시작할 것이다'라고 종합한 (d)가 정답이다.

어휘 pride oneself phr. 자부심을 느끼다
mouthwatering adj. 군침이 도는 ingredient n. 재료
signature n. (특정 식당의) 대표 메뉴

고고학적 증거는 소득 불평등이 신세계의 콜럼버스 이전 문명보다 고대 유럽과 아시아에서 훨씬 더 심각했음을 암시한다. 이 차이를 설명하는 한 가지 이론은 농업 관행에 초점을 맞춘다. 지리와 진화의 변덕 때문에, 구세계와 접촉하기 전까지 신세계는 농사 목적으로 사육될 수 있는 동물들이 부족했다. 구세계의 소, 황소, 말 주인들은 이러한 동물이 없었던 소작인들보다 더 많은 부를 축적할 수 있었다. 크리스토퍼 콜럼버스의 항해 후에야 이 생물들이 알려진 신세계에서, 농업 사회는 비교적 평등주의적인 상태로 남아 있었다.

Q: 구세계의 경제적 불평등에 대한 글쓴이의 요점은 무엇인가?

(a) 신세계 농업 기술에 대한 접근을 통해 감소되었다.
(b) 동물 사육으로 인해 신세계보다 더 심각했다.
(c) 농업에 미치는 부정적인 영향 때문에 문제가 되었다.
(d) 신대륙을 식민지화하라는 압력 때문에 심화되었다.

정답 (b)

해설 구세계의 경제적 불평등에 대한 글쓴이의 요점을 묻는 문제이다. 구세계의 소, 황소, 말 주인들은 이러한 동물이 없었던 소작인들보다 더 많은 부를 축적할 수 있었다(Owners of cattle ~ peasants who lacked these animals)고 했다. 이를 구세계의 경제적 불평등이 '동물 사육으로 인해 신세계보다 더 심각했다'라고 종합한 (b)가 정답이다.

어휘 inequality n. 불평등　ancient adj. 고대의
civilization n. 문명 (사회)　account for phr. ~을 설명하다
discrepancy n. 차이　quirk n. 변덕
domesticate v. 사육하다, 길들이다　voyage n. 항해
egalitarian adj. 평등주의적인　colonize v. 식민지화하다

수신: Martin <marty.gager@marketwizards.biz>
발신: Susan <sue.tremblay@marketwizards.biz>
제목: Re: 마케팅 보고서

안녕하세요 Martin,

마케팅 보고서를 다시 보내주셔서 감사합니다. 6페이지의 예산액은 이제 좋아 보입니다. 13페이지의 매출액 막대그래프에 작업하신 사항들도 마음에 듭니다. 이제 막대 색이 더 다양해져서, 훨씬 보기 편해졌어요. 마지막 한 가지입니다. 매출 전망을 검토해보니 18페이지에서 몇 가지 오류가 발견되었습니다. 제가 그것들을 수정했지만, 혹시 모르니 그 부분을 다시 확인해주세요.

Susan

Q: Martin은 무엇을 하도록 요청받고 있는가?

(a) 예산액을 최신화한다.
(b) 매출 전망을 검토한다.
(c) 경비 보고서의 오류를 수정한다.
(d) 매출액 막대그래프에 색상을 사용한다.

정답 (b)

해설 Martin이 하도록 요청받고 있는 것을 묻는 문제이다. 매출 전

망을 검토해보니 18페이지에서 몇 가지 오류가 발견되었다(I went over our sales projections ~ on page 18)고 했고 그 부분을 다시 확인해달라(please double-check that section)고 했다. 이를 '매출 전망을 검토한다'라고 바꾸어 표현한 (b)가 정답이다.

어휘 budget figure phr. 예산액　go over phr. ~을 검토하다
sales projection phr. 매출 전망　expense n. 경비

대서양에서, 투구게는 5월과 6월에 산란하는데, 보름달과 초승달이 떠 있는 동안에 암컷이 알을 낳는다. [a]암컷은 수컷이 그들의 등에 달라붙은 채 바다에서 해안으로 기어간다. [b]물가에서, [c]암컷이 모래에 작은 구멍을 여러 개 파서 수천 개의 알을 낳는 동안, [d]수컷은 근처의 모든 알을 수정한다. 산란한 후, 수컷과 암컷은 알이 알아서 부화하도록 놓아두고 바다로 돌아간다.

Q: 대서양 투구게에 대한 내용과 일치하는 것은?

(a) 수컷은 암컷을 등에 업고 해안으로 이동시킨다.
(b) 암컷은 얕은 물에 알을 묻는다.
(c) 암컷은 알을 낳기 위해 여러 개의 구멍을 사용한다.
(d) 수컷은 각 암컷 한 마리의 알을 수정한다.

정답 (c)

해설 대서양 투구게에 대한 내용과 일치하는 것을 묻는 문제이다. 암컷은 모래에 작은 구멍을 여러 개 파서 수천 개의 알을 낳는다(the females dig multiple ~ thousands of eggs)고 했다. 이를 '암컷은 알을 낳기 위해 여러 개의 구멍을 사용한다'라고 바꾸어 표현한 (c)가 정답이다.

오답분석
(a) 암컷은 수컷이 그들의 등에 달라붙은 채 바다에서 해안으로 기어간다고 했으므로, 수컷이 암컷을 등에 업고 해안으로 이동시킨다는 것은 지문의 내용과 반대된다.
(b) 암컷은 물가에서 모래에 작은 구멍을 여러 개 파서 알을 낳는다고는 했지만, 알을 묻는지는 언급되지 않았다.
(d) 수컷은 근처의 모든 알을 수정한다고 했으므로 암컷 한 마리의 알을 수정한다는 것은 지문의 내용과 다르다.

어휘 horseshoe crab phr. 투구게, 말발굽게
spawn v. 산란하다, 알을 낳다　lay egg phr. 알을 낳다
crawl v. 기어가다　shore n. 해안
cling to phr. ~에 달라붙다　dig v. 파다
fertilize v. 수정하다　hatch v. 부화하다
deposit v. 알을 낳다, 두다

오렌지색 과육의 고구마가 수십 년 전에 미국에 처음 도입되었을 때, 농부들은 그것들을 더 전통적인 흰색 과육의 고구마와 구별하기를 원했다. 따라서, 그들은 아프리카 단어 '냐미'에서 파생된 '얌'이라는 단어를 채택했다. 이 선택은 혼동을 일으킬 가능성이 있었는데, 왜냐하면 냐미, 즉 진짜 얌은 아프리카와 아시아에서 재배되는 완전히 다른 녹질의 뿌리 식물이기 때문이다. 혼

동의 가능성 때문에, 미국 농무부는 이제 모호성을 피하기 위해 미국산 얌이 상표에 '고구마'라는 용어도 표시할 것을 요구한다.

Q: '얌'이라는 용어는 왜 미국에서 채택되었는가?

(a) 나미를 미국인들이 더 받아들일 수 있게 하기 위해
(b) 고구마 품종의 현지 원산지를 나타내기 위해
(c) 새로 도입된 고구마 종류를 구별하기 위해
(d) 사람들이 실수로 흰 고구마를 사지 않도록 돕기 위해

정답 (c)

해설 '얌'이라는 용어가 왜 미국에서 채택되었는지 묻는 문제이다. 농부들은 오렌지색 과육의 고구마들을 더 전통적인 흰색 과육의 고구마와 구별하기를 원했다(farmers ~ white-fleshed sweet potatoes)고 했고, 따라서 '얌'이라는 단어를 채택했다(Accordingly, they adopted the word "yam")고 했다. 이를 '새로 도입된 고구마 종류를 구별하기 위해'라고 바꾸어 표현한 (c)가 정답이다.

어휘 flesh n. 과육, 고기 introduce v. 도입하다
distinguish v. 구별하다 adopt v. 채택하다
derive v. 파생되다
potentially adv. 가능성이 있게, 잠재적으로
confusing adj. 혼동을 일으키는 starchy adj. 녹질의, 녹말의
cultivate v. 재배하다 ambiguity n. 모호성, 두 가지 뜻

20 세부 정보 Correct
난이도 ●●○

Artsworld

McKay의 조각품이 또 하나 팔리다

Kevin McKay의 1960년 조각인 ⁽ᵃ⁾「Evening Stars」가 어제 150만 달러에 개인 수집가에게 팔렸다. 그 예술가의 작품은 최근에 놀랄 만한 액수에 팔리고 있다. 예를 들어, 그의 걸작 ⁽ᵇ⁾「Sunshine」은 6개월 전에 400만 달러에 구입되어 지금까지 팔린 McKay의 작품 중 가장 비싼 작품이 되었다. ⁽ᵇ⁾/⁽ᶜ⁾이 판매는 McKay가 1974년에 사망하기 2년 전에 완성한 조각품인 「Silent Waves」가 약 1년 전에 세운 350만 달러의 기록을 깼다. ⁽ᵈ⁾그가 세상을 떠나기 불과 며칠 전에 공개된 그의 마지막 조각품 「Jest」는 다음 달에 팔릴 예정이다.

Q: 다음 중 뉴스 보도의 내용과 일치하는 것은?

(a) 「Evening Stars」는 1960년에 150만 달러에 팔렸다.
(b) 「Sunshine」은 「Silent Waves」의 판매 이전에 판매되었다.
(c) 「Silent Waves」는 약 1년 동안 가격 기록을 보유했다.
(d) 「Jest」는 McKay의 죽음 이후 대중에게 공개되었다.

정답 (c)

해설 뉴스 보도의 내용과 일치하는 것을 묻는 문제이다. 「Sunshine」의 판매는 「Silent Waves」가 약 1년 전에 세운 350만 달러의 기록을 깼다(That sale broke the record ~ a year earlier by Silent Waves)고 했다. 이를 「Silent Waves」는 약 1년 동안 가격 기록을 보유했다'라고 바꾸어 표현한 (c)가 정답이다.

TEST 1   TEST 2   TEST 3   TEST 4   TEST 5

TEPS 서울대 텝스관리위원회 공식 기출문제집

오답분석

(a) 「Evening Stars」가 어제 팔렸다고 했으므로, 1960년에 팔렸다는 것은 지문의 내용과 다르다.
(b) 「Sunshine」은 6개월 전에 팔렸다고 했고, 「Silent Waves」는 약 1년 전에 350만 달러의 기록을 세웠다고 했으므로, 「Sunshine」이 「Silent Waves」의 판매 이전에 판매되었다는 것은 지문의 내용과 반대된다.
(d) 「Jest」는 McKay가 세상을 떠나기 며칠 전에 공개되었다고 했으므로, McKay의 죽음 이후 대중에게 공개되었다는 것은 지문의 내용과 다르다.

어휘 sculpture n. 조각품 fetch v. (특정 가격에) 팔리다
remarkable adj. 놀랄 만한 roughly adv. 약, 대략
unveil v. 공개하다

21 세부 정보 Correct
난이도 ●○○

보러 오세요

당신의 쇼핑몰이 새로 태어났습니다!

쇼핑, 식사, 오락의 3개 층을 특색으로 하는 Delano Mall은 최고의 쇼핑 경험을 제공합니다.

1년간의 개보수 작업 후에, ⁽ᵃ⁾1층은 더 다양한 명품 브랜드를 선보이도록 개조되었습니다. 2층의 푸드코트에서는 ⁽ᶜ⁾일부 패스트푸드 매장이 고급 음식점으로 바뀌었습니다. ⁽ᵈ⁾Mega-lo-Mart가 있던 자리에 10개의 상영관이 있는 영화관이 추가되면서, 이 쇼핑몰의 최상층은 이제 온 가족을 위한 고품질의 오락 또한 제공합니다.

Delano Mall

Q: 다음 중 Delano Mall에 대한 내용과 일치하는 것은?

(a) 개보수 작업 전에 더 많은 고급 상품들을 판매했다.
(b) 예전에는 3층에 푸드코트가 있었다.
(c) 푸드코트에는 이제 패스트푸드점이 더 적어졌다.
(d) 영화관은 원래 위치에서 다시 개관했다.

정답 (c)

해설 Delano Mall에 대한 내용과 일치하는 것을 묻는 문제이다. 일부 패스트푸드 매장이 고급 음식점으로 바뀌었다(some fast-food outlets ~ premium eateries)라고 했다. 이를 '푸드코트에는 이제 패스트푸드점이 더 적어졌다'라고 바꾸어 표현한 (c)가 정답이다.

오답분석

(a) 1층은 더 다양한 명품 브랜드를 선보이도록 개조되었다고 했으므로, 개보수 작업 전에 더 많은 고급 상품들을 판매했다는 것은 지문의 내용과 반대된다.
(b) 2층의 푸드코트라고는 했지만, 예전에 3층에 푸드코트가 있었는지는 알 수 없다.
(d) Mega-lo-Mart가 있던 자리에 영화관이 추가되었다고 했으므로, 영화관이 원래 위치에서 다시 개관했다는 것은 지문의 내용과 다르다.

어휘 feature v. ~을 특색으로 하다 ultimate adj. 최고의, 궁극적인
renovation n. 개보수 (작업) remodel v. 개조하다, 개축하다

a wide range of phr. 다양한   replace v. 바꾸다, 교체하다
outlet n. 매장   eatery n. 음식점   addition n. 추가
quality adj. 고품질의   offer v. 판매하다, 팔려고 내놓다

22 세부 정보 Correct
난이도 ●●○

적혈구가 성숙하기 전에, 적혈구는 미성숙한 단계를 거치는데, 이 기간의 적혈구는 망상 적혈구라고 불린다. 성숙 적혈구는 4개월 정도밖에 생존하지 못하기 때문에 신체는 이를 대체할 망상 적혈구를 지속적으로 생산해야 한다. (a)망상 적혈구는 골수 내에서 생성되어 혈류로 방출되며, (b)혈류 내 적혈구의 약 1%를 차지한다. 망상 적혈구 수치를 알아내기 위한 검사는 의사들이 화학 요법으로부터 환자의 회복도를 판단하는 데 도움이 될 수 있다. (c)이 치료법이 적혈구를 파괴하는 만큼, (d)회복 중인 환자는 망상 적혈구 비율이 높은데, 이는 그들의 몸이 잃어버린 적혈구를 대체하기 위해 노력하고 있음을 나타낸다.

Q: 다음 중 지문의 내용과 일치하는 것은?

(a) 망상 적혈구는 골수에서 성숙 적혈구가 된다.
(b) 혈류에서 성숙 적혈구는 망상 적혈구보다 수가 많다.
(c) 화학요법은 적혈구의 수를 증가시킨다.
(d) 환자들이 화학요법에서 회복되는 동안 망상 적혈구 수치는 낮은 수준을 유지한다.

정답 (b)

해설 지문의 내용과 일치하는 것을 묻는 문제이다. 망상 적혈구는 미성숙한 적혈구이며 혈류 내 적혈구의 약 1%를 차지한다(they account for approximately 1% of red blood cells)고 했다. 이를 '혈류에서 성숙 적혈구는 망상 적혈구보다 수가 많다'라고 바꾸어 표현한 (b)가 정답이다.

오답분석
(a) 망상 적혈구는 골수 내에서 생성되어 혈류로 방출된다고 했으므로, 골수에서 성숙 적혈구가 된다는 것은 지문의 내용과 다르다.
(c) 화학요법이 적혈구를 파괴한다고 했으므로, 적혈구의 수를 증가시킨다는 것은 지문의 내용과 반대된다.
(d) 화학요법에서 회복 중인 환자는 망상 적혈구 비율이 높다고 했으므로, 화학요법에서 회복되는 동안 망상 적혈구 수치가 낮은 수준을 유지한다는 것은 지문의 내용과 반대된다.

어휘 red blood cell phr. 적혈구   mature v. 성숙하다; adj. 성숙한
reticulocyte n. 망상 적혈구   bone marrow phr. 골수
gauge v. 판단하다, 평가하다   chemotherapy n. 화학요법
proportion n. 비율

23 추론 Opinion
난이도 ●●○

Lindsay Sheldon의 최신 영화인 「People」은 언론의 거센 분노를 불러일으켰는데, 많은 사람들이 전쟁 폭력에 대한 영화의 생생한 묘사를 규탄했다. 이러한 우려들은 어느 정도 정당성이 있지만, 예술은 항상 삶의 어두운 면을 탐구하기 위한 매체였다. 사회 참여적인 감독인 Sheldon은 관객들이 전쟁의 충격을 가능한 한 강하게 느낄 수 있도록 의도적으로 충격적인 이미지를 사용한다.

이 전략은 많은 사람들을 불편하게 만들 수 있지만, 우리 사회가 필요로 하는 변화에 박차를 가할 필요가 있다.

Q: 글쓴이가 Lindsay Sheldon에 대해 가장 동의할 것 같은 진술은 무엇인가?

(a) 그녀의 영화 속 폭력 미화는 충격적이다.
(b) 사회 붕괴 속 전쟁의 근원을 무시한다.
(c) 자신의 영화에 대한 성난 반응을 예상하지 못했다.
(d) 그녀의 영화 속 생생한 이미지는 전쟁에 반대하는 견해를 조장할 수 있다.

정답 (d)

해설 글쓴이가 가장 동의할 법한 내용을 묻는 문제이다. Sheldon은 관객들이 전쟁의 충격을 가능한 한 강하게 느낄 수 있도록 의도적으로 충격적인 이미지를 사용한다(Sheldon uses deliberately disturbing imagery ~ as intensely as possible)고 했고, 우리 사회가 필요로 하는 변화에 박차를 가할 필요가 있다(it is necessary ~ society needs)고 했다. 이를 통해 글쓴이는 충격적인 이미지를 통해 관객들이 전쟁에 반대하는 견해를 가지게 될 수 있다고 생각함을 알 수 있다. 이를 바탕으로 '그녀의 영화 속 생생한 이미지는 전쟁에 반대하는 견해를 조장할 수 있다'라고 추론한 (d)가 정답이다.

어휘 firestorm n. 거센 분노, 화재 폭풍   condemn v. 규탄하다
graphic adj. 생생한   violence n. 폭력
legitimacy n. 정당성   deliberately adv. 의도적으로
disturbing adj. 충격적인, 불안감을 주는   tactic n. 전략
spur v. 박차를 가하다   glorification n. 미화

24 추론 Infer
난이도 ●●○

Daily Sports 저널   3월 11일
                                                농구

Knights의 또 다른 쓰라린 밤
Jeremy Pitman

Knights 농구팀은 지난 밤 Tigers에 고통스러운 패배를 당하며 연패를 이어갔다. 짜릿했던 시즌 시작 이후, Knights는 무너져 내렸는데, 특히 (d)Darren Paulson이 시즌을 마감하게 만들 정도의 무릎 부상으로 인해 출장하지 못하게 된 (b)이후 특히 비참해 보였다.

그 팀이 극적인 반전을 훌륭히 수행하지 않는 한, (c)팀이 우승 문턱에서 돌아섰던 지난 시즌의 인상적인 플레이오프를 반복할 가망은 거의 없다.

이적 기한이 다가오면서, Frank Stevenson 코치는 (a)Paulson 없이 플레이오프에 진출할 유일한 희망은 팀의 젊은 선수들 중 일부를 검증된 득점 선수로 교체하는 것일 수도 있다고 전했다.

Q: 뉴스 보도에서 추론할 수 있는 것은 무엇인가?

(a) Stevenson은 Darren Paulson을 다른 팀에 보내려고 한다.
(b) Tigers에 대한 Knights의 패배는 예상치 못한 것이었다.
(c) Knights가 지난 시즌 우승을 차지했다.
(d) Paulson은 플레이오프까지 복귀할 것으로 예상되지 않는다.

정답 (d)

해설 뉴스 보도에서 추론할 수 있는 것을 묻는 문제이다. Darren Paulson이 시즌을 마감하게 만들 정도의 무릎 부상으로 출장하지 못했다(Darren Paulson was sidelined ~ knee injury)고 했고, Paulson 없이 플레이오프에 진출할 수 있는 희망(the team's only hope of making the playoffs without Paulson)에 대해 언급했다. 이를 바탕으로 'Paulson은 플레이오프까지 복귀할 것으로 예상되지 않는다'라고 추론한 (d)가 정답이다.

오답분석

(a) Stevenson이 Darren Paulson을 다른 팀에 보내려고 하는지에 대해서는 추론할 수 없다.

(b) Knights가 Darren Paulson이 결장한 이후 특히 비참해 보였다고 했으므로, 패배가 예상치 못했다는 것은 잘못 추론한 내용이다.

(c) Knights가 지난 시즌 우승 문턱에서 돌아섰다고 했으므로, 지난 시즌 우승을 차지했다는 것은 잘못된 추론이다.

어휘 streak n. 연속 stinging adj. 고통스러운
thrilling adj. 짜릿한, 흥분되는 fall apart phr. 무너져 내리다
dismal adj. 비참한, 음울한
sideline v. (부상·병 등이 선수를) 출장하지 못하게 하다
stage v. 훌륭히 수행하다 reversal n. 반전, 역전
fall short of phr. ~에 못 미치다
loom v. (위험 등이 불안하게) 다가오다 swap v. 교체하다
trade v. (선수를) 다른 팀에 보내다 championship n. 우승, 결승전

---

25 추론 Infer

난이도
●●○

1993년에, 미국 연방준비은행은 투명성을 높이기로 결정했다. 이를 위해, 연방공개시장위원회 회의의 모든 기록을 대중이 열람할 수 있도록 하기 시작했다. 이 변화 전후의 회의록을 비교한 결과 새로운 위원회 위원들의 행동에 변화가 드러났다. 회의가 아직 비밀에 부쳐졌을 때, 경험이 적은 이 위원들은 정책 결정에 대해 더 목소리를 높였다. 그 변화 이후, 그들은 위원장의 의견에 따르는 경향이 있었다. 아마도, 새로운 위원들은 자신들의 진술이 기록된다는 것을 알기 때문에 궁극적으로 실패할 수 있는 대안 정책을 옹호하는 것을 그저 꺼렸을 가능성이 높다.

Q: 연방준비제도 회의에 대해 지문에서 추론할 수 있는 것은?

(a) 일반 사회 구성원들은 결정에 이의를 제기하기 위해 회의에 참석했다.
(b) 위원회 위원들은 회의 기록의 공개를 요구했다.
(c) 회의 기록을 공표하는 것은 위원들의 정책 토론을 억제했다.
(d) 회의 기록을 공개하는 것은 위원들의 합의를 감소시켰다.

정답 (c)

해설 연방준비제도 회의에 대해 지문에서 추론할 수 있는 것을 묻는 문제이다. 회의 기록이 공개되는 것으로 변화한 이후, 위원들은 위원장의 의견에 따르는 경향이 있었다(After the change ~ committee chairperson)고 했다. 이를 바탕으로 '회의 기록을 공표하는 것은 위원들의 정책 토론을 억제했다'라고 추론한 (c)가 정답이다.

오답분석

(a) 일반 사회 구성원들이 연방준비제도 회의에 참석했는지는 언급되지 않았다.

(b) 위원회 위원들이 회의 기록의 공개를 요구했는지는 언급되지 않았다.

(d) 회의 기록이 공개되는 것으로 변화한 이후 위원들은 위원장의 의견에 따르는 경향이 있었다고는 했지만 기록을 공개하는 것이 위원들의 합의를 감소시켰는지는 알 수 없다.

어휘 Federal Reserve Bank phr. 연방준비은행
transparency n. 투명성
Federal Open Markets Committee phr. 연방공개시장위원회
proceeding n. 회의록, 절차 confidential adj. 비밀에 부쳐진
vocal adj. 목소리를 높이는 defer to phr. ~의 의견에 따르다
statement n. 진술 on the record phr. 기록된, 공표된
reluctant adj. ~을 꺼리는 advocate v. 옹호하다
alternative adj. 대안의 suppress v. 억제하다

Part IV

[26-27]

여행객 여러분, 오늘 Centrino의 Freedom 카드를 사용해 보세요!

여행을 좋아하시나요? 완벽한 신용 카드를 찾고 계신가요? Centrino의 Freedom 카드는 사용자들에게 ^{27(a)}모든 여행 관련 구매에 대해 3배의 포인트를 부여하는 것은 물론 전 세계 공항 라운지를 이용할 수 있도록 합니다.

²⁶오늘 카드를 신청하고 오직 신규 사용자들을 위한 아래 추가 혜택을 누리십시오.
· 가입 보너스 75,000점*
· 첫해 여행 공제 200달러**
· 연간 500달러의 카드 수수료 중 100달러 할인***

온라인으로 또는 ^{27(b)}어느 Centrino 은행 지점에서나 대면으로 신청하십시오. 이 혜택은 이달 말에 만료됩니다.

* ^{27(c)}포인트는 centrino.com을 통해 구매하는 경우에만 상품으로 바꿀 수 있습니다.

** 이 공제는 여행 관련 구매에 처음 사용된 200달러에 자동으로 적용됩니다.

*** 이 할인은 카드 소지자가 카드를 소지한 후 첫 4개월 동안 3,000달러를 지출하는 경우에만 적용됩니다.

어휘 grant v. 부여하다 purchase n. 구매
exclusively adv. 오직, 독점적으로 perk n. 혜택
credit n. 공제(액) expire v. 만료되다
redeem v. (상품권 등을) 상품으로 바꾸다
automatically adv. 자동으로

26 중심 내용 주제

난이도 ●○○

Q: 주로 광고되고 있는 것은 무엇인가?

(a) 신규 신용 카드 가입을 위한 조건
(b) 신용 카드 가입에 대한 특별 보상
(c) 신규 신용 카드 사용자를 위한 특별 할인
(d) 신용 카드의 현재 사용자를 위한 신규 혜택

정답 (b)

해설 주로 광고되고 있는 것을 묻는 문제이다. 오늘 카드를 신청하고 오직 신규 사용자들을 위한 추가 혜택을 누리라(Apply for a card today ~ for new users)고 한 뒤 혜택을 설명하고 있다. 이를 '신용 카드 가입에 대한 특별 보상'이라고 종합한 (b)가 정답이다.

27 세부 정보 Correct

난이도 ●○○

Q: Centrino의 Freedom 카드에 대한 내용과 일치하는 것은?

(a) 사용자에게 모든 구매 건에 대해 3배의 포인트를 부여한다.
(b) Centrino 은행 지점에서 신청할 수 있다.
(c) 그것의 포인트는 모든 여행 관련 구매에 사용될 수 있다.
(d) 여행 공제는 가입 후 4개월 동안만 가능하다.

정답 (b)

해설 Centrino의 Freedom 카드에 대한 내용과 일치하는 것을 묻는 문제이다. 어느 Centrino 은행 지점에서나 신청하라 (Apply ~ at any Centrino Bank branch)고 했다. 이를 'Centrino 은행 지점에서 신청할 수 있다'라고 바꾸어 표현한 (b)가 정답이다.

오답분석
(a) 모든 여행 관련 구매에 대해 3배의 포인트를 부여한다고는 했지만, 모든 구매에 대해 3배의 포인트를 부여하는지는 언급되지 않았다.
(c) 포인트는 centrino.com을 통해 구매하는 경우에만 상품으로 바꿀 수 있다고 했으므로, 모든 여행 관련 구매에 사용될 수 있다는 것은 지문의 내용과 다르다.
(d) 카드 소지자가 카드를 소지한 후 첫 4개월 동안 3,000달러를 지출하는 경우에 카드 수수료가 할인된다고는 했지만, 여행 공제가 가입 후 4개월 동안만 가능한지에 대해서는 언급되지 않았다.

[28-29]

MyRide | 승객 설문조사

귀하의 최근 여행에 MyRide 앱을 사용해 주셔서 감사합니다. 귀하의 의견은 저희가 서비스를 개선하는 것에 도움이 될 것입니다.

저희의 서비스에 대해 어떻게 알게 되셨나요?
○ 인터넷 ○ TV 또는 라디오 ○ 지면 광고 ● 친구 또는 가족
○ 기타

저희의 서비스를 평가해 주십시오

	형편없는	그저 그런	좋은	훌륭한
앱의 편리성	○	○	●	○
픽업 속도	○	○	○	●
운전기사	○	●	○	○
요금	○	○	●	○

추가 의견
남편과 저는 [29(a)]페리 터미널에서 Harrisburg에 있는 호텔까지 차편이 필요했습니다. [29(b)]제 친구 중 한 명이 MyRide 앱을 사용한 적이 있었고 그것을 추천해서, 우리는 앱을 직접 사용해 보기로 했습니다. [29(c)]처음에는 사용하기가 복잡했지만, 사용법을 파악하고 나자 SUV 한 대가 거의 즉시 도착했습니다. [29(d)]운전기사는 타는 내내 조용했고, 남편과 저는 그것에 감사했습니다. 그의 운전은 부드러워서, 이동이 편안했습니다. 하지만, [28]운전기사는 우리가 짐을 직접 내리도록 내버려 두었는데, 이는 그에 대한 낮은 평점의 원인이 되었습니다. 요금은 좀 비싸 보였지만, 곰곰이 생각해 보니, 사실 그 도시 치고는 꽤 합리적인 가격이었습니다.

어휘 passenger n. 승객 questionnaire n. 설문조사
fare n. 요금 complicated adj. 복잡한 luggage n. 짐
contribute v. 원인이 되다
upon reflection phr. 곰곰이 생각해 보니
reasonable adj. 합리적인

28 세부 정보 육하원칙

난이도 ●●○

Q: 후기를 남긴 사람은 왜 운전기사에 대해 완전히 만족하지 않았는가?

(a) 차편이 너무 비싸다고 생각했다.
(b) 그와 연락하는 데 어려움을 겪었다.
(c) 그가 운전하는 방식에 짜증이 났다.
(d) 그녀의 짐에 관해 도움을 받지 못했다.

정답 (d)

해설 후기를 남긴 사람이 왜 운전기사에 대해 완전히 만족하지 않았는지 묻는 문제이다. 운전기사는 자신들이 짐을 직접 내리도록 내버려 두었고, 이는 그에 대한 낮은 평점의 원인이 되었다(the driver left us ~ our low rating for him)고 했다. 이를 '그녀의 짐에 관해 도움을 받지 못했다'라고 바꾸어 표현한 (d)가 정답이다.

어휘 annoyed adj. 짜증이 난 assist v. 돕다

29 세부 정보 Correct

난이도 ●○○

Q: 후기를 남긴 사람에 대한 내용과 일치하는 것은?

(a) 페리 터미널로 가는 차편을 찾기 위해 앱을 사용했다.
(b) 그녀의 가족의 제안에 따라 앱을 선택했다.
(c) 처음에는 그 앱을 사용하는 것이 어렵다고 생각했다.
(d) 운전기사의 수다스러움을 싫어했다.

정답 (c)

해설 후기를 남긴 사람에 대한 내용과 일치하는 것을 묻는 문제이다. 처음에는 앱을 사용하기가 복잡했다(It was complicated to use at first)고 했다. 이를 '처음에는 그 앱을 사용하는 것이 어렵다고 생각했다'라고 바꾸어 표현한 (c)가 정답이다.

오답분석

(a) 페리 터미널에서 Harrisburg에 있는 호텔까지 차편이 필요했다고 했으므로, 페리 터미널로 가는 차편을 찾기 위해 그 앱을 사용했다는 것은 지문의 내용과 다르다.

(b) 친구 중 한 명이 MyRide 앱을 추천했다고 했으므로, 가족의 제안에 따라 앱을 선택했다는 것은 지문의 내용과 다르다.

(d) 운전기사는 타는 내내 조용했다고 했으므로, 운전기사의 수다스러움을 싫어했다는 것은 지문의 내용과 반대된다.

어휘 suggestion n. 제안 talkativeness n. 수다스러움

[30-31]

Scientific Minds

자연 | 우주 | 동물 | 심리 | 사회

태양계의 신비

다른 많은 항성계들과는 달리, 우리 태양계는 [30]항성과 아주 가까운 거리 내에 상대적으로 거대한 천체가 거의 없다. 다른 많은 항성계들은 해왕성과 같이 가스로 가득 찬 행성뿐만 아니라 지구보다 두 배에서 열 배 더 큰 암석이 많은 행성인 슈퍼 지구를 가지고 있다. 그러나 수성에서 화성에 이르는 행성들을 아우르는 우리 내태양계에는 지구보다 큰 천체가 없다. 이 예외 현상을 설명하는 이론은 태양계의 가장 큰 행성인 목성에 초점을 맞추고 있다.

최근 계산에 따르면, [31]목성은 태양계가 존재하기 시작한 지 백만 년 이내에 지구 질량의 20배까지 커진 것으로 추정되는, 태양계에서 가장 오래된 행성이다. 천문학자들은 목성이 한때 중력으로 암석 물질과 가스를 끌어당기면서 태양에 더 가까이 이동했다는 이론을 제시한다. 이 과정은 기본적으로 내태양계를 깨끗하게 쓸어버려서, 수성, 금성, 지구와 같이 나중에 생긴 행성들의 형성에 필요한 물질들을 적게 남겼고, 그 결과 이 행성들은 상대적으로 크기가 아주 작아졌다.

어휘 solar system phr. 태양계 massive adj. 거대한, 무거운
in proximity to phr. ~과 가까운
super-Earth n. 슈퍼 지구(지구보다 크지만 지구와 유사하여 생명이 살 수 있는 태양계 밖의 행성) rocky adj. 암석이 많은
gassy adj. 가스로 가득 찬 Neptune n. 해왕성
inner solar system phr. 내태양계
encompass v. 아우르다 anomaly n. 예외 현상, 변칙 현상
Jupiter n. 목성 calculation n. 계산 existence n. 존재
gravitational force phr. 중력 diminutive adj. 아주 작은

30 중심 내용 주제

난이도 ●○○

Q: 지문은 주로 무엇에 관한 내용인가?

(a) 우리 태양계의 행성들은 무엇으로 구성되어 있는가
(b) 왜 우리 내태양계에는 큰 행성이 없는가
(c) 우리 태양계의 가장 큰 행성들이 언제 형성되었는가
(d) 우리 태양계 행성들의 순서가 어떻게 변했는가

정답 (b)

해설 태양계는 항성과 아주 가까운 거리 내에 상대적으로 거대한 천체가 거의 없다(has few relatively massive bodies in close proximity to its star)고 한 후, 지문 전반적으로 그 이유를 설명하고 있다. 이를 '왜 우리 내태양계에는 큰 행성이 없는가'라고 종합한 (b)가 정답이다.

31 세부 정보 육하원칙

난이도 ●●○

Q: 지문에 따르면, 우리 태양계에서 가장 먼저 형성된 행성은 무엇이었겠는가?

(a) 지구
(b) 목성
(c) 수성
(d) 해왕성

정답 (b)

해설 우리 태양계에서 태양계에서 가장 오래된 행성이며 가장 먼저 형성되었을 행성이 무엇인지 묻는 문제이다. 목성은 태양계에서 가장 오래된 행성(Jupiter is our solar system's oldest planet ~ first million years of existence)이라고 했다. 따라서 (b)가 정답이다.

[32-33]

아조리안 프로젝트

1968년에, 소련 잠수함 한 척이 태평양에서 침몰했다. [33(b)]소련은 미국 잠수함과 충돌한 것으로 잘못 생각하여 [33(a)]잔해의 위치를 알아내려고 시도했으나 그들의 노력은 실패한 것으로 판명났다. 그러나, 미군은 뛰어난 음파 기술을 사용하여 침몰한 선박을 정확히 찾아낼 수 있었다. 그 후, 미국은 정보 수집을 목적으로, 'K-129'로 불린 그 잠수함을 회수하기 위한 극비 시도인 아조리안 프로젝트를 시작했다.

[33(c)]그들의 활동을 감추기 위해, 미국은 괴짜로 유명한 억만장자 Howard Hughes를 개입시켜 이야기를 지어냈다. 그들의 지시에 따라, [32]Hughes는 해저에서 광물 퇴적물을 채취하기 위해 'Hughes Glomar Explorer'라는 배를 만들고 있다고 공개적으로 선언했다. 이 배의 진정한 목적은 소련 잠수함을 수면으로 끌어올리는 것이었다. 'Explorer'가 마침내 배치되었을 때, 소련은 그것을 조사했지만, 의심스러운 것을 찾지 못하고 떠났다.

'K-129'가 3마일 깊이에 묻혀 있었기 때문에, 'Explorer'는 거대한 갈고리를 사용하여 잔해를 들어 올리려고 시도했다. 해저에

서 1마일 떨어진 곳에서 300피트짜리 잠수함은 산산조각이 났지만, 갈고리는 성공적으로 그중 40피트를 수면 위로 들어 올렸다. 비록 그것이 탐나는 정보의 보고는 아니었지만, 잠수함 매뉴얼을 비롯하여 소련의 능력에 대한 유용한 정보를 제공했다.

어휘 collide v. 충돌하다 wreckage n. 잔해
acoustic adj. 음파의, 음향의 pinpoint v. 정확히 찾아내다
launch v. 시작하다, 착수하다 intelligence n. 정보
concoct v. 지어내다, 날조하다 eccentric adj. 괴짜인, 별난
proclaim v. 선언하다 extract v. 채취하다 mineral n. 광물
deposit n. 퇴적물 seabed n. 해저
suspicious adj. 의심스러운 hoist v. 들어 올리다
covet v. 탐내다, 갈망하다 bonanza n. 보고, 횡재

32 세부 정보 육하원칙 난이도 ●●○

Q: Howard Hughes는 자신의 배로 무엇을 하고 있다고 가장했는가?

(a) 침몰한 보물을 찾는 것
(b) 채굴 작업에 참여하는 것
(c) 재해 복구 업무를 지원하는 것
(d) 수중 음파 장비를 시험하는 것

정답 (b)

해설 Howard Hughes가 자신의 배로 무엇을 하고 있다고 가장했는지 묻는 문제이다. Hughes가 해저에서 광물 퇴적물을 채취하기 위해 'Hughes Glomar Explorer'라는 배를 만들고 있다고 공개적으로 선언했다(Hughes publicly ~ the seabed)고 했다. 이를 '채굴 작업에 참여하는 것'이라고 바꾸어 표현한 (b)가 정답이다.

33 추론 Infer 난이도 ●●○

Q: 지문에서 추론할 수 있는 것은 무엇인가?

(a) 소련은 유실된 잠수함의 위치에 대한 정확한 정보가 없었다.
(b) 미군은 잠수함이 사라진 것에 책임이 있었다.
(c) 미군은 인양 작업에 대한 Hughes의 전문지식을 위해 그를 채용했다.
(d) 소련은 'K-129'에 포함된 정보를 중요하지 않은 것으로 간주했다.

정답 (a)

해설 지문에서 추론할 수 있는 것을 묻는 문제이다. 소련 잠수함이 침몰한 뒤 그 잔해의 위치를 알아내려는 그들의 노력이 실패한 것으로 판명 났다(Soviets attempted ~ their efforts proved unsuccessful)고 했다. 이를 바탕으로 '소련은 유실된 잠수함의 위치에 대한 정확한 정보가 없었다'라고 추론한 (a)가 정답이다.

오답분석
(b) 소련은 잠수함의 침몰에 대해 미국 잠수함과 충돌한 것으로 잘못 생각했다고 했으므로, 미군이 잠수함이 사라진 것에 책

임이 있었다는 것은 잘못된 추론이다.
(c) 미군은 잠수함을 회수하기 위한 활동을 감추기 위해 Hughes를 개입시켜 이야기를 지어냈다고 했으므로, 미군이 인양 작업에 대한 Hughes의 전문지식을 위해 그를 채용했다는 것은 잘못된 추론이다.
(d) 'K-129'에 포함된 정보에 관한 소련의 입장은 지문에 언급되지 않았다.

어휘 salvage n. 인양, 구출

[34-35]

Oliver Holdsworth 상원의원 사무실
보도 자료
10월 23일

^{35(d)}처음부터, 저는 더 나은 교육 법안(BEA)에 대한 저의 반대를 분명히 했습니다. 제 입장은 변하지 않았습니다. 우리는 그 법을 폐지하고, 그것을 기준을 높이고 책임을 증가시키며 학교가 실험을 해볼 여지를 주는 법률로 대체해야 합니다. 오늘 투표된 개정안은 BEA를 폐지했을 수는 있지만 대안을 제공하지는 못했을 것입니다. 이러한 이유로, 저는 동료들과 함께 개정안에 찬성 표를 던질 수 없었습니다.

제가 반복해서 말했듯이, 단순히 이전 체제로 돌아가는 것만으로는 충분하지 않을 것입니다. 우리는 우리의 교육 체제를 위한 지속적인 해결책이 필요합니다. 게다가, ^{35(d)}BEA의 중대한 결점은 보수주의자들의 조언이 거의 없는 채로 통과되었다는 것임을 제가 아무리 강조해도 지나치지 않습니다. 우리는 ^{35(a)}자유당의 값비싼 실수를 반복해서 ³⁴엄격한 당파적 기준으로 교육 개혁 법률을 통과시켜서는 안 됩니다. 우리는 결정을 내리기 전에 공청회를 열고, 의회의 초당적 지지를 받고, 전문가들의 조언을 듣는 것으로 돌아가야 합니다. 우리의 유권자들은 우리에게 그 이상을 기대하고 받을 자격이 있습니다.

어휘 senator n. 상원의원 press release phr. 보도 자료
opposition n. 반대 act n. 법안 repeal v. 폐지하다
legislation n. 법률 accountability n. 책임
amendment n. 개정안 suffice v. 충분하다
input n. (일·사업 등을 성공시키기 위한) 조언
partisan adj. 당파적인, 편파적인 hearing n. 공청회
reach across the aisles phr. (의회의) 초당적 지지를 받다

34 중심 내용 주제 난이도 ●●●

Q: 글쓴이는 두 번째 단락에서 주로 무엇을 하고 있는가?

(a) 교육 개혁에 대한 초당적 협력을 촉구하고 있다.
(b) 개정안의 당파적 성격에 대한 이유를 설명하고 있다.
(c) 정부의 교육 법안 통과 실패를 비판하고 있다.
(d) 새로운 교육 법률에 대한 대안적 개정안의 개요를 서술하고 있다.

정답 (a)

해설 글쓴이가 두 번째 단락에서 하고 있는 것을 묻는 문제이다. 두

번째 단락에서 엄격한 당파적 기준으로 교육 개혁 법안을 통과시켜서는 안 된다(cannot ~ pass education reform legislation on a strictly partisan basis)고 한 후, 의회의 초당적 지지를 받아야(reaching across the aisle) 한다고 주장하고 있다. 이를 '교육 개혁에 대한 초당적 협력을 촉구하고 있다'라고 종합한 (a)가 정답이다.

어휘 call for phr. 촉구하다, 요청하다
bipartisan adj. 초당적인, 두 정당의

35 추론 Infer

난이도
●●●

Q: 보도 자료에서 추론할 수 있는 것은 무엇인가?

(a) 개정안은 자유당의 지지로 추진되었다.
(b) Holdsworth 상원의원은 BEA에 대한 포괄적인 대안을 가지고 있다.
(c) BEA는 원래 Holdsworth의 당으로부터 지지를 받았다.
(d) Holdsworth 상원의원은 BEA 초안을 작성하는 데 아주 적은 조언만을 제시했다.

정답 (d)

해설 보도 자료에서 추론할 수 있는 것을 묻는 문제이다. 지문 초반에서 BEA에 대한 자신의 반대를 분명히 했다(From the start ~ clear)고 하였고, 지문 중반에서 BEA의 중대한 결점은 보수주의자들의 조언이 거의 없는 채로 통과되었다는 것(a major failing of the BEA ~ little input from conservatives)이라고 했다. 이를 바탕으로 Holdsworth 상원의원은 자신을 포함하여 BEA에 반대하는 보수주의자들의 조언이 BEA에 거의 반영되지 않았다고 생각함을 알 수 있다. 따라서 'Holdsworth 상원의원은 BEA 초안을 작성하는 데 아주 적은 조언만을 제시했다'라고 추론한 (d)가 정답이다.

오답분석
(a) BEA를 자유당의 값비싼 실수라고 표현했으므로, BEA를 폐지했을 수도 있는 개정안이 자유당의 지지로 추진되었다는 것은 잘못된 추론이다.
(b) BEA를 폐지하고 그것을 기준을 높이고 책임을 증가시키며 학교가 실험을 해볼 여지를 주는 법률로 대체해야 한다고는 했지만, Holdsworth 상원의원이 BEA에 대한 포괄적인 대안을 가지고 있는지는 추론할 수 없다.
(c) Holdsworth는 처음부터 BEA에 대한 자신의 반대를 분명히 했다고는 했지만, BEA가 원래 Holdsworth의 당으로부터 지지를 받았다는 것은 추론할 수 없다.

어휘 comprehensive adj. 포괄적인 draft v. 초안을 작성하다

LISTENING COMPREHENSION

1	d	의문사 의문문	9	b	평서문	17	b	Be동사 의문문	25	d	세부 정보	33	c	세부 정보
2	a	평서문	10	c	평서문	18	a	의문사 의문문	26	c	세부 정보	34	b	세부 정보
3	a	평서문	11	d	의문사 의문문	19	a	조동사 의문문	27	d	세부 정보	35	d	세부 정보
4	b	조동사 의문문	12	c	기타 의문문	20	c	평서문	28	b	세부 정보	36	a	추론
5	a	평서문	13	a	조동사 의문문	21	c	중심 내용	29	d	추론	37	d	중심 내용
6	c	조동사 의문문	14	b	Be동사 의문문	22	c	중심 내용	30	d	추론	38	b	세부 정보
7	d	평서문	15	d	평서문	23	a	중심 내용	31	a	중심 내용	39	c	세부 정보
8	b	평서문	16	a	조동사 의문문	24	b	세부 정보	32	c	중심 내용	40	d	추론

VOCABULARY

1	a	동사 어휘	7	b	형용사 어휘	13	a	동사 어휘	19	d	명사 어휘	25	b	명사 어휘
2	a	명사 어휘	8	c	구동사	14	b	동사 어휘	20	a	Collocation	26	d	형용사 어휘
3	b	형용사 어휘	9	c	동사 어휘	15	d	동사 어휘	21		이디엄	27	c	명사 어휘
4	c	형용사 어휘	10	a	명사 어휘	16	a	동사 어휘	22	a	동사 어휘	28	d	형용사 어휘
5	c	형용사 어휘	11	d	동사 어휘	17	b	동사 어휘	23	c	형용사 어휘	29	c	형용사 어휘
6	d	형용사 어휘	12	b	Collocation	18	c	동사 어휘	24	a	동사 어휘	30	a	형용사 어휘

GRAMMAR

1	a	접속사와 절	7	d	준동사	13	c	시제와 태	19	a	품사	25	c	준동사
2	b	수 일치	8	b	시제와 태	14	b	품사	20	d	수 일치	26	a	품사
3	c	문장 성분	9	c	품사	15	a	준동사	21	a	준동사	27	b	시제와 태
4	c	어순과 특수구문	10	a	어순과 특수구문	16	d	시제와 태	22	b	어순과 특수구문	28	b	준동사
5	d	품사	11	d	동사와 조동사	17	c	접속사와 절	23	a	품사	29	b	시제와 태
6	c	가정법	12	d	접속사와 절	18	a	동사와 조동사	24	d	어순과 특수구문	30	d	품사

READING COMPREHENSION

1	a	빈칸 채우기	8	c	빈칸 채우기	15	b	중심 내용	22	c	세부 정보	29	d	세부 정보
2	d	빈칸 채우기	9	b	빈칸 채우기	16	a	중심 내용	23	b	추론	30	c	세부 정보
3	b	빈칸 채우기	10	b	빈칸 채우기	17	d	세부 정보	24	c	추론	31	d	세부 정보
4	d	빈칸 채우기	11	d	어색한 문장 골라내기	18	c	세부 정보	25	a	추론	32	a	세부 정보
5	c	빈칸 채우기	12	c	어색한 문장 골라내기	19	a	세부 정보	26	c	세부 정보	33	d	추론
6	b	빈칸 채우기	13	a	중심 내용	20	b	세부 정보	27	b	추론	34	b	중심 내용
7	a	빈칸 채우기	14	a	중심 내용	21	c	세부 정보	28	d	중심 내용	35	b	세부 정보

LISTENING COMPREHENSION

문제집 p. 67

Part I

1 의문사 의문문 What
난이도 ●○○

M: What did you have for lunch today?
W: _____

(a) Thanks, but I'm finished.
(b) I didn't really like the pizza.
(c) I ate with my friends.
(d) Actually, I skipped it.

M: 오늘 점심으로 무엇을 먹었나요?
W: _____

(a) 감사하지만, 저는 이미 다 먹었어요.
(b) 저는 그 피자가 그다지 맘에 들지 않았어요.
(c) 저는 친구들과 먹었어요.
(d) 사실, 저는 점심을 건너뛰었어요.

정답 (d)

해설 What을 사용하여 점심으로 무엇을 먹었는지 묻는 말에, '점심을 건너뛰었다'라며 점심으로 아무것도 먹지 않았다는 의미를 전달한 (d)가 정답이다.

오답분석
(a) 점심으로 무엇을 먹었는지를 묻는 질문에, 이미 다 먹었다고 답한 것은 적절하지 않다.
(b) 질문의 lunch(점심)와 관련된 pizza(피자)를 사용한 오답으로, 점심으로 무엇을 먹었는지를 묻는 질문에 피자에 대한 평가를 한 것은 문맥상 적절하지 않다.
(c) 누구와 점심을 먹었는지를 묻지 않았으므로, 친구들과 먹었다고 답한 것은 틀리다.

어휘 skip v. 건너뛰다

2 평서문 의견 전달
난이도 ●●○

W: I'm expecting our electricity bill this month to be huge.
M: _____

(a) Yeah, we kept the air conditioner on constantly.
(b) It was less than anticipated, though.
(c) I agree. We're saving electricity.
(d) Well, the power did go out.

W: 이번 달 우리 전기 요금이 엄청 많이 나올 것 같아.
M: _____

(a) 맞아, 우리는 에어컨을 계속해서 작동했어.
(b) 그래도 예상보다는 적었어.
(c) 동의해. 우리는 전기를 절약하고 있어.
(d) 음, 전원이 나가긴 했어.

정답 (a)

해설 이번 달 전기 요금이 엄청 많이 나올 것 같다는 말에, '맞다'고 동의한 뒤, 에어컨을 계속해서 작동했기 때문이라며 이유를 언급한 (a)가 정답이다.

오답분석
(b) 아직 구체적인 전기 요금이 얼마인지 모르는 상황에서, 전기 요금이 예상보다 적었다고 답한 것은 적절하지 않다.
(c) I agree(동의해)가 정답처럼 들려 혼동을 준 오답으로, 전기 요금이 많이 나올 것 같다는 말에 전기를 절약하고 있다고 답한 것은 적절하지 않다.
(d) 질문의 electricity(전기)와 관련된 power(전원)를 사용한 오답으로, 전기 요금에 관해 이야기하고 있는 상황에서 전원이 나갔다고 이야기하는 것은 틀리다.

어휘 electricity bill phr. 전기 요금 air conditioner phr. 에어컨 constantly adv. 계속해서, 지속적으로 anticipate v. 예상하다, 예측하다 go out phr. (전원이) 나가다, 꺼지다

3 평서문 정보 전달
난이도 ●○○

M: Hello. I'm here to see Dr. Smith.
W: _____

(a) OK. I'll tell him you're here.
(b) Nice to meet you, Dr. Smith.
(c) Sure, I'll wait here.
(d) I think he's expecting me.

M: 안녕하세요. 저는 Smith 박사님을 뵈러 왔습니다.
W: _____

(a) 알겠습니다. 오셨다고 전해드릴게요.
(b) 만나서 반갑습니다, Smith 박사님.
(c) 물론이죠, 여기서 기다릴게요.
(d) 그는 저를 기다리고 있는 것 같아요.

정답 (a)

해설 Smith 박사를 만나러 왔다는 말에, '알겠다'고 대답한 뒤, 왔다고 전해주겠다고 말한 (a)가 정답이다.

오답분석
(b) Smith 박사를 만나러 왔다고 말한 남자에게 'Smith 박사님'이라고 부르며, 만나서 반갑다고 말한 것은 틀리다.
(c) Sure(물론이죠)가 정답처럼 들려 혼동을 준 오답으로, Smith 박사를 만나러 온 남자에게 자신이 여기서 기다리겠다고 답한 것은 적절하지 않다.

(d) 남자가 Smith 박사를 만나러 온 상황에서 여자가 Smith 박사는 자신을 기다리고 있는 것 같다고 답한 것은 문맥상 적절하지 않다.

어휘 expect v. 기다리다

---

4 조동사 의문문 Can

난이도 ●●○

W: You're blocking the driveway, sir. Can you move your car?

M: _____

(a) I will. Thanks for the ride.
(b) Sorry, I was just about to leave.
(c) Sure. Just park it over there.
(d) No problem. Thanks for moving it.

W: 당신이 진입로를 막고 있어요. 당신의 차를 옮겨줄 수 있나요?

M: _____

(a) 그럴게요. 태워줘서 고마워요.
(b) 죄송해요, 막 떠나려던 참이었어요.
(c) 그럼요. 그냥 저기에 주차해요.
(d) 물론이죠. 옮겨 주셔서 감사해요.

정답 (b)

해설 진입로를 막고 있다고 말한 뒤, Can you를 사용하여 차를 옮겨줄 수 있는지 묻는 말에, '막 떠나려던 참이었다'라고 답한 (b)가 정답이다.

오답분석
(a) I will(그럴게요)이 정답처럼 들려 혼동을 준 오답으로, 차를 옮겨줄 수 있냐는 질문에 태워줘서 고맙다고 답한 것은 적절하지 않다.
(c) Sure(그럼요)가 정답처럼 들려 혼동을 준 오답으로, 차를 옮겨주겠다고 한 후 다른 주차 장소를 알려주는 것은 적절하지 않다.
(d) No problem(물론이죠)이 정답처럼 들려 혼동을 준 오답으로, 차를 옮겨줄 수 있냐는 질문에 옮겨 줘서 감사하다고 대답한 것은 틀리다.

어휘 driveway n. 진입로, 차도 park v. 주차하다

---

5 평서문 의견 전달

난이도 ●●●

M: I think I need to lose weight.

W: _____

(a) It seems like you're in decent shape to me.
(b) You do look like you've been dieting.
(c) Well, try increasing your calorie intake.
(d) Yeah, you're definitely slimmer.

M: 나는 살을 빼야 할 것 같아.

W: _____

(a) 내가 보기엔 너는 몸매가 괜찮은 것 같아.
(b) 너는 다이어트를 하고 있는 것처럼 보여.
(c) 그럼, 칼로리 섭취량을 늘려봐.
(d) 맞아, 너가 확실히 더 날씬해.

정답 (a)

해설 살을 빼야 할 것 같다는 말에, '몸매가 괜찮은 것 같다'며 살을 빼지 않아도 된다는 의미를 간접적으로 전달한 (a)가 정답이다.

오답분석
(b) 질문의 lose weight(살을 빼다)와 관련된 diet(다이어트를 하다)를 사용한 오답으로, 살을 빼야 할 것 같다는 말에 다이어트를 하고 있는 것처럼 보인다고 말한 것은 적절하지 않다.
(c) 살을 빼야 할 것 같다고 말하는 상황이므로, 칼로리 섭취량을 늘리라고 말한 것은 틀리다.
(d) Yeah(맞아)가 정답처럼 들려 혼동을 준 오답으로, 살을 빼야 할 것 같다는 말에 맞다고 답한 뒤, 상대방이 더 날씬하다고 말한 것은 적절하지 않다.

어휘 decent adj. 괜찮은, 적절한 intake n. 섭취(량)
definitely adv. 확실히, 분명히

---

6 조동사 의문문 Would

난이도 ●●○

W: Would you care for some dessert after your meal, sir?

M: _____

(a) It should be along any minute now.
(b) Of course. Dessert was delicious.
(c) No thanks. Just the check, please.
(d) I actually enjoyed the appetizer.

W: 식사 후에 디저트를 드시겠습니까?

M: _____

(a) 지금 당장이라도 그것은 함께 해야 해요.
(b) 물론이죠. 디저트는 맛있었어요.
(c) 아뇨, 괜찮습니다. 계산서만 주세요.
(d) 저는 사실 애피타이저를 맛있게 먹었어요.

정답 (c)

해설 Would를 사용하여 식사 후에 디저트를 먹을지 묻는 말에, '괜찮다'라고 거절한 뒤 계산서만 달라고 답한 (c)가 정답이다.

오답분석
(a) 식사 후에 디저트를 먹을지를 묻는 말에 지금 당장 함께 해야 한다고 답한 것은 적절하지 않다.
(b) Of course(물론이죠)가 정답처럼 들려 혼동을 준 오답으로, 디저트가 나오지 않은 상황에서 디저트가 맛있었다고 답한 것은 틀리다.
(d) 디저트를 먹을지를 묻는 상황이므로, 애피타이저를 맛있게 먹었다고 답한 것은 틀리다.

어휘 Would you care for ~? phr. ~ 하시겠어요?

---

meal n. 식사, 음식 any minute now phr. 지금 당장이라도
check n. 계산서, 전표

7 평서문 의견 전달
난이도 ●●○

M: You're a great guitarist! You must have taken years of lessons.

W: _____

(a) I guess I need a little more practice, then.
(b) Right. I'm thinking of giving them a try.
(c) Even so, I'd recommend getting a teacher.
(d) I'm more or less self-taught, actually.

M: 넌 훌륭한 기타 연주자야! 너는 몇 년 동안 레슨을 받았음에 틀림없어.

W: _____

(a) 그러면 나는 연습이 좀 더 필요할 것 같네.
(b) 맞아. 레슨을 한번 시도해 볼까 생각 중이야.
(c) 그렇다 하더라도, 나는 선생님을 찾는 것을 추천하고 싶어.
(d) 사실, 나는 거의 독학으로 배웠어.

정답 (d)

해설 훌륭한 기타 연주자라며 몇 년 동안 레슨을 받았음에 틀림없다고 칭찬하는 말에, '사실 독학으로 배웠다'라며 레슨을 받지 않았다는 것을 전달한 (d)가 정답이다.

오답분석
(a) 훌륭한 기타 연주자라고 칭찬하는 말에 그러면(then) 연습이 좀 더 필요할 것 같다고 답한 것은 틀리다.
(b) Right(맞아)가 정답처럼 들려 혼동을 준 오답으로, 레슨을 받은 것이 틀림없다고 추측하는 상황인데 맞다고 답한 뒤, 레슨을 시도하는 것을 생각 중이라고 답한 것은 틀리다.
(c) 질문의 lesson(레슨)과 관련된 teacher(선생님)를 사용한 오답으로, 여자가 레슨을 받은 것이 틀림없다고 남자가 추측하는 상황에서 역접을 나타내는 Even so를 쓴 후에 선생님을 찾는 것을 남자에게 추천하는 것은 적절하지 않다.

어휘 practice n. 연습 more or less phr. 거의, 약
self-taught adj. 독학한

8 평서문 정보 전달
난이도 ●●○

W: That shirt I bought yesterday is too small for me.

M: _____

(a) The clerk must've given you a larger one.
(b) I told you to try it on before buying it.
(c) It might shrink if you wash it, though.
(d) Maybe your size wasn't in stock.

W: 내가 어제 구매한 셔츠는 나에게 너무 작아.

M: _____

(a) 점원이 너에게 더 큰 것을 준 게 틀림없어.
(b) 그것을 구매하기 전에 입어보라고 내가 말했잖아.
(c) 그래도 세탁하면 줄어들 수 있어.
(d) 아마 너의 사이즈는 재고가 없었을 수도 있어.

정답 (b)

해설 구매한 셔츠가 너무 작다는 말에, '구매하기 전에 입어보라고 말했다'라며 구매하기 전에 셔츠를 입지 않은 것을 지적한 (b)가 정답이다.

오답분석
(a) 구매한 셔츠의 사이즈가 작은 상황인데, 점원이 더 큰 것을 준 게 틀림없다고 말한 것은 틀리다.
(c) 셔츠의 사이즈가 너무 크다는 말에 할 만한 말이다.
(d) 여자가 이미 셔츠를 구매한 상황이고, 여자의 셔츠 사이즈는 언급되지 않았으므로, 여자의 사이즈는 재고가 없었을 수도 있다고 답한 것은 적절하지 않다.

어휘 try on phr. ~을 (시험 삼아) 입어보다
shrink v. 줄어들다, 오그라지다 in stock phr. 재고가 있는

9 평서문 의견 전달
난이도 ●●●

M: I never should've dumped my girlfriend.

W: _____

(a) You'll end up regretting it, though.
(b) You should ask her to take you back.
(c) Yeah, you nearly made a big mistake.
(d) Come on. You don't have to apologize.

M: 난 절대 여자친구를 차버리지 말았어야 했어.

W: _____

(a) 하지만 너는 결국 후회하게 될 거야.
(b) 그녀에게 다시 너를 받아 달라고 부탁해야 해.
(c) 그래, 너는 하마터면 큰 실수를 할 뻔했어.
(d) 왜 이래. 넌 사과하지 않아도 돼.

정답 (b)

해설 여자친구를 차버리지 말아야 했다는 말에, '그녀에게 다시 받아 달라고 부탁해야 한다'고 조언하는 (b)가 정답이다.

오답분석
(a) 여자친구를 차버린 것을 이미 후회하고 있는 상황인데, 결국 후회하게 될 것이라고 답한 것은 틀리다.
(c) 여자친구를 이미 차버린 상황에서, 하마터면 큰 실수를 할 뻔했다고 답한 것은 틀리다.
(d) 남자가 사과를 하고 있는 상황이 아니므로, 사과하지 않아도 된다고 답한 것은 틀리다.

어휘 dump v. (애인을) 차다 regret v. 후회하다
mistake n. 실수 apologize v. 사과하다

10 평서문 의견 전달   난이도 ●●●

W: If you ask me, the company should let Mary go.

M: _____

(a) Yeah, she's made up for her mistakes.
(b) I agree. She's indispensable to the team.
(c) **I'd second that. Her behavior's been inexcusable.**
(d) Right, she should think twice before accepting the job.

W: 내 생각으로는, 회사에서 Mary를 해고해야 해.

M: _____

(a) 맞아, 그녀는 실수를 만회했어.
(b) 동의해. 그녀는 팀에 없어서는 안 될 존재야.
(c) 나도 그 생각에 동의해. 그녀의 행동은 용서할 수 없어.
(d) 맞아, 그녀는 그 일을 수락하기 전에 다시 한번 생각해야 해.

정답 (c)

해설 회사에서 Mary를 해고해야 한다고 생각한다는 말에 '동의한다. 그녀의 행동은 용서할 수 없다'라고 동의한 (c)가 정답이다.

> 오답분석
> (a) Yeah(맞아)가 정답처럼 들려 혼동을 준 오답으로, 회사에서 Mary를 해고해야 한다는 말에 동의한 후, 그녀는 실수를 만회했다고 답한 것은 틀리다.
> (b) I agree(동의해)가 정답처럼 들려 혼동을 준 오답으로, Mary를 해고해야 한다는 말에 동의한 후, 그녀는 팀에 없어서는 안 될 존재라고 답한 것은 틀리다.
> (d) Right(맞아)가 정답처럼 들려 혼동을 준 오답으로, Mary가 일자리를 제안 받은 상황이 아닌데 그녀가 일을 수락하기 전에 다시 한번 생각해야 된다고 답한 것은 적절하지 않다.

어휘 if you ask me phr. 내 생각으로는   let go phr. ~를 해고하다
make up for phr. ~을 만회하다
indispensable adj. 없어서는 안 될, 필수적인
second v. 동의하다, 지지하다
inexcusable adj. 용서할 수 없는, 변명의 여지가 없는

Part II

11 의문사 의문문   When   난이도 ●○○

M: How do you know so much about Brazil?
W: I worked there for a year.
M: Really? When was that?
W: _____

(a) In a year or so.
(b) For several weeks.
(c) Every few months.

(d) About three years ago.

M: 브라질에 대해 어떻게 그렇게 많이 알아?
W: 나는 그곳에서 1년 동안 일했어.
M: 정말? 그게 언제였어?
W: _____

(a) 1년쯤 후에.
(b) 몇 주 동안.
(c) 몇 달에 한 번.
(d) 약 3년 전에.

정답 (d)

해설 When을 사용하여 언제 브라질에서 일했는지 묻는 말에 '약 3년 전'이라고 구체적인 시기를 말한 (d)가 정답이다.

12 기타 의문문   부정 의문문   난이도 ●●○

W: You're late for work again.
M: Sorry, I got a flat tire on the way.
W: Didn't the same thing happen last week?
M: _____

(a) Well, I've been taking the train.
(b) Actually, I need to get it repaired.
(c) **It was an engine issue that time.**
(d) I'll ask my mechanic tonight.

W: 당신은 또 회사에 지각했어요.
M: 죄송해요, 오는 길에 타이어가 펑크가 났어요.
W: 지난주에도 같은 일이 일어나지 않았나요?
M: _____

(a) 음, 저는 기차를 타요.
(b) 사실, 저는 그것을 수리해야 해요.
(c) 그때는 엔진 문제였어요.
(d) 오늘 밤에 정비사에게 물어볼게요.

정답 (c)

해설 Didn't를 사용하여 지난주에도 지각했을 때 같은 일이 일어나지 않았는지 묻는 말에 '그때는 엔진 문제였다'라며 지난주와 지각의 이유가 다르다는 의미를 간접적으로 전달한 (c)가 정답이다.

어휘 flat tire phr. 펑크가 난 타이어   mechanic n. 정비사, 수리공

13 조동사 의문문   Do   난이도 ●○○

M: Want to play basketball after work?
W: That sounds fun, but maybe next time.
M: OK. Do you have other plans?
W: _____

(a) **No, but I need some rest.**

(b) Yeah, but they were canceled.

(c) None, so I'm thinking of joining.

(d) I just don't like playing basketball.

M: 퇴근 후에 농구 할래?
W: 재미있을 것 같지만, 다음 기회에 하자.
M: 알겠어. 다른 계획이 있어?
W: _____

(a) 아니, 근데 휴식이 필요해.
(b) 맞아, 하지만 취소됐어.
(c) 없어, 그래서 참여할까 생각 중이야.
(d) 나는 그냥 농구 하는 것을 좋아하지 않아.

정답 (a)

해설 Do you have를 사용하여 퇴근 후에 다른 계획이 있는지 묻는 말에 '아니지만 휴식이 필요하다'라며 계획은 없지만 쉬고 싶다는 의미를 전달한 (a)가 정답이다.

어휘 join v. 참여하다, 함께하다

14 Be동사 의문문   사실 확인
난이도 ●●○

W: Could you recommend a good science fiction movie for me to watch this weekend?
M: How about *Deep Castle*, the latest one directed by Judy Brown?
W: Is she the person who directed *Life in Space*?
M: _____

(a) Yeah, her movies are worth watching, except for *Deep Castle*.
(b) You must have her confused with someone else.
(c) I haven't heard of her, to be honest.
(d) Actually, she usually directs science fiction movies.

W: 이번 주말에 볼만한 괜찮은 공상과학 영화 좀 추천해줄래?
M: Judy Brown 감독의 최신작 「Deep Castle」은 어때?
W: 그녀가 「Life in Space」를 감독한 사람인가?
M: _____

(a) 맞아, 「Deep Castle」을 제외하면 그녀의 영화는 볼 가치가 있어.
(b) 너는 그녀를 다른 사람과 혼동한 게 틀림없어.
(c) 솔직히 말해서, 나는 그녀에 대해 들어본 적이 없어.
(d) 사실, 그녀는 주로 공상과학 영화를 감독해.

정답 (b)

해설 Is she를 사용하여 Judy Brown 감독이 「Life in Space」를 감독한 사람인지 묻는 말에, '그녀를 다른 사람과 혼동한 게 틀림없다'라며 Judy Brown 감독이 「Life in Space」를 감독한

사람이 아니라는 의미를 간접적으로 전달한 (b)가 정답이다.

어휘 recommend v. 추천하다
science fiction movie phr. 공상과학 영화
confuse v. 혼동하다, 혼란스럽게 하다

15 평서문   의견 전달
난이도 ●●○

M: We should renovate our kitchen.
W: Why? We're going to move soon.
M: It'll pay off when we sell the place.
W: _____

(a) I guess it does look better now.
(b) Then focus on the kitchen instead.
(c) Let's wait until we've sold the place, then.
(d) I still don't think it's worth the effort.

M: 우리 부엌을 개조해야 해.
W: 왜? 우리는 곧 이사 갈 거야.
M: 우리가 집을 팔 때 (부엌을 개조한 것이) 돈이 될 거야.
W: _____

(a) 이제 더 괜찮아 보이는 것 같아.
(b) 그럼 대신 부엌에 집중해.
(c) 그럼 집을 팔고 난 후까지 기다리자.
(d) 그래도 나는 그것이 수고를 할 가치가 없다고 생각해.

정답 (d)

해설 나중에 집을 팔 때 돈이 될 것이기 때문에 부엌을 개조하자는 말에, '그래도 그것이 수고를 할 가치가 없다고 생각한다'라며 부엌 개조를 반대하는 의미를 간접적으로 전달한 (d)가 정답이다.

어휘 renovate v. 개조하다 move v. 이사하다
pay off phr. (큰) 돈이 되다, 성과를 내다

16 조동사 의문문   Will
난이도 ●●●

W: Have you started looking for a new job?
M: Actually, I've decided to work as a freelancer.
W: Will your income from that be steady enough, though?
M: _____

(a) I hope to find enough regular clients to feel secure.
(b) Not unless I pay more for freelancers.
(c) Maybe, but that's no reason to quit my job.
(d) I'd still rather avoid becoming a freelancer.

W: 새로운 직장을 구하기 시작했어?
M: 사실, 나는 프리랜서로 일하기로 결정했어.

W: 근데 그것으로 인한 수입이 충분히 안정적일까?

M: _____

(a) 나는 안심할 만큼 충분한 단골 고객들을 얻기를 바라.
(b) 내가 프리랜서들에게 돈을 더 지불하지 않는 한 아니야.
(c) 그럴지도 모르지만, 그게 회사를 그만둘 이유는 아니야.
(d) 나는 그래도 오히려 프리랜서가 되는 것은 피하고 싶어.

정답 (a)

해설 Will your income ~이라며 프리랜서로 일하는 것의 수입이 충분히 안정적일지 묻는 말에, '충분한 단골 고객들을 얻기를 바란다'며 안정적인 수입을 바란다는 의미를 간접적으로 전달한 (a)가 정답이다.

어휘 income n. 수입, 소득 steady adj. 안정적인, 지속적인 avoid v. 피하다, 막다

---

17 Be동사 의문문 상태 확인 난이도 ●●○

M: Are you still going hiking tomorrow?
W: Of course. Why do you ask?
M: Well, is it too late to join?
W: _____

(a) Actually, it was already canceled.
(b) Not at all. The more the merrier.
(c) No, I was waiting for your invitation.
(d) Let me check if it's still on.

M: 너 아직 내일 하이킹 갈 예정이니?
W: 물론이지. 왜 묻는 거야?
M: 음, 함께 가기에는 너무 늦었을까?
W: _____

(a) 사실, 이미 취소됐어.
(b) 전혀. 사람이 많을수록 더 즐겁지.
(c) 아니, 너의 초대를 기다리고 있었어.
(d) 여전히 진행 중인지 확인해 볼게.

정답 (b)

해설 is it too late ~라며 하이킹을 함께 가는 것이 너무 늦었는지 묻는 말에 '사람이 많을수록 더 즐겁다'며 하이킹을 함께 가도 된다는 의미를 간접적으로 전달한 (b)가 정답이다.

어휘 merry adj. 즐거운, 행복한 invitation n. 초대

---

18 의문사 의문문 What 난이도 ●●●

W: Do you think our offer on that house will be accepted?
M: I don't know. We'll have to wait and see.
W: What if somebody outbids us?
M: _____

(a) All we can do is keep our fingers crossed.
(b) Then we'll accept the highest bid.
(c) Let's just hope that's the case.
(d) We can still back out if we want to.

W: 그 집에 대해 우리가 제의한 액수가 받아들여질 거라고 생각해?
M: 나도 몰라. 좀 더 지켜봐야 해.
W: 누가 우리보다 더 비싼 값을 제의하면 어쩌지?
M: _____

(a) 우리가 할 수 있는 것은 행운을 비는 것뿐이야.
(b) 그러면 우리가 최고가 입찰을 수락해야지.
(c) 그게 사실이길 바라자.
(d) 원한다면 우리는 여전히 취소할 수 있어.

정답 (a)

해설 What if somebody ~라며 어느 집에 대해 자신들이 제의한 액수보다 누군가가 더 비싼 값을 제의하는 상황을 걱정하는 말에 '우리가 할 수 있는 것은 행운을 비는 것뿐이다'라며 현재 직접적으로 할 수 있는 것은 없다는 의미를 간접적으로 전달한 (a)가 정답이다.

어휘 offer n. 제의한 액수 outbid v. 더 비싼 값을 제의하다 keep one's fingers crossed phr. 행운을 빌다 bid n. 입찰, 가격 제시 back out phr. 취소하다, 손을 떼다

---

19 조동사 의문문 Do 난이도 ●●●

M: Dave seemed annoyed by my comments in the meeting.
W: Yeah, he seemed to take them really personally.
M: Do you think I should apologize?
W: _____

(a) Maybe after giving him some time to cool off.
(b) I'd advise against challenging him any further.
(c) You're just reading too much into it.
(d) Good luck getting him to express remorse.

M: Dave는 회의에서 내가 한 말에 화가 난 것 같았어.
W: 맞아, 그는 그 말들을 매우 인신공격으로 받아들이는 것 같았어.
M: 내가 사과해야 한다고 생각해?
W: _____

(a) 아마도 그에게 진정할 수 있는 시간을 준 후에.
(b) 나는 그에게 더 이상 도전하는 것을 반대해.
(c) 너는 그저 그 일에 너무 많은 의미를 부여하고 있어.
(d) 어디 한번 그가 반성하도록 만들어봐.

정답 (a)

Do you think ~라며 Dave가 자신이 한 말에 화가 난 것 같으므로 자신이 사과를 해야 하는지 묻는 말에 '아마도 그에게 진정할 수 있는 시간을 준 후에'라며 적절한 사과 시점을 조언한 (a)가 정답이다.

어휘 annoyed adj. 화가 난 personally adv. 인신공격으로, 개인적으로 cool off phr. 진정하다 advise against phr. ~을 반대하다 challenge v. 도전하다 read into phr. ~에 의미를 부여하다 remorse n. 반성, 후회

20 평서문 감정 전달
난이도 ●●●

W: I'm so grateful for all your help with fundraising.
M: I'm just glad to support your charity drive.
W: I don't know how you got so many donations.
M: _____

(a) They're bound to start trickling in.
(b) There are many charities in need of funds.
(c) I guess people thought it was a worthy cause.
(d) I can't thank you enough for your generosity.

W: 모금에 도움을 주셔서 정말 감사합니다.
M: 당신의 자선 운동에 힘을 실어 줄 수 있어 그저 기쁩니다.
W: 어떻게 당신이 그렇게 많은 기부금을 얻었는지 모르겠어요.
M: _____

(a) 그것들(기부금)은 반드시 서서히 들어오기 시작할 거예요.
(b) 자금을 필요로 하는 많은 자선 단체들이 있어요.
(c) 제 생각에 사람들은 그것(자선 운동)이 가치 있는 운동이라고 생각했을 거예요.
(d) 당신의 너그러움에 뭐라고 감사의 말씀을 드려야 할지 모르겠네요.

정답 (c)

해설 어떻게 많은 기부금을 얻었는지 모르겠다며 의아함을 나타내는 말에 '사람들은 자선 운동이 가치 있는 운동이라고 생각했을 것이다'라며 이유를 추측한 (c)가 정답이다.

어휘 grateful adj. 감사하는, 고마워하는 fundraising n. 모금, 자금 조달 charity drive phr. 자선 운동 be bound to phr. 반드시 ~ 하다 trickle v. 서서히 (흘러)가다 charity n. 자선 단체 generosity n. 너그러움, 관대함

Part III

21 중심 내용 주요 행위
난이도 ●○○

Listen to a telephone conversation.

M: Hey, it's Mark calling. I'm on the way to your house, but I think I'm lost.
W: What buildings do you see?
M: There's a hospital on my right and a bank on my left.
W: Is there a supermarket next to the bank?
M: Yeah! Where should I go from here?
W: Take a left at the corner after the supermarket.

Q: What is the man mainly trying to do?

(a) Find the name of the woman's neighborhood
(b) Get directions to the supermarket
(c) Figure out how to get to the woman's house
(d) Help the woman find her way home

전화 대화를 들으시오.

M: 여보세요, 나 Mark야. 네 집으로 가는 길인데, 길을 잃은 것 같아.
W: 어떤 건물들이 보여?
M: 오른쪽에 병원이 있고 왼쪽에 은행이 있어.
W: 은행 옆에 슈퍼마켓이 있어?
M: 응! 여기서 어디로 가야 해?
W: 슈퍼마켓을 지나 모퉁이에서 왼쪽으로 가.

Q: 남자가 주로 하고자 하는 것은 무엇인가?

(a) 여자의 동네 이름을 찾는다.
(b) 슈퍼마켓으로 가는 길을 알아본다.
(c) 여자의 집에 어떻게 가는지 파악한다.
(d) 여자가 집에 가는 길을 찾도록 도와준다.

정답 (c)

해설 대화에서 남자가 하고자 하는 것이 무엇인지 묻는 문제이다. 남자가 여자의 집으로 가는 길인데 길을 잃은 것 같다(I'm on the way to your house, but I think I'm lost)고 말한 뒤, 여자의 집으로 가는 법에 대한 대화가 이어졌다. 이를 '여자의 집에 어떻게 가는지 파악한다'라고 종합한 (c)가 정답이다.

어휘 neighborhood n. 동네 figure out phr. ~을 파악하다, 이해하다

Listen to a conversation between two parents.

W: Have you taken your kids to the playground since it reopened?

M: I have. They made a lot of additions, but it seems dangerous.

W: I know. I had to watch my son carefully the whole time.

M: I wish they hadn't put in so many climbing bars.

W: Yeah, and the new slides are really steep.

M: It seems like everything was designed for older kids.

Q: What is the main topic of the conversation?

(a) The lack of supervision at the playground

(b) Upcoming changes to the playground's equipment

(c) **Problems with the changes to the playground**

(d) The risks of making changes to the playground

두 부모 간의 대화를 들으시오.

W: 놀이터가 재개장한 이후로 아이들을 데리고 놀이터에 간 적이 있나요?

M: 네. 그들은 많은 것들을(기구들을) 추가했지만, 위험해 보여요.

W: 그러니까요. 나는 내내 아들을 주의 깊게 지켜봐야만 했어요.

M: 구름사다리를 그렇게 많이 설치하지 않았으면 좋았을 거예요.

W: 맞아요, 그리고 새 미끄럼틀은 너무 가팔라요.

M: 모든 것이 나이가 더 있는 아이들을 위해 고안된 것 같아요.

Q: 대화의 주제는 무엇인가?

(a) 놀이터 내 관리감독의 부재

(b) 곧 있을 놀이터 기구의 변화

(c) 놀이터의 변화에 대한 문제점

(d) 놀이터에 변화를 주는 것의 위험성

정답 (c)

해설 대화의 주제를 묻는 문제이다. 여자가 재개장한 놀이터에 아이들을 데리고 간 적이 있냐고 묻자 남자가 많은 것들이 추가되었지만 위험해 보인다(They made a lot of additions, but it seems dangerous)고 답한 후 구름사다리와 미끄럼틀과 같은 놀이 기구들이 위험하다고 이야기했다. 이를 '놀이터의 변화에 대한 문제점'이라고 종합한 (c)가 정답이다.

어휘 playground n. 놀이터   climbing bar phr. 구름사다리, 철봉
steep adj. 가파른   lack n. 부재, 부족   supervision n. 관리감독
upcoming adj. 곧 있을, 다가오는

Listen to a conversation between two coworkers.

M: The government turned down our gallery's request for funding.

W: Then we'll be short of money next year.

M: I know, but we need funds for renovations.

W: We'll have to raise them ourselves, then.

M: We could probably seek private donations.

W: That's one option we can look into.

Q: What are the man and woman mainly discussing?

(a) **The need to raise money due to a lack of funding**

(b) The unexpectedly high cost of renovations

(c) The possibility of using private funds to build a gallery

(d) The reasons for a government funding cut

두 동료 간의 대화를 들으시오.

M: 정부가 우리 갤러리의 자금 지원 요청을 거절했어요.

W: 그러면 내년에 돈이 부족해질 거예요.

M: 맞아요, 그런데 우리는 개보수 자금이 필요해요.

W: 그럼 우리가 직접 자금을 조달해야겠네요.

M: 우리는 아마 개인 기부를 요청할 수 있을 거예요.

W: 그건 우리가 검토할 수 있는 한 가지 선택지예요.

Q: 남자와 여자는 주로 무엇을 논의하고 있는가?

(a) 자금 부족으로 인한 자금 조달의 필요성

(b) 예상외로 높은 개보수 비용

(c) 갤러리를 짓기 위한 민간 자금 사용 가능성

(d) 정부 지원금이 삭감된 이유

정답 (a)

해설 대화의 주제를 묻는 문제이다. 정부가 갤러리의 자금 지원 요청을 거절했다(The government turned down our gallery's request for funding)는 남자의 말에 여자가 직접 자금을 조달해야겠다(We'll have to raise them ourselves, then)고 한 뒤, 자금 조달 방식으로 개인 기부를 요청할 수 있다는 대화가 이어졌다. 이를 '자금 부족으로 인한 자금 조달의 필요성'이라고 종합한 (a)가 정답이다.

어휘 turn down phr. ~을 거절하다, 각하하다
funding n. 자금, 자금 제공   be short of phr. ~이 부족하다
renovation n. 개보수, 수리   raise v. 조달하다, 모으다
private adj. 개인의, 민간의   look into phr. ~을 검토하다, 살펴보다
unexpectedly adv. 예상외로, 갑자기

24 세부 정보 육하원칙
난이도 ●○○

Listen to a conversation between a customer and a store clerk.

W: How can I help you today, sir?

M: I'd like to return this sweater, please.

W: OK, would you like to exchange it for something else?

M: No, thanks. I'd just like my money back.

W: Of course. Do you have your receipt?

M: I do. It's right here in my bag.

Q: What did the man come to the store to do?

(a) Exchange a sweater

(b) Get a refund for a sweater

(c) Order a new sweater

(d) Check the price of a sweater

손님과 가게 점원 간의 대화를 들으시오.

W: 무엇을 도와드릴까요?

M: 이 스웨터를 반품하고 싶은데요.

W: 네, 다른 걸로 교환해드릴까요?

M: 아뇨, 괜찮아요. 그냥 돈을 돌려받고 싶어요.

W: 물론이죠. 영수증 가지고 있으신가요?

M: 네. 바로 여기 제 가방 속에 있어요.

Q: 남자는 가게에 무엇을 하러 왔는가?

(a) 스웨터를 교환하기

(b) 스웨터를 환불받기

(c) 새 스웨터를 주문하기

(d) 스웨터의 가격을 확인하기

정답 (b)

해설 남자가 가게에 무엇을 하러 왔는지 묻는 문제이다. 대화의 앞부분에서 남자가 스웨터를 반품하고 싶다(I'd like to return this sweater, please)고 하였고, 여자가 다른 걸로 교환을 원하는지 묻자, 괜찮다고 답한 뒤 그냥 돈을 돌려받고 싶다(I'd just like my money back)라고 했다. 이를 '스웨터를 환불받기'라고 바꾸어 표현한 (b)가 정답이다.

어휘 exchange v. 교환하다 receipt n. 영수증
refund n. 환불(금)

25 세부 정보 육하원칙
난이도 ●●○

Listen to a conversation at an office.

M: Could you help me finalize this marketing proposal?

W: Sure. Let's discuss it before this afternoon's meeting.

M: I totally forgot we have a meeting. We're going over scheduling changes, right?

W: That's next week. This one's just to introduce the new marketing head.

M: Oh, right. So it shouldn't last long.

W: Hopefully not. I still need to prepare a report for a client today.

Q: What is the purpose of the company meeting today?

(a) To finalize a marketing proposal

(b) To discuss scheduling changes

(c) To prepare a report for a client

(d) To introduce a new staff member

사무실에서의 대화를 들으시오.

M: 이 마케팅 제안서 마무리하는 것 좀 도와주시겠어요?

W: 물론이죠. 오늘 오후 회의 전에 그것에 대해 논의합시다.

M: 회의가 있다는 걸 까맣게 잊고 있었어요. 일정 변경을 검토하는 거죠?

W: 그건 다음 주에 해요. 이번 회의는 단지 새로운 마케팅부장을 소개하기 위한 거예요.

M: 아, 맞아요. 그럼 오래 하지 않겠네요.

W: 그러길 바라요. 저는 아직 오늘 고객을 위한 보고서를 준비해야 해요.

Q: 오늘 회사 회의의 목적은 무엇인가?

(a) 마케팅 제안서를 마무리하기 위해

(b) 일정 변경에 대해 논의하기 위해

(c) 고객을 위한 보고서를 준비하기 위해

(d) 새로운 직원을 소개하기 위해

정답 (d)

해설 오늘 회사 회의의 목적이 무엇인지 묻는 문제이다. 남자가 오늘 회의에서 일정 변경을 검토하는 것인지 묻자 여자가 그건 다음 주에 하는 것이라고 답한 뒤, 이번 회의는 새로운 마케팅부장을 소개하기 위한 것이다(This one's just to introduce the new marketing head)라고 했다. 이를 '새로운 직원을 소개하기 위해'라고 바꾸어 표현한 (d)가 정답이다.

어휘 finalize v. 마무리하다, 확정 짓다 proposal n. 제안서
scheduling n. 일정 (관리) client n. 고객

26 세부 정보 육하원칙
난이도 ●●○

Listen to a conversation between two students.

W: How do you like living in the undergraduate dormitory?

M: I'd prefer to have a place of my own off campus.

W: Why? Don't you and your roommate get along?

M: He's nice, but he's always interrupting me to chat.

W: That must make it hard to study.

M: It does. I need silence to concentrate.

Q: Why does the man dislike living in the dormitory?

(a) His roommate is unfriendly.

(b) His roommate makes a lot of noise.

(c) His roommate disturbs his studies.

(d) His roommate barely talks with him.

두 학생 간의 대화를 들으시오.

W: 대학 기숙사 생활은 어때?

M: 캠퍼스 밖에서 나만의 공간을 갖고 싶어.

W: 왜? 너와 네 룸메이트 사이가 안 좋니?

M: 그는 친절하지만, 항상 떠들어서 나를 방해해.

W: 그것 때문에 공부하기가 힘들겠다.

M: 맞아. 나는 집중하려면 침묵이 필요해.

Q: 남자는 왜 기숙사 생활을 싫어하는가?

(a) 룸메이트가 쌀쌀맞다.

(b) 룸메이트가 많은 소음을 낸다.

(c) 룸메이트가 남자의 공부를 방해한다.

(d) 룸메이트가 남자와 거의 말을 하지 않는다.

정답 (c)

해설 남자가 왜 기숙사 생활을 싫어하는지 묻는 문제이다. 룸메이트가 항상 떠들어서 나를 방해한다(he's always interrupting me to chat)고 말한 남자의 말에, 여자가 그것 때문에 공부하기가 힘들겠다(That must make it hard to study)고 반응하자 남자가 맞다(It does)고 했다. 이를 '룸메이트가 남자의 공부를 방해한다'라고 바꾸어 표현한 (c)가 정답이다.

어휘 undergraduate adj. 대학생의, 학부생의
dormitory n. 기숙사, 공동 침실
get along phr. 사이가 좋다, 잘 지내다 interrupt v. 방해하다
concentrate v. 집중하다 unfriendly adj. 쌀쌀맞은
disturb v. 방해하다 barely adv. 거의 ~하지 않는

27 세부 정보 육하원칙
난이도 ●○○

Listen to a couple make plans for Friday night.

M: Why don't we go see a movie on Friday night?

W: I'd rather stay in. I'm pretty tired.

M: OK, we can get some delivery food.

W: Good idea. Is the last episode of that drama on TV?

M: It's on Saturday. We could watch the baseball game, though.

W: Perfect. That sounds really relaxing.

Q: What do the man and woman agree to do on Friday night?

(a) Eat out and go to a baseball game

(b) Go to a movie theater and a restaurant

(c) Cook dinner and watch a TV drama

(d) Order food and watch baseball on TV

커플이 금요일 밤을 위해 계획하는 것을 들으시오.

M: 금요일 밤에 영화 보러 가지 않을래?

W: 차라리 집에 있을래. 나는 꽤 피곤하거든.

M: 알겠어, 우리는 배달 음식을 시킬 수 있어.

W: 좋은 생각이야. 저 드라마의 마지막 회가 TV에 방영되나?

M: 토요일에 방영돼. 그래도 우리는 야구 경기를 볼 수 있어.

W: 완벽해. 정말 마음이 느긋해질 것 같다.

Q: 남자와 여자는 금요일 밤에 무엇을 하는 데 의견이 일치하는가?

(a) 외식을 하고 야구 경기를 보러 가기

(b) 영화관과 식당에 가기

(c) 저녁을 요리하고 TV 드라마를 보기

(d) 음식을 주문하고 TV로 야구를 보기

정답 (d)

해설 남자와 여자가 금요일 밤에 무엇을 하는 데 의견이 일치하는지 묻는 문제이다. 금요일 밤에 집에 있겠다는 여자의 말에 남자가 배달 음식을 시킬 수 있다(we can get some delivery food)고 하자 여자가 좋은 생각(Good idea)이라고 하였고, TV로 야구 경기를 볼 수 있다(We could watch the baseball game)는 남자의 말에 여자가 완벽하다(Perfect)고 반응하고 있다. 이를 '음식을 주문하고 TV로 야구를 보기'라고 바꾸어 표현한 (d)가 정답이다.

어휘 relaxing adj. 마음을 느긋하게 해 주는, 편한

28 세부 정보 Correct
난이도 ●●○

Listen to a conversation between two friends.

W: Guess what! I'm getting married!

M: Wow, congratulations! I didn't even know you were seeing anyone.

W: I wasn't. But I met this great guy a month ago, and we just hit it off.

M: That's unbelievable! Have you set a date?

W: Not yet. We're leaning toward October, but we're not sure.

M: Great. Well, I hope you send me an invitation!

Q: Which is correct about the woman?

(a) She has introduced her fiancé to the man.

(b) She got engaged shortly after meeting her fiancé.

(c) She has set a wedding date in October.

(d) She has given the man a wedding invitation.

두 친구 간의 대화를 들으시오.

W: 있잖아! 나 결혼해!

M: 와, 축하해! 난 네가 만나는 사람이 있는지도 몰랐어.

W: 만나는 사람이 없었지. 근데 한 달 전에 이 멋진 남자를 만났고, 우린 정말 잘 통했어.

M: 믿을 수 없을 정도로 멋진걸! 날짜는 정했어?

W: 아직. 10월로 정할까 하지만 확실하지 않아.

M: 잘됐네. 그럼, 초대장을 보내주길 바라!

Q: 여자에 대해 맞는 것은 무엇인가?

(a) 약혼자를 남자에게 소개했다.
(b) 약혼자를 만난 뒤 얼마 안 있어 결혼을 약속했다.
(c) 결혼 날짜를 10월로 정했다.
(d) 남자에게 청첩장을 주었다.

정답 (b)

해설 여자에 대한 내용과 일치하는 것을 묻는 문제이다. 여자가 자신이 결혼한다(I'm getting married)고 말한 뒤, 한 달 전에 결혼할 남자를 만났고 정말 잘 통했다(I met this great guy a month ago, and we just hit it off)고 했다. 이를 '약혼자를 만난 뒤 얼마 안 있어 결혼을 약속했다'라고 바꾸어 표현한 (b)가 정답이다.

어휘 hit it off phr. 잘 통하다, 죽이 맞다
unbelievable adj. 믿을 수 없는(믿기 어려운)
lean v. (마음이) 기울다   invitation n. 초대(장)
fiancé n. 약혼자   engaged adj. 결혼을 약속한, 약혼한
shortly adv. 얼마 안 있어, 곧

29 추론 Infer

난이도 ●●○

Listen to a conversation about books.

M: I need a novel to read on my vacation.

W: I've heard George Smith's new book, *Dark Travels*, is excellent.

M: I avoid long books—I just don't have the patience.

W: All the reviews say that it's captivating, though.

M: Even so, it might be too much for me.

W: Then I'd try Tom Lee's *Paradise City*. It's quite good, too.

Q: What can be inferred from the conversation?

(a) The man is a George Smith fan.
(b) Tom Lee is known for his lengthy novels.
(c) The woman has already read *Dark Travels*.
(d) *Paradise City* is shorter than *Dark Travels*.

책에 관한 대화를 들으시오.

M: 휴가 때 읽을 소설이 필요해.

W: George Smith의 신간 「Dark Travels」가 훌륭하다고 들었어.

M: 난 긴 책은 피하는 편이야. 그냥 인내심이 없거든.

W: 하지만 모든 평론은 그 책이 매혹적이라고 말하던데.

M: 그렇다고 해도, 나한테는 너무 길 수도 있어.

W: 그럼 나라면 Tom Lee의 「Paradise City」를 시도할 것 같아. 그것도 꽤 좋아.

Q: 대화에서 추론할 수 있는 것은 무엇인가?

(a) 남자는 George Smith의 팬이다.
(b) Tom Lee는 길이가 긴 소설로 유명하다.
(c) 여자는 이미 「Dark Travels」를 읽었다.
(d) 「Paradise City」는 「Dark Travels」보다 짧다.

정답 (d)

해설 대화를 통해 추론할 수 있는 내용을 묻는 문제이다. 휴가 때 읽을 소설로 여자가 「Dark Travels」를 추천하자, 남자가 자신은 긴 책은 피한다(I avoid long books)고 하였고, 이에 여자가 그럼 자신은 Tom Lee의 「Paradise City」를 시도할 것 같다(Then I'd try Tom Lee's *Paradise City*)고 했다. 이를 바탕으로 '「Paradise City」는 「Dark Travels」보다 짧다'라고 추론한 (d)가 정답이다.

어휘 avoid v. 피하다   patience n. 인내심, 참을성
captivating adj. 매혹적인, 마음을 사로잡는
lengthy adj. 길이가 긴, 장황한

30 추론 Infer

난이도 ●●●

Listen to two friends discuss politics.

W: The mayor's planning to run a budget deficit again next year.

M: Really? He should raise property taxes rather than get the city any deeper into debt.

W: No way. It's too expensive here as it is!

M: Not really. Have you looked at the property taxes in other cities?

W: Well, he could at least try to cut more spending before increasing people's taxes.

M: Are you kidding me? There's nothing left to be cut.

Q: What can be inferred from the conversation?

(a) The city has avoided making major spending cuts.
(b) The man favors running a budget deficit.
(c) The mayor has repeatedly raised property taxes.
(d) The man opposes further reductions to government spending.

두 친구가 정치에 관해 이야기하는 것을 들으시오.

W: 시장은 내년에 다시 재정 적자를 낼 계획이야.

M: 정말? 그는 시에 빚을 더 지게 하기보다는 재산세를 올려야 해.

W: 말도 안 돼. 이 도시의 재산세는 지금 상태로도 너무 비싸!

M: 그렇지 않아. 다른 도시의 재산세를 조사해본 적 있어?

W: 글쎄, 그는 적어도 사람들의 세금을 올리기 전에 더 많은 지출을 줄이려는 노력을 할 수 있어.

M: 지금 농담하는 거야? 더 이상 줄일 것이 없어.

Q: 대화에서 추론할 수 있는 것은 무엇인가?

(a) 도시는 대대적인 지출 삭감을 피해 왔다.
(b) 남자는 재정 적자를 내는 것을 선호한다.
(c) 시장은 재산세를 반복적으로 인상해 왔다.
(d) 남자는 정부 지출의 추가 삭감에 반대한다.

정답 (d)

해설 대화를 통해 추론할 수 있는 내용을 묻는 문제이다. 여자가 시장은 적어도 사람들의 세금을 올리기 전에 더 많은 지출을 줄이려는 노력을 할 수 있다(he could at least try to cut more spending before increasing people's taxes)라고 하자, 남자가 더 이상 줄일 것이 없다(There's nothing left to be cut)고 했다. 이를 바탕으로 남자는 정부가 지출을 줄이는 것에 반대한다는 것을 알 수 있다. 따라서 '남자는 정부 지출의 추가 삭감에 반대한다'라고 추론한 (d)가 정답이다.

어휘 budget deficit phr. 재정 적자 property tax phr. 재산세
debt n. 빚 spending n. 지출
repeatedly adv. 반복적으로 reduction n. 삭감, 감소

Part IV

31 중심 내용 요지
난이도 ●●●

Today I want to talk about the economy of the future. There's no doubt that automation will radically reshape countless jobs. That's why tomorrow's workers will have to work hard to remain employable. Gone are the days of graduating from college and enjoying immediate job security. Future workers will have to update their qualifications regularly to stay abreast of the latest developments in their fields. They might even need to take periodic breaks to go back to school.

Q: What is the speaker's main point about the workers of the future?

(a) They will have to acquire new skills throughout their careers.
(b) They will receive frequent training from their employers.
(c) They will face increased competition from skilled job seekers.

(d) They will need better qualifications to find jobs.

오늘 저는 미래의 경제에 대해 말하고 싶습니다. 자동화가 수많은 일자리를 근본적으로 바꿀 것이라는 데는 의심의 여지가 없습니다. 그렇기 때문에 앞으로의 근로자들은 고용 가능성을 유지하기 위해 열심히 일해야 할 것입니다. 대학을 졸업하면 즉각적인 고용 안정을 누리던 시대는 지났습니다. 미래의 근로자들은 그들의 분야에서 최신 발전에 뒤처지지 않기 위해 정기적으로 그들의 자격증을 갱신해야 할 것입니다. 그들은 심지어 학교로 돌아가기 위해 주기적인 휴가를 가져야 할 수도 있습니다.

Q: 미래의 근로자들에 대한 화자의 요점은 무엇인가?

(a) 직장 생활 내내 새로운 기술을 습득해야 할 것이다.
(b) 고용주로부터 자주 교육을 받을 것이다.
(c) 숙련된 구직자들과 심화된 경쟁에 직면할 것이다.
(d) 일자리를 찾기 위해 더 나은 자격이 필요할 것이다.

정답 (a)

해설 미래의 근로자들에 대한 요점을 묻는 문제이다. 자동화가 수많은 일자리를 바꿀 것이기 때문에 앞으로의 근로자들은 고용 가능성을 유지하기 위해 열심히 일해야 한다고 한 뒤, 미래의 근로자들은 최신 발전에 뒤처지지 않기 위해 정기적으로 자격증을 갱신해야 한다(Future workers will have to ~ in their fields)고 했고, 학교로 돌아가는 것(go back to school)도 언급하고 있다. 이를 '직장 생활 내내 새로운 기술을 습득해야 할 것이다'라고 종합한 (a)가 정답이다.

어휘 automation n. 자동화 radically adv. 근본적으로
employable adj. 고용 가능한, 취업할 수 있는
qualification n. 자격(증), 자질
abreast of phr. ~에 뒤처지지 않도록 acquire v. 습득하다
career n. 직장 생활 skilled adj. 숙련된

32 중심 내용 주제
난이도 ●●●

Good afternoon, class! Today I'd like to continue our discussion of moral philosophy. Thousands of years of Western philosophical thought have instilled in us the idea that moral decisions proceed from logical reasoning. However, a closer examination reveals that ethical decisions are in fact rooted in our instincts. Basically, we begin with a gut reaction and then deploy arguments to justify that response. This process has been observed in many studies of people faced with moral dilemmas.

Q: What is the speaker mainly saying about moral judgments?

(a) They lead people to override instincts with logic.

(b) They are more sophisticated among instinctive people.

(c) **They represent rationalizations of instinctual responses.**

(d) They have little influence on people's instinctual responses.

안녕하세요, 여러분! 오늘 저는 도덕 철학에 대한 논의를 계속하려 합니다. 수천 년의 서양 철학 사상은 우리에게 도덕적 결정은 논리적 추론에서 나온다는 생각을 주입시켰습니다. 그러나 자세히 살펴보면 윤리적 결정은 사실 우리의 본능에 뿌리를 두고 있다는 것을 알 수 있습니다. 기본적으로, 우리는 직감적인 반응으로 시작하고 그 반응을 정당화하기 위해 주장을 펼칩니다. 이 과정은 도덕적 딜레마에 직면한 사람들을 대상으로 한 많은 연구에서 관찰되었습니다.

Q: 화자가 도덕적 판단들에 대해 주로 말하는 것은 무엇인가?

(a) 사람들로 하여금 논리로 본능을 무시하도록 한다.
(b) 본능적인 사람들 사이에서 더 복잡하다.
(c) **본능에 따른 반응의 합리화를 나타낸다.**
(d) 사람들의 본능에 따른 반응에 거의 영향을 미치지 않는다.

정답 (c)

해설 담화의 주제를 묻는 문제이다. 자세히 살펴보면 윤리적 결정은 사실 우리의 본능에 뿌리를 두고 있다는 것을 알 수 있다(a closer examination reveals ~ in our instincts)고 한 뒤, 우리는 직감적인 반응으로 시작하고 그 반응을 정당화하기 위해 주장을 펼친다(we begin ~ to justify that response)라고 설명했다. 이를 바탕으로 사람들의 직감적인 반응을 정당화하기 위해 윤리적 결정을 사용한다는 것을 알 수 있으므로, 도덕적 판단들은 '본능에 따른 반응의 합리화를 나타낸다'라고 종합한 (c)가 정답이다.

어휘 discussion n. 논의, 토론 moral adj. 도덕의
instill v. 주입시키다, 가르치다 reasoning n. 추론, 논리
ethical adj. 윤리의, 도덕의 root v. 뿌리를 두다
instinct n. 본능 gut adj. 직감적인
deploy v. 펼치다, 전개하다 justify v. 정당화하다
response n. 반응 override v. 무시하다
sophisticated adj. 복잡한, 정교한 rationalization n. 합리화

---

33 세부 정보 육하원칙
난이도 ●○○

Here's today's gardening tip. Sandy soil can make it tough to grow rose bushes. Here's a solution. First, choose a sunny but sheltered location. Dig a hole three feet wide and two feet deep, and fill it with garden soil. Plant your roses, and water them weekly. Make sure you pour water on the roots, not the leaves. Also, avoid using fertilizer for the first six weeks. Finally, trim the branches regularly to encourage flowering. And don't forget to stop and smell the roses!

Q: According to the talk, what should you do when trying to grow rose bushes?

(a) Plant them in sandy soil
(b) Give them water daily
(c) **Water them at their base**
(d) Fertilize them for the first six weeks

오늘의 정원 가꾸기 팁입니다. 모래가 섞인 토양은 장미 덤불을 키우는 것을 어렵게 만들 수 있습니다. 여기 해결책이 있습니다. 먼저, 햇볕이 내리쬐지만 비바람이 들이치지 않는 장소를 고르세요. 폭 3피트, 깊이 2피트의 구멍을 파서 정원 흙으로 채우세요. 장미를 심고 매주 물을 주세요. 잎이 아닌 뿌리에 물을 붓도록 하세요. 또한, 처음 6주 동안은 비료를 사용하지 마세요. 마지막으로, 개화를 촉진하기 위해 정기적으로 가지를 다듬어주세요. 그리고 멈춰 서서 장미 향기를 맡는 것을 잊지 마세요!

Q: 담화에 따르면, 장미 덤불을 키우려고 할 때 무엇을 해야 하는가?

(a) 장미 덤불을 모래가 섞인 토양에 심는다.
(b) 장미 덤불에 매일 물을 준다.
(c) **장미 덤불의 아래 부분에 물을 준다.**
(d) 처음 6주 동안 장미 덤불에 비료를 준다.

정답 (c)

해설 장미 덤불을 키우려고 할 때 무엇을 해야 하는지 묻는 문제이다. 잎이 아닌 뿌리에 물을 부어라(Make sure you pour water on the roots, not the leaves)고 했다. 이를 '장미 덤불의 아래 부분에 물을 준다'라고 바꾸어 표현한 (c)가 정답이다.

어휘 rose bush phr. 장미 덤불, 장미 나무
sheltered adj. 비바람이 들이치지 않는 water v. 물을 주다
fertilizer n. 비료 branch n. 가지, 나뭇가지
flowering n. 개화 encourage v. 촉진하다
base n. 아래 부분, 기저

---

34 세부 정보 육하원칙
난이도 ●●●

In financial news, the government released its third-quarter economic figures yesterday. Gross domestic product increased by 2.5% for the quarter, which is an improvement over the 1.5% growth in the previous quarter. The figure came in above economists' expected growth rate of 2%, propelled by a huge 4% increase in consumer spending for the quarter. Strong business spending also contributed to the surprise figure. The stock market rallied on the news, closing up more than 1% on the day.

Q: By how much had economists expected gross domestic product to increase in the third quarter?

(a) 1.5%

(b) 2%

(c) 2.5%

(d) 4%

경제 뉴스에서 정부는 어제 3분기 경제 수치를 발표했습니다. 3분기에 국내총생산이 2.5% 증가했는데, 이것은 지난 분기의 1.5% 성장에 비해 개선된 것입니다. 이 수치는 경제학자들의 예상 성장률인 2%를 상회하는 것으로, 분기 소비자 지출이 4%나 크게 증가한 데 따른 것입니다. 높은 기업 지출도 뜻밖의 수치에 기여했습니다. 이 소식에 주식 시장은 반등하여, 이날 1% 넘게 상승하며 마감했습니다.

Q: 경제학자들은 3분기 국내총생산이 얼마나 증가할 것으로 예상했는가?

(a) 1.5%

(b) 2%

(c) 2.5%

(d) 4%

정답 (b)

해설 경제학자들이 3분기 국내총생산이 얼마나 증가할 것으로 예상했는지 묻는 문제이다. 3분기 국내총생산 증가율인 2.5%가 경제학자들의 예상 성장률인 2%를 상회하는 것(The figure came in above economists' expected growth rate of 2%)이라고 했으므로, (b)가 정답이다.

어휘 financial adj. 경제의, 금융의 quarter n. 분기
gross domestic product phr. 국내총생산(GDP)
propel v. 몰고 가다, 나아가게 하다 spending n. 지출
stock market phr. 주식 시장 rally v. 반등하다, 회복하다

35 세부 정보 육하원칙

난이도 ●●○

Welcome to today's lecture. Today I'll discuss a traditional hunting practice used by a group of indigenous people called the Blackfoot. For thousands of years, these people hunted buffalo in the Porcupine Hills of what is today western Canada. With weapons in hand, they would chase herds of buffalo toward the edge of a cliff. There, the fleeing animals would leap to their doom. The hunters would then collect the carcasses and cook them overnight in pits dug into the ground.

Q: How did the hunters kill buffalo?

(a) By throwing them off the edge of a cliff

(b) By leading them into pits below a cliff

(c) By trapping them at the base of a cliff

(d) By driving them over the side of a cliff

오늘 강의에 오신 것을 환영합니다. 오늘 저는 블랙풋이라고 불리는 토착민 집단이 사용한 전통적인 사냥 풍습에 대해 논할 것

입니다. 수천 년 동안, 이 사람들은 오늘날의 캐나다 서부에 있는 포큐파인 언덕에서 물소를 사냥했습니다. 무기를 손에 들고, 그들은 절벽의 끝을 향해 물소 떼를 쫓아다녔습니다. 그곳에서, 그 도망치는 동물들은 뛰어내려 죽음을 맞았습니다. 그리고 나서 사냥꾼들은 그 시체들을 가져가 땅에 파놓은 구덩이에서 밤새 요리했습니다.

Q: 사냥꾼들은 어떻게 물소를 죽였는가?

(a) 절벽 끝에서 물소를 던짐으로써

(b) 절벽 아래의 구덩이로 물소를 끌고 감으로써

(c) 절벽 아래쪽에 물소를 가둠으로써

(d) 절벽 가장자리로 물소를 몰고 감으로써

정답 (d)

해설 사냥꾼들이 어떻게 물소를 죽였는지 묻는 문제이다. 무기를 손에 들고 절벽의 끝을 향해 물소 떼를 쫓아다녔다(With weapons in hand ~ edge of a cliff)고 했고, 그곳에서 물소가 뛰어내려 죽음을 맞았다고 했다. 이를 '절벽 가장자리로 물소를 몰고 감으로써'라고 바꾸어 표현한 (d)가 정답이다.

어휘 indigenous adj. 토착의, 고유의 buffalo n. 물소
chase v. 쫓다 herd n. 떼, 무리 cliff n. 절벽
flee v. 도망치다 doom n. 죽음, 파멸
carcass n. (동물·새 등의) 시체
overnight adv. 밤새, 하룻밤 동안 pit n. 구덩이, 구멍

36 추론 Infer

Now for local news. The public has delivered its verdict on the pet-ownership non-discrimination proposal currently being reviewed in city council. The bill would ban landlords from rejecting potential tenants on the basis of pet ownership. Although proponents of the bill have made a strong case that pet owners face serious discrimination in the city's rental market, the public seems largely unmoved by their arguments. Seventy-one percent of respondents to a public survey said that they back landlords on the issue. These results indicate that the mayor risks losing support unless he backtracks on his recent comments about the proposal.

Q: What can be inferred from the news report?

(a) The mayor has voiced support for the proposed law.

(b) The majority of pet owners support the proposed law.

(c) The proposal was originally put forward by the mayor.

(d) The law would restrict homeowners' ability to keep pets.

이제 지역 뉴스 차례입니다. 현재 시의회에서 검토되고 있는 반려동물 소유 차별금지 법안에 대해 대중들이 판단을 내렸습니다. 이 법안은 집주인들이 반려동물 소유를 근거로 잠재적인 세입자를 거부하는 것을 금지할 것입니다. 비록 그 법안의 지지자들은 반려동물 주인들이 이 도시의 임대 시장에서 심각한 차별에 직면한다는 강력한 주장을 펼쳤지만, 대중들은 그들의 주장에 크게 동요하지 않는 것처럼 보입니다. 한 여론 조사 응답자 중 71퍼센트가 이 사안에 대해 집주인을 지지한다고 말했습니다. 이러한 결과는 시장이 그 법안에 대한 자신의 최근 의견을 철회하지 않으면 지지를 잃을 위험이 있음을 나타냅니다.

Q: 뉴스 보도에서 추론할 수 있는 것은 무엇인가?

(a) 시장은 제안된 법에 대한 지지를 표명했다.
(b) 반려동물 주인의 대다수는 제안된 법을 지지한다.
(c) 그 법안은 원래 시장에 의해 제안되었다.
(d) 그 법은 집주인들이 반려동물을 기를 수 있는 자격을 제한할 것이다.

정답 (a)

해설 뉴스 보도에서 추론할 수 있는 내용이 무엇인지 묻는 문제이다. 반려동물을 소유했다는 이유로 세입자를 거부하는 것을 금지하는 법안이 시의회에서 검토되고 있다고 한 후, 어느 여론 조사 응답자 중 71퍼센트가 이 사안에 대해 집주인을 지지한다고 하였고, 이 결과는 시장이 그 법안에 대한 자신의 최근 의견을 철회하지 않으면 지지를 잃을 위험이 있다는 것을 나타낸다(These results indicate ~ the proposal)고 하였다. 이를 바탕으로 시장은 대중들과 반대되는 의견을 나타냈다는 것을 알 수 있으므로, '시장은 제안된 법에 대한 지지를 표명했다'라고 추론한 (a)가 정답이다.

[오답분석]
(b) 뉴스 보도에서 법안의 지지자들이 반려동물 주인들이 차별에 직면한다는 주장을 펼쳤다고는 했지만, 반려동물 주인의 대다수가 제안된 법을 지지하는지는 추론할 수 없다.
(c) 뉴스 보도에서 법안이 시장에 의해 제안되었다고 언급되지 않았다.
(d) 뉴스 보도에서 법이 집주인들이 반려동물을 기를 수 있는 자격을 제한할 것이라고는 언급되지 않았다.

어휘 verdict n. 판단, 평결 discrimination n. 차별
landlord n. 집주인, 건물주 tenant n. 세입자
proponent n. 지지자, 옹호자 make a case phr. 주장을 펼치다
unmoved adj. 동요하지 않는 back v. 지지하다
backtrack v. 철회하다, 취소하다 voice v. 표명하다, 선언하다
put forward phr. 제안하다, 내다

Part V

[37-38]

Thank you all for coming to today's business strategy meeting. Today I want to look at our financial performance here at Southside Grill.

We're quickly losing ground to newer rivals in the restaurant scene, so we need to shake things up. To start, [38]we face constant complaints on social media about the cost of our appetizers. [37/38]By offering these at reduced prices, we could simultaneously build up goodwill with our customer base and increase revenue by boosting total sales. Secondly, [37]we need to recognize the effectiveness of limited-time promotions. We use far fewer of these than our competitors do. Finally, we have the weakest beverage lineup in the industry. To match our brand image, [37]we should develop signature beverages to complement our regular lineup of soft drinks. Such specialty drinks also have higher profit margins than food items.

오늘 비즈니스 전략 회의에 참석해 주신 여러분 모두에게 감사드립니다. 오늘 저는 여기 우리 Southside Grill의 재무 성과를 살펴보고 싶습니다. 우리는 요식업계에서 새로운 경쟁자들에게 빠르게 밀려나고 있기 때문에, 상황을 대대적으로 바꿀 필요가 있습니다. 우선, [38]우리는 소셜 미디어에서 애피타이저값에 대한 끊임없는 불만에 직면합니다. [37/38]애피타이저를 할인된 가격에 제공함으로써, 우리는 고객층과의 호의를 쌓는 동시에 총매출을 증대시킴으로써 수익을 신장시킬 수 있습니다. 둘째로, [37]우리는 기간 한정 판촉 활동의 효과를 인식할 필요가 있습니다. 우리는 경쟁사보다 훨씬 적은 수의 기간 한정 판촉 활동을 이용합니다. 마지막으로, 우리는 업계에서 가장 빈약한 음료 라인업을 보유하고 있습니다. 우리의 브랜드 이미지에 걸맞게, [37]대표 음료를 개발해서 우리의 일반 청량음료 라인업을 보완해야 합니다. 그러한 특제 음료는 식품보다 이윤이 높기도 합니다.

어휘 strategy n. 전략 lose ground phr. 밀려나다, 설 자리를 잃다
shake up phr. 대대적으로 바꾸다
simultaneously adv. 동시에 effectiveness n. 효과, 유효성
promotion n. 판촉 활동 complement v. 보완하다
soft drink phr. 청량음료, 무알코올 음료
profit margin phr. 이윤, 이익

37 중심 내용 주제

난이도 ●●○

Q: What is the main topic of the talk?

(a) Reasons for customers' reluctance to leave competitors
(b) Ways to improve a restaurant's short-term promotions
(c) Suggestions for increasing innovation at a restaurant
(d) Proposals for boosting profits despite increased competition

Q: 담화의 주제는 무엇인가?

(a) 고객이 경쟁사를 떠나기를 꺼리는 이유

TEST 1 TEST 2 TEST 3 TEST 4 TEST 5

TEPS 서울대 텝스관리위원회 공식 기출문제집

정답 (d)

해설 담화의 주제를 묻는 문제이다. 담화 초반에서 Southside Grill은 요식업계에서 새로운 경쟁자들에게 빠르게 밀려나고 있다고 하였고, 이러한 상황을 대대적으로 바꾸기 위해 애피타이저를 할인된 가격에 제공하고(By offering these at reduced prices), 기간 한정 판촉 활동의 효과를 인식하고(we need to recognize ~ limited-time promotions), 대표 음료를 개발해야 한다(we should develop signature beverages)고 제안하고 있다. 이를 '경쟁 심화에도 불구하고 수익을 늘리기 위한 제안'이라고 종합한 (d)가 정답이다.

어휘 reluctance n. 꺼림, 주저함 innovation n. 혁신, 쇄신

38 세부 정보 육하원칙 난이도 ●○○

Q: What have Southside Grill's customers been criticizing the restaurant for?

(a) Ignoring social media feedback
(b) Charging too much for appetizers
(c) Having too few special promotions
(d) Offering a limited range of beverages

Q: Southside Grill의 고객들은 무엇 때문에 식당을 비판해 왔는가?

(a) 소셜 미디어 피드백을 무시하는 것
(b) 애피타이저에 너무 많은 금액을 청구하는 것
(c) 특별 판촉 활동이 너무 적은 것
(d) 한정된 종류의 음료를 제공하는 것

정답 (b)

해설 Southside Grill의 고객들이 무엇 때문에 식당을 비판해 왔는지를 묻는 문제이다. 소셜 미디어에서 애피타이저값에 대한 끊임없는 불만에 직면한다(we face ~ cost of our appetizers)고 한 뒤, 애피타이저를 할인된 가격에 제공해야 한다(By offering these at reduced prices)고 했다. 이를 고객들이 '애피타이저에 너무 많은 금액을 청구하는 것' 때문에 식당을 비판해 왔다고 바꾸어 표현한 (b)가 정답이다.

[39-40]

Good morning, class! In today's biology lecture, we'll be looking at the soft, glowing, tube-like sea creatures known as pyrosomes. 39(a)Usually, they're found near the surface of warmer areas of the open ocean. However, 39(b)they've recently been appearing in the coastal waters of western Canada and even as far north as southwestern Alaska. 39(c)Although pyrosomes can grow up to 10 meters long, those found in Canada's coastal waters are typically less than 60 centimeters in length. Their impact on coastal areas has yet to be determined, but scientists are looking into the potential implications of their spread. 39(d)/40One cause for concern is that pyrosomes feed on plankton, the main food source for commercially important shellfish species. There's little direct threat from pyrosomes to people living on the coast, though. The creatures are nontoxic and are even consumed by some whales and seals.

안녕하세요, 여러분! 오늘 생물학 강의에서는 불우렁쉥이라고 알려진 부드럽고 빛나는 튜브 모양의 바다 생물에 대해 알아보겠습니다. 39(a)보통, 그것들은 외해의 따뜻한 지역의 해수면 근처에서 발견됩니다. 하지만, 39(b)그것들이 최근에는 캐나다 서부의 연안 해역, 심지어는 멀리 북쪽으로 알래스카 남서부까지 나타나고 있습니다. 39(c)불우렁쉥이는 10미터까지 자랄 수 있지만, 캐나다의 연안 해역에서 발견되는 불우렁쉥이는 일반적으로 길이가 60센티미터 미만입니다. 그것들이 해안 지역에 미치는 영향은 아직 알려지지 않았지만, 과학자들은 그것들의 확산이 미치는 잠재적인 영향을 조사하고 있습니다. 39(d)/40우려되는 이유 중 하나는 불우렁쉥이가 상업적으로 중요한 조개류의 주요 먹이 공급원인 플랑크톤을 먹고 산다는 것입니다. 하지만 해안가에 사는 사람들에게 불우렁쉥이의 직접적인 위협은 거의 없습니다. 그 생물들은 독성이 없고 심지어 일부 고래와 물개에게 잡아먹힙니다.

어휘 biology n. 생물학 glow v. 빛나다
coastal waters phr. 연안 해역 potential adj. 잠재적인
implication n. 영향 feed on phr. ~을 먹고 살다
commercially adv. 상업적으로 shellfish n. 조개
nontoxic adj. 독성이 없는 seal n. 물개

39 세부 정보 Correct 난이도 ●○○

Q: Which is correct about pyrosomes?

(a) They typically remain on the sea floor.
(b) They have been appearing in northern Alaska.
(c) They vary considerably in length.
(d) They feed mainly on shellfish.

Q: 불우렁쉥이에 대해 맞는 것은 무엇인가?

(a) 일반적으로 해저에 머무른다.
(b) 알래스카 북부에서 나타나고 있다.
(c) 길이가 상당히 다양하다.
(d) 주로 조개류를 먹고 산다.

정답 (c)

해설 불우렁쉥이에 관한 내용과 일치하는 것을 묻는 문제이다. 불우렁쉥이는 10미터까지 자랄 수 있지만, 캐나다의 연안 해역에서 발견되는 불우렁쉥이는 일반적으로 길이가 60센티미터 미만이다(Although pyrosomes ~ less than 60 centimeters in length)라고 했다. 이를 '길이가 상당히 다양하다'라고 바꾸어 표현한 (c)가 정답이다.

오답분석
(a) 담화에서 불우렁쉥이는 보통 외해의 따뜻한 지역의 해수면 근처에서 발견된다고 했으므로, 담화의 내용과 다르다.
(b) 담화에서 불우렁쉥이는 최근 캐나다 서부의 연안 해역과 심지어 알래스카 남서부까지 나타나고 있다고 했으므로, 담화의 내용과 다르다.
(d) 담화에서 불우렁쉥이는 플랑크톤을 먹고 산다고 했으므로, 담화의 내용과 다르다.

어휘 considerably adv. 상당히

40 추론 Infer
난이도 ●●○

Q: What can be inferred about pyrosomes?

(a) They are dangerous to human swimmers.
(b) They are growing to abnormally large sizes.
(c) They represent a commercially valuable food source.
(d) They are a potential threat to Canada's marine ecosystem.

Q: 불우렁쉥이에 대해 추론할 수 있는 것은 무엇인가?

(a) 수영하는 사람들에게 위험하다.
(b) 비정상적으로 큰 크기로 자라고 있다.
(c) 상업적으로 가치 있는 식량원에 해당한다.
(d) 캐나다의 해양 생태계에 잠재적인 위협이다.

정답 (d)

해설 불우렁쉥이에 대해 추론할 수 있는 내용을 묻는 문제이다. 우려되는 이유 중 하나는 불우렁쉥이가 상업적으로 중요한 조개류의 주요 먹이 공급원인 플랑크톤을 먹고 산다는 것(One cause ~ important shellfish species)이라고 했다. 이를 바탕으로 불우렁쉥이가 해양 생태계의 먹이 사슬에 영향을 끼칠 수 있다는 것을 알 수 있다. 따라서 '캐나다의 해양 생태계에 잠재적인 위협이다'라고 추론한 (d)가 정답이다.

오답분석
(a) 담화에서 불우렁쉥이가 수영하는 사람들에게 위험한지는 언급되지 않았다.
(b) 담화에서 불우렁쉥이는 10미터까지 자랄 수 있다고는 했지만, 이것이 비정상적으로 큰 크기로 자라고 있다고는 추론할 수 없다.
(c) 담화에서 불우렁쉥이가 상업적으로 가치 있는 식량원에 해당하는지는 언급되지 않았다.

어휘 abnormally adv. 비정상적으로
marine ecosystem phr. 해양 생태계

VOCABULARY

문제집 p. 73

Part I

1 동사 어휘 check
난이도 ●○○

A: 지하철은 몇 시에 운행을 마치나요?
B: 잘 모르겠어요. 휴대폰으로 지하철 앱을 확인해 볼게요.

(a) 확인하다
(b) 요구하다
(c) 제공하다
(d) 지나가다

정답 (a)

해설 지하철이 몇 시에 운행을 마치는지 묻는 말에 I'm not sure(잘 모르겠어요)라고 답하고 있으므로, 지하철 앱을 '확인하겠다'는 내용의 응답이 오는 것이 문맥상 자연스럽다. 따라서 (a) check가 정답이다.

2 명사 어휘 honor
난이도 ●○○

A: Brian, 내 결혼식에 널 초대하고 싶어.
B: 고마워! 참석하게 되어 영광이야.

(a) 영광
(b) 사건
(c) 기회
(d) 애정

정답 (a)

해설 자신의 결혼식에 초대하고 싶다는 말에 Thanks(고마워)라고 말하고 있으므로, 참석하게 되어 '영광'이라는 내용이 이어지는 것이 문맥상 자연스럽다. 따라서 (a) honor가 정답이다.

3 형용사 어휘 engaging
난이도 ●●○

A: 너는 강의 내내 지루해하는 것 같아 보였어.
B: 맞아, 나는 그 교수님이 그렇게 관심을 끌지 못하는 것 같았어.

(a) 식욕을 돋우는
(b) 관심을 끄는
(c) 유혹하는
(d) 심상치 않은

정답 (b)

해설 강의 내내 지루해하는 것 같았다는 말에 Yes(맞아)라고 답하고 있으므로, 교수가 '관심을 끌지' 못했다는 내용이 이어지는 것이 문맥상 자연스럽다. 따라서 (b) engaging이 정답이다.

tempting은 유혹하거나 부추겨서 어떤 행동을 하게끔 한다는 의미이므로 (c)는 문맥상 맞지 않다.

4 형용사 어휘 immature

난이도 ●●○

A: Joe는 가끔 너무 어린애 같아.
B: 맞아. 그는 꽤 <u>미성숙할</u> 때가 있어.

(a) 환상의
(b) 내재하는
(c) 미성숙한
(d) 부정확한

정답 (c)

해설 Joe가 가끔 너무 어린애 같다는 말에 I know(맞아)라며 동의하고 있으므로, Joe가 꽤 '미성숙할' 때가 있다는 내용의 응답이 오는 것이 문맥상 자연스럽다. 따라서 (c) immature가 정답이다.

어휘 childish adj. 어린애 같은, 유치한

5 형용사 어휘 ecstatic

난이도 ●●○

A: 글쓰기 대회에서 우승한 것 축하해! 아주 기쁠 것 같아.
B: 맞아, 그 소식을 들었을 때 나는 <u>황홀했어.</u>

(a) 소심한
(b) 성실한
(c) 황홀한
(d) 신중한

정답 (c)

해설 글쓰기 대회에서 우승해서 아주 기쁠 것 같다는 말에 Yeah(맞아)라고 동의하고 있으므로, 우승했다는 소식을 들었을 때 '황홀했다'는 내용의 응답이 오는 것이 문맥상 자연스럽다. 따라서 (c) ecstatic이 정답이다.

어휘 thrilled adj. 아주 기쁜

6 형용사 어휘 mandatory

난이도 ●●●

A: 우리 모두 회의에 가야 하나요?
B: 네, 사장님은 참석이 필수라고 말했어요.

(a) 엄격한
(b) 적절한
(c) 증명할 수 있는
(d) 필수의

정답 (d)

해설 모두가 회의에 가야 하는지 묻는 말에 Yes(네)라고 답하고 있으므로, 참석이 '필수'라고 말했다는 내용의 응답이 오는 것이 문맥상 자연스럽다. 따라서 (d) mandatory가 정답이다.

7 형용사 어휘 eloquent

난이도 ●●●

A: 너는 공개 연설에 꽤 능하구나.
B: 고마워. 하지만 난 여전히 내가 더 <u>유창하길</u> 바라.

(a) 광신적인
(b) 유창한
(c) 거슬리는
(d) 불필요한

정답 (b)

해설 연설에 꽤 능하다고 칭찬하는 말에 Thanks(고마워)라고 말한 뒤 But(하지만)이 이어지고 있으므로, 여전히 더 '유창하길' 바란다는 내용의 응답이 오는 것이 문맥상 자연스럽다. 따라서 (b) eloquent가 정답이다.

8 구동사 churn out

난이도 ●●●

A: Frank Zappa는 매우 많은 앨범을 제작했어!
B: 알아. 그는 한 해에 여러 앨범을 <u>잇달아 낼</u> 수 있었어.

(a) 큰 돈을 벌다
(b) 거절하다
(c) 잇달아 내다
(d) 미루다

정답 (c)

해설 Frank Zappa가 많은 앨범을 제작했다는 말에 I know(알아)라고 동의하고 있으므로, 한 해에 여러 앨범을 '잇달아 낼' 수 있었다는 내용의 응답이 오는 것이 문맥상 자연스럽다. 따라서 (c) churn out이 정답이다.

9 동사 어휘 antagonize

난이도 ●●●

A: 긴 근무 시간에 대해 내가 불만을 표시하는 것이 좋을까?
B: 나 같으면 안 해. 너는 상사에게 <u>적대감을 불러일으킬</u> 수 있어. 그는 비판에 예민해.

(a) 의절을 선언하다
(b) 악화시키다
(c) 적대감을 불러일으키다
(d) 무능하게 하다

정답 (c)

해설 긴 근무 시간에 대해 불만을 표시하는 것이 좋을지를 묻는 말에 자신이라면 하지 않을 것 같다며 그 이유로 상사가 비판에 예민하다고 답하고 있으므로, 불만을 표시한다면 상사에게 '적대감을 불러일으킬' 수 있다는 내용의 응답이 오는 것이 문맥상 자연스럽다. 따라서 (c) antagonize가 정답이다. 내가 상사에게 의절을 선언하는 문맥이 아니므로 (a)는 오답이다.

어휘 sensitive adj. 예민한, 민감한 criticism n. 비판, 비평

10 명사 어휘 travesty

난이도 ●●●

A: 그 심판은 오늘 밤 형편없었어!
B: 동의해. 특히 마지막 페널티 판정은 <u>억지스러운 것</u>이었어!

(a) 신앙심이 없음
(b) 억지스러운 것
(c) 신성 모독
(d) 애매모호함

정답 (b)

해설 심판이 형편없었다는 말에 I agree(동의해)라고 동의하고 있으므로, 심판의 마지막 페널티 판정이 '억지스러운 것'이었다는 내용의 응답이 오는 것이 문맥상 자연스럽다. 따라서 (b) travesty가 정답이다.

어휘 referee n. 심판, 주심 call n. (심판의) 판정

Part Ⅱ

11 동사 어휘 prevent

난이도 ●○○

규칙적으로 양치를 하는 것은 충치를 <u>예방하는</u> 데 도움을 줄 수 있다.

(a) 풀어주다
(b) 반대하다
(c) 저지르다
(d) 예방하다

정답 (d)

해설 빈칸에는 '규칙적으로 양치를 하는 것이 충치에 미치는 영향'을 나타내는 어휘가 들어가야 한다. 따라서 '예방하다'라는 의미의 (d) prevent가 정답이다.

어휘 tooth decay phr. 충치

---

12 Collocation solar activity

난이도 ●○○

과학자들은 태양 <u>활동</u>이 기후 변화의 원인일 수 있다고 암시했다.

(a) 긴장
(b) 활동
(c) 운동
(d) 관습

정답 (b)

해설 기후 변화의 원인이 될 수 있는 것에 대해 이야기하고 있으므로, '태양 활동'이 기후 변화의 원인이라는 내용이 오는 것이 문맥상 자연스럽다. 따라서 빈칸 앞의 solar(태양의)와 어울려 '태양 활동'이라는 Collocation인 solar activity를 완성하는 (b) activity가 정답이다.

어휘 solar adj. 태양의 responsible adj. 원인이 되는

13 동사 어휘 accompany

난이도 ●○○

롤러코스터를 타고자 하는 13세 미만의 아동은 반드시 성인이 <u>동행해야</u> 한다.

(a) 동행하는
(b) 유지하는
(c) 억제하는
(d) 포함하는

정답 (a)

해설 13세 미만의 아동들이 롤러코스터를 타는 데 필요한 요건에 대해 이야기하고 있으므로, 아동은 성인이 '동행해야' 한다는 내용이 오는 것이 문맥상 자연스럽다. 따라서 (a) accompanied가 정답이다.

14 동사 어휘 eliminate

난이도 ●●○

증가하는 로봇에 대한 의존도로 인해 많은 제조업 일자리가 <u>없어지고</u> 있다.

(a) 나타내다
(b) 없애다
(c) 복제하다
(d) 지연시키다

정답 (b)

해설 빈칸에는 '증가하는 로봇에 대한 의존도가 제조업 일자리에 미친 영향'을 나타내는 어휘가 들어가야 한다. 로봇으로 인해 일자리가 '없어지는' 상황이므로 (b) eliminated가 정답이다.

어휘 manufacturing n. 제조업

15 동사 어휘 accommodate

난이도 ●●○

새로운 열람실은 한 번에 최대 50명의 아이들을 <u>수용할</u> 정도로 충분히 넓을 것이다.

(a) 포괄하다
(b) 익숙하게 하다
(c) 표준화하다
(d) 수용하다

정답 (d)

해설 새로운 열람실이 충분히 넓을 것이라고 이야기하고 있으므로, 한 번에 최대 50명의 아이들을 '수용할' 정도로 넓다는 내용이 오는 것이 문맥상 자연스럽다. 따라서 (d) accommodate가 정답이다. (a) embrace는 '포괄(포함)하다, (사상 등을) 수용하다, 껴안다' 등의 뜻으로 쓰이며 이는 문맥상 맞지 않다.

어휘 reading room phr. 열람실

16 동사 어휘 omit 난이도 ●●●

Daehan Tech는 세금 신고서에 법률이 요구하는 정보를 <u>누락한</u> 뒤 탈세 혐의로 조사를 받고 있다.

(a) 누락하다
(b) 철회하다
(c) 폐지하다
(d) 무효화하다

정답 (a)

해설 Daehan Tech가 탈세 혐의로 조사를 받고 있다고 했으므로, 세금 신고서에 법률이 요구하는 정보를 '누락했다'는 내용이 오는 것이 문맥상 자연스럽다. 따라서 (a) omitting이 정답이다.

어휘 investigate v. 조사하다 tax evasion phr. 탈세 tax return phr. 세금 신고서

17 동사 어휘 squirt 난이도 ●●○

오징어는 몸에서 먹물을 <u>뿜어내어</u>, 포식자들을 혼란스럽게 하기 위해 먹구름을 만들어낼 수 있다.

(a) 흡수하다
(b) 뿜어내다
(c) 뒤쫓다
(d) 헹구다

정답 (b)

해설 오징어가 포식자들을 혼란스럽게 하기 위해 먹구름을 만들어낼 수 있다고 했으므로, 먹물을 '뿜어낸다'는 내용이 오는 것이 문맥상 자연스럽다. 따라서 (b) squirt가 정답이다.

18 동사 어휘 evaluate 난이도 ●●○

학생들이 수준 높은 교육을 받고 있음을 확실히 하기 위해 Franklin 중학교의 모든 교사들은 매년 <u>평가를 받는다.</u>

(a) 호송하다
(b) 발췌하다
(c) 평가하다
(d) 추산하다

정답 (c)

해설 빈칸에는 '학생들이 수준 높은 교육을 받고 있음을 확실히 하기 위해 이루어지는 절차'를 나타내는 어휘가 들어가야 하므로, 교사들이 '평가를 받는다'는 내용이 오는 것이 문맥상 자연스럽다. 따라서 (c) evaluated가 정답이다.

어휘 annually adv. 매년 high-quality adj. 수준 높은, 고급의 instruction n. 교육, 가르침

19 명사 어휘 menace 난이도 ●●●

로널드 레이건 대통령은 조직범죄를 사회에 대한 <u>위협</u>으로 보고 이에 맞서기 위한 법안에 서명했다.

(a) 오명
(b) 이단
(c) 망설임
(d) 위협

정답 (d)

해설 로널드 레이건 대통령이 조직범죄에 맞서기 위한 법안에 서명했다고 했으므로, 조직범죄를 '위협'으로 보았다는 내용이 오는 것이 문맥상 자연스럽다. 따라서 (d) menace가 정답이다.

어휘 organized adj. 조직적인 legislation n. 법안, 제도

20 Collocation sleep deprivation 난이도 ●●●

수면 <u>부족</u>은 건강에 나쁘기 때문에 충분한 수면을 취하는 것이 중요하다.

(a) 부족
(b) 열등함
(c) 고통
(d) 결핍

정답 (a)

해설 충분한 수면을 취하는 것이 중요하다고 했으므로, '수면 부족'이 건강에 나쁘다는 내용이 오는 것이 문맥상 자연스럽다. 따라서 빈칸 앞의 sleep(수면)과 어울려 '수면 부족'이라는 Collocation인 sleep deprivation을 완성하는 (a) deprivation이 정답이다.

21 이디엄 feel compelled to 난이도 ●●○

가난에 관한 가슴 아픈 다큐멘터리를 본 후, Sarah는 자선 단체에 돈을 <u>기부할 수밖에 없었다.</u>

(a) 강요된
(b) 위엄 있는
(c) 전환된
(d) ~할 수밖에 없는

정답 (d)

해설 가난에 관한 가슴 아픈 다큐멘터리를 봤다고 했으므로, 자선 단체에 돈을 '기부할 수밖에 없었다'는 내용이 오는 것이 문맥상 자연스럽다. 따라서 빈칸 앞의 felt, 빈칸 뒤의 to와 함께 '~할 수밖에 없다'라는 이디엄 feel compelled to를 완성하는 (d) compelled가 정답이다. '강요하다'라는 의미의 타동사 enforce는 목적어로 강요하는 행위를 취하므로 (a)는 오답이다.

어휘 poverty n. 가난 donate v. 기부하다 charity n. 자선 단체

22 동사 어휘 plunge 난이도 ●●●○

> 더 빠르고 멋진 Solar 3이 판매되기 시작한 후 Solar 2 스마트폰의 판매량은 <u>급감했다</u>.
>
> (a) 급감하다
> (b) 후퇴하다
> (c) 전하다
> (d) 퇴화하다

정답 (a)

해설 더 빠르고 멋진 Solar 3이 판매되기 시작했다고 했으므로, Solar 2의 판매량이 '급감했다'는 내용이 오는 것이 문맥상 자연스럽다. 따라서 (a) plunged가 정답이다. degrade는 '(지위, 품질 등이) 떨어지다'라는 의미로 쓰이므로 (d)는 문맥상 맞지 않다.

23 형용사 어휘 monotonous 난이도 ●●●

> Michelle은 그녀의 삶이 너무 <u>단조롭다</u>는 것을 깨닫고 지루함을 달래기 위해 해외여행을 가기로 결정했다.
>
> (a) 단호한
> (b) 영구적인
> (c) 무해한
> (d) 단조로운

정답 (d)

해설 Michelle이 지루함을 달래기 위해 해외여행을 가기로 결정했다고 했으므로, 그녀의 삶이 너무 '단조롭다'는 것을 깨달았다는 내용이 오는 것이 문맥상 자연스럽다. 따라서 (d) monotonous가 정답이다. innocuous에 '재미없는'이라는 의미가 있지만 이는 주로 작품 등을 묘사할 때 쓰이므로 (c)는 문맥상 맞지 않다.

어휘 relieve v. 달래다 boredom n. 지루함

24 동사 어휘 forfeit 난이도 ●●○

> Jan이 너무 아파서 경기를 할 수 없게 되었을 때, 그녀는 어쩔 수 없이 그 테니스 경기에서 상대에게 <u>몰수패를 당해야</u> 했다.
>
> (a) 몰수패를 당하다
> (b) 놓아주다
> (c) 대체하다
> (d) 전송하다

정답 (a)

해설 Jan이 너무 아파서 경기를 할 수 없게 되었다고 했으므로, 어쩔 수 없이 테니스 시합에서 상대에게 '몰수패를 당했다'는 내용이 오는 것이 문맥상 자연스럽다. 따라서 (a) forfeit이 정답이다.

어휘 opponent n. 경쟁자, 적

25 명사 어휘 proficiency 난이도 ●●○

> 컴퓨터 공학 자격증을 따기 위해서는 프로그래밍 언어에 대한 높은 수준의 <u>숙련도</u>를 보여야 한다.
>
> (a) 충분함
> (b) 숙련도
> (c) 평판
> (d) 달성 가능성

정답 (b)

해설 컴퓨터 공학 자격증을 따기 위한 조건에 대해 이야기하고 있으므로, 프로그래밍 언어에 대한 높은 수준의 '숙련도'를 보여야 한다는 내용이 오는 것이 문맥상 자연스럽다. 따라서 (b) proficiency가 정답이다.

어휘 certificate n. 자격증

26 형용사 어휘 bulging 난이도 ●●●

> 많은 사람들이 그들의 <u>불룩한</u> 허리둘레와 싸우기 위해 정크 푸드를 포기하고 있다.
>
> (a) 증식하는
> (b) 부글부글 끓는
> (c) 점점 줄어드는
> (d) 불룩한

정답 (d)

해설 많은 사람들이 정크 푸드를 포기하고 있다고 했으므로, '불룩한' 허리둘레와의 싸움이라는 내용이 오는 것이 문맥상 자연스럽다. 따라서 (d) bulging이 정답이다.

어휘 waistline n. 허리둘레

27 명사 어휘 periphery 난이도 ●●●

> 그 도시의 지하철은 도시 <u>외곽</u>의 주민들을 도심 지역으로 연결하기 위해 바깥쪽으로 확장되고 있다.
>
> (a) 지형
> (b) 선봉
> (c) 외곽
> (d) 전경

정답 (c)

해설 도시의 지하철이 바깥쪽으로 확장되고 있다고 했으므로, 도시 '외곽' 주민들을 도심 지역으로 연결하기 위해서라는 내용이 오는 것이 문맥상 자연스럽다. 따라서 (c) periphery가 정답이다.

28 형용사 어휘 abominable 난이도 ●●●

> 판사는 범인의 행동이 너무 <u>가증스럽</u>다고 여겨 그 남자에게 무기징역을 선고했다.

(a) (소리가) 귀에 거슬리는
(b) 논리적 오류가 있는
(c) 조화를 이루지 못하는
(d) 가증스러운

정답 (d)

해설 빈칸에는 '판사가 무기징역을 선고한 이유'를 나타내는 어휘가 들어가야 한다. 보기 중 빈칸 앞의 'actions(행동)'를 수식하기에 가장 적절한 어휘는 'abominable(가증스러운)'이다. 따라서 (d) abominable이 정답이다.

어휘 deem v. 여기다, 간주하다

---

29 형용사 어휘 inscrutable

난이도 ●●●

비평가들은 그 화가의 작품을 이해하려고 최선을 다했지만, 그의 그림은 대체로 <u>이해할 수 없었다</u>.

(a) 공경할 만한
(b) 현명한
(c) 근면 성실한
(d) 이해할 수 없는

정답 (d)

해설 비평가들이 화가의 작품을 이해하려고 최선을 다했다는 것과 대조적인(Although) 상황에 대해 이야기하고 있으므로, 그의 그림은 대체로 '이해할 수 없었다'는 내용이 오는 것이 문맥상 자연스럽다. 따라서 (d) inscrutable이 정답이다.

어휘 make sense of phr. ~을 이해하다

---

30 형용사 어휘 decrepit

난이도 ●●●

구 시청은 수년째 방치되어서, 현재는 <u>낡아</u> 수리가 시급히 필요하다.

(a) 낡은
(b) 엉뚱한
(c) 다루기 힘든
(d) 조화된

정답 (a)

해설 구 시청이 수년째 방치되어 있다고 했으므로, 현재는 그것이 '낡았다'는 내용이 오는 것이 문맥상 자연스럽다. 따라서 (a) decrepit이 정답이다.

어휘 neglect v. 방치하다, 등한시하다
in urgent need of phr. ~이 시급히 필요한

GRAMMAR

문제집 p. 77

Part I

1 접속사와 절 관계대명사

난이도 ●○○

A: 새로운 아파트 구했어?
B: 응. 저번 주에 봤던 아파트로 선택할 거야.

정답 (a)

해설 주어 I, 동사 'm going to take, 목적어 the one을 모두 갖춘 완전한 문장이므로, 빈칸 이하는 선행사 the one을 수식하는 관계절이다. 선행사 the one이 사물(아파트)이고 빈칸 뒤에 온 절은 목적어가 없는 불완전한 절이므로, 불완전한 절을 이끌며 사물을 가리키는 목적격 관계대명사 (a) that이 정답이다.

2 수 일치 동명사 주어와의 수 일치

난이도 ●○○

A: 나는 돈을 더 모으기 시작할 거야.
B: 좋은 생각이야. 저축액을 늘리는 것은 합리적이야.

텝스 치트키

동명사 주어는 단수 동사를 취하며, 가짜 주어를 쓰지 않는 것이 원칙이다.

정답 (b)

해설 동명사구 Building up your savings가 주어이며, 동명사구 주어는 단수로 취급되므로 단수 동사 (b)와 (c)가 정답의 후보이다. 문맥상 '저축액을 늘리는 것은 합리적이다'라는 일반적인 사실에 대해 말하고 있으므로, 현재 시제 (b) makes가 정답이다.

어휘 savings n. 저축액, 저금

3 문장 성분 목적어 자리

난이도 ●○○

A: 너는 파티에 가는 것을 좋아하니?
B: 아니. 나는 낯선 사람들과 대화하는 것을 어려워해.

정답 (c)

해설 빈칸 이하(____ with strangers)는 동사 find와 목적격 보어 difficult 사이에 있으므로 목적어 자리이다. 보기 중 find의 목적어 자리에 올 수 있는 (c)와 (d)가 정답의 후보이다. 문맥상 '낯선 사람들과 대화를 끝낸' 상황이 아니므로 동명사의 완료형 (d) having talked는 적절하지 않다. 따라서 (c) talking이 정답이다. to 부정사도 목적어로 쓰일 수 있지만, 5형식 동사 다음의 목적어 자리에 오는 경우에는 목적어 자리에 가짜 목적어 it을 쓰고 to 부정사는 절의 맨 뒤로 보내므로 (b) to talk는 빈칸에 올 수 없다.

4 어순과 특수구문　생략

난이도 ●●●

> A: 내가 승진을 해서 놀랐어.
> B: 너는 그럴 자격이 충분해. 너는 자신이 매우 유능한 팀원이라는 것을 증명했어!

정답 (c)

해설 빈칸에는 '승진을 할 자격이 충분하다'라는 의미를 만드는 것이 와야 문맥상 자연스럽다. A의 말을 근거로 빈칸에 들어갈 말을 완성하면 deserved to get promoted가 된다. to 부정사(구)에서 to 뒤가 반복될 때 to만 남기고 나머지는 생략할 수 있으므로, to까지만 쓰고 반복되는 내용은 생략한 (c) deserved to가 정답이다.

어휘 promote v. 승진시키다　capable adj. 유능한

5 품사　부사

난이도 ●●○

> A: 그 영화는 전혀 잘 만들어지지 않았어.
> B: 맞아. 나는 (그 영화보다) 더 형편없이 구성된 이야기를 상상할 수가 없어!

정답 (d)

해설 여러 품사가 명사를 수식하는 경우, '관사 + 부사 + 형용사 + 명사'의 어순으로 온다. 빈칸 앞에 부정관사 a가, 빈칸 뒤에 형용사 constructed와 명사 story가 왔으므로, 부사 (c)와 (d)가 정답의 후보이다. 문맥상 '(그 영화보다) 더 형편없이 구성된 이야기'라는 의미가 되어야 하므로 비교급 (d) more poorly가 정답이다. 참고로, 비교 대상인 '그 영화'는 반복되기 때문에 생략되었다.

어휘 construct v. 구성하다

6 가정법　가정법 과거완료

난이도 ●●○

> A: 축구 경기를 놓쳤다니 안됐다!
> B: 내가 좀 더 시간이 있었다면, 분명히 참여했었을 거야.

○━ 텝스 치트키

가정법 과거완료는 종속절에는 'If + 주어 + had p.p', 주절에는 '주어 + 조동사 + have p.p' 형태의 구문이 온다.

정답 (c)

해설 주절에 가정법 과거완료를 만드는 'would have p.p.'가 쓰였으므로, if절에는 과거완료 시제 'had p.p.'가 와야 한다. 따라서 (c) had had가 정답이다.

7 준동사　분사

난이도 ●●○

> A: 너 화가 난 것 같아 보여. 무슨 일이야?
> B: 아래층 카페에서 일하는 여자가 내 주문을 잘못 받았어.

정답 (d)

해설 주어 The woman, 동사 got, 목적어 my order를 갖춘 완전한 문장이므로 빈칸은 수식어 자리이다. 따라서 수식어 자리에 올 수 있는 분사 (b), (d)와 to 부정사 (c)가 정답의 후보이다. 수식받는 주어 The woman(여자)과 보기의 동사 work(일하다)가 '일하는 여자'라는 능동의 의미로 해석되는 것이 자연스러우므로 현재분사 (d) working이 정답이다. to 부정사 (c)는 미래의 뉘앙스를 가지므로 답이 될 수 없다.

8 시제와 태　과거 시제

난이도 ●○○

> A: 캐나다에 온 지 얼마나 됐어?
> B: 대학 졸업 후부터 여기서 살고 있어.

정답 (b)

해설 '캐나다에 살고 있다'라는 사실이 시작된 것은 대학 졸업 후라는 과거 특정 시점의 사건이므로 과거 시제 (b) graduated가 정답이다.

9 품사　대명사

난이도 ●○○

> A: 새 인턴은 어때?
> B: 경험이 매우 부족한 사람치고, 그는 좋은 결과를 내고 있어.

○━ 텝스 치트키

부정대명사 one은 정해지지 않은 가산 명사 하나를 나타내는 데 사용한다. 또한, 앞에 나온 가산명사의 반복을 피하기 위해서 사용되며, 형용사의 수식도 받을 수 있다.

정답 (c)

해설 '경험이 매우 부족한 사람'이라는 문맥이 되어야 자연스러우므로, 특별히 정해지지 않은 사람 한 명을 의미하는 부정대명사 (c) one이 정답이다.

10 어순과 특수구문　형용사와 부사의 어순

난이도 ●●○

> A: 인사 고과가 걱정되지 않아?
> B: 아니, 나는 많은 노력을 했기 때문에 아주 조금도 걱정되지 않아.

정답 (a)

해설 '~을 걱정하다'라는 의미의 be worried about이 쓰인 문장인데, 문맥상 '아주 조금도 걱정되지 않는다'라는 의미가 되어야 자연스럽고, 부사는 형용사를 앞에서 수식하므로, 형용사 worried 앞에 부사구 the least bit이 온 (a) the least bit worried about it이 정답이다.

어휘 performance review phr. 인사 고과
the least bit phr. 아주 조금

Part II

11 동사와 조동사 조동사 should

난이도
●○○

> 많은 사람들은 그들이 손을 씻어야 하는 것만큼 손을 자주 씻지 않는다.

정답 (d)

해설 '손을 씻어야 하는 것만큼'이라는 문맥이 되어야 자연스러우므로 '~해야 한다'를 뜻하는 (d) should가 정답이다.

12 접속사와 절 관계대명사

난이도
●○○

> 1859년에 첫 소설이 발간된 조지 엘리엇은 빅토리아 시대의 대표적인 작가 중 한 명이 되었다.

정답 (d)

해설 빈칸은 George Eliot을 수식하는 관계절을 이끄는 관계대명사 자리이다. 또한 문맥상 선행사인 George Eliot과 관계절을 연결하면서 first novel 앞에서 소유명사 역할도 해야 하므로, 소유격 관계대명사 (d) whose가 정답이다.

어휘 leading adj. 대표적인

13 시제와 태 능동태와 수동태

난이도
●●○

> 컴퓨터 시스템이 고장 났을 때, 많은 문서들이 분실되었다.

정답 (c)

해설 문맥상 주어 many documents(많은 문서들)와 보기에 제시된 동사 lose(분실하다)가 '많은 문서들이 분실되다'라는 수동의 의미로 해석되므로, 수동태 (c)와 (d)가 정답의 후보이다. 부사절에서 '컴퓨터 시스템이 고장 났을 때(When the computer system crashed)'라는 과거 시점을 이야기하고 있으므로, 과거 시제 (c) were lost가 정답이다.

14 품사 형용사

난이도
●●○

> 화가 난 근로자들은 회사의 CEO가 해고를 막기 위한 노력을 거의 하지 않는다고 비난한다.

━○ 텝스 치트키

다음의 수량형용사 뒤에는 반드시 불가산 명사가 와야 하며, 불가산 명사는 복수형이 없으므로 항상 단수형이어야 한다.

불가산 명사를 수식하는 수량형용사

little 거의 없는	a little 약간의	much 많은
less 더 적은	quite a little 상당량의	
only a little 거의 없는	a good deal of 상당량의	

정답 (b)

해설 빈칸 뒤에 불가산 명사 effort가 있는 것으로 보아 빈칸에는 불가산 명사를 수식하는 수량형용사가 와야 하므로, (b)와 (d)가 정답의 후보이다. 문맥상 CEO가 해고를 막기 위한 노력을 '거의 하지 않는다'고 비난하는 것이므로, '거의 없는'이라는 의미의 수량형용사 (b) little이 정답이다.

어휘 layoff n. 해고

15 준동사 to 부정사

난이도
●●○

> 그의 미술상에게 화가 난 그 화가는 판화 제작을 중단했고 새로운 주문을 받기를 거부했다.

━○ 텝스 치트키

다음의 3형식 타동사는 to 부정사를 목적어로 취한다.

to 부정사를 목적어로 취하는 동사

refuse 거절하다	want 원하다	wish/hope 희망하다
need ~할 필요가 있다	expect 예상하다, 기대하다	
promise 약속하다	plan 계획하다	decide 결정하다

정답 (a)

해설 빈칸 앞의 동사 refuse는 뒤에 to 부정사를 목적어로 취하는 동사이므로 to 부정사 (a) to take가 정답이다.

어휘 art dealer phr. 미술상

16 시제와 태 현재완료 시제

난이도
●●○

> 이번 달 근무 시간 기록표를 제출하지 않은 모든 직원은 오늘까지 제출해야 합니다.

정답 (d)

해설 by today(오늘까지)가 있는 것으로 보아, '이번 달 근무 시간 기록표를 제출하지 않았다'라는 상황이 과거부터 지금까지 진행되어 왔다는 문맥이다. 따라서 과거 시점에 시작된 일이 현재까지 계속되는 것을 표현하는 현재완료 시제 (d) have not submitted가 정답이다. (a)는 '근무 시간 기록표를 제출하지 않을 직원은 오늘까지 제출해야 한다'라는 어색한 문맥을 이루므로 오답이다.

어휘 time sheet phr. 근무 시간 기록표

17 접속사와 절 양보의 부사절 접속사

난이도
●●○

> 비록 불경기는 공식적으로 끝났지만, 많은 사람이 여전히 자신의 재정 상태가 불안정하다고 생각한다.

정답 (c)

해설 첫 번째 절(the recession ~ over)의 '불경기는 끝났다'라는 내용과 두 번째 절(many people ~ shaky)의 '많은 사람이 여전히 자신의 재정 상태가 불안정하다고 생각한다'라는 내용이 양보 관계(비록 ~하지만 …하다)를 이룬다. 따라서 '비록 ~

하지만'이라는 뜻으로 두 개의 절을 이어주는 (c) Although가 정답이다.

어휘 recession n. 불경기 shaky adj. 불안정한

18 동사와 조동사 제안의 주절 뒤 종속절의 동사 _{난이도 ●●○}

> 교수는 Kevin에게 논문의 결론을 수정하라고 권고했다.

🔑 텝스 치트키

제안, 의무, 요청을 나타내는 동사가 주절에 나오면, 종속절에 '(should +) 동사원형'이 와야 한다.

제안, 의무, 요청을 나타내는 동사
recommend 권고하다, 추천하다		request 요청하다
ask 요청하다	suggest 제안하다	propose 제안하다
command 명령하다	require 요구하다	demand 요구하다

정답 (a)

해설 주절에 '제안'을 나타내는 동사 recommend(권고하다)가 왔으므로 종속절(that절)에 '(should +) 동사원형'이 와야 한다. 따라서 동사원형 (a) revise가 정답이다.

어휘 conclusion n. 결론 paper n. 논문

19 품사 전치사 _{난이도 ●●○}

> 활주로의 눈이 치워지면 비행이 재개될 것이다.

정답 (a)

해설 '활주로의 눈이 치워지면 비행이 재개될 것이다'라는 문맥이므로, '~이 치워지다'라는 의미의 be cleared of를 완성하는 전치사 (a) of가 정답이다.

어휘 runway n. 활주로

20 수 일치 도치 구문의 수 일치 _{난이도 ●●○}

> 1980년대에 가장 잘 팔린 소설 중에는 Patricia Miller의 「위험한 단서들」이 있었다.

🔑 텝스 치트키

장소나 방향 등을 나타내는 부사(구)가 강조되어 문장의 맨 앞에 나올 때, 주어와 동사가 도치되어 '동사 + 주어'의 어순이 된다.

정답 (d)

해설 장소, 위치를 나타내는 부사구가 문두로 나와 주어와 동사가 도치된 문장이다. 주어인 Patricia Miller's *Dangerous Clues*가 단수이므로 단수 동사 (b)와 (d)가 정답의 후보이다. '1980년대에 가장 잘 팔린 소설'이라는 과거 시점에 관한 내용이므로, 과거 시제 (d) was가 정답이다.

21 준동사 분사 _{난이도 ●●●}

> 지난주 그 상원의원의 연설에서 비난받은 조항 중 일부는 후에 이민 법안에서 삭제되었다.

정답 (a)

해설 주어 Some of the provisions, 동사 were removed를 갖춘 완전한 문장이므로 빈칸은 수식어 자리이다. 따라서 수식어 자리에 올 수 있는 분사 (a), (c)와 to 부정사 (b)가 정답의 후보이다. 주어 Some of the provisions(조항 중 일부)와 보기의 동사 condemn(비난하다)이 '조항 중 일부가 비난받다'라는 수동의 의미로 해석되므로 과거분사 (a) condemned가 정답이다.

어휘 provision n. 조항, 규정, 단서 senator n. 상원의원 immigration n. 이민 bill n. 법안 condemn v. 비난하다

22 어순과 특수구문 5형식 문장의 어순 _{난이도 ●●○}

> Alex는 너무 이기적이어서 그의 룸메이트들은 그와 함께 살 수 없다고 생각했다.

정답 (b)

해설 빈칸 앞의 동사 find는 5형식으로 쓰여서 목적어와 목적격 보어를 취하며, 목적격 보어로 명사, 형용사, 분사가 올 수 있다. 따라서 목적어 him과 형용사 형태의 목적격 보어 impossible의 올바른 어순으로 온 (b) him impossible to live with가 정답이다. 참고로, impossible 등의 형용사는 to 부정사와 함께 쓰이므로, 명사절 접속사 that이 생략된 것으로 봐도 (c)는 답이 될 수 없다.

23 품사 명사 _{난이도 ●●○}

> 해안을 강타한 갑작스러운 폭풍 때문에 아직 바다에 있는 선원들은 지금 위험에 처해 있다.

정답 (a)

해설 보기의 명사 peril은 일반적인 '위험'을 가리킬 때 불가산 명사로, 부정관사와 함께 쓰이지 않고 복수형으로 쓰이지도 않는다. 따라서 (a) peril이 정답이다. 참고로 peril이 '위험물, 위험성'을 가리킬 때는 가산 명사로도 쓰일 수 있다.

어휘 sailor n. 선원 peril n. 위험

24 어순과 특수구문 의문사절의 어순 _{난이도 ●●●}

> 경찰은 그 자동차 사고에서 누가 잘못했는지 알아낼 수 없었다.

정답 (d)

해설 빈칸은 동사 determine의 목적어로 who 또는 whose가 이끄는 의문사절이다. 보기에 제시된 단어들이 '그 자동차 사고에서 누가 잘못했는지'라는 자연스러운 뜻을 이루기 위해서는

who was at fault(누가 잘못했는지)가 먼저 나오고 뒤에 부사구 in the car accident(그 자동차 사고에서)가 와야 하므로 (d) who was at fault in the car accident가 정답이다. (a)는 '누구의 잘못이 그 자동차 사고에 있었는지', (b)는 '누구의 자동차 사고가 잘못했는지', (c)는 '잘못한 자동차 사고에 누가 있었는지'라는 어색한 문맥을 이루므로 오답이다.

어휘 determine v. 알아내다

25 준동사 분사
난이도 ●●○

금리가 수십 년 만에 최저치를 기록하면서 많은 사람들이 대출을 받을 것을 고려하고 있다.

정답 (c)

해설 주어 many people, 동사 are considering, 목적어 taking out loans를 갖춘 완전한 문장이므로 빈칸을 포함하는 어구 (Interest rates ____ at their lowest level ~)는 수식어 자리이다. 문맥상 '금리가 최저치를 기록하고 있는' 상황이므로, '동시 상황'의 분사구문을 이루는 분사 (c) being이 정답이다.

어휘 interest rate phr. 금리 loan n. 대출

Part III

26 품사 형용사와 부사
난이도 ●●○

(a) A: 새로 발매된 Lavender Bloom의 앨범은 나에게 너무 이상하게 들려.
(b) B: 그래? 나는 재미있다고 생각했어. 그들의 새로운 방향은 꽤 독창적이야.
(c) A: 글쎄, 내 취향에는 그건 너무 파격적이야. 나는 그들의 이전 앨범들을 더 좋아해.
(d) B: 난 동의하지 않아. 나는 사실 이전에 그들의 스타일은 너무 직설적이라고 생각했어.

정답 (a) strangely → strange

해설 (a)에서 동사 sound는 형용사를 보어로 취하므로 부사 strangely가 오는 것은 틀리다. 따라서 부사 strangely는 형용사 strange로 바뀌어야 맞다.

어휘 enjoyable adj. 재미있는 original adj. 독창적인
unconventional adj. 파격적인, 틀에 박히지 않은 taste n. 취향
straightforward adj. 직설적인

27 시제와 태 능동태와 수동태
난이도 ●○○

(a) A: 낯이 익네요. 우리 어디선가 만난 적 있나요?
(b) B: 네, Jane의 집들이에서 제가 소개된 것 같아요.
(c) A: 아, 맞아요! 너무 오래돼서 잊어버릴 뻔했어요.
(d) B: 괜찮아요. 짧게 얘기할 기회밖에 없었던 것 같아요.

정답 (b) I introduced to → I was introduced to

해설 (b)에서 타동사 introduce 뒤에 목적어가 없고, 문맥상 주어 I와 동사 introduce(소개하다)가 '내가 소개되다'라는 수동의 의미로 해석되는 것이 자연스럽다. 따라서 능동태 형태의 I introduced to you는 수동태 형태의 I was introduced to you로 바뀌어야 맞다.

어휘 familiar adj. 낯이 익은 housewarming n. 집들이
briefly adv. 짧게

28 준동사 현재분사와 과거분사
난이도 ●●○

(a) 가시도마뱀은 호주 토착종인 소형 파충류이다. (b) 가시로 덮인 그들은 포식자에 대응하는 자연적인 방어 수단을 가지고 있다. (c) 흥미롭게도, 그들은 날씨에 따라 색을 바꾸기도 한다. (d) 따뜻한 날씨에는 노란색과 빨간색이지만, 추운 날씨에는 어두운색을 띤다.

정답 (b) Covering → Covered

해설 (b)에서 주어 they(가시도마뱀)와 cover with spike(가시로 뒤덮다)가 '가시도마뱀은 가시로 뒤덮이다'라는 수동의 의미로 해석되는 것이 자연스러우므로 현재분사 Covering은 과거분사 Covered로 바뀌어야 맞다.

어휘 thorny devil phr. 가시도마뱀 reptile n. 파충류
spike n. 가시 predator n. 포식자

29 시제와 태 과거 시제
난이도 ●●●

(a) 수십 년 동안, 거의 모든 과학자들은 사람들이 거의 같은 영양소 균형을 필요로 한다고 생각했다. (b) 그러나 최근의 연구들은 이 가정이 전혀 사실이 아니라는 증거를 제공했다. (c) 이 연구들은 유전자가 각 사람에게 이상적인 영양소 수치를 결정하는 데 주요한 역할을 한다는 것을 보여주었다. (d) 따라서, 사람들은 개인의 필요에 따라 개별적으로 맞춰진 식단을 따름으로써 이익을 얻을 수 있을 것으로 보인다.

정답 (b) was being → was

해설 (b)에서 be동사의 진행 시제가 쓰인 be being simply untrue는 '사실이 아닌 것처럼 굴다'라는 의미이다. 문맥상 '가정이 사실이 아니다'라는 일반적인 사실을 설명하고 있고, be동사로 일반적인 상태를 표현할 때는 진행형으로 쓰지 않으므로, 과거진행 시제 was being simply untrue는 과거 시제 was simply untrue로 바뀌어야 맞다.

어휘 roughly adv. 거의 assumption n. 가정 simply adv. 전혀
gene n. 유전자 ideal adj. 이상적인 diet n. 식단
tailor v. 맞추다, 조정하다

30 품사 전치사
난이도 ●●○

(a) 과학자들은 태양계가 300광년 너비의 가스 거품에 뒤덮여 있다고 생각한다. (b) 그 거품은 약 1천만 년 전에 근처의 몇몇

별들의 폭발에 의해 형성되었다. (c) 이러한 폭발은 초기 인류와 다른 유인원들이 진화하고 있던 시기에 일어났다. (d) 폭발은 지구와 꽤 가까운 곳에서 일어났지만, 이 종들의 진화는 영향을 받지 않았다.

━○ 텝스 치트키

전치사는 명사 역할을 하는 것 앞에 와서 문장에서 형용사구나 부사구의 역할을 한다.

이유, 양보, 목적을 나타내는 전치사
despite/in spite of ~에도 불구하고
because of/due to/owing to ~ 때문에
for ~을 위해

정답 (d) Despite → Despite the fact

해설 (d)에서 전치사 Despite 뒤에 주어 the explosions와 동사 occurred를 갖춘 절이 온 것은 틀리다. 전치사 뒤에는 명사 역할을 하는 것이 오므로, Despite와 the explosions 사이에 명사 the fact를 추가하여 절(the explosions ~ Earth)이 명사(the fact)를 수식하는 형태로 바뀌어야 맞다.

어휘 solar system phr. 태양계 envelop v. 뒤덮다, 감싸다
great ape phr. 유인원 evolve v. 진화하다 fairly adv. 꽤
unaffected adj. 영향을 받지 않은

READING COMPREHENSION

문제집 p. 81

Part I

1 빈칸 채우기 문장 일부   난이도 ●○○

모든 임직원분들께:

Limelight Marketing은 ＿＿＿＿＿＿＿＿＿＿ 것을 모든 직원에게 알리고자 합니다. 모든 직원은 최소 15일의 유급 연차를 가지고 있습니다. 하지만, 많은 직원들은 지속적으로 매년 이 숫자보다 더 적게 휴가를 사용합니다. 일과 삶의 균형에 대한 우리의 약속을 지키기 위해, 우리는 직원들이 자신들의 모든 휴가를 사용하는 것이 중요하다고 생각합니다. 관리자들은 부서 내에서 이 정책이 준수되는 것을 보장할 책임이 있습니다.

Marsha Douglas
Limelight Marketing CEO

(a) 연차의 완전한 사용을 요구한다는
(b) 보다 유연한 유급 휴가를 도입한다는
(c) 휴가 기간 동안 근로자들에게 전액 급여를 준다는
(d) 사용하지 않은 휴가에 대해 직원에게 급여를 지급한다는

정답 (a)

해설 빈칸이 있는 문장 Limelight Marketing would like to notify all employees that we will be ＿＿＿＿＿ (Limelight Marketing은 ＿＿＿ 것을 모든 직원에게 알리고자 합니다)를 통해, Limelight Marketing이 직원들에게 알리고자 하는 것을 빈칸에 넣어야 함을 알 수 있다. 우리는 직원들이 자신들의 모든 휴가를 사용하는 것이 중요하다고 생각한다(we believe that ~ use all their leave)고 했다. 따라서 Limelight Marketing은 직원들에게 '연차의 완전한 사용을 요구한다는' 것을 알리고자 하는 것을 알 수 있으므로, (a)가 정답이다.

어휘 minimum n. 최소 paid annual leave phr. 유급 연차
consistently adv. 지속적으로 commitment n. 약속, 책임
ensure v. 보장하다, 반드시 ~하게 하다 policy n. 정책, 방침
department n. 부서, 부처 flexible adj. 유연한
grant v. 주다, 허락하다

2 빈칸 채우기 문장 일부   난이도 ●○○

이번 시즌이 끝나면, 농구 스타 Stan Morris는 Lions와의 계약이 끝나기 때문에 자유 계약 선수가 될 것이다. Morris와 가까운 소식통들은 그가 팀의 경기력에 불만을 느끼고 있다고 말한다. 특히, 그는 경영진이 Lions를 우승 도전자(우승이 유력한 팀)로 만드는 데 필요한 지원 선수들을 데려오지 못한 것에 화가 났다. Lions는 Morris에게 후한 계약 연장을 제공할 것이 거의 확실하

TEST 1 TEST 2 TEST 3 TEST 4 TEST 5

TEPS 서울대 텝스관리위원회 공식 기출문제집

다. 하지만, 그는 자신이 _____ 팀으로 떠날 것 같다.

(a) 보다 중심적인 역할을 맡도록 허용되는
(b) 그의 공헌에 대해 금전적으로 보상받는
(c) 그의 동료들로부터 더 큰 존중을 받는
(d) 우승할 가능성이 더 높은

정답 (d)

해설 빈칸이 있는 문장 However, it seems likely that ~ where he will _____(하지만, 그는 자신이 _____ 팀으로 떠날 것 같다)을 통해, Morris가 원하는 팀을 빈칸에 넣어야 함을 알 수 있다. 지문 중반에서 그는 경영진이 Lions를 우승 도전자(우승이 유력한 팀)로 만드는 데 필요한 지원 선수들을 데려오지 못한 것에 화가 났다(he is upset that management ~ a championship contender)라고 했다. 이를 바탕으로 Morris는 '우승할 가능성이 더 높은' 팀으로 떠날 것임을 알 수 있으므로, (d)가 정답이다.

어휘 free agent phr. 자유 계약 선수 source n. 소식통, 정보원
management n. 경영진, 운영진
contender n. 도전자, 경쟁자 generous adj. 후한, 넉넉한
central adj. 중심적인, 중앙의 reward v. 보상하다, 보답하다
financially adv. 금전적으로, 재정적으로
appreciation n. 존중, 감사, 감상

3 빈칸 채우기 문장 일부
난이도 ●●○

연구에 따르면 모바일 기기를 사용하는 데 너무 많은 시간을 보내는 부모들은 _____지도 모른다. 설문조사에서, 부모들은 기계가 가족 구성원들과의 일상적 상호작용을 방해하는 정도를 평가할 것을 요청받았다. 그들은 또한 그들의 아이들이 얼마나 자주 (행동이) 파괴적인지를 평가할 것도 요청받았다. 다양한 요인들을 통제한 후, 연구원들은 부모의 산만함과 아이들의 문제 행동들 사이의 상관관계를 발견했다. 비록 그 결과가 완전히 결정적인 것은 아니지만, 연구원들은 부모들에게 그들의 (모바일 기기) 화면 사용 시간이 아이들에게 미치는 영향을 고려하라고 충고했다.

(a) 그들의 아이들과 비효율적으로 의사소통할
(b) 그들의 아이들이 내향적으로 되게끔 할
(c) 그들의 아이들의 잘못된 행동에 원인이 될
(d) 한 세대의 고립된 아이들을 만들

정답 (c)

해설 빈칸이 있는 문장 Research suggests that parents ~ may be _____(연구에 따르면 모바일 기기를 사용하는 데 너무 많은 시간을 보내는 부모들은 _____지도 모른다)를 통해, 모바일 기기를 많이 사용하는 부모들이 할지도 모르는 일을 빈칸에 넣어야 함을 알 수 있다. 연구원들은 부모의 산만함과 아이들의 문제 행동들 사이의 상관관계를 발견했다(the researchers found ~ children's troublesome actions)고 했고, 연구원들이 부모들에게 그들의 (모바일 기기) 화면 사용 시간이 아이들에게 미치는 영향을 고려하라고 충고했다(the researchers advised ~ on children)고 설명했다. 이를 바탕으로 모바일 기기를 사용하는 데 많은 시간

을 보내는 부모들은 '그들의 아이들의 잘못된 행동에 원인이 될' 수 있다는 것을 알 수 있으므로, (c)가 정답이다.

어휘 survey n. 설문조사 rate v. 평가하다 interrupt v. 방해하다
interaction n. 상호작용 disruptive adj. 파괴적인, 분열적인
correlation n. 상관관계 distractedness n. 산만함
conclusive adj. 결정적인, 단호한
screen time phr. 화면 사용 시간
ineffectively adv. 비효율적으로
withdrawn adj. 내향적인, 내성적인
contribute to phr. 원인이 되다, 기여하다
misbehavior n. 잘못된 행동 isolated adj. 고립된, 격리된

4 빈칸 채우기 문장 일부
난이도 ●○○

몇 년 전에, 나는 금융 사기의 피해자였다. 상당한 액수의 돈을 잃었기 때문에, 나는 극도로 화가 났고 암울한 시기를 겪었다. 친구들의 응원과 치료사의 도움이 없었다면 분노와 절망의 감정은 견디기 힘들었을 것이다. 마침내, 나는 마음의 평화를 되찾았고 내가 저축한 돈을 다시 모을 수 있을 것이라는 점을 깨달았다. 하지만 그 경험은 나에게 사기의 가장 큰 위험 중 하나는 그것이 _____ 수 있다는 것임을 보여주었다.

(a) 피해자의 인간관계를 심각하게 손상시킬
(b) 피해자들이 경제적으로 살아남을 수 없게 할
(c) 피해자의 잠재 수입을 상당히 감소시킬
(d) 피해자들에게 극심한 심리적 영향을 끼칠

정답 (d)

해설 빈칸이 있는 문장 But the experience showed me ~ that it can _____(하지만 그 경험은 나에게 사기의 가장 큰 위험 중 하나는 그것이 _____ 수 있다는 것을 보여주었다)을 통해 금융 사기를 당한 경험이 글쓴이에게 무엇을 보여주었는지를 빈칸에 넣어야 함을 알 수 있다. 금융 사기를 당한 글쓴이는 극도로 화가 났고 암울한 시기를 겪었다(I was extremely ~ dark period)고 했고, 친구들의 응원과 치료사의 도움이 없었다면 분노와 절망의 감정은 견디기 힘들었을 것이다(The feelings of anger ~ a therapist)라고 했다. 이를 바탕으로 사기는 '피해자들에게 극심한 심리적 영향을 끼칠' 수 있다는 것을 알 수 있으므로, (d)가 정답이다.

어휘 victim n. 피해자 fraud n. 사기, 사기꾼
despair n. 절망, 자포자기 regain v. 되찾다, 되돌아오다
saving n. 저축한 돈, 예금 earning n. 수입, 소득
significantly adv. 상당히, 현저히
profound adj. 극심한, 심오한 psychological adj. 심리적인

5 빈칸 채우기 문장 일부
난이도 ●○○

일부 건강 전문가들은 설탕이 든 음료에 대한 특별 판매세가 당뇨병과 비만율을 극적으로 감소시킬 것이라고 주장한다. 이 제안은 이론적으로는 유망하게 들리지만, 현실 세계에서는 일반적으로 효과가 있지 않았다. 예를 들어, 멕시코가 그러한 세금을 도입했을 때, 설탕이 든 음료의 판매가 즉시 감소했다. 하지만, 이 세금의 유일한 실질적 장기 효과는 정부의 재원을 채우는 것이었

다. 비교적 짧은 시간 내에, (설탕이 든 음료의) 소비량은 세금이 있음에도 불구하고 세금을 부과하기 전 수준으로 되돌아갔다. 따라서 그러한 세금은 _____고 주장할 수 있다.

(a) 나라마다 다른 결과를 낳는다
(b) 사람들이 설탕이 든 음료를 더 많이 소비하게 한다
(c) 세입을 창출하는 것 이상의 성과를 거두지 못한다
(d) 효능에도 불구하고 대중의 불만을 야기한다

정답 (c)

해설 빈칸이 있는 문장 The case can ~ such taxes _____ (따라서 그러한 세금은 _____고 주장할 수 있다)를 통해, 설탕이 든 음료에 부과되는 특별 판매세의 결과에 대한 내용을 빈칸에 넣어야 함을 알 수 있다. 설탕이 든 음료에 대한 세금의 유일한 실질적 장기 효과는 정부의 재원을 채우는 것이었다(However, the only ~ the government's coffers)고 했고, 짧은 시간 내에 (설탕이 든 음료의) 소비량은 세금을 부과하기 전 수준으로 되돌아갔다(Within a relatively ~ the tax remaining)고 했다. 따라서 설탕이 든 음료에 대한 세금은 '세입을 창출하는 것 이상의 성과를 거두지 못한다'는 것을 알 수 있으므로, (c)가 정답이다.

어휘 sales tax phr. 판매세 diabetes n. 당뇨병
obesity n. 비만 proposal n. 제안
promising adj. 유망한, 촉망되는 immediate adj. 즉각적인
dip n. 감소, 하락 coffer(s) n. 재원, 금고
consumption n. 소비(량), 소비액
accomplish v. 성과를 거두다, 성취하다
generate v. 창출하다, 발생시키다 revenue n. 세입, 매출
discontent n. 불만, 불평 efficacy n. 효능, 효험

6 빈칸 채우기 문장 일부
난이도 ●●●

1933년에 미국으로 이민을 간 후, 알베르트 아인슈타인은 그의 명성을 _____ 데 사용했다. 유대인으로서, 아인슈타인은 제2차 세계 대전 이전에 나치 독일 내 반유대주의로 인해 고통받았었다. 이러한 인종 차별은 그를 미국으로 망명하게 만들었고, 그곳에서 그의 과학적 발견은 그에게 명성을 가져다주었다. 독일 내 유대인과 미국 내 흑인이 처한 상황의 유사점을 본 아인슈타인은 공개적으로 미국의 시민 평등권 운동을 지지했다. 그의 행동으로 인해, 그는 FBI의 감시를 받았는데, 당시 시민 평등권 지도자들은 공산주의적 위협으로 여겨졌기 때문이었다. 그러나, 아인슈타인의 명성이 외부의 압력으로부터 그를 보호하여 그가 진보주의 운동을 계속 옹호할 수 있게 하였다.

(a) 반유대주의 운동에 이의를 제기하는
(b) 그의 새로운 조국(미국)의 인종차별을 비난하는
(c) 미국 당국에 나치즘에 맞설 것을 촉구하는
(d) 미국을 모방하도록 세계를 설득하는

정답 (b)

해설 빈칸이 있는 문장 After emigrating ~, Albert Einstein used his fame to _____(1933년에 미국으로 이민을 간 후, 알베르트 아인슈타인은 그의 명성을 _____ 데 사용했다)를 통

해, 아인슈타인이 미국에서 자신의 명성을 무엇에 사용했는지를 빈칸에 넣어야 함을 알 수 있다. 독일 내 유대인과 미국 내 흑인이 처한 상황의 유사점을 본 아인슈타인은 공개적으로 미국의 시민 평등권 운동을 지지했다(Seeing the parallels ~ American civil rights movement)고 했다. 이를 바탕으로 아인슈타인은 그의 명성을 '새로운 조국(미국)의 인종차별을 비난하는' 데 사용했음을 알 수 있으므로, (b)가 정답이다.

어휘 emigrate v. 이민하다, 이주하다 fame n. 명성, 명예
anti-Semitism n. 반유대주의 racism n. 인종 차별
exile n. 망명, 도피 renown n. 명성, 유명
parallel n. 유사점, 필적하는 것 civil rights phr. 시민 평등권
insulate v. 보호하다 champion v. 옹호하다
denounce v. 비난하다, 반대하다 urge v. 촉구하다, 요구하다
emulate v. 모방하다, 우열을 겨루다

7 빈칸 채우기 문장 일부
난이도 ●●○

평탄한 도로의 부재로 인해, 석유 회사들은 북극에서의 시추 작업을 겨울로 제한해야 한다. 이 기간 동안, 지반은 완전히 얼어붙어 회사들이 근로자와 장비를 운반할 수 있는 임시 얼음길을 만들 수 있게 한다. 그러나, 지구 온난화로 인해, 그러한 얼음길을 이용할 수 있는 시기는 계속해서 짧아지고 있다. 결과적으로, 석유 회사들이 탐사 및 생산 작업을 수행하는 것은 매년 더 어려워지고 있다. 현재 회사들은 이 문제에 대한 기술적 해결책을 연구하고 있다. 그러나 큰 혁신이 없다면, 북극의 석유 회사들은 _____ 될 것이다.

(a) 어느 때보다 짧은 작업 기간을 갖게
(b) 그들의 장비가 구식이 되는 것을 보게
(c) 점점 더 외진 지역을 탐험할 필요가 있게
(d) 그들의 상품에 대한 수요 부족에 직면하게

정답 (a)

해설 빈칸이 있는 문장 it is probable that oil companies in the Arctic will _____(북극의 석유 회사들은 _____ 될 것이다)을 통해, 북극의 석유 회사들이 겪게 될 상황을 빈칸에 넣어야 함을 알 수 있다. 석유 회사들은 겨울에 얼어붙은 지반을 임시 얼음길로 삼아 시추 작업을 하는데, 지구 온난화로 인해 그러한 얼음길을 이용할 수 있는 시기는 계속해서 짧아지고 있다(due to global warming, ~ progressively shorter)고 했다. 이를 바탕으로 북극의 석유 회사들은 '어느 때보다 짧은 작업 기간을 갖게' 될 것임을 알 수 있으므로, (a)가 정답이다.

어휘 restrict v. 제한하다 drilling operation phr. 시추 작업
temporary adj. 임시의 window n. 시기, 기회
progressively adv. 계속해서 exploration n. 탐사
innovation n. 혁신
obsolete adj. 구식의, 더 이상 쓸모가 없는
remote adj. 외진, 먼 shortfall n. 부족

8 빈칸 채우기 문장 일부
난이도 ●●○

오늘날 영국 왕정복고 시대의 시인이자 극작가 Nahum Tate는 주로 그의 _____

로 기억되고 있다. 몇 편의 단편극과 오페라 대본을 제작한 후, 그는 영감을 얻기 위해 셰익스피어의 작품에 눈을 돌렸다. 아마도 셰익스피어의 가장 어두운 희곡일 「리어왕」의 원문을 개작하면서, Tate는 그 희곡의 비극적인 결말을 리어왕의 막내딸의 기쁨에 찬 결혼으로 대체했다. Tate의 다른 작품들은 대부분 잊혔지만, 이 작품은 감상성으로 인해 계속 조롱받고 있다.

(a) 고전 비극을 원형으로 되돌리려는 노력
(b) 셰익스피어와의 감상적인 희곡 집필 경쟁
(c) 고전 비극을 행복한 결말로 끝내려는 잘못된 시도
(d) 셰익스피어의 희곡을 오페라를 위해 감상적으로 각색한 것

정답 (c)

해설 빈칸이 있는 문장 Nahum Tate is mainly remembered for his _____(Nahum Tate는 주로 그의 _____로 기억되고 있다)를 통해, Nahum Tate가 기억되고 있는 이유에 대한 내용을 빈칸에 넣어야 함을 알 수 있다. Tate는 「리어왕」의 비극적인 결말을 리어왕의 막내딸의 기쁨에 찬 결혼으로 대체했다(Tate replaced the play's ~ Lear's youngest daughter)고 하였고, 이 작품은 감상성으로 인해 계속 조롱받고 있다(this one ~ its sentimentality)고 했다. 이를 바탕으로 Tate는 '고전 비극을 행복한 결말로 끝내려는 잘못된 시도'로 기억되고 있음을 알 수 있으므로, (c)가 정답이다.

어휘 (the) Restoration n. 왕정복고 시대 (영국의 찰스 2세가 왕위를 되찾은 1660년 이후 기간) drama n. 극, 희곡
operatic adj. 오페라의 libretto n. 대본
inspiration n. 영감 tragic adj. 비극적인
conclusion n. 결말 sentimentality n. 감상성
tragedy n. 비극 misguided adj. 잘못된, 엉뚱한
adaptation n. 각색

---

9 빈칸 채우기 연결어

난이도 ●○○

정말로 필름타스틱했다!
지난밤 Stargazer 영화상 중계는 매우 놀라웠다. 최근 몇 년 동안, 이 시상식은 주최자들의 건전한 농담과 수상자들의 긴 연설을 특징으로 했으며, 길고 지루했다. _____, 올해 중계는 고작 60분짜리 쇼가 진행되는 동안 정말로 재미있는 순간들이 많았기 때문에 거의 완벽했다. 행사가 끝난 후, 많은 시청자들은 온라인에 접속하여 훨씬 나아진 시상식을 칭찬했다.

(a) 물론
(b) 대조적으로
(c) 게다가
(d) 이어서

정답 (b)

해설 빈칸 앞 문장은 최근 몇 년 동안 시상식이 길고 지루했다는 내용이고, 빈칸 뒤 문장은 올해 시상식 중계는 재미있는 순간들이 많았기 때문에 거의 완벽했다는 내용으로 서로 대조를 이루고 있다. 따라서 대조를 나타내는 (b) In contrast(대조적으로)가 정답이다.

어휘 broadcast n. 중계 tedious adj. 지루한
genuinely adv. 정말로, 진심으로

---

10 빈칸 채우기 연결어

난이도 ●●○

항생제는 인간의 건강에 매우 중요하지만, 제약 회사들은 항생제를 연구하는 데 자원을 거의 쏟지 않는다. 이 약들은 일반적으로 그저 몇 회 복용 후 효과가 나타나기 때문에, 이 약들을 사용하는 환자들은 긴 치료 과정이 필요하지 않다. _____, 항생제로 얻는 이익은 상대적으로 적은데, 이것은 제약회사들로 하여금 항생제에 대한 투자를 꺼리게 만든다. 대부분의 경우, 이 회사들은 만성 질환에 대한 치료제를 추진하는 것을 선호하는데, 이러한 치료제는 항생제보다 훨씬 더 꾸준한 수익을 창출하기 때문이다.

(a) 확실히
(b) 결과적으로
(c) 예를 들면
(d) 마지막으로

정답 (b)

해설 빈칸 앞 문장은 항생제는 일반적으로 몇 회만 복용하면 효과가 나타나기 때문에 환자들은 긴 치료 과정이 필요하지 않다는 내용이고, 빈칸 뒤 문장은 제약회사들이 항생제로 얻는 이익이 적다는 내용으로 앞 문장의 내용에 대한 결과를 설명하고 있다. 따라서 결과를 나타내는 (b) As a result(결과적으로)가 정답이다.

어휘 antibiotic adj. 항생(물질)의 medication n. 약
pharmaceutical company phr. 제약 회사
devote v. 쏟다, 바치다 dose n. 복용(량)
comparatively adv. 상대적으로 pursue v. 추진하다
chronic condition phr. 만성 질환 revenue n. 수익, 매출

Part II

11 어색한 문장 골라내기

난이도 ●○○

지난해 제품 리콜 사태에서 간신히 회복한 후, 자동차 업체 Power Motors는 다시 곤경에 빠졌다. (a) 그 업체는 심각한 안전 문제로 최근 출시된 Seneca 세단 전량을 회수하고 있다. (b) 비상 상황에서 브레이크를 고장 낼 수 있는 기계적 문제가 발견된 것이다. (c) 사고가 보고된 바는 없지만, 이 문제는 그 회사의 명성에 또 한 번의 타격이다. (d) 그 회사는 인기 있는 차량에 대한 소비자 수요를 따라잡기 위해 생산을 늘렸다.

정답 (d)

해설 첫 문장에서 리콜 사태에서 간신히 회복한 자동차 업체 Power Motors가 다시 곤경에 빠졌다고 했다. (a)는 Power Motors가 안전 문제로 최근 출시된 차종을 전량 회수하고 있다는 내용, (b)는 브레이크를 고장 낼 수 있는 기계적 문제가 발견되었다는 내용, 그리고 (c)는 이 문제가 Power Motors의 명성에 또 한 번의 타격이라는 내용이다. 반면 (d)의 '회사가 차량 생산을 늘린 이유'는 지문의 전반적인 내용인 'Power Motors의 최근 출시된 차량의 문제와 그 영향'과 관련이 없으므로 (d)가 정답이다.

어휘 recall n. 리콜; v. 회수하다 blow n. 타격
reputation n. 명성 keep up with phr. ~을 따라잡다

12 어색한 문장 골라내기

전문가들에 따르면, 레드 와인이 인간의 심장 건강에 이롭다는 일반적인 주장은 설득력 있는 경험적 근거가 부족하다. (a) 이 주장은 레드 와인에 소량 존재하는 레스베라트롤이라고 불리는 건강에 좋다고 여겨지는 화학물질에 대한 임상 연구를 흔히 근거로 삼는다. (b) 하지만, 이 연구는 인간을 실험 대상으로 하지 않고 쥐를 대상으로 수행되었고, 와인에 존재하는 것보다 훨씬 높은 수치의 레스베라트롤을 수반했다. (c) 많은 양의 술을 마시는 것은 해로운 영향을 미칠 수 있기 때문에, 많은 전문가들은 이제 사람들이 하루에 한 잔의 와인만 마실 것을 권고한다. (d) 게다가, 와인을 마시는 여러 지역의 사람들을 비교한 별도의 연구는 건강과 레스베라트롤 수치 사이에 상관관계가 없다는 것을 발견했다.

정답 (c)

해설 첫 문장에서 레드 와인이 인간의 심장 건강에 이롭다는 주장은 경험적 근거가 부족하다고 했다. (a)는 그 주장의 근거, (b)는 그 주장의 결점, 그리고 (d)는 그 주장을 부정하는 연구 결과를 언급했다. 반면 (c)의 '적절한 와인 섭취량'은 지문의 전반적인 내용인 '레드 와인과 인간의 건강 사이의 상관관계에 대한 연구 결과'와 관련이 없으므로 (c)가 정답이다.

어휘 beneficial adj. 이로운 empirical adj. 경험적인
clinical adj. 임상의
supposedly adv. 여겨지기에는, 추측건대
undertake v. 수행하다, 착수하다 involve v. 수반하다
correlation n. 상관관계

Part III

13 중심 내용 주제

Jade Resort — 호화로운 경험

모래로 뒤덮인 카리브해 해변 위로 솟아 있는 Jade Resort는 다른 어디에서도 볼 수 없는 경치를 가지고 있습니다. 투숙객들은 다양한 객실을 선택할 수 있는데, 각 객실은 숨 막히는 경치가 내려다보입니다.

반짝이는 푸른 파도를 보며 저녁 시간을 즐기거나 험준한 산의 경치를 보며 일어나세요. 이국적인 꽃의 광경을 즐길 수 있는 정원 객실을 선택하세요. 아니면 항구 경치가 보이는 객실을 이용해 보고 일몰을 즐기는 동안 휴식을 취하세요.

지금 예약하려면 jaderesort.com을 방문하세요!

Q: Jade Resort에 대해 주로 광고되고 있는 것은 무엇인가?

(a) 여러 경치 좋은 풍경이 보이는 객실을 선택할 수 있다.
(b) 설계는 주변 자연환경에서 영감을 받았다.
(c) 해변과 산에 쉽게 접근할 수 있다.
(d) 객실들은 모두 시각적으로 매력적인 인테리어가 되어 있다.

정답 (a)

해설 광고의 주제를 묻는 문제이다. 투숙객들은 숨 막히는 경치가 내려다보이는 다양한 객실을 고를 수 있다고 언급한 후, 반짝이는

푸른 파도(the sparkling blue waves), 험준한 산의 경치(a view of the rugged mountains), 이국적인 꽃의 광경(the sight of exotic flowers), 항구 경치(a harbor view)를 볼 수 있다고 했다. 이를 '여러 경치 좋은 풍경이 보이는 객실을 선택할 수 있다'라고 종합한 (a)가 정답이다.

어휘 overlook v. 내려다보다 rugged adj. 험준한, 바위투성이의
exotic adj. 이국적인, 외국의 harbor n. 항구
sunset n. 일몰 scenic adj. 경치 좋은

14 중심 내용 요지

많은 웹사이트들은 전문직 종사자들이 프리랜서 일자리를 찾도록 돕는 것을 전문으로 한다. 그러한 웹사이트들은 일부 사람들이 그들의 직장을 그만두고 완전히 온라인 프리랜서로 생계를 꾸리도록 유혹할 수 있다. 하지만, 프리랜서로 시작하는 것은 쉽지 않다. 대부분의 고용주들이 프리랜서를 고용하기 전에, 그들은 그 사람의 일에 대한 긍정적인 평가를 읽기를 원한다. 불행하게도, 사람들이 막 (프리랜서로) 시작할 때, 그들은 온라인 평판이 없다. 이러한 이유로, 그들은 종종 온라인에서 프리랜서 일자리를 찾기 위해 한동안 고군분투한다.

Q: 프리랜서에 대한 글쓴이의 요점은 무엇인가?

(a) 평가의 부재로 인해 방해를 받을 수 있다.
(b) 점점 더 완전히 온라인으로 일하고 있다.
(c) 고용주들에 대한 평가를 공유함으로써 이익을 얻을 수 있다.
(d) 웹사이트에 그들의 서비스를 홍보해야 한다.

정답 (a)

해설 프리랜서에 대한 글쓴이의 요점을 묻는 문제이다. 고용주들은 프리랜서를 고용하기 전에 프리랜서의 일에 대한 긍정적인 평가를 읽고 싶어 하는데, 사람들이 막 프리랜서로 시작할 때는 온라인 평판이 없으므로, 종종 온라인에서 프리랜서 일자리를 찾기 위해 한동안 고군분투한다(Unfortunately ~ online reputation. For this reason ~ work online)고 했다. 이를 '평가의 부재로 인해 방해를 받을 수 있다'라고 종합한 (a)가 정답이다.

어휘 quit v. 그만두다 reputation n. 평판
struggle v. 고군분투하다 hold back phr. 방해하다, 억제하다

15 중심 내용 주제

기후 변화로 인해, 많은 조류 종들이 평소보다 더 일찍 또는 더 늦게 계절에 따른 보금자리 이동을 시작하고 있다. 이 새들은 목적지에 도착했을 때 특정한 환경을 필요로 하기 때문에, 이러한 변화는 특정 종의 미래에 중요한 영향을 미칠 수 있다. 예를 들어, 둥지터에 너무 일찍 도착하는 새들은 지역 식량원의 부족에 직면할 수 있다. 유사하게, 너무 늦게 도착하는 새들은 최적의 번식기를 놓칠 수 있고, 결과적으로 새끼들의 사망률을 높일 수 있다. 어느 경우든, 그 종이 앞으로 번성할 가능성은 줄어든다.

Q: 기후 변화에 대해 주로 언급되고 있는 것은 무엇인가?

(a) 이동 경로를 따라 식량 부족을 초래할 수 있다.

(b) 이동 시기를 변경함으로써 새들을 위협한다.

(c) 새들이 잘못된 장소로 이동하게 할 수 있다.

(d) 철새들이 이용하는 서식지를 손상시키고 있다.

정답 (b)

해설 지문의 주제를 묻는 문제이다. 기후 변화로 인해 많은 조류 종이 평소보다 더 일찍 또는 더 늦게 보금자리 이동을 시작하고 있다(Due to climate change ~ earlier or later than usual)고 했고, 둥지터에 너무 일찍 도착하는 새들은 식량 부족에 직면할 수 있고(birds that reach ~ local food sources), 너무 늦게 도착하는 새들은 최적의 번식기를 놓쳐 새끼들의 사망률을 높일 수 있다(those that ~ for their chicks)고 했다. 이를 '이동 시기를 변경함으로써 새들을 위협한다'라고 종합한 (b)가 정답이다.

어휘 undertake v. 시작하다, 착수하다 migration n. 이동, 이주
destination n. 목적지 implication n. 영향
scarcity n. 부족 optimal adj. 최적의
mortality rate phr. 사망률 thrive v. 번성하다
diminish v. 줄다 habitat n. 서식지

---

16 중심 내용 요지

난이도 ●●●

2010년에, 아이슬란드의 화산인 에이야퍄들라이외쿠들 폭발은 유럽 전역에 거대한 화산재 구름을 내보냈다. 이 구름의 위험성 때문에, 유럽 대륙을 가로지르는 수천 개의 항공편이 취소되었고, 그 결과 부정적인 뉴스가 끊임없이 고조되었다. 많은 사람들은 이 언론 보도가 아이슬란드의 관광 산업에 해가 될 것이라고 우려했지만, 아이슬란드 당국자들은 기회를 감지하고 그들의 조국이 받고 있는 관심을 활용하기 위해 움직였다. 언론 선전을 시작하면서, 그들은 화산과 용암으로 덮인 들판을 포함한 아이슬란드의 숨 막히는 자연의 경이로움을 강조했다. 그들의 책략은 성과를 거두었고, 그 후 몇 년 동안 이 작은 섬나라에 오는 국제 관광객들이 증가했다.

Q: 화산 폭발에 대한 글쓴이의 요점은 무엇인가?

(a) 아이슬란드의 지도자들에 의해 관광을 장려하기 위한 목적으로 사용되었다.

(b) 아이슬란드 관광에 미치는 영향은 예상을 뛰어넘었다.

(c) 아이슬란드의 관광 산업에 심각한 피해를 입혔다.

(d) 아이슬란드의 관광 부문에 대한 그것의 영향이 계속해서 감지되고 있다.

정답 (a)

해설 화산 폭발에 대한 글쓴이의 요점을 묻는 문제이다. 화산이 폭발하자 아이슬란드 당국자들은 이를 기회 삼아 언론 선전을 시작하면서, 화산과 용암으로 덮인 들판을 포함한 아이슬란드의 자연경관을 강조했다(Launching a media blitz ~ lava fields)고 했고, 그 결과 관광객들이 증가했다고 했다. 이를 '아이슬란드의 지도자들에 의해 관광을 장려하기 위한 목적으로 사용되었다'라고 종합한 (a)가 정답이다.

어휘 eruption n. 폭발 ash n. 화산재, 재 flight n. 항공편
continent n. 대륙 relentless adj. 끊임없는
wave n. 고조, 급증 coverage n. 보도

---

detrimental adj. 해가 되는 capitalize v. 활용하다, 기회로 삼다
blitz n. 선전, 공세 gambit n. 책략, 계략, 수
swell v. 증가하다, 늘다 subsequent adj. 후의, 뒤이어 일어나는

---

17 세부 정보 육하원칙

난이도 ●○○

유모 구함

Edsonville에 본거지를 둔 한 프랑스 가족은 그들의 두 살 난 아들을 위해 전업 동거 유모를 구하고 있습니다. 지원자는 다음과 같아야 합니다:

• 아이에게 오로지 영어로만 말하는 영어 원어민이어야 합니다.
• 보육 자격이 있어야 합니다.(학위 수준이면 더할 나위 없이 좋지만, 자격증 수준도 고려됨)
• 적어도 2년의 유모 경험이 있어야 합니다.

합격자는 넉넉한 급여와 4주간의 유급 휴가를 기대할 수 있습니다. 요리 및 음식 준비 능력은 요구되지 않습니다.

지원하려면, mariemichoux@email.com으로 이메일을 보내세요.

Q: 다음 중 합격자에게 요구되는 것은?

(a) 음식 준비 능력
(b) 아동 보육학 대학 학위
(c) 프랑스어 말하기 능력
(d) 유모 경력 2년

정답 (d)

해설 합격자에게 요구되는 것이 무엇인지 묻는 문제이다. 유모를 구하는 글에서, 지원자의 요건으로 적어도 2년의 유모 경험이 있어야 한다(have at least two years' worth of experience as a nanny)고 했다. 이를 '유모 경력 2년'이라고 바꾸어 표현한 (d)가 정답이다.

어휘 nanny n. 유모, 가정부 applicant n. 지원자
exclusively adv. 오로지, 전적으로
childcare n. 보육, 아동 교육 qualification n. 자격(증)
ideally adv. 더할 나위 없이 degree n. 학위
certificate n. 자격증 generous adj. 넉넉한
salary n. 급여 paid vacation phr. 유급 휴가
competence n. 능력

---

18 세부 정보 Correct

난이도 ●●○

아르테미스 신전은 고대 그리스 도시 에페소스에 위치해 있었다. 청동기 시대에 지어진 (a)/(b)초기 신전은 기원전 7세기에 홍수로 파괴되었다. 기원전 550년에, 10년에 걸친 (c)재건 노력은 원래의 신전을 더 놀라운 형태로 만들어냈다. 그러나, 이 형태는 기원전 356년에 화재로 소실되었다. 기원전 323년에, (d)가장 장엄한 형태의 사원 작업이 시작되었고, 이 사원은 후에 고대 세계 7대 불가사의 중 하나로 분류되었다. 서기 401년에, 이 형태의 신전은 이교도 반대자들에 의해 파괴되었고, (d)오늘날에는 이 신전의 일부만 남아있다.

Q: 아르테미스 신전에 대한 내용과 일치하는 것은?

(a) 초기 형태는 대형 화재로 파괴되었다.

(b) 기원전 550년까지 손상되지 않은 채 원형 그대로 남아 있었다.

(c) 재건될 때마다 더 장엄해졌다.

(d) 잔재들이 시간이 지남에 따라 완전히 사라졌다.

정답 (c)

해설 아르테미스 신전에 대한 내용과 일치하는 것을 묻는 문제이다. 초기 형태의 아르테미스 신전은 기원전 550년에 재건을 통해 더 놀라운 형태가 되었다(reconstruction effort yielded a more impressive version of the original temple)고 했고, 화재로 소실된 후 기원전 323년에 가장 장엄한 형태의 사원 작업이 시작되었다(work began on what became the most majestic version of the temple)고 했다. 이를 '재건될 때마다 더 장엄해졌다'라고 바꾸어 표현한 (c)가 정답이다.

오답분석

(a) 초기 신전은 기원전 7세기에 홍수로 파괴되었다고 했으므로, 초기 형태는 대형 화재로 파괴되었다는 것은 지문의 내용과 다르다.

(b) 초기 신전은 기원전 7세기에 홍수로 파괴되었다고 했으므로, 기원전 550년까지 손상되지 않은 채 원형 그대로 남아 있었다는 것은 지문의 내용과 다르다.

(d) 오늘날에는 아르테미스 신전의 일부만 남아있다고 했으므로, 잔재들이 시간이 지남에 따라 완전히 사라졌다는 것은 지문의 내용과 다르다.

어휘 temple n. 신전, 사원 Bronze Age phr. 청동기 시대
flood n. 홍수 reconstruction n. 재건, 복원
burn down phr. (화재로) 소실되다 majestic adj. 장엄한
paganism n. (기독교가 아닌) 이교도 fragment n. 일부, 조각
intact adj. 손상되지 않은 remnant n. 잔재, 남은 부분

---

19 세부 정보 육하원칙

5년 전 공공장소에서의 흡연 금지가 도입된 이후, 젊은 흡연자의 수는 26%에서 17%로 감소했다. (흡연) 금지에 대한 의견을 묻는 질문에 4,300명의 응답자 중 대다수가 지지를 표명했으며, 12%만이 그 금지가 번복되기를 원했다. 가장 많이 언급된 이점은 공공장소가 더 가족 친화적으로 변했다는 점과 사람들의 옷에서 더 이상 연기 냄새가 나지 않는다는 점으로, 각각 67%였다.

Q: 몇 퍼센트의 사람들이 (흡연) 금지에 반대하는가?

(a) 12%

(b) 17%

(c) 26%

(d) 67%

정답 (a)

해설 몇 퍼센트의 사람들이 (흡연) 금지에 반대하는지 묻는 문제이다. 금지에 대한 의견을 묻는 질문에 대다수가 금지를 지지했고, 12%만이 그 금지가 번복되기를 원했다(with only 12% wanting it to be overturned)고 했으므로, 응답자 중

12%의 사람들이 금지에 반대하는 것을 알 수 있다. 따라서 (a)가 정답이다.

어휘 ban n. 금지 respondent n. 응답자
overturn v. 번복하다, 취소하다 cite v. 언급하다, 인용하다

---

20 세부 정보 Correct

난이도 ●●○

Eastford시

개요서: 자전거 이용자의 안전에 대한 보고서

이 보고서는 도시의 자전거 이용자의 안전에 대한 조사 결과를 제시한다.

• (a)자전거를 타는 여성들은 남성들보다 전체적으로 낮은 부상률을 겪었는데, 이는 여성의 낮은 평균 자전거 탑승 속도 때문일 가능성이 높다.

• (b)다른 형태의 교통수단을 이용하는 사람들보다 자전거 이용자의 수가 많은 지역에서 부상률이 더 낮았다.

• (c)자전거 이용자들에게 헬멧 착용을 의무화한 지역은 다른 지역보다 부상률이 낮지 않았다.

우리는 부상 예방의 가장 효과적인 형태는 자전거 이용자들을 차량으로부터 분리하는 기반 시설이라고 결론짓는다. (d)따라서 지방 정부는 헬멧 착용 법 준수를 강화하는 조치보다 자전거 도로 및 이와 유사한 해결책을 우선시해야 한다.

Q: 보고서에 따르면 맞는 것은 무엇인가?

(a) 남자들은 여자들보다 자전거 부상을 덜 입는 경향이 있다.

(b) 자전거 이용자의 비율이 높은 지역은 부상률이 낮다.

(c) 자전거 이용자들은 헬멧 착용 법이 있는 곳에서 부상률이 더 낮다.

(d) 헬멧 착용 법은 자전거 도로보다 부상을 예방하는 데 더 효과적이다.

정답 (b)

해설 보고서의 내용과 일치하는 것을 묻는 문제이다. 다른 형태의 교통수단을 이용하는 사람들보다 자전거 이용자의 수가 많은 지역에서 부상률이 더 낮았다(Injury rates were ~ other forms of transportation)고 했다. 이를 '자전거 이용자의 비율이 높은 지역은 부상률이 낮다'라고 바꾸어 표현한 (b)가 정답이다.

오답분석

(a) 자전거를 타는 여성들은 남성들보다 전체적으로 낮은 부상률을 겪었다고 했으므로, 남자들이 여자들보다 자전거 부상을 덜 입는 경향이 있다는 것은 보고서의 내용과 반대된다.

(c) 자전거 이용자들에게 헬멧 착용을 의무화한 지역은 다른 지역보다 부상률이 낮지 않았다고 했으므로, 헬멧 착용 법이 있는 곳에서 부상률이 더 낮다는 것은 보고서의 내용과 반대된다.

(d) 지방 정부는 헬멧 착용 법 준수를 강화하는 조치보다 자전거 도로 및 이와 유사한 해결책을 우선시해야 한다고 했으므로, 헬멧 착용 법이 자전거 도로보다 부상을 예방하는 데 더 효과적이라는 것은 보고서의 내용과 반대된다.

어휘 executive summary phr. 개요서

TEST 1 TEST 2 TEST 3 TEST 4 TEST 5

TEPS 서울대 텝스관리위원회 공식 기출문제집

TEST 2 READING COMPREHENSION **75**

outnumber v. ~보다 수가 많다
mandate v. 의무화하다, 명령하다 prioritize v. 우선시하다
measure n. 조치 compliance n. 준수
proportion n. 비율

21 세부 정보 육하원칙

난이도 ●●○

교통량을 줄이기 위한 노력으로, 런던은 차를 운전해서 도심부로 진입하기 위한 요금인 '교통 혼잡 부담금'을 도입했다. 이 요금은 운전자들이 시내로 차를 가져가는 것을 막는 데 효과적이라는 것이 입증되었다. 하지만, 이것은 또한 의도하지 않은 결과를 가져왔다. 요금이 도입된 후, 더 많은 사람들이 택시와 버스를 이용해 도심부를 돌아다니기 시작했다. 대부분의 일반 자동차와 달리, 이러한 형태의 교통수단은 이산화질소를 배출하는 디젤 연료로 운행된다. 결과적으로, 그 요금은 도심부에 이 위험한 형태의 대기 오염의 예상치 못한 증가를 야기했다.

Q: 다음 중 런던 중심부의 이산화질소 수치가 증가한 이유는 무엇인가?

(a) 자동차 사용이 점점 더 흔해지고 있다.
(b) 버스와 택시가 디젤 연료를 사용하기 시작했다.
(c) 운전자들이 대중교통으로 이동했다.
(d) 사람들이 디젤 자동차를 운전하는 것으로 전환했다.

정답 (c)

해설 런던 중심부의 이산화질소 수치가 증가한 이유가 무엇인지 묻는 문제이다. 교통 혼잡 부담금을 도입한 뒤, 많은 사람들이 택시와 버스를 이용해 도심부를 돌아다니기 시작했다(more people ~ the city center)고 했고, 이러한 형태의 교통수단은 이산화질소를 배출하는 디젤 연료로 운행된다(these forms ~ nitrogen dioxide emissions)고 했다. 이를 '운전자들이 대중교통으로 이동했다'라고 바꾸어 표현한 (c)가 정답이다.

어휘 traffic n. 교통량 congestion charge phr. 교통 혼잡 부담금
fee n. 요금 deter v. 막다, 저지하다
transportation n. 교통수단
nitrogen dioxide phr. 이산화질소 emission n. 배출
unanticipated adj. 예상치 못한

22 세부 정보 Correct

난이도 ●●●

동물들은 흔히 '온혈' 또는 '냉혈'인 것으로 묘사된다. 그러나, 이 용어들은 과학자들에 의해 부정확한 것으로 여겨진다. 일반적으로, 온혈동물은 몇 가지 특징을 가지고 있다: [(a)]이들은 흡열성으로, 자체적으로 체온을 조절할 수 있다; 항온성으로, 체온을 일정하게 유지한다; 그리고 신진대사가 빨라, 휴식 상태의 대사율이 높다. 온혈동물과 달리 냉혈동물은 일반적으로 외온성으로, 외부 자원으로부터 열을 끌어당기며, [(b)]변온성으로, 다양한 범위의 내부 온도에서 생존할 수 있으며, [(c)]신진대사가 느려, 휴식 상태일 때 대사율을 낮출 수 있으며, [(d)]이는 냉혈동물이 신진대사가 빠른 동물보다 덜 자주 먹어도 되게끔 한다.

Q: 다음 중 지문의 내용과 일치하는 것은?

(a) 온혈동물은 체온을 내부적으로 조절할 수 없다.
(b) 냉혈동물은 지속적으로 낮은 체온을 유지한다.
(c) 신진대사가 느린 동물은 활동하지 않는 기간 동안 대사율을 조절한다.
(d) 신진대사가 빠른 동물은 신진대사가 느린 동물만큼 자주 음식을 먹을 필요가 없다.

정답 (c)

해설 지문의 내용과 일치하는 것을 묻는 문제이다. 냉혈동물은 신진대사가 느려, 휴식 상태일 때 대사율을 낮출 수 있다(bradymetabolic, meaning they can lower their metabolic rate when resting)라고 했다. 이를 '신진대사가 느린 동물은 활동하지 않는 기간 동안 대사율을 조절한다'라고 바꾸어 표현한 (c)가 정답이다.

오답분석
(a) 온혈동물은 자체적으로 체온을 조절할 수 있다고 했으므로, 온혈동물이 체온을 내부적으로 조절할 수 없다는 것은 지문의 내용과 반대된다.
(b) 냉혈동물은 다양한 범위의 내부 온도에서 생존할 수 있다고 했으므로, 냉혈동물이 지속적으로 낮은 체온을 유지한다는 것은 지문의 내용과 반대된다.
(d) 신진대사가 느린 특성은 냉혈동물로 하여금 신진대사가 빠른 동물보다 덜 자주 먹어도 되게끔 한다고 했으므로, 신진대사가 빠른 동물은 신진대사가 느린 동물만큼 자주 음식을 먹을 필요가 없다는 것은 지문의 내용과 반대된다.

어휘 warm-blooded adj. 온혈의 cold-blooded adj. 냉혈의
regard v. 여기다 imprecise adj. 부정확한, 막연한
endothermic adj. 흡열성의
homeothermic adj. 항온성의 metabolic adj. (신진)대사의
ectothermic adj. 외온성의 poikilothermic adj. 변온성의
regulate v. 조절하다 adjust v. 조절하다

23 추론 Infer

난이도 ●○○

발신: Suzie Bowie <suzie.bowie@whizmail.com>
수신: John Crawford <j.crawford@emailwizard.com>
제목: 일요일 밤

안녕하세요 John!

이번 주 일요일 저녁 7시쯤에 당신이 식당에 들러주시면 제게 큰 의미가 있을 것 같습니다. [(a)]저는 수년간 이곳을 지원해준 단골 손님들에게 감사의 마음을 전하고 싶습니다. [(b)]이 장소가 사라지는 것을 보는 것은 슬프지만, 더 이상 재정적으로 (식당을 유지하는 것이) 가능하지 않습니다. 그날은 일반인들을 대상으로 (식당을) 열지 않을 것이므로, 모임은 규모가 작고 화기애애할 것입니다. 물론, 이 송별회는 전적으로 제가 비용을 지불할 것입니다. 당신의 존재만으로도 충분하고도 남습니다. 많은 음식과 음료가 준비되어 있을 것입니다. 올 수 있다면 알려주세요!

Suzie

Q: 이메일에서 추론할 수 있는 것은 무엇인가?

(a) John은 Suzie의 식당에서 일했었다.

(b) Suzie는 그녀의 식당을 폐점할 것이다.

(c) John은 최근에 Suzie의 식당에 가기 시작했다.

(d) Suzie는 그녀의 식당에서 John의 송별회를 주최할 것이다.

정답 (b)

해설 이메일에서 추론할 수 있는 것을 묻는 문제이다. 식당의 단골 손님에게 보내는 이메일에서, 이 장소가 사라지는 것을 보는 것은 슬프지만 더 이상 재정적으로 (식당을 유지하는 것이) 가능하지 않다(It's sad to see ~ feasible anymore)고 했다. 이를 바탕으로 'Suzie는 그녀의 식당을 폐점할 것이다'라고 추론한 (b)가 정답이다.

오답분석

(a) John이 Suzie의 식당에서 일했었는지는 언급되지 않았다.

(c) 수년간 이곳을 지원해준 단골 손님들에게 감사의 마음을 전하고 싶다고 했으므로, John이 최근에 Suzie의 식당에 가기 시작했다는 것은 잘못 추론한 내용이다.

(d) 이메일은 Suzie의 식당 폐점 송별회에 초청하는 내용이므로, John의 송별회를 주최한다는 것은 잘못 추론한 내용이다.

어휘 come by phr. ~에 들르다 regular n. 단골 손님
financially adv. 재정적으로 feasible adj. 가능한
friendly adj. 화기애애한 send-off n. 송별회
close down phr. 폐점하다 host v. 주최하다
farewell n. 송별, 작별

24 추론 Infer

난이도
●●○

(a)최근 부동산 호황기에 나는 콘도에 투자하기로 결심했다. 나는 그 부동산을 임대하는 것만으로 주택 담보 대출금을 지불할 수 있을 것이라고 생각했다. 불행하게도, 나는 세입자를 제대로 심사하지 않았고, 그녀는 곧 지불이 늦어졌고 다른 골칫거리들을 만들어냈다. (b)많은 밤 외출을 거르고 청구서를 지불하기 위해 연례 휴가를 취소한 후, 나는 참을 만큼 참았다고 판단하고 그 부동산을 팔려고 내놓았다. 다행히도, 시장은 여전히 안정적이었고, 나는 그럭저럭 잘 헤쳐 나갔지만, 다시는 건물주가 되고 싶지 않다.

Q: 지문에서 글쓴이에 대해 추론할 수 있는 것은 무엇인가?

(a) 불리한 시기에 부동산을 구매했다.

(b) 주택 담보 대출금 비용을 잘못 계산했다.

(c) 그의 부동산 투자는 그의 생활 방식에 부정적인 영향을 미쳤다.

(d) 부동산으로 인한 재정적 손실이 이익보다 더 컸다.

정답 (c)

해설 지문에서 추론할 수 있는 것을 묻는 문제이다. 많은 밤 외출을 거르고 청구서를 지불하기 위해 연례 휴가를 취소했다 (skipping countless nights out ~ to pay the bills)고 했다. 이를 바탕으로 '그의 부동산 투자는 그의 생활 방식에 부정적인 영향을 미쳤다'라고 추론한 (c)가 정답이다.

오답분석

(a) 부동산 호황기에 콘도에 투자했다고 했으므로, 불리한 시기

에 부동산을 구매했다는 것은 잘못 추론한 내용이다.

(b) 부동산을 임대하는 것만으로 주택 담보 대출금을 지불할 수 있을 것이라고 생각했다고는 했지만, 담보 대출금 비용을 잘못 계산했는지는 추론할 수 없다.

(d) 부동산으로 인한 재정적 손실이 이익보다 더 컸는지는 언급되지 않았다.

어휘 real estate phr. 부동산 boom n. 호황기, 갑작스런 인기
invest v. 투자하다 condominium n. 콘도
mortgage n. 주택 담보 대출 screen v. 심사하다
tenant n. 세입자 headache n. 골칫거리
night out phr. 밤 외출(밤에 나가 노는 것) bill n. 청구서
make out phr. 그럭저럭 잘 헤쳐 나가다
landlord n. 건물주, 주인 miscalculate v. 잘못 계산하다
outweigh v. ~보다 더 크다

25 추론 Infer

난이도
●●●

National Dispatch

영화 리뷰:「Cosmic Fear」가 원작을 능가하다
Wesley Saunders

지난해 인기 있었던「Cosmic Fantasy」의 속편인 공상 과학 대작「Cosmic Fear」가 이번 주에 개봉했다. 비록 원작 영화가 관객들에게 큰 인기를 끌었지만, 비평가들에 의해 혹평을 받았는데, 비평가들은 무모한 우주 여행자들의 이야기가 한심할 정도로 억지스럽다고 여겼다. 이 속편은 획기적인 공상 과학 TV 시리즈인「Lost Ones」의 제작자인 작가 Jay Gould가 대본 제작에 참여하지 않았다면 (「Cosmic Fantasy」와) 유사하게 받아들이기 어려운 롤러코스터같았을지도 모른다. 똑같은 무모한 우주 여행자 무리를 따라감에도 불구하고, 그의 이야기는 궁극적인 기원에 대한 인류의 탐험과 같은 심오한 문제들을 탐구한다. 영화의 암울한 현실주의와 결합된 이러한 요소들은「Cosmic Fear」를 확실히 호평을 받는 성공작이자 대중적인 성공작으로 만든다.

Q: 지문에서 추론할 수 있는 것은 무엇인가?

(a) Gould는「Cosmic Fantasy」를 위한 대본을 제작하지 않았다.

(b)「Cosmic Fear」는 우주여행의 심각한 위험에 초점을 맞추고 있다.

(c) Gould는「Cosmic Fantasy」로부터「Lost Ones」의 영감을 얻었다.

(d)「Cosmic Fantasy」는 질적인 면에서「Cosmic Fear」를 훨씬 능가한다.

정답 (a)

해설 지문에서 추론할 수 있는 것을 묻는 문제이다.「Cosmic Fear」는 Jay Gould가 대본 제작에 참여하지 않았다면 (「Cosmic Fantasy」와) 유사하게 받아들이기 어려운 롤러코스터같았을지도 모른다(The sequel might ~ the script)고 했으므로, Jay Gould가 제작에 참여함으로써「Cosmic Fantasy」와 차별화될 수 있었음을 추론할 수 있다. 이를 바탕으로 'Gould는「Cosmic Fantasy」를 위한 대본을 제작하지 않았다'라고 추론한 (a)가 정답이다.

오답분석

(b)「Cosmic Fear」가 우주여행의 심각한 위험에 초점을 맞추

고 있는지는 언급되지 않았다.

(c) Gould가 「Cosmic Fantasy」로부터 「Lost Ones」의 영감을 얻었는지는 언급되지 않았다.

(d) 「Cosmic Fantasy」가 비평가들에 의해 혹평을 받았다고 한 반면 「Cosmic Fear」는 호평을 받는 성공작이라고 했으므로, 「Cosmic Fantasy」가 질적인 면에서 「Cosmic Fear」를 훨씬 능가한다는 것은 잘못 추론한 내용이다.

어휘 surpass v. 능가하다 sequel n. 속편
premiere v. 개봉하다, 초연하다
lambast(e) v. 혹평하다, 몹시 꾸짖다 foolhardy adj. 무모한
spacefarer n. 우주 여행자 woefully adv. 한심하게, 슬프게
far-fetched adj. 억지스러운
implausible adj. 받아들이기 어려운
groundbreaking adj. 획기적인
enlist v. 참여시키다, 협력을 얻다 probe v. 탐구하다, 조사하다
profound adj. 심오한 grim adj. 암울한 surefire adj. 확실한
critical success phr. 호평을 받는 것

Part IV

[26-27]

답장: 당신의 제안
발신: Jim Edwards <jimmyedwards@electromail.com>
날짜: 2019년 6월 26일
수신: Paula Daniels <p.daniels@zippymail.com>

안녕하세요 Paula,

당신의 소식을 듣게 되어 기쁩니다. 만나서 커피 한 잔 마시고 싶지만, [27(d)]이번 주말에 회의 때문에 출장을 갈 예정입니다. 다음 주 수요일에 돌아올 거예요. [26]목요일이나 금요일 퇴근 후에 만날래요? 아니면, 다음 주 일요일 오후에도 시간을 낼 수 있습니다. 언제가 가장 좋은지 알려주세요!

Jim

---------원본 메일----------

발신: Paula Daniels <p.daniels@zippymail.com>
제목: 당신의 제안

안녕하세요 Jim,

일요일에 Kevin의 파티에서 만나서 반가웠어요. 국제 개발 분야에 관련된 사람, 특히 경험이 많은 사람과 이야기하는 것은 언제나 즐겁습니다. [27(b)]저는 당신의 제안을 받아들여야겠다고 생각했어요. 저는 그 분야에서 성공하기 위해 조언이 정말 필요합니다. 이번 주말에 시간 괜찮나요? 기꺼이 커피를 한 잔 대접하고 이야기를 나누고 싶습니다.

Paula

어휘 conference n. 회의, 회담
take up on phr. ~을 받아들이다, 채택하다
get ahead phr. 성공하다

26 세부 정보 육하원칙

난이도
●○○

Q: Jim은 이메일에서 주로 무엇을 하고 있는가?

(a) 만남 시간을 확정하고 있다.
(b) Paula를 회의에 초대하고 있다.
(c) Paula를 만나기 위한 시간을 제안하고 있다.
(d) Paula에게 채용 공고를 알려주고 있다.

정답 (c)

해설 Jim이 이메일에서 주로 무엇을 하고 있는지 묻는 문제이다. Jim이 Paula에게 보낸 이메일에서 목요일이나 금요일 퇴근 후에 만날(Would you like ~ Friday) 것을 제안했다. 이를 'Paula를 만나기 위한 시간을 제안하고 있다'라고 바꾸어 표현한 (c)가 정답이다.

어휘 inform v. 알려주다 job opening phr. 채용 공고

27 추론 Infer

난이도
●●○

Q: 이메일에서 추론할 수 있는 것은 무엇인가?

(a) Paula는 선임 개발 직원이다.
(b) Jim은 Paula에게 직업상 조언을 해주겠다고 제안했다.
(c) Jim과 Kevin은 직장 지인이다.
(d) Paula와 Jim은 같은 회의에 참석할 것이다.

정답 (b)

해설 이메일에서 추론할 수 있는 것을 묻는 문제이다. Paula가 Jim에게 보낸 이메일에서 Jim의 제안을 받아들여야겠다(I'd take you up on your offer)고 한 뒤, 국제 개발 분야에서 성공하기 위해 조언이 정말 필요하다(I could really use some advice on getting ahead in the field)고 했다. 이를 바탕으로 'Jim은 Paula에게 직업상 조언을 해주겠다고 제안했다'라고 추론한 (b)가 정답이다.

오답분석
(a) Paula가 Jim에게 (국제 개발) 경험이 많은 사람이라고 하였고, Jim의 조언이 필요하다고는 했지만 Paula가 선임 개발 직원인지는 추론할 수 없다.
(c) Paula와 Jim이 Kevin의 파티에서 만났다고는 했지만, Jim과 Kevin이 직장 지인인지는 추론할 수 없다.
(d) Jim이 출장을 가서 Paula를 만날 수 없다고 했으므로, Paula와 Jim이 같은 회의에 참석할 것이라는 것은 잘못 추론한 내용이다.

어휘 acquaintance n. 지인

[28-29]

Cantonville 경찰서

거주자에게 알림:

제5회 연례 Cantonville 불꽃축제가 이번 주 토요일에 열립니다. [28]방문객들이 축제 현장에 더 쉽게 접근할 수 있도록, 시는 거리

폐쇄와 주차 제한을 시행하는 것을 포함하여 많은 조치를 취할 예정입니다.

- ^{29(a)}Chapman 도로는 오후 6시부터 자정까지 Landsview 다리에서 Church 거리까지 차량 통행이 금지됩니다.
- ^{29(b)}보행자가 많기 때문에 자전거 이용자들은 축제 장소를 피할 것을 강력히 권고합니다.
- 택시를 이용하는 사람들은 ^{29(c)}축제 장소 밖에 있는 Eaton역과 Starworld Mall의 지정된 승차 및 하차 장소를 이용해야 합니다.
- ^{29(d)}Central역에서 축제 장소로 가는 셔틀버스가 운행될 예정입니다. 축제 방문객들은 떠날 때도 역까지 이 버스를 타고 돌아갈 수 있습니다.

어휘 implement v. 시행하다 closure n. 폐쇄
restriction n. 제한 pedestrian n. 보행자
designated adj. 지정된 drop-off n. 하차 장소, 내려주는 곳

---

28 중심 내용 주제
난이도 ●●○

Q: 공지의 주제는 무엇인가?

(a) 축제 장소로의 대체 경로
(b) 축제에서 시행될 보안 절차
(c) 축제 방문객을 위한 교통 선택지
(d) 축제 현장으로의 접근성을 개선하기 위한 정책

정답 (d)

해설 지문의 주제를 묻는 문제이다. 방문객들이 축제 현장에 더 쉽게 접근할 수 있도록 거리 폐쇄와 주차 제한을 시행하는 것을 포함한 많은 조치를 취할 예정(To allow visitors ~ parking restrictions)이라고 한 후, 여러 조치에 대해 언급했다. 이를 '축제 현장으로의 접근성을 개선하기 위한 정책'이라고 종합한 (d)가 정답이다.

어휘 alternative adj. 대체의 in effect phr. 시행되는

---

29 세부 정보 Correct
난이도 ●●○

Q: 다음 중 공지에 따르면 맞는 것은 무엇인가?

(a) 도로들은 오후 6시에 통행이 재개될 것이다.
(b) 방문객들은 축제에 자전거를 타고 가도록 권장된다.
(c) Eaton역은 축제 장소 내에 있다.
(d) 축제 장소를 오고 가는 셔틀버스를 이용할 수 있다.

정답 (d)

해설 공지의 내용과 일치하는 것을 묻는 문제이다. Central역에서 축제 장소로 가는 셔틀버스가 운행되고, 축제를 떠날 때도 역까지 셔틀버스를 타고 돌아갈 수 있다(A shuttle bus service ~ Central Station. Festival-goers can ~ when they leave)고 했다. 이를 '축제 장소를 오고 가는 셔틀버스를 이용할 수 있다'라고 바꾸어 표현한 (d)가 정답이다.

오답분석

(a) Chapman 도로가 오후 6시부터 자정까지 Landsview 다리에서 Church 거리까지 차량 통행이 금지된다고 했으므로, 도로들이 오후 6시에 통행이 재개될 것이라는 것은 지문의 내용과 반대된다.
(b) 보행자가 많기 때문에 자전거 이용자들은 축제 장소를 피할 것을 강력히 권고한다고 했으므로, 방문객들은 축제에 자전거를 타고 가도록 권장된다는 것은 지문의 내용과 다르다.
(c) 축제 장소 밖에 있는 Eaton역의 승차 및 하차 장소라고 했으므로, Eaton역이 축제 장소 내에 있다는 것은 지문의 내용과 반대된다.

[30-31]

거대한 저수지가 말라가고 있다

Powell 호수는 거의 틀림없이 미국에서 가장 눈에 띄는 인공 저수지이다. 그것은 1963년에 Colorado 강의 물을 Glen Canyon으로 우회시킨 Glen Canyon 댐이 완공되면서 형성되었다. ^{31(a)}이 저수지는 17년 후인 1980년에 최대 용량에 도달했고, ³⁰1983년에 Colorado 강 역사상 가장 큰 홍수 중 하나가 발생하면서 사상 최고 수위에 도달했다.

^{31(b)}미국의 인공 저수지 중에서 Powell 호수는 Colorado 강 멀리 하류에 위치한 자매 저수지인 Mead 호수에 이어 최대 저수량을 보유하고 있다. 그러나 2000년부터 시작된 5년간의 큰 가뭄과 함께 최근 몇 년간의 건조한 환경은 이 저수지들의 급수에 영향을 미쳤다. ^{31(c)}가뭄 기간 동안에만, Powell 호수는 최대 깊이의 약 5분의 1인 거의 100피트만큼 줄어들었다. 한편, ^{31(d)}Mead 호수는 그보다도 더 큰 피해를 입었고, 지금은 Powell 호수에 비해서도 훨씬 적은 양의 물을 보유하고 있다.

어휘 arguably adv. 거의 틀림없이
recognizable adj. 눈에 띄는, 알아볼 수 있는
reservoir n. 저수지 divert v. 우회시키다
capacity n. 용량, 수용력 flood n. 홍수
maximum n. 최대, 최고 drought n. 가뭄

---

30 세부 정보 육하원칙
난이도 ●○○

Q: Powell 호수가 기록상 최고 수위에 도달한 것은 어느 해인가?

(a) 1963년
(b) 1980년
(c) 1983년
(d) 2000년

정답 (c)

해설 Powell 호수가 기록상 최고 수위에 도달한 해를 묻는 문제이다. 1983년에 Colorado 강 역사상 가장 큰 홍수 중 하나가 발생하면서 사상 최고 수위에 도달했다(reaching its highest ever level in 1983 ~ the Colorado River)고 했다. 따라서 (c)가 정답이다.

Q: 다음 중 Powell 호수에 대한 내용과 일치하는 것은?

(a) Glen Canyon 댐의 완공 후 1년 만에 가득 채워졌다.
(b) 미국의 모든 저수지들 가운데 가장 큰 저수량을 가지고 있다.
(c) 가뭄 동안 최대 깊이의 5분의 1로 떨어졌다.
(d) 현재 Mead 호수보다 더 많은 양의 물을 보유하고 있다.

정답 (d)

해설 Powell 호수에 대한 내용과 일치하는 것을 묻는 문제이다. Mead 호수는 더 큰 피해를 입었고 지금은 Powell 호수에 비해서도 훨씬 적은 양의 물을 보유하고 있다(Lake Mead has been hit ~ Lake Powell does)고 했다. 이를 '현재 Mead 호수보다 더 많은 양의 물을 보유하고 있다'라고 바꾸어 표현한 (d)가 정답이다.

오답분석
(a) Glen Canyon 댐이 완공된 지 17년 후인 1980년에 최대 용량에 도달했다고 했으므로, Glen Canyon 댐의 완공 후 1년 만에 가득 채워졌다는 것은 지문의 내용과 다르다.
(b) 미국의 인공 저수지 중에서 Powell 호수는 Mead 호수에 이어 최대 저수량을 보유하고 있다고 했으므로, 미국의 모든 저수지들 가운데 가장 큰 저수량을 가지고 있다는 것은 지문의 내용과 다르다.
(c) 가뭄 기간 동안에만 최대 깊이의 약 5분의 1만큼 줄어들었다고 했으므로, 가뭄 동안 최대 깊이의 5분의 1로 떨어졌다는 것은 지문의 내용과 다르다.

[32-33]

KNOXFORD TRIBUNE
홈 | 국제 | 국내 | 지역 | 스포츠 | 예술 | 생활

Whitby가 불안한 시작을 하다
Julie Vernon

Steve Whitby는 어제 Knoxford 시장 출마를 발표했다. 공공 부문과 민간 부문 모두에서 뛰어난 이력을 가지고 있어, [33(d)]그는 최근에 Lisa Howard 시장에 대항하는 가장 믿을 만한 도전자에 해당한다. 그의 선거운동에 대한 지지를 얻기 위한 노력으로, 그는 시의회와 지역 사회의 분열을 해결할 것을 약속하고 있다.

그러나 그의 의제가 무엇인지에 대해 재촉을 받자, Whitby는 머뭇거리고 회피적이었다. 그는 지역 경제를 강화하고 도시 인프라를 개선하는 것을 지지하지만 이러한 목표를 달성하기 위한 전략에 대해 구체적으로 말하는 것에는 조심스러워하는 것처럼 보인다.

Whitby는 특정 공약을 정하기 전에 지역 사회와 논의할 필요가 있다고 주장한다. 그렇기는 하지만, (시장 출마) 발표에 참석한 기자들은 [32/33(b)]Whitby의 계속되는 애매한 표현이 그가 지도자로서 확고한 조치를 취하는 것에 대해 불안해하는 것처럼 보이게 한다는 데 동의했다. [33(d)]그가 선거일 전에 여론조사에서 따라잡기를 원한다면, 그는 곧 그의 비전을 자세히 설명하기 시작할 필요가 있을 것이다.

어휘 candidacy n. 출마 mayor n. 시장 illustrious adj. 뛰어난 sector n. 부문 credible adj. 믿을 만한, 확실한 in recent memory phr. 최근에, (사람들의) 최근 기억으로는 bid n. 노력 mend v. 해결하다 agenda n. 의제 tentative adj. 머뭇거리는 evasive adj. 회피적인 wary adj. 조심스러워하는 equivocation n. 애매한 표현 apprehensive adj. 불안해하는 catch up phr. 따라잡다 spell out phr. 자세히 설명하다 poll n. 여론조사

---

32 세부 정보 육하원칙   난이도 ●●●

Q: 기자들은 왜 Steve Whitby를 비판하는가?

(a) 자신의 목표를 달성하는 것에 대해 자세히 말하기를 거부한다.
(b) 유의미한 자격과 경험이 부족하다.
(c) 여론을 형성하는 데 거의 노력을 기울이지 않는다.
(d) 남의 의견에 귀를 기울이려 하지 않는다.

정답 (a)

해설 기자들이 왜 Steve Whitby를 비판하는지 묻는 문제이다. Whitby가 목표를 달성하기 위한 전략에 대해 구체적으로 말하는 것에는 조심스러워하는 것처럼 보인다고 했고, 발표에 참석한 기자들은 Whitby의 계속되는 애매한 표현이 그가 지도자로서 확고한 조치를 취하는 것에 대해 불안해하는 것처럼 보이게 한다(Whitby's persistent equivocation ~ as a leader)는 것에 동의했다고 했다. 이를 '자신의 목표를 달성하는 것에 대해 자세히 말하기를 거부한다'라고 바꾸어 표현한 (a)가 정답이다.

어휘 particular n. 자세한 사항 consensus n. 여론

---

33 추론 Infer   난이도 ●●●

Q: 뉴스 보도에서 추론할 수 있는 것은 무엇인가?

(a) Howard의 지지율은 그녀의 임기 내내 하락했다.
(b) Whitby의 신중한 접근은 그를 신뢰할 수 있는 것처럼 보이게 했다.
(c) Whitby는 친기업적인 유권자들이 가장 선호하는 후보이다.
(d) Howard는 현재 Whitby보다 더 인기 있는 후보이다.

정답 (d)

해설 지문에서 추론할 수 있는 것을 묻는 문제이다. Whitby가 Lisa Howard 시장에 대항하는 가장 믿을 만한 도전자에 해당한다(he represents ~ Lisa Howard)고 했고, 선거일 전에 그가 여론조사에서 따라잡기를 원한다면, 그는 곧 그의 비전을 자세히 설명하기 시작할 필요가 있을 것(He will need ~ in the polls before election day)이라고 했다. 따라서 현재는 Whitby의 지지율이 Howard보다 낮음을 알 수 있다. 이를 바탕으로 'Howard는 현재 Whitby보다 더 인기 있는 후보이다'라고 추론한 (d)가 정답이다.

오답분석
(a) Howard의 지지율이 그녀의 임기 내내 하락했는지는 언급

되지 않았다.

(b) Whitby의 계속되는 애매한 표현이 그가 지도자로서 확고한 조치를 취하는 것에 대해 불안해하는 것처럼 보이게 한다고 했으므로, Whitby의 신중한 접근은 그를 신뢰할 수 있는 것처럼 보이게 했다는 것은 잘못 추론한 내용이다.

(c) Whitby가 친기업적인 유권자들이 가장 선호하는 후보인지는 언급되지 않았다.

어휘 approval rating phr. 지지율

[34-35]

생명의 기원

40억 년 전 우리 행성에 생명체가 나타났을 때, 태양은 훨씬 적은 에너지 소비로 특징지어지는 성장 단계에 있었다. 계산에 따르면, 태양은 지구에 생명체가 출현하는 데 필요한 액체 상태의 물을 만들 만큼 충분한 열을 만들지 못했을 것이다. 그렇다면 생명체는 어떻게 시작되었을까? 이러한 외관상의 모순은 '희미한 젊은 태양의 역설'이라고 불린다.

³⁴이 역설을 설명할 수 있을 만한 이론 중에서 특히 유망한 것이 있다. 이 설명에 따르면, 태양 플레어로 알려진 태양으로부터의 강렬한 전자기 에너지의 폭발은 지구의 초창기 동안 훨씬 더 빈번했다. 플라스마의 대규모 폭발과 동시에 일어나는 ³⁵이러한 폭발은 지구 대기에서 화학 반응을 촉발했을 것이다. 구체적으로, 그 화학 반응은 질소 분자를 쪼개고 질소 분자는 산소, 이산화탄소, 메탄과 융합했을 것이다.

이러한 반응의 최종 결과는 온실가스, 특히 아산화질소였을 것이다. ³⁵이 가스들이 지구를 따뜻하게 하고 액체 상태의 물이 형성되도록 할 수 있었을 것이다. 이 과정에서 만들어진 많은 화학 물질들은 또한 생명체의 기본적인 구성 요소라고 여겨진다.

어휘 expenditure n. 소비, 소모 emerge v. 출현하다
seeming adj. 외관상의, 겉보기의 contradiction n. 모순
paradox n. 역설 promising adj. 유망한
intense adj. 강렬한 burst n. 폭발
electromagnetic adj. 전자기의 explosion n. 폭발
coincide v. 동시에 일어나다 trigger v. 촉발하다
nitrogen n. 질소 molecule n. 분자
nitrous oxide phr. 아산화질소
building block phr. 구성 요소

34 중심 내용 주제
난이도 ●●○

Q: 지문의 주제는 무엇인가?

(a) 과학적 역설에 대한 반대되는 입장들
(b) 과학적 역설에 제시된 해답
(c) 과학적 역설에 대한 이론적 문제들
(d) 과학적 역설을 설명하는 새로운 발견

정답 (b)

해설 지문의 주제를 묻는 문제이다. 태양이 생명체에 필요한 물을 만들 만큼 충분한 열을 만들지 못했을 것이라는 '희미한 젊

은 태양의 역설'을 설명할 수 있을 만한 유망한 이론이 있다 (Among the theories ~ especially promising)고 한 후, 태양 플레어가 화학 반응을 촉발했고 그 결과로 생긴 온실가스가 지구를 따뜻하게 하고 물을 만들어 냈을 수 있다고 설명하고 있다. 이를 '과학적 역설에 제시된 해답'이라고 종합한 (b)가 정답이다.

35 세부 정보 육하원칙
난이도 ●●●

Q: 이론에 따르면, 지구에 액체 상태의 물을 형성하게 한 온난화를 촉발한 것은 무엇인가?

(a) 태양 주위의 질소 분자의 분열
(b) 태양 플레어가 대기 화학 작용에 미친 영향
(c) 태양의 에너지 방출의 꾸준한 증가
(d) 태양 플라스마로 인한 온실가스 과열 현상

정답 (b)

해설 지구에 액체 상태의 물을 형성하게 한 온난화를 촉발한 것이 무엇인지 묻는 문제이다. 이러한 폭발(태양 플레어)이 지구 대기에서 화학 반응을 촉발했을 것(These explosions ~ Earth's atmosphere)이라고 했고, 그로 인한 가스들이 지구를 따뜻하고 액체 상태의 물이 형성되도록 할 수 있었을 것 (These gases ~ liquid water to form)이라고 했다. 이를 '태양 플레어가 대기 화학 작용에 미친 영향'이라고 바꾸어 표현한 (b)가 정답이다.

LISTENING COMPREHENSION

1	d	평서문	9	a	평서문	17	b	조동사 의문문	25	b	세부 정보	33	b	세부 정보
2	a	의문사 의문문	10	c	조동사 의문문	18	d	평서문	26	b	세부 정보	34	d	세부 정보
3	a	평서문	11	b	조동사 의문문	19	c	평서문	27	d	세부 정보	35	a	세부 정보
4	c	평서문	12	a	기타 의문문	20	a	평서문	28	c	세부 정보	36	a	추론
5	a	평서문	13	b	평서문	21	b	중심 내용	29	d	추론	37	c	중심 내용
6	a	평서문	14	c	의문사 의문문	22	a	중심 내용	30	b	추론	38	d	세부 정보
7	c	조동사 의문문	15	d	의문사 의문문	23	a	중심 내용	31	d	중심 내용	39	d	세부 정보
8	d	평서문	16	b	조동사 의문문	24	b	세부 정보	32	c	중심 내용	40	b	추론

VOCABULARY

1	c	동사 어휘	7	c	형용사 어휘	13	b	동사 어휘	19	b	형용사 어휘	25	a	동사 어휘
2	b	명사 어휘	8	a	형용사 어휘	14	d	명사 어휘	20	c	명사 어휘	26	b	동사 어휘
3	b	형용사 어휘	9	d	형용사 어휘	15	c	명사 어휘	21	a	동사 어휘	27	d	명사 어휘
4	b	이디엄	10	a	명사 어휘	16	b	동사 어휘	22	c	명사 어휘	28	a	동사 어휘
5	b	동사 어휘	11	c	이디엄	17	b	동사 어휘	23	c	동사 어휘	29	d	명사 어휘
6	b	형용사 어휘	12	d	형용사 어휘	18	c	형용사 어휘	24	c	형용사 어휘	30	b	동사 어휘

GRAMMAR

1	c	품사	7	a	품사	13	d	준동사	19	c	준동사	25	c	품사
2	d	가정법	8	c	어순과 특수구문	14	d	시제와 태	20	b	어순과 특수구문	26	b	시제와 태
3	c	시제와 태	9	b	시제와 태	15	a	동사와 조동사	21	c	품사	27	a	수 일치
4	d	접속사와 절	10	a	어순과 특수구문	16	a	접속사와 절	22	c	어순과 특수구문	28	d	어순과 특수구문
5	a	준동사	11	b	품사	17	c	접속사와 절	23	b	수 일치	29	d	준동사
6	b	어순과 특수구문	12	a	시제와 태	18	a	가정법	24	d	준동사	30	b	동사와 조동사

READING COMPREHENSION

1	a	빈칸 채우기	8	a	빈칸 채우기	15	d	중심 내용	22	c	세부 정보	29	a	세부 정보
2	d	빈칸 채우기	9	c	빈칸 채우기	16	c	중심 내용	23	c	추론	30	c	중심 내용
3	b	빈칸 채우기	10	b	빈칸 채우기	17	d	세부 정보	24	a	추론	31	d	세부 정보
4	a	빈칸 채우기	11	d	어색한 문장 골라내기	18	c	세부 정보	25	b	추론	32	d	중심 내용
5	b	빈칸 채우기	12	a	어색한 문장 골라내기	19	c	세부 정보	26	a	중심 내용	33	c	추론
6	a	빈칸 채우기	13	d	중심 내용	20	c	세부 정보	27	b	세부 정보	34	d	세부 정보
7	d	빈칸 채우기	14	a	중심 내용	21	b	세부 정보	28	b	세부 정보	35	a	추론

LISTENING COMPREHENSION

문제집 p. 101

Part I

1 평서문 의견 전달
난이도
●○○

M: Hi, you must be the new intern.

W: _____ .

(a) I haven't met her yet.
(b) Sure, I'll introduce you.
(c) Welcome to the team.
(d) Yes, today's my first day.

M: 안녕하세요, 당신이 새로운 인턴이군요.
W: _____

(a) 저는 아직 그녀를 만나지 못했어요.
(b) 물론이죠, 제가 당신을 소개할게요.
(c) 팀에 오신 걸 환영해요.
(d) 맞아요, 오늘이 제 첫날이에요.

정답 (d)

해설 상대방을 새로운 인턴으로 추측하는 말에, '맞다, 오늘이 나의 첫날이다'라며 자신이 새로운 인턴이라는 의미를 전달한 (d)가 정답이다.

오답분석
(a) 새로운 인턴인지 확인하는 말에, 아직 그녀를 만나지 못했다고 답한 것은 적절하지 않다.
(b) 남자가 여자에게 새로운 인턴인지 확인하는 상황이므로, 여자가 남자를 소개하겠다는 대답은 적절하지 않다.
(c) 남자가 새로운 인턴일 경우에 할 만한 말이다.

2 의문사 의문문 What
난이도
●●○

W: What if the bank closes before we get there?

M: _____

(a) Don't worry. We'll make it before then.
(b) It's good that we arrived on time.
(c) Actually, it doesn't open this early.
(d) I can't believe it's closed already.

W: 우리가 그곳에 도착하기 전에 은행이 문을 닫으면 어떡하지?
M: _____

(a) 걱정하지 마. 우리는 그 전에 도착할 거야.
(b) 우리가 제시간에 도착해서 다행이다.
(c) 사실, 이렇게 일찍 문을 열지 않아.
(d) 벌써 문을 닫았다니 믿을 수 없어.

정답 (a)

해설 What if를 사용하여 은행에 도착하기 전에 문을 닫으면 어떻게 할지 걱정하는 말에, '우리는 그 전에 도착할 것이다'라며 문제가 없을 것이라는 의미를 전달한 (a)가 정답이다.

오답분석
(b) 질문의 get(도착하다)과 관련된 arrive(도착하다)를 사용한 오답으로, 은행에 도착하지 않은 상황인데 도착해서 다행이라고 답한 것은 적절하지 않다.
(c) 질문의 closes(닫다)와 관련된 open(열다)을 사용한 오답으로, 은행에 도착하기 전에 문을 닫으면 어떻게 할지 묻는 말에 이렇게 일찍 문을 열지 않는다고 답한 것은 적절하지 않다.
(d) 질문의 closes(닫다)와 비슷한 closed(닫았다)를 사용한 오답으로, 은행에 도착하지 않은 상황인데 벌써 문을 닫았다니 믿을 수 없다는 대답은 적절하지 않다.

어휘 on time phr. 제시간에

3 평서문 정보 전달
난이도
●●○

M: I'm not working on the proposal until I get more information.

W: _____

(a) Yeah, wait till you know the details.
(b) You did great work putting it together.
(c) Right. The sooner it's done, the better.
(d) Then ask for the proposal.

M: 더 많은 정보를 얻고 난 뒤, 그 제안서를 작업할 거예요.
W: _____

(a) 그래요, 세부 사항을 알 때까지 기다리세요.
(b) 그것을 취합하느라 수고 많으셨어요.
(c) 맞아요. 빨리 끝나면 끝날수록 좋아요.
(d) 그러면 그 제안서에 대해 물어보세요.

정답 (a)

해설 더 많은 정보를 얻고 난 뒤, 제안서를 작업하겠다는 말에, '그래요'라고 동의한 뒤 세부 사항을 알 때까지 기다리라고 답한 (a)가 정답이다.

오답분석
(b) 질문의 working(작업하다)을 반복해서 사용한 오답으로, 제안서를 아직 작업하지 않은 상황에서 그것을 취합하느라 수고했다는 대답은 적절하지 않다.
(c) Right(맞아요)가 정답처럼 들려 혼동을 준 오답으로, 제안서를 나중에 작업할 것이라는 말에 Right로 동의한 뒤, 빨리 끝나면 끝날수록 좋다고 답한 것은 틀리다.
(d) 질문의 proposal(제안서)을 반복해서 사용한 오답으로, 제

안서를 아직 작업하지 않은 상황에서 제안서에 대해 물어보라는 대답은 적절하지 않다.

어휘 proposal n. 제안서 detail n. 세부 사항

---

4 평서문 의견 전달
난이도 ●●○

W: It's time we got rid of this worn-out sofa.
M: _____

(a) I agree. It'd be such a waste.
(b) But it's so uncomfortable.
(c) You're right. It's practically falling apart.
(d) We should've waited to throw it out.

W: 우리가 이 낡은 소파를 처분해야 할 때야.
M: _____

(a) 나도 동의해. 그건 낭비가 될 거야.
(b) 하지만 그것은 너무 불편해.
(c) 네 말이 맞아. 그것은 거의 부서지고 있어.
(d) 우리는 그것을 버리기 전에 기다렸어야 했어.

정답 (c)

해설 낡은 소파를 처분해야 할 때라는 말에, '네 말이 맞다. 그것은 거의 부서지고 있다'라며 동의한 (c)가 정답이다.

오답분석
(a) I agree(나도 동의해)가 정답처럼 들려 혼동을 준 오답으로, 낡은 소파를 처분해야 할 때라고 답한 뒤 낭비가 될 거라고 답한 것은 틀리다.
(b) But(하지만)이 아닌 Yes(응)가 되어야 응답으로 적절하다.
(d) 아직 소파를 처분하지 않은 상황이므로, 그것을 버리기 전에 기다렸어야 했다는 대답은 적절하지 않다.

어휘 get rid of phr. ~을 처분하다, 없애다 waste n. 낭비
uncomfortable adj. 불편한 practically adv. 거의, 사실상
fall apart phr. 부서지다, 허물어지다
throw out phr. ~을 버리다

---

5 평서문 정보 전달
난이도 ●●●

M: Kevin was disappointed that you forgot his birthday.
W: _____

(a) I'll make it up to him somehow.
(b) I'm surprised he didn't remember.
(c) Well, I'll remind him next time.
(d) That was thoughtful of him.

M: Kevin은 네가 그의 생일을 잊어버려서 실망했어.
W: _____

(a) 어떻게든 그에게 보상해 줄 거야.
(b) 그가 기억하지 못했다는 것이 놀라워.
(c) 음, 다음에 그에게 상기시켜 줄게.
(d) 그가 사려 깊었네.

정답 (a)

해설 여자가 Kevin의 생일을 잊어버려서 Kevin이 실망했다는 남자의 말에, '어떻게든 그에게 보상하겠다'는 말로 해결책을 제시한 (a)가 정답이다.

오답분석
(b) 질문의 Kevin을 가리키는 대명사 he를 사용한 오답으로, 여자가 Kevin의 생일을 잊어버려서 실망한 상황에서 그가 기억하지 못했다는 것이 놀랍다는 대답은 적절하지 않다.
(c) 질문의 forgot(잊어버렸다)과 관련된 remind(상기시키다)를 사용한 오답으로, 여자가 Kevin의 생일을 잊어버려서 실망했다는 말에 다음에 그에게 상기시켜 주겠다고 답한 것은 틀리다.
(d) 여자가 Kevin의 생일을 잊어버려서 Kevin이 실망한 상황에서 그가 사려 깊었다고 답한 것은 틀리다.

어휘 disappointed adj. 실망한
make it up to phr. (손해 등을) 보상하다 remind v. 상기시키다
thoughtful adj. 사려 깊은

---

6 평서문 의견 전달
난이도 ●●●

W: It never crossed my mind that Danny might be lying.
M: _____

(a) I guess you're a hard one to deceive.
(b) He suspected it from the start.
(c) That's because he trusts you.
(d) You're not the only one who was fooled.

W: Danny가 거짓말을 하고 있을지도 모른다는 생각은 전혀 들지 않았어.
M: _____

(a) 너는 속이기 힘든 사람인 것 같아.
(b) 그는 처음부터 그것을 의심했어.
(c) 그건 그가 너를 믿기 때문이야.
(d) 너만 속은 건 아니야.

정답 (d)

해설 Danny가 거짓말을 하고 있을지도 모른다는 생각을 해본 적이 없다며, Danny가 거짓말을 하고 있었다는 의미를 간접적으로 전달하는 말에, '너만 속은 건 아니다'라는 말로 동조한 (d)가 정답이다.

오답분석
(a) 질문의 lying(거짓말하다)과 비슷한 deceive(속이다)를 사용한 오답으로, Danny가 거짓말을 하고 있는지 몰랐다고 말하는 상황에서 너는 속이기 힘든 사람인 것 같다고 답한 것은 틀리다.
(b) 질문의 lying(거짓말하다)과 관련된 suspected(의심했다)

를 사용한 오답으로, Danny가 거짓말을 하고 있는지 몰랐다는 말에 그가 처음부터 의심했다는 의미의 대답은 적절하지 않다.

(c) Danny가 거짓말을 하고 있었다는 것을 간접적으로 나타낸 상황이므로, 그가 너를 믿고 있기 때문이라는 의미의 대답은 적절하지 않다.

어휘 cross one's mind phr. ~라는 생각이 들다
deceive v. 속이다 suspect v. 의심하다 fool v. 속이다

---

7 조동사 의문문 Have　난이도 ●●●

M: Has Janet accepted your apology?
W: _____

(a) It wasn't easy, but I put it behind me.
(b) Nothing could make up for what she said.
(c) Apparently she still has a grudge against me.
(d) I doubt it. She's not one to admit fault.

....

M: Janet이 너의 사과를 받아들였니?
W: _____

(a) 쉽지는 않았지만, 나는 그 일을 잊어버렸어.
(b) 아무것도 그녀가 말한 것을 만회할 수 없었어.
(c) 보아하니 그녀는 아직도 나에게 원한을 품고 있는 것 같아.
(d) 어떻지 모르겠어. 그녀는 잘못을 인정할 사람이 아니야.

정답 (c)

해설 Has를 사용하여 Janet이 사과를 받아들였는지 묻는 말에, '그녀가 아직도 원한을 품고 있는 것 같다'라며 Janet이 사과를 받아들이지 않았음을 간접적으로 전달한 (c)가 정답이다.

오답분석
(a) It wasn't easy(쉽지는 않았어)가 정답처럼 들려 혼동을 준 오답으로, Janet이 사과를 받아들였는지 묻는 말에 자신이 그 일을 잊어버렸다고 답한 것은 적절하지 않다.
(b) Janet이 사과를 받아들였는지 묻는 상황에서 그녀가 말한 것을 만회할 수 있는 것이 없었다는 대답은 적절하지 않다.
(d) I doubt it(어떻지 모르겠어)이 정답처럼 들려 혼동을 준 오답으로, 여자가 Janet에게 사과를 한 상황에서, Janet이 잘못을 인정할 사람이 아니라는 대답은 적절하지 않다.

어휘 apology n. 사과 put behind phr. (지난 일을) 잊어버리다
make up for phr. ~을 만회하다
apparently adv. 보아하니, 외관상으로는 grudge n. 원한

---

8 평서문 정보 전달　난이도 ●●○

W: I bought those stocks you recommended.
M: _____

(a) Think twice. It could be risky.
(b) OK. Let me research them beforehand.

(c) Glad to hear you're considering them.
(d) Good decision. You won't regret it.

....

W: 네가 추천한 주식들을 샀어.
M: _____

(a) 다시 생각해봐. 위험할 수도 있어.
(b) 알겠어. 내가 그것들을 미리 조사해 볼게.
(c) 네가 그것들을 고려하고 있다니 기뻐.
(d) 좋은 결정이야. 너는 후회하지 않을 거야.

정답 (d)

해설 남자가 추천한 주식들을 샀다는 여자의 말에, '후회하지 않을 것이다'라는 말로 동조한 (d)가 정답이다.

오답분석
(a) 이미 여자가 주식을 산 상황에서, 다시 생각해보라고 답한 것은 적절하지 않다.
(b) OK(알겠어)가 정답처럼 들려 혼동을 준 오답으로, 추천한 주식들을 이미 산 상황에서 그것들을 미리 조사해 보겠다고 답한 것은 적절하지 않다.
(c) 추천한 주식들을 이미 산 상황에서 그것들을 고려하고 있다니 기쁘다고 답한 것은 적절하지 않다.

어휘 stock n. 주식 recommend v. 추천하다
beforehand adv. 미리, 사전에

---

9 평서문 감정 전달　난이도 ●●○

M: Sorry, I accidentally emailed your conference schedule to Amy instead.
W: _____

(a) No worries. She forwarded it to me.
(b) That's OK. I'll send it again.
(c) No problem. She'll include you, too.
(d) That's my fault. I should've checked the email.

....

M: 죄송해요, 제가 실수로 당신의 회의 일정을 Amy에게 이메일로 보냈어요.
W: _____

(a) 걱정하지 마세요. 그녀가 저에게 그것을 전송했어요.
(b) 괜찮아요. 다시 보낼게요.
(c) 문제없어요. 그녀가 당신도 포함할 거예요.
(d) 그건 제 잘못이에요. 제가 이메일을 확인했어야 했어요.

정답 (a)

해설 상대방의 회의 일정을 다른 사람인 Amy의 이메일로 보냈다고 사과하는 말에, '걱정하지 말라'고 한 뒤, Amy가 그것을 자신에게 전송했다는 말로 안심시킨 (a)가 정답이다.

오답분석
(b) That's OK(괜찮아요)가 정답처럼 들려 혼동을 준 오답으로, 상대방이 이메일을 잘못 보낸 상황에서 자신이 다시 보

내겠다고 답한 것은 적절하지 않다.

(c) No problem(문제없어요)이 정답처럼 들려 혼동을 준 오답으로, 상대방의 회의 일정을 다른 사람인 Amy에게 보냈다고 사과하는 말에 그녀도 당신을 포함할 거라고 답한 것은 적절하지 않다.

(d) 상대방이 실수해서 이메일을 받지 못한 상황에서 자신이 이메일을 확인했어야 했다고 사과하는 대답은 적절하지 않다.

어휘 accidently adv. 실수로 conference n. 회의
forward v. 전송하다, 회송하다

---

10 조동사 의문문 Have
난이도 ●●○

W: Have you told your girlfriend that you want to split up?
M: _____
(a) No, not since the breakup.
(b) Yeah, I was astonished by the news.
(c) I'm still waiting for the right moment.
(d) I haven't gotten over it yet.

W: 네 여자친구에게 헤어지고 싶다고 말했어?
M: _____
(a) 아니, 헤어지고 나서는 말한 적 없어.
(b) 응, 나는 그 소식을 듣고 깜짝 놀랐어.
(c) 여전히 적절한 때를 기다리고 있어.
(d) 아직 그것을 극복하지 못했어.

정답 (c)

해설 Have를 사용하여 여자친구에게 헤어지고 싶다고 말했는지 묻는 말에, '적절한 때를 기다리고 있다'라며 아직 헤어지자고 말하지 않았다는 의미를 간접적으로 전달한 (c)가 정답이다.

오답분석
(a) split up(헤어지다)과 의미가 비슷한 breakup(헤어짐)을 사용한 오답으로, 아직 헤어지지 않은 상황에서 헤어지고 나서는 말한 적 없다고 답한 것은 적절하지 않다.
(b) Yeah(응)가 정답처럼 들려 혼동을 준 오답으로, 헤어지고 싶다고 말했는지 묻는 말에 그 소식을 듣고 놀랐다고 답한 것은 적절하지 않다.
(d) 헤어지고 싶다고 말했는지 묻는 말에 아직 극복하지 못했다고 답한 것은 적절하지 않다.

어휘 split up phr. 헤어지다, 나뉘다 astonished adj. 깜짝 놀란
get over phr. ~을 극복하다, 잊다

Part II

---

11 조동사 의문문 Can
난이도 ●○○

M: Sorry, part of your model airplane fell off while I was moving it.

W: Did you find the piece?
M: Yeah. Can you fix it?
W: _____
(a) Hopefully it'll turn up.
(b) I'll have to take a look first.
(c) I'll be more careful next time.
(d) It should be easy to find.

M: 죄송해요, 제가 당신의 모형 비행기를 옮기는 동안 그것의 일부가 떨어졌어요.
W: 떨어진 조각을 찾았나요?
M: 네. 고칠 수 있나요?
W: _____
(a) 그것을 찾게 되면 좋겠네요.
(b) 먼저 살펴봐야겠어요.
(c) 다음에는 더 조심할게요.
(d) 그건 찾기 쉬울 거예요.

정답 (b)

해설 Can을 사용하여 모형 비행기를 고칠 수 있는지 묻는 말에, '먼저 살펴봐야겠다'라며 고칠 수 있을지 아직 모르겠다는 의미를 전달한 (b)가 정답이다.

어휘 fall off phr. 떨어지다, 줄다
turn up phr. (잃어버린 것을) 찾게 되다, 나타나다

---

12 기타 의문문 생략 의문문
난이도 ●●○

W: We might have to cancel tomorrow's camping trip.
M: Yeah, the weather's predicted to turn nasty.
W: Want to reschedule for next weekend?
M: _____
(a) I think I can do that.
(b) Let's just go tomorrow instead.
(c) OK. We can go earlier than planned.
(d) Sorry, I don't really like camping.

W: 내일 캠핑은 취소해야 할 것 같아.
M: 그래, 날씨가 나빠질 것으로 예보되었어.
W: 다음 주말로 일정을 바꾸고 싶니?
M: _____
(a) 그렇게 할 수 있을 것 같아.
(b) 그러기보다 그냥 내일 가자.
(c) 알았어. 우리는 예정보다 일찍 갈 수 있어.
(d) 미안해, 나는 캠핑을 별로 좋아하지 않아.

정답 (a)

해설 다음 주말로 캠핑 일정을 바꾸고 싶은지 묻는 말에, '그렇게 할 수 있을 것 같다'라며 동의한 (a)가 정답이다. 참고로, 여자의 마지막 말(Want to reschedule for next weekend?)은 앞

에 Do you가 생략된 형태의 의문문이다.

어휘 predict v. 예보하다, 예측하다 turn nasty phr. 나빠지다
reschedule v. 일정을 바꾸다

13 평서문 의견 전달
난이도 ●●○

M: Honey, do you mind if I invite some friends over tomorrow?
W: I don't have enough time to cook and clean.
M: I'll do the cleaning, and we could order Chinese food.
W: _____

(a) OK, I'll tell them tomorrow's fine.
(b) I guess there's no reason to object, then.
(c) Great. We'll finally get some peace and quiet.
(d) Still, you wouldn't be able to cook everything alone.

M: 여보, 내일 우리 집으로 친구들 좀 초대해도 될까요?
W: 요리하고 청소할 시간이 충분하지 않아요.
M: 청소는 내가 할게요, 그리고 중국 음식을 주문하면 돼요.
W: _____

(a) 알겠어요, 그들에게 내일 괜찮다고 말할게요.
(b) 그렇다면 반대할 이유가 없겠네요.
(c) 좋아요. 드디어 우리가 평온과 고요를 되찾겠네요.
(d) 그래도, 당신 혼자서는 모든 요리를 할 수 없을 거예요.

정답 (b)

해설 남자의 친구 초대에 대해 여자가 자신이 요리하고 청소할 시간이 없다고 했다. 청소는 자신이 하고 중국 음식을 주문하면 된다는 남자의 말에 '그렇다면 반대할 이유가 없다'며 친구들을 초대해도 된다는 의미를 간접적으로 전달한 (b)가 정답이다.

어휘 invite over phr. ~를 자기 집으로 초대하다 object v. 반대하다

14 의문사 의문문 When
난이도 ●●○

W: Want to see the movie *Bladedancer* on Thursday night?
M: Sorry, I can't. I have a company dinner that evening.
W: When's good for you then?
M: _____

(a) Thursday evening works best.
(b) I'll let you know after the movie.
(c) My weekend schedule is pretty open.
(d) It depends on when the dinner ends.

W: 목요일 밤에 영화 「Bladedancer」 볼래?

M: 미안하지만, 나는 볼 수 없어. 그날 저녁에 회사 회식이 있어.
W: 그럼 언제가 좋아?
M: _____

(a) 목요일 저녁이 제일 좋아.
(b) 영화 끝나고 알려줄게.
(c) 내 주말 스케줄은 꽤 비어 있어.
(d) 그것은 회식이 언제 끝나는지에 달려 있어.

정답 (c)

해설 When을 사용하여 영화를 언제 보는 것이 좋을지 묻는 말에, '주말 스케줄이 꽤 비어 있다'라며 영화를 주말에 보는 것이 좋다는 의미를 전달한 (c)가 정답이다. (d)의 회식이 언제 끝나는지에 달려 있다는 말은 회식이 있어서 영화를 볼 수 없다는 대화의 문맥에 맞지 않으므로 틀리다.

어휘 company dinner phr. 회사 회식
open adj. (시간이) 비어 있는

15 의문사 의문문 What
난이도 ●●●

M: How would you like your burger, ma'am?
W: Well done. And hold the cheese.
M: Certainly. What about condiments?
W: _____

(a) One burger's fine for now.
(b) I'm OK with just cheese.
(c) Sure, I'll have a soda.
(d) On the side, please.

M: 버거는 어떻게 해드릴까요, 선생님?
W: 완전히 익혀주세요. 그리고 치즈는 넣지 말아 주세요.
M: 알겠습니다. 소스는요?
W: _____

(a) 지금은 버거 하나면 돼요.
(b) 치즈만 있으면 돼요.
(c) 당연하죠, 저는 탄산음료를 마실게요.
(d) 따로 주세요.

정답 (d)

해설 What about을 사용하여 소스를 어떻게 제공할지 묻는 말에, '따로 주세요'라며 소스를 별도로 제공해줄 것을 요청한 (d)가 정답이다.

어휘 hold v. 넣지 않다, 삼가다 condiment n. 소스, 조미료
on the side phr. (음식이) 따로 곁들여져 나오는

16 조동사 의문문 Do
난이도 ●●○

W: Carl asked me to work overtime again.
M: You've already done so much this month, though.

TEST 1 TEST 2 TEST 3 TEST 4 TEST 5

TEPS 서울대 텝스관리위원회 공식 기출문제집

W: I know. Do you think it'd be OK if I said no?

M: _____

(a) Maybe you could just ask for more hours.

(b) Of course. It's your right to turn it down.

(c) It's up to him whether or not to stay late.

(d) Oh, he'd never decline overtime work.

W: Carl이 나에게 또 초과근무를 해달라고 요청했어.

M: 하지만 너는 이번 달에 이미 많이 했잖아.

W: 맞아. 내가 싫다고 해도 괜찮을까?

M: _____

(a) 아마 몇 시간을 더 요청해도 될 거야.

(b) 물론이지. 거절하는 것은 네 권리야.

(c) 늦게까지 머물지는 그에게 달려있어.

(d) 아, 그는 절대 초과근무를 거절하지 않을 거야.

정답 (b)

해설 Do you think를 사용하여 자신이 초과근무를 거절해도 괜찮을지 묻는 말에, '물론이다'라는 말로 동의한 뒤, 거절하는 것은 네 권리라고 답한 (b)가 정답이다. (d)는 질문의 overtime(초과근무의)을 반복해서 사용한 오답으로, 그는 초과근무를 거절하지 않을 것이라고 답하는 것은 자신이 초과근무를 거절해도 괜찮을지에 대해 묻는 대화의 문맥에 맞지 않으므로 틀리다.

어휘 turn down phr. ~을 거절하다 decline v. 거절하다

---

17 조동사 의문문 Do
난이도 ●●●

M: Our son has been in such a bad mood lately.

W: His teacher says he's having trouble with his classmates.

M: Really? Do you think we should step in?

W: _____

(a) He seems just fine to me.

(b) Let's wait until he asks for help.

(c) I doubt he'd blame us for his problems.

(d) That's not why his classmates apologized.

M: 우리 아들은 요즘 기분이 너무 안 좋아요.

W: 그의 선생님은 그가 반 친구들과 문제가 있다고 하네요.

M: 정말요? 우리가 개입해야 한다고 생각하나요?

W: _____

(a) 제가 보기엔 그가 괜찮아 보여요.

(b) 그가 도움을 요청할 때까지 기다려 봐요.

(c) 그가 자신의 문제를 우리 탓으로 돌릴지 의심스러워요.

(d) 그것이 그의 반 친구들이 사과한 이유는 아니에요.

정답 (b)

해설 Do you think를 사용하여 자신들이 아들의 문제에 개입해야

한다고 생각하는지 묻는 말에, '도움을 요청할 때까지 기다려보자'라는 말로 아직은 개입해야 한다고 생각하지 않는다는 의미를 전달한 (b)가 정답이다.

어휘 step in phr. 개입하다 apologize v. 사과하다

---

18 평서문 의견 전달
난이도 ●●●

W: Everyone's applauding your presentation.

M: I'm glad it was well received.

W: Preparing all by yourself must've been hard.

M: _____

(a) Yeah, but you pulled it off perfectly.

(b) It's almost done, so I think I can handle it.

(c) It'll be all right if I can avoid technical difficulties.

(d) Actually, several people in my department contributed.

W: 모두가 당신의 발표를 칭찬하고 있어요.

M: 반응이 좋아서 다행이네요.

W: 혼자서 모든 것을 준비하느라 힘들었겠네요.

M: _____

(a) 그래요, 하지만 당신은 완벽하게 해냈어요.

(b) 거의 다 끝나가서, 제가 감당할 수 있을 것 같아요.

(c) 기술적인 어려움을 피할 수 있다면 괜찮을 거예요.

(d) 사실, 제 부서의 몇몇 사람들이 기여했어요.

정답 (d)

해설 must've been을 사용하여 발표를 혼자서 준비하느라 힘들었겠다는 말에, '부서의 몇몇 사람들이 기여했다'라며 혼자서 모든 것을 준비하지 않았다는 의미를 전달한 (d)가 정답이다.

어휘 applaud v. 칭찬하다, 박수갈채를 보내다
pull off phr. 해내다, 잘 소화하다 handle v. 감당하다
technical adj. 기술적인 department n. 부서
contribute v. 기여하다

---

19 평서문 감정 전달
난이도 ●●○

M: My suit came back from the cleaners still stained.

W: I see what you mean. It's pretty noticeable.

M: What a waste of money!

W: _____

(a) At least the stain's hard to see.

(b) I didn't realize the suit was so expensive.

(c) So go back there and make a fuss.

(d) That's why I always leave it to the professionals.

M: 내 정장이 여전히 얼룩이 묻은 채로 세탁소에서 돌아왔어.

W: 무슨 말인지 알겠어. 꽤 눈에 띄네.

M: 정말 돈 낭비야!

W: _____

(a) 적어도 얼룩은 잘 안 보이네.

(b) 그 양복이 그렇게 비싼지 몰랐어.

(c) 그러니 그곳으로 돌아가서 불평을 해.

(d) 그것이 내가 항상 전문가들에게 맡기는 이유야.

정답 (c)

해설 세탁소에 정장을 맡긴 것이 돈 낭비라며 불평하는 말에, '그곳으로 돌아가 불평을 하라'며 세탁소에 항의하라는 의미를 전달한 (c)가 정답이다.

어휘 stained adj. 얼룩이 묻은, 얼룩진 noticeable adj. 눈에 띄는
fuss n. 불평, 소란

---

20 평서문 감정 전달
난이도 ●●●

W: How's Ian been doing since transferring from our team?

M: He's getting the hang of things in Marketing.

W: It's a shame we had to lose such a talented salesperson.

M: _____

(a) I bet he'll be a real asset there, too.

(b) Yeah, I wish he hadn't left the company.

(c) He won't take the sales job, though.

(d) It's not too late to talk him out of transferring.

두 친구 간의 대화를 들으시오.

W: Ian은 우리 팀에서 이동한 이후로 어떻게 지내요?

M: 그는 마케팅 업무에 익숙해지고 있어요.

W: 우리가 그렇게 유능한 영업 사원을 잃어야 했다는 것이 유감이에요.

M: _____

(a) 그가 그곳에서도 진정한 자산이 될 거라고 장담해요.

(b) 네, 그가 회사를 떠나지 않았으면 좋았을 텐데요.

(c) 하지만 그는 판매직을 맡지 않을 거예요.

(d) 그를 설득해서 이동하지 못하도록 하기에 그렇게 늦지 않았어요.

정답 (a)

해설 유능한 영업 사원을 잃어야 했다는 것이 유감이라는 말에, '그가 그곳에서도 진정한 자산이 될 거라고 장담한다'며 동조한 (a)가 정답이다.

어휘 transfer v. 이동하다, 전근 가다
get the hang of phr. ~에 익숙해지다, ~을 할 줄 알게 되다
salesperson n. 영업 사원 asset n. 자산, 보물
talk ~ out of phr. ~를 설득해서 -을 그만두게 하다

Part III

21 중심 내용 주제
난이도 ●○○

Listen to a conversation between two friends.

M: You used to be a personal trainer, right?

W: Yeah, why?

M: I need to exercise, but I don't know how to start.

W: You should probably just begin with walking.

M: Is that enough? I mean, I really need to lose weight.

W: It's enough for starters. You can add other types of exercise later.

Q: What is the man mainly asking about?

(a) What changes to make in his exercise routine

(b) How to begin exercising to lose weight

(c) Where to find a personal trainer

(d) Why he is having difficulty losing weight

두 친구 간의 대화를 들으시오.

M: 너는 개인 트레이너로 일했었지?

W: 맞아, 왜?

M: 운동을 해야 하는데, 어떻게 시작해야 할지 모르겠어.

W: 아마 그냥 걷는 것부터 시작하는 게 좋겠어.

M: 그걸로 충분해? 내 말은, 나는 정말 체중을 감소해야 해.

W: 운동을 시작하는 사람들에게는 그걸로 충분해. 나중에 다른 유형의 운동을 추가할 수 있어.

Q: 남자는 주로 무엇에 대해 묻고 있는가?

(a) 그의 운동 루틴에서 변화시켜야 하는 것

(b) 체중을 감소하기 위해 운동을 시작하는 법

(c) 개인 트레이너를 찾을 수 있는 곳

(d) 그가 체중 감소에 어려움을 겪는 이유

정답 (b)

해설 대화에서 남자가 무엇에 대해 묻고 있는지 묻는 문제이다. 대화에서 남자가 운동을 해야 하는데, 어떻게 시작해야 할지 모르겠다(I need to exercise, but I don't know how to start)고 여자에게 말한 후, 자신은 체중을 감소해야 한다(I really need to lose weight)고 했다. 이를 '체중을 감소하기 위해 운동을 시작하는 법'이라고 종합한 (b)가 정답이다.

어휘 personal adj. 개인의 probably adv. 아마
lose weight phr. 체중을 감소하다

Listen to a couple discuss their Internet connection.

W: Our Internet is driving me crazy!

M: It is a bit slow.

W: No, I mean the wireless connection. It keeps cutting out.

M: Oh yeah. Do you think it's a problem with our router?

W: No, that seems to be working fine. Ugh, I just want stable connection!

M: Yeah, especially considering the price of Internet service.

Q: What is the woman mainly complaining about?

(a) The lack of consistent Internet access

(b) The high cost of Internet service

(c) The slow speed of her wireless connection

(d) The poor quality of her router

커플이 인터넷 연결에 관해 이야기하는 것을 들으시오.

W: 우리 인터넷이 나를 짜증 나게 하고 있어!

M: 그건 조금 느려.

W: 아니, 나는 무선 연결을 말하는 거야. 자꾸 끊겨.

M: 아, 맞아. 우리 라우터의 문제라고 생각해?

W: 아니, 그건 잘 작동하고 있는 것 같아. 아, 나는 그저 안정적인 연결을 원한다고!

M: 그래, 특히 인터넷 서비스 비용을 고려하면 말이야.

Q: 여자는 주로 무엇에 관해 불평하고 있는가?

(a) 지속적인(끊기지 않는) 인터넷 접속의 부재

(b) 인터넷 서비스의 높은 비용

(c) 무선 연결의 느린 속도

(d) 라우터의 좋지 않은 품질

정답 (a)

해설 대화에서 여자가 무엇에 관해 불평하고 있는지 묻는 문제이다. 대화의 앞부분에서 여자가 인터넷이 자신을 짜증 나게 하고 있다고 한 후, 인터넷 무선 연결이 자꾸 끊긴다(It keeps cutting out)고 했다. 이를 '지속적인(끊기지 않는) 인터넷 접속의 부재'라고 종합한 (a)가 정답이다.

어휘 drive crazy phr. 짜증 나게(미치게) 하다
wireless adj. 무선의   cut out phr. 끊기다
router n. 라우터(중계 장치)   consistent adj. 지속적인, 한결같은

Listen to a conversation at a workplace.

M: Can I be excused from work on Monday?

W: Why? We have a client meeting.

M: I know. It's just that my wife's having surgery that day.

W: Oh, I see. Well, just take the day out of your remaining leave.

M: Thanks. And I could still call in for the meeting.

W: That's not necessary. Just make sure you attend next time.

Q: What is the man mainly trying to do?

(a) Obtain permission to miss a workday

(b) Negotiate his amount of leave

(c) Request time off for his upcoming surgery

(d) Reschedule a client meeting

직장에서의 대화를 들으시오.

M: 월요일에 일을 쉬어도 될까요?

W: 왜요? 우리는 고객 회의가 있어요.

M: 알아요. 제 아내가 그날 수술을 받거든요.

W: 아, 그렇군요. 그럼, 남은 휴가 중에 하루를 빼서 그날 쉬세요.

M: 감사해요. 그래도 회의를 위해 잠깐 들을 수 있어요.

W: 그럴 필요 없어요. 그저 다음에 꼭 참석하도록 하세요.

Q: 남자가 주로 하고자 하는 것은 무엇인가?

(a) 결근에 대한 허가를 얻고 있다.

(b) 휴가의 양을 협상하고 있다.

(c) 곧 있을 그의 수술을 위해 휴직을 요청하고 있다.

(d) 고객 회의 일정을 변경하고 있다.

정답 (a)

해설 대화에서 남자가 무엇을 하고자 하는지 묻는 문제이다. 남자가 월요일에 일을 쉬어도 될지 질문(Can I be excused from work on Monday?)한 후, 휴가 사용에 대한 대화가 이어졌다. 이를 '결근에 대한 허가를 얻고 있다'라고 종합한 (a)가 정답이다.

어휘 excuse from phr. ~을 쉬게 하다, 면제하다
call in phr. 잠깐 들르다   obtain v. 얻다
permission n. 허가   negotiate v. 협상하다
time off phr. 휴직, 휴가   upcoming adj. 곧 있을, 다가오는

Listen to a couple discuss ideas for a wedding gift.

W: Why don't we get Susan a coffee machine?

M: She probably has one. Besides, I thought we were getting her a humidifier.

W: It's just that I found some great deals online. Or we could consider a knife set.

M: I don't think she cooks much. A vacuum cleaner, maybe?

W: Hmm, I can't decide.

M: Let's stick to our original plan, then.

W: OK.

Q: What will the couple give Susan as a wedding gift?

(a) A coffee machine

(b) A humidifier

(c) A knife set

(d) A vacuum cleaner

커플이 결혼 선물을 위한 아이디어에 관해 이야기하는 것을 들으시오.

W: Susan에게 커피 머신을 사주는 게 어때?

M: 그녀는 아마 하나 가지고 있을 거야. 게다가, 나는 우리가 그녀에게 가습기를 줄 거라고 생각했어.

W: 그냥 온라인에서 좋은 물건을 발견했을 뿐이야. 아니면 나이프 세트를 고려해볼 수도 있어.

M: 그녀가 요리를 많이 하지는 않을 것 같아. 아니면, 진공청소기는 어때?

W: 음, 결정을 못 하겠어.

M: 그러면, 우리의 원래 계획을 고수하자.

W: 알겠어.

Q: 커플은 Susan에게 결혼 선물로 무엇을 줄 것인가?

(a) 커피 머신

(b) 가습기

(c) 나이프 세트

(d) 진공청소기

정답 (b)

해설 커플이 Susan에게 결혼 선물로 무엇을 줄 것인지 묻는 문제이다. 남자가 그녀에게 가습기를 줄 거라고 생각했다(I thought we were getting her a humidifier)고 말했고, 여자가 결정을 내리지 못하자 남자가 원래 계획을 고수하자(Let's stick to our original plan)고 했으므로, 커플이 원래 계획대로 가습기를 줄 것임을 알 수 있다. 따라서 (b)가 정답이다.

어휘 humidifier n. 가습기 vacuum cleaner phr. 진공청소기
stick to phr. ~을 고수하다

---

25 세부 정보 Correct

난이도
●●○

Listen to two friends discuss an upcoming event.

M: I'm organizing another networking event on Saturday. Want to come?

W: Sure! The last one was great. Are you hosting it at your office again?

M: Actually, I rented a lounge downtown this time.

W: Nice. Is it $20 at the door or $15 in advance

---

like before?

M: Yes, and food is included. But you'll have to buy your own drinks.

W: Sounds good. Send me the address.

Q: Which is correct according to the conversation?

(a) The woman could not attend the last event.

(b) The event is being held at a different place from before.

(c) The entrance fee has gone up from before.

(d) The price includes food and drinks.

두 친구가 다가오는 행사에 관해 이야기하는 것을 들으시오.

M: 나는 토요일에 또 다른 인적 교류 행사를 준비하고 있어. 올래?

W: 물론이지! 지난번 행사는 정말 좋았어. 이번에도 네 사무실에서 개최하니?

M: 사실, 이번에는 시내에 있는 라운지를 대여했어.

W: 좋네. 지난번처럼 현장에서는 20달러, 사전에는 15달러니?

M: 응, 그리고 음식이 포함되어 있어. 하지만 음료는 직접 사야 해.

W: 좋아. 주소를 보내줘.

Q: 대화에 따르면 맞는 것은 무엇인가?

(a) 여자는 지난번 행사에 참석하지 못했다.

(b) 행사는 이전과 다른 장소에서 열린다.

(c) 입장료는 이전보다 올랐다.

(d) 가격에는 음식과 음료가 포함되어 있다.

정답 (b)

해설 대화의 내용과 일치하는 것을 묻는 문제이다. 이번에도 행사를 남자의 사무실에서 개최하는지 묻는(Are you hosting it at your office again?) 여자의 말에, 이번에는 시내에 있는 라운지를 대여했다(I rented a lounge downtown this time)고 답했으므로 행사 장소가 바뀌었음을 알 수 있다. 이를 '행사는 이전과 다른 장소에서 열린다'라고 바꾸어 표현한 (b)가 정답이다.

어휘 organize v. 준비하다, 조직하다
networking n. 인적 교류, 정보망 형성 attend v. 참석하다
entrance fee phr. 입장료

---

26 세부 정보 육하원칙

난이도
●○○

Listen to a conversation between two friends.

W: You look happy. What's up?

M: Remember the building I invested my savings in?

W: Don't tell me you finally found someone interested in renting it.

M: I sure have! He wants to open a restaurant franchise there.

W: Wow, congratulations!

M: Thanks! I'll take you there when it opens.

Q: Why is the man happy?

(a) His business has begun making a profit.

(b) **He has found a tenant for his building.**

(c) He found someone to run his restaurant.

(d) His building was purchased by a large franchise.

두 친구 간의 대화를 들으시오.

W: 행복해 보이네. 무슨 일이야?

M: 내가 저축한 돈으로 투자했던 건물 기억나?

W: 설마 마침내 임차하고 싶어 하는 사람을 찾았다는 건 아니겠지.

M: 물론 찾았지! 그는 그곳에 식당 체인점을 열고 싶어 해.

W: 와, 축하해!

M: 고마워! 개업하면 데리고 갈게.

Q: 남자는 왜 행복한가?

(a) 그의 사업이 이윤을 남기기 시작했다.

(b) 그의 건물의 세입자를 구했다.

(c) 그의 식당을 운영할 사람을 구했다.

(d) 그의 건물이 큰 체인점에 팔렸다.

정답 (b)

해설 남자가 행복한 이유를 묻는 문제이다. 남자가 행복해 보인다며 무슨 일인지 묻는 여자의 말에 대해, 남자가 자신이 저축한 돈으로 투자했던 건물을 언급한 뒤 건물을 임차하고 싶어 하는 사람을 찾았다(I sure have)고 했다. 이를 '그의 건물의 세입자를 구했다'라고 바꾸어 표현한 (b)가 정답이다.

어휘 invest v. 투자하다 finally adv. 마침내 profit n. 이윤 tenant n. 세입자

---

27 세부 정보 Correct

난이도 ●●○

Listen to a conversation between two friends.

M: I heard you auditioned for that TV show, *Pop Star*.

W: Yeah, but I was turned down in the preliminaries.

M: That's a shame. Did Liz audition as well?

W: Only after much begging on my part. But she got further than me!

M: Wow! Maybe I'll see her on TV!

W: She was eliminated in round 2, so maybe!

Q: Which is correct according to the conversation?

(a) The woman passed the first round of auditions.

(b) Liz convinced the woman to audition.

(c) The man saw Liz on television.

(d) **Liz is no longer in the competition.**

두 친구 간의 대화를 들으시오.

M: 「Pop Star」라는 TV 프로그램에 네가 오디션을 봤다고 들었어.

W: 맞아, 하지만 예선전에서 탈락했어.

M: 안타깝다. Liz도 오디션을 봤어?

W: 내가 엄청 애원한 후에야 봤어. 그런데 그녀가 나보다 더 멀리 갔어!

M: 와! 아마 TV에서 그녀를 보겠네!

W: 그녀는 2라운드에서 탈락했으니까, 아마 그럴지도!

Q: 대화에 따르면 맞는 것은 무엇인가?

(a) 여자는 오디션의 첫 라운드를 통과했다.

(b) Liz가 여자에게 오디션을 보라고 설득했다.

(c) 남자는 Liz를 텔레비전에서 보았다.

(d) Liz는 더 이상 경연에 참가하지 않는다.

정답 (d)

해설 대화의 내용과 일치하는 것을 묻는 문제이다. TV에서 Liz를 볼 수 있겠다는 남자의 말에, 여자가 그녀는 2라운드에서 탈락했으니 아마 볼 수 있을지도 모른다(She was eliminated in round 2, so maybe!)라고 했으므로, Liz가 이미 탈락해서 더 이상 경연 프로그램에 참가하지 않는다는 것을 알 수 있다. 이를 'Liz는 더 이상 경연에 참가하지 않는다'라고 바꾸어 표현한 (d)가 정답이다.

어휘 turn down phr. ~을 탈락시키다, 거절하다 preliminary n. 예선전, 예비 행위 beg v. 애원하다, 간청하다 eliminate v. 탈락시키다, 없애다 convince v. 설득시키다 competition n. 경연

---

28 세부 정보 Correct

난이도 ●●○

Listen to a conversation between two university students.

W: I heard you're moving out of the dormitory next semester.

M: Yeah, I want to save money.

W: Isn't it cheaper than an off-campus apartment?

M: Actually, I'm moving back in with my parents.

W: But you tried that your first semester here and said the commute was too long.

M: Yeah, but next semester, I'll only have to come to campus twice a week for classes, which seems manageable.

Q: Which is correct about the man?

(a) He is moving into the dormitory to save money.

(b) His parents live close to campus.

(c) He commuted from home during his first semester.

(d) He has two classes every day next semester.

두 대학생 간의 대화를 들으시오.

W: 네가 다음 학기에 기숙사를 나와 이사한다고 들었어.

M: 응, 나는 돈을 모으고 싶어.

W: 기숙사가 캠퍼스 밖의 아파트보다 더 저렴하지 않아?

M: 사실, 나는 부모님 집으로 다시 이사해.

W: 하지만 너는 첫 학기에 그렇게 해봤고 통학이 너무 길다고 했잖아.

M: 그래, 하지만 다음 학기에는, 수업 때문에 일주일에 두 번 정도만 캠퍼스에 오면 되고 그건 감당할 수 있을 것 같아.

Q: 남자에 대해 맞는 것은 무엇인가?

(a) 돈을 모으기 위해 기숙사로 이사할 것이다.

(b) 부모님이 캠퍼스 근처에 산다.

(c) 첫 학기에 집에서 통학했다.

(d) 다음 학기에 매일 수업 두 개가 있다.

정답 (c)

해설 남자에 대한 내용과 일치하는 것을 묻는 문제이다. 부모님 집으로 다시 이사한다는 남자의 말에 여자가 첫 학기에 그렇게 해봤지 않느냐(you tried that your first semester here)고 말했고, 이어서 남자가 그렇다(Yeah)고 했다. 이를 남자는 '첫 학기에 집에서 통학했다'라고 바꾸어 표현한 (c)가 정답이다.

어휘 dormitory n. 기숙사 semester n. 학기
commute n. 통학, 통근; v. 통학하다, 통근하다
manageable adj. 감당할 수 있는

---

29 추론 Infer

난이도 ●●●

Listen to two friends discuss a movie.

M: Did you watch *Lightspeed*?

W: Yeah, the reviews were way off base!

M: I told you. The story's anything but boring, right?

W: Totally. My only complaint was with the lead actor.

M: Tom Lawrence? I admit that his performance was pretty melodramatic.

W: Right. It was so unexpected from him.

Q: What can be inferred from the conversation?

(a) The woman is unfamiliar with Tom Lawrence's work.

(b) The woman recommended the movie to the man.

(c) Tom Lawrence exceeded the man's expectations.

(d) Critics gave the movie negative reviews.

두 친구가 영화에 관해 이야기하는 것을 들으시오.

M: 「Lightspeed」 봤니?

W: 응, 비평들이 완전히 틀렸어!

M: 말했잖아. 그 이야기는 결코 지루하지 않아, 그렇지?

W: 당연하지. 나의 유일한 불만은 주연 배우에 대한 거야.

M: Tom Lawrence? 그의 연기가 꽤 과장되었다는 건 인정해.

W: 맞아. 그것은 그가 하리라고는 예상하지 못한 것이었어.

Q: 대화에서 추론할 수 있는 것은 무엇인가?

(a) 여자는 Tom Lawrence의 작품을 잘 모른다.

(b) 여자는 남자에게 영화를 추천했다.

(c) Tom Lawrence는 남자의 기대를 뛰어넘었다.

(d) 평론가들은 영화에 부정적인 비평을 남겼다.

정답 (d)

해설 대화를 통해 추론할 수 있는 내용을 묻는 문제이다. 영화를 봤는지 묻는 남자의 말에 여자가 비평들이 완전히 틀렸다(the reviews were way off base)고 답했고, 이어서 남자가 그 이야기는 결코 지루하지 않다(The story's anything but boring)고 동조했다. 이를 바탕으로 평론가들은 영화가 지루하다는 비평을 남겼음을 알 수 있다. 따라서 '평론가들은 영화에 부정적인 비평을 남겼다'라고 추론한 (d)가 정답이다.

어휘 off base phr. 완전히 틀린 complaint n. 불만
melodramatic adj. 과장된 unexpected adj. 예상하지 못한

---

30 추론 Infer

난이도 ●●○

Listen to a conversation between two friends.

W: I wish I hadn't gotten my Master's degree. It feels like I'll be in debt forever.

M: The loan payments may be daunting, but it'll be worth it.

W: Maybe if I'd actually ended up with a job in my field.

M: Well, fine arts isn't like engineering where finding a job is more straightforward.

W: I just don't think all the effort was worth it.

M: Give it more time.

Q: What can be inferred about the woman from the conversation?

(a) She is not currently employed.

(b) Her Master's degree is in fine arts.

(c) She is considering pursuing another degree.

(d) Her student loans have been fully paid off.

두 친구 간의 대화를 들으시오.

W: 내가 석사 학위를 받지 않았다면 좋았을 텐데. 나는 평생 채무가 있을 것 같아.

M: 대출금 상환이 부담스러울 수도 있지만, 그럴 만한 가치가 있을 거야.

W: 만약 내가 실제로 내 분야에서 직업을 갖게 되었다면 아마 그렇겠지.

M: 글쎄, 미술은 직업을 찾는 것이 더 간단한 공학과는 다르지.

W: 나는 단지 그 모든 노력을 할 만한 가치가 있었다고 생각하지 않아.

M: 좀 더 시간을 가져봐.

Q: 대화에서 여자에 대해 추론할 수 있는 것은 무엇인가?

(a) 현재 일하고 있지 않다.
(b) 여자의 석사 학위는 미술 분야이다.
(c) 다른 학위를 따는 것을 고려하고 있다.
(d) 여자의 학자금 대출은 이미 전액 상환되었다.

정답 (b)

해설 대화를 통해 여자에 대해 추론할 수 있는 내용을 묻는 문제이다. 대화 초반에서 여자가 석사 학위를 받은 것을 후회하자 남자가 그것이 가치가 있을 거라고 하였다. 이에, 여자가 실제로 자신의 분야에서 직업을 갖게 되었다면 그럴 것(Maybe if I'd actually ended up with a job in my field)이라고 말한 뒤, 남자가 미술은 직업을 찾는 것이 더 간단한 공학과는 다르다(fine arts isn't like engineering where finding a job is more straightforward)고 했다. 이를 바탕으로 '여자의 석사 학위는 미술 분야이다'라고 추론한 (b)가 정답이다.

어휘 in debt phr. 채무가 있는, 빚을 진 daunting adj. 부담스러운
straightforward adj. 간단한, 복잡하지 않은
currently adv. 현재 student loan phr. 학자금 대출
pay off phr. ~을 전액 상환하다

Part IV

31 중심 내용 주제

난이도
●●○

In business news, fast food giant Clucky reported its third-quarter earnings today. Because of the recent hurricane that hit the company's east coast supply chain, the restaurant's revenue was expected to fall short of the $1.13 billion analysts predicted at the beginning of the year. However, Clucky actually exceeded this number and recorded $1.14 billion for the quarter. Several factors are likely behind this result, including the restaurant's introduction of a popular new menu item and the recent downfall of rival Troy's Chicken.

Q: What is mainly being reported about Clucky?

(a) Its new menu item is surprisingly popular.
(b) Its sales were hurt by the recent hurricane.

(c) It plans to buy out a rival.
(d) It posted a higher-than-expected revenue.

경제 소식으로는, 패스트푸드 대기업인 Clucky가 오늘 3분기 실적을 발표했습니다. 회사의 동해안 공급망을 강타한 최근 허리케인으로 인해, 이 식당의 수익은 올해 초에 분석가들이 예측한 11억 3천만 달러에 미치지 못할 것으로 예상되었습니다. 하지만 Clucky가 실제로는 이 수치를 넘어섰으며, 분기 동안 11억 4천만 달러를 기록했습니다. 이 결과의 이면에는 이 식당이 인기 있는 신메뉴를 선보인 것과 경쟁사인 Troy's Chicken의 최근 몰락 등 몇 가지 요인이 있을 것으로 보입니다.

Q: Clucky에 관해 주로 보도되고 있는 것은 무엇인가?

(a) 신메뉴가 놀랄 만큼 인기가 있다.
(b) 매출액이 최근 허리케인의 타격을 받았다.
(c) 경쟁사를 매수할 계획이다.
(d) 예상보다 높은 수익을 발표했다.

정답 (d)

해설 Clucky에 대해 주로 보도되고 있는 것을 묻는 문제이다. 이 식당의 수익이 11억 3천만 달러에 미치지 못할 것으로 예상되었다(the restaurant's revenue ~ $1.13 billion)는 말에 이어, Clucky가 실제로는 이 수치를 넘어섰으며, 분기 동안 11억 4천만 달러를 기록했다(Clucky actually exceeded ~ for the quarter)고 보도했다. 이를 '예상보다 높은 수익을 발표했다'라고 종합한 (d)가 정답이다.

어휘 earning n. 실적 supply chain phr. 공급망
revenue n. 수익 fall short of phr. ~에 미치지 못하다
exceed v. 넘어서다, 초과하다 downfall n. 몰락
buy out phr. ~을 매수하다 post v. 발표하다, 공고하다

32 중심 내용 주제

난이도
●●●

Class, today we'll be talking about Scottish scholar Adam Smith, who's known as the father of modern economics. But no discussion of the subject is complete without mentioning fourteenth-century Arab thinker Ibn Khaldun. Khaldun explored the concepts of supply and demand and division of labor nearly four centuries before the more-famous Smith discussed them. There's no evidence that Smith was acquainted with Khaldun's writing, but he may have been unknowingly influenced by the thinker's ideas during his education.

Q: What is the speaker mainly saying about Ibn Khaldun?

(a) He refined some of Smith's key ideas.
(b) He contributed directly to Smith's theories.
(c) He is a relatively unacknowledged precursor to Smith.

(d) His theories were copied by Smith.

여러분, 우리는 오늘 현대 경제학의 아버지로 알려진 스코틀랜드 학자 애덤 스미스에 대해 이야기를 나눌 것입니다. 하지만 14세기 아랍 사상가 이븐 할둔을 언급하지 않고서는 이 주제에 대한 논의가 완전하다고 할 수 없습니다. 할둔은 공급과 수요 그리고 노동의 분배에 대한 개념을 더 유명한 스미스가 논의하기 거의 4세기 전에 연구했습니다. 스미스가 할둔의 저작물을 알고 있었다는 증거는 없지만, 그의 교육 과정 동안 자신도 모르게 그 사상가의 견해에 영향을 받았을 수도 있습니다.

Q: 화자는 이븐 할둔에 대해 주로 무엇을 말하고 있는가?

(a) 스미스의 주요 견해 중 일부를 개선했다.
(b) 스미스의 이론에 직접적으로 기여했다.
(c) 상대적으로 인정받지 못한 스미스의 선구자이다.
(d) 그의 이론은 스미스에 의해 모방되었다.

정답 (c)

해설 이븐 할둔에 대해 주로 말하고 있는 것을 묻는 문제이다. 할둔은 공급과 수요 그리고 노동의 분배에 대한 개념을 더 유명한 스미스가 논의하기 거의 4세기 전에 연구했다(Khaldun explored ~ before the more-famous Smith discussed them)고 한 뒤, 스미스가 교육 과정 동안 자신도 모르게 그 사상가의 견해에 영향을 받았을 수도 있다(he may have been ~ during his education)고 하였다. 이를 이븐 할둔을 '상대적으로 인정받지 못한 스미스의 선구자이다'라고 종합한 (c)가 정답이다.

어휘 scholar n. 학자 supply n. 공급; v. 공급하다
demand n. 수요; v. 요구하다 division n. 분배
labor n. 노동 acquainted with phr. ~을 알고 있는
unacknowledged adj. 인정받지 못한 precursor n. 선구자

---

33 세부 정보 육하원칙   난이도 ●○○

Now for the weather. The rain we've had over the past few days will continue this morning before giving way to a mix of sun and clouds this afternoon. Temperatures will remain low throughout the day, so dress warmly. The wind will pick up this evening, bringing more showers, which will last throughout the night. The sun should return by tomorrow morning, with a light breeze and warmer temperatures arriving just in time for the weekend.

Q: What will the weather be like this evening?

(a) Warm and rainy
(b) Windy and rainy
(c) Cool and cloudy
(d) Sunny and breezy

이제 날씨를 알아보겠습니다. 지난 며칠간 내린 비는 오늘 오전까지 이어지다가 오후에는 햇살과 구름이 뒤섞이겠습니다. 기온

이 온종일 낮겠으니 옷을 따뜻하게 입으세요. 오늘 저녁에는 바람이 강해지면서 소나기가 더 내리겠고, 밤사이에도 계속되겠습니다. 내일 아침에는 햇살이 다시 내리쬐겠고, 주말을 맞아 산들바람이 불면서 기온이 더 따뜻해지겠습니다.

Q: 오늘 저녁의 날씨는 어떨 것인가?

(a) 따뜻하고 비가 온다.
(b) 바람이 불고 비가 온다.
(c) 시원하고 흐리다.
(d) 화창하고 산들바람이 분다.

정답 (b)

해설 오늘 저녁의 날씨는 어떨 것인지 묻는 문제이다. 오늘 저녁에는 바람이 강해지면서 소나기가 더 내리겠다(The wind will ~ more showers)고 했다. 이를 '바람이 불고 비가 온다'로 바꾸어 표현한 (b)가 정답이다.

어휘 temperature n. 기온 pick up phr. 강해지다, 개선되다
breeze n. 산들바람

---

34 세부 정보 Correct   난이도 ●●○

Teachers, as you know, the High School Proficiency Assessment will begin for our 11th-graders next week. (a)During that period, the school will operate on a special early dismissal schedule. (b)Makeup exams will be held the following week for those who missed the exam due to illness or other emergencies. (c)Please remind your students that they must pass the exam in order to graduate. (d)Those who do not receive a passing grade will have an opportunity to retest in their 12th year.

Q: Which is correct according to the announcement?

(a) The school will run on its normal schedule throughout the testing period.
(b) Illness is the only acceptable excuse for missing the exam.
(c) Graduation is not dependent on passing the test.
(d) Students who fail will have an opportunity to retake the test.

교사 여러분, 아시다시피 다음 주부터 저희 11학년을 대상으로 고등학교 능력 평가가 시작됩니다. (a)그 기간 동안 학교는 특별 조기 하교 일정으로 운영될 것입니다. (b)질병이나 다른 위급상황으로 인해 시험을 보지 못한 사람들을 위해 그다음 주에 보충 시험이 치러질 것입니다. (c)졸업을 하려면 시험에 합격해야 한다는 것을 학생들에게 상기시켜 주세요. (d)합격점을 받지 못하는 학생들은 12학년에 재시험을 치를 기회를 가질 것입니다.

Q: 공고에 따르면 맞는 것은 무엇인가?

(a) 학교는 시험 기간 내내 정규 일정으로 운영될 것이다.

(b) 질병은 시험을 보지 못한 것에 대해 유일하게 용인되는 사유이다.

(c) 졸업은 시험에 합격하느냐에 달려 있지 않다.

(d) 낙제하는 학생들은 재시험을 볼 기회를 가질 것이다.

정답 (d)

해설 공고의 내용과 일치하는 것을 묻는 문제이다. 합격점을 받지 못하는 학생들은 12학년에 재시험을 치를 기회를 가질 것(Those who do not receive ~ in their 12th year)이라고 했다. 이를 '낙제하는 학생들은 재시험을 볼 기회를 가질 것이다'라고 바꾸어 표현한 (d)가 정답이다.

[오답분석]

(a) 평가 기간 동안 학교는 특별 조기 하교 일정으로 운영될 것이라고 했으므로, 학교가 정규 일정으로 운영될 것이라는 것은 틀리다.

(b) 질병이나 다른 위급상황으로 인해 시험을 보지 못한 사람들을 위해 보충 시험이 치러질 것이라고 했으므로, 질병이 유일하게 용인되는 사유라는 것은 틀리다.

(c) 졸업을 하려면 시험에 합격해야 한다고 했으므로, 졸업이 시험의 합격 여부에 달려 있지 않다는 것은 담화의 내용과 반대된다.

어휘 proficiency assessment phr. 능력 평가
dismissal n. 하교, 해산 makeup n. 보충
emergency n. 위급상황

---

35 세부 정보 Correct
난이도 ●●●

Let's continue our discussion on Early Modern English. As you may recall, toward the end of the Middle Ages, the English language underwent what's now known as the Great Vowel Shift. This shift in how English vowels are pronounced was quite drastic. And (a)as it continued even after English spelling was standardized, it resulted in a highly erratic spelling system. Although vowel shifts have occurred in other languages, (b)the Great Vowel Shift occurred at an unusually rapid pace. (c)Some speculate that an influx of foreign loan words from nearby countries accelerated the process. However, (d)linguistic exchange in other European countries failed to trigger similar shifts.

Q: Which is correct about the Great Vowel Shift?

(a) It led to irregularities in the spelling of English words.

(b) It unfolded over an extraordinarily long period.

(c) It advanced slowly due to foreign loan words.

(d) It was representative of broader European linguistic trends.

초기 현대 영어에 대한 논의를 계속합시다. 기억하시겠지만, 중세 말기 무렵에 영어는 오늘날 대모음 추이라고 알려진 것을 겪었습니다. 영어 모음이 발음되는 방식에 관한 이러한 변화는 상당히 급격했습니다. 그리고 (a)영어 철자가 표준화된 후에도 이것이 계속되면서, 매우 불규칙한 철자 체계를 낳았습니다. 다른 언어에서도 모음 변화가 발생했지만, (b)대모음 추이는 이례적으로 빠른 속도로 일어났습니다. (c)일부는 주변국들로부터의 외래 차용어 유입이 이 과정을 가속화했다고 추측합니다. 그러나, (d)다른 유럽 국가들에서의 언어 교환은 유사한 변화를 촉발하지 못했습니다.

Q: 대모음 추이에 대해 맞는 것은 무엇인가?

(a) 영어 단어의 불규칙한 철자들을 낳았다.

(b) 유난히 긴 기간에 걸쳐 전개되었다.

(c) 외래 차용어 때문에 더디게 진전되었다.

(d) 더 넓은 범위에서 유럽 언어의 경향을 대표했다.

정답 (a)

해설 대모음 추이에 대한 내용과 일치하는 것을 묻는 문제이다. 영어 철자가 표준화된 후에도 대모음 추이가 계속되면서 매우 불규칙한 철자 체계를 낳았다(as it continued ~ erratic spelling system)고 했다. 이를 '영어 단어의 불규칙한 철자들을 낳았다'라고 바꾸어 표현한 (a)가 정답이다.

[오답분석]

(b) 대모음 추이는 이례적으로 빠른 속도로 일어났다고 했으므로, 담화의 내용과 반대된다.

(c) 외래 차용어 유입이 대모음 추이 과정을 가속화했다는 추측이 있다고는 했지만, 외래 차용어 때문에 더디게 진전되었는지는 언급되지 않았다.

(d) 다른 유럽 국가들에서의 언어 교환은 유사한 변화를 촉발하지 못했다고 했으므로, 담화의 내용과 반대된다.

어휘 undergo v. 겪다 Great Vowel Shift phr. 대모음 추이
pronounce v. 발음하다 drastic adj. 급격한
standardize v. 표준화하다 erratic adj. 불규칙한
speculate v. 추측하다 influx n. 유입
loan word phr. 차용어 accelerate v. 가속화하다
irregularity n. 불규칙한 것 unfold v. 전개되다

---

36 추론 Opinion
난이도 ●●●

Did you know that America's poor give a larger percentage of their earnings to charity than its highest earners do? This is likely because lower-income citizens find it easier to empathize with those in need. In fact, emotional distance from the needy, not financial limitation, may be the most significant barrier to charitable giving. Even among the wealthy, people from homogeneously affluent neighborhoods are much less charitable than those living in mixed-income areas.

Q: Which statement would the speaker most likely agree with?

(a) **Exposure to people in need encourages charitable behavior.**
(b) Current charity levels are insufficient to effect real change.
(c) People with lower incomes are more generous by nature.
(d) Charities should target low income earners to maximize donations.

여러분은 미국의 가난한 사람들이 최고소득자들보다 수입의 더 높은 비율을 자선단체에 기부한다는 것을 알고 있었나요? 이것은 저소득층 시민들이 도움이 필요한 사람들에게 공감하는 것이 더 쉽기 때문일 수 있습니다. 사실, 재정적인 한계가 아니라 가난한 사람들과의 정서적 거리가 자선 기부에 대한 가장 두드러진 장벽일 수 있습니다. 심지어 부유한 사람들 사이에서도, 부유한 이들만 있는 지역 출신의 사람들은 여러 소득층이 혼재하는 지역에 사는 사람들보다 훨씬 자선을 덜 베풉니다.

Q: 화자가 가장 동의할 것 같은 진술은 무엇인가?

(a) 도움이 필요한 사람들을 접하는 것은 자선 행위를 장려한다.
(b) 현재의 자선 수준은 실질적 변화를 일으키기에는 불충분하다.
(c) 소득이 낮은 사람들은 천성적으로 더 관대하다.
(d) 자선단체는 기부를 극대화하기 위해 저소득자들을 목표로 삼아야 한다.

정답 (a)

해설 화자가 가장 동의할 것 같은 진술이 무엇인지 묻는 문제이다. 저소득층 시민들이 도움이 필요한 사람들에게 공감하는 것이 더 쉽다(lower-income ~ empathize with those in need)는 말에 이어, 가난한 사람들과의 정서적 거리가 자선 기부에 대한 가장 두드러진 장벽일 수 있다(emotional distance ~ charitable giving)고 했다. 이를 바탕으로 도움이 필요한 사람들을 직접 만나면 정서적 거리가 가까워져 자선 행위를 할 가능성이 높아짐을 알 수 있다. 따라서 '도움이 필요한 사람들을 접하는 것은 자선 행위를 장려한다'라고 추론한 (a)가 정답이다.

어휘 empathize v. 공감하다 distance n. 거리
financial adj. 재정적인 limitation n. 한계
significant adj. 두드러진, 중요한
homogeneously adv. 같은 종류로만, 동질적으로
affluent n. 부유한 charitable adj. 자선을 베푸는
exposure n. 접함, 체험함 effect v. (어떤 결과를) 일으키다

Part V

[37-38]

Attention, staff. I have information regarding our upcoming merger with Glencorp. [37]Now that discussions on employee benefits have been finalized, I can tell you what to expect. First, employees will now receive 25 days of paid leave annually. For most of you, this is a substantial increase. But note that this paid leave is all-inclusive; you will no longer receive an additional allowance for sick days or emergencies. As for health insurance, you'll keep your current policies for now, but on their renewal date, you'll get a notice from Human Resources instructing you to switch over to one of Glencorp's approved plans. Lastly, there are no more flat-rate annual pay raises. Instead, [38]your raises will be based on your quarterly performance reviews, which will be conducted in the same way. If you have any questions, feel free to drop by my office.

직원 여러분, 주목해 주세요. 곧 있을 Glencorp와의 합병에 대한 정보가 있습니다. [37]현재 직원 복리후생에 대한 논의가 마무리되었으니, 예상되는 일에 대해 말씀드릴 수 있습니다. 우선, 직원들은 이제 연간 25일의 유급 휴가를 받게 될 것입니다. 여러분 대부분에게, 이것은 상당히 많은 증가입니다. 그러나 이 유급휴가에는 모든 것이 포함된다는 점에 유의하십시오. 병가일이나 응급 상황에 대해서는 더 이상 추가수당을 받을 수 없습니다. 건강보험에 관해서는, 당분간은 현재 정책을 유지하겠지만, 갱신 날짜에, 인사부로부터 Glencorp의 승인된 제도 중 하나로 전환하라는 통지가 있을 것입니다. 마지막으로, 더 이상 고정 비율의 연봉 인상은 없습니다. 대신 [38]인상은 분기별 인사 고과에 따라 결정되며, 분기별 인사 고과는 동일한 방식으로 이루어질 것입니다. 질문이 있으시면 언제든지 제 사무실에 들르세요.

어휘 merger n. 합병 finalize v. 마무리하다
substantial adj. 상당한 allowance n. 수당
flat-rate adj. 고정 비율의
performance review phr. 인사 고과 drop by phr. 들르다

37 중심 내용 목적
난이도 ●●○

Q: What is the main purpose of the talk?

(a) To announce a merger with another company
(b) To inform employees of increases to paid leave
(c) **To provide details about changes to employee benefits**

(d) To remind staff of the company's current policies

담화의 주된 목적은 무엇인가?

(a) 다른 회사와의 합병을 발표하기 위해
(b) 직원들에게 유급 휴가의 증가를 알리기 위해
(c) 직원 복리후생 변경에 대한 세부 정보를 제공하기 위해
(d) 직원들에게 회사의 현재 정책을 상기시키기 위해

정답 (c)

해설 담화의 주된 목적을 묻는 문제이다. 직원 복리후생에 대한 논의가 마무리되었으니 예상되는 일에 대해 말할 수 있다(Now that ~ what to expect)고 한 후, 직원 복리후생 변경에 대해 세부적으로 설명하고 있다. 이를 '직원 복리후생 변경에 대한 세부 정보를 제공하기 위해'라고 종합한 (c)가 정답이다.

---

38 세부 정보 육하원칙   난이도 ●●○

Q: Which of the following will be unaffected by the merger?

(a) Paid leave
(b) Sick leave
(c) Health insurance
(d) Performance reviews

Q: 다음 중 합병의 영향을 받지 않을 것은 무엇인가?

(a) 유급 휴가
(b) 병가
(c) 건강보험
(d) 인사 고과

정답 (d)

해설 합병의 영향을 받지 않을 것이 무엇인지 묻는 문제이다. 인상은 분기별 인사 고과에 따라 결정되며, 분기별 인사 고과는 동일한 방식으로 이루어질 것(your raises ~ in the same way)이라고 했다. 이를 '인사 고과'라고 바꾸어 표현한 (d)가 정답이다.

[39-40]

Let's continue our discussion of clinical depression. People who have suffered from depression at one point in their lives are likely to experience relapses later. And [40(d)]these subsequent episodes may require more intense treatment than before. In some cases, the relapse is triggered when the sufferer experiences a traumatic event similar to whatever led to the initial onset of depression. This could be the death of a loved

---

one, a breakup, a health problem, or a job loss. But [39]by far the most common reason for a relapse is the discontinuation of treatment. [40(b)]Most people believe that they're cured as soon as their depression symptoms subside. But if they abruptly stop taking medication or attending therapy sessions, they can easily fall back into depression. [40(b)]If we could reframe depression as a long-term issue, people might seek extra support from a doctor before simply deciding that they're cured. This could help patients maintain their mental health.

임상 우울증에 대한 논의를 계속합시다. 인생의 어떤 시점에 우울증을 앓았던 사람들은 나중에 재발을 겪을 가능성이 있습니다. 그리고 [40(d)]이러한 후속 증상의 발현들은 이전보다 더 강력한 치료가 필요할 수 있습니다. 어떤 경우에는, 환자가 우울증의 첫 시작을 초래한 것과 유사한 정신적 충격을 경험할 때 재발이 유발됩니다. 이것은 사랑하는 사람의 죽음, 이별, 건강 문제 또는 실직일 수 있습니다.
하지만 [39]단연코 재발의 가장 흔한 이유는 치료의 중단입니다. [40(b)]대부분의 사람들은 우울증 증상이 진정되면 바로 치료되었다고 생각합니다. 그러나 만약 그들이 갑자기 약물 복용이나 치료 출석을 중단한다면, 그들은 쉽게 다시 우울증에 빠질 수 있습니다. [40(b)]만약 우리가 우울증을 장기적인 문제로 재구성할 수 있다면, 사람들은 자신들이 치료되었다고 단순히 결론짓기 전에 의사로부터 추가적인 지원을 받을 수 있을 것입니다. 이것은 환자들이 정신 건강을 유지하는 데 도움이 될 수 있습니다.

어휘 clinical depression phr. 임상 우울증 relapse n. 재발
episode n. 증상의 발현 trigger v. 유발하다
traumatic adj. 정신적 충격의 initial adj. 첫, 초기의
onset n. 시작 discontinuation n. 중단
subside v. 진정되다, 가라앉다 abruptly adv. 갑자기
reframe v. 재구성하다 maintain v. 유지하다

---

39 세부 정보 육하원칙   난이도 ●○○

Q: According to the talk, what is most likely to cause a relapse of depression?

(a) Reliving a personal trauma from the past
(b) Being prescribed the wrong medication
(c) Failing to receive support from loved ones
(d) Stopping professional care suddenly

Q: 담화에 따르면, 우울증의 재발을 일으킬 가능성이 가장 높은 것은 무엇인가?

(a) 과거의 개인적인 트라우마를 다시 경험하는 것
(b) 잘못된 약을 처방받는 것
(c) 사랑하는 사람들의 지지를 받지 못하는 것
(d) 갑자기 전문적인 치료를 중단하는 것

정답 (d)

해설 우울증의 재발을 일으킬 가능성이 가장 높은 것이 무엇인지 묻는 문제이다. 우울증을 앓았던 사람들은 나중에 재발할 가능성이 있다고 한 뒤, 단연코 재발의 가장 흔한 이유는 치료의 중단이다(by far the most common reason ~ the discontinuation of treatment)라고 설명했다. 이를 '갑자기 전문적인 치료를 중단하는 것'이라고 바꾸어 표현한 (d)가 정답이다.

어휘 relive v. 다시 경험하다 prescribe v. 처방하다

---

40 추론 Infer
난이도 ●●○

Q: What can be inferred from the talk?

(a) Symptoms of depression subside quickly under treatment.
(b) Many people view depression as a temporary condition.
(c) There is no way to prevent relapses of depression.
(d) Relapses are usually less severe than initial episodes of depression.

Q: 담화에서 추론할 수 있는 것은 무엇인가?

(a) 우울증의 증상은 치료를 받으면 빠르게 진정된다.
(b) 많은 사람들은 우울증을 일시적인 질환으로 본다.
(c) 우울증의 재발을 막을 방법은 없다.
(d) 재발은 보통 우울증의 첫 증상 발현보다 덜 심각하다.

정답 (b)

해설 담화에서 추론할 수 있는 내용이 무엇인지 묻는 문제이다. 대부분의 사람들은 우울증 증상이 진정되면 바로 치료되었다고 생각한다(Most people ~ depression symptoms subside)고 했고, 만약 우리가 우울증을 장기적인 문제로 재구성할 수 있다면, 사람들은 자신들이 치료되었다고 단순히 결론짓기 전에 의사로부터 추가적인 지원을 받을 수 있을 것이다(If we could reframe ~ they're cured)라고 설명했다. 이를 바탕으로 '많은 사람들은 우울증을 일시적인 질환으로 본다'라고 추론한 (b)가 정답이다.

오답분석
(a) 우울증의 증상이 치료를 받으면 빠르게 진정되는지는 언급되지 않았다.
(c) 우울증의 재발을 막을 방법이 없는지는 언급되지 않았다.
(d) 후속 증상의 발현들은 이전보다 더 강력한 치료가 필요할 수 있다고 했으므로, 재발이 보통 우울증의 첫 증상 발현보다 덜 심각하다는 것은 잘못된 추론이다.

VOCABULARY

문제집 p. 107

Part I

1 동사 어휘 accept
난이도 ●○○

A: 신용카드로 결제할 수 있나요?
B: 죄송합니다. 저희는 현금만 받아요.

(a) 통과하다
(b) 대하다
(c) 받다
(d) 청구하다

정답 (c)

해설 신용카드로 결제할 수 있는지를 묻는 말에, I'm sorry(죄송합니다)라고 거절하고 있으므로, 신용카드가 아닌 현금만 '받는다'라는 내용이 이어지는 것이 문맥상 자연스럽다. 따라서 (c) accept가 정답이다.

어휘 credit card phr. 신용카드

---

2 명사 어휘 stay
난이도 ●○○

A: 타이베이에 오래 있을 거니?
B: 아니, 3일 동안만 체류할 거야.

(a) 격차
(b) 체류
(c) 공간
(d) 멈춤

정답 (b)

해설 타이베이에 오래 있을 것인지를 묻는 말에, 3일 동안만 '체류'하겠다는 응답이 이어지는 것이 문맥상 자연스럽다. 따라서 (b) stay가 정답이다.

---

3 형용사 어휘 gentle
난이도 ●○○

A: 제가 당신의 강아지를 쓰다듬어도 될까요?
B: 물론이죠! 제 강아지는 순해요.

(a) 창백한
(b) 순한
(c) 유능한
(d) 친숙한

정답 (b)

해설 강아지를 쓰다듬어도 되는지 묻는 말에 Of course(물론이죠)라고 허락하고 있으므로, 강아지가 '순하다'라는 내용이 이어지

는 것이 문맥상 자연스럽다. 따라서 (b) gentle이 정답이다.

4 이디엄　a blessing in disguise

난이도 ●●●

A: 어제 점심 먹으러 간 사람들 모두 식중독에 걸렸어요.
B: 제가 못 간 게 뜻밖의 좋은 결과였나 봐요.

(a) 기질에 맞지 않은 것
(b) 뜻밖의 좋은 결과
(c) 무시해도 될 만큼 조금
(d) 생각해볼 일

정답 (b)

해설 점심 먹으러 간 사람들이 모두 식중독에 걸렸다는 말에, 자신이 가지 못한 것이 '뜻밖의 좋은 결과'였다는 내용의 응답이 오는 것이 문맥상 자연스럽다. 따라서 (b) a blessing in disguise가 정답이다.

어휘 food poisoning　phr. 식중독

5 동사 어휘　arrange

난이도 ●○○

A: 오후 3시에 회의에 참석할 수 있어요?
B: 물론이죠. 저는 그 회의에 맞추기 위해 제 일정을 <u>조정할</u> 수 있어요.

(a) 삽입하다
(b) 조정하다
(c) 규제하다
(d) 결합하다

정답 (b)

해설 회의에 참석할 수 있는지를 묻는 말에, 그 회의에 맞추기 위해 자신의 일정을 '조정할' 수 있다는 내용의 응답이 오는 것이 문맥상 자연스럽다. 따라서 (b) arrange가 정답이다.

어휘 accommodate　v. (환경 등에) 맞추다, 부응하다

6 형용사 어휘　bland

난이도 ●●○

A: 이 수프는 별맛이 나지 않아.
B: 응, 꽤 <u>싱겁네</u>.

(a) 무르익은
(b) 싱거운
(c) 질척한
(d) 거친

정답 (b)

해설 수프에서 별맛이 나지 않는다는 말에, Yes(응)라고 동의하고 있으므로, 수프가 '싱겁다'라는 내용이 이어지는 것이 문맥상 자연스럽다. 따라서 (b) bland가 정답이다.

어휘 flavor　n. 맛

7 형용사 어휘　redundant

난이도 ●●○

A: 이 정보를 선 그래프와 막대 그래프로 나타내야 할까요?
B: 아니요, 차트를 두 개나 만드는 것은 <u>불필요해요</u>.

(a) 복잡한
(b) 다양한
(c) 불필요한
(d) 애매모호한

정답 (c)

해설 정보를 두 종류의 그래프로 나타내야 할지를 묻는 말에, No(아니요)라고 부정하고 있으므로, 두 개의 차트를 만드는 것이 '불필요하다'라는 내용이 이어지는 것이 문맥상 자연스럽다. 따라서 (c) redundant가 정답이다.

8 형용사 어휘　stingy

난이도 ●●○

A: Beth는 절대 남들에게 돈을 쓰지 않아.
B: 그러게 말이야. 그녀는 정말 <u>인색해</u>.

(a) 인색한
(b) 신중한
(c) 명목상의
(d) 뼈만 앙상한

정답 (a)

해설 Beth가 남들에게 돈을 쓰지 않는다는 말에, I know(그러게 말이야)라며 동의하고 있다. 따라서 빈칸에는 '절대 돈을 쓰지 않는다(never spends money)'라는 뜻의 어휘가 필요하므로 '인색한'이라는 의미의 (a) stingy가 정답이다.

9 형용사 어휘　abrasive

난이도 ●●●

A: Dave는 왜 그렇게 무신경하지?
B: 기분 나쁘게 받아들이지 마. 그는 그냥 성격이 <u>거칠어</u>.

(a) (교묘히) 피하는
(b) 예리한
(c) 기만적인
(d) (태도 등이) 거친

정답 (d)

해설 Dave가 무신경하다는 말에, Don't take it personally(기분 나쁘게 받아들이지 마)라고 말한 뒤, 그의 성격에 대해 말하고 있다. 따라서 빈칸에는 '무신경한(insensitive)'과 유사한 뜻의 어휘가 필요하므로 '거친'이라는 의미의 (d) abrasive가 정답이다.

어휘 insensitive　adj. 무신경한
take personally　phr. ~을 기분 나쁘게 받아들이다, 개인적으로 받아들이다

10 명사 어휘 verve
난이도 ●●●

A: 바이올린 연주회에서 정말 열정적으로 연주하셨어요.
B: 고마워요! 저는 활기찬 공연을 보여주고 싶었어요.

(a) 열정
(b) 친선
(c) 따분함
(d) 불쾌감

정답 (a)

해설 바이올린 연주회에 대한 느낀 점을 말하자, 활기찬 공연을 보여주고 싶었다고 답했다. 따라서 빈칸에는 '활기찬(energetic)'이라는 뜻과 유사한 어휘가 필요하므로 '열정'이라는 의미의 (a) verve가 정답이다.

어휘 recital n. 연주회

Part II

11 이디엄 have effect(s) on
난이도 ●○○

어떤 약들은 아직 태어나지 않은 아기들에게 부정적인 영향을 미칠 수 있기 때문에, 임산부는 의사와 상담해야 한다.

(a) 고통
(b) 습관
(c) 영향
(d) 질병

정답 (c)

해설 임산부가 의사와 상담해야 한다는 내용이 이어지므로, 어떤 약들은 아기들에게 부정적인 '영향'을 미칠 수 있다는 내용이 되어야 한다. 따라서 빈칸 앞의 have, 빈칸 뒤의 on과 어울려 '~에 영향을 미치다'라는 이디엄 have effect(s) on을 완성하는 (c) effects가 정답이다.

어휘 unborn adj. 아직 태어나지 않은 consult v. 상담하다

---

12 형용사 어휘 detachable
난이도 ●●○

저희 신제품 Snowcliff 자켓의 모자는 탈부착이 가능해서, 필요 없을 때는 떼어낼 수 있습니다.

(a) 융통성 있는
(b) 휴대하기 쉬운
(c) 조정할 수 있는
(d) 탈부착이 가능한

정답 (d)

해설 빈칸에는 자켓의 모자가 '필요 없을 때는 떼어낼 수 있다(can remove it if it's not needed)'는 특성을 나타내는 어휘가 필요하다. 따라서 '탈부착이 가능한'이라는 의미의 (d) detachable이 정답이다.

어휘 hood n. 모자

---

13 동사 어휘 release
난이도 ●○○

화석 연료의 연소는 탄소를 배출하며, 이 중 대부분은 이산화탄소 기체로 대기에 유입된다.

(a) 완화하다
(b) 배출하다
(c) 표시하다
(d) 해고하다

정답 (b)

해설 화석 연료의 연소에 대해 이야기하고 있으므로, 이것이 탄소를 '배출한다'는 내용이 오는 것이 문맥상 자연스럽다. 따라서 (b) releases가 정답이다.

어휘 fossil fuel phr. 화석 연료 atmosphere n. 대기 carbon dioxide gas phr. 이산화탄소 기체, 탄산가스

---

14 명사 어휘 clash
난이도 ●●○

경찰은 자신들과 시위자들 사이의 어떤 충돌에서도 부상을 최소화하기 위해 노력한다.

(a) 관습
(b) 연합
(c) 붕괴
(d) 충돌

정답 (d)

해설 경찰과 시위자들에 대해 이야기하고 있고, 경찰이 부상을 최소화하기 위해 노력한다고 했으므로, 문맥상 두 집단 사이의 '충돌'에 관한 내용임을 짐작할 수 있다. 따라서 (d) clashes가 정답이다.

어휘 minimize v. 최소화하다 injury n. 부상

---

15 명사 어휘 treaty
난이도 ●●○

두 나라는 조약에 서명하여 그들 사이의 오랜 분쟁을 끝냈다.

(a) 보증서
(b) 도장
(c) 조약
(d) 의무

정답 (c)

해설 두 나라 사이의 오랜 분쟁을 끝냈다고 했으므로, 문맥상 두 나라가 '조약'에 서명했다는 것을 짐작할 수 있다. 따라서 (c) treaty가 정답이다.

어휘 dispute n. 분쟁

16 동사 어휘 generate 난이도 ●○○

지구와 비슷한 몇몇 행성의 발견은 천문학 분야에 대한 더 많은 관심이 생기게 했다.

(a) 수입하다
(b) 생기게 하다
(c) 다루다
(d) 창안하다

정답 (b)

해설 지구와 비슷한 행성의 발견이 가져온 결과에 대해 이야기하고 있으므로, 천문학 분야에 대한 더 많은 관심이 '생기게 했다'라는 내용이 오는 것이 문맥상 자연스럽다. 따라서 (b) generated가 정답이다.

어휘 earthlike adj. 지구와 비슷한 astronomy n. 천문학

17 동사 어휘 adhere 난이도 ●●○

회사의 기밀유지 계약에 따르지 않을 경우 해고될 수 있다.

(a) 소속감을 느끼다
(b) 따르다
(c) 이주하다
(d) 연결하다

정답 (b)

해설 회사의 기밀유지 계약에 대해 이야기하고 있으므로, 이에 '따르지' 않을 경우 해고된다는 것을 짐작할 수 있다. 따라서 (b) adhere가 정답이다.

어휘 confidentiality agreement phr. 기밀유지 계약 termination n. 해고, 종료

18 형용사 어휘 genuine 난이도 ●●○

그 주지사가 제시한 복지 정책은 표심을 얻기 위한 얄팍한 약속이며, 진심 어린 고민에 의해 추진되는 것이 아니다.

(a) 인정되는
(b) 자애로운
(c) 진심 어린
(d) 사법상의

정답 (c)

해설 주지사가 제시한 정책이 얄팍한 약속이라고 했으므로, 이것이 '진심 어린' 고민에 의해 추진되는 것이 아니라는 내용이 오는 것이 문맥상 자연스럽다. 따라서 (c) genuine이 정답이다.

어휘 welfare n. 복지 shallow adj. 얄팍한

19 형용사 어휘 mythical 난이도 ●●○

네스호 괴물을 목격했다는 보고에도 불구하고, 대부분의 사람들은 그 유명한 야수가 실존하지 않는다고 생각한다.

(a) 부족한
(b) 실존하지 않는
(c) 합성된
(d) 예언적인

정답 (b)

해설 양보의 전치사 Despite(~에도 불구하고)가 사용되었으므로, 목격했다는 보고에도 불구하고 대부분의 사람들은 이를 '실존하지 않는다'고 생각한다는 것을 짐작할 수 있다. 따라서 (b) mythical이 정답이다.

어휘 sighting n. 목격 famed adj. 유명한 beast n. 야수, 짐승 Loch Ness Monster phr. 네스호 괴물

20 명사 어휘 sediment 난이도 ●●○

강을 항해할 수 있도록 하기 위해 강바닥에 가라앉는 침전물을 제거하는 것이 종종 필요하다.

(a) 기반
(b) 저수지
(c) 침전물
(d) 군중

정답 (c)

해설 빈칸에는 '강바닥에 가라앉는 것'을 나타내는 어휘가 들어가야 한다. 따라서 '침전물'이라는 의미의 (c) sediment가 정답이다.

어휘 navigable adj. 항해할 수 있는

21 동사 어휘 hush 난이도 ●●○

어머니는 우는 아기를 부드럽게 흔들어 진정시켰다.

(a) 진정시키다
(b) 슬퍼하다
(c) 억압하다
(d) 끼워 넣다

정답 (a)

해설 어머니가 우는 아기를 부드럽게 흔들었다고 했으므로, 아기를 '진정시켰다'는 것을 알 수 있다. 따라서 (a) hushed가 정답이다.

어휘 infant n. 아기 rock v. 흔들다 gently adj. 부드럽게

22 명사 어휘 institution

학생들은 자신들의 표준화 시험 점수를 그들이 지원하는 <u>학교</u>에 보내야 한다.

(a) 식량
(b) 훈육
(c) 학교
(d) 위원회

정답 (c)

해설 빈칸에는 '학생들이 자신들의 표준화 시험 점수를 보내는 곳'이자 '학생들이 지원하는 대상'을 나타내는 어휘가 들어가야 한다. 따라서 '학교, 교육 기관'이라는 의미의 (c) institutions가 정답이다.

어휘 standardized test phr. 표준화 시험
forward v. 보내다, 전달하다 apply v. 지원하다

23 동사 어휘 delineate
난이도 ●●●

혼란을 해소하기 위해, 외무장관은 행정부의 이민 정책을 <u>설명하는</u> 연설을 할 것이다.

(a) 초월하다
(b) 즉흥적으로 하다
(c) 설명하다
(d) 성사시키다

정답 (c)

해설 빈칸에는 '혼란을 해소하기 위해 취하는 행동'을 나타내는 어휘가 들어가야 한다. 따라서 '설명하다'라는 뜻의 (c) delineating이 정답이다.

어휘 clear up phr. ~을 해소하다 confusion n. 혼란
foreign minister phr. 외무장관 administration n. 행정부
immigration n. 이민

24 형용사 어휘 undetected
난이도 ●●○

위암의 초기 단계는 눈에 띄는 증상을 거의 나타내지 않기 때문에 흔히 <u>발견되지 않는다</u>.

(a) 흩어지는
(b) 학대당하는
(c) 발견되지 않는
(d) 비활성화되는

정답 (c)

해설 위암의 초기 단계는 눈에 띄는 증상을 거의 나타내지 않는다고 했으므로, 위암이 '발견되지 않는다'는 내용이 이어지는 것이 문맥상 자연스럽다. 따라서 (c) undetected가 정답이다.

어휘 noticeable adj. 눈에 띄는

25 동사 어휘 deplete
난이도 ●●●

공무원들은 현재 진행 중인 가뭄으로 인해 그 주(州)의 상수도가 거의 <u>고갈되었다고</u> 보고한다.

(a) 고갈시키다
(b) 탐닉하다
(c) 파손하다
(d) 낭비하다

정답 (a)

해설 가뭄에 대해 이야기하고 있으므로, 상수도가 거의 '고갈되었다'는 것을 짐작할 수 있다. 따라서 (a) depleted가 정답이다.

어휘 drought n. 가뭄

26 동사 어휘 instigate
난이도 ●●●

그 선수는 다른 팀의 선수를 밀쳐서 싸움을 <u>부추겼다는</u> 이유로 비난을 받았다.

(a) 주입하다
(b) 부추기다
(c) 조정하다
(d) 고안해 내다

정답 (b)

해설 한 선수가 다른 선수를 밀쳐서 벌어진 싸움에 대해 이야기하고 있으므로, 싸움을 '부추겼다'라는 내용이 오는 것이 문맥상 자연스럽다. 따라서 (b) instigating이 정답이다.

어휘 be accused of phr. ~이라는 이유로 비난을 받다
shove v. 밀치다

27 명사 어휘 sheen
난이도 ●●●

Bootbright 구두약은 여러분의 가죽 신발을 보호할 뿐만 아니라 눈부신 <u>광택</u>을 줄 것입니다!

(a) 열정
(b) 톡 쏘는 맛
(c) 별난 점
(d) 광택

정답 (d)

해설 구두약의 기능에 대해 이야기하고 있으므로, 눈부신 '광택'을 준다는 내용이 오는 것이 자연스럽다. 따라서 (d) sheen이 정답이다.

어휘 shoe polish phr. 구두약 leather n. 가죽
brilliant adj. 눈부신

28 동사 어휘 extricate

난이도 ●●●

개 한 마리가 토네이도로 인한 잔해에 갇힌 뒤, 구조대원들이 그 개를 개집에서 성공적으로 <u>구해냈다</u>.

(a) 구해내다
(b) 인도하다
(c) 거부하다
(d) 응답하다

정답 (a)

해설 개가 잔해에 갇힌 상황에 대해 이야기하고 있으므로, 구조대원들이 개를 성공적으로 '구해냈다'는 내용이 이어지는 것이 문맥상 자연스럽다. 따라서 (a) extricated가 정답이다.

어휘 trapped adj. 갇힌 debris n. 잔해, 파편

29 명사 어휘 coronation

난이도 ●●●

1229년에 <u>즉위</u>하자마자, 오고타이 칸은 몽골인들의 대칸이 되었다.

(a) 폐지
(b) 즉위
(c) 혐오
(d) 구별

정답 (b)

해설 오고타이 칸이 대칸(supreme khan), 즉 몽골의 군주가 되었다고 했으므로, '즉위하자마자' 대칸이 되었다는 내용이 되는 것이 자연스럽다. 따라서 (b) coronation이 정답이다.

30 동사 어휘 mar

난이도 ●●●

저희 박물관 미술품의 표면을 지문으로 <u>훼손하지</u> 않도록 흰 장갑을 착용해 주세요.

(a) 붙잡다
(b) 훼손하다
(c) 시들다
(d) 달래다

정답 (b)

해설 박물관의 관람 시 주의 사항에 대해 이야기하고 있으므로, 미술품의 표면을 지문으로 '훼손하지' 않도록 흰 장갑을 착용해 달라는 내용이 오는 것이 문맥상 자연스럽다. 따라서 (b) mar가 정답이다.

어휘 surface n. 표면 fingerprint n. 지문

GRAMMAR

문제집 p. 111

Part I

1 품사 부정대명사

난이도 ●○○

A: 실례합니다. 가장 가까운 버스 정류장이 어디죠?
B: 모퉁이를 돌면 바로 하나 나와요.

정답 (c)

해설 '모퉁이를 돌면 버스 정류장이 있다'라는 문맥이 되어야 자연스러우므로, 빈칸에는 앞서 언급된 bus stop을 대신하여 특별히 정해지지 않은 버스 정류장 하나를 의미하는 부정대명사 (c) one이 정답이다.

어휘 corner n. 모퉁이

2 가정법 가정법 과거

난이도 ●●○

A: 중고차 대신에 새 차를 사는 게 어때?
B: 만약 내가 돈이 더 있다면 그렇게 할 텐데.

정답 (d)

해설 주절에 가정법 과거 동사 would가 왔고 문맥상 '돈이 없는' 현재 상황을 반대로 가정하고 있으므로, 빈칸에는 이와 짝을 이루어 가정법 과거를 완성하는 과거 동사가 와야 한다. 따라서 (d) had가 정답이다. 참고로, 주절의 would 뒤에는 앞서 나온 어구 buy a new car가 생략되었다.

어휘 instead of phr. ~ 대신에

3 시제와 태 현재진행 시제

난이도 ●●○

A: 방과 후에 무슨 계획 있어?
B: 반 친구를 만나서 같이 숙제를 하기로 했어.

텝스 치트키

미래에 일어날 사실이나 행위, 또는 예상이나 의지를 나타낼 때, 미래 시제 will뿐 아니라 현재진행형인 be동사 + -ing 형태를 사용하여 나타내기도 한다.

정답 (c)

해설 방과 후라는 '미래' 상황에 대한 문맥이므로, 빈칸에는 미래의 계획을 나타내는 동사가 필요하다. 보기 중 'be동사 + -ing' 형태의 현재진행 시제는 가까운 미래에 일어날 일을 나타낼 수 있으므로 (c) am meeting이 정답이다. 참고로, 미래완료 시제는 미래의 특정 시점 이전에 발생한 동작이 미래의 그 시점에 완료될 것임을 나타내므로, (d) will have met은 정답이 될 수 없다.

4 접속사와 절　명사절 접속사　난이도 ●●○

A: 내가 이 지갑을 반값에 샀다는 게 믿어지니?
B: 와! 그거야말로 진짜 좋은 구매다.

정답 (d)

해설 문장의 주어는 that, 동사는 is, 보어는 빈칸 이하의 절(____ I call a deal)이다. 따라서 보어 자리에 온 명사절을 이끌 수 있는 명사절 접속사 (d) what이 정답이다. 여러 선택 사항 중 하나를 골라야 하는 문맥이 아니므로 (c) which는 오답이다.

어휘 purse n. 지갑

5 준동사　분사　난이도 ●●○

A: 시력을 얼마나 자주 검사받아야 하나요?
B: 2년에 1번 시력 검사를 받는 것을 추천합니다.

정답 (a)

해설 5형식 사역동사 have의 목적어 my eyesight(시력)와 목적격 보어 자리의 check(검사하다)가 '시력을 검사받다'라는 수동의 의미로 해석되므로 과거분사 (a) checked가 정답이다. 5형식 동사 have는 목적격 보어로 to 부정사를 취하지 않으므로 (b) to check는 정답이 될 수 없다.

어휘 eyesight n. 시력　eye exam phr. 시력 검사

6 어순과 특수구문　비교급 관용표현　난이도 ●●●

A: Sharon은 내가 그녀에게 정직하지 않았던 것에 화가 났어.
B: 음, 너는 그녀에게 거짓말을 할 정도로 어리석지는 않아야 했어.

🔑 텝스 치트키

다양한 비교급 관용표현
know better than to ~할 정도로 어리석지는 않다
more and more 점점 더, 더욱더
no later than 늦어도 ~까지
other than ~을 제외한
more often than not 보통, 대체로

정답 (b)

해설 know better than to는 '~할 정도로 어리석지는 않다'라는 의미로 뒤에 to 부정사를 취하는 비교급 관용표현이다. 따라서 to 부정사 (b) to lie가 정답이다.

7 품사　명사　난이도 ●●●

A: 승진은 연공서열에만 근거해서는 안 돼요.
B: 동의해요. 그것은 성과에 기반해야 해요.

정답 (a)

해설 보기의 명사 seniority는 '연공서열'이라는 의미로 쓰일 때 관사와 함께 쓰이지 않고 복수형으로 쓰이지도 않는다. 따라서 (a) seniority가 정답이다.

어휘 seniority n. 연공서열

8 어순과 특수구문　생략　난이도 ●●●

A: Walter가 사과했어?
B: 아니, 그리고 그가 사과하지 않은 것은 꽤 사려 깊지 못한 행동이었어.

정답 (c)

해설 빈칸에 들어갈 말은 '사과하지 않은 것은 사려 깊지 못한 행동이었다'라는 의미가 되어야 문맥상 자연스럽다. A의 말을 근거로 빈칸에 들어갈 말을 완성하면 not to offer an apology가 된다. to 부정사(구)에서 to 뒤가 반복될 때만 남기고 나머지는 생략하므로, to까지만 쓰고 반복되는 내용은 생략한 (c) not to가 정답이다.

어휘 inconsiderate adj. 사려 깊지 못한

9 시제와 태　현재완료 시제　난이도 ●●○

A: 새 비디오 블로그의 구독자가 늘고 있니?
B: 응. 지난 두 달 동안 구독이 20%나 급증했어.

🔑 텝스 치트키

현재완료 시제와 함께 쓰이는 시간의 부사(구)
for[in, over] the past[last] + 기간 지난 ~ 동안에
for + 기간 ~ 동안에
since + 과거시점 ~ 이래로 지금까지
until now = up to now = so far 지금까지

정답 (b)

해설 in the last two months(지난 두 달 동안)가 있는 것으로 보아, 과거 두 달 전에 비해 현재 구독이 20% 급증했다는 문맥이다. 따라서 과거에 시작된 일의 결과가 현재까지 지속되는 경우를 나타내는 현재완료 시제 (b) have jumped가 정답이다. 구독자가 계속해서 20%씩 급증하고 있다는 문맥은 아니므로 현재완료진행 시제 (d) have been jumping은 오답이다.

어휘 subscriber n. 구독자　subscription n. 구독
jump v. 급증하다

10 어순과 특수구문　부사가 포함된 명사절의 어순　난이도 ●●●

A: 조언 고마워. 내가 서울에 방문하기 전에 더 알아야 할 것이 있을까?
B: 그러면 거의 충분한 것 같아.

정답 (a)

해설 about은 '거의'라는 의미의 부사로서 동사 covers를 수식하

므로, about이 covers 앞에 온 (a)와 (b)가 정답의 후보이다. 문맥상 '그거면 거의 충분한 것 같다'라는 의미가 되어야 자연스러우므로 (a) that about covers it이 정답이다. 이때의 it은 that is it(이게 전부다)에서처럼 정해지지 않은 막연한 대상을 가리킨다. cover가 '충분하다, 포괄하다'라는 의미로 쓰일 때는 타동사로 쓰이므로 동사 뒤에 전치사가 온 (c)와 (d)는 오답이다.

Part II

11 품사　부사
난이도 ●○○

다이어트를 하는 많은 사람들은 그들이 먹는 양을 매우 과소평가하기 때문에 성과를 내지 못한다.

정답 (b)

해설 빈칸 뒤의 동사 underestimate(과소평가하다)를 수식하여 '매우 과소평가하다'라는 뜻을 완성하는 부사가 와야 하므로, 부사 (b) greatly가 와야 한다.

어휘 underestimate v. 과소평가하다

12 시제와 태　과거 시제
난이도 ●●○

일주일 전에 시작된 산불은 이틀 뒤 소방대원들에 의해 진압되었다.

정답 (a)

해설 산불이 '일주일 전(a week ago)'이라는 과거 시점에 시작되었고, 이로부터 '이틀 뒤(two days later)' 진압된 것 역시 과거 시점이다. 따라서 과거 시제 (a) was가 정답이다.

어휘 extinguish v. (불을) 진압하다, 소멸시키다

13 준동사　동명사
난이도 ●●○

정부는 최근 기생충 발생을 고려하여 농산물 수출을 금지하는 것을 고려할 것이다.

 텝스 치트키

동명사를 목적어로 취하는 동사

consider 고려하다	stop/quit/abandon 그만두다
give up 포기하다	mind 꺼리다 　　avoid 피하다
postpone 연기하다	delay 지연시키다 　deny 부인하다
enjoy 즐기다	

정답 (d)

해설 빈칸 뒤에 명사구 produce exports가 있으므로 명사구를 목적어로 취할 수 있는 to 부정사 (c)와 동명사 (d)가 정답의 후보이다. 빈칸 앞의 동사 consider(고려하다)는 동명사를 목적

어로 취하는 동사이므로 동명사 (d) banning이 정답이다.

어휘 produce n. 농산물　parasite n. 기생충
outbreak n. 발생, 발발　ban v. 금지하다; n. 금지

14 시제와 태　능동태와 수동태
난이도 ●●○

이 연례 보고서는 지난 몇 주간 집중적으로 검토되었다.

정답 (d)

해설 주어 annual report(연례 보고서)와 보기에 제시된 동사 review(검토하다)가 '연례 보고서가 검토되다'라는 수동의 의미로 해석되므로 수동태 (b)와 (d)가 정답의 후보이다. 현재완료 시제와 자주 쓰이는 시간 표현 'over the last + 기간'이 왔고 문맥상 '지난 몇 주 전'부터 현재까지 검토되어 온 것이므로, 현재완료 시제 (d) has been reviewed가 정답이다.

어휘 annual adj. 연례의　intensively adv. 집중적으로
review v. 검토하다

15 동사와 조동사　요구의 주절 뒤 종속절의 동사
난이도 ●●○

소비자들이 그 기업의 비윤리적인 관행에 대해 알게 되었을 때, 그들은 그 기업이 책임을 져야 한다고 요구했다.

정답 (a)

해설 주절에 '요구'를 나타내는 동사 demand(요구하다)가 왔으므로 종속절(that절)에 '(should +) 동사원형'이 와야 한다. 따라서 동사원형 (a) be가 정답이다.

어휘 unethical adj. 비윤리적인
hold ~ accountable phr. ~이 책임을 지게 하다

16 접속사와 절　'전치사 + 관계대명사'
난이도 ●●○

연구원은 올해 여러 학회에서 발표하기로 계획했는데, 그 중 첫 번째는 금요일에 열릴 예정이다.

 텝스 치트키

'전치사 + 관계대명사' 뒤에는 완전한 절이 오고, 전치사 뒤에 관계대명사 that은 올 수 없다.

정답 (a)

해설 콤마 뒤에 주어 the first, 동사 will be held를 갖춘 완전한 절이 왔으므로, 완전한 절을 취할 수 있는 '전치사 + 관계대명사' 형태의 (a) of which가 정답이다. 관계대명사 that은 전치사와 함께 쓰이지 않고 계속적 용법으로 쓰일 수도 없으므로 (b) of that은 오답이다.

어휘 hold v. 열다, 개최하다

17 접속사와 절 부사절 접속사
난이도 ●●○

경영진은 공개하기 적절한 시기가 도래할 때까지 개혁 계획을 공개하지 않기로 결정했다.

정답 (c)

해설 문맥상 '적절한 시기가 도래할 때까지'라는 의미가 되어야 하므로, '~할 때까지'라는 의미의 접속사 (c) until이 정답이다.

어휘 executive n. 경영진

18 가정법 if가 생략된 가정법 미래
난이도 ●●●

판매원은 고객에게 혹시라도 고객이 제품에 불만족한다면 30일 이내에 반품할 수 있다고 말했다.

⊸● 템스 치트키

가정법 문장에서 if가 생략될 수 있으며, 이때 주어와 (조)동사의 자리가 바뀌는 도치가 일어난다.

정답 (a)

해설 빈칸 뒤의 주절에 'could + 동사원형'이 왔으므로, 빈칸에는 가정법 미래 또는 가정법 과거가 와야 한다. 고객이 제품을 구입한 후 제품에 불만족하는 미래의 상황을 가정하고 있으므로 빈칸에는 가정법 미래를 만드는 (a) should가 정답이다. 참고로 가정법의 if절에서 if가 생략되면 주어와 (조)동사가 도치되므로 'should + 주어 + 동사'의 어순이 되었다.

어휘 salesperson n. 판매원 dissatisfied adj. 불만족한

19 준동사 분사
난이도 ●●○

최신호에서, 그 대학 신문은 외국인 학생들에게 닥친 어려움에 대한 기사를 실었다.

정답 (c)

해설 빈칸을 포함한 어구(___ foreign students)는 앞에 나온 명사 difficulties를 꾸며주는 수식어이다. 보기 중 수식어 자리에 올 수 있는 분사 (b), (c)와 to 부정사 (d)가 정답의 후보이다. 문맥상 '외국인 학생들에게 닥친 어려움'이라는 의미가 되어야 하고, 빈칸 뒤에 목적어 foreign students가 있으므로 현재분사 (c) facing이 정답이다. 빈칸에 to 부정사 (d)가 오면 '외국인 학생들을 직면하기 위해서'라는 어색한 의미가 되므로 오답이다.

어휘 run v. 싣다, 게재하다

20 어순과 특수구문 관용표현
난이도 ●●●

인권이사회는 결코 완벽하지 않지만, 인권을 보호하기 위해 최선을 다한다.

⊸● 템스 치트키

부정을 나타내는 부사(구)
by no means/never/at no time/on no account 결코 ~않다
no sooner ~ than - ~하자마자 -하다
under no circumstance 어떤 일이 있어도 ~않다

정답 (b)

해설 문맥상 '결코 완벽하지 않다'라는 의미가 되어야 하므로, 형용사 perfect를 '결코 ~ 않다'라는 의미의 관용표현 by no means가 수식하는 (b) by no means perfect가 정답이다.

21 품사 형용사
난이도 ●●○

노조의 요구사항 대부분을 수용하지 않으려고 했기에, 회사는 협상 내내 거의 양보하지 않았다.

정답 (c)

해설 문맥상 '회사가 ~ 거의 양보하지 않았다'라는 의미가 되어야 하므로, '거의 없는'이라는 뜻의 수량형용사 (c) few가 정답이다.

어휘 unwilling adj. ~하지 않으려고 하는, 꺼리는
union n. (노동) 조합 concession n. 양보
negotiation n. 협상

22 어순과 특수구문 관용표현
난이도 ●●○

그 영화의 흥행 실패는 출연진의 스타로서의 영향력 부재와 부분적으로 연관이 있었다.

정답 (c)

해설 보기의 to do with는 '~와 연관이 있는'을 뜻하는 관용표현이다. '부분적으로 ~와 관계가 있다'라는 의미가 되어야 하므로, 부사 partly(부분적으로)가 관용표현 to do with 전체를 수식해야 하며, 정도부사는 주로 be동사 뒤에 위치한다. 따라서 (c) partly to do with가 정답이다.

23 수 일치 단수 명사의 수 일치
난이도 ●○○

아마도 가장 오래된 학문 분야인 물리학은 물질과 운동에 대한 연구를 수반한다.

정답 (b)

해설 physics(물리학)와 같은 학문 이름은 단수로 취급하므로, 단수 동사 (b)와 (c)가 정답의 후보이다. 물리학이 어떤 연구를 수반하는지에 관한 일반적인 사실을 언급하는 문맥이므로 현재 시제 (b) involves가 정답이다.

어휘 academic adj. 학문의 physics n. 물리학 matter n. 물질
motion n. 운동

24 준동사 분사구문 난이도 ●●○

> 회사를 파산 직전까지 몰고 갔기 때문에, 그 최고 경영자는 마침내 성난 주주들에 의해 쫓겨났다.

정답 (d)

해설 주어 the CEO, 동사 was ~ forced out을 갖춘 완전한 문장이므로 빈칸 이하(___ the company to the verge of bankruptcy)는 수식어 자리이다. 최고 경영자가 '회사를 파산 직전까지 몰고 간' 시점은 '성난 주주들에 의해 쫓겨난' 시점보다 앞선 것이므로, 완료형 분사구문을 완성하는 (d) Having driven이 정답이다.

어휘 the verge of phr. ~하기 직전, ~의 가장자리
shareholder n. 주주

25 품사 전치사 난이도 ●●○

> 2014년에, 러시아 루블화는 미국 달러 대비 40% 하락했다.

정답 (c)

해설 루블화와 달러를 비교하는 문맥이므로, '~에 대비해서, ~와 비교해서'를 뜻하는 전치사 (c) against가 정답이다.

Part III

26 시제와 태 능동태와 수동태 난이도 ●●○

> (a) A: 네가 주말에 자원봉사를 했다는 소문이 있어.
> (b) B: 맞아. 시내에서 개최된 자선 행사에서 일했어.
> (c) A: 아, 정말? 행사가 성공적이었니?
> (d) B: 그렇게 생각해. 예상했던 것보다 훨씬 많은 1억 원 정도를 모금했어.

정답 (b) that held → that was held

해설 (b)에서 분사의 수식을 받는 명사 event(행사)와 hold(개최하다)가 '개최된 행사'라는 수동의 의미로 해석되므로 held가 능동태로 쓰이면 틀리다. 따라서 that held가 수동태 that was held로 바뀌어야 맞다. 참고로 held 뒤의 downtown은 '시내에서'라는 의미의 부사로 쓰였다.

어휘 word has it that phr. ~이라는 소문이 있다
volunteering n. 자원봉사 charity n. 자선

27 수 일치 동명사 주어와의 수 일치 난이도 ●○○

> (a) A: 외국어를 공부하는 것은 학생들이 다른 문화를 경험하는 데 도움이 된다고 생각해.
> (b) B: 어떻게 단순히 언어를 배우는 것이 외국 문화에 대한 이해를 도울까?

> (c) A: 음, 우선 한 가지는, 존댓말을 사용하는 언어는 특정한 문화가 존경을 중요시함을 보여줘.
> (d) B: 그럴지도 모르지만, 나는 진정한 문화적 지식을 얻는 것은 여행 없이는 거의 불가능하다고 생각해.

정답 (a) help → helps

해설 (a)에서 think의 목적어인 명사절의 주어가 단수 취급하는 동명사구 studying foreign languages이므로 복수 동사 help가 오면 틀리다. 따라서 복수 동사 help는 단수 동사 helps로 바뀌어야 맞다.

어휘 give a feel for phr. ~에 대한 이해를 돕다
honorific n. 존댓말 demonstrate v. 보여주다, 나타내다
acquire v. 얻다

28 어순과 특수구문 비교급과 최상급 난이도 ●●○

> (a) 싱가포르의 설 행사 동안, 사람들은 'yu sheng'이라고 알려진 음식을 먹는 것을 좋아한다. (b) 이 요리는 야채, 과일, 생선, 크래커, 매실 소스와 다른 많은 것들을 섞어 만든 샐러드이다. (c) 식사 의식의 일부로서, 참석한 사람들은 젓가락으로 재료들을 함께 던진다. (d) 식사를 하는 사람들이 음식을 더 높이 던질수록, 새해에 더 많은 행운을 얻게 될 것이라고 믿어진다.

정답 (d) highest → higher

해설 (d)는 문맥상 '음식을 더 높이 던질수록, 새해에 더 많은 행운을 얻게 될 것이라고 믿어진다'라는 의미가 되어야 하므로, '~할수록 점점 더 -하다'라는 의미의 비교급 구문인 'the 비교급 ~, the 비교급 -' 구조가 되어야 한다. 따라서 최상급 highest는 비교급 higher로 바뀌어야 맞다.

어휘 Lunar New Year phr. (음력) 설 plum n. 매실, 자두
ritual n. 의식 collectively adv. 함께 toss v. 던지다
ingredient n. 재료

29 준동사 현재분사와 과거분사 난이도 ●●●

> (a) 안토니 반 다이크는 유럽에서 활동한 매우 뛰어난 17세기 벨기에 예술가였다. (b) 화가 페테르 파울 루벤스의 가르침을 받은 후, 그는 마침내 영국 최고의 궁정 화가가 되었다. (c) 반 다이크는 그의 색채 배합으로 호평을 받았고 그의 독특한 구성 기법으로 칭찬을 받았다. (d) 평생 예술가였던 반 다이크는 식각법과 조판술에도 손을 대며 스스로의 한계를 유화에만 두지 않았다.

🔑 텝스 치트키

분사구문은 주절의 주어와 분사구문이 능동 관계면 현재분사, 수동 관계면 과거분사가 와야 한다.

정답 (d) dabbled → dabbling

해설 (d)에 주어 van Dyck, 동사 did not limit, 목적어 himself를 갖춘 완전한 문장이 왔으므로, 콤마 이하는 수식어 자리이다. 주절의 주어(van Dyck)와 분사구문이 '반 다이크가 식각법과 조판술에도 손을 댔다'라는 능동의 의미가 되어야 자연

스럽고, dabble in 뒤에 목적어 역할을 하는 etchings and engravings가 있으므로 과거분사 dabbled는 현재분사 dabbling으로 바뀌어야 맞다.

어휘 accomplished adj. 뛰어난 acclaim v. 칭찬하다
color scheme phr. 색채 배합 garner v. 받다, 얻다
compositional adj. 구성의
dabble in phr. ~에 손을 대다, 투자해 보다
etching n. 식각법(화학약품의 부식 작용을 이용한 판화 기법)
engraving n. 조판술, 판화 제작

---

30 동사와 조동사 타동사와 자동사

난이도 ●●●

(a) 1970년대에 디스코는 신선하고, 정열적이고, 흥겨운 소리로 클럽계를 휩쓸었다. (b) 그것은 확실히 음악계에 영향을 미쳤지만, 패션계에도 영향을 미쳤다. (c) 화려한 무도장을 중심으로 한 음악적으로 기발한 스타일인 디스코는 그에 걸맞은 세련됨을 요구했다. (d) 그 결과, 디자이너들은 무도장에서 돋보이도록 의도된 화려한 옷을 선보였다.

정답 (b) influence on → influence

해설 (b)의 influence가 '~에 영향을 미치다'라는 뜻으로 쓰일 때는 타동사로 쓰이므로 전치사 없이 바로 목적어를 취한다. 따라서 influence on the music world는 influence the music world로 바뀌어야 맞다.

어휘 take by storm phr. ~을 휩쓸다, 매료시키다
upbeat adj. 흥겨운 influence v. 영향을 미치다
affect v. 영향을 미치다 outlandish adj. 기발한
flashy adj. 화려한 dance floor phr. 무도장
call for phr. ~을 요구하다 flair n. 세련됨
ornate adj. 화려한 stand out phr. 돋보이다

READING COMPREHENSION

문제집 p. 115

Part I

1 빈칸 채우기 문장 일부

난이도 ●○○

Creston Mall 방문객들은 주목해 주십시오:

홍수 사태로 인해, 지난주 저희는 쇼핑몰을 닫아야 했습니다. 푸드코트를 포함한 쇼핑몰의 남쪽 구역이 이제 다시 문을 열었다고 전하게 되어 기쁩니다. 쇼핑몰 북쪽 구역에서는 수리가 여전히 진행 중이어서, 현재 그 출입구는 이용할 수 없습니다. 며칠 내로 모든 상점이 다시금 완전히 정상 영업할 것으로 예상됩니다. 그 때까지, _____.

Creston Mall 경영진

(a) 남쪽의 가게들만 문을 열 것입니다
(b) 북쪽 출입구만 이용할 수 있습니다
(c) 쇼핑몰은 일반인에게 개방되지 않을 것입니다
(d) 푸드코트는 폐쇄될 것입니다

정답 (a)

해설 빈칸이 있는 문장 Until then, ____(그때까지, ____)을 통해, 모든 상점이 다시금 완전히 정상 영업할 때까지 적용되는 내용을 빈칸에 넣어야 함을 알 수 있다. 푸드코트를 포함한 쇼핑몰의 남쪽 구역이 이제 다시 문을 열었다(the south part ~ has now reopened)고 했고, 북쪽의 출입구는 이용할 수 없다(Repairs are ~ currently inaccessible)고 설명했다. 이를 바탕으로 '남쪽의 가게들만 문을 열 것'임을 알 수 있으므로 (a)가 정답이다.

어휘 flooding n. 홍수 inaccessible adj. 이용할 수 없는
up and running phr. 정상 영업하는, 작동 중인

---

2 빈칸 채우기 문장 일부

난이도 ●○○

몇 달 전, 나의 상사는 나에게 출장을 좀 다녀올 의향이 있는지 물었다. 나는 선택의 여지가 거의 없다고 생각해서 마지못해 승낙했다. 나의 직장 동료들은 상사에게 나의 진심을 말하라고 충고했다. 처음에는 그녀에게 사실대로 말하면 중요한 프로젝트를 덜 맡게 될까 걱정이 되어 (충고를) 듣지 않았다. 마침내, 나는 모든 출장을 감당할 수 없다는 것을 깨달았고, 결국 상사에게 솔직할 수 있게 되었다. 그녀는 모든 것을 이해했다. 돌이켜보면, 더 일찍 _____ 않은 것이 후회된다.

(a) 동료들에게 맞서지
(b) 상사의 요청을 수락하지
(c) 더 많은 업무를 요구하지
(d) 동료들의 충고를 따르지

정답 (d)

해설 빈칸이 있는 문장 Looking back, I regret not _____ sooner(돌이켜보면, 더 일찍 ___ 않은 것이 후회된다)를 통해, 글쓴이가 하지 않아서 후회하는 행동을 빈칸에 넣어야 함을 알 수 있다. 직장 동료들은 상사에게 나의 진심을 말하라고 충고했다(My coworkers ~ how I really felt)고 했고, 이어서 처음에는 중요한 프로젝트를 맡지 못할까봐 걱정이 되어 충고를 듣지 않았다(Initially, I didn't listen ~ if I told her the truth)고 했다. 이를 바탕으로 더 일찍 '동료들의 충고를 따르지' 않은 것이 후회된다는 것을 알 수 있으므로 (d)가 정답이다.

어휘 reluctantly adv. 마지못해
urge v. (~하라고) 충고하다, 촉구하다 entrust v. 맡기다
responsibility n. 업무

---

3 빈칸 채우기 문장 일부

난이도
●●○

밀 단백질에 의해 유발되는 소화 장애인 만성 소화 장애증을 진단 받은 사람들에게 글루텐을 피하는 것은 건강에 매우 중요하다. 하지만, 질병을 겪지 않는 많은 사람들은 글루텐을 섭취하지 않는 것이 해독을 하고 과도한 체중을 줄이는 효과적인 방법이라고 믿기 때문에 이 식단을 따르는 것을 선택한다. 이것은 대부분 과일, 야채, 그리고 살코기 등 칼로리가 낮은 비가공 자연식품으로 구성된 무(無) 글루텐 식단을 섭취할 때 사실일 수 있다. 하지만 글루텐이 들어 있지 않은 많은 제품들은 글루텐이 들어 있는 동종 제품들보다 칼로리가 더 높고 건강에 좋지 않으며 의도된 것과 반대되는 효과를 낼 수 있다. 분명히, 글루텐이 없는 식단을 따르는 것은 _____.

(a) 실제로 만성 소화 장애증을 일으킬 수 있다
(b) 체중을 감소하는 효과적인 방법이다
(c) 만성 소화 장애증 환자들에게만 적절하다
(d) 항상 더 건강한 식사를 의미하는 것은 아니다

정답 (d)

해설 빈칸이 있는 문장 Clearly, following a gluten-free diet ____(분명히, 글루텐이 없는 식단을 따르는 것은 ___)을 통해, 글루텐이 없는 식단에 관한 내용을 빈칸에 넣어야 함을 알 수 있다. 글루텐이 들어 있지 않은 많은 제품들이 글루텐이 들어 있는 동종 제품들보다 건강에 좋지 않으며 의도와 반대되는 효과를 낼 수 있다(But many gluten-free products are ~ the opposite of the intended effect)고 했다. 이를 바탕으로 글루텐이 없는 식단을 따르는 것은 '항상 더 건강한 식사를 의미하는 것은 아니다'라는 것을 알 수 있으므로 (d)가 정답이다.

어휘 diagnose v. 진단하다 celiac disease phr. 만성 소화 장애증
trigger v. 유발하다 protein n. 단백질 detoxify v. 해독하다
unprocessed adj. 가공되지 않은
whole food phr. 자연식품 intended adj. 의도된

---

4 빈칸 채우기 문장 일부

난이도
●●○

소셜 미디어를 사용할 때, 사람들은 때때로 겸손을 가장하여 그들의 자랑을 숨기려고 한다. 예를 들어, 과시하는 것처럼 보이지 않으면서 자신의 관대함에 대해 관심을 끌기를 원하는 사람은 이렇게 말할 수 있다: "저의 기부금 1,000달러는 너무 적었습니다." 하지만, 연구에 따르면 이런 종류의 자랑은 _____. 대부분의 사람들은 소위 은근한 자랑을 간파하고 그것에 대해 매우 부정적으로 반응하며, 정직함의 결여가 솔직한 자랑보다 더 불쾌하다고 생각한다.

(a) 바라던 효과가 거의 없다
(b) 보통 다른 사람들의 눈에 띄지 않는다
(c) 사람들을 너무 겸손해 보이게 만들 수 있다
(d) 정직한 방식으로 하기 쉽지 않다

정답 (a)

해설 빈칸이 있는 문장 However, research reveals that this type of boasting ____(하지만, 연구에 따르면 ~ ___)을 통해, 사람들의 은근한 자랑이 어떠한 결과를 초래하는지를 빈칸에 넣어야 함을 알 수 있다. 대부분의 사람들은 소위 은근한 자랑을 간파하고 그것에 대해 매우 부정적으로 반응하며, 정직함의 결여가 솔직한 자랑보다 더 불쾌하다고 생각한다(Most people see through so-called humblebragging ~ distasteful than straight-up boasting)고 했다. 이를 바탕으로 이런 종류의 자랑은 '바라던 효과가 거의 없다'는 것을 알 수 있으므로 (a)가 정답이다.

어휘 cloak v. 숨기다 boasting n. 자랑 humility n. 겸손
generosity n. 관대함 humblebragging n. 은근한 자랑
sincerity n. 정직함 distasteful adj. 불쾌한, 혐오스러운
straight-up adj. 솔직한

---

5 빈칸 채우기 문장 일부

난이도
●●○

지방 공무원들은 이번 주에 _____ 를 해결하기 위해 회의를 연다. 지난 10년 동안 계속되는 건조한 기간으로 인해 호수가 줄어들었다. 증발이 늘어난 결과, 호수 바닥의 바싹 마른 부분에서 나온 먼지 입자들이 인근 도시로 불어왔다. 이 입자들은 이전에 호수에 스며든 오염물질로 인해 오염된 것으로 밝혀졌다. 당국은 이제 이 상황이 공중 보건에 미칠 수 있는 잠재적 영향에 대해 고심해야 한다.

(a) Jasper 호수의 물 증발 속도
(b) Jasper 호수의 말라가는 바닥에서 나오는 독성 먼지
(c) Jasper 호수로 스며드는 화학물질 문제
(d) Jasper 호수의 증가하는 독성이 갖는 법적 함의

정답 (b)

해설 빈칸이 있는 문장 Provincial officials are meeting this week to address the ____(지방 공무원들은 이번 주에 ___를 해결하기 위해 회의를 연다)를 통해, 지방 공무원들이 회의를 통해 해결하려 하는 문제를 빈칸에 넣어야 함을 알 수 있다. 호수 바닥의 바싹 마른 부분에서 나온 먼지 입자들이 인근 도시로 왔고, 이 입자들은 이전에 호수에 스며든 오염물질로 인

해 오염된 것으로 밝혀졌다(dust particles from parched areas ~ seeped into the lake)고 했다. 이를 바탕으로 지방 공무원들이 'Jasper 호수의 말라가는 바닥에서 나오는 독성 먼지'를 해결하기 위해 회의를 연다는 것을 알 수 있으므로 (b)가 정답이다.

어휘 prolonged adj. (오래) 계속되는
spell n. (날씨 등의) 기간, 시간 evaporation n. 증발
parched adj. 바싹 마른, 몹시 건조한
contaminated adj. 오염된
grapple with phr. ~에 대해 고심하다
public health phr. 공중 보건

---

6 빈칸 채우기 문장 일부 난이도 ●●●

Fizz Soda의 새로운 과일 주스 라인은 남부 시장에 진출하기 위해 고군분투해 왔는데, 이는 주로 건강에 민감한 소비자들의 관심을 끄는 브랜드를 키워온 경쟁업체 Joo-C의 유행 때문이었다. 하지만 Joo-C의 이익에도 불구하고, 사업 관계자들은 그 회사가 인수 제안을 받아들일 수도 있다고 전한다. 한편, Fizz Soda는 대부분의 다른 주요 시장에서 지속적인 성공을 거두어 투입할 수 있는 자본이 많다. 그러므로 남부 시장 점유율을 더 많이 차지하기 위해, Fizz Soda는 _____ 권고받았다.

(a) Joo-C 브랜드의 매수를 시도하도록
(b) Joo-C의 마케팅 전략을 채택하도록
(c) 과일 주스보다 탄산음료 홍보를 고수하도록
(d) 주스의 건강상의 이점을 강조하도록

정답 (a)

해설 빈칸이 있는 문장 In order to capture ~ is therefore recommended to ____(그러므로 남부 시장 점유율을 ~ Fizz Soda는 ____ 권고받았다)를 통해, Fizz Soda가 남부 시장 점유율을 차지하기 위해 무엇을 권고받았는지를 빈칸에 넣어야 함을 알 수 있다. Joo-C는 이익에도 불구하고 인수 제안을 받아들일 수도 있다(despite Joo-C's gains ~ may be receptive to acquisition offers)고 했고, Fizz Soda는 대부분의 다른 주요 시장에서 지속적인 성공을 거두어 투입할 수 있는 자본이 많다(Fizz Soda ~ in most other major markets)고 했다. 이를 바탕으로 남부 시장 점유율을 더 많이 차지하기 위해 Fizz Soda가 'Joo-C 브랜드의 매수를 시도하도록' 권고받았음을 짐작할 수 있으므로 (a)가 정답이다.

어휘 struggle v. 고군분투하다
penetrate v. (시장에) 진출하다, 침투하다
receptive adj. 받아들이는 acquisition n. 인수, 습득
buyout n. 매수 stick to phr. ~을 고수하다

---

7 빈칸 채우기 문장 일부 난이도 ●●○

이탈리아 남부에서는 올리브 나무를 대상으로 하는 식물 병원체의 확산이 _____. 병원체 전문가들은 이 질병을 억제하기 위해서는 감염된 것으로 의심되는 모든 나무들이 파괴되어야 한다고 주장한다. 하지만 올리브가 중요한

문화적 역할을 하는 지역 주민들은 이 권고에 반발하고 있다. 수 세대에 걸쳐, 지역 주민들은 출생과 같은 중요한 삶의 사건들을 기념하기 위해 올리브를 심었다. 그들은 일부는 천 년 이상이 된 이 나무들을 베어내는 것은 그들의 역사와 문화적 정체성의 일부를 파괴하는 것을 의미한다고 주장한다.

(a) 오랫동안 기다려온 문화의 변화를 초래하고 있다
(b) 농업 관행에 대한 재평가를 야기하고 있다
(c) 지역 경제에 부정적인 영향을 끼쳤다
(d) 과학자들이 지역 주민들과 맞서도록 했다

정답 (d)

해설 빈칸이 있는 문장 In southern Italy ~ targets olive trees ____(이탈리아 남부에서는 ~ 식물 병원체의 확산이 ____)를 통해, 올리브 나무를 대상으로 하는 식물 병원체의 확산이 가져온 결과를 빈칸에 넣어야 함을 알 수 있다. 병원체 전문가들은 이 질병을 억제하기 위해서는 감염된 것으로 의심되는 모든 나무들이 파괴되어야 한다고 주장한다(Experts on the pathogen ~ must be destroyed)고 했고, 지역 주민들은 이에 반발하고 있다(However, locals ~ are revolting against this advice)고 했다. 이를 바탕으로 올리브 나무를 대상으로 하는 식물 병원체의 확산이 '과학자들이 지역 주민들과 맞서도록 했다'는 것을 알 수 있으므로 (d)가 정답이다.

어휘 pathogen n. 병원체 infect v. 감염시키다
significant adj. 중요한 revolt v. 반발하다
commemorate v. 기념하다 destroy v. 파괴하다
reappraisal n. 재평가 pit ~ against phr. ~가 -와 맞서도록 하다

---

8 빈칸 채우기 문장 일부 난이도 ●○○

원하지 않던 결과를 경험한 후, 사람들은 종종 그 사건이 어떻게 다르게 진행될 수 있었을지 상상하면서 반사실적 사고에 사로잡힌다. 이전의 연구는 그러한 생각이 미래의 부정적인 결과를 방지하는 역할을 한다고 말했지만, 최근의 연구에서는 그렇지 않은 것으로 나타났다. 모의고사가 끝난 후, 참가자들은 놓친 문제들을 되돌아보고 그들의 생각을 기록하도록 요청받았다. 그리고 나서 그들에게 최종 시험 전에 그들이 원하는 만큼의 시간이 주어졌다. 반사실적 사고를 보여준 참가자들은 실수에 대한 책임을 자신의 공부 습관으로부터 다른 곳으로 옮기는 경향이 있었고, 그 결과 학습 시간이 감소하고 후속 시험에서 성적이 좋지 않았다. 이 경우, 반사실적 사고는 _____ _____.

(a) 향후 성적에 이롭지 않다는 것이 입증되었다
(b) 새로운 자료를 배우는 효과적인 방법을 제공했다
(c) 참가자들이 자신의 원래 점수를 과대평가하도록 만들었다
(d) 참가자들에게 다음 시험에서 잘 하도록 더 많은 압력을 가했다

정답 (a)

해설 빈칸이 있는 문장 In this instance, counterfactual thinking ____(이 경우, 반사실적 사고는 ____)을 통해, 연구를 통해 반사실적 사고에 대해 밝혀진 것을 빈칸에 넣어야 함을 알 수 있다. 이전의 연구는 반사실적 사고가 미래의 부정적인 결과를 방지하는 역할을 한다고 말했지만 최근의 연구

에서는 그렇지 않은 것으로 나타났다(Previous research ~ but a recent study demonstrated otherwise)고 했고, 실험 결과 반사실적 사고가 참가자들의 학습 시간을 감소시키고 좋지 않은 성적을 내도록 했다(Participants who had demonstrated counterfactual thinking ~ poor performance on the subsequent test)고 했다. 이를 통해, 반사실적 사고는 '향후 성적에 이롭지 않다는 것이 입증되었다'는 것을 알 수 있으므로 (a)가 정답이다.

어휘 undesirable adj. 원하지 않는, 바람직하지 않은
engage in phr. ~에 사로잡히다, 종사하다
counterfactual thinking phr. 반사실적 사고
demonstrate v. 나타내다, 보여주다 subsequent adj. 후속의
overestimate v. 과대평가하다

---

9 빈칸 채우기 연결어
난이도 ●○○

1987년에, 캐나다 정부는 종이 달러 지폐를 대체하기 위한 새로운 1달러 동전을 도입했다. 아비새(loon)라고 불리는 새의 그림으로 주조된 이 동전은 빠르게 '루니'로 알려지게 되었다. 그 별명은 너무 인기가 많아져서 캐나다 왕립 조폐국에 의해 상표로 등록되었다. _____, 2달러 동전은 첫 번째 동전의 이름의 인기와 관련되어, 공포되자마자 '투니'라고 불렸다.

(a) 그럼에도 불구하고
(b) 특히
(c) 그 결과
(d) 결론적으로

정답 (c)

해설 빈칸 앞 문장은 1달러 동전의 '루니'라는 별명이 인기가 많아져서 상표로 등록되었다는 내용이고, 빈칸 뒤 문장은 2달러 동전은 1달러 동전의 인기와 관련되어 '투니'라고 불렸다는 내용이다. 뒤 문장이 앞 문장의 결과를 제시하므로, 보기 중 인과를 나타내는 (c) Subsequently(그 결과)가 정답이다.

어휘 replace v. 대체하다 mint v. 주조하다
trademark v. 상표로 등록하다
in reference to phr. ~와 관련되어

---

10 빈칸 채우기 연결어
난이도 ●●○

대기업들은 과학 저널에 게재되는 연구를 자주 지원한다. 그러한 지원을 지지하는 사람들은 그것이 제한된 자금에도 불구하고 과학 연구를 발전시키는 데 도움이 된다고 주장한다. 하지만, 다른 사람들은 그러한 연구 논문들이 흔히 공공의 이익에 부합하지 않는 그저 간접적인 마케팅 도구로 사용된다는 의혹을 제기했다. _____, 비평가들은 정책 입안자들이 이처럼 업계의 지원을 받은 연구에 더 적은 비중을 두어야 한다고 주장한다.

(a) 같은 의미로
(b) 이런 이유로
(c) 덧붙여
(d) 그렇더라도

정답 (b)

해설 대기업의 연구 지원에 대한 내용이다. 빈칸 앞 문장은 대기업의 지원을 받은 연구 논문들이 공공의 이익에 부합하지 않는다는 의혹에 관한 내용이고, 빈칸 뒤 문장은 정책 입안자들이 업계의 지원을 받은 연구에 더 적은 비중을 두어야 한다고 주장하는 내용이다. 앞 문장이 뒤 문장에 대한 이유를 제시하므로 보기 중 (b) For this reason(이런 이유로)이 정답이다.

어휘 frequently adv. 자주, 빈번히 advocate n. 지지하는 사람, 지지자
funding n. 자금, 재정 지원 suspicion n. 의혹
policymaker n. 정책 입안자

Part II

11 어색한 문장 골라내기
난이도 ●○○

스마트폰이 과열되면 스마트폰의 온도를 낮추기 위해 몇 가지 방법을 사용할 수 있다. (a) 일반적으로 스마트폰은 배터리의 에너지가 앱에 사용될 때 뜨거워진다. (b) 사용하지 않는 앱을 끄기만 하면 이러한 에너지 소비를 줄일 수 있다. (c) 또한 휴대폰이 필요하지 않을 때는 비행기 모드로 전환하여 배터리 사용을 제한해라. (d) 에너지를 소모하는 악성 소프트웨어는 스마트폰을 감염시키기 위해 종종 본모습을 숨긴다.

정답 (d)

해설 첫 문장에서 스마트폰이 과열되면 스마트폰의 온도를 낮추기 위해 몇 가지 방법을 사용할 수 있다고 했고, (a)에서 스마트폰 과열의 원인을 언급한 후, (b), (c)에서는 스마트폰 과열의 해결 방법에 대해 설명하고 있다. 반면 (d)의 '에너지를 소모하는 악성 소프트웨어'는 지문에서 언급하고 있는 '스마트폰 과열의 원인과 그 해결 방법'과 관련이 없으므로 (d)가 정답이다.

어휘 overheat v. 과열되다 cool down phr. 온도를 낮추다
expend v. 사용하다, (에너지를) 쏟다 expenditure n. 소비
malware n. 악성 소프트웨어 disguise v. 숨기다, 위장하다

---

12 어색한 문장 골라내기
난이도 ●●○

새로운 연구에 따르면, 과학자들은 얼룩말 줄무늬의 진정한 목적을 발견했을지도 모른다. (a) 연구원들은 얼룩말이 움직일 때 줄무늬가 착시현상을 일으킨다는 것을 발견했다. (b) 과학자들은 오랫동안 줄무늬에 대한 이론을 세워왔으며, 일부는 줄무늬가 의사소통에 도움을 준다고 주장했다. (c) 결과적으로, 포식자들은 얼룩말의 위치와 움직임에 대한 잘못된 정보를 받는다. (d) 이러한 시각적 혼란은 포식자들이 그들의 먹이가 될 대상에게 공격을 가하는 것을 더 어렵게 만든다.

정답 (b)

해설 첫 문장에서 과학자들이 얼룩말 줄무늬의 진정한 목적을 발견했을지도 모른다고 했고, (a)에서는 '얼룩말이 움직일 때 줄무늬가 착시현상을 일으킨다'는 발견을 언급했다. (c)에서는 얼룩말 줄무늬가 포식자들에게 잘못된 정보를 제공한다고 설명한

후, (d)에서는 이 시각적 혼란이 포식자들의 공격을 어렵게 만든다고 했다. 반면 (b)의 '줄무늬가 의사소통에 도움을 준다'는 주장은 지문 전체에서 언급하고 있는 '얼룩말 줄무늬가 일으키는 시각적 혼란'과 관련이 없으므로 (b)가 정답이다.

어휘 stripe n. 줄무늬 optical illusion phr. 착시현상
predator n. 포식자 misleading adj. 잘못된, 혼동하게 하는
prey n. 먹이

Part Ⅲ

13 중심 내용 주제
난이도 ●○○

EasyAccess 앱을 소개합니다!

휠체어나 목발을 짚고 시내를 돌아다니는 것이 어렵다면, EasyAccess가 완벽한 해결책입니다!

이 새로운 앱은 당신의 필요를 고려한 최적화된 보행 경로를 제공합니다. 가파른 언덕이나 공사로 인해 막힌 길을 피하고 싶으십니까? 선호 사항들을 입력하면 EasyAccess가 언덕의 경사와 실시간 거리 상황에 따라 최적의 경로를 추천합니다.

지금 www.easyaccessapp.com에서 무료 평가판을 받아 보십시오!

Q: EasyAccess에 대해 주로 광고되고 있는 것은 무엇인가?

(a) 장애인들에게는 무료이다.
(b) 사용자들이 자신만의 지역 지도를 설계하도록 도와준다.
(c) 실시간 데이터를 기반으로 가장 빠른 경로를 제공한다.
(d) 이동성 문제를 가진 사용자를 돕기 위한 경로를 제안한다.

정답 (d)

해설 EasyAccess에 대해 주로 광고되고 있는 것을 묻는 문제이다. 휠체어나 목발을 짚고 시내를 돌아다니는 것이 어렵다면 EasyAccess가 완벽한 해결책이다(If you're in a wheelchair ~ the perfect solution)라고 한 후, 언덕의 경사와 실시간 거리 상황에 따라 최적의 경로를 추천한다(EasyAccess will recommend ~ street conditions)고 했다. 이를 '이동성 문제를 가진 사용자를 돕기 위한 경로를 제안한다'라고 종합한 (d)가 정답이다.

어휘 crutch n. 목발 optimized adj. 최적화된
steep adj. 가파른 construction n. 공사 incline n. 경사

14 중심 내용 주제
난이도 ●●○

제2차 세계 대전이 진행되는 동안, 영국군은 점령된 프랑스 영토에 있는 독일 기지에 대한 대담한 야간 습격을 실행하기로 결정했다. 영국은 부분적으로 독일의 고도로 발달된 레이더 시스템 때문에 큰 손실을 입고 있었다. 따라서, 그들은 약점을 연구하기 위해 독일의 레이더 장치를 얻기를 바랐다. 1942년 2월, 낙하산 부대원들이 낙하산을 타고 레이더 시설 인근에 있는 프랑스의 한 지역에 내려와 기지를 급습하고 장치 중 하나를 탈취했

다. 그리고 나서 그들은 포획물을 가지고 해로로 탈출했는데, 이것은 전투의 방향을 바꾸는 데 도움이 되었다.

Q: 지문의 주제는 무엇인가?

(a) 영국의 독일 레이더 기술 탈취
(b) 독일에 대한 영국의 기술적 우위
(c) 독일에 있는 주요 레이더 기지 침입
(d) 독일의 새로운 레이더 시스템 계획

정답 (a)

해설 지문의 주제를 묻는 문제이다. 영국은 약점을 연구하기 위해 독일의 레이더 장치를 얻기를 바랐다(they hoped to obtain ~ for weaknesses)고 했고, 낙하산 부대원들이 독일 기지를 급습하고 장치 중 하나를 탈취했다(raided the station, and seized one of the devices)고 했다. 이를 '영국의 독일 레이더 기술 탈취'라고 종합한 (a)가 정답이다.

어휘 execute v. 실행하다 daring adj. 대담한, 위험한
occupied adj. 점령된 territory n. 영토
paratrooper n. 낙하산 부대원
parachute v. 낙하산을 타고 내려오다 raid v. 급습하다
seize v. 탈취하다, 장악하다 prize n. 포획물, 상

15 중심 내용 요지
난이도 ●●○

미국의 일부 도심에서는 코요테 개체수가 걱정거리가 되고 있다. 일부 주민들은 이 야생 개에 대한 선별적인 사냥을 제안했지만, 이것은 지역 주민들에게 위험할 뿐만 아니라 역효과를 낳는다. 코요테 무리가 압박을 받으면, 그들은 더 작은 무리로 나뉘고 새로운 영역으로 확산된다. 그들은 근처에 있는 코요테의 수를 파악하기 위해 울음소리를 통해 의사소통을 한다. 만약 사냥으로 인해 이 숫자가 줄어들면, 코요테는 새끼들을 보통 규모의 2~3배 규모로 기르기 시작할 수 있다. 그래서 코요테를 사냥하는 대신에, 도시들은 그들의 존재와 함께 사는 법을 배우는 것이 더 나을 것이다.

Q: 지문의 요지는 무엇인가?

(a) 코요테는 사냥당할 때 더 공격적으로 변한다.
(b) 코요테를 사냥하는 것은 도시 주민들에게 위험하다.
(c) 코요테의 개체수는 사냥의 감소 때문에 증가했다.
(d) 사냥은 코요테의 개체수를 효과적으로 감소시키지 못할 것이다.

정답 (d)

해설 지문의 요지를 묻는 문제이다. 사냥은 지역 주민들에게 위험할 뿐만 아니라 역효과를 낳는다(both dangerous to locals and counterproductive)고 했고, 코요테를 사냥하는 대신에 도시들은 그들의 존재와 함께 사는 법을 배우는 것이 더 나을 것(instead of hunting coyotes ~ to live with their presence)이라고 했다. 이를 '사냥은 코요테의 개체수를 효과적으로 감소시키지 못할 것이다'라고 종합한 (d)가 정답이다.

어휘 population n. 개체수 resident n. 주민
counterproductive adj. 역효과를 낳는 call n. 울음소리
dip v. 줄어들다, 살짝 담그다 litter n. (한배에서 태어난) 새끼

presence n. 존재 aggressive adj. 공격적인

16 중심 내용 주제
난이도 ●●●

Central Press
1월 21일
지역

놀이공원이 Patmon 카운티에 좋은 소식을 전하다

Danielle Jenner

지역 투자 사업의 또 다른 실패 사례가 될 것으로 우려되었던 것이 더 희망적인 방향으로 돌아섰다. 어제, Patmon 카운티의 4년간 폐쇄되었던 놀이공원 ThrillWorld의 투자자들은 주(州) 공정위원회와 보조금 협정을 맺었다.

회사의 6개월 잠정 임대차 계약이 2년 더 연장되어 작년에 시작된 공원 정비를 재개할 수 있게 되었다. 사소한 세부 사항들이 여전히 이사회의 재정 위원회에서 해결되고 있지만, 18개월 이내에 공원을 재개장할 수 있다는 데에 모든 신호가 긍정적이다. 지역 세수와 일자리 모두에 좋은 소식이다!

Q: ThrillWorld에 대해 주로 보도되고 있는 것은 무엇인가?

(a) 이전 수익을 능가할 것으로 예상된다.
(b) 새로운 투자자들이 그것을 인수하기로 동의했다.
(c) 그것의 재단장은 이제 계속될 예정이다.
(d) 그것의 개발은 지역 경제를 활성화시켰다.

정답 (c)

해설 ThrillWorld에 대해 주로 보도되고 있는 것을 묻는 문제이다. ThrillWorld의 투자자들은 주(州) 공정위원회와 보조금 협정을 맺었다(investors in ThrillWorld ~ reached a subsidy agreement with the State Fair Board)고 한 뒤, 임대차 계약이 2년 더 연장되어 작년에 시작된 공원 정비를 재개할 수 있게 되었다(lease has been ~ that began last year)는 협정 내용이 이어지고 있다. 이를 '그것의 재단장은 이제 계속될 예정이다'라고 종합한 (c)가 정답이다.

어휘 defunct adj. 폐쇄된, 현재 운영되지 않는 subsidy n. 보조금
interim adj. 잠정적인 lease n. 임대차 계약
extend v. 연장하다 overhaul n. 정비, 점검
committee n. 위원회 revenue n. 세수, 수입
refurbishment n. 재단장 set to phr. ~할 예정인

17 세부 정보 육하원칙
난이도 ●○○

고급 요트를 판매합니다!

저는 4년 전에 원래 주인으로부터 Baby Belle을 샀습니다. 그것은 바다에서 아주 적은 시간을 보냈고 9년 전에 만들어졌음에도 불구하고 거의 새것 같은 상태입니다. Baby Belle은 판매 또는 상업적 용도로 대여가 가능합니다. 상업 계약은 2년 기한으로 협상되며 매년 정산됩니다.

자세한 내용은 babybelle@email.com으로 문의하십시오.

Q: Baby Belle은 몇 년 되었는가?

(a) 2년
(b) 4년
(c) 5년
(d) 9년

정답 (d)

해설 Baby Belle이 몇 년 되었는지를 묻는 문제이다. Baby Belle이 9년 전에 만들어졌다(having been built nine years ago)고 했다. 따라서 '9년(Nine)'이라는 (d)가 정답이다.

어휘 mint adj. (상태가) 새것같은 commercial adj. 상업의
negotiate v. 협상하다

18 세부 정보 육하원칙
난이도 ●●○

1839년에, 이탈리아 작곡가 가에타노 도니체티는 그의 오페라 「니시다의 천사」를 완성했다. 이 오페라의 첫 번째 상연을 위해, 도니체티는 파리에 있는 극단을 선택했다. 그는 이탈리아의 검열관들이 오페라의 주제인 이탈리아 나폴리 지역 출신의 왕의 정부를 승인하지 않을 것을 걱정했다. 불행하게도, 그 프랑스 극단은 파산했고, 그 오페라는 도니체티가 살아있던 동안 원래 쓰였던 내용대로 공연된 적이 없다.

Q: 도니체티는 왜 프랑스에서 「니시다의 천사」를 선보이기로 했는가?

(a) 이탈리아에 있는 그의 극단이 파산했다.
(b) 그의 오페라가 보통 이탈리아에서보다 프랑스에서 더 잘됐다.
(c) 이탈리아 당국이 그것에 반대할까 봐 두려웠다.
(d) 먼저 프랑스 관객들을 대상으로 오페라를 시험해 보고 싶었다.

정답 (c)

해설 도니체티가 왜 프랑스에서 「니시다의 천사」를 선보이기로 했는지를 묻는 문제이다. 그는 이탈리아의 검열관들이 오페라의 주제인 이탈리아 나폴리 지역 출신의 왕의 정부를 승인하지 않을 것을 걱정했다(He worried ~ the Naples region of Italy)고 했다. 이를 '이탈리아 당국이 그것에 반대할까 봐 두려웠다'라고 바꾸어 표현한 (c)가 정답이다.

어휘 production n. 상연 censor n. 검열관 mistress n. 정부
bankrupt adj. 파산한

19 세부 정보 Correct
난이도 ●○○

Morter 초등학교

부모님들께,

10월 5일, Morter 초등학교는 (a)세 번째 연례 빵 바자회를 개최할 예정입니다. 평소처럼, 바자회 수익의 대부분은 자선단체에 기부될 것입니다. 하지만 올해, (b)처음으로, (c)일부분은 다가오는 Deerwood 공원으로의 학생 여행 자금 조달도 지원할 것입니다. 지금까지, 구운 식품들을 가져올 몇 명의 자원봉사자가 있지만, 더 많은 자원봉사자가 필요합니다. (d)빵을 굽지 않더라도, 바자회 직원으로 일해주시면 감사하겠습니다.

진심을 담아,

Jessica Peters

교장

Q: 다음 중 편지의 내용과 일치하는 것은?

(a) 이 빵 바자회는 학교의 첫 번째 자선 행사가 될 것이다.
(b) 학교는 이전에 빵 바자회를 통해 여행에 자금을 지원한 적이 있다.
(c) 수입의 일부만 학생 여행에 사용될 것이다.
(d) 구운 식품들을 기부하고자 하는 자원봉사자들만 필요하다.

정답 (c)

해설 편지의 내용과 일치하는 것을 묻는 문제이다. 수익의 일부분은 다가오는 Deerwood 공원으로의 학생 여행 자금 조달도 지원할 것(a portion will also help ~ to Deerwood Park)이라고 했다. 이를 '수입의 일부만 학생 여행에 사용될 것이다'라고 바꾸어 표현한 (c)가 정답이다.

오답분석
(a) 세 번째 연례 빵 바자회를 개최할 예정이라고 했으므로, 이 빵 바자회가 학교의 첫 번째 자선 행사가 되리라는 것은 지문의 내용과 다르다.
(b) 학생 여행 자금을 조달하는 것은 처음이라고 했으므로, 학교가 이전에 빵 바자회를 통해 여행에 자금을 지원한 적이 있다는 것은 지문의 내용과 다르다.
(d) 빵을 굽지 않더라도 바자회 직원으로 일해달라고 했으므로, 구운 식품들을 기부하고자 하는 자원봉사자들만 필요하다는 것은 지문의 내용과 다르다.

어휘 host v. 개최하다 bake sale phr. 빵 바자회
annual adj. 연례의 charity n. 자선단체, 자선
profit n. 수익 portion n. 일부 finance v. 자금을 조달하다
upcoming adj. 다가오는 staff v. 직원으로 일하다

20 세부 정보 Correct 난이도 ●●●

몰디브는 1,000개 이상의 산호초 섬으로 구성된 나라이다. [a]어업은 한때 국가의 주요 수입원으로 군림했지만, 그 이후로 관광업에 능가당했고, [b]규모가 작은 섬의 많은 주민들은 휴양지에 자리를 내주기 위해 이사했다. [c]한편, 다른 주민들은 기후 변화로 인해 섬을 버리고 떠날 수밖에 없었다. 예를 들어, Giraavaru 사람들은 침식으로 인해 한번, 그리고 국제 공항에 자리를 내주기 위해 다시 한번 이동했다. 대부분의 실향민들은 [d]전체 인구의 대략 40%인 약 15만 명이 살고 있는 수도인 말레로 간다.

Q: 다음 중 몰디브에 대한 내용과 일치하는 것은?

(a) 어업은 여전히 국민 소득의 주요 원천이다.
(b) 관광업은 대부분 지역 주민들을 더 작은 섬으로 내몰았다.
(c) 작은 섬들 중 일부는 완전히 버려졌다.
(d) 인구의 대다수는 현재 수도에 살고 있다.

정답 (c)

해설 몰디브에 대한 내용과 일치하는 것을 묻는 문제이다. 다른 주민들은 기후 변화로 인해 섬을 버리고 떠날 수밖에 없었다(Other

residents ~ due to climate change)고 했다. 이를 '작은 섬들 중 일부는 완전히 버려졌다'라고 바꾸어 표현한 (c)가 정답이다.

오답분석
(a) 어업은 한때 국가의 주요 수입원으로 군림했지만 그 이후로 관광업에 능가당했다고 했으므로, 어업이 여전히 국민 소득의 주요 원천이라는 것은 지문의 내용과 반대된다.
(b) 작은 섬의 많은 주민들이 휴양지에 자리를 내주기 위해 이사했다고 했고, 대부분의 실향민들은 수도로 간다고 했으므로, 관광업이 대부분 지역 주민들을 더 작은 섬으로 내몰았다는 것은 지문의 내용과 다르다.
(d) 전체 인구의 대략 40%인 약 15만 명이 수도인 말레에 살고 있다고 했으므로, 인구의 대다수가 현재 수도에 살고 있다는 것은 지문의 내용과 다르다.

어휘 coral reef phr. 산호초 reign v. 군림하다
surpass v. 능가하다 relocate v. 이사하다, 이전하다
make way for phr. 자리를 내주다 erosion n. 침식
displaced adj. 실향한, 추방된

21 세부 정보 Correct 난이도 ●●●

'균근'이라는 용어는 나무와 곰팡이 간 영양소 교환의 한 형태를 가리킨다. 이 관계는 토양에서 시작되는데, 토양에서는 곰팡이의 밀집된 연결망이 회충과 같은 죽은 유기체로부터 수분을 흡수한다. [a]곰팡이는 이러한 유기체의 단백질을 분해할 수 있는 효소를 생산하지만, 광합성을 할 수 없기 때문에 다른 곳에서 에너지를 얻어야 한다. 따라서, [b]그들은 섬유 세포를 나무뿌리 주위에 단단히 감고, 거기서 당분을 얻는다. 이 얽힌 관계는 [c]/[d]나무가 스스로 분해할 수 없는 죽은 유기체로부터 절실히 필요한 무기물을 얻음으로써 나무 또한 이익을 얻기 때문에 완벽한 공생을 만든다.

Q: 다음 중 지문의 내용과 일치하는 것은?

(a) 곰팡이는 회충 단백질을 분해할 수 없다.
(b) 곰팡이는 당분의 형태로 에너지를 받는다.
(c) 나무는 뿌리를 통해 곰팡이에게 무기물을 제공한다.
(d) 나무 효소는 토양에서 죽은 유기체를 분해한다.

정답 (b)

해설 지문의 내용과 일치하는 것을 묻는 문제이다. 곰팡이는 섬유 세포를 나무뿌리 주위에 단단히 감고 거기서 당분을 얻는다(they coil their filaments ~ they derive sugar)고 했다. 이를 '곰팡이는 당분의 형태로 에너지를 받는다'라고 바꾸어 표현한 (b)가 정답이다.

오답분석
(a) 곰팡이는 회충과 같은 죽은 유기체의 단백질을 분해할 수 있는 효소를 생산한다고 했으므로, 곰팡이가 회충 단백질을 분해할 수 없다는 것은 지문의 내용과 반대된다.
(c) 나무는 곰팡이가 분해한 유기체로부터 무기물을 얻는다고 했으므로, 나무가 뿌리를 통해 곰팡이에게 무기물을 제공한다는 것은 지문의 내용과 반대된다.
(d) 나무는 죽은 유기체를 분해할 수 없다고 했으므로, 나무 효

소가 토양에서 죽은 유기체를 분해한다는 것은 지문의 내용과 반대된다.

어휘 mycorrhiza n. 균근(균류와 고등식물의 뿌리가 긴밀히 결합한 공생체)
fungus n. 곰팡이, 균류 dense adj. 밀집된
roundworm n. 회충 enzyme n. 효소
photosynthesize v. 광합성하다 filament n. 섬유 세포
derive v. 얻다, 끌어내다 entanglement n. 얽힌 관계
symbiosis n. 공생 mineral n. 무기물
dissolve v. 분해하다, 용해하다

---

22 세부 정보 Correct
난이도 ●○○

The Metroville Post

ElectroLane의 최고 경영자의 사임

Carl Reed

ElectroLane의 최고 경영자인 Beth Williams가 자신의 직책에서 물러나기로 결정했다고 발표했다. [a]2006년에 설립된 이래로 이 회사에 몸담고 있는 Williams는 2014년부터 최고 경영자로 재직하고 있다. 그녀는 차기 최고 경영자인 Jeff Johnston에 대한 신뢰를 표명하면서 [b]Optimal Hosting의 부사장으로서 그의 리더십과 기술력을 높이 평가했는데, 이 부사장직은 Jeff Johnston이 다음 주에 사임하는 직책이다. [c]Williams가 Optimal에서 일을 시작했기 때문에 두 임원은 과거 동료이기도 하다. [d]Williams는 최대 주주이기 때문에 최고 직책을 사임해도 ElectroLane에 계속 관여할 것이다.

Q: 다음 중 뉴스 보도의 내용과 일치하는 것은?

(a) Williams는 ElectroLane이 설립된 이후 최고 경영자로 재직해 왔다.
(b) Johnston은 이미 Optimal Hosting에서의 직책을 사임했다.
(c) Johnston과 Williams는 한때 Optimal에서 함께 일했다.
(d) Williams는 더 이상 ElectroLane의 최고 주주가 아닐 것이다.

정답 (c)

해설 뉴스 보도의 내용과 일치하는 것을 묻는 문제이다. Williams가 Optimal에서 일을 시작했기 때문에 두 임원은 과거 동료이기도 하다(The two executives ~ as Williams got her start at Optimal)라고 했다. 이를 'Johnston과 Williams는 한때 Optimal에서 함께 일했다'라고 바꾸어 표현한 (c)가 정답이다.

오답분석
(a) ElectroLane은 2006년에 설립되었고 Williams는 2014년부터 최고 경영자로 재직하고 있다고 했으므로, Williams가 ElectroLane이 설립된 이후 최고 경영자로 재직해 왔다는 것은 지문의 내용과 다르다.
(b) Jeff Johnston은 다음 주에 Optimal Hosting의 부사장으로서의 직책을 사임한다고 했으므로, 이미 직책을 사임했다는 것은 지문의 내용과 다르다.
(d) Williams는 최대 주주이기 때문에 최고 직책을 사임해도 ElectroLane에 계속 관여할 것이라고 했으므로, 더 이상 최고 주주가 아니라는 것은 지문의 내용과 다르다.

어휘 executive adj. 경영의; n. 임원 announce v. 발표하다

---

step down phr. 물러나다 incoming adj. 차기의, 후임의
prowess n. 능력, 기량 colleague n. 동료
shareholder n. 주주

23 추론 Infer
난이도 ●○○

저는 식당 주인으로서 고객 항의의 중요성을 알고 있습니다. 하지만 손님들이 제 가게에 와서 그들의 식사의 어떤 측면을 문제 삼은 다음 집에 가서 [a]소셜 미디어에서 항의를 할 때는 정말 신경이 쓰입니다. 그 시점에서 제가 그들을 위해 무엇을 할 수 있을까요? [d]만약 제 손님들이 제 식당이 약속을 지키지 않았다고 느낀다면, 저는 그 상황을 해결하기 위해 최선을 다할 것입니다. [b/c]하지만 저에게 직접 오지 않는 사람들에게는 그렇게 할 수 없으며, 그것은 승산이 없어 보이는 시나리오입니다.

Q: 지문에서 글쓴이에 대해 추론할 수 있는 것은 무엇인가?

(a) 소셜 미디어의 항의에 거의 관심을 기울이지 않는다.
(b) 고객들로부터 대면 항의를 받는 일이 거의 없다.
(c) 소셜 미디어상의 항의보다 대면 항의를 선호한다.
(d) 자신의 식당에 대한 대부분의 항의에 동의하지 않는다.

정답 (c)

해설 글쓴이에 대해 추론할 수 있는 것을 묻는 문제이다. 글쓴이는 소셜 미디어상의 항의에 대해 언급한 뒤, 자신에게 직접 오지 않는 사람들에게는 상황을 해결하기 위해 최선을 다할 수 없으며 그것은 승산이 없어 보이는 시나리오(If my customers feel ~ it's a no-win scenario)라고 하였다. 이를 바탕으로 '소셜 미디어상의 항의보다 대면 항의를 선호한다'라고 추론한 (c)가 정답이다.

오답분석
(a) 손님들이 소셜 미디어에서 항의를 할 때 정말 신경이 쓰인다고 했으므로, 소셜 미디어의 항의에 거의 관심을 기울이지 않는다는 것은 잘못 추론한 내용이다.
(b) 고객들로부터 대면 항의를 받는 일이 거의 없는지는 언급되지 않았다.
(d) 만약 손님들이 자신의 식당이 약속을 지키지 않았다고 느낀다면 그 상황을 해결하기 위해 최선을 다할 것이라고 했으므로, 자신의 식당에 대한 대부분의 항의에 동의하지 않는다는 것은 잘못 추론한 내용이다.

어휘 complaint n. 항의, 불만 bother v. 신경이 쓰이다
take issue with phr. ~을 문제 삼다
go out of one's way phr. 최선을 다하다
no-win adj. 승산이 없어 보이는

24 추론 Infer
난이도 ●●○

미국 대통령 리처드 닉슨과 부통령 스피로 애그뉴는 관계가 불안정했다. 한때 닉슨은 애그뉴가 자신의 후계자가 될 가능성을 배제하기 위해 애그뉴를 연방대법원에 임명하는 것을 고려하기도 했다. 하지만, 닉슨이 워터게이트 스캔들에 휘말렸을 때, 그는 애그뉴가 도움이 된다는 것을 알게 되었다. 그는 대중이 그를 몰아내려는 시도를 지지하지 않을 것이라고 믿었는데, 대중은 그 후

애그뉴가 자동으로 대통령직을 맡을 것이라는 것을 알았기 때문이다. 결국, 두 사람은 그들의 경력에서 굴욕적인 결말을 맞이했다. 닉슨은 불명예를 안은 채 하야했고, 애그뉴는 뇌물을 받은 죄로 징역형을 사는 것을 면하기 위해 사임했다.

Q: 지문에서 추론할 수 있는 것은 무엇인가?

(a) 닉슨은 대중이 애그뉴보다 자신을 더 선호한다고 믿었다.
(b) 닉슨은 애그뉴가 연방대법원에 적합하지 않다고 여겼다.
(c) 애그뉴는 닉슨의 뒤를 이어 대통령이 되기 위해 다양한 시도를 했다.
(d) 애그뉴는 워터게이트 스캔들 동안 닉슨을 몰아내려고 했다.

정답 (a)

해설 지문에서 추론할 수 있는 것을 묻는 문제이다. 닉슨은 자신이 쫓겨나면 애그뉴가 자동으로 대통령직을 맡을 것이라는 것을 대중이 알았기 때문에 그를 몰아내려는 시도를 지지하지 않을 것이라 믿었다(He believed ~ automatically assume the presidency)고 했다. 이를 바탕으로 '닉슨은 대중이 애그뉴보다 자신을 더 선호한다고 믿었다'라고 추론한 (a)가 정답이다.

오답분석
(b) 닉슨은 애그뉴를 연방대법원에 임명하는 것을 고려하기도 했다고는 했지만, 애그뉴가 연방대법원에 적합하지 않다고 여겼는지는 추론할 수 없다.
(c) 애그뉴가 닉슨의 뒤를 이어 대통령이 되기 위해 다양한 시도를 했는지는 언급되지 않았다.
(d) 애그뉴가 워터게이트 스캔들 동안 닉슨을 몰아내려고 했는지는 언급되지 않았다.

어휘 unsteady adj. 불안정한
contemplate v. 고려하다, 숙고하다 preclude v. 배제하다
successor n. 후계자, 후임자 embroil v. 휘말리게 하다
oust v. 몰아내다 assume v. 맡다, 떠맡다
humiliating adj. 굴욕적인 resign v. 사임하다
jail time phr. 징역형

25 추론 Infer
난이도
●●○

연구는 다양한 종류의 범죄 프로그램을 시청하는 사람들에 관한 몇 가지 흥미로운 패턴을 밝혀냈다. 연구원들은 (b)흔히 해답 없이 끝나는 논픽션 범죄 다큐멘터리를 시청한 사람들은 사법 제도에 대한 신뢰를 덜 가지고 있으며 피해자가 되는 것에 대한 두려움이 더 큰 경향이 있다는 것을 발견했다. 한편, 선과 악에 대한 보다 확실한 정의를 가진 가상의 세계를 다루고 범죄자들이 항상 체포되는 (b)범죄 드라마를 시청한 사람들에게서 그러한 경향은 발견되지 않았다. (a)이 시청자들은 더 가혹한 형사 판결을 지지할 가능성이 더 높았다.

Q: 지문에서 추론할 수 있는 것은 무엇인가?

(a) 가상의 범죄 드라마는 범죄자에 대한 동정심을 더 크게 만든다.
(b) 범죄 드라마 시청자들은 사법 제도를 불신할 가능성이 더 적다.
(c) 범죄 드라마를 자주 시청하는 사람들은 범죄를 저지를 가능성이 더 높다.

(d) 실제 범죄 이야기를 접하면 사형제에 대한 지지도가 높아진다.

정답 (b)

해설 지문에서 추론할 수 있는 것을 묻는 문제이다. 해답 없이 끝나는 논픽션 범죄 다큐멘터리를 시청한 사람들은 사법 제도에 대한 신뢰를 덜 가지고 있다(people who watched nonfiction crime documentaries ~ less confidence in the justice system)고 했고, 범죄 드라마를 시청한 사람들에게서는 그러한 경향이 발견되지 않았다(no such tendencies ~ who watched crime dramas)고 했다. 이를 바탕으로 '범죄 드라마 시청자들은 사법 제도를 불신할 가능성이 더 적다'라고 추론한 (b)가 정답이다.

오답분석
(a) 범죄 드라마 시청자들은 더 가혹한 형사 판결을 지지할 가능성이 더 높았다고 했으므로, 가상의 범죄 드라마가 범죄자에 대한 동정심을 더 크게 만든다는 것은 잘못 추론한 내용이다.
(c) 범죄 드라마를 자주 시청하는 사람들의 범죄를 저지를 가능성에 관해서는 언급되지 않았다.
(d) 사형제에 대한 지지도에 관해서는 언급되지 않았다.

어휘 nonfiction n. 논픽션, 실화 resolution n. 해답, 판결
confidence n. 신뢰, 자신감 justice system phr. 사법 제도
victim n. 피해자 tendency n. 경향 fictional adj. 가상의
stark adj. 확실한, 냉혹한 apprehend v. 체포하다

Part IV

[26-27]

건선이란 무엇인가?

건선은 전 세계 수백만 명의 사람들에게 영향을 미치는 피부 질환이다. 이 질환은 몸에 붉거나, 건조하거나, 벗겨지는 피부 반점을 초래한다. 그 질환은 처치하기 어려울 수 있고, [26]사람들은 종종 그것에 대해 잘못된 생각을 가지고 있다. 아래에서 이 질환을 둘러싼 몇 가지 근거 없는 믿음에 대해 논하겠다.

1. 건선은 접촉으로 다른 사람에게 전염된다.
사실: 과학자들은 건선이 전염되지 않는다는 것을 증명했다. [27]연구는 그것이 감염되는 경위에 유전적 요소가 있다는 것을 시사한다. 하지만, 접촉을 통해 다른 사람을 감염시킬 수 있다는 증거는 없다.

2. 건선은 위생상태가 좋지 않아 발생한다.
사실: 과학자들은 정확히 무엇이 건선을 유발하는지 알지 못한다. 하지만 그들은 그것이 샤워를 못 하거나 청결을 유지하지 못해서 생기는 것이 아니라는 것은 알고 있다.

3. 건선은 저절로 없어진다.
사실: 어떤 사람들은 건선이 덜 심해지는 시기를 경험한다. 그러나, 그 질환에 대한 치료법이나 그것이 시간이 지남에 따라 나아질 것이라는 보장은 없다.

어휘 psoriasis n. 건선 scaly adj. (비늘처럼) 벗겨지는
　　 patch n. 반점, 얼룩 myth n. 근거 없는 믿음, 신화
　　 contagious adj. 전염되는 genetic adj. 유전적인
　　 pass on phr. (질병을) 감염시키다 indication n. 증거, 징후
　　 hygiene n. 위생(상태) guarantee v. 보장하다

26 중심 내용 목적

난이도 ●○○

Q: 지문의 주된 목적은 무엇인가?

(a) 건선에 대한 오해를 풀기 위해
(b) 건선의 증상과 원인을 설명하기 위해
(c) 건선의 전염을 방지하는 방법을 제시하기 위해
(d) 건선과 관련된 흔한 질문에 대한 답변을 제공하기 위해

정답 (a)

해설 지문의 목적을 묻는 문제이다. 사람들은 종종 건선에 대한 잘
못된 생각을 가지고 있다(people often have incorrect
notions about it)고 하며, 이를 둘러싼 근거 없는 믿음에
대해 논하겠다(Below we will discuss some of the
myths surrounding this condition)고 했다. 이를 '건선
에 대한 오해를 풀기 위해'라고 종합한 (a)가 정답이다.

어휘 misconception n. 오해

27 세부 정보 육하원칙

난이도 ●●○

Q: 과학자들이 사람들이 건선에 걸린다고 생각하는 한 가지 방
식은 무엇인가?

(a) 주기적으로 샤워하지 않기
(b) 부모로부터 유전적으로 물려받기
(c) 피부가 매우 건조해지도록 놔두기
(d) 건선에 걸린 사람들과 접촉하기

정답 (b)

해설 과학자들이 사람들이 건선에 걸린다고 생각하는 한 가지 방식
이 무엇인지 묻는 문제이다. 연구는 건선이 감염되는 경우에 유
전적 요소가 있다는 것을 시사한다(Research indicates ~
how it is passed on)고 했다. 이를 '부모로부터 유전적으로
물려받기'로 바꾸어 표현한 (b)가 정답이다.

어휘 inherit v. (신체적 특성 등을 유전적으로) 물려받다

[28-29]

최근 채용 공고

법정 서기

Greenville 카운티 법원은 상근 법정 서기 한 명을 구하고 있습
니다. 업무는 모든 유형의 법정 소송 절차에 대한 회의록을 기록
하고 준비하는 것, 그리고 법원 일정을 유지하고 조정하는 것을
포함합니다.

최소 자격 요건: [29(b)]2년제 대학 학위 및 은행, 법원, 법률 또는

사회 서비스 환경에서 2년간의 사무 경험; 또는 [29(a)/29(b)]학위 대
신 법정 서기 또는 법률 소송 처리 보조원으로 2년간의 정규직
근무

혜택:
• 연봉: 55,000달러
• 첫 2년간은 매년 10일의 유급 휴가, 그 이후 연간 15일의 유
급 휴가
• [28]15,000달러의 생명 보험 증서와 더불어 추가 보장 가입 옵
션
• 건강보험 및 치과 보험료에 상응하는 분담액
• 직무 관련 자격증 과정에 드는 비용을 연간 최대 1,000달러
까지 100% 상환

마감일: [29(c)]모든 지원 서류(지원서, 이력서, 자기소개서 등)
는 8월 9일까지 제출되어야 합니다. 최소 요건을 갖춘 지원자
들은 8월 24일에 필기시험을 치르도록 안내받을 것입니다.
[29(d)]선발된 지원자들은 그다음 주에 면접을 보러 오라는 요청을
받을 것입니다.

어휘 courtroom n. 법정 clerk n. 서기, 사무원
　　 responsibility n. 업무, 책임 minute n. 회의록
　　 court n. 법원, 법정 proceeding n. (소송) 절차, 행사
　　 maintain v. 유지하다 coordinate v. 조정하다
　　 degree n. 학위 clerical adj. 사무의
　　 in lieu of phr. ~ 대신에 coverage n. (보험의) 보장
　　 contribution n. 분담액, 기여 reimbursement n. 상환

28 세부 정보 육하원칙

난이도 ●●○

Q: 근무 첫해에는 이 일자리가 어떤 혜택을 제공하는가?

(a) 15일의 유급 휴가
(b) 납입된 15,000달러의 생명 보험 증서
(c) 관련 자격증을 위한 1,000달러의 상여금
(d) 완전히 보장되는 의료 및 치과 보험

정답 (b)

해설 근무 첫해에 일자리가 제공하는 혜택을 묻는 문제이다. 혜택
으로 15,000달러의 생명 보험 증서와 더불어 추가 보장 가입
옵션(Life insurance policy ~ purchasing additional
coverage)을 들고 있다. 이를 '납입된 15,000달러의 생명 보
험 증서'라고 바꾸어 표현한 (b)가 정답이다.

29 세부 정보 Correct

난이도 ●●●

Q: 다음 중 채용 목록과 일치하는 것은?

(a) 대학 졸업 학위가 반드시 필요한 것은 아니다.
(b) 법정 서기로서의 이전 경험은 필수이다.
(c) 지원 서류는 8월 24일까지 접수될 것이다.
(d) 지원자들은 면접 후에 필기시험을 치러야 한다.

정답 (a)

해설 채용 목록의 내용과 일치하는 것을 묻는 문제이다. 최소 자격

요건으로 학위 대신 법정 서기 또는 법률 소송 처리 보조원으로 2년간의 정규직 근무(two years of full-time ~ in lieu of a degree)를 들고 있다. 이를 '대학 졸업 학위가 반드시 필요한 것은 아니다'라고 바꾸어 표현한 (a)가 정답이다.

오답분석

(b) 최소 자격 요건으로 2년제 대학 학위 및 은행, 법원, 법률 또는 사회 서비스 환경에서 2년간의 사무 경험이나, 학위 대신 법정 서기 또는 법률 소송 처리 보조원으로 2년간의 정규직 근무 이력이 필요하다고 했으므로, 법정 서기로서의 이전 경험이 필수라는 것은 지문의 내용과 다르다.

(c) 모든 지원 서류는 8월 9일까지 제출되어야 한다고 했으므로, 지원 서류가 8월 24일까지 접수될 것이라는 것은 지문의 내용과 다르다.

(d) 필기시험을 치른 후 선발된 지원자들은 면접을 보러 오라는 요청을 받을 것이라고 했으므로, 면접 후에 필기시험을 치러야 한다는 것은 지문의 내용과 다르다.

[30-31]

플라비우스 벨리사리우스

6세기에, 동 비잔틴 제국은 군대를 파견하고 옛 영광을 되찾을 준비가 되어 있었다. 유스티니아누스 1세 황제는 플라비우스 벨리사리우스를 그 군대를 지휘하는 장군으로 선택했다. 페르시아와 북아프리카에서 일련의 승리를 거둔 후, 벨리사리우스는 로마 제국의 옛 심장부인 이탈리아를 탈환하는 임무를 띠고 파견되었다. 그는 군사력과 기만의 결합으로 이탈리아를 획득했다. 그가 정복한 귀족들 중 일부는 실제로 그를 이탈리아의 왕으로 만들겠다고 제안했다. 비록 벨리사리우스는 유스티니아누스에 대한 충성심으로 이 제안을 결국 거절했지만, [30]병사들과 패배한 적들 사이에서 장군의 인기는 벨리사리우스가 제위를 빼앗을 것을 경계한 황제의 의심을 불러일으켰다.

이탈리아가 비잔틴의 지배하에 놓이자, 질투심 많은 유스티니아누스는 벨리사리우스를 그가 엄청나게 인기를 얻은 군대로부터 멀리 떨어진 수도로 불러들였다. 몇 년 후, [31]유스티니아누스는 벨리사리우스의 후임자들이 감당할 수 없는 반란을 진압하기 위해 그 장군을 이탈리아로 돌려보내야 했다. [30]황제의 명령을 다시 충실히 이행했음에도 불구하고 벨리사리우스는 감사 대신 의심을 받았다. 말년에, 벨리사리우스는 수도로 다시 소환되었고, 그곳에서 그는 조작된 부패 혐의로 수감되었다.

어휘 be poised to phr. ~할 준비가 되다
recapture v. 되찾다, 탈환하다 combination n. 결합, 조합
military might phr. 군사력 treachery n. 기만, 배반
defeated adj. 패배한 suspicion n. 의심
wary adj. 경계하는, 조심하는 usurp v. 빼앗다, 찬탈하다
throne n. 제위, 왕위 quell v. 진압하다
uprising n. 반란, 폭동 replacement n. 후임자
carry out phr. 이행하다, 수행하다 gratitude n. 감사, 고마움
summon v. 소환하다 fabricate v. 조작하다

---

30 중심 내용 주제

Q: 글쓴이가 벨리사리우스에 대해 주로 말하는 것은 무엇인가?

(a) 이탈리아 정복에 실패한 후 황제의 총애를 잃었다.
(b) 그의 업적은 유스티니아누스에게 결코 인정받지 못했다.
(c) 계속 충성했음에도 불구하고 유스티니아누스에게 의심받았다.
(d) 그의 군사적 승리는 그가 왕이 되도록 이끌었다.

정답 (c)

해설 글쓴이가 벨리사리우스에 대해 주로 말하는 것을 묻는 문제이다. 병사들과 적들 사이에서 벨리사리우스의 인기는 황제의 의심을 불러일으켰다(the general's popularity ~ usurp the throne)고 했고, 반란을 진압하기 위해 이탈리아로 파견되어 황제의 명령을 이행한 후에도 감사 대신 의심을 받았다(Despite loyally ~ instead of gratitude)고 했다. 이를 '계속 충성했음에도 불구하고 유스티니아누스에게 의심받았다'라고 종합한 (c)가 정답이다.

어휘 fall out of favor phr. 총애를 잃다

---

31 세부 정보 육하원칙

Q: 벨리사리우스는 왜 두 번째로 이탈리아에 파견되었는가?

(a) 로마 제국을 위해 그 지역을 탈환하기 위해
(b) 그곳을 정복하고 이탈리아 왕을 복위시키기 위해
(c) 그를 왕으로 만들기 위해 공모한 귀족들을 체포하기 위해
(d) 비잔틴 제국에 대한 반란을 진압하기 위해

정답 (d)

해설 벨리사리우스가 왜 두 번째로 이탈리아에 파견되었는지 묻는 문제이다. 유스티니아누스는 벨리사리우스의 후임자들이 감당할 수 없는 반란을 진압하기 위해 그 장군을 이탈리아로 돌려보내야 했다(Justinian was forced to ~ unable to handle)고 했다. 이를 '비잔틴 제국에 대한 반란을 진압하기 위해'라고 바꾸어 표현한 (d)가 정답이다.

어휘 reinstate v. 복위시키다, 회복시키다 conspire v. 공모하다

[32-33]

THE DAILY OBSERVER

홈 | 전국 | 지역 | 스포츠 | 예술

Murphy에 대한 더 많은 혹평

제약 기업가인 Greg Murphy가 지난달 사기죄로 유죄 판결을 받고 선고를 받았을 때, 여론은 정의가 실현되었다는 것이었다. 하지만, Murphy에 대한 대중의 이전 생각이 그의 재판에 어떻게 영향을 미쳤는지에 주목해 보면 흥미롭다.

최근 공개된 법원 기록에서 드러나듯이 [32]배심원 선정 과정은 전혀 순탄치 않았다. 배심원 풀의 많은 사람들은 Murphy에 대한 그들의 선입견 때문에 재판 참석 의무에서 면제되어야 했

다. 선정 과정 동안, 이 잠재적 배심원들은 그들의 견해를 숨기지 않았다. 그들은 작년에 다양한 의약품에 엄청난 가격 인상을 부과했던 Murphy에 대한 경멸을 분명히 표현했다.

일부 사람들은 그의 가격 인상뿐만 아니라 그의 전반적인 이미지에 대해 혐오감을 표현했다. 그는 소셜 미디어상에서 일반 시민들과의 불화가 뉴스에 널리 보도된 후 불량배라는 평판을 얻었다. 심지어 ³³최근 자선단체에 대한 그의 기부도 사태 수습을 위한 하찮은 홍보 활동으로 여겨졌다.

어휘 bad press phr. (언론의) 혹평
pharmaceutical adj. 제약의; n. 약, 제약
entrepreneur n. 기업가
be convicted of phr. ~으로 유죄 판결을 받다
fraud n. 사기죄 sentence v. (형을) 선고하다; n. 형벌
public sentiment phr. 여론, 민심 justice n. 정의, 사법
trial n. 재판 transcript n. (글로 옮긴) 기록 juror n. 배심원
excuse v. (의무 등을) 면제하다 hold back phr. 숨기다
reputation n. 평판 spat n. 불화, 입씨름
publicity stunt phr. 홍보 활동, 선전 활동
damage control phr. 사태 수습

---

32 중심 내용 주제
난이도 ●●○

Q: Greg Murphy에 대해 주로 보도되고 있는 것은 무엇인가?

(a) 그의 명성 때문에 더 가혹한 형을 받았다.
(b) 재판 동안 자신의 행동에 대해 어떠한 후회도 보이지 않았다.
(c) 그의 최근 재판은 그의 공적인 모습을 크게 손상시켰다.
(d) 그의 부정적인 이미지는 공정한 배심원을 찾는 것을 어렵게 만들었다.

정답 (d)

해설 Greg Murphy에 대해 주로 보도되고 있는 것을 묻는 문제이다. Murphy의 재판에서 배심원 선정 과정이 전혀 순탄치 않았다(the jury selection process was far from smooth)고 하며, 배심원 풀의 많은 사람들은 Murphy에 대한 선입견 때문에 재판 참석 의무에서 면제되어야 했다(Many in the pool of jurors ~ their biases against Murphy)고 설명했다. 이를 '그의 부정적인 이미지는 공정한 배심원을 찾는 것을 어렵게 만들었다'라고 종합한 (d)가 정답이다.

어휘 impartial adj. 공정한

---

33 추론 Infer
난이도 ●●●

Q: Greg Murphy에 대해 추론할 수 있는 것은 무엇인가?

(a) 세간의 이목을 피하려고 하고 있다.
(b) 그의 의약품 가격을 낮출 것이다.
(c) 자선을 통해 자신의 평판을 개선하는 데 실패했다.
(d) 배심원 선정을 지연시키기 위해 의도적으로 대중을 자극했다.

정답 (c)

해설 Greg Murphy에 대해 추론할 수 있는 것을 묻는 문제이다. 최근 자선단체에 대한 그의 기부도 사태 수습을 위한 하찮은 홍보 활동으로 여겨졌다(his recent ~ do damage control)고 했다. 이를 바탕으로 '자선을 통해 자신의 평판을 개선하는 데 실패했다'라고 추론한 (c)가 정답이다.

오답분석
(a) Murphy가 세간의 이목을 피하려고 하고 있는지는 언급되지 않았다.
(b) 의약품 가격을 낮출 것인지는 언급되지 않았다.
(d) 배심원 선정을 지연시키기 위해 의도적으로 대중을 자극했는지는 언급되지 않았다.

[34-35]

편집자에게 보내는 편지

편집자님께

우리 주의 많은 도로는 파손되었습니다. 우리는 매일 도로 위에 작업자가 있는 것을 보지만, 그럼에도 ³⁴⁽ᵇ⁾주 정부는 매년 도로 문제의 약 35%만을 처리합니다. 분명히, 자금 부족으로 인해 우리는 이 상황에 처해 있습니다. ³⁴⁽ᶜ⁾일반세 재원을 썼음에도 불구하고, 주 정부는 여전히 주요 수입원이 유류세인 사회기반시설 기금(IF)의 부족분을 메우지 못하고 있습니다.

³⁴⁽ᵈ⁾일부 의원들은 20년 동안 손대지 않았던 유류세 인상을 제안했습니다. 하지만 그들은 ³⁵이 세금이 예전만큼 많은 액수를 충당하지 못한다는 것을 깨닫지 못합니다. 이는 더 많은 운전자들이 휘발유를 덜 필요로 하는 연료 효율이 높은 자동차나 전혀 휘발유를 필요로 하지 않는 전기 자동차로 돌아서고 있기 때문입니다.

³⁵더 나은 해결책은 주행 마일 수에 기반한 세금으로 전환하는 것입니다. 이것은 도로를 가장 많이 사용하는 사람들이 도로를 유지하는 데 가장 큰 책임을 지도록 보장할 것입니다.

-John LeMont

어휘 dilapidated adj. 파손된, 황폐한
dip into phr. (저축한 돈을) 쓰다, 축내다
general tax phr. 일반세, 보통세
coffer n. (정부·단체 등의) 재원 shortfall n. 부족분, 부족
gas tax phr. 유류세 lawmaker n. (입법부의) 의원, 입법자
go far phr. 많은 액수를 충당하다
fuel-efficient adj. 연료 효율이 높은 maintain v. 유지하다

---

34 세부 정보 Correct
난이도 ●○○

Q: 다음 중 편지의 내용과 일치하는 것은?

(a) 대부분의 도로 수리가 불필요하게 이루어지고 있다.
(b) 대부분의 도로 문제가 해결되고 있다.
(c) 도로 수리 비용은 유류세로 전액 조달된다.
(d) 유류세는 20년 동안 인상되지 않았다.

정답 (d)

해설 편지의 내용과 일치하는 것을 묻는 문제이다. 일부 의원들이 20년 동안 손대지 않았던 유류세 인상을 제안했다(Some lawmakers ~ hasn't been touched in 20 years)고 했다. 이를 '유류세는 20년 동안 인상되지 않았다'라고 바꾸어 표현한 (d)가 정답이다.

오답분석

(a) 대부분의 도로 수리가 불필요하게 이루어지고 있는지는 언급되지 않았다.

(b) 주 정부는 매년 도로 문제의 약 35%만을 처리한다고 했으므로, 대부분의 도로 문제가 해결되고 있다는 것은 지문의 내용과 다르다.

(c) 도로 수리를 위해 일반세 재원을 썼다고 했으므로, 도로 수리 비용이 유류세로 전액 조달된다는 것은 지문의 내용과 다르다.

---

35 **추론**   Opinion

Q: 글쓴이가 가장 동의할 것 같은 진술은 무엇인가?

(a) 유류세는 사회기반시설 기금의 지속 가능한 수입원이 아니다.

(b) 주행 거리에 기반한 세금 제도가 유류세를 보완해야 한다.

(c) 일반 대중은 전반적으로 더 많은 세금을 내는 것에 열린 마음을 가져야 한다.

(d) 새로 부과된 세금은 도로 보수만을 위해 따로 배정되어서는 안 된다.

정답 (a)

해설 글쓴이가 가장 동의할 법한 내용을 묻는 문제이다. 유류세가 예전만큼 많은 액수를 충당하지 못한다(this tax doesn't go as far as it used to)고 하며, 이어서 이를 위한 해결책은 주행 마일 수에 기반한 세금으로 전환하는 것(A better solution is ~ on the number of miles driven instead)이라고 했다. 따라서 글쓴이는 '유류세는 사회기반시설 기금의 지속 가능한 수입원이 아니다'라는 것에 동의할 것이므로 (a)가 정답이다.

어휘 mileage n. 주행 거리 impose v. 부과하다
set aside phr. 따로 배정하다, 확보하다

LISTENING COMPREHENSION

1	d	평서문	9	a	평서문	17	a	기타 의문문	25	b	세부 정보	33	b	세부 정보
2	a	평서문	10	c	조동사 의문문	18	d	평서문	26	b	세부 정보	34	d	세부 정보
3	a	평서문	11	d	기타 의문문	19	a	평서문	27	b	세부 정보	35	c	세부 정보
4	d	기타 의문문	12	b	평서문	20	c	Be동사 의문문	28	c	세부 정보	36	c	추론
5	a	평서문	13	a	조동사 의문문	21	a	중심 내용	29	c	추론	37	d	세부 정보
6	b	평서문	14	a	평서문	22	d	중심 내용	30	a	추론	38	c	추론
7	a	평서문	15	c	평서문	23	b	중심 내용	31	d	중심 내용	39	d	중심 내용
8	d	평서문	16	c	평서문	24	a	세부 정보	32	d	중심 내용	40	a	세부 정보

VOCABULARY

1	a	Collocation	7	d	형용사 어휘	13	b	동사 어휘	19	c	이디엄	25	a	동사 어휘
2	a	동사 어휘	8	c	형용사 어휘	14	b	명사 어휘	20	c	명사 어휘	26	d	동사 어휘
3	c	동사 어휘	9	a	형용사 어휘	15	b	명사 어휘	21	a	동사 어휘	27	d	명사 어휘
4	b	구동사	10	d	형용사 어휘	16	d	명사 어휘	22	d	이디엄	28	a	형용사 어휘
5	c	형용사 어휘	11	b	동사 어휘	17	b	명사 어휘	23	b	형용사 어휘	29	d	동사 어휘
6	b	동사 어휘	12	b	Collocation	18	a	명사 어휘	24	d	명사 어휘	30	a	이디엄

GRAMMAR

1	d	품사	7	d	시제와 태	13	c	준동사	19	b	준동사	25	d	어순과 특수구문
2	a	문장 성분	8	b	동사와 조동사	14	a	동사와 조동사	20	b	시제와 태	26	a	시제와 태
3	b	시제와 태	9	c	준동사	15	c	시제와 태	21	a	준동사	27	a	품사
4	a	수 일치	10	a	어순과 특수구문	16	d	접속사와 절	22	b	수 일치	28	b	준동사
5	a	가정법	11	d	접속사와 절	17	d	품사	23	c	어순과 특수구문	29	d	접속사와 절
6	a	접속사와 절	12	a	품사	18	b	동사와 조동사	24	c	품사	30	b	품사

READING COMPREHENSION

1	b	빈칸 채우기	8	d	빈칸 채우기	15	d	중심 내용	22	c	세부 정보	29	d	세부 정보
2	d	빈칸 채우기	9	d	빈칸 채우기	16	a	중심 내용	23	c	추론	30	a	중심 내용
3	a	빈칸 채우기	10	d	빈칸 채우기	17	d	세부 정보	24	b	추론	31	c	세부 정보
4	c	빈칸 채우기	11	d	어색한 문장 골라내기	18	d	세부 정보	25	d	추론	32	d	중심 내용
5	d	빈칸 채우기	12	c	어색한 문장 골라내기	19	d	세부 정보	26	c	중심 내용	33	d	추론
6	c	빈칸 채우기	13	d	중심 내용	20	d	세부 정보	27	d	세부 정보	34	b	추론
7	d	빈칸 채우기	14	d	중심 내용	21	d	세부 정보	28	d	세부 정보	35	b	세부 정보

LISTENING COMPREHENSION

문제집 p. 135

Part I

1 평서문 의견 전달

난이도 ●○○

M: Excuse me. I'd like to try these jeans on.

W: _____

(a) They're actually too big for me.

(b) Sorry. All sales are final.

(c) I'll show you some other items, then.

(d) Sure. The fitting room's over there.

M: 실례합니다. 이 청바지를 입어 보고 싶은데요.

W: _____

(a) 그 청바지는 사실 저한테 너무 커요.

(b) 죄송합니다. 모든 제품은 반품이 불가합니다.

(c) 그러면, 다른 상품들을 몇 가지 보여드릴게요.

(d) 물론이죠. 피팅 룸은 저쪽에 있습니다.

정답 (d)

해설 청바지를 입어 보고 싶다는 말에, '피팅 룸은 저쪽에 있다'며 청바지를 입어볼 수 있는 곳을 안내한 (d)가 정답이다.

오답분석

(a) 청바지를 입어 보고 싶어하는 사람은 여자가 아닌 남자이므로, 여자가 자기한테 청바지가 너무 크다고 답한 것은 적절하지 않다.

(b) 남자가 반품을 요구하는 상황이 아니므로, 반품이 불가하다고 답한 것은 적절하지 않다.

(c) 아직 청바지를 입어 보지 않은 상황이므로, 다른 상품들을 보여주겠다고 답한 것은 적절하지 않다.

어휘 try on phr. ~을 입어 보다 final adj. 변경이 불가한

2 평서문 정보 전달

난이도 ●○○

W: I need to cut our meeting short. An emergency came up.

M: _____

(a) No problem. Let's finish up later.

(b) Thanks. I appreciate your concern.

(c) OK. We'll start the meeting later.

(d) Sorry. It won't happen again.

W: 회의를 짧게 끝내야겠어요. 비상사태가 발생했거든요.

M: _____

(a) 괜찮습니다. 회의는 나중에 마무리해요.

(b) 감사합니다. 걱정해주셔서 고마워요.

(c) 좋아요. 회의를 나중에 시작하죠.

(d) 죄송해요. 다시는 그런 일이 없을 거예요.

정답 (a)

해설 회의를 짧게 끝내야겠다는 말에, '괜찮다. 회의는 나중에 마무리하자'라며 회의를 끝내도 괜찮다는 의미를 전달한 (a)가 정답이다.

오답분석

(b) 여자가 걱정을 하는 상황이 아니므로, 걱정해줘서 고맙다고 답한 것은 적절하지 않다.

(c) 질문의 meeting(회의)을 반복해서 사용한 오답으로, 이미 회의가 시작된 상황인데 회의를 나중에 시작하자고 답한 것은 적절하지 않다.

(d) Sorry(죄송해요)가 정답처럼 들려 혼동을 준 오답으로, 비상사태를 남자가 일으킨 것이 아닌데 남자가 다시는 그런 일이 없을 것이라고 답한 것은 적절하지 않다.

어휘 appreciate v. 고마워하다

3 평서문 감정 전달

난이도 ●○○

M: You bought another guitar? You already had three!

W: _____

(a) I couldn't help it. It was on sale.

(b) I can tell how much you like guitars.

(c) I don't know where to buy it.

(d) I think three is finally enough.

M: 기타 하나 더 샀어? 이미 세 대나 있었잖아!

W: _____

(a) 어쩔 수 없었어. 세일 중이었거든.

(b) 네가 기타를 얼마나 좋아하는지 알 수 있어.

(c) 기타를 어디서 사야 할지 모르겠어.

(d) 세 대면 드디어 충분한 것 같아.

정답 (a)

해설 기타가 세 대나 있었는데도 기타를 하나 더 샀냐며 놀라움을 나타내는 말에, '세일 중이었다'며 기타를 산 이유를 설명한 (a)가 정답이다.

오답분석

(b) 질문의 guitar(기타)를 반복해서 사용한 오답으로, 기타를 하나 더 샀냐는 남자의 말에 남자가 기타를 얼마나 좋아하는지 알 수 있다고 답한 것은 틀리다.

(c) 여자가 기타를 이미 산 상황이므로, 기타를 어디서 사야 할지 모르겠다고 답한 것은 틀리다.

(d) 기타를 하나 더 사서 네 대가 된 상황이므로, 세 대면 충분한 것 같다고 말한 것은 틀리다.

4 기타 의문문 생략 의문문

W: Want to go swimming with me again next weekend?

M: _____

(a) Let's go next Saturday instead.
(b) OK, I'll go on my own then.
(c) I'd love to. I've never been.
(d) I do, but I'll be out of town.

W: 다음 주말에 나랑 또 수영하러 가고 싶니?

M: _____

(a) 그 대신 다음 주 토요일에 가자.
(b) 좋아, 그러면 나 혼자 갈게.
(c) 그러고 싶어. 나는 수영하러 가본 적이 없거든.
(d) 그러고 싶지만, 나는 출장을 가 있을 거야.

정답 (d)

해설 다음 주말에 또 수영하러 가고 싶은지 묻는 말에, '출장을 가 있을 거다'라며 수영하러 가지 못하는 이유를 설명한 (d)가 정답이다. 참고로, 여자의 말은 앞에 Do you가 생략된 형태의 의문문이다.

오답분석
(a) 질문의 next weekend(다음 주말)와 비슷한 next Saturday(다음 주 토요일)를 사용한 오답으로, 다음 주말이라는 시점을 이미 제시한 상황에서 그 대신 다음 주 토요일에 가자고 답한 것은 적절하지 않다.
(b) 여자가 남자에게 같이 수영하러 갈 것을 제안하는 상황이므로, OK(좋아)라고 긍정한 후 혼자 가겠다고 답한 것은 적절하지 않다.
(c) I'd love to(그러고 싶어)가 정답처럼 들려 혼동을 준 오답으로, 여자와 남자가 이미 수영하러 간 적이 있는 상황에서 수영하러 가본 적이 없다고 답한 것은 틀리다.

5 평서문 감정 전달

M: Thanks for helping me move my stuff.

W: _____

(a) I'm always happy to lend a hand.
(b) I couldn't have done it without you.
(c) I would've helped if I'd been able to.
(d) I can manage by myself, thanks.

M: 내 물건을 옮기는 것을 도와줘서 고마워.

W: _____

(a) 언제라도 기꺼이 도움을 줄게.
(b) 네가 없었으면 할 수 없었을 거야.
(c) 내가 할 수 있었다면 도와줬을 텐데.
(d) 고맙지만, 나 혼자 할 수 있어.

정답 (a)

해설 물건을 옮기는 것을 도와줘서 고맙다는 말에 '언제라도 기꺼이 도움을 주겠다'라고 답한 (a)가 정답이다.

오답분석
(b) 물건을 옮기는 것을 도와줘서 고맙다는 말에 이어서 남자가 할 만한 말이다.
(c) 질문의 help(돕다)를 반복해서 사용한 오답으로, 여자가 이미 남자를 도와준 상황에서 내가 할 수 있었다면 도와줬을 것이라고 답한 것은 적절하지 않다.
(d) 남자가 여자에게 도움을 주겠다고 한 상황에 할 만한 말이다.

어휘 lend a hand phr. 도움을 주다

6 평서문 정보 전달

W: This recipe doesn't say how much salt to use.

M: _____

(a) Any type is probably fine.
(b) A pinch should do it.
(c) Then stick to the recipe.
(d) It does taste a bit salty.

W: 이 요리법은 소금을 얼마나 써야 할지 나와있지 않아.

M: _____

(a) 아마 어떤 종류라도 괜찮을 거야.
(b) 약간이면 될 거야.
(c) 그러면 요리법을 엄격히 따라.
(d) 약간 짠맛이 나기는 해.

정답 (b)

해설 how much를 사용하여 소금을 얼마나 써야 할지 요리법에 나와있지 않다고 한 말에, '약간이면 될 거다'라며 소금을 얼마나 써야 하는지 알려준 (b)가 정답이다.

오답분석
(a) 질문에서 소금의 종류를 말한 것은 아니므로, 어떤 종류라도 괜찮을 거라고 답한 것은 적절하지 않다.
(c) 질문의 recipe(요리법)를 반복해서 사용한 오답으로, 요리법에 소금을 얼마나 써야 할지 나와있지 않은 상황에서 요리법을 엄격히 따르라는 응답은 적절하지 않다.
(d) 질문의 salt(소금)와 관련된 salty(짠)를 사용한 오답으로, 요리법에 소금을 얼마나 써야 할지 나와있지 않다는 말에 짠맛이 난다고 답한 것은 틀리다.

어휘 recipe n. 요리법 pinch n. 약간, 조금
stick to phr. ~을 엄격히 따르다

7 평서문 감정 전달 난이도 ●●○

M: I wish I hadn't bought these designer sunglasses.

W: _____

(a) You can try returning them.
(b) Yeah, I'd have paid even more for them.
(c) I knew you'd regret not getting them.
(d) Well, you'd better get a reputable brand.

M: 이 유명 브랜드 선글라스를 사지 말았어야 했는데.

W: _____

(a) 반품을 시도해볼 수 있어.
(b) 그래, 나라면 그 선글라스에 돈을 더 많이 지불했을 거야.
(c) 그 선글라스를 안 산 것을 네가 후회할 줄 알았어.
(d) 글쎄, 너는 평판이 좋은 브랜드를 사는 게 좋을 거야.

정답 (a)

해설 유명 브랜드 선글라스를 사지 말았어야 했다며 후회하는 말에, '반품을 시도해볼 수 있다'라며 대안을 제시한 (a)가 정답이다.

> **오답분석**
> (b) 선글라스를 산 것을 후회하는 상황이므로, 자신이라면 그 선글라스에 돈을 더 많이 지불했을 것이라고 답한 것은 적절하지 않다.
> (c) 이미 선글라스를 산 상황이므로, 남자가 선글라스를 안 산 것을 후회할 줄 알았다고 답한 것은 틀리다.
> (d) 이미 선글라스를 산 상황이므로, 평판이 좋은 브랜드를 사는 것이 좋을 것이라고 답한 것은 틀리다.

어휘 designer adj. 유명 브랜드의 reputable adj. 평판이 좋은

---

8 평서문 정보 전달 난이도 ●●○

W: I used up all my savings on my last vacation.

M: _____

(a) You still have a bit of unpaid leave, though.
(b) I guess you were a little stingy.
(c) It's not too late to splurge.
(d) It's time to cut back your spending, then.

W: 저축한 돈을 지난번 휴가에 다 써버렸어.

M: _____

(a) 그래도 너는 아직 무급 휴가가 약간 남았잖아.
(b) 네가 조금 인색했던 것 같아.
(c) 돈을 펑펑 쓰기에는 늦지 않았어.
(d) 그러면, 지출을 줄여야 할 때구나.

정답 (d)

해설 저축한 돈을 휴가에 다 써버렸다는 말에, '지출을 줄여야 할 때다'라고 조언한 (d)가 정답이다.

> **오답분석**
> (a) 질문의 vacation(휴가)과 관련된 leave(휴가)를 사용한 오답으로, 남은 휴가 기간에 대해 이야기하는 상황이 아니므로 무급 휴가가 약간 남았다고 답한 것은 틀리다.
> (b) 여자가 돈을 다 써버린 상황이므로, 여자에게 인색했던 것 같다고 답한 것은 틀리다.
> (c) 여자가 돈을 다 써버린 상황이므로, 돈을 펑펑 쓰기에는 늦지 않았다고 답한 것은 틀리다.

어휘 unpaid leave phr. 무급 휴가 stingy adj. 인색한
splurge v. (돈을) 펑펑 쓰다, 낭비하다

---

9 평서문 감정 전달 난이도 ●●●

M: Sorry for losing my temper at the meeting.

W: _____

(a) Forget it. We were both on edge.
(b) That's OK. It was an honest mistake.
(c) Don't be. I'd have kept quiet, too.
(d) I'm surprised you didn't lash out.

M: 회의에서 화를 내서 미안해요.

W: _____

(a) 잊어버려요. 우리 둘 다 신경이 곤두서 있었어요.
(b) 괜찮아요. 그것은 명백한 착오였어요.
(c) 미안해하지 마세요. 저였어도 조용히 했을 거예요.
(d) 당신이 맹렬히 비난하지 않은 것이 놀라워요.

정답 (a)

해설 회의에서 화를 내서 미안하다고 사과하는 말에, '우리 둘 다 신경이 곤두서 있었다'라고 화답한 (a)가 정답이다.

> **오답분석**
> (b) That's OK(괜찮아요)가 정답처럼 들려 혼동을 준 오답으로, 화를 내서 미안하다는 말에 명백한 착오였다고 답한 것은 적절하지 않다.
> (c) Don't be(미안해하지 마세요)가 정답처럼 들려 혼동을 준 오답으로, 남자가 화를 내서 미안하다는 말에 자신이었어도 조용히 했을 것이라고 답한 것은 틀리다.
> (d) 화를 내서 미안하다는 말에, 맹렬히 비난하지 않은 것이 놀랍다고 답한 것은 적절하지 않다.

어휘 lose one's temper phr. 화를 내다
on edge phr. 신경이 곤두선 honest adj. 명백한, 정당한
lash out phr. 맹렬히 비난하다

---

10 조동사 의문문 Have 난이도 ●●○

W: Have you seen how disrespectful Jill is to her brother?

M: _____

(a) Of course. He keeps getting away with it.

(b) Yeah, I don't know how she puts up with him.

(c) I know. She's totally out of line.

(d) Well, he'd better not try that with me.

W: Jill이 그녀의 오빠에게 얼마나 무례한지 봤니?

M: _____

(a) 물론이지. 그는 계속 그것을 교묘히 피해가.

(b) 응, 그녀가 어떻게 그를 참는지 모르겠어.

(c) 알아. 그녀는 완전히 도를 넘었어.

(d) 글쎄, 그가 나한테는 그렇게 하지 않는 것이 좋을 거야.

정답 (c)

해설 Have를 사용하여 Jill이 그녀의 오빠에게 얼마나 무례한지 봤 냐고 묻는 말에, '안다. 그녀는 완전히 도를 넘었다'라며 Jill이 무례하다는 데 동의한 (c)가 정답이다.

　[오답분석]
　(a) 질문의 her brother(그녀의 오빠)에 해당하는 대명사인 He 를 사용한 오답으로, Jill이 오빠에게 무례한지 봤냐는 말에 그가 그것을 교묘히 피한다고 답한 것은 적절하지 않다.
　(b) 질문의 Jill에 해당하는 대명사인 she를 사용한 오답으로, 무례하게 행동하는 사람은 Jill인데 그녀가 어떻게 그를 참는 지 모르겠다고 답한 것은 적절하지 않다.
　(d) 무례하게 행동하는 사람은 Jill인데 그(he)가 나한테는 그렇게 하지 않는 것이 좋을 것이라고 답한 것은 적절하지 않다.

어휘 disrespectful adj. 무례한
　get away with phr. ~을 교묘히 피해가다
　put up with phr. ~을 참다　out of line phr. 도를 넘은

Part Ⅱ

M: Claire! Is that you?

W: Luke! I haven't seen you in ages.

M: I know. When was the last time? Three years ago?

W: _____

(a) It's good that we meet so often.

(b) I don't think I've seen you before.

(c) I'm sure we'll meet again soon.

(d) It must be longer than that.

M: Claire! 네가 맞니?

W: Luke! 정말 오래간만이야.

M: 그러게. 언제 마지막으로 봤지? 3년 전인가?

W: _____

(a) 우리가 자주 만나는 것은 좋은 일이야.

(b) 전에 너를 본 적이 없는 것 같아.

(c) 우리는 곧 다시 만날 것이 분명해.

(d) 그것보다 더 오래되었을 거야.

정답 (d)

해설 Three years ago를 사용하여 마지막으로 본 것이 3년 전인 지 묻는 말에, '그것보다 더 오래되었을 거다'라고 답한 (d)가 정 답이다. 참고로, Three years ago 앞에 Was it이 생략되었 다.

W: Have you finished the statistics homework?

M: Almost. Why?

W: A couple of the questions confused me.

M: _____

(a) I haven't even looked at it.

(b) Let me try to help you with them.

(c) I could learn from you, then.

(d) Well done for having solved them.

W: 통계학 과제를 다 끝냈니?

M: 거의. 왜?

W: 문제 몇 개가 나를 혼란스럽게 했어.

M: _____

(a) 나는 그것을 보지도 않았어.

(b) 네가 그 문제들을 푸는 것을 도와줄게.

(c) 그러면, 내가 너한테 배울 수 있겠네.

(d) 그 문제들을 풀다니 정말 잘했어.

정답 (b)

해설 여자가 통계학 과제를 하면서 문제 몇 개를 해결하지 못하는 상 황이다. 문제 몇 개가 자신을 혼란스럽게 했다는 말에, '그 문제 들을 푸는 것을 도와주겠다'라며 도움을 주겠다는 의미를 전달 한 (b)가 정답이다.

어휘 statistics n. 통계학　solve v. 풀다

M: Sorry I'm late! Has the meeting started?

W: No, everyone's been waiting for you.

M: My apologies. Shall we begin?

W: _____

(a) Any time you're ready.

(b) Let's do it after the meeting.

(c) Just as soon as everyone shows up.

(d) We've covered most of the issues.

M: 늦어서 죄송합니다! 회의가 시작되었나요?

W: 아니요, 모두가 당신을 기다리고 있었어요.

M: 죄송합니다. 시작할까요?

W: _____

(a) 준비되면 언제든지요.

(b) 회의 끝나고 합시다.

(c) 모두가 참석하는 대로요.

(d) 저희는 대부분의 문제를 다루었어요.

정답 (a)

해설 Shall을 사용하여 회의를 시작할지 묻는 말에, '준비되면 언제든지'라며 회의를 시작하자는 의미를 전달한 (a)가 정답이다.

어휘 show up phr. 참석하다, 나타나다 cover v. 다루다

---

14 평서문 정보 전달
난이도 ●●○

W: Can I borrow some money?

M: How much do you need?

W: Just $50.

M: _____

(a) As long as you pay me back soon.

(b) That'll be enough, thanks.

(c) I thought I owed less than that.

(d) Only if you can spare it.

W: 돈 좀 빌릴 수 있을까?

M: 얼마가 필요하니?

W: 딱 50달러.

M: _____

(a) 네가 빨리 갚기만 하면 빌려줄게.

(b) 그거면 충분해, 고마워.

(c) 나는 그것보다 덜 빚진 줄 알았는데.

(d) 네가 50달러를 쓰지 않고 아낄 수 있다면 말이야.

정답 (a)

해설 여자가 남자에게 돈을 빌리는 상황이다. 딱 50달러가 필요하다는 말에, '빨리 갚기만 하면 빌려주겠다'라며 돈을 빌려주겠다는 의미를 전달한 (a)가 정답이다.

어휘 owe v. 빚지다 spare v. 쓰지 않고 아끼다

---

15 평서문 의견 전달
난이도 ●●○

M: I'm making zero progress on my research project.

W: What's holding you up?

M: I think my approach is fundamentally flawed.

W: _____

(a) Relax. You still got it done in time.

(b) At least you have the approach worked out.

(c) You'd better make a fresh start, then.

(d) Don't give up. You're making real headway.

M: 내 연구 과제에 전혀 진전이 없어.

W: 무엇이 너를 방해하고 있니?

M: 나의 접근 방식에 근본적으로 결함이 있다고 생각해.

W: _____

(a) 안심해. 그래도 너는 제시간에 완성했잖아.

(b) 적어도 너는 그 접근 방식이 잘 진행되게끔 했어.

(c) 그러면, 새로 시작하는 게 좋을 거야.

(d) 포기하지 마. 너는 실질적인 진척을 보이고 있어.

정답 (c)

해설 연구 과제에 대한 자신의 접근 방식에 근본적으로 결함이 있다고 생각한다는 말에, '새로 시작하는 게 좋을 거다'라며 접근 방식을 바꿀 것을 권유한 (c)가 정답이다.

어휘 hold ~ up phr. ~을 방해하다 fresh start phr. 새로운 시작
headway n. 진척

---

16 평서문 정보 전달
난이도 ●○○

W: Do you have any movie recommendations?

M: Adam Elton's new film is playing in theaters. It's fantastic.

W: Oh. I mean something I could watch at home.

M: _____

(a) Well, I might give it a shot.

(b) There are always cinemas showing it.

(c) You could check out his earlier films.

(d) Sure, there's plenty of stuff at the cinema.

W: 추천할 만한 영화가 있나요?

M: Adam Elton의 새 영화가 극장에서 상영되고 있어요. 그 영화는 정말 훌륭해요.

W: 아. 저는 집에서 볼 수 있는 영화를 말하는 것이에요.

M: _____

(a) 글쎄, 그 영화를 한번 봐야겠어요.

(b) 그 영화를 상영하는 영화관은 항상 있어요.

(c) 그의 이전 영화들을 살펴보면 되겠어요.

(d) 물론이죠, 영화관에는 많은 것들이 있어요.

정답 (c)

해설 여자가 집에서 볼만한 영화를 찾는 상황이다. 집에서 볼 수 있는 영화를 말한 것이라는 말에, '그의 이전 영화들을 살펴보면 되겠다'라며 극장에서 상영되는 새 영화 대신 집에서 볼 수 있는 대안을 제시한 (c)가 정답이다.

어휘 recommendation n. 추천
give ~ a shot phr. ~을 한번 시도하다 check out phr. 살펴보다

17 기타 의문문 생략 의문문 난이도 ●●○

M: I'm going grocery shopping. Need anything?
W: Well, I finished the milk this morning.
M: That's already on my list. Anything else?
W: _____

(a) Not off the top of my head.
(b) There's enough milk for now.
(c) There's no need to go out just for that.
(d) I'll ask again before I go to the store.

M: 나는 장을 보러 갈 거야. 필요한 것이 있니?
W: 음, 오늘 아침에 내가 우유를 다 마셨어.
M: 그건 이미 내 (장보기) 목록에 있어. 또 다른 거 있니?
W: _____

(a) 당장 머리에 떠오르지는 않아.
(b) 당분간은 우유가 충분해.
(c) 겨우 그거 사러 나갈 필요는 없어.
(d) 내가 가게에 가기 전에 다시 물어볼게.

정답 (a)

해설 Anything else를 사용하여 우유 말고 필요한 또 다른 것이 있는지 확인하는 말에, '당장 머리에 떠오르지는 않는다'라며 당장은 필요한 것이 떠오르지 않는다는 의미를 전달한 (a)가 정답이다. 참고로, 남자의 마지막 말(Anything else)은 Do you need가 생략된 의문문이다.

어휘 grocery shopping phr. 장보기
off the top of one's head phr. 당장 머리에 떠오르는

18 평서문 의견 전달 난이도 ●●○

W: We need to start getting regular exercise.
M: How about taking walks after work?
W: That doesn't sound vigorous enough.
M: _____

(a) But we've been doing it so long.
(b) I agree. We'd better take it easy.
(c) Distance isn't the issue, though.
(d) Let's not overdo it. We're out of shape.

W: 우리는 규칙적인 운동을 시작할 필요가 있어.
M: 퇴근 후에 산책하는 것은 어때?
W: 그건 충분히 격렬할 것 같지 않아.
M: _____

(a) 하지만 우리는 그것을 아주 오래 해 왔어.
(b) 동감이야. 쉬엄쉬엄하는 게 좋겠어.
(c) 하지만, 거리가 문제가 아니야.
(d) 너무 무리하지 말자. 우리는 체력이 좋지 않아.

정답 (d)

해설 여자와 남자가 무슨 운동을 할지 고민하는 상황이다. 산책이 충분히 격렬할 것 같지 않다는 여자의 말에, '너무 무리하지 말자. 우리는 체력이 좋지 않다'라며 격렬한 운동이 아닌 산책을 하자는 의미를 간접적으로 전달한 (d)가 정답이다.

어휘 vigorous adj. 격렬한 overdo v. 무리하다
out of shape phr. 체력이 좋지 않은

19 평서문 감정 전달 난이도 ●●○

M: That painting above your desk is impressive. Where'd you get it?
W: Actually, that's one of my own.
M: No kidding! I had no idea you were an artist.
W: _____

(a) I just dabble in my spare time.
(b) I wish I could paint like that.
(c) I was inspired to start after seeing this painting.
(d) I'm not, but I appreciate good work.

M: 네 책상 위에 있는 그 그림은 인상적이야. 어디서 났어?
W: 사실, 그건 내가 그린 거야.
M: 설마! 네가 화가인 줄은 몰랐어.
W: _____

(a) 여가 시간에 취미 삼아 하는 것뿐이야.
(b) 나도 그렇게 그림을 그릴 수 있으면 좋겠어.
(c) 나는 이 그림을 보고 영감을 받아 시작하게 되었어.
(d) 나는 화가가 아니지만, 좋은 작품은 알아봐.

정답 (a)

해설 여자가 화가인 줄은 몰랐다며 놀라움을 표현하는 남자의 말에, '여가 시간에 취미 삼아 하는 것뿐이다'라며 겸손을 표한 (a)가 정답이다.

어휘 impressive adj. 인상적인 dabble in phr. ~을 취미 삼아 하다
spare time phr. 여가 시간 inspire v. 영감을 주다
appreciate v. 알아보다

20 Be동사 의문문 사실 확인 난이도 ●●●

W: What's got you so down?
M: I just lost a lot in the stock market.
W: Is there any possibility of recouping your losses?
M: _____

(a) I'd rather just take the chance.
(b) I did, but it's better than nothing.
(c) The prospect seems remote.

(d) Well, they aren't even substantial.

W: 왜 그렇게 풀이 죽어 있니?
M: 방금 주식 시장에서 큰돈을 잃었어.
W: 손실을 만회할 수 있는 가능성이 있니?
M: _____

(a) 나는 차라리 위험을 감수하겠어.
(b) 그랬지, 하지만 아무것도 없는 것보단 나아.
(c) 그 전망은 가능성이 희박해 보여.
(d) 글쎄, 그것들은 (액수가) 상당하지도 않아.

정답 (c)

해설 Is there any possibility ~라며 손실을 만회할 수 있는 가능성이 있는지 묻는 말에, '그 전망은 가능성이 희박해 보인다'라며 손실을 만회할 가능성이 없다는 의미를 전달한 (c)가 정답이다.

어휘 down adj. 풀이 죽은 stock market phr. 주식 시장
recoup v. 만회하다 remote adj. 희박한
substantial adj. (양·가치·중요성이) 상당한, 실체가 있는

Part Ⅲ

21 중심 내용 주요 행위
난이도 ●○○

Listen to a conversation between two friends.

M: Tell me about the house you checked out.
W: The location looks good. It's close to a subway station.
M: What about the house itself?
W: The interior needs some updates, but it does have a nice garden.
M: So are you thinking of buying it?
W: I'm going to take another look before deciding.

Q: What is the woman mainly doing?

(a) Describing a potential home purchase
(b) Explaining her decision to buy a house
(c) Discussing her home renovation plans
(d) Recommending a house to the man

두 친구 간의 대화를 들으시오.

M: 네가 살펴본 집에 관해 말해줘.
W: 위치가 좋아 보여. 지하철역에서 가깝거든.
M: 집 자체는 어때?
W: 인테리어는 약간 새롭게 할 필요가 있지만, 집에 멋진 정원이 있기는 해.
M: 그래서 그 집을 살 생각이야?
W: 결정하기 전에 한 번 더 보려고 해.

Q: 여자는 주로 무엇을 하고 있는가?

(a) 가능성 있는 주택 구입 건에 대해 설명하고 있다.
(b) 집을 사기로 한 그녀의 결정에 대해 설명하고 있다.
(c) 그녀의 주택 수리 계획을 논하고 있다.
(d) 남자에게 집을 추천하고 있다.

정답 (a)

해설 대화에서 여자가 무엇을 하고 있는지 묻는 문제이다. 살펴본 집에 관해 말해달라는 남자의 말에 대해, 여자는 집의 위치, 인테리어, 정원에 관해 설명한 후 결정하기 전에 한 번 더 보려고 한다(I'm going to take another look before deciding)고 했다. 이를 '가능성 있는 주택 구입 건에 대해 설명하고 있다'라고 종합한 (a)가 정답이다. (b)는 여자가 아직 집을 사기로 결정한 것은 아니므로 틀리다.

어휘 potential adj. 가능성 있는 purchase n. 구입
renovation n. 수리 recommend v. 추천하다

22 중심 내용 주제
난이도 ●○○

Listen to a conversation between two coworkers.

W: Let's talk about the applicants for the open marketing position.
M: I liked how professional Greg Johnson was.
W: Yeah. He was well prepared for the interview.
M: He's rather young, but he seems like a team player.
W: He was also quite detail-oriented.
M: That's a highly desirable trait for this position.

Q: What is the conversation mainly about?

(a) The need to fill a position in marketing
(b) The necessary qualifications for a vacant position
(c) The suitability of various job applicants
(d) The strengths of a job candidate

두 동료 간의 대화를 들으시오.

W: 마케팅 직책 공석에 지원한 사람들에 대해 말해봅시다.
M: 저는 Greg Johnson이 얼마나 전문적인지가 좋았어요.
W: 맞아요. 그는 면접 준비를 잘했어요.
M: 그는 꽤 젊지만, 협동 작업을 잘하는 사람처럼 보여요.
W: 그는 꽤 꼼꼼하기도 했어요.
M: 그것은 이 직책에 매우 바람직한 특성이에요.

Q: 대화는 주로 무엇에 관한 것인가?

(a) 마케팅 직책에 사람을 채울 필요성
(b) 공석인 직책에 필요한 자격 요건들
(c) 여러 취업 지원자들의 적합성
(d) 어느 입사 지원자의 강점들

해설 대화의 주제를 묻는 문제이다. 여자가 마케팅 직책 공석에 지원한 사람들에 대해 말해보자(Let's talk about the applicants for the open marketing position)고 한 후, 한 입사 지원자의 강점에 대한 대화가 이어졌다. 이를 '어느 입사 지원자의 강점들'이라고 종합한 (d)가 정답이다.

어휘 applicant n. 지원한 사람 open adj. 공석인 position n. 직책
team player phr. 협동 작업을 잘하는 사람
desirable adj. 바람직한 qualification n. 자격 요건
suitability n. 적합성 job candidate phr. 입사 지원자

23 중심 내용 주요 행위 난이도 ●○○

Listen to two friends discuss a TV series.

M: Did you catch the last episode of *Foolish Love*?

W: Yes, but I honestly wish I hadn't!

M: Wasn't it a terrible way to end a TV series?

W: I was really disappointed.

M: They could've found something more upbeat.

W: I know. It was quite depressing.

Q: What are the man and woman mainly doing?

(a) Expressing sadness about a TV series coming to an end

(b) Complaining about the finale of a TV series

(c) Regretting their decision to skip the end of a TV series

(d) Criticizing a TV series for being too upbeat

두 친구가 TV 시리즈에 관해 이야기하는 것을 들으시오.

M: 「Foolish Love」의 마지막 편을 봤니?

W: 응, 하지만 솔직히 보지 않았더라면 좋았을 거야!

M: TV 시리즈를 끝내는 형편 없는 방식이지 않았니?

W: 나는 정말 실망했어.

M: 조금 더 낙관적인 방식을 찾을 수 있었을 텐데.

W: 그러게. 그것은 정말 우울했어.

Q: 남자와 여자는 주로 무엇을 하고 있는가?

(a) 끝나가는 TV 시리즈에 대한 슬픔을 표현하고 있다.

(b) TV 시리즈의 마지막 화에 대해 불평하고 있다.

(c) TV 시리즈의 마지막을 보지 않고 건너뛰기로 한 그들의 결정을 후회하고 있다.

(d) TV 시리즈가 너무 낙관적이라고 비판하고 있다.

정답 (b)

해설 대화에서 남자와 여자가 무엇을 하고 있는지 묻는 문제이다. 여자가 「Foolish Love」의 마지막 편을 보지 않았더라면 좋았을 것이라고 한 것에 대해 남자가 TV 시리즈를 끝내는 형편 없는

방식이 아니었는지(Wasn't it a terrible way to end a TV series) 물은 후, 마지막 화가 실망스러웠다는 대화가 이어졌다. 이를 'TV 시리즈의 마지막 화에 대해 불평하고 있다'라고 종합한 (b)가 정답이다.

어휘 catch v. (연극·TV 프로 등을) 보다 disappointed adj. 실망한
upbeat adj. 낙관적인, 긍정적인 depressing adj. 우울한
criticize v. 비판하다

24 세부 정보 육하원칙 난이도 ●○○

Listen to two friends discuss a restaurant.

W: Have you ever eaten at Gourmet Lounge?

M: Not yet. People are always lining up around the block!

W: I know. I waited for almost an hour with my boyfriend.

M: That's exactly why I haven't gone. How was the food, though?

W: Delicious, but the service wasn't very good, and it was loud inside.

M: That doesn't sound great for a date.

Q: What has stopped the man from trying out Gourmet Lounge?

(a) The long lines

(b) The high prices

(c) The poor service

(d) The noisy atmosphere

두 친구가 한 식당에 관해 이야기하는 것을 들으시오.

W: Gourmet Lounge에서 식사해 본 적 있어?

M: 아직. 사람들은 항상 그 블록 주위에 줄을 서 있어!

W: 맞아. 나는 남자친구와 거의 한 시간 동안 기다렸어.

M: 그게 바로 내가 가보지 않은 이유야. 그런데, 음식은 어땠어?

W: 맛있기는 한데, 서비스가 별로 좋지 않았고, 안이 시끄러웠어.

M: 데이트하기엔 별로인 것 같다.

Q: 무엇이 남자가 Gourmet Lounge에 가보는 것을 그만두게 했는가?

(a) 긴 줄

(b) 비싼 가격

(c) 형편없는 서비스

(d) 시끄러운 분위기

정답 (a)

해설 무엇이 남자가 Gourmet Lounge에 가보는 것을 그만두게 했는지 묻는 문제이다. 거의 한 시간 동안 기다렸다(I waited for almost an hour)는 여자의 말에 대해, 남자가 그게 바로 자신이 가보지 않은 이유(That's exactly why I haven't gone)라고 했으므로, 남자가 오랫동안 기다려야 하는 것 때문에 Gourmet Lounge에 가보지 않았음을 알 수 있다. 이를

'긴 줄'이라고 바꾸어 표현한 (a)가 정답이다.

어휘 line up phr. 줄을 서다 atmosphere n. 분위기

Listen to a conversation about visiting a museum.

M: Want to go to the Royal Museum this weekend?

W: I've been there several times already.

M: But there's a special exhibition that just opened last Saturday.

W: Oh. Is it included with the $10 regular admission?

M: No. It costs $7, but you can get a separate ticket without paying regular admission.

W: OK. I have to work on Saturday morning, so let's meet at 2 p.m.

Q: Which is correct according to the conversation?

(a) The woman has never visited the Royal Museum.

(b) The special exhibition opened last weekend.

(c) The tickets to the special exhibition cost $10.

(d) The woman wants to meet on Saturday morning.

박물관 방문에 관한 대화를 들으시오.

M: 이번 주말에 왕립 박물관에 가지 않을래요?

W: 벌써 몇 번 가봤어요.

M: 하지만 지난 토요일에 막 개막한 특별 전시회가 있어요.

W: 아. 10달러의 정규 입장료에 특별 전시회가 포함되어 있나요?

M: 아니요. 7달러인데, 정규 입장료를 내지 않고 별도의 표를 살 수 있어요.

W: 좋아요. 저는 토요일 오전에 일해야 하니까, 오후 2시에 만나요.

Q: 대화에 따르면 맞는 것은 무엇인가?

(a) 여자는 왕립 박물관을 방문한 적이 없다.

(b) 특별 전시회는 지난 주말에 개막했다.

(c) 특별 전시회 입장권은 10달러다.

(d) 여자는 토요일 오전에 만나기를 원한다.

정답 (b)

해설 대화의 내용과 일치하는 것을 묻는 문제이다. 왕립 박물관에 벌써 몇 번 가봤다는 여자의 말에 대해, 남자가 지난 토요일에 막 개막한 특별 전시회가 있다(there's a special exhibition

that just opened last Saturday)고 했다. 이를 '특별 전시회는 지난 주말에 개막했다'라고 바꾸어 표현한 (b)가 정답이다.

어휘 exhibition n. 전시회 admission n. 입장료

Listen to a conversation between a customer and a salesperson at a shoe store.

W: Excuse me. I wanted to try on some black suede shoes I saw here last week.

M: We're out of those at the moment, but we have more on order.

W: How about these leather ones? Do you have them in size 6?

M: No, that style's been discontinued, I'm afraid. That's the last pair.

W: OK, when will you have more of the suede ones? I'll come back then.

M: They should be here next week, on Wednesday.

Q: Which is correct according to the conversation?

(a) The black suede shoes have been discontinued.

(b) The leather shoes are unavailable in size 6.

(c) The woman places an order for a pair of leather shoes.

(d) The woman will return later this week for her shoes.

손님과 신발 가게 판매원 간의 대화를 들으시오.

W: 실례합니다. 지난주에 저는 여기서 봤던 검은색 스웨이드 신발을 신어보고 싶었어요.

M: 그건 지금 품절인데, 더 주문해 놓은 상태입니다.

W: 이 가죽 신발은요? 6사이즈 있나요?

M: 아니요, 죄송하지만 그 종류는 단종되었습니다. 그게 마지막 켤레예요.

W: 알겠어요, 그 스웨이드 신발은 언제 더 들어오나요? 그때 다시 올게요.

M: 다음 주 수요일에는 그 신발이 여기에 있을 것입니다.

Q: 대화에 따르면 맞는 것은 무엇인가?

(a) 검은색 스웨이드 신발은 단종되었다.

(b) 6사이즈 가죽 신발은 구할 수 없다.

(c) 여자는 가죽 신발 한 켤레를 주문한다.

(d) 여자는 자신의 신발을 가지러 이번 주 후반에 다시 올 것이다.

정답 (b)

해설 대화의 내용과 일치하는 것을 묻는 문제이다. 6사이즈 가죽 신발이 있는지 묻는 여자의 말에 대해 남자가 그 종류는 단종되었다(that style's been discontinued)고 했으므로, 신발 가게에 6사이즈 가죽 신발이 없음을 알 수 있다. 이를 '6사이즈 가죽 신발은 구할 수 없다'라고 바꾸어 표현한 (b)가 정답이다.

어휘 suede n. 스웨이드 on order phr. 주문해 놓은
discontinue v. 단종하다 unavailable adj. 구할 수 없는

27 세부 정보 육하원칙

난이도 ●●○

Listen to a conversation between two coworkers.

M: Did you get a raise when you renewed your contract?
W: Yeah, it's the same paltry one every year.
M: We're all in the same boat.
W: I know. It barely covers the rising cost of living.
M: Exactly. I feel like I'm falling behind.
W: I might have to look for opportunities elsewhere.

Q: Why is the woman complaining?

(a) She was denied a salary increase.
(b) She received only a small salary increase.
(c) Her salary has not changed since her hiring.
(d) Her salary was reduced due to budget constraints.

두 동료 간의 대화를 들으시오.

M: 계약을 갱신할 때 급여가 올랐나요?
W: 네, 매년 똑같은 쥐꼬리만 한 인상이에요.
M: 우리는 모두 같은 처지예요.
W: 그러게요. 그것은 오르는 생활비를 거의 감당하지 못해요.
M: 맞아요. 저는 뒤처지고 있는 것 같아요.
W: 저는 다른 곳에서 기회를 찾아야 할지도 모르겠어요.

Q: 여자는 왜 불평하는가?

(a) 임금 인상을 거부당했다.
(b) 적은 임금 인상만을 받았다.
(c) 고용된 이후로 임금이 변하지 않았다.
(d) 예산 제약으로 인해 임금이 삭감되었다.

정답 (b)

해설 여자가 왜 불평하는지 묻는 문제이다. 급여가 올랐는지 묻는 남자의 말에 대해 여자가 쥐꼬리만 한 인상이다(it's the same paltry one)라고 한 뒤, 다른 곳에서 기회를 찾아야 할지도 모르겠다(I might have to look for opportunities elsewhere)고 했다. 이를 '적은 임금 인상만을 받았다'라고 바꾸어 표현한 (b)가 정답이다.

어휘 get a raise phr. 급여가 오르다 paltry adj. 쥐꼬리만 한

in the same boat phr. 같은 처지인
fall behind phr. 뒤처지다 opportunity n. 기회
deny v. 거부하다 constraint n. 제약

28 세부 정보 Correct

난이도 ●○○

Listen to a conversation about a package tour.

W: How was the tour you and your wife took to Vietnam?
M: Even better than the one I went on there with my parents years ago.
W: Yeah? How were the restaurants your guide took you to?
M: Nice, though I didn't really enjoy the food.
W: I felt the same way when I visited Hong Kong. How many people signed up?
M: Twelve initially, but four dropped out last minute, so it was a small group.

Q: Which is correct according to the conversation?

(a) The man took his latest trip to Vietnam with his parents.
(b) The man found the food in Vietnam delicious.
(c) The woman disliked the food in Hong Kong.
(d) The tour group shrank from twelve to four.

패키지여행에 관한 대화를 들으시오.

W: 부인과 가신 베트남 여행은 어땠어요?
M: 몇 년 전에 부모님과 함께 갔던 베트남 여행보다도 훨씬 더 좋았어요.
W: 그래요? 당신의 가이드가 데려간 식당들은 어땠어요?
M: 괜찮았지만, 저는 음식을 별로 즐기지 않았어요.
W: 저도 홍콩을 방문했을 때 같은 생각을 했어요. 몇 명이나 신청했어요?
M: 처음에는 12명이었지만, 막판에 4명이 빠졌기 때문에, 소규모 무리였어요.

Q: 대화에 따르면 맞는 것은 무엇인가?

(a) 남자는 가장 최근의 베트남 여행을 부모님과 함께 갔다.
(b) 남자는 베트남 음식이 맛있다고 생각했다.
(c) 여자는 홍콩 음식을 좋아하지 않았다.
(d) 여행 무리는 12명에서 4명으로 줄었다.

정답 (c)

해설 대화의 내용과 일치하는 것을 묻는 문제이다. 베트남 여행에서 음식을 별로 즐기지 않았다(I didn't really enjoy the food)는 남자의 말에 대해, 여자가 자신도 홍콩을 방문했을 때 같은 생각을 했다(I felt the same way when I visited Hong Kong)고 했으므로, 여자가 홍콩 음식을 즐기지 않았다는 것

을 알 수 있다. 이를 '여자는 홍콩 음식을 좋아하지 않았다'라고 바꾸어 표현한 (c)가 정답이다.

어휘 sign up phr. 신청하다 drop out phr. 빠지다, 탈퇴하다 shrink v. 줄다

29 추론 Infer
난이도
●○○

Listen to a conversation between two students.

M: Have you tried the new cafeteria on campus?

W: It's always too crowded for me.

M: Try going after 1 p.m. You won't regret it!

W: All the cafeterias seem to serve the same stuff.

M: You'll be surprised by this one.

W: All right. I'll give it a try, then.

Q: What can be inferred from the conversation?

(a) The man usually returns from lunch at 1 p.m.

(b) The man eats at the new cafeteria on most days.

(c) The new cafeteria serves different food from the others.

(d) The woman finds the new cafeteria's food pricey.

두 학생 간의 대화를 들으시오.

M: 캠퍼스에 새로 생긴 구내식당에 가봤어?

W: 그곳은 나에겐 항상 너무 붐벼.

M: 오후 1시 이후에 가봐. 후회하지 않을 거야!

W: 구내식당은 모두 똑같은 음식을 제공하는 것 같아.

M: 이 구내식당에는 놀랄 거야.

W: 좋아. 그러면, 한번 가볼게.

Q: 대화에서 추론할 수 있는 것은 무엇인가?

(a) 남자는 보통 점심을 먹고 오후 1시에 돌아온다.

(b) 남자는 거의 매일 새로 생긴 구내식당에서 식사를 한다.

(c) 새로 생긴 구내식당은 여타의 구내식당과 다른 음식을 제공한다.

(d) 여자는 새로 생긴 구내식당의 음식이 비싸다고 생각한다.

정답 (c)

해설 대화를 통해 추론할 수 있는 내용을 묻는 문제이다. 구내식당은 모두 똑같은 음식을 제공하는 것 같다(All the cafeterias seem to serve the same stuff)는 여자의 말에 대해, 남자가 이 구내식당에는 놀랄 것이다(You'll be surprised by this one)라고 했다. 이를 바탕으로 새로 생긴 구내식당은 다른 구내식당과는 차별화된 음식을 제공함을 알 수 있다. 따라서 '새로 생긴 구내식당은 여타의 구내식당과 다른 음식을 제공한다'라고 추론한 (c)가 정답이다.

어휘 cafeteria n. 구내식당 crowded adj. 붐비는 regret v. 후회하다 give ~ a try phr. 한번 해보다

30 추론 Infer
난이도
●●●

Listen to a conversation about politics.

W: I think I'm going to vote for the Conservatives in this election.

M: Really? I'm sticking with Paula Day.

W: But the Reform Party hasn't delivered on any of its promises.

M: You can blame Conservative obstructionism there. They're blocking changes.

W: Well, the new leader seems like a deal-maker.

M: Good luck getting him to compromise in this political climate, though!

Q: What can be inferred from the conversation?

(a) The man sees greater political unity as unlikely.

(b) The woman voted Conservative in the last election.

(c) The man blames the Reform Party for blocking progress.

(d) The woman dislikes Paula Day's tendency to compromise.

정치에 관한 대화를 들으시오.

W: 저는 이번 선거에서 보수당에 투표해야겠어요.

M: 정말요? 저는 Paula Day를 계속 지지해요.

W: 하지만 개혁당은 약속한 어떤 것도 이행하지 않았어요.

M: 그 점에 대해서는 보수당의 의사 진행 방해를 탓하세요. 그들이 변화를 막고 있어요.

W: 글쎄요, 새로운 지도자는 협상을 성사시키는 사람 같아요.

M: 그래도, 이런 정치 환경에서 그가 타협할 수 있길 바라요!

Q: 대화에서 추론할 수 있는 것은 무엇인가?

(a) 남자는 더 큰 정치적 통합이 일어나지 않으리라고 본다.

(b) 여자는 지난 선거에서 보수당에 투표했다.

(c) 남자는 개혁당이 진보를 막고 있다고 탓한다.

(d) 여자는 Paula Day의 타협적인 성향을 싫어한다.

정답 (a)

해설 대화를 통해 추론할 수 있는 내용을 묻는 문제이다. 새로운 지도자가 협상을 성사시키는 사람 같아 보인다는 여자의 말에 대해, 남자가 이런 정치 환경에서 그가 타협할 수 있길 바란다(Good luck ~ political climate)고 비꼬듯이 말했다. 이를 바탕으로 남자는 정치적 타협이 일어날 가능성에 대해 냉소적인 태도를 보임을 알 수 있다. 따라서 '남자는 더 큰 정치적 통합이 일어나지 않으리라고 본다'라고 추론한 (a)가 정답이다.

TEST 1 TEST 2 TEST 3 **TEST 4** TEST 5

TEPS 서울대 텝스관리위원회 공식 기출문제집

어휘 election n. 선거 stick with phr. ~을 계속 지지하다
deliver v. 이행하다 obstructionism n. 의사 진행 방해
deal-maker n. 협상을 성사시키는 사람
compromise v. 타협하다 climate n. 환경
tendency n. 성향

Part IV

31 중심 내용 주제

난이도
●○○

Good afternoon, staff. I know many of you deal with terrible rush-hour traffic during your commute. So I've decided to offer you greater choice about when to start your day. You can come in an hour earlier or later than the usual time to avoid the morning rush. Of course, you'll have to adjust the time you go home in the evening accordingly. Please notify me if you plan to take advantage of this policy. Thanks!

Q: What is mainly being announced?

(a) An opportunity to work from home
(b) Reduced working hours
(c) The option to take shorter workdays
(d) Flexible working hours

안녕하세요, 직원 여러분. 저는 여러분 중 많은 사람들이 통근하는 동안 끔찍한 혼잡 시간대 교통체증을 감당한다는 것을 알고 있습니다. 그래서 저는 여러분에게 하루를 시작할 시점에 대해 더 많은 선택권을 주기로 결정했습니다. 아침 혼잡을 피하기 위해 평소보다 1시간 일찍 또는 늦게 오실 수 있습니다. 물론, 저녁에 집에 가는 시간도 그에 맞게 조정해야 할 것입니다. 이 정책을 활용할 계획이 있으면 알려주십시오. 감사합니다!

Q: 주로 무엇이 공고되고 있는가?

(a) 재택근무 기회
(b) 단축된 작업 시간
(c) 더 짧은 근무 시간을 가질 선택권
(d) 유연한 근무 시간

정답 (d)

해설 공고의 주제를 묻는 문제이다. 직원들이 끔찍한 혼잡 시간대 교통체증을 감당한다는 것을 알고 있다는 말에 이어, 아침 혼잡을 피하기 위해 평소보다 1시간 일찍 또는 늦게 올 수 있다(You can come ~ to avoid the morning rush)고 발표했다. 이를 '유연한 근무 시간'이라고 종합한 (d)가 정답이다.

어휘 deal with phr. ~을 감당하다 commute n. 통근
adjust v. 조정하다 accordingly adv. 그에 맞게
notify v. 알려주다 take advantage of phr. ~을 활용하다
opportunity n. 기회 reduced adj. 단축된
flexible adj. 유연한

32 중심 내용 주제

난이도
●●○

Class, we've been talking about language and gender. Let's examine the example of dating. Have you ever noticed that expressions typically associated with the female experience of dating evoke work? For instance, we often talk about women "investing" in relationships to develop emotional intimacy. When talking about the male experience, on the other hand, we often use terms relating to play. For example, "playing the field" is used for men with multiple romantic partners. These expressions mirror the gender stereotypes involved in the cultural norms of courtship.

Q: What is the main topic of the talk?

(a) How gender stereotypes affect dating behavior
(b) How gender influences discussions between romantic partners
(c) How expressions related to dating have changed over time
(d) How gender stereotypes are reflected in dating-related language

---

여러분, 우리는 언어와 성별에 대해 이야기하고 있습니다. 데이트의 예를 살펴봅시다. 일반적으로 여성의 데이트 경험과 관련된 표현은 일을 떠올리게 한다는 것을 눈치챈 적이 있습니까? 예를 들어, 우리는 흔히 정서적 친밀감을 키우기 위해 관계에 '투자하는' 여성에 대해 이야기합니다. 반면, 남성의 경험에 대해 이야기할 때, 우리는 흔히 놀이와 관련된 용어를 사용합니다. 예를 들어, '많은 사람과 놀아나다'는 여러 연애 상대를 가진 남성들에게 사용됩니다. 이 표현들은 구애의 문화적 규범에 수반되는 성별 고정관념을 반영합니다.

Q: 담화의 주제는 무엇인가?

(a) 성별 고정관념이 데이트 행동에 어떻게 영향을 미치는지
(b) 성별이 연인 간의 논의에 어떤 영향을 미치는지
(c) 데이트에 관한 표현들이 시간이 지남에 따라 어떻게 변해왔는지
(d) 성별 고정관념이 데이트에 관한 언어 표현에 어떻게 반영되는지

정답 (d)

해설 담화의 주제를 묻는 문제이다. 여성의 데이트 경험에 관련된 표현은 일을 떠올리게 하고, 남성의 데이트 경험에 관련된 표현은 놀이와 관련된다는 예시에 이어, 이 표현들이 구애의 문화적 규범에 수반되는 성별 고정관념을 반영한다(These expressions mirror ~ norms of courtship)고 설명했다. 이를 '성별 고정관념이 데이트에 관한 언어 표현에 어떻게 반영되는지'라고 종합한 (d)가 정답이다.

어휘 examine v. 살펴보다 typically adv. 일반적으로
associate v. 관련시키다 evoke v. 떠올리게 하다

invest v. 투자하다 intimacy n. 친밀감
play the field phr. 많은 사람과 놀아나다
romantic adj. 연애의 stereotype n. 고정관념
norm n. 규범 courtship n. 구애 reflect v. 반영하다

33 세부 정보 육하원칙　난이도 ●○○

Come celebrate the holidays at Greenwood Farms' Winter Festival this December! Events will be held daily and include winter lights displays, live music, and fun activities for the whole family. Early bird tickets are available until November 30th. These tickets are only $15 per person and are good for any day of the festival. Plus, they come with a free parking voucher worth $10. Tickets purchased at the gate are $20 for weekdays and $25 for weekends. See you there!

Q: How much are early bird tickets?

(a) $10
(b) $15
(c) $20
(d) $25

올해 12월 Greenwood 농장 겨울 축제에 오셔서 명절을 기념하세요! 행사는 매일 개최되며, 겨울 전등 전시, 라이브 음악, 온 가족을 위한 재미있는 활동을 포함합니다. 얼리 버드 입장권은 11월 30일까지 구매 가능합니다. 이 입장권은 인당 15달러밖에 되지 않으며 축제 기간 중 어느 날에든 유효합니다. 게다가, 이 입장권에는 10달러 상당의 무료 주차 이용권이 함께 제공됩니다. 출입구에서 구매하는 입장권은 평일 20달러, 주말 25달러입니다. 축제에서 뵙겠습니다!

Q: 얼리 버드 입장권은 얼마인가?

(a) 10달러
(b) 15달러
(c) 20달러
(d) 25달러

정답 (b)

해설 얼리 버드 입장권이 얼마인지 묻는 문제이다. 얼리 버드 입장권을 언급한 후 이 입장권이 인당 15달러밖에 되지 않는다(These tickets are only $15 per person)고 했다. 따라서 (b)가 정답이다.

어휘 celebrate v. 기념하다 good adj. 유효한
voucher n. 이용권, 상품권

34 세부 정보 육하원칙　난이도 ●○○

Today's briefing will focus on changes to Burlington's subway system. We at the City Transit Authority have decided to close all ticketing windows from next month. Services formerly handled by station staff—including single-journey ticket sales, transit card deposit refunds, and card recharging—will be handled by passengers themselves using computerized vending machines in each station. Employees will continue to occupy station offices, and passengers needing fare adjustments or discounted travel cards must still apply for these in person.

Q: Which service will continue to be handled by station staff?

(a) Transit card recharging
(b) Single-journey ticket sales
(c) Transit card deposit refunds
(d) Discounted travel card purchases

오늘 브리핑은 Burlington 지하철망의 변경점에 초점을 맞추겠습니다. 저희 도시 교통 당국은 다음 달부터 모든 매표소를 닫기로 결정했습니다. 이전에 역무원이 처리했던 서비스(편도 승차권 판매, 교통카드 보증금 반환, 카드 충전 등)는 각 역의 전산화된 자동판매기를 이용해 승객들이 스스로 처리할 것입니다. 직원들은 계속해서 역무실에 있을 것이며, 요금 정산이나 할인된 교통카드가 필요한 승객들은 여전히 대면으로 신청해야 합니다.

Q: 역무원이 계속 처리하게 될 서비스는 무엇인가?

(a) 교통카드 충전
(b) 편도 승차권 판매
(c) 교통카드 보증금 반환
(d) 할인된 교통카드 구매

정답 (d)

해설 역무원이 계속 처리하게 될 서비스가 무엇인지 묻는 문제이다. 직원들이 계속해서 역무실에 있을 것(Employees will continue to occupy station offices)이라고 한 뒤, 할인된 교통카드가 필요한 승객들은 여전히 대면으로 신청해야 한다(passengers needing ~ in person)고 했다. 이를 '할인된 교통카드 구매'라고 바꾸어 표현한 (d)가 정답이다.

어휘 authority n. 당국 ticketing window phr. 매표소
handle v. 처리하다 single journey phr. 편도
deposit n. 보증금, 착수금 adjustment n. 정산
discounted adj. 할인된 in person phr. 대면으로

35 세부 정보 Correct　난이도 ●●○

Let's talk about the legendary American blues singer Josh White. As a child, White encountered blues music played by street musicians and (a)taught himself how to play the guitar. (b)After moving to New York around

1930, White found work as a session musician, and within a decade, he had become a star. (c)In 1944, he released the single "One Meatball," which became his best-selling recording to date and made him the first black male artist to produce a million-selling record. However, he was blacklisted in the 1950s (d)because of false allegations that he was a communist sympathizer.

Q: Which is correct about Josh White?

(a) He learned to play guitar from street musicians.

(b) He moved to New York after having achieved fame.

(c) His single "One Meatball" outsold his previous recordings.

(d) His public support for communism led to his being blacklisted.

전설적인 미국 블루스 가수 Josh White에 관해 이야기해 봅시다. 어린 시절, White는 거리 음악가들이 연주하는 블루스 음악을 접했고 (a)기타 연주법을 독학했습니다. (b)1930년경 뉴욕으로 이주한 후, White는 세션 음악가로 일자리를 구했고, 10년 내에 스타가 되었습니다. (c)1944년에, 그는 싱글 'One Meatball'을 발표했는데, 이것은 현재까지 그의 음반 중 가장 많이 팔린 음반이 되었고, 그를 백만 장 팔린 음반을 제작한 최초의 흑인 남성 아티스트가 되게 했습니다. 하지만, (d)그가 공산주의 동조자라는 거짓 주장 때문에 그는 1950년대에 요주의 인물 목록에 올랐습니다.

Q: Josh White에 관해 맞는 것은 무엇인가?

(a) 거리 음악가들로부터 기타 연주법을 배웠다.

(b) 명성을 얻은 후 뉴욕으로 이주했다.

(c) 그의 싱글 'One Meatball'은 그의 이전 음반들보다 더 많이 팔렸다.

(d) 공산주의에 대한 공개적 지지가 그를 요주의 인물 목록에 올려놓았다.

정답 (c)

해설 담화에서 Josh White에 대한 내용과 일치하는 것을 묻는 문제이다. 1944년에 White가 싱글 'One Meatball'을 발표했고 이것이 현재까지 그의 음반 중 가장 많이 팔린 음반이 되었다(In 1944 ~ to date)고 했다. 이를 '그의 싱글 'One Meatball'은 그의 이전 음반들보다 더 많이 팔렸다'라고 바꾸어 표현한 (c)가 정답이다.

오답분석
(a) 담화에서 White가 기타 연주법을 독학했다고 했으므로, 담화의 내용과 다르다.

(b) 담화에서 White가 1930년경 뉴욕으로 이주한 후 스타가 되었다고 했으므로, 담화의 내용과 반대된다.

(d) 담화에서 White가 공산주의 동조자라는 것이 거짓 주장이라고 했으므로, 담화의 내용과 다르다.

어휘 encounter v. 접하다 blacklist v. 요주의 인물 목록에 올리다

---

sympathizer n. 동조자 achieve v. 얻다

36 추론 Opinion

난이도 ●●○

As a society, we've become accustomed to thinking of recycling as a guilt-free way of dealing with waste. This isn't surprising given that authorities have praised recycling for ages. Of course, recycling is preferable to sending waste to landfills. But we can't forget that it requires energy, resources, and money. Plus, in the case of paper and plastics, it can only be done so many times before the material needs to be discarded. Avoiding waste in the first place should be our priority.

Q: Which statement would the speaker most likely agree with?

(a) Recycling is largely a waste of important resources.

(b) Most people underestimate the benefits of recycling.

(c) Society's focus on recycling blinds people to wastefulness.

(d) Recycling stops relatively little waste from going to landfills.

하나의 사회로서, 우리는 재활용을 죄책감 없이 쓰레기를 처리하는 방법으로 생각하는 데에 익숙해졌습니다. 당국이 오랫동안 재활용을 예찬해 왔다는 것을 고려하면 이것은 뜻밖의 일이 아닙니다. 물론, 재활용이 쓰레기를 매립지로 보내는 것보다는 더 낫습니다. 하지만 우리는 재활용에 에너지, 자원, 그리고 돈이 필요하다는 것을 잊어서는 안 됩니다. 게다가, 종이와 플라스틱의 경우, 그 물질이 폐기되어야 할 시점이 오기 전까지 재활용될 수 있는 횟수에도 한계가 있습니다. 애초에 쓰레기가 생기지 않게 하는 것이 우리의 우선 사항이 되어야 합니다.

Q: 화자가 가장 동의할 것 같은 진술은 무엇인가?

(a) 재활용은 대부분 중요한 자원의 낭비이다.

(b) 대부분의 사람들은 재활용의 이점을 과소평가한다.

(c) 재활용에 대한 사회의 관심은 사람들이 낭비를 깨닫지 못하게 한다.

(d) 재활용이 매립지로 가지 못하게 막는 쓰레기는 비교적 얼마 안 된다.

정답 (c)

해설 화자가 가장 동의할 것 같은 진술이 무엇인지 묻는 문제이다. 재활용에 에너지, 자원, 그리고 돈이 필요하다는 것을 잊어서는 안 된다(we can't forget ~ and money)는 말에 이어, 애초에 쓰레기가 생기지 않게 하는 것이 우리의 우선 사항이 되어야 한다(Avoiding waste ~ our priority)고 했다. 이를 바탕으로 재활용을 한다고 해도 쓰레기를 처리하는 데에는 한계가 있다는 것을 알 수 있다. 따라서 글쓴이는 '재활용에 대한 사

회의 관심은 사람들이 낭비를 깨닫지 못하게 한다'는 것에 동의할 것이므로 (c)가 정답이다.

어휘 accustomed adj. 익숙한 deal with phr. 처리하다 authority n. 당국 praise v. 예찬하다 preferable v. 더 낫다 landfill n. 매립지 discard v. 폐기하다 priority n. 우선 사항 underestimate v. 과소평가하다 wastefulness n. 낭비 relatively adv. 비교적

Part V

[37-38]

In the news tonight, the drama between talk show host Edward Smith and Roseluxe Coffee Machines continues to brew. [38]After Smith's decision to endorse controversial senate candidate Alice Walton, Roseluxe bowed to pressure from political advocacy groups and withdrew advertising on Smith's show. Smith was initially silent on the issue. However, he decided to speak out after [37]fans outraged at the company's decision began posting videos of themselves trashing their Roseluxe coffee machines. On his show this morning, Smith not only thanked these fans for their support but also promised to buy at least 100 of them a different brand of coffee maker.

오늘 밤 뉴스에서는, 토크쇼 진행자 Edward Smith와 Roseluxe Coffee Machines 사이의 극적인 사건이 계속 무르익고 있습니다. [38]논란이 많은 상원 후보 Alice Walton을 지지하기로 한 Smith의 결정 이후, Roseluxe는 정치 시민 단체들의 압력에 굴복하여 Smith의 쇼에 대한 광고를 철회했습니다. Smith는 처음에 그 사안에 대해 침묵했습니다. 하지만, 그는 [37]그 회사의 결정에 격분한 팬들이 자신들의 Roseluxe 커피 머신을 부수는 동영상을 게시하기 시작한 후 목소리를 내기로 결정했습니다. 오늘 아침 그의 쇼에서, Smith는 이러한 팬들의 성원에 감사했을 뿐만 아니라 그들 중 적어도 100명에게 다른 브랜드의 커피 메이커를 사주겠다고 약속했습니다.

어휘 drama n. 극적인 사건 brew v. 무르익다 endorse v. 지지하다 bow v. 굴복하다 advocacy group phr. 시민 단체 withdraw v. 철회하다 trash v. 부수다

37 세부 정보 육하원칙
난이도 ●●○

Q: What caused people to destroy their Roseluxe coffee machines?

(a) Outrage at false claims made by Roseluxe
(b) Opposition to Roseluxe's new sponsorship deal

(c) Disapproval of Roseluxe's support for Walton
(d) **Anger over Roseluxe's decision to stop supporting Smith's show**

Q: 무엇이 사람들로 하여금 자신들의 Roseluxe 커피 머신을 망가뜨리게끔 했는가?

(a) Roseluxe가 한 거짓 주장에 대한 격분
(b) Roseluxe의 새로운 스폰서 계약에 대한 반대
(c) Walton을 향한 Roseluxe의 지지에 대한 불만
(d) Smith의 쇼에 지원을 중단하기로 한 Roseluxe의 결정에 대한 분노

정답 (d)

해설 사람들로 하여금 자신들의 Roseluxe 커피 머신을 망가뜨리게끔 한 것이 무엇인지 묻는 문제이다. Roseluxe가 Smith의 쇼에 대한 광고를 철회했다고 한 뒤, 그 회사의 결정에 격분한 팬들이 자신들의 Roseluxe 커피 머신을 부수는 동영상을 게시하기 시작했다(fans outraged ~ coffee machines)고 했다. 이를 'Smith의 쇼에 지원을 중단하기로 한 Roseluxe의 결정에 대한 분노'라고 바꾸어 표현한 (d)가 정답이다.

어휘 opposition n. 반대 disapproval n. 불만

38 추론 Infer
난이도 ●●●

Q: What can be inferred from the news report?

(a) Walton refused to accept support from Smith.
(b) Roseluxe has seen sales of its coffee machines rise.
(c) **Roseluxe feared a backlash for its association with Smith.**
(d) Smith's fans bought coffee makers solely to destroy them.

Q: 뉴스 보도에서 추론할 수 있는 것은 무엇인가?

(a) Walton은 Smith의 지지를 받아들이기를 거부했다.
(b) Roseluxe는 커피 머신 판매량이 증가했다.
(c) Roseluxe는 Smith와의 연관성에 대한 반발을 우려했다.
(d) Smith의 팬들은 단지 망가뜨리기 위해 커피 메이커를 샀다.

정답 (c)

해설 뉴스 보도에서 추론할 수 있는 것을 묻는 문제이다. 논란이 많은 상원 후보 Alice Walton을 지지하기로 한 Smith의 결정 이후 Roseluxe는 정치 시민 단체들의 압력에 굴복하여 Smith의 쇼에 대한 광고를 철회했다(After Smith's decision ~ Smith's show)고 했다. 이를 바탕으로 'Roseluxe는 Smith와의 연관성에 대한 반발을 우려했다'라고 추론한 (c)가 정답이다.

오답분석

(a) Walton이 Smith의 지지를 받아들이기를 거부했는지는 추론할 수 없다.

(b) 뉴스 보도에서 Roseluxe가 커피 머신 판매량이 증가했는지는 추론할 수 없다.

(d) 뉴스 보도에서 Smith의 팬들이 Roseluxe 커피 머신을 부수는 동영상을 게시했다고는 했지만, Smith의 팬들이 단지 망가뜨리기 위해 커피 메이커를 샀는지는 추론할 수 없다.

어휘 backlash n. 반발

[39-40]

Welcome to today's lecture on alien civilizations. We've been discussing the possibility of life on other planets. But what about advanced civilizations? I'd argue that [39]dense collections of stars known as globular clusters could host such civilizations. Now many scientists would disagree. They could object that globular clusters are unlikely places to find life at all. For one, stars in globular clusters are much closer together than our Sun is to its nearest neighboring star. [40(a)]Stars this close together create brutal gravitational forces that prevent planet formation. Also, [40(b)]stars in globular clusters are on average 10 billion years old, or more than twice the age of the Sun. [40(c)]Such stars usually contain fewer of the heavy elements needed for rocky planets like Earth. But I'd make the following counterarguments. First, globular clusters have some stars spaced widely enough to support habitable planets with liquid water. Second, the age of these stars would have given inhabitants of these planets plenty of time to develop. Finally, [40(d)]the relative proximity of stars would allow a civilization to undertake travel to neighboring solar systems. This ability would allow the civilization to exploit the resources needed to progress to a highly advanced stage.

외계 문명에 대한 오늘 강의에 오신 것을 환영합니다. 우리는 다른 행성에 생명체가 존재할 가능성에 대해 논의해 왔습니다. 그러면 발달한 문명은 어떨까요? 저는 [39]구상 성단이라고 알려진 밀집된 별의 집합체가 그러한 문명을 수용할 수 있다고 주장하겠습니다. 현재 많은 과학자들은 동의하지 않을 것입니다. 그들은 구상 성단이 생명체를 찾을 가능성이 전혀 없는 곳이라고 반대할 수 있습니다. 우선, 구상 성단의 별들은 우리 태양이 가장 가까운 이웃 별에 인접한 것보다 훨씬 더 가까이 붙어 있습니다. [40(a)]이렇게 가까이 붙어 있는 별들은 행성의 형성을 막는 무자비한 중력을 만들어냅니다. 또한, [40(b)]구상 성단의 별들은 평균적으로 100억 년 되었고, 즉 태양보다 두 배 이상 나이가 많습니다. [40(c)]그러

한 별들은 보통 지구와 같은 암석 행성에 필요한 중원소들을 덜 포함합니다. 하지만 저는 다음과 같은 반론을 제기하겠습니다. 첫째로, 구상 성단에는 액체 상태의 물로 생명체가 살 수 있는 행성을 지탱할 수 있을 만큼 간격이 넓게 떨어진 몇몇 별들이 있습니다. 둘째로, 이 별들의 나이는 이 별들에서 거주하고 있는 것들에게 발달할 수 있는 많은 시간을 주었을 것입니다. 마지막으로, [40(d)]별들의 상대적인 근접성은 문명이 이웃 태양계로의 이동에 착수할 수 있게 합니다. 이 능력은 문명이 고도로 발달한 단계로 발전하는 데 필요한 자원을 이용할 수 있게 할 것입니다.

어휘 civilization n. 문명 dense adj. 밀집된
globular cluster phr. 구상 성단 brutal adj. 무자비한
gravitational force phr. 중력 heavy element phr. 중원소
counterargument n. 반론 habitable adj. 생명체가 살 수 있는
proximity n. 근접성 undertake v. 착수하다

---

39 중심 내용 주제
난이도 ●●●

Q: What is the main topic of the lecture?

(a) Which globular clusters could host advanced civilizations

(b) Why humans would be able to colonize globular clusters

(c) Which conditions would make travel to globular clusters possible

(d) Why globular clusters could support advanced civilizations

Q: 강의의 주제는 무엇인가?

(a) 어떤 구상 성단이 발달한 문명을 수용할 수 있는지

(b) 왜 인간이 구상 성단을 식민지로 만들 수 있는지

(c) 어떤 조건이 구상 성단으로의 이동을 가능하게 할지

(d) 왜 구상 성단이 발달한 문명을 지탱할 수 있을지

정답 (d)

해설 강의의 주제를 묻는 문제이다. 강의 초반에서, 구상 성단이라고 알려진 밀집된 별의 집합체가 발달한 문명을 수용할 수 있다(dense collections ~ such civilizations)고 한 후, 구상 성단에서 생명체를 찾을 가능성이 없다는 주장에 하나씩 반론을 제기했다. 이를 '왜 구상 성단이 발달한 문명을 지탱할 수 있을지'라고 종합한 (d)가 정답이다.

어휘 colonize v. 식민지로 만들다

---

40 세부 정보 Correct
난이도 ●●○

Q: Which is correct according to the lecture?

(a) Intense gravitational forces hinder planet formation in globular clusters.

(b) Stars in globular clusters are ten billion years older than the Sun on average.

(c) Globular clusters mainly contain stars with a large amount of heavy elements.

(d) Interstellar travel in globular clusters is unlikely due to the distance between stars.

Q: 강의에 따르면 맞는 것은 무엇인가?

(a) 강한 중력은 구상 성단에서 행성 형성을 방해한다.
(b) 구상 성단에 있는 별들은 평균적으로 태양보다 100억 년 더 나이가 많다.
(c) 구상 성단은 주로 중원소를 많이 가진 별들을 포함한다.
(d) 구상 성단의 성간 이동은 별들 사이의 거리 때문에 가능성이 낮다.

정답 (a)

해설 강의의 내용과 일치하는 것을 묻는 문제이다. 이렇게 가까이 붙어 있는 별들은 행성의 형성을 막는 무자비한 중력을 만들어낸다(Stars this close ~ prevent planet formation)고 했다. 이를 '강한 중력은 구상 성단에서 행성 형성을 방해한다'라고 바꾸어 표현한 (a)가 정답이다.

오답분석

(b) 강의에서 구상 성단의 별들이 평균적으로 100억 년 되었고 태양보다 두 배 이상 나이가 많다고 했으므로, 구상 성단에 있는 별들이 평균적으로 태양보다 100억 년 더 나이가 많다는 것은 강의의 내용과 다르다.

(c) 강의에서 구상 성단의 별들이 보통 중원소들을 덜 포함한다고 했으므로, 구상 성단이 주로 중원소를 많이 가진 별들을 포함한다는 것은 강의의 내용과 반대된다.

(d) 강의에서 구상 성단에 속한 별들의 상대적인 근접성은 문명이 이웃 태양계로의 이동에 착수할 수 있게 한다고 했으므로, 구상 성단의 성간 이동이 별들 사이의 거리 때문에 가능성이 낮다는 것은 강의의 내용과 반대된다.

어휘 intense adj. 강한 interstellar adj. 성간의

VOCABULARY

문제집 p. 141

Part I

1 Collocation set a time   난이도 ●○○

A: 일주일에 한 번씩 만나서 사업 논의를 할 수 있을까요?
B: 좋아요. 매주 금요일로 정기적인 시간을 정합시다.

(a) 정하다
(b) 채우다
(c) 주다
(d) 열다

정답 (a)

해설 사업 논의 일정에 대해 이야기하고 있으므로, 시간을 '정한다'는 내용이 오는 것이 문맥상 자연스럽다. 따라서 빈칸 뒤의 a ~ time과 함께 '시간을 정하다'라는 Collocation인 set a time을 완성하는 (a) set이 정답이다.

어휘 discuss v. 논의하다

2 동사 어휘 arrange   난이도 ●●○

A: 이 파일들을 정리하는 것 좀 도와줄 수 있나요?
B: 물론이죠, 당신을 위해 그것들을 정리해 드릴 수 있어요.

(a) 정리하다
(b) 규제하다
(c) 설립하다
(d) 분배하다

정답 (a)

해설 파일 정리를 도와줄 수 있냐는 말에 Sure(물론이죠)라고 응했으므로, 파일들을 '정리해' 주겠다는 내용이 이어지는 것이 문맥상 자연스럽다. 따라서 (a) arrange가 정답이다.

어휘 put in order phr. ~을 정리하다

3 동사 어휘 store   난이도 ●●○

A: 머리 위 짐 선반이 꽉 찼어요. 제 가방을 어디에 놓으면 되나요?
B: 제가 그 가방을 다른 곳에 보관할게요.

(a) 건네주다
(b) 예약하다
(c) 보관하다
(d) 비축하다

정답 (c)

해설 가방을 놓을 장소에 대해 이야기하고 있으므로, 가방을 다른 곳에 '보관하겠다'라는 내용이 오는 것이 문맥상 자연스럽다. 따라서 (c) store가 정답이다.

어휘 overhead bin phr. (기차 등의 객석 위에 있는) 머리 위 짐 선반

---

4 구동사 tone down
난이도 ●●●

A: 당신은 회의에서 너무 거침없이 말해요.
B: 미안해요, 제 비판을 <u>누그러뜨릴게요</u>.

(a) 호출하다
(b) 누그러뜨리다
(c) 발뺌하다
(d) 옹호하다

정답 (b)

해설 회의에서 너무 거침없이 말한다는 말에 Sorry(미안해요)라며 사과하고 있으므로, 자신의 비판을 '누그러뜨리겠다'라는 내용이 이어지는 것이 문맥상 자연스럽다. 따라서 (b) tone down이 정답이다.

어휘 outspoken adj. 거침없이 말하는 criticism n. 비판

---

5 형용사 어휘 redundant
난이도 ●●○

A: 네 연설에는 불필요한 반복이 많아.
B: 알겠어. 필요 없는 부분을 뺄게.

(a) 갈라지는
(b) 지속되는
(c) 필요 없는
(d) 사치스러운

정답 (c)

해설 연설에 불필요한 반복이 많다는 말에 I see(알겠어)라고 수긍했으므로, '필요 없는' 부분을 연설에서 빼겠다는 내용이 이어지는 것이 문맥상 자연스럽다. 따라서 (c) redundant가 정답이다.

어휘 unnecessary adj. 불필요한 repetition n. 반복

---

6 동사 어휘 clog
난이도 ●●○

A: 싱크대 배수가 제대로 되지 않아요.
B: 배관이 <u>막힌</u> 것이 틀림없어요.

(a) 떠받치다
(b) 막다
(c) 물에 빠뜨리다
(d) 압착하다

정답 (b)

해설 싱크대 배수가 제대로 되지 않는다고 했으므로, 문맥상 싱크대의 배관이 '막힌' 것을 짐작할 수 있다. 따라서 (b) clogged가

정답이다.

어휘 drain v. 배수하다

---

7 형용사 어휘 meticulous
난이도 ●●○

A: 당신은 일하는 데 있어 정말 신중하고 철저하군요.
B: 맞아요, 저는 항상 세세한 부분 하나하나 <u>세심하게</u> 챙겨 왔어요.

(a) 관대한
(b) 신중한
(c) 애매모호한
(d) 세심한

정답 (d)

해설 일하는 데 있어 신중하고 철저하다는 말에 Yeah(맞아요)라고 응답했으므로, 빈칸에는 '신중하고 철저한(careful and thorough)'과 유사한 의미의 어휘가 필요하다. 따라서 '세심한'이라는 의미의 (d) meticulous가 정답이다.

어휘 thorough adj. 철저한

---

8 형용사 어휘 indisputable
난이도 ●●○

A: 당신의 의뢰인이 법정 소송에서 패소했다는 소식을 듣게 되어 유감입니다.
B: 음, 그에게 불리한 증거는 그야말로 <u>반론의 여지가</u> 없었어요.

(a) 직관적이지 않은
(b) 타당해 보이지 않는
(c) 반론의 여지가 없는
(d) 설득력이 없는

정답 (c)

해설 의뢰인이 법정 소송에서 패소했다고 했으므로, 문맥상 의뢰인에게 불리한 증거가 '반론의 여지가 없었다'는 것을 짐작할 수 있다. 따라서 (c) indisputable이 정답이다.

어휘 client n. 의뢰인 court case phr. 법정 소송

---

9 형용사 어휘 feasible
난이도 ●●○

A: 보편적 의료 보장은 너무 비용이 많이 들 거야.
B: 동의해. 높은 비용은 그 계획이 실제로 <u>실현 가능하지</u> 않다는 것을 의미해.

(a) 실현 가능한
(b) 우호적인
(c) 무해한
(d) 번영한

정답 (a)

해설 보편적 의료 보장에 너무 비용이 많이 들 거라는 말에 Agreed(동의해)라며 동의했으므로, 그것이 '실현 가능하지' 않다는 내

용이 이어지는 것이 문맥상 자연스럽다. 따라서 (a) feasible 이 정답이다.

---

10 형용사 어휘 despondent
난이도 ●●●

A: John은 축구팀에 들지 못한 것에 대해 실망했니?
B: 응. 그는 그것을 숨기려고 했지만, 분명히 낙담해 있었어.

(a) 무능한
(b) 광적인
(c) 놀랄 만한
(d) 낙담한

정답 (d)

해설 John이 축구팀에 들지 못한 것에 대해 실망했는지 묻는 말에 Yes(응)라고 응답했으므로, 문맥상 빈칸에는 '실망한 (disappointed)'과 의미가 유사한 어휘가 필요하다. 따라서 '낙담한'이라는 의미의 (d) despondent가 정답이다.

Part II

11 동사 어휘 argue
난이도 ●○○

Martin과 Gina가 너무나 다른 견해를 가지고 있었기 때문에, 그들은 정치에 대해 자주 논쟁했다.

(a) 소리 지르다
(b) 논쟁하다
(c) 걱정하다
(d) 추측하다

정답 (b)

해설 너무나 다른 견해를 가진 것으로 인해 야기된 결과에 대해 이야기하고 있으므로, '논쟁했다'라는 내용이 오는 것이 문맥상 자연스럽다. 따라서 (b) argued가 정답이다.

---

12 Collocation sporting event
난이도 ●○○

여러분의 몸에 수분을 유지하기 위해 운동 경기 전, 도중, 그리고 후에 수분을 섭취하세요.

(a) 상품
(b) 경기
(c) 기회
(d) 동작

정답 (b)

해설 수분을 섭취하는 것에 대해 이야기하고 있으므로, '운동 경기' 전, 도중, 후에 수분을 섭취하라는 내용이 오는 것이 문맥상 자연스럽다. 따라서 빈칸 앞의 sporting(운동)과 어울려 '운동 경기'라는 Collocation인 sporting event를 완성하는 (b)

---

events가 정답이다.

어휘 fluid n. 수분, 유체 hydrate v. 수화시키다

---

13 동사 어휘 grant
난이도 ●●○

WBS 뉴스가 러시아 대통령과의 이례적인 일대일 인터뷰를 허가받았다.

(a) 제공하다
(b) 허가하다
(c) 기부하다
(d) 공급하다

정답 (b)

해설 러시아 대통령과의 이례적인 일대일 인터뷰에 대해 이야기하고 있으므로, WBS 뉴스가 이례적으로 인터뷰를 '허가받았다'라는 내용이 오는 것이 문맥상 자연스럽다. 따라서 (b) granted가 정답이다.

어휘 one-on-one adj. 일대일의

---

14 명사 어휘 access
난이도 ●○○

학생들은 대학 도서관을 통해 학술지 무료 이용 권한을 얻을 수 있다.

(a) 출입
(b) 이용 권한
(c) 통행
(d) 특권

정답 (b)

해설 학생들이 학술지를 무료로 열람할 수 있다는 내용이 되는 것이 문맥상 자연스럽고, 보기 중 '학술지'와 가장 잘 어울리는 어휘는 '이용 권한, 입수' 등의 의미를 가진 access이다. 따라서 (b) access가 정답이다.

---

15 명사 어휘 exposure
난이도 ●●○

전문가들은 자외선 차단제를 바름으로써 해로운 자외선에 대한 노출을 최소화할 것을 권고한다.

(a) 법적 책임
(b) 노출
(c) 면역력
(d) 합의

정답 (b)

해설 자외선 차단제를 바르는 목적에 대해 이야기하고 있으므로, 해로운 자외선에 대한 '노출'을 최소화한다는 내용이 오는 것이 문맥상 자연스럽다. 따라서 (b) exposure가 정답이다.

어휘 UV radiation phr. 자외선

16 명사 어휘 merchandise   난이도 ●●●

Claret Diamonds의 한 점원은 반지와 팔찌를 비롯하여 그 가게의 <u>상품</u> 중 일부를 훔치려다 붙잡혔다.

(a) 고객들
(b) 식량
(c) 구성 요소
(d) 상품

정답 (d)

해설 반지와 팔찌를 언급하고 있으므로, Claret Diamonds의 점원이 가게에서 파는 '상품'을 훔치려 했다는 내용이 오는 것이 문맥상 자연스럽다. 따라서 (d) merchandise가 정답이다.

17 명사 어휘 manuscript   난이도 ●●○

중세 학자들은 알려지지 않은 작가들이 쓴 희귀 <u>원고</u>를 연구 대상으로 삼는다.

(a) 미신
(b) 원고
(c) 제출물
(d) 기념비

정답 (b)

해설 빈칸 뒤에서 '알려지지 않은 작가들이 쓴(written by unknown authors)'이라고 했으므로, 빈칸에는 '작가들이 쓴 것'을 나타내는 어휘가 들어가야 한다. 따라서 '원고'라는 의미의 (b) manuscripts가 정답이다.

어휘 work with phr. ~을 연구 대상으로 삼다

18 명사 어휘 barrier   난이도 ●●○

시위자들이 Main Street을 따라 행진하는 것을 막기 위해, 경찰은 <u>장벽</u>을 세워서 시위자들의 경로를 차단했다.

(a) 장벽
(b) 여백
(c) 한계
(d) 경계

정답 (a)

해설 시위자들이 행진하는 것을 막기 위한 방법에 관해 이야기하고 있으므로, 빈칸에는 '경찰이 시위자들의 경로를 차단하기 위해 세운 것'을 나타내는 어휘가 들어가야 한다. 따라서 '장벽'이라는 의미의 (a) barriers가 정답이다.

어휘 protester n. 시위자

19 이디엄 embark on   난이도 ●●○

당신이 첫 일자리를 <u>시작하든</u> 수년간 일해 왔든, 「Workplace Tips」는 여러분에게 훌륭한 조언을 제공합니다.

(a) 특색을 이루다
(b) 침해하다
(c) 시작하다
(d) 자세히 설명하다

정답 (c)

해설 빈칸 뒤의 '수년간 일해 왔든(have been working for years)'과 대조적인 상황에 대해 이야기하고 있으므로, 첫 직장에서 일을 '시작하다'라는 내용이 오는 것이 문맥상 자연스럽다. 따라서 빈칸 뒤의 on과 함께 '~을 시작하다'라는 이디엄 embark on을 완성하는 (c) embarking이 정답이다.

20 명사 어휘 contraction   난이도 ●●○

2009년 미국 경제의 급격한 <u>위축</u>은 실업률의 증가를 초래했다.

(a) 누락
(b) 편향
(c) 위축
(d) 탄압

정답 (c)

해설 실업률의 증가를 초래한 이유에 대해 이야기하고 있으므로, 미국 경제가 급격히 '위축'됐다는 내용이 오는 것이 문맥상 자연스럽다. 따라서 (c) contraction이 정답이다.

어휘 lead to phr. ~을 초래하다   unemployment n. 실업(률)

21 동사 어휘 halt   난이도 ●●○

피가 흐르는 것을 <u>멈추기</u> 위해 상처에 압박을 가하시오.

(a) 멈추다
(b) 묶다
(c) 소리를 줄이다
(d) 꿰매다

정답 (a)

해설 상처에 압박을 가하는 것에 대해 이야기하고 있으므로, 피가 흐르는 것을 '멈춘다' 내용이 오는 것이 문맥상 자연스럽다. 따라서 (a) halt가 정답이다.

22 이디엄 keep confidential   난이도 ●●○

그 병원의 개인 정보 보호 규정은 환자의 의료 정보를 철저히 <u>비밀로 지키도록</u> 의도되었다.

(a) 고립된
(b) 일화적인

(c) 격리된
(d) 비밀의

정답 (d)

해설 병원의 개인 정보 보호 규정에 대해 이야기하고 있으므로, 환자의 의료 정보를 '비밀로' 한다는 내용이 오는 것이 문맥상 자연스럽다. 따라서 빈칸 앞의 keep(지키다)과 함께 '~을 비밀로 지키다'라는 이디엄인 keep ~ confidential을 완성하는 (d) confidential이 정답이다.

어휘 regulation n. 규정 design v. 의도하다, 설계하다

---

23 형용사 어휘 barren
난이도 ●●●

그곳의 극도로 혹독한 기후 때문에, 사하라 사막은 지구상에서 가장 <u>척박한</u> 장소들 중 하나이다.

(a) 희소한
(b) 척박한
(c) 공허한
(d) 쓸쓸한

정답 (b)

해설 사하라 사막의 기후가 극도로 혹독하다고 했으므로, 사하라 사막이 '척박한' 장소라는 내용이 오는 것이 문맥상 자연스럽다. 따라서 (b) barren이 정답이다.

어휘 harsh adj. 혹독한 climate n. 기후

---

24 명사 어휘 abundance
난이도 ●●○

환경 악화는 아마존 분지에서 발견되는 생물종들의 놀라운 <u>풍부함</u>을 위협한다.

(a) 넉넉함
(b) 헤픔
(c) 충분함
(d) 풍부함

정답 (d)

해설 환경 악화가 아마존 분지에 미치는 영향에 대해 이야기하고 있으므로, 환경 악화가 아마존 분지에 사는 생물종들의 '풍부함'을 위협한다는 내용이 오는 것이 문맥상 자연스럽다. 따라서 (d) abundance가 정답이다. amplitude는 재력이나 권위 등에 대해 서술할 때 쓰이며 지문의 문맥에 맞지 않으므로 (a)는 오답이다.

어휘 environmental adj. 환경의 degradation n. 악화 threaten v. 위협하다 basin n. 분지

---

25 동사 어휘 evade
난이도 ●●○

많은 파충류들은 주위 환경에 섞여 들어감으로써 포식자로부터 발각되는 것을 <u>피할</u> 수 있다.

(a) 피하다
(b) 허를 찌르다
(c) 난처하게 하다
(d) 능가하다

정답 (a)

해설 빈칸에는 '여러 파충류들이 주위 환경에 섞여 들어감으로써 할 수 있는 행동'을 나타내는 어휘가 들어가야 한다. 따라서 발각되는 것을 '피하다'라는 문맥을 완성하는 (a) evade가 정답이다.

어휘 reptile n. 파충류 detection n. 발각, 탐지 predator n. 포식자 blend in phr. ~에 섞여 들어가다

---

26 동사 어휘 undermine
난이도 ●●○

Jessica의 자신감은 직장에서 그녀가 한 실수로 인해 심각하게 <u>약화되었다</u>.

(a) 난해하게 하다
(b) 간과하다
(c) 예시를 들다
(d) 약화하다

정답 (d)

해설 직장에서 Jessica가 실수를 했다고 했으므로, Jessica의 자신감이 '약화되었다'라는 내용이 오는 것이 문맥상 자연스럽다. 따라서 (d) undermined가 정답이다.

어휘 self-confidence n. 자신감

---

27 명사 어휘 euphemism
난이도 ●●●

언어는 금기시되는 주제에 대해 사회적으로 더욱 용인되는 방식으로 논할 수 있게 해주는 <u>완곡 표현</u>으로 가득하다.

(a) 과장 표현
(b) 언어 관계
(c) 난제
(d) 완곡 표현

정답 (d)

해설 '금기시되는 주제에 대해 사회적으로 더욱 용인되는 방식으로 논할 수 있게 해주는' 언어적 수단은 '완곡 표현'이다. 따라서 (d) euphemisms가 정답이다.

어휘 taboo n. 금기 acceptable adj. 용인되는

---

28 형용사 어휘 untenable
난이도 ●●●

Andy는 토론 상대의 주장이 논리적 오류에 근거했다는 것을 제시함으로써 토론 상대의 주장이 <u>이치에 맞지 않다는</u> 것을 증명했다.

(a) 이치에 맞지 않는

(b) 순종하는
(c) 점잖은
(d) 불길한

정답 (a)

해설 '토론 상대의 주장이 논리적 오류에 근거했다'고 했으므로, 문맥상 토론 상대의 주장이 '이치에 맞지 않는' 것이었음을 짐작할 수 있다. 따라서 (a) untenable이 정답이다.

어휘 opponent n. 상대 argument n. 주장

---

29 동사 어휘 corroborate
난이도 ●●●

재판이 진행되는 동안, 피고 측은 증인을 불러 사건에 대한 피고인의 설명을 뒷받침함으로써 그가 석방되는 것을 도왔다.

(a) 말소하다
(b) 무죄임을 밝히다
(c) 사회로 복귀시키다
(d) 뒷받침하다

정답 (d)

해설 피고 측이 증인을 부른 이유에 대해 이야기하고 있으므로, 피고인의 설명을 '뒷받침하다'라는 내용이 오는 것이 문맥상 자연스럽다. 따라서 (d) corroborate가 정답이다. 빈칸에 들어갈 동사의 목적어가 version of events(사건에 대한 설명)이므로 (b)는 오답이다.

어휘 defense n. 피고 측 witness n. 증인 accused n. 피고인 version n. (특정한 입장에서 본) 설명, 견해

---

30 이디엄 be predicated on
난이도 ●●●

대통령의 실패라고 여겨지는 것에 대한 비판은 대통령 권한의 범위에 대한 오해에 기초를 둔다.

(a) 기초를 둔
(b) 자세히 설명된
(c) 새겨진
(d) 취임한

정답 (a)

해설 대통령의 실패라고 여겨지는 것에 대해 이야기하면서 대통령 권한의 범위에 대한 오해라고 했으므로, 대통령 권한의 범위를 잘못 알고 있기 때문에 실패를 대통령의 책임으로 여기고 비판한다는 것을 짐작할 수 있다. 따라서 빈칸 앞의 are, 빈칸 뒤의 on과 함께 '~에 기초를 두다'라는 이디엄 be predicated on을 완성하는 (a) predicated가 정답이다.

어휘 supposed adj. ~이라고 여겨지는 failing n. 실패, 결점 misconception n. 오해 extent n. 범위

GRAMMAR

문제집 p. 145

Part I

1 품사 대명사
난이도 ●○○

A: 먹기 전에 다른 손님들을 기다려야 할까요?
B: 아니요. 그저 차려진 것들을 마음껏 드세요.

정답 (d)

해설 '마음껏 먹다'라는 의미의 관용표현 help oneself를 올바로 완성하는 재귀대명사 (d) yourself가 정답이다.

---

2 문장 성분 목적격 보어
난이도 ●●○

A: 교수님과의 만남은 어땠어?
B: 그녀는 내가 나의 문학 평론을 전부 다시 쓰도록 하고 있어.

정답 (a)

해설 사역동사 make는 목적어와 목적격 보어가 능동관계일 때 목적격 보어로 동사원형을 취한다. make의 목적어 me와 목적격 보어 자리의 rewrite가 '내가 다시 쓰다'라는 능동의 의미로 해석되므로 동사원형 (a) rewrite가 정답이다.

어휘 rewrite v. 다시 쓰다

---

3 시제와 태 능동태와 수동태
난이도 ●○○

A: 이 잡지의 새 호는 얼마나 자주 나오나요?
B: 아, 한 달에 한 번 발매돼요.

정답 (b)

해설 잡지의 한 호를 가리키는 주어 one과 보기에 제시된 동사 release(발매하다)가 '잡지가 발매되다'라는 수동의 의미로 해석되므로 수동태 (b)와 (d)가 정답의 후보이다. 문맥상 잡지가 매달 발매된다는 반복되는 일에 관한 내용이므로 현재 시제 (b) is released가 정답이다.

어휘 issue n. 호 release v. 발매하다

---

4 수 일치 주어와의 수 일치
난이도 ●○○

A: 이 통계 자료들은 오해를 불러일으켜. 그렇지 않니?
B: 글쎄, 통계 자료에 대한 진실은 통계 자료가 쉽게 조작될 수 있다는 거야.

정답 (a)

해설 주어 the truth가 단수이므로 단수 동사 (a)와 (c)가 정답의

후보이다. 통계 자료가 쉽게 조작될 수 있다는 일반적인 사실을 언급하는 문맥이므로 현재 시제 (a) is가 정답이다. 참고로, about statistics는 주어를 꾸며주는 수식어로, 주어와 동사의 수 일치에 영향을 주지 않는다.

어휘 statistic n. 통계 자료, 통계학
　　 misleading adj. 오해를 불러일으키는
　　 manipulate v. 조작하다

---

5 가정법　가정법 과거　난이도 ●●○

A: 수학 교사 자격증을 가지고 계신가요?
B: 아니요. 제가 자격증을 가지고 있었다면, 그 분야에서 일하고 있었을 거예요.

정답 (a)

해설 주절에 가정법 과거 동사 'd(would) be'가 왔고 문맥상 '수학 교사 자격증이 없는' 현재 상황을 반대로 가정하고 있으므로, if절의 빈칸에는 이와 짝을 이루어 가정법 과거를 만드는 과거 동사가 와야 한다. 따라서 (a) were가 정답이다.

어휘 certified adj. 자격증을 가진

---

6 접속사와 절　관계대명사　난이도 ●●○

A: 내 리포트 교정을 다 마쳤니?
B: 응. 나는 수정이 필요한 점을 많이 찾지 못했어.

 텝스 치트키

관계대명사 that과 명사절 접속사 what은 앞에 꾸며줄 선행사가 있으면 that, 선행사가 없으면 what으로 구분하면 쉽다.

정답 (a)

해설 선행사 much가 '수정이 필요한 점', 즉 사물이고, 빈칸 이하의 절(＿＿ needs correcting)에는 동사 needs와 목적어 correcting만 있고 주어가 없다. 따라서 사물 선행사를 받으면서 뒤에 불완전한 절이 오는 주격 관계대명사 (a) that이 정답이다.

---

7 시제와 태　과거진행 시제　난이도 ●○○

A: 문 열러 나오는데 왜 그렇게 오래 걸렸니?
B: 미안, 음악을 듣고 있어서 네가 문을 두드리는 소리를 못 들었어.

정답 (d)

해설 문맥상 '네가 문을 두드렸던' 특정 과거 시점에 '음악을 듣고 있었던 중'이었으므로, 특정 과거 시점에 진행되던 일을 표현하는 과거진행 시제 (d) was listening이 정답이다.

어휘 answer the door phr. (손님을 맞아) 문을 열러 나가다

---

8 동사와 조동사　조동사 관련 표현　난이도 ●●○

A: 부엌 조리대에 열쇠를 두고 온 것 같니?
B: 내가 그랬을 수도 있지만, 나는 열쇠를 가방에 넣었다고 생각했어.

 텝스 치트키

'추측'을 나타내는 '조동사 + have p.p.' 표현은 아래와 같다.

may/might/could have p.p. ~했었을지도 모른다
must have p.p. ~했었음이 틀림없다
cannot have p.p. ~했었을 리가 없다

정답 (b)

해설 문맥상 '부엌 조리대에 열쇠를 두고 왔을 수도 있다'고 추측을 하고 있는 상황이다. 따라서 빈칸 뒤에 생략된 반복어구 left the keys ~ kitchen counter와 함께 과거 사건에 대한 추측을 나타내는 'could have p.p.' 형태를 이루는 (b) could have가 정답이다. (d)는 left 뒤에 목적어가 없어 '내가 떠났을 수도 있다'는 어색한 문맥을 이루므로 오답이다.

어휘 kitchen counter phr. 부엌 조리대

---

9 준동사　분사　난이도 ●●○

A: 그 레시피에 필요한 진짜 사프란이 없는 것은 어떻게 대처했어?
B: 음, 선택의 여지가 거의 없어서, 대용품을 썼어.

정답 (c)

해설 주어 I, 동사 used, 목적어 a substitute를 갖춘 완전한 문장으로 빈칸을 포함한 콤마 앞(there ~ choice)은 수식어 자리이다. 따라서 수식어 자리에 올 수 있는 분사 (b)와 (c)가 정답의 후보이다. there is/are를 분사구문으로 만들 때 주어 there를 남기고 be동사 is/are 자리에 현재분사 being을 쓰므로, 현재분사 (c) being이 정답이다.

어휘 substitute n. 대용품

---

10 어순과 특수구문　명사를 수식하는 요소들　난이도 ●●●

A: Tom은 왜 우리에게 그의 승진에 대해 말하지 않았을까?
B: 그는 그냥 그것이 그렇게까지 큰일이라고 생각하지는 않았을 거야.

정답 (a)

해설 that은 부사로서 수량, 정도를 나타내는 말 앞에서 '그렇게까지'라는 의미를 나타낼 수 있으므로, that이 형용사 big 앞에 온 (a)와 (c)가 정답의 후보이다. '부사(that) + 형용사(big) + of a + 명사(deal)'의 어순으로 문맥상 '그렇게까지 큰일이라고 생각하지는 않는다'라는 의미를 완성하는 (a) that big of a deal이 정답이다. 참고로, so의 의미로 쓰이는 that 뒤에 형용사가 올 때 부정관사 a는 형용사 뒤에 오며, 비격식체에서는

a 앞에 전치사 of가 올 수도 있다. (b)와 (d)는 that이 부사가 아닌 대명사로 쓰였으며, that이 가리키는 대상이 불분명하므로 오답이다.

어휘 promotion n. 승진

Part II

11 접속사와 절 부사절 접속사
난이도 ●●○

비록 휘발유 가격이 오르고 있지만, 많은 사람이 여전히 이번 여름에 여행을 계획하고 있다.

◀──○ 텝스 치트키

부사절은 문장에서 부사 역할을 하며, 주로 주절의 앞이나 뒤에 위치한다. 양보를 나타내는 부사절 접속사는 아래와 같다.

```
although/though ~에도 불구하고
even though/even if 비록 ~일지라도
while/whereas ~한 반면에
whether A or B (or not) A이든 B이든
```

정답 (d)

해설 첫 번째 절(the price ~ is rising)의 '휘발유 가격이 오르고 있다'라는 내용과 두 번째 절(many people ~ this summer)의 '많은 사람이 여행을 계획하고 있다'라는 내용이 양보 관계(비록 ~하지만 …하다)를 이룬다. 따라서 양보의 부사절 접속사 (d) Although가 정답이다.

12 품사 형용사와 부사
난이도 ●●○

그 교사는 자신의 학생들이 수업 토론에 참여하는 것을 얼마나 꺼리는지를 보고 좌절하게 되었다.

정답 (a)

해설 빈칸을 포함한 어구(how ____ her students ~ class discussions)는 전치사 with의 목적어로, how가 이끄는 명사절이다. how가 이끄는 명사절은 'how + 형용사/부사 + 주어 + 동사'의 어순을 취할 수 있다. 문맥상 '수업 토론에 참여하는 것을 얼마나 꺼리는지'라는 의미가 되어야 자연스럽고, how절의 동사(were) 뒤에는 형용사인 보어가 올 수 있으므로 (a) reluctant가 정답이다. (c)는 '얼마나 가장 꺼리는지'라는 어색한 문맥을 이루므로 오답이다.

어휘 frustrated adj. 좌절한 participate v. 참여하다
reluctant adj. 꺼리는

13 준동사 분사
난이도 ●●○

돈을 전부 써버렸기 때문에, Ken은 새 재킷을 사기 위해 월급날까지 기다려야 했다.

정답 (c)

해설 Ken이 돈을 전부 써버린 것은 Ken이 월급날까지 기다린 것보다 이전 시점에 일어난 일이므로, 완료형 분사구문 (c) Having spent가 정답이다. to 부정사 (b)와 (d)는 '돈을 전부 써버리기 위해서 월급날까지 기다려야 했다'라는 어색한 문맥을 이루므로 오답이다.

어휘 payday n. 월급날

14 동사와 조동사 요구의 주절 뒤 종속절의 동사
난이도 ●●○

Judy의 상사는 Judy가 보고서를 작성할 때 더 철두철미해질 것을 요구했다.

정답 (a)

해설 주절에 '요구'를 나타내는 동사 ask(요구하다)가 왔으므로 종속절(that절)에 '(should +) 동사원형'이 와야 한다. 따라서 동사원형 (a) be가 정답이다.

어휘 thorough adj. 철두철미한

15 시제와 태 과거완료 시제
난이도 ●●○

그 레슬링 선수는 어젯밤 전국 챔피언에게 도전하기 전까지 경기에서 패한 적이 없었다.

정답 (c)

해설 과거 시제 went up against(도전했다)를 통해 '경기에서 패한' 시점이 '과거'임을 알 수 있다. 따라서 과거완료 시제 (c)와 과거진행 시제 (d)가 정답의 후보이다. '어젯밤'이라는 특정 과거 시점 이전까지 경기에서 패한 적이 없었다는 문맥이므로 과거완료 시제 (c) had never been이 정답이다.

어휘 wrestler n. 레슬링 선수 defeat v. 승리하다
go up against phr. ~에 도전하다

16 접속사와 절 관계대명사
난이도 ●●○

경찰청은 사이버 범죄에 맞서 싸우는 것이 유일한 목적인 신규 부대를 만들 것을 제안했다.

정답 (d)

해설 빈칸 이하의 절(____ sole purpose ~ cybercrime)이 주어, 동사, 보어를 갖춘 완전한 절이고 빈칸 뒤에 명사구 sole purpose가 왔으며, 선행사 a new unit(신규 부대)의 목적에 관한 문맥이 되어야 자연스럽다. 따라서 소유격 관계대명사 (d) whose가 정답이다.

어휘 propose v. 제안하다 unit n. 부대 sole adj. 유일한

17 품사 수량형용사 난이도 ●○○

> Sam이 시험공부를 위해 밤을 새웠음에도 불구하고, 그의 노력은 큰 도움이 되지 않았다.

정답 (c)

해설 '밤을 새웠음에도 불구하고 큰 도움이 되지 않았다'라는 문맥이 되어야 자연스러우므로, '큰, 많은'을 뜻하는 (c) much가 정답이다. 참고로 명사 difference는 가산 명사로도 불가산 명사로도 쓰일 수 있으며, much, little 등의 수량형용사 뒤에서는 불가산 명사로 쓰인다.

어휘 make a difference phr. 도움이 되다

18 동사와 조동사 조동사 would 난이도 ●○○

> 심지어 어릴 때도, 모차르트는 자신의 음악적 재능으로 청중들을 놀라게 하곤 했다.

정답 (c)

해설 '청중들을 놀라게 하곤 했다'라는 문맥이 되어야 자연스러우므로 과거의 습관이나 규칙적인 행동을 나타내는 (c) would가 정답이다.

어휘 amaze v. 놀라게 하다 audience n. 청중

19 준동사 동명사 난이도 ●●○

> Jane은 피곤해졌기 때문에, 그녀는 호텔로 돌아가서 잠깐 휴식을 취하자고 제안했다.

정답 (b)

해설 빈칸 앞의 동사 suggest(제안하다)는 동명사를 목적어로 취하는 동사이므로 동명사 (b)와 (c)가 정답의 후보이다. '휴식을 취하는' 시점이 '휴식을 취하자고 제안하는' 시점보다 이전이 아니므로, 완료형 동명사가 아닌 (b) returning이 정답이다.

어휘 suggest v. 제안하다

20 시제와 태 미래 시제 난이도 ●○○

> 그 내부 고발자의 문서는 일단 공개되고 나면 은행권의 위기를 새롭게 조명할 것이다.

정답 (b)

해설 '내부 고발자의 문서가 공개되고 나면 은행권의 위기를 새롭게 조명할 것'이라는 '미래' 상황에 대한 문맥이므로, 빈칸에는 미래의 예상을 나타내는 동사가 필요하다. 따라서 미래 시제 (b) will shed가 정답이다. 현재진행 시제가 미래를 나타낼 수 있는 것은 이미 예정된 '계획'에 대한 문맥인 경우이므로, 현재진행 시제 (d)는 오답이다.

어휘 whistleblower n. 내부 고발자
shed new light on phr. ~을 새롭게 조명하다

21 준동사 분사 난이도 ●●○

> LifeWeb 전자 게시판에 부적절한 내용을 게시하는 사용자는 저희 관리자들에 의해 권한이 정지될 것입니다.

정답 (a)

해설 주어 Users와 동사 will be suspended를 갖춘 완전한 문장이므로 빈칸 이하(___ inappropriate ~ boards)는 수식어 자리이다. 따라서 수식어 자리에 올 수 있는 분사 (a)와 (b)가 정답의 후보이다. 주어 Users(사용자)와 보기의 동사 post(게시하다)가 '사용자들이 게시하다'라는 능동의 의미로 해석되므로, 현재분사 (a) posting이 정답이다.

어휘 inappropriate adj. 부적절한
suspend v. (권한 등을) 정지하다 administrator n. 관리자
post v. 게시하다

22 수 일치 주어와의 수 일치 난이도 ●○○

> White Peaks에 있는 대부분 리조트의 스키철은 일반적으로 12월 초에서 3월 말까지 진행됩니다.

정답 (b)

해설 주어 The ski season이 단수 명사이므로 단수 동사 (b)와 (c)가 정답의 후보이다. 리조트의 스키철이 12월 초에서 3월 말까지 진행된다는 일반적인 사실에 대해 말하고 있으므로 현재 시제 (b) runs가 정답이다. 참고로, 주어 다음의 for most resorts ~ White Peaks는 주어를 수식하는 수식어이고 typically는 동사를 수식하는 부사로, 주어와 동사의 수 일치에 영향을 주지 않는다.

23 어순과 특수구문 '명사 + 수식어' 어순 난이도 ●●○

> 대부분의 직원에게, 후한 퇴직금조차도 안정적인 직장을 잃는 것에 대한 위로가 거의 되지 않는다.

정답 (c)

해설 빈칸 바로 뒤에 명사구 a steady job이 있는 것으로 보아 명사구를 목적어로 취할 수 있는 동명사 losing이 제일 뒤에 온 (a)와 (c)가 정답의 후보이다. 문맥상 '안정적인 직장을 잃는 것에 대한 위로가 거의 되지 않는다'라는 의미가 되어야 자연스럽다. 따라서 is의 보어로 '위로'를 뜻하는 consolation이 오고 그 앞에 '거의 아닌'을 뜻하는 형용사 little이 온 (c) little consolation for losing이 정답이다. (a)는 '후한 퇴직금이 안정적인 직장을 잃는 위로가 거의 되지 않는 것을 위한 것이다'라는 어색한 문맥을 이루므로 오답이다.

어휘 generous adj. 후한 severance package phr. 퇴직금
steady adj. 안정적인 consolation n. 위로

TEST 1 TEST 2 TEST 3 TEST 4 TEST 5

TEPS 서울대 텝스관리위원회 공식 기출문제집

24 품사 전치사

난이도 ●●●

> 그 배우의 연출 분야로의 첫 번째 진출은 예상치 못한 성공이
> 었다.

정답 (c)

해설 '연출 분야로의 첫 번째 진출'이라는 문맥이므로, '~으로의 진
출'을 뜻하는 표현 foray into를 완성하는 전치사 (c) into가
정답이다.

어휘 foray n. (다른 분야로의) 진출 unexpected adj. 예상치 못한

---

25 어순과 특수구문 5형식 문장의 어순

난이도 ●●●

> 냉전 기간 동안 고조된 갈등은 많은 사람들로 하여금 전 세계적
> 인 물리적 충돌의 발생을 우려하게 만들었다.

━○ 텝스 치트키

lead는 to 부정사를 목적격 보어로 취하는 동사이다.

to 부정사 목적격 보어를 취하는 동사	
lead ~하게 하다	want/like/wish 원하다
expect 기대하다	ask/request/require 요청하다
allow 허용하다	permit 허락하다
encourage 권장하다	force/compel 강요하다
persuade 설득하다	cause 야기하다

정답 (d)

해설 보기에 제시된 단어들이 '많은 사람들로 하여금 전 세계적인 물
리적 충돌의 발생을 우려하게 만들었다'라는 문맥이 되어야 하
므로, many가 목적어 자리에 온 (c)와 (d)가 정답의 후보이다.
'~가 …하게 만들다'라는 뜻의 동사 lead는 목적격 보어로 to
부정사를 취하므로, 목적어 many 뒤에 목적격 보어에 해당하
는 to 부정사구 to fear the outbreak of가 온 (d) many to
fear the outbreak of가 정답이다. (a)는 '많은 사람들의 발
생이 물리적 충돌을 우려하다'라는 어색한 문맥을 이루므로 오
답이다.

어휘 heightened adj. 고조된 tension n. 갈등
conflict n. (물리적) 충돌 outbreak n. 발생

Part III

26 시제와 태 능동태와 수동태

난이도 ●●○

> (a) A: 오늘 밤 시상식에서 상을 수여받으실 예정이라고 들었
>   습니다.
> (b) B: 네! 위원회에서 저의 노력을 인정해 주다니 기쁘네요.
> (c) A: 수상 소감은 준비하셨겠군요?
> (d) B: 아직 다 끝나지는 않았지만, 잘 되어 가고 있어요.

정답 (a) to honor → to be honored

해설 (a)의 동사 hear의 목적어로 쓰인 절에서 주어 you와 동사

---

honor(수여하다)는 '상을 수여받다'라는 수동의 의미로 해석
되고, 타동사 honor 뒤에 목적어도 없다. 따라서 능동태 to
honor는 수동태 to be honored로 바뀌어야 맞다.

어휘 honor v. (상, 영예 등을) 수여하다 flatter v. 기쁘게 하다
recognize v. 인정하다
acceptance speech phr. 수상 소감, 수락 연설
come along phr. 되어 가다

---

27 품사 가산 명사와 불가산 명사

난이도 ●○○

> (a) A: Jake가 난폭 운전으로 면허 정지를 당했다는 소식 들었
>   어?
> (b) B: 응. 그는 일 때문에 운전을 많이 하기 때문에, 그것은 그를
>   곤경에 처하게 해.
> (c) A: 맞아. 그는 면허 정지보다 차라리 벌금형을 달라고 간청했
>   어.
> (d) B: 이곳의 법이 얼마나 엄격하게 집행되고 있는지 생각하면,
>   그는 거의 승산이 없었어.

정답 (a) drivings → driving

해설 (a)의 명사 driving은 불가산 명사로 부정관사와 함께 쓰이
지 않고 복수형으로 쓰이지도 않는다. 따라서 drivings는
driving으로 바뀌어야 맞다.

어휘 suspend v. 정지시키다, 유보하다 tough spot phr. 곤경
fine n. 벌금형 stand a chance phr. 승산이 있다
strictly adv. 엄격하게 enforce v. 집행하다

---

28 준동사 현재분사와 과거분사

난이도 ●●●

> (a) 소련의 붕괴를 이끈 결정적인 순간 중 하나는 소련 지도자 미
> 하일 고르바초프에 대한 실패한 쿠데타였다. (b) 1991년에, 고
> 르바초프의 개혁에 반대하는 공산주의 강경파들은 그를 구금하
> 고 비상사태를 선포했다. (c) 수천 명의 시위자들이 거리 시위에
> 나섰고 쿠데타로부터 러시아 의회를 보호하기 위해 인간 바리
> 케이드를 형성했다. (d) 군중에 둘러싸인 탱크 꼭대기에 올라가
> 서, 개혁파 보리스 옐친은 군중이 강경하게 버티고 쿠데타를 좌
> 절시키도록 촉구했다.

━○ 텝스 치트키

아래의 표현들은 전치사 to를 취하므로, 뒤에 명사나 동명사가 와야 한다.

object to = be opposed to = oppose ~에 반대하다
be used to = accustom oneself to ~하는 데 익숙하다
devote/dedicate/commit oneself to ~에 헌신하다, 전념하다
look forward to ~을 기대하다, 고대하다
when it comes to ~에 관한 한, ~에 관해서 말하다면

정답 (b) opposing → opposed

해설 (b)에서 분사의 수식을 받는 communist hard-liners(공
산주의 강경파들)와 oppose(반대하다)가 '반대하는 공산주
의 강경파들'이라는 능동의 의미로 해석되고, '~에 반대하다'
라는 의미의 표현은 be opposed to이므로, opposing은
opposed로 바뀌어야 맞다.

어휘 lead-up n. 이끄는(앞서가는) 것 coup n. 쿠데타
hard-liner n. 강경파 arrest n. 구금, 체포 declare v. 선포하다
take to the streets phr. 거리 시위에 나서다
barricade n. 바리케이드 parliament n. 의회
reformist n. 개혁파 hold v. 버티다 defeat v. 좌절시키다

29 접속사와 절 관계대명사

난이도 ●●●○

(a) 많은 사람이 근육량을 늘리는 가장 좋은 방법은 상대적으로 무거운 역기를 들어 올리는 것이라고 생각한다. (b) 하지만, 최근의 연구는 더 가벼운 역기를 들어 올리는 것도 똑같이 유익할 수 있다는 것을 시사한다. (c) 역기를 드는 사람들은 더 가벼운 무게로 들어 올리는 동작을 더 많이 완수하기만 하면 된다. (d) 이 연구 결과는 부상을 두려워하여 커다란 역기를 드는 것을 피하는 사람들에게 좋은 소식이다.

🔑 텝스 치트키

지시대명사 those는 'those + 전치사구/관계절/분사' 형태로 '~한 사람들'이란 의미로 쓰인다.

정답 (d) those avoid → those who avoid

해설 (d)는 '부상을 두려워하여 커다란 역기를 드는 것을 피하는 사람들에게 좋은 소식이다'라는 문맥으로, 관계절 avoid ~ injury는 주어가 없는 불완전한 절이므로 선행사 those와 관계절의 동사 avoid 사이에 주격 관계대명사 who가 없으면 틀리다. 따라서 those avoid는 those who avoid로 바뀌어야 맞다.

어휘 lift v. 들어 올리다 weight n. 역기, 바벨
equally adv. 똑같이 beneficial adj. 유익한
weightlifter n. 역기를 드는 사람, 역도 선수 injury n. 부상

30 품사 형용사와 부사

난이도 ●○○

(a) 전성기에, 동인도 회사는 전 세계 무역의 약 절반을 차지했으며, 이는 부분적으로 그 회사의 공격적인 전술 때문이었다. (b) 그 회사가 주로 상업에 초점을 맞췄지만, 그 회사는 민간 군대 또한 고용했다. (c) 그 회사는 인도의 넓은 지역을 통제하기 위해 군사력을 사용하여, 그 지역에서의 회사 사업을 용이하게 했다. (d) 그 회사는 마침내 인도와의 무역에 있어서 완전한 독점 체제를 발전시켰고 막대한 부와 정치적 권력을 축적했다.

정답 (b) primary → primarily

해설 (b)에서 동사 focused를 형용사 primary가 수식한 것은 틀리다. 동사를 수식하는 것은 형용사가 아니라 부사이므로, 형용사 primary는 부사 primarily로 바뀌어야 맞다.

어휘 height n. 전성기 account for phr. ~을 차지하다
roughly adv. 약, 대략 aggressive adj. 공격적인
tactic n. 전술 commerce n. 상업 employ v. 고용
vast adj. 넓은 facilitate v. 용이하게 하다
monopoly n. 독점 (체제), 독점권 amass v. 축적하다
wealth n. 부

READING COMPREHENSION

문제집 p. 149

Part I

1 빈칸 채우기 문장 일부

난이도 ●○○

Tim씨께,

_____ 것을 요청하기 위해 편지를 씁니다. 방금 회사 회장님이 함께 출장을 가자고 요청해서, 이번 주 금요일에 예정되었던 것처럼 발표를 하지 못할 거예요. 저와 함께 준비 작업을 하셨기 때문에, 당신은 내용을 잘 알고 있어요. 발표를 미룰 수 없을 것 같아서, 당신이 맡아주셨으면 합니다. 궁금한 점이 있다면, 망설이지 말고 연락 주세요.

Marsha

(a) 발표 날짜를 연기할
(b) 금요일 발표를 저 대신 해줄
(c) 제가 없는 동안 발표를 준비할
(d) 회장님을 위해 발표를 요약할

정답 (b)

해설 빈칸이 있는 문장 I'm writing to request that you _____ (_____ 것을 요청하기 위해 편지를 씁니다)를 통해, 글쓴이가 요청하는 사항을 빈칸에 넣어야 함을 알 수 있다. 이번 주 금요일에 예정되었던 것처럼 발표를 하지 못할 것이다(I won't be ~ this Friday)라고 한 후, 당신이 맡아주었으면 한다(so I'd like you to take charge)라고 했다. 이를 바탕으로 글쓴이가 '금요일 발표를 자신 대신 해줄' 것을 요청한다는 것을 알 수 있으므로 (b)가 정답이다.

어휘 request v. 요청하다 president n. 회장
presentation n. 발표 preparation n. 준비
take charge phr. 맡다 hesitate v. 망설이다
postpone v. 연기하다 deliver v. (발표 등을) 하다, 전달하다
summarize v. 요약하다

2 빈칸 채우기 문장 일부

난이도 ●●●

내가 프리랜서 사진작가가 되기 위해 정규직 직장을 그만뒀다는 말을 들으면, 사람들은 흔히 내가 용감하다고 말한다. 사람들은 독립적인 일자리를 향해 무미건조한 세계를 떠나는 사람들을 동경하는 것 같다. 그들은 프리랜서 일이 어떤 사람들에게는 다른 사람들에게 그런 것보다 덜 위험하다는 것을 알아차리지 못하는 것 같다. 나는 수입이 안정된 남편과 학자금 대출을 도와준 부모님이 있다. 대부분의 사람들과 달리, 나는 일이 잘 풀리지 않을 때를 대비해 의지할 수 있는 사람들이 인생에 있었다. 그래서 사람들이 나의 용감함을 칭찬할 때, 나는 그들에게 _____고 말해야 할 의무를 느낀다.

TEPS 서울대 텝스관리위원회 공식 기출문제집

(a) 프리랜서 일은 사실 꽤 어렵다
(b) 나는 아직도 내 결정에 대해 의심을 품는다
(c) 성공은 위험을 감수하는 데에서만 온다
(d) 나는 그저 운 좋게 안전망이 있다

정답 (d)

해설 빈칸이 있는 문장 So when people commend my bravery, I feel obliged to tell them that _____(그래서 사람들이 나의 용감함을 칭찬할 때, 나는 그들에게 ____고 말해야 할 의무를 느낀다)을 통해, 글쓴이가 사람들에게 말해야 할 의무를 느끼는 것이 무엇인지를 빈칸에 넣어야 함을 알 수 있다. 글쓴이는 일이 잘 풀리지 않을 때를 대비해 의지할 수 있는 사람들이 인생에 있었다(I had figures ~ work out)고 했다. 이를 바탕으로 글쓴이는 자신이 프리랜서 사진작가가 될 수 있었던 것이 의지할 수 있는 사람들, 즉 안전망이 있었기 때문이라고 생각한다는 것을 알 수 있다. 따라서 사람들에게 '자신은 그저 운 좋게 안전망이 있다'고 말할 의무를 느낀다고 표현한 (d)가 정답이다.

어휘 full-time job phr. 정규직, 상근직 courageous adj. 용감한
admire v. 동경하다 workaday adj. 무미건조한, 보통의
realize v. 알아차리다 steady adj. 안정적인
figure n. 사람, 인물 fall back on phr. ~에 의지하다, 기대다
work out phr. 잘 풀리다 bravery n. 용감함
feel obliged phr. 의무를 느끼다 doubt n. 의심
fortunate adj. 운 좋은

---

3 | **빈칸 채우기** **문장 일부** 난이도 ●●○

항생제 내성 증가에 대한 우려는 항생제의 불필요한 사용을 억제해야 한다는 요구로 이어졌다. 하지만, 최근의 연구들은 다른 요인들도 이 문제의 원인이 되고 있다는 것을 보여준다. 예를 들어, 일부 제초제 속 화학물질은 세균이 항생제의 영향을 덜 받게 만드는 것으로 밝혀졌다. 또한 식품 방부제와 그 밖의 흔한 제품들도 비슷한 효과를 낼 수 있다는 증거도 있다. 요컨대, 항생제 내성이 커지는 문제는 _____.

(a) 항생제의 남용 탓으로만 돌릴 수는 없다
(b) 시간이 지남에 따라 거의 틀림없이 계속 악화될 것이다
(c) 항생제에 대한 더 엄격한 규제를 필요로 한다
(d) 의료 분야를 넘어 문제를 일으키기 시작했다

정답 (a)

해설 빈칸이 있는 문장 In short, the issue of growing antibiotic resistance _____(요컨대, 항생제 내성이 커지는 문제는 ___)를 통해, 앞서 언급된 항생제 내성 문제의 요지를 빈칸에 넣어야 함을 알 수 있다. 항생제의 불필요한 사용을 억제해야 한다는 요구를 언급한 데 이어, 하지만, 최근의 연구들은 다른 요인들도 이 문제의 원인이 되고 있다는 것을 보여준다(However, recent studies ~ to the problem)고 했다. 이를 바탕으로 항생제 내성이 커지는 문제는 '항생제의 남용 탓으로만 돌릴 수는 없음'을 알 수 있으므로 (a)가 정답이다.

어휘 antibiotic n. 항생제 resistance n. 내성 curb v. 억제하다
contribute v. 원인이 되다 herbicide n. 제초제

---

render v. ~하게 만들다 susceptible adj. 영향을 받는
preservative n. 방부제 regulation n. 규제

4 | **빈칸 채우기** **문장 일부** 난이도 ●●○

독자분들께:

많은 독자분들이 칼럼니스트 Gillian Walsh를 고용하기로 한 저희의 결정을 비판했습니다. 저희는 정치적 문제에 대한 그녀의 시각이 여러분과 저희의 많은 정규 칼럼니스트들이 가진 시각과 상충할 수 있다는 것을 알고 있습니다. 하지만, 저희는 언론 매체로서 다양한 관점을 대변할 의무가 있다고 생각합니다. 그렇게 하는 것은 논의를 촉진하고 우리 모두가 보다 세밀한 입장을 발전시키는 것을 도와줍니다. 이러한 이유들로, 저희는 _____ 한 저희의 결정을 고수합니다.

The Greenburg Gazette

(a) 우리의 뚜렷한 정치적 성향을 유지하기로
(b) 정치 영역 밖의 문제를 논의하기로
(c) 기존과 다른 목소리를 낼 수 있는 기회를 제공하기로
(d) 다른 간행물의 칼럼니스트에게 도전하기로

정답 (c)

해설 빈칸이 있는 문장 For these reasons, we stand by our decision to _____(이러한 이유들로, 저희는 ___ 한 저희의 결정을 고수합니다)를 통해, The Greenburg Gazette가 어떤 결정을 고수하는지를 빈칸에 넣어야 함을 알 수 있다. Gillian Walsh의 시각이 많은 정규 칼럼니스트들이 가진 시각과 상충할 수 있다(her perspectives ~ our staff columnists)고 한 데 이어, 언론 매체로서 다양한 관점을 대변할 의무가 있다고 생각한다(we feel ~ diverse viewpoints)고 했다. 이를 바탕으로 The Greenburg Gazette가 '기존과 다른 목소리를 낼 수 있는 기회를 제공하기로' 한 결정을 고수함을 알 수 있으므로 (c)가 정답이다.

어휘 criticize v. 비판하다 hire v. 고용하다
perspective n. 시각, 관점 conflict v. 상충하다
news outlet phr. 언론 매체 represent v. 대변하다
diverse adj. 다양한 foster v. 촉진하다
nuanced adj. 세밀한 stand by phr. ~을 고수하다
orientation n. 성향 realm n. 영역
platform n. (의견 발표의) 기회 publication n. 간행물

---

5 | **빈칸 채우기** **문장 일부** 난이도 ●○○

연구는 아이를 키우는 것이 _____ 는 것을 입증했다. 부부에게 아이가 있을 경우, 부부는 몇 가지 중요한 변화를 겪는다. 부부는 흔히 서로를 연애의 파트너라기보다는 가정의 파트너로 보기 시작한다. 그 결과, 부부는 자신들의 요구보다는 아이의 요구에 관해 의견을 주고받는 것에 집중한다. 시간이 지남에 따라, 부모들은 파트너와의 관계에서 즐거움을 덜 얻는다고 전해진다. 자녀가 있는 부부가 이혼할 확률은 낮지만, 자녀가 없는 부부에 비해 결혼 여부나 소득수준에 관계없이 파트너에 대한 만족도가 떨어진다.

(a) 이혼 위험성 증가와 관련이 있다
(b) 저소득 부모들에게 특히 높은 스트레스를 야기한다
(c) 배우자 간의 의사소통 부족을 초래할 수 있다
(d) 부부들의 관계에 대한 만족도에 부정적으로 영향을 미친다

정답 (d)

해설 빈칸이 있는 문장 Research has shown that raising children ____(연구는 아이를 키우는 것이 ____는 것을 입증했다)을 통해, 연구가 아이를 키우는 것에 관해 입증한 내용을 빈칸에 넣어야 함을 알 수 있다. 부부에게 아이가 있을 경우(When a couple has a child), 시간이 지남에 따라, 부모들은 파트너와의 관계에서 즐거움을 덜 얻는다고 전해진다(Over time, parents ~ with their partner)고 했다. 이를 바탕으로 아이를 키우는 것이 '부부들의 관계에 대한 만족도에 부정적으로 영향을 미친다'는 것을 알 수 있으므로 (d)가 정답이다.

어휘 go through phr. 겪다 transition n. 변화
domestic adj. 가정의 romantic adj. 연애의 derive v. 얻다
divorce v. 이혼하다 marital adj. 결혼의 spouse v. 배우자
adversely adv. 부정적으로

---

6 빈칸 채우기 문장 일부

난이도 ●●○

Northern Railways와 기관사 노조 사이의 장기화된 분쟁이 계속될 전망이다. 노조 소식통은 철도 회사가 제시한 최근의 합의안을 거절할 것임을 암시했다. 합의서에 서명이 되지 않는 한, 이미 철도 회사에 화가 난 통근자들은 추가적인 서비스 중단에 직면할 것이다. 파업이 3주 차에 접어들었음에도 불구하고, 많은 통근자들은 여전히 편리한 대안을 찾지 못했고 그들의 문제에 대해 철도 회사를 비난하고 있다. 이러한 상황에 비추어 볼 때, 노조의 강경한 입장은 Northern Railways가 _____ 위해 그것의 제안을 더 받아들이기 좋게 하도록 압력을 가할 것이다.

(a) 더 많은 노동자들의 파업을 막기
(b) 파업이 일어나지 않도록 하기
(c) 고객을 더 이상 화나게 하는 것을 방지하기
(d) 다른 철도 회사와의 경쟁력을 유지하기

정답 (c)

해설 빈칸이 있는 문장 the union's hardline stance ~ in order to ____(노조의 강경한 입장은 Northern Railways가 ____ 위해 그것의 제안을 더 받아들이기 좋게 하도록 압력을 가할 것이다)를 통해, 제안을 더 받아들이기 좋게 하도록 할 요인을 빈칸에 넣어야 함을 알 수 있다. 파업이 3주 차에 접어들었음에도 불구하고 많은 통근자들이 여전히 편리한 대안을 찾지 못했고 그들의 문제에 대해 철도 회사를 비난하고 있다(Even though ~ blame the railway for their troubles)고 했다. 이를 바탕으로 Northern Railways가 '고객을 더 이상 화나게 하는 것을 방지하기' 위해 제안을 더 받아들이기 좋게 하리라는 것을 알 수 있으므로 (c)가 정답이다.

어휘 prolonged adj. 장기화된 dispute n. 분쟁
set to phr. ~할 전망인 insider n. 소식통, 내부자

---

hint v. 암시하다 commuter n. 통근자
exasperated adj. 화가 난 disruption n. 중단
strike n. 파업 alternative n. 대안
in light of phr. ~에 비추어 볼 때 hardline adj. 강경한
sweeten v. 더 받아들이기 좋게 하다

---

7 빈칸 채우기 문장 일부

난이도 ●●●

수백 년 동안 읽히지 않은 채 방치된 후, 고대 로마 시인 루크레티우스의 서사시 「De rerum natura」는 1417년에 재발견되었다. 이 시의 원자론적 세계관은 르네상스 시대 독자들에게 충격을 주었는데, 그들은 대개 우주가 신에 의해 인류를 위해 창조되었으며 인간은 불멸의 영혼을 지닌다고 믿었다. 루크레티우스에게, 존재하는 모든 것은 계속해서 분해되고 재결합되는 작은 물리적 입자로 구성되어 있었다. 이 견해에 따르면, 인간은 다른 생명체들과 똑같이 전적으로 물리 법칙에 의해서만 좌우되는 세계의 거주자들이었다. 1417년에, 그러한 주장은 매우 골칫거리였다. 결국, 그 주장을 곰곰이 생각하는 것은 _____ 가능성에 마음을 여는 것을 수반했다.

(a) 사람들이 알 수 없는 영적 법칙의 지배를 받을
(b) 우주 자체가 마침내 소멸하게 될
(c) 물리적 세계가 영적 세계에 종속되어 있을
(d) 인간이 이 우주에서 특별한 지위를 차지하지 않을

정답 (d)

해설 빈칸이 있는 문장 After all, pondering ~ the possibility that ____(결국, 그 주장을 곰곰이 생각하는 것은 ____ 가능성에 마음을 여는 것을 수반했다)을 통해, 루크레티우스의 주장이 어떤 가능성에 마음을 여는 것을 수반했는지를 빈칸에 넣어야 함을 알 수 있다. 루크레티우스의 견해에 따르면 인간은 다른 생명체들과 똑같이 전적으로 물리 법칙에 의해서만 좌우되는 세계의 거주자들이었다(According to ~ physical laws)고 설명했다. 이를 바탕으로 이 주장을 곰곰이 생각하는 것이 '인간이 이 우주에서 특별한 지위를 차지하지 않을' 가능성에 마음을 여는 것을 수반했음을 알 수 있으므로 (d)가 정답이다.

어휘 languish v. 방치되다, 괴로운 생활을 하다
epic poem phr. 서사시 atomistic adj. 원자론적인
supreme being phr. 신 for the sake of phr. ~을 위해
possess v. 지니다 immortal adj. 불멸의
particle n. 입자 disintegrate v. 분해되다
recombine v. 재결합되다 denizen n. 거주자, 생물
exclusively adv. 전적으로 assertion n. 주장
profoundly adv. 매우 ponder v. 곰곰이 생각하다
entail v. 수반하다 be subject to phr. ~의 지배를 받다
subordinate adj. 종속된 spiritual adj. 영적인
occupy v. 차지하다

---

8 빈칸 채우기 문장 일부

난이도 ●●○

옐로스톤 국립 공원의 초창기에, 영업권 보유자들은 늘어나는 수의 방문객을 수용하기 위해 공원의 새로운 지역을 개발하였다. 기존의 규정 때문에, 이들이 처음 지은 시설은 모두 공원의 주요 자연 명소에서 4분의 1마일 이상 떨어져 있었고, 그래서 명소의

자연 환경이 보호됐다. 그러나, 더 많은 고객을 유치하기 위해, 영업권 보유자들은 결국 건축 제한을 8분의 1마일로 줄였고, 그 결과 그들은 환경에 대한 고려 없이 재빨리 새 호텔을 세웠다. 이 사업들은 공원의 경관을, 흔히 더 나쁜 방향으로 바꾸었지만, 영업권 보유자들에게는 _____.

(a) 공원을 확장하는 것이 관광업을 장려하는 유일한 방법이었다
(b) 건물을 명소로부터 더 멀리 옮기는 것은 유익해 보였다
(c) 정부 규제에 이의를 제기하는 것은 대체로 가망이 없어 보였다
(d) 관광업을 이용하는 것이 자연을 보존하는 것보다 우선했다

정답 (d)

해설 빈칸이 있는 문장 These projects ~ but for concessionaires ____(이 사업들은 ~ 영업권 보유자들에게는 ___)를 통해, 지문에서 설명한 사업들이 영업권 보유자들에게 어떠했는지를 빈칸에 넣어야 함을 알 수 있다. 더 많은 고객을 유치하기 위해 영업권 보유자들이 건축 제한을 8분의 1마일로 줄였고, 그 결과 환경에 대한 고려 없이 호텔을 세웠다(In a bid ~ for the environment)고 했다. 이를 바탕으로 영업권 보유자들에게는 '관광업을 이용하는 것이 자연을 보존하는 것보다 우선했다'는 것을 알 수 있으므로 (d)가 정답이다.

어휘 concessionaire n. 영업권 보유자
accommodate v. 수용하다 attraction n. 명소
in a bid to phr. ~하기 위해 whereupon conj. 그 결과
alter v. 바꾸다 challenge v. 이의를 제기하다
capitalize on phr. ~을 이용하다, 기회로 삼다
take precedence over phr. ~보다 우선하다
preserve v. 보존하다

---

9 빈칸 채우기 연결어
난이도 ●○○

전 세계의 도시들은 종래의 가로등을 발광 다이오드(LED)로 교체하고 있다. LED는 더 에너지 효율적이기 때문에, 도시가 자원을 절약하도록 도울 수 있다. 하지만, LED는 종래의 조명보다 밝기 때문에, 더 많은 빛 공해를 유발한다. 일부 전문가들은 이러한 추가적인 빛 공해가 부정적인 영향을 미칠 수 있다고 우려한다. _____, 빛 공해는 사람들의 수면 주기를 해치거나 동물들의 야간 활동을 방해할 수 있다.

(a) 그러므로
(b) 상관없이
(c) 게다가
(d) 예를 들어

정답 (d)

해설 빈칸 앞 문장은 추가적인 빛 공해가 부정적인 영향을 미칠 수 있다는 내용이고, 빈칸 뒤 문장은 앞 문장에 대한 예시로 빛 공해가 사람들의 수면 주기를 해치거나 동물들의 야간 활동을 방해할 수 있다는 내용이다. 따라서 보기 중 예시를 나타내는 (d) For instance(예를 들어)가 정답이다.

어휘 replace v. 교체하다 efficient adj. 효율적인
pollution n. 공해 interfere v. 해치다 disrupt v. 방해하다

---

10 빈칸 채우기 연결어
난이도 ●●○

독특한 맛이나 강한 냄새가 있는 많은 식품들은 흔히 후천적 기호 식품이라고 불린다. 그 예시로는 두리안 열매와 아스파라거스 등이 있다. 사람들은 흔히 이 식품들에 대한 애호가 서서히 생기기에 앞서 그것들을 혐오하기 시작한다. 때때로 사람들은 이 식품들을 반복적으로 먹어봄으로써 그것들에 대한 자신들의 생각을 바꾼다. _____, 그들은 나이가 듦에 따라 견해가 변해서, 어렸을 때 싫어했던 식품들이 갑자기 맛있어 보인다는 것을 알게 될지도 모른다.

(a) 그렇지 않으면
(b) 그 후
(c) 한편
(d) 또는

정답 (d)

해설 빈칸 앞 문장은 사람들이 후천적 기호 식품들을 반복적으로 먹어봄으로써 그것들에 대한 자신들의 생각을 바꾼다는 내용이고, 빈칸 뒤 문장은 나이가 듦에 따라 견해가 변해서 어렸을 때 싫어했던 식품들이 갑자기 맛있어 보인다는 내용이다. 후천적 기호 식품에 대한 생각이 바뀌는 두 가지 원인을 나열하므로 보기 중 (d) Alternatively(또는)가 정답이다.

어휘 distinctive adj. 독특한 odor n. 냄새
refer to phr. ~로 부르다, 언급하다 acquired adj. 후천적인
detest v. 혐오하다 fondness n. 애호

Part II

11 어색한 문장 골라내기
난이도 ●●○

연구는 아시아 코끼리에게 예리한 공감 능력이 있다는 것을 입증한다. (a) 과학자들은 이 코끼리들이 서로의 감정을 인지할 수 있다는 것을 나타내는 다양한 행동들을 확인했다. (b) 예를 들어, 한 코끼리가 불안해할 때, 다른 코끼리들이 때때로 코로 편안하게 그 코끼리를 쓰다듬는다. (c) 어떤 경우에는, 코끼리들이 다른 코끼리들의 고통에 반응하여 조난 신호를 하는 것이 관찰되기도 했다. (d) 아시아 코끼리는 또한 흔히 그들의 귀, 꼬리, 그리고 코를 사용하여 다양한 방법으로 자신들의 의도를 전달한다.

정답 (d)

해설 첫 문장에서 연구가 아시아 코끼리에게 예리한 공감 능력이 있다는 것을 입증한다고 했다. (a)에서 코끼리들이 서로의 감정을 인지할 수 있다는 것을 나타내는 다양한 행동을 확인했다고 한 후, (b)와 (c)에서 그 행동의 예시를 나열했다. 반면 (d)의 '아시아 코끼리의 의사소통 방법'은 첫 문장의 '아시아 코끼리의 공감 능력'과 관련이 없으므로 (d)가 정답이다.

어휘 keen adj. 예리한 empathy n. 공감 identify v. 확인하다
recognize v. 인지하다 agitated adj. 불안해하는
stroke v. 쓰다듬다 trunk n. (코끼리의) 코 distress n. 조난
intention n. 의도

12 어색한 문장 골라내기 난이도 ●●●○

프리미엄 패션 유통업체 Summersby는 신규 시장으로의 확장이 원활히 이뤄질 수 있게 하기 위한 조치를 취하고 있다. (a) 인기를 이용해서 돈을 벌기에 급급하기보다, Summersby는 신규 점포 개설에 느긋한 접근법을 취하기로 결정했다. (b) 신입 직원을 수개월 전에 미리 채용함으로써, Summersby는 직원들이 고객을 만나기 전에 확실하게 잘 훈련이 되어있도록 하고 있다. (c) 최근 몇 년간 그 회사가 경험한 안정적인 성장은 극적으로 증가한 수익으로 이어졌다. (d) 그 회사는 또한 국내에서 가장 붐비는 쇼핑몰 몇 곳에 새로운 점포를 신중하게 선정하고 있다.

정답 (c)

해설 첫 문장에서 Summersby가 신규 시장으로의 확장이 원활히 이뤄질 수 있게 하기 위한 조치를 취하고 있다고 했다. (a)에서는 Summersby가 신규 점포 개설에 느긋한 접근법을 취하기로 결정했다고 했고, (b)에서는 직원들이 고객을 만나기 전에 잘 훈련이 되어있도록 하고 있다고 했으며, (d)에서는 가장 붐비는 쇼핑몰 몇 곳에 새로운 점포를 신중하게 선정하고 있다고 언급했다. 반면 (c)의 '최근 몇 년간 그 회사가 경험한 안정적인 성장'은 첫 문장의 '신규 시장으로의 확장이 원활히 이뤄질 수 있게 하기 위한 조치'와는 관련이 없으므로 (c)가 정답이다.

어휘 retailer n. 유통업체, 소매상 expansion n. 확장
cash in on phr. ~을 이용해서 돈을 벌다

Part Ⅲ

13 중심 내용 주제 난이도 ●○○

발신: Hotel Pro
수신: Maxwell Powell
제목: 놓치고 싶지 않으실 겁니다!

저희 사이트가 마음에 드시나요? 사랑을 공유하세요!

친구들이 좋은 상품을 찾을 수 있도록 도와주면서 추가 할인을 받고 싶으신가요? 그렇다면 오늘 www.hotelpro.biz/promotion 에 방문하세요. 소셜 미디어에 공유할 수 있는 개인용 링크를 제공해드리겠습니다. 여러분의 링크를 통해 호텔을 예약하는 사람 한 명당, 예약 시 15% 할인이 되는 쿠폰을 여러분께 드립니다! 친구들, 그리고 여러분 자신이 휴가 비용을 절약하는 것을 도우세요!

Q: 주로 광고되고 있는 것은 무엇인가?

(a) 저렴한 호텔에 대한 리뷰가 있는 웹사이트
(b) 호텔의 단골 손님을 위한 판촉 상품
(c) 호텔의 대규모 단체 예약에 대한 할인
(d) 호텔 예약 웹사이트 추천에 대한 보상

정답 (d)

해설 지문의 주제를 묻는 문제이다. 친구들이 좋은 상품을 찾을 수 있도록 도와주면서 추가 할인을 받고 싶은지(Want to earn extra discounts while helping your friends find great deals?) 물은 후, 호텔 예약 사이트 링크를 공유하고 할인 쿠폰을 받는 방법을 설명하고 있다. 이를 '호텔 예약 웹사이트 추천에 대한 보상'이라고 종합한 (d)가 정답이다.

어휘 discount n. 할인 budget adj. 저렴한
promotion n. 판촉 상품 reward n. 보상

---

14 중심 내용 주제 난이도 ●○○

과학자들은 제주도 남쪽 해안을 따라 독이 있는 검은띠 큰바다뱀의 개체 수 증가를 인지했다. 이 목격은 이례적인데, 이 뱀들이 보통 일본과 대만 인근의 더 따뜻한 서태평양 해역에서 발견되기 때문이다. 과학자들은 기후 변화가 제주도 주변 해역을 그 뱀들에게 더 알맞게 만듦으로써 뱀들의 분포 구역을 확대하고 있다는 이론을 세운다. 이 추세가 계속됨에 따라, 그 생물들은 한국 해역에 한층 더 널리 퍼질 것 같다.

Q: 검은띠 큰바다뱀에 대해 주로 보도되고 있는 것은 무엇인가?

(a) 그것들의 목격이 제주도에서 커져가는 우려를 낳고 있다.
(b) 제주도의 변화하는 기후에 적응하기 위해 고군분투하고 있다.
(c) 현재는 일본이나 대만보다 제주도에서 더 흔하다.
(d) 기후 변화는 그것들이 제주도에서 더 자주 출몰하게끔 하고 있다.

정답 (d)

해설 검은띠 큰바다뱀에 대한 지문의 주제를 묻는 문제이다. 기후 변화가 제주도 주변 해역을 검은띠 큰바다뱀들에게 더 알맞게 만듦으로써 뱀들의 분포 구역을 확대하고 있다(climate change ~ the snakes)고 한 후, 이 뱀들이 한국 해역에 한층 더 널리 퍼질 것 같다(the creatures ~ in Korean waters)고 했다. 이를 '기후 변화는 그것들이 제주도에서 더 자주 출몰하게끔 하고 있다'라고 종합한 (d)가 정답이다.

어휘 venomous adj. 독이 있는 sea krait phr. 큰바다뱀
sighting n. 목격 theorize v. 이론을 세우다
range n. 분포 구역 hospitable adj. 알맞은
prevalent adj. 널리 퍼진 struggle v. 고군분투하다

---

15 중심 내용 요지 난이도 ●●●

성 평등을 고취하려는 노력에도 불구하고, 남성과 여성 사이에는 여전히 임금 격차가 존재한다. 이 격차의 원인이 되는 한 가지 요인은 여성이 자신들의 경력을 희생하면서 부모로서의 의무 중 대부분을 떠맡는 경향이 있다는 것이다. 결과적으로, 여성은 근무 경력 면에서 남성에게 뒤처지고, 이는 궁극적으로 더 낮은 평균 급여로 반영된다. 직장 내 성 평등 확대를 위해서는, 육아 역할에 대한 사회적 기대가 변화해야 한다.

Q: 성별 간 임금 격차에 대한 글쓴이의 요점은 무엇인가?

(a) 많은 부모로 하여금 가사 노동을 불평등하게 분배할 수밖에 없게 한다.
(b) 여성의 노동을 과소평가하는 사회의 경향으로부터 비롯된다.

(c) 많은 여성이 부모가 되기 위해 경력을 포기하게 만든다.
(d) 부모로서의 의무를 우선시하는 여성의 선택에서 부분적으로 기인한다.

정답 (d)

해설 성별 간 임금 격차에 대한 글쓴이의 요점을 묻는 문제이다. 임금 격차의 원인이 되는 한 가지 요인은 여성이 자신들의 경력을 희생하면서 부모로서의 의무 중 대부분을 떠맡는 경향이 있다는 것(One factor contributing ~ at the expense of their careers)이라고 했다. 이를 '부모로서의 의무를 우선시하는 여성의 선택에서 부분적으로 기인한다'라고 종합한 (d)가 정답이다.

어휘 promote v. 고취하다 pay gap phr. 임금 격차
contribute v. 원인이 되다 assume v. 떠맡다
at the expense of phr. ~을 희생하면서
prioritize v. 우선시하다

---

16 중심 내용 주제
난이도 ●●○

캄보디아에는 cham bab, pradal serey, bokator와 같이 수백 년간 이어져 온 무술의 전통이 있다. 하지만, 1970년대에, 캄보디아 지도자들은 공산주의 반란에 의해 전복되었고, 잔혹한 크메르 루주 정권이 권력을 잡았다. 그 후 몇 년 동안, 많은 전통 무술 고수들이 살해당했고, 그 무술은 거의 사라졌다. 최근에서야 그 무술들은 잠정적인 부흥을 겪었다. 이제 남아있는 고수들은 그들의 수련법에 대한 지식을 전수하기 위해 다시 한번 시도하고 있으며, 소수의 체육관에서 젊은 세대를 훈련시키고 있다.

Q: 캄보디아 전통 무술에 대해 글쓴이가 주로 말하는 것은 무엇인가?

(a) 거의 사라졌다가 되살아나고 있다.
(b) 오늘날의 고수들 덕분에 인기를 되찾았다.
(c) 크메르 루주에 의해 금지되었음에도 불구하고 번창했다.
(d) 크메르 루주의 몰락 이후 현대화되었다.

정답 (a)

해설 지문의 주제를 묻는 문제이다. 캄보디아에서 많은 전통 무술 고수들이 살해당했고 전통 무술이 거의 사라졌다(many traditional ~ nearly vanished)고 한 후, 이제 남아있는 고수들은 그들의 수련법에 대한 지식을 전수하기 위해 다시 한번 시도하고 있다(Now the remaining ~ their disciplines)고 설명했다. 이를 캄보디아 전통 무술이 '거의 사라졌다가 되살아나고 있다'라고 종합한 (a)가 정답이다.

어휘 martial art phr. 무술 overthrow v. 전복하다
insurgency n. 반란 brutal adj. 잔혹한
take power phr. 권력을 잡다 tentative adj. 잠정적인
renewal n. 부흥 attempt v. 시도하다
discipline n. 수련법

---

17 세부 정보 Correct
난이도 ●○○

살사 수업이 곧 시작됩니다!

[a]Salsa Sensations가 이번 달 Springfield에서 초보자들을 위한 또 다른 수업을 개설할 예정입니다!

시간: 목요일 밤 8시부터 밤 9시 30분까지
장소: Shakeit Club 지하 스튜디오
요금: 4회 레슨에 60달러

✓ [b]등록자 수는 12명 이내로 제한되며, 수업이 진행되려면 최소 6명이 필요합니다.
✓ [c]첫 수업 전에 전액을 지불하셔야 합니다.
✓ [d]레슨 후 클럽이 새벽 2시에 문을 닫을 때까지 위층에서 동작을 연습하세요.
✓ 클럽의 좌석료는 무료이며 음료는 5달러부터입니다.

salsasensations.com에서 등록하세요!

Q: 다음 중 광고의 내용과 일치하는 것은?

(a) 이 수업은 다양한 실력 수준의 댄서들을 위한 것이다.
(b) 등록자 수는 수업당 6명을 초과할 수 없다.
(c) 참가자들은 각 수업 회차 요금을 따로따로 지불할 수 있다.
(d) 클럽은 수업이 끝난 후 자유 댄스를 진행한다.

정답 (d)

해설 광고의 내용과 일치하는 것을 묻는 문제이다. 레슨 후 클럽이 새벽 2시에 문을 닫을 때까지 위층에서 동작을 연습하라(Practice your moves upstairs after the lesson until the club closes at 2 a.m.)고 했다. 이를 '클럽은 수업이 끝난 후 자유 댄스를 진행한다'라고 바꾸어 표현한 (d)가 정답이다.

오답분석
(a) 초보자들을 위한 수업이라고 했으므로, 이 수업이 다양한 실력 수준의 댄서들을 위한다는 것은 지문의 내용과 다르다.
(b) 등록자 수는 12명 이내로 제한된다고 했으므로, 등록자 수가 수업당 6명을 초과할 수 없다는 것은 지문의 내용과 다르다.
(c) 첫 수업 전에 전액을 지불해야 한다고 했으므로, 각 수업 회차 요금을 따로따로 지불할 수 있다는 것은 지문의 내용과 다르다.

어휘 basement n. 지하 registration n. 등록자 수
payment n. 지불 cover charge phr. 좌석료, 봉사료
host v. 진행하다, 주최하다

---

18 세부 정보 육하원칙
난이도 ●○○

에티오피아 북부에 위치한 Dallol 화산은 관광지로서는 생각지도 못한 곳처럼 보일지도 모른다. 따지고 보면, 그 주변 지역은 언제나 섭씨 46도를 초과하는, 지구상에서 가장 더운 거주지이다. 하지만, 여행자들은 그곳에 있는 밝은 색깔의 유황 지형에 경탄하기 위해 Dallol에 온다. 땅속 깊은 곳으로부터 밀려 올라온 광물로 가득 찬 이 지형은 화산을 이루는 넓고 평평한 분화구 곳곳에서 볼 수 있다. Dallol 화산이 1926년 이후로 분화한 적이 없기는 하지만, 여전히 활화산이고 유독 가스와 강산을 포함하고 있기 때문에 그 지역 방문자들은 조심해야 한다.

Q: 많은 관광객들은 왜 Dallol 화산을 찾는가?

(a) 높은 봉우리에서 타는 듯한 가스를 방출한다.
(b) 온화한 기후를 가진 지역에 위치해 있다.
(c) 정기적인 분화를 목격할 기회를 제공한다.
(d) 시각적으로 인상적인 광물 지형을 포함하고 있다.

정답 (d)

해설 많은 관광객들이 Dallol 화산을 찾는 이유를 묻는 문제이다. 여행자들은 그곳에 있는 밝은 색깔의 유황 지형에 경탄하기 위해 Dallol에 온다(travelers come to ~ sulfur formations)고 한 후 이 지형이 땅속 깊은 곳으로부터 밀려 올라온 광물로 가득 찼다(These formations, filled with minerals ~ within the ground)고 했다. 이를 '시각적으로 인상적인 광물 지형을 포함하고 있다'라고 바꾸어 표현한 (d)가 정답이다.

어휘 unlikely adj. 생각지도 못한 inhabited adj. (사람이) 거주하는 regularly adv. 언제나, 정기적으로 marvel v. 경탄하다 sulfur n. 유황 formation n. 지형, 암층 crater n. 분화구 erupt v. 분화하다 witness v. 목격하다

---

19 세부 정보 Correct

난이도 ●●○

GR Tech

사직 의례

(a)직원이 사직하는 경우에, 관리자는 다음 조치들을 취해야 한다:

- (b)서면이든 구두든 직원의 사직 통지를 받으면, 관리자는 서면 확인으로 응답해야 한다.
- 그 후 관리자는 직원과 함께 퇴직 통지서를 제출하여 인사 및 회계 부서로 보내야 한다. 세금 서류가 직원의 집 주소로 발송되기 때문에, (c)통지서에는 최신의 연락처 정보가 포함되어야 한다.
- 마지막으로, 관리자는 반드시 직원이 마지막 근무일에 모든 회사 자료를 인계하게끔 해야 한다.

Q: 다음 중 지문의 내용과 일치하는 것은?

(a) 이 의례는 관리자의 사직에만 적용된다.
(b) 관리자 확인은 서면 또는 구두로 이루어질 수 있다.
(c) 연락처 정보는 퇴직 통지서에 필수이다.
(d) 직원은 마지막 근무일 이전에 세금 서류를 전달받는다.

정답 (c)

해설 지문의 내용과 일치하는 것을 묻는 문제이다. 통지서에는 최신의 연락처 정보가 포함되어야 한다(Up-to-date contact details must be included on the form)고 했다. 이를 '연락처 정보는 퇴직 통지서에 필수이다'라고 바꾸어 표현한 (c)가 정답이다.

오답분석
(a) 직원이 사직하는 경우에 관리자가 조치들을 취해야 한다고 했으므로, 이 의례가 관리자의 사직에만 적용된다는 것은 지문의 내용과 반대된다.
(b) 직원의 사직 통지를 받으면 관리자는 서면 확인으로 응답해야 한다고 했으므로, 관리자 확인이 서면 또는 구두로 이루

어질 수 있다는 것은 지문의 내용과 다르다.
(d) 세금 서류가 직원의 집 주소로 발송된다고는 했지만, 세금 서류가 마지막 근무일 이전에 전달되는지는 알 수 없다.

어휘 resignation n. 사직 protocol n. 의례, 의식 supervisor n. 관리자 confirmation n. 확인 separation n. 퇴직, 분리 accounting n. 회계 up-to-date adj. 최신의 hand in phr. ~을 인계하다

---

20 세부 정보 Correct

난이도 ●●○

보츠와나 북서부의 오카방고 삼각주는 세계에서 가장 큰 내륙 삼각주 중 하나이다. (a)/(b)보츠와나의 건기 동안 매년 오카방고 강에서 범람한 물과 우기 동안 내린 강우량은 그 삼각주의 거대한 영구 습지 및 계절에 따라 범람하는 초원 지역에 흘러든다. (c)토종 동식물의 생물학적 주기는 이 지역의 계절에 따른 비와 홍수의 패턴과 조화를 이룬다. (d)이 삼각주는 바다로 나가는 출구가 없기 때문에, 삼각주의 물은 아프리카 열곡 대지구대의 또 다른 지역인 칼라하리 사막의 모래로 흘러 들어간다.

Q: 다음 중 오카방고 삼각주에 대한 내용과 일치하는 것은?

(a) 보츠와나의 건기에 완전히 바싹 마른다.
(b) 일 년 내내 습지를 유지하기에는 비가 너무 적게 내린다.
(c) 계절에 따른 홍수가 지역의 식물과 야생 생물에 해를 끼친다.
(d) 물이 바다로 직접 흘러나가지 않는다.

정답 (d)

해설 오카방고 삼각주에 대한 내용과 일치하는 것을 묻는 문제이다. 이 삼각주는 바다로 나가는 출구가 없다(the delta lacks an outlet to the sea)고 했다. 이를 '물이 바다로 직접 흘러나가지 않는다'라고 바꾸어 표현한 (d)가 정답이다.

오답분석
(a) 보츠와나의 건기에는 오카방고 강에서 매년 물이 범람한다고 했으므로, 보츠와나의 건기에 완전히 바싹 마른다는 것은 지문의 내용과 반대된다.
(b) 우기 동안 내린 강우량이 그 삼각주의 거대한 영구 습지에 흘러든다고 했으므로, 일 년 내내 습지를 유지하기에는 비가 너무 적게 내린다는 것은 지문의 내용과 반대된다.
(c) 토종 동식물의 생물학적 주기가 이 지역의 계절에 따른 비와 홍수의 패턴에 조화를 이룬다고 했으므로, 계절에 따른 홍수가 지역의 식물과 야생 생물에 해를 끼친다는 것은 지문의 내용과 반대된다.

어휘 delta n. 삼각주 precipitation n. 강우(량) permanent adj. 영구적인 swamp n. 습지 harmonize v. 조화를 이루다 outlet n. 출구

---

21 세부 정보 Correct

난이도 ●●○

National Business Monitor	10월 22일

기업 뉴스

FilmFlow가 행동을 개시하다

Rob Farrow

(a)온라인 영화 스트리밍 대기업 FilmFlow가 다음 달에 월 구독 요금을 인상한다. 이러한 움직임은 예상하지 못했던 것이 아니었으며, (b)일부 업계 분석가들은 이 변화를 몇 개월 동안 예상했다. (c)FilmFlow는 몇 주 후에 방영이 시작될 것으로 예상되는 새로운 고유 콘텐츠 제작 비용을 충당할 필요성을 이유로 들었다. 이 신규 콘텐츠에 대한 그 기업의 지속적인 지출에 대한 우려로 인해 그 기업의 주가는 지난달 2% 하락했다. (d)FilmFlow는 자사 주가를 방어하기 위해 발 빠르게 행동하고 있는데, 주가는 오늘 발표로 이미 반등하고 있다.

Q: 다음 중 FilmFlow에 대한 내용과 일치하는 것은?

(a) 이용 요금 인상은 몇 달 후에 시행될 것이다.
(b) 요금 인상으로 업계를 깜짝 놀라게 했다.
(c) 이미 새로운 고유 콘텐츠를 공개하기 시작했다.
(d) 요금 인상 소식에 주가가 올랐다.

정답 (d)

해설 FilmFlow에 대한 내용과 일치하는 것을 묻는 문제이다. FilmFlow의 구독 요금 인상 발표에 관한 기사에서, FilmFlow의 주가가 오늘 발표로 이미 반등하고 있다(FilmFlow ~ its share price, which is already rallying on today's announcement)고 했다. 이를 '요금 인상 소식에 주가가 올랐다'라고 바꾸어 표현한 (d)가 정답이다.

오답분석
(a) FilmFlow가 다음 달에 월 구독 요금을 인상한다고 했으므로, 이용 요금 인상이 몇 달 후에 시행된다는 것은 지문의 내용과 다르다.
(b) 일부 업계 분석가들은 이 변화를 몇 개월 동안 예상했다고 했으므로, 요금 인상으로 업계를 깜짝 놀라게 했다는 것은 지문의 내용과 반대된다.
(c) 새로운 고유 콘텐츠가 몇 주 후에 방영이 시작될 것으로 예상된다고 했으므로, 이미 새로운 고유 콘텐츠를 공개하기 시작했다는 것은 지문의 내용과 다르다.

어휘 subscription n. 구독 fee n. 요금 cite v. 이유로 들다
air v. 방영되다 share n. 주식 swiftly adv. 발 빠르게
rally v. 반등하다, 회복하다 take effect phr. 시행되다

22 세부 정보 육하원칙
난이도 ●○○

브라질의 섬유 및 패션 산업은 거대하며, 그 나라에서 두 번째로 큰 고용의 원천이다. 약 3만 개의 섬유 회사가 그 국가에서 운영되고 있으며 공정한 노동 기준을 고수하는 것으로 잘 알려져 있다. 그러나, 이 기준은 다른 나라의 동일한 부문(섬유 산업)을 초과하는 생산 비용을 초래했다. 브라질 섬유 산업은 또한 국내 시장 공급에 집중을 했는데, 생산량의 85%가 국내 시장에 머문다. 이는 브라질이 튼튼한 해외 고객 기반에 의지하지 못한 채 중국으로부터 들어오는 값싼 수입품과 씨름할 수밖에 없게 만들었다.

Q: 브라질 섬유 산업이 어려움에 직면한 한 가지 이유는 무엇인가?

(a) 수출 시장 공급에 과도하게 의존한다.
(b) 불공정한 노동자 처우에 대한 비판에 직면했다.

(c) 노동 기준이 높은 생산 비용으로 이어졌다.
(d) 노동자들은 세계적으로 경쟁하기 위한 충분한 기술이 부족하다.

정답 (c)

해설 브라질 섬유 산업이 어려움에 직면한 한 가지 이유가 무엇인지 묻는 문제이다. 브라질의 섬유 회사가 공정한 노동 기준을 고수하는 것으로 잘 알려져 있다(textile companies ~ fair labor standards)고 한 후, 이 기준은 다른 나라의 동일한 부문(섬유 산업)을 초과하는 생산 비용을 초래했다(Such standards ~ other countries)고 했다. 이를 '노동 기준이 높은 생산 비용으로 이어졌다'라고 바꾸어 표현한 (c)가 정답이다.

어휘 textile n. 섬유 operate v. 운영되다
adherence n. 고수, 충실 sector n. 부문
domestic adj. 국내의 output n. 생산량
grapple v. 씨름하다, 고심하다
fall back on phr. ~에 의지하다 reliant adj. 의존하는
adequate adj. 충분한

23 추론 Infer
난이도 ●○○

작년에, 제 딸은 제게 네 살배기 손녀를 근무 시간에 돌봐달라고 부탁했습니다. (b)저는 기꺼이 하고자 했고 그녀에게 식사와 활동 비용을 부담하라고만 부탁했습니다. 이 방식이 처음에는 효과가 있는 것처럼 보였지만, 결국 제 딸은 비용이 그렇게 많이 들 것이라고 예상하지 못했다고 인정했습니다. (c)저는 손녀를 데리고 나가는 것은 좋아하지만 저의 고정 수입으로는 그럴 여유가 없다고 설명했습니다. 그녀는 이해한다고 말했지만 여전히 비용이 부담스럽다고 말했습니다. 그래서 우리는 타협에 도달했고, (c)이제 저는 집에서 손녀를 즐겁게 하는 많은 방법을 찾았습니다.

Q: 지문에서 글쓴이에 대해 추론할 수 있는 것은 무엇인가?

(a) 딸과 자주 말다툼을 한다.
(b) 손녀의 활동 비용 대부분을 지불한다.
(c) 손녀에게 들어가는 지출을 줄였다.
(d) 손녀를 돌보기 위해 일을 포기했다.

정답 (c)

해설 글쓴이에 대해 추론할 수 있는 것을 묻는 문제이다. 손녀를 데리고 나가는 것은 좋아하지만 자신의 고정 수입으로는 그럴 여유가 없다(I liked taking ~ my fixed income)고 했고, 이제 집에서 손녀를 즐겁게 하는 많은 방법을 찾았다(now I've found ~ at home)고 했다. 이를 바탕으로 손녀를 데리고 나가는 대신에 지출이 덜 발생하도록 집에서 손녀를 즐겁게 한다는 것을 알 수 있으므로, '손녀에게 들어가는 지출을 줄였다'라고 추론한 (c)가 정답이다.

오답분석
(a) 글쓴이가 딸과 자주 말다툼을 하는지는 추론할 수 없다.
(b) 글쓴이가 딸에게 식사와 활동 비용을 부담하라고 부탁했다고 했으므로, 글쓴이가 손녀의 활동 비용 대부분을 지불한다는 것은 잘못 추론한 내용이다.
(d) 글쓴이의 고정 수입으로는 여유가 없다고는 했지만, 손녀를

돌보기 위해 일을 포기했는지는 추론할 수 없다.

어휘 look after phr. ~를 돌보다 arrangement n. 방식, 합의
afford v. 여유가 있다 compromise n. 타협
cut down on phr. ~을 줄이다
take care of phr. ~를 돌보다

---

24 추론 Infer

Miltonburg Times   7월 23일
                                   라이프스타일

일본 요리에 승부를 거는 식당 경영자

일본 요리의 인기에도 불구하고, 오랫동안 Miltonburg에는 고급 라멘 식당이 적었다. 이는 모험적인 식당 경영자 Gilbert Blake에 의한 Tokyo Noodles의 개점과 함께 변화하기 시작하고 있다. [b]자신의 초밥 식당에서 라멘을 제공한 후, Blake는 좋은 라멘집에 대한 수요가 있다는 것을 깨달았다. [a]그는 그 후 최대한 정통에 가깝게 하기 위해 일본인 요리사가 조리하는 라멘만을 판매하는 새로운 식당을 열었다. [c][d]비록 이 가게가 금방 Blake의 초밥집을 넘어서지는 않겠지만, 이미 음식 비평가들 사이에서는 꽤 화제를 불러일으켰다.

Q: 식당 평론에서 Gilbert Blake에 대해 추론할 수 있는 것은 무엇인가?

(a) Miltonburg 현지인들의 입맛에 맞게 라멘을 변형하고 있다.
(b) 라멘이 그의 초밥 식당 손님들 사이에서 인기가 있었다.
(c) 그의 새 식당은 미적지근한 평가를 받음에도 불구하고 성공적이다.
(d) Tokyo Noodles는 그의 초밥집보다 더 많은 손님을 끌어모으고 있다.

정답 (b)

해설 Gilbert Blake에 대해 추론할 수 있는 것을 묻는 문제이다. Blake가 자신의 초밥 식당에서 라멘을 제공한 후 좋은 라멘집에 대한 수요가 있다는 것을 깨달았다(After offering ramen at his sushi restaurant ~ a good ramen place)고 했다. 이를 바탕으로 '라멘이 그의 초밥 식당 손님들 사이에서 인기가 있었다'라고 추론한 (b)가 정답이다.

오답분석
(a) 최대한 정통에 가깝게 하기 위해 일본인 요리사가 라멘을 조리한다고 했으므로, Miltonburg 현지인들의 입맛에 맞게 라멘을 변형하고 있다는 것은 잘못 추론한 내용이다.
(c) 이미 음식 비평가들 사이에서는 꽤 화제를 불러일으켰다고 했으므로, 새 식당이 미적지근한 평가를 받는다는 것은 잘못 추론한 내용이다.
(d) 금방 Blake의 초밥집을 넘어서지는 않겠다고 했으므로, Tokyo Noodles가 그의 초밥집보다 더 많은 손님을 끌어모으고 있다는 것은 잘못 추론한 내용이다.

어휘 restaurateur n. 식당 경영자
bet big on phr. ~에 승부를 걸다 paucity n. 적음, 부족
enterprising adj. 모험적인 subsequently adv. 그 후
dedicated adj. ~만을 위한, 전용의
prepare v. (음식을) 조리하다 authenticity n. 정통, 정통성

---

outshine v. 넘어서다, 더 낫다 adapt v. 변형하다, 개조하다
lukewarm adj. 미적지근한

---

25 추론 Opinion

건축가 Franz Schmidt는 주변 환경으로부터 두드러지는 건물을 설계해 찬사를 받았다. 그의 독특한 창조물들이 흔히 그 창조물이 없었더라면 평범했을 동네에 새 기운을 불어넣기는 하지만, 그것들이 이미 조화로운 미학적 특징이 있는 지역에서는 조화되지 않을 수도 있다. 불행하게도, 요란한 색상과 일그러진 형상으로 이루어진 Schmidt의 최근 완성된 Magic Museum은 역사적인 시내 중심가에서 바로 그런 종류의 어울리지 않는 존재이다. Schmidt는 의심할 여지 없이 선견지명이 있지만, 그는 설계하는 동안 자주 외부 세계를 의식하지 못하는 것처럼 보인다.

Q: Franz Schmidt에 대해 글쓴이가 가장 동의할 것 같은 진술은 무엇인가?

(a) 기능성을 위해 아름다움을 희생하는 경향이 있다.
(b) 그의 박물관 설계는 평소 그의 스타일과는 다르다.
(c) 그의 설계는 대부분 인기를 끌 자격이 없다.
(d) 본인 작품의 주변 환경에 더 많은 관심을 기울여야 한다.

정답 (d)

해설 Franz Schmidt에 대해 글쓴이가 가장 동의할 것 같은 내용을 묻는 문제이다. Schmidt의 독특한 창조물들이 이미 조화로운 미학적 특징이 있는 지역에서는 조화되지 않을 수도 있다(they can also be jarring in areas with already harmonious aesthetics)고 한 후, Schmidt가 설계하는 동안 자주 외부 세계를 의식하지 못하는 것처럼 보인다(he often seems oblivious to the outside world while creating his designs)고 했다. 이를 통해 글쓴이는 Schmidt가 '본인 작품의 주변 환경에 더 많은 관심을 기울여야 한다'라고 생각함을 알 수 있으므로 (d)가 정답이다.

어휘 accolade n. 찬사 stand out phr. 두드러지다
prosaic adj. 평범한 neighborhood n. 동네, 지역
jarring adj. 조화되지 않는 harmonious adj. 조화로운
aesthetic n. 미학적 특징 loud adj. 요란한
incongruous adj. 어울리지 않는 presence n. 존재
visionary adj. 선견지명이 있는
oblivious adj. 의식하지 못하는 sacrifice v. 희생하다
uncharacteristic adj. 평소와는 다른
undeserving adj. ~할 자격이 없는

Part IV

[26-27]

Sean: 안녕하세요 Jenn. 일전에 우리가 대화한 후, 저희 팀에서 작업하고 있는 소프트웨어에 요청하신 변경 사항을 적용해서, 지난주에 보내셨던 버전은 이제 구식이 되었습니다. [27]어제 최신 버전을 보내드렸는데, 아직 답장을 받지 못했습

TEST 1 TEST 2 TEST 3 **TEST 4** TEST 5

TEPS 서울대 텝스관리위원회 유식 기출문제집

TEST 4 READING COMPREHENSION **157**

니다. ²⁶최신 버전을 받으셨는지 확인하고 싶었습니다. 제게 알려주세요. 감사합니다!

Jenn: 안녕하세요 Sean! ²⁷네, 사실 업데이트된 버전을 오후에 수령했지만 오늘 아침에서야 그것을 살펴보았어요. 저는 당신에게 변경된 사항이 좋아보인다는 것을 알려주기 위해 이메일을 쓰려던 참이었어요. 저는 더 이상의 수정이 필요하다고 생각하지 않습니다. 이 버전을 저희 팀에 공유하겠습니다. 이 프로젝트에 대한 당신의 모든 노고에 감사드립니다!

어휘 outdated adj. 구식인 modification n. 수정

---

26 중심 내용 목적

난이도 ●○○

Q: Sean의 메시지의 주된 목적은 무엇인가?

(a) Jenn에게 소프트웨어 수정을 요청하기 위해
(b) Jenn에게 소프트웨어의 변경 사항을 알리기 위해
(c) Jenn에게 업데이트된 소프트웨어의 수령 여부 확인을 요청하기 위해
(d) 업데이트된 소프트웨어에 대해 Jenn과의 회의를 요청하기 위해

정답 (c)

해설 지문의 목적을 묻는 문제이다. Sean이 메시지에서 소프트웨어에 Jenn이 요청한 변경 사항을 적용했다고 한 후 최신 버전을 받았는지 알려달라(I wanted ~ let me know)고 하며 메시지의 목적을 밝혔다. 이를 'Jenn에게 업데이트된 소프트웨어의 수령 여부 확인을 요청하기 위해'라고 표현한 (c)가 정답이다.

---

27 세부 정보 육하원칙

난이도 ●○○

Q: Jenn은 업데이트된 소프트웨어를 언제 수령했는가?

(a) 지난주
(b) 오늘 아침
(c) 어제 아침
(d) 어제 오후

정답 (d)

해설 Jenn이 업데이트된 소프트웨어를 언제 수령했는지 묻는 문제이다. Sean이 어제 최신 버전을 보냈다(I had the latest one sent to you yesterday)고 했고, Jenn은 업데이트된 버전을 오후에 수령했지만 오늘 아침에서야 그것을 살펴보았다(I actually received ~ until this morning)고 했다. 따라서 '어제 오후'라고 한 (d)가 정답이다.

[28-29]

^{28(a)}www.falconairways.com/notices/notice_2019_03

예약 ｜ 계획 ｜ 나의 여행 ｜ 공지사항 ｜ Falcon Club

승객 여러분께 드리는 공지사항

승객 편의를 위한 저희 노력의 일환으로, Falcon Airways는 승객분들이 비행당 두 개의 기내 휴대용 가방을 무료로 가져갈 수 있도록 허용해 왔습니다. ²⁹하지만, 다량의 기내 휴대용 가방은 머리 위 보관 공간의 부족에서 기인하는 지연을 초래해 왔습니다. 그 결과, 저희는 다음의 조치를 취하기로 결정했으며, ^{28(a)}5월 1일자로 시행됩니다:

- 승객분들에게 최대 10킬로그램의 기내 휴대용 가방 한 개가 무료로 허용될 것입니다.*
- 모든 승객분들은 계속해서 가방 하나를 무료로 위탁할 수 있습니다.
- ^{28(b)}추가 위탁 가방 요금은 가방 한 개당 30달러에서 20달러로 인하될 것입니다.
- ^{28(c)}위탁 가방의 중량 제한은 15킬로그램에서 20킬로그램으로 늘어날 것입니다.

* 참고: ^{28(d)}이 제한은 비즈니스 클래스 승객분들에게는 적용되지 않으며, 이들은 기내 휴대용 가방 두 개가 무료로 허용될 것입니다.

어휘 commitment n. 노력, 헌신 convenience n. 편의
carry-on bag phr. 기내 휴대용 가방
insufficient adj. 부족한 effective adj. 시행되는
checked adj. (수하물이) 위탁된

---

28 세부 정보 Correct

난이도 ●●○

Q: 다음 중 Falcon Airways에 대한 내용과 일치하는 것은?

(a) 변경된 수하물 정책을 즉시 채택할 것이다.
(b) 위탁 가방 추가에 대한 할증료를 인상할 것이다.
(c) 위탁 가방에 더 낮아진 무게 제한을 도입할 것이다.
(d) 비즈니스 클래스에는 여전히 두 개의 기내 휴대용 가방을 허용할 것이다.

정답 (d)

해설 Falcon Airways에 대한 내용과 일치하는 것을 묻는 문제이다. 이 제한은 비즈니스 클래스 승객들에게는 적용되지 않으며, 이들은 기내 휴대용 가방 두 개가 무료로 허용될 것(This limit will not ~ free of charge)이라고 했다. 이를 '비즈니스 클래스에는 여전히 두 개의 기내 휴대용 가방을 허용할 것이다'라고 바꾸어 표현한 (d)가 정답이다.

오답분석
(a) 페이지 주소의 2019_03을 통해 2019년 3월의 공지사항임을 알 수 있고, 조치가 5월 1일자로 시행된다고 했으므로, 변경된 수하물 정책을 즉시 채택하리라는 것은 지문의 내용과 다르다.
(b) 추가 위탁 가방 요금이 30달러에서 20달러로 인하될 것이라고 했으므로, 위탁 가방 추가에 대한 할증료를 인상하리라

는 것은 지문의 내용과 다르다.

(c) 위탁 가방의 중량 제한이 15킬로그램에서 20킬로그램으로 늘어날 것이라고 했으므로, 위탁 가방에 더 낮아진 무게 제한을 도입하리라는 것은 지문의 내용과 반대된다.

어휘　surcharge　n. 할증료

29 세부 정보　육하원칙
난이도 ●○○

Q: Falcon Airways는 왜 수하물 정책을 변경하는가?

(a) 위탁 수하물을 보관할 수 있는 추가 공간이 없다.
(b) 위탁 가방을 싣고 내리는 데 시간이 너무 오래 걸린다.
(c) 승객들이 현재의 정책을 거의 이용하지 않는다.
(d) 기내 휴대용 가방이 많아 운항이 더뎌진다.

정답　(d)

해설　Falcon Airways가 왜 수하물 정책을 변경하는지 묻는 문제이다. 다량의 기내 휴대용 가방이 머리 위 보관 공간의 부족에서 기인하는 지연을 초래해 왔다(the high volume ~ storage space)고 한 뒤, 조치를 취하기로 결정했다고 했다. 이를 '기내 휴대용 가방이 많아 운항이 더뎌진다'라고 바꾸어 표현한 (d)가 정답이다.

어휘　operation　n. 운항, 운영

[30-31]

어느 공룡의 불가사의한 죽음

네바다주의 유령도시 벌린에 있는 벌린-어룡 주립공원은 지금까지 한 번도 해결된 적 없는 선사시대 불가사의의 본거지이다. 1928년에, 과학자들은 그 지역에서 2억 1천 7백만 년 된 화석층을 발견했다. ³⁰그 뼈들은 거의 40마리에 이르는 어룡이라고 불리는 멸종한 거대 해양 파충류의 것이었다.

1950년대에, Charles Camp와 Samuel Welles가 그 장소를 발굴했다. 그들의 발견에 기초하여, Camp는 그 생물들이 오늘날의 고래들과 비슷한 방식으로 스스로를 해변으로 밀어냈다는 가설을 세웠다. ³¹하지만, 후속 연구는 이 뼈들이 깊은 물에 가라앉았었다는 것을 보여줌으로써 이 이론이 틀렸음을 입증했는데, 이는 이 어룡들이 외해에서 사망한 것이 틀림없다는 것을 의미했다.

후대의 과학자들은 조류 대증식이 이 어룡들을 죽였을 수도 있다고, 아니면 그 생물들이 어쩌다 모두 어떤 무시무시한 포식자의 먹이가 되었을 것이라고 제안했다. 이 불가사의를 해결하기 위한 조사는 여전히 진행 중이다.

어휘　demise　n. 죽음　ichthyosaur　n. 어룡　bed　n. 층, 지층
fossil　n. 화석　extinct　adj. 멸종한　reptile　n. 파충류
excavate　v. 발굴하다　beach　v. 해변으로 밀어내다
deposit　v. 가라앉다, 침전시키다　perish　v. 사망하다
open sea　phr. 외해　algae bloom　phr. 조류 대증식
prey　n. 먹이　predator　n. 포식자

30 중심 내용　주제
난이도 ●●●

Q: 지문의 주제는 무엇인가?

(a) 몇몇 어룡 화석의 기원에 대한 이론
(b) 어룡이 포식자에 의해 전멸했다는 증거
(c) 어룡 화석 침전물이 매우 다양한 이유
(d) 어룡의 멸종 원인에 대한 추측

정답　(a)

해설　지문의 주제를 묻는 문제이다. 네바다주에서 어룡이라고 불리는 멸종한 거대 해양 파충류 뼈(The bones belonged to ~ ichthyosaurs)를 발견했다고 언급한 후, 어룡들이 죽어서 화석이 된 원인에 대한 이론들을 소개했다. 이를 '몇몇 어룡 화석의 기원에 대한 이론'이라고 종합한 (a)가 정답이다. 지문에서 설명하는 것은 어룡의 멸종 원인이 아니라 네바다주에서 발견된 특정 어룡 화석의 기원이므로 (d)는 오답이다.

어휘　speculation　n. 추측

31 세부 정보　육하원칙
난이도 ●●○

Q: Charles Camp의 가설은 왜 결국 폐기되었는가?

(a) 화석들이 포식자들에 의한 공격의 징후를 보였다.
(b) 조류 대증식의 증거가 화석과 함께 발견되었다.
(c) 어룡이 얕은 물에서 죽지 않은 것으로 밝혀졌다.
(d) 새로운 조사 결과가 어룡과 고래 사이의 연관성을 보여준다.

정답　(c)

해설　Charles Camp의 가설이 결국 폐기된 이유를 묻는 문제이다. 후속 연구가 어룡 뼈들이 깊은 물에 가라앉았었다는 것을 보여줌으로써 Camp의 이론이 틀렸음을 입증했고 이는 이 어룡들이 외해에서 사망한 것이 틀림없다는 것을 의미했다(However, subsequent ~ in the open seas)고 했다. 외해(open sea)는 육지에서 멀리 떨어진 바다이므로, 이를 '어룡이 얕은 물에서 죽지 않은 것으로 밝혀졌다'라고 바꾸어 표현한 (c)가 정답이다.

어휘　abandon　v. 폐기하다　shallow　adj. 얕은

[32-33]

SPORTING WORLD DIGEST

Mark Turner의 만회를 향한 추구

³²3년 전 라이트급 챔피언 Bill Smith에게 패배한 이후, 권투 선수 Mark Turner는 재시합을 갈망해 왔다. 그러나, 그의 트레이너는 Turner가 먼저 젊은 돌풍 Alexander Ashburn과의 다가오는 시합에서 스스로를 증명해야 한다고 어제 말했다.

그러한 승리는 Turner를 권투계의 최고 선수 반열로 되돌려놓을 것이고 Smith와의 재시합에 대한 관중들의 관심을 높일 것이다. Turner와 Smith 간의 첫 경기는 경쟁적이었지만, ³³그 이후 Turner의 경력은 인상적이지 않았는데, 그는 지난 네 번의

경기 중 두 번을 졌고 거의 2년 동안 녹아웃을 한 번도 얻어 내지 못했다.

[32]자신이 챔피언을 상대로 승산이 있다는 것을 전 세계에 납득시키기 위해, Turner는 Ashburn을 단순히 이기는 것이 아니라 압도적인 방식으로 이길 필요가 있을 것이다. 비관론자들이 많이 있지만, Turner는 현재 그의 곧 있을 경기에서 우승 후보이며, 자신에게 그의 상대보다 우위를 차지하고 Smith를 상대로 만회할 기회를 얻을 기술과 힘이 여전히 있다고 주장한다.

어휘 redemption n. 만회, 되찾기 crave v. 갈망하다
bout n. 시합, 경쟁 sensation n. 돌풍, 선풍을 일으키는 것
competitive adj. 경쟁적인, 경쟁력 있는
unimpressive adj. 인상적이지 않은
stand a chance phr. 승산이 있다 decisive adj. 압도적인
naysayer n. 비관론자 favorite n. 우승 후보
dominate v. 우위를 차지하다

32 중심 내용 주제

난이도 ●●○

Q: 뉴스 보도의 주제는 무엇인가?

(a) Turner가 Smith와의 첫 경기에서 진 이유
(b) Turner가 타이틀 경기에서 패배한 이후 한 일
(c) Turner가 Ashburn을 이길 것으로 일반적으로 예상되는 이유
(d) Turner가 두 번째 타이틀 경기를 치를 자격을 갖기 위해 해야 할 일

정답 (d)

해설 지문의 주제를 묻는 문제이다. Mark Turner가 라이트급 챔피언 Bill Smith와의 재시합을 갈망해 왔다(Since losing ~ craved a rematch)고 한 후, 챔피언을 상대로 승산이 있다는 것을 납득시키기 위해 Turner는 Ashburn을 압도적인 방식으로 이길 필요가 있을 것(To convince ~ a decisive fashion)이라고 했다. 이를 'Turner가 두 번째 타이틀 경기를 치를 자격을 갖기 위해 해야 할 일'이라고 종합한 (d)가 정답이다.

어휘 deserve v. ~을 할 자격이 있다

33 추론 Infer

난이도 ●●●

Q: 뉴스 보도에서 추론할 수 있는 것은 무엇인가?

(a) Turner는 Smith와의 첫 번째 경기에서 승리가 예상되었다.
(b) Ashburn은 Smith보다 더 인상적인 기록을 가지고 있다.
(c) Turner는 이전에 Smith보다 더 강한 상대들을 상대했었다.
(d) Smith는 지금 Turner와의 싸움에서 유력한 우승 후보일 것이다.

정답 (d)

해설 뉴스 보도를 통해 추론할 수 있는 내용을 묻는 문제이다. Turner가 네 번의 경기 중 두 번을 졌고 거의 2년 동안 녹아웃을 한 번도 얻어 내지 못했다(Turner's career ~ in nearly two years)고 했다. 이를 바탕으로 Turner와 Smith 간의 경

기에서 Smith가 더 우세함을 알 수 있으므로, 'Smith는 지금 Turner와의 싸움에서 유력한 우승 후보일 것이다'라고 추론한 (d)가 정답이다.

오답분석

(a) Turner와 Smith 간의 첫 경기가 경쟁적이었다고는 했지만, Turner가 Smith와의 첫 번째 경기에서 승리가 예상되었는지는 추론할 수 없다.
(b) Alexander Ashburn이 젊은 돌풍이라고는 했지만, Ashburn이 Smith보다 더 인상적인 기록을 가지고 있는지는 추론할 수 없다.
(c) Turner가 이전에 Smith보다 더 강한 상대들을 상대했었는지는 알 수 없다.

어휘 favor v. ~의 가능성을 예상케 하다

[34-35]

Political Insight

미국 우파의 두 당파

100년이 넘는 기간 동안, 미국 보수주의자들은 세계 문제에 간섭주의적인 접근법을 취할 것인지 아니면 고립주의적인 접근법을 취할 것인지를 놓고 분열해 왔으며, 양측은 우파의 수반을 번갈아 차지해 왔다. 1920년대 초에, [34(a)]워런 하딩과 캘빈 쿨리지 대통령은 미국이 유럽의 군사적 분쟁에 연루되지 않게 했다. 그러나 제2차 세계대전 이후, [34(b)/34(c)]지식인 윌리엄 버클리와 공화당 대통령 후보 배리 골드워터를 비롯한 신세대 보수 지도자들은 공산주의의 확산을 막기 위해 미국이 세계 문제에서 적극적인 역할을 취할 필요가 있다고 주장했다.

냉전이 종식에 가까워지자, 흐름은 다시 한번 뒤집혀서, 고립주의 보수주의자들이 영향력을 되찾았다. 평론가 팻 뷰캐넌이 이끄는 우파 저명인사들은 미국이 외국과의 복잡한 관계를 피할 것을 촉구했다. [35]민주당 빌 클린턴이 대통령이었을 때, 보수주의자들의 가장 큰 불만 중 하나는 클린턴이 유엔과 함께 인도주의적 개입에 협력했다는 것인데, 보수주의자들은 이를 미국의 주권에 대한 위협으로 보았다. 보다 최근에, 9·11 테러가 다시 한번 추를 반대 방향으로 흔들리게 만들었고, 조지 W. 부시 행정부의 보수주의자들이 아프가니스탄과 이라크에 대한 미국의 개입을 옹호했다.

어휘 conservative n. 보수주의자
interventionist adj. 간섭주의적인
isolationist adj. 고립주의적인 alternate v. 번갈아 나타나다
nominee n. 후보 draw to a close phr. 종식에 가까워지다
commentator n. 평론가 prominent adj. 저명한
call on phr. 촉구하다 entanglement n. 복잡한 관계
humanitarian adj. 인도주의적인 sovereignty n. 주권
pendulum n. 추, 추세 espouse v. 옹호하다
involvement n. 개입

34 추론 Infer

난이도
●●●

Q: 지문에서 추론할 수 있는 것은 무엇인가?

(a) 미국의 간섭주의자들은 일방적인 군사 행동을 주로 규탄한다.

(b) 공산주의의 확산이 우파를 간섭주의로 몰아갔다.

(c) 윌리엄 버클리는 워런 하딩의 외교 정책을 지지했다.

(d) 1920년 이전까지 보수 외교 정책은 일관되게 고립주의적이었다.

정답 (b)

해설 지문에서 추론할 수 있는 것을 묻는 문제이다. 지식인 윌리엄 버클리와 공화당 대통령 후보 배리 골드워터를 비롯한 신세대 보수 지도자들이 공산주의의 확산을 막기 위해 미국이 세계 문제에서 적극적인 역할을 취할 필요가 있다고 주장했다(a new generation ~ the spread of communism)고 했다. 이를 바탕으로 '공산주의의 확산이 우파를 간섭주의로 몰아갔다'라고 추론한 (b)가 정답이다.

오답분석

(a) 미국의 간섭주의자들이 일방적인 군사 행동을 주로 규탄한다는 것에 대해서는 언급되지 않았다.

(c) 워런 하딩 대통령은 미국이 유럽의 군사적 분쟁에 연루되지 않게 했다고 했고, 윌리엄 버클리는 미국이 세계 문제에서 적극적인 역할을 취할 필요가 있다고 주장했다고 했으므로, 워런 하딩은 고립주의자, 윌리엄 버클리는 간섭주의자였음을 알 수 있다. 따라서 윌리엄 버클리가 워런 하딩의 외교 정책을 지지했다는 것은 잘못 추론한 내용이다.

(d) 1920년대 초에 워런 하딩과 캘빈 쿨리지 대통령이 미국이 유럽의 군사적 분쟁에 연루되지 않게 했다고는 했지만, 1920년 이전까지 보수 외교 정책이 일관되게 고립주의적이었는지는 추론할 수 없다.

어휘 condemn v. 규탄하다　unilateral adj. 일방적인

35 세부 정보 육하원칙

난이도
●●○

Q: 보수주의자들은 인도주의적 개입을 시작하기로 한 빌 클린턴의 결정에 왜 반대했는가?

(a) 그 결정이 미국을 너무 고립주의적으로 만들 것이라고 예상했다.

(b) 그 결정이 미국의 독립성을 약화시킬 것을 우려했다.

(c) 미국이 장기적인 분쟁에 휘말리는 것을 두려워했다.

(d) 클린턴이 자신의 계획을 실행할 능력이 있는지 의심했다.

정답 (b)

해설 보수주의자들이 인도주의적 개입을 시작하기로 한 빌 클린턴의 결정에 반대한 이유를 묻는 문제이다. 보수주의자들의 가장 큰 불만 중 하나는 클린턴이 유엔과 함께 인도주의적 개입에 협력했다는 것인데 보수주의자들은 이를 미국의 주권에 대한 위협으로 보았다(one of conservatives' ~ threat to US sovereignty)고 했다. 이를 '그 결정이 미국의 독립성을 약화시킬 것을 우려했다'라고 바꾸어 표현한 (b)가 정답이다.

LISTENING COMPREHENSION

1	a	Be동사 의문문	9	a	평서문	17	a	평서문	25	a	세부 정보	33	c	세부 정보
2	c	평서문	10	b	평서문	18	a	기타 의문문	26	b	세부 정보	34	d	세부 정보
3	a	조동사 의문문	11	a	의문사 의문문	19	c	평서문	27	d	세부 정보	35	d	세부 정보
4	d	평서문	12	d	조동사 의문문	20	b	평서문	28	b	세부 정보	36	b	추론
5	d	평서문	13	b	평서문	21	a	중심 내용	29	c	추론	37	b	중심 내용
6	c	평서문	14	c	의문사 의문문	22	d	중심 내용	30	c	추론	38	d	세부 정보
7	b	평서문	15	a	의문사 의문문	23	c	중심 내용	31	b	중심 내용	39	c	세부 정보
8	d	평서문	16	c	평서문	24	d	세부 정보	32	b	중심 내용	40	d	추론

VOCABULARY

1	d	동사 어휘	7	a	형용사 어휘	13	b	동사 어휘	19	a	형용사 어휘	25	a	동사 어휘
2	d	동사 어휘	8	d	형용사 어휘	14	d	동사 어휘	20	c	명사 어휘	26	b	형용사 어휘
3	c	동사 어휘	9	a	형용사 어휘	15	b	형용사 어휘	21	a	형용사 어휘	27	c	동사 어휘
4	c	명사 어휘	10	a	구동사	16	a	명사 어휘	22	b	명사 어휘	28	a	형용사 어휘
5	b	이디엄	11	a	동사 어휘	17	b	동사 어휘	23	d	동사 어휘	29	a	형용사 어휘
6	c	형용사 어휘	12	d	형용사 어휘	18	b	이디엄	24	c	동사 어휘	30	d	명사 어휘

GRAMMAR

1	c	준동사	7	c	품사	13	a	시제와 태	19	a	어순과 특수구문	25	b	어순과 특수구문
2	a	접속사와 절	8	d	시제와 태	14	c	수 일치	20	d	문장 성분	26	d	시제와 태
3	b	시제와 태	9	a	어순과 특수구문	15	a	품사	21	c	시제와 태	27	b	준동사
4	c	접속사와 절	10	d	준동사	16	b	접속사와 절	22	b	동사와 조동사	28	d	준동사
5	a	가정법	11	d	품사	17	d	준동사	23	a	어순과 특수구문	29	a	수 일치
6	c	준동사	12	b	품사	18	a	동사와 조동사	24	b	품사	30	c	품사

READING COMPREHENSION

1	a	빈칸 채우기	8	d	빈칸 채우기	15	c	중심 내용	22	c	세부 정보	29	b	세부 정보
2	a	빈칸 채우기	9	a	빈칸 채우기	16	a	중심 내용	23	c	추론	30	d	세부 정보
3	c	빈칸 채우기	10	c	빈칸 채우기	17	b	세부 정보	24	b	추론	31	b	추론
4	d	빈칸 채우기	11	d	어색한 문장 골라내기	18	d	세부 정보	25	b	추론	32	d	세부 정보
5	d	빈칸 채우기	12	c	어색한 문장 골라내기	19	d	세부 정보	26	b	세부 정보	33	d	중심 내용
6	b	빈칸 채우기	13	d	중심 내용	20	c	세부 정보	27	a	추론	34	b	중심 내용
7	b	빈칸 채우기	14	a	중심 내용	21	d	세부 정보	28	b	중심 내용	35	c	세부 정보

LISTENING COMPREHENSION

Part I

1 Be동사 의문문 사실 확인
난이도 ●○○

M: Is Jill back from Spain?
W: _____

(a) She'll be returning tomorrow.
(b) Yeah, she lives there now.
(c) She's been gone for a month.
(d) Ask her when she arrives.

M: Jill은 스페인에서 돌아왔니?
W: _____

(a) 그녀는 내일 돌아올 거야.
(b) 응, 그녀는 지금 거기 살아.
(c) 그녀가 떠난 지 한 달이 되었어.
(d) 그녀가 도착하면 그녀에게 물어봐.

정답 (a)

해설 Is를 사용하여 Jill이 스페인에서 돌아왔는지 묻는 말에, '그녀는 내일 돌아올 것이다'라며 Jill이 아직 돌아오지 않았다는 의미를 간접적으로 전달한 (a)가 정답이다.

오답분석
(b) Yeah(응)가 정답처럼 들려 혼동을 준 오답으로, Jill이 스페인에서 돌아왔다고 한 후, 그녀가 지금 거기 살고 있다고 답한 것은 틀리다.
(c) Jill이 스페인에서 돌아왔는지 묻는 말에 그녀가 떠난 시기를 답한 것은 틀리다.
(d) 질문의 be back(돌아오다)과 비슷한 arrives(도착하다)를 사용한 오답으로, Jill이 스페인에서 돌아왔는지 묻는 말에 그녀가 도착하면 물어보라고 답한 것은 틀리다.

어휘 return v. 돌아오다

2 평서문 정보 전달
난이도 ●○○

W: Hi, I'm Tara. I recently moved in next door.
M: _____

(a) Actually, I met her already.
(b) Sure, I'll help you move.
(c) Welcome to the neighborhood!
(d) Thanks for introducing me.

W: 안녕하세요, 저는 Tara예요. 저는 최근에 옆집으로 이사했어요.
M: _____

(a) 사실, 저는 이미 그녀를 만났어요.
(b) 물론이죠, 제가 이사하는 것을 도와줄게요.
(c) 이 동네에 오신 걸 환영해요!
(d) 저를 소개해 줘서 고마워요.

정답 (c)

해설 최근에 옆집으로 이사했다는 말에, '이 동네에 온 걸 환영한다'라며 반기는 말을 한 (c)가 정답이다.

오답분석
(a) 최근에 옆집으로 이사 온 여자가 인사를 하는 상황에서, 이미 그녀를 만났다고 답한 것은 틀리다.
(b) 질문의 moved(이사했다)와 비슷한 move(이사하다)를 사용한 오답으로, 이미 이사를 온 여자에게 이사하는 것을 도와주겠다는 말은 적절하지 않다.
(d) 여자가 자신을 소개하고 있는 상황에서, 남자가 자신을 소개해 줘서 고맙다고 이야기하는 것은 틀리다.

3 조동사 의문문 Can
난이도 ●○○

M: Can I assist you with your baggage?
W: _____

(a) No thanks. I can handle it.
(b) You really packed a lot.
(c) We can share mine.
(d) I'm happy to help out.

M: 짐 드는 것을 도와드릴까요?
W: _____

(a) 아뇨, 괜찮습니다. 제가 옮길 수 있어요.
(b) 짐을 정말 많이 싸셨네요.
(c) 제 것을 공유할 수 있어요.
(d) 도와드릴 수 있어서 기뻐요.

정답 (a)

해설 Can I를 사용하여 짐을 들어주겠다고 도움을 제공하는 말에, '내가 옮길 수 있으니 괜찮다'라며 도움을 거절한 (a)가 정답이다.

오답분석
(b) 질문의 baggage(짐)와 비슷한 packed(짐을 쌌다)를 사용한 오답으로, 짐 드는 것을 도와주겠다는 말에 상대방이 짐을 많이 쌌다고 답한 것은 틀리다.
(c) 짐을 들어주겠다고 도움을 제공하는 상황에서, 자신의 것(짐)을 공유할 수 있다고 답한 것은 틀리다.
(d) 남자가 짐 드는 것을 도와주겠다고 말하는 상황에서, 여자가 도와줄 수 있어서 기쁘다고 답한 것은 적절하지 않다.

어휘 baggage n. 짐 handle v. 옮기다 pack v. 짐을 싸다 help out phr. 도와주다

TEST 1 TEST 2 TEST 3 TEST 4 TEST 5

TEPS 서울대 텝스관리위원회 공식 기출문제집

TEST 5 LISTENING COMPREHENSION 163

4 평서문 · 의견 전달

난이도 ●●○

W: Are you tired? Let me drive the rest of the way.

M: _____

(a) Yeah, I'll take over for you.
(b) Just take a short nap, then.
(c) Sure, just pull over there.
(d) It's OK. We're almost there.

W: 너 피곤하니? 나머지 길은 내가 운전할게.

M: _____

(a) 그래, 내가 대신할게.
(b) 그럼 잠깐 낮잠이나 자.
(c) 물론이지, 그냥 저기에 세워 줘.
(d) 괜찮아. 거의 다 왔어.

정답 (d)

해설 피곤한지 물은 뒤, Let me drive ~라며 나머지 길은 자신이 운전하겠다는 말에, '거의 다 왔으니 괜찮다'라며 자신이 계속 운전하겠다는 의미를 전달한 (d)가 정답이다.

오답분석

(a) Yeah(그래)가 정답처럼 들려 혼동을 준 오답으로, 나머지 길은 자신이 운전하겠다는 여자의 말에 남자가 대신 운전하겠다고 답한 것은 적절하지 않다.
(b) 질문의 tired(피곤한)와 관련된 nap(낮잠)을 사용한 오답으로, 나머지 길은 자신이 운전하겠다는 말에 잠깐 낮잠을 자라고 답한 것은 틀리다.
(c) Sure(물론이지)가 정답처럼 들려 혼동을 준 오답으로, 남자가 운전을 하고 있는 상황에서 여자에게 차를 세워 달라고 답한 것은 틀리다.

어휘 take over phr. 대신하다 nap n. 낮잠
pull over phr. 차를 세우다, 차를 한쪽에 대다

---

5 평서문 · 정보 전달

난이도 ●●○

M: Here's the $5 I owe you for coffee yesterday.

W: _____

(a) Thanks, I owe you one.
(b) Let's go grab it now.
(c) I'll pay it back soon.
(d) Keep it. That was my treat.

M: 여기 어제 너에게 커피값으로 빚진 5달러야.

W: _____

(a) 고마워, 내가 너한테 신세를 졌네.
(b) 지금 마시러 가자.
(c) 내가 곧 갚을게.
(d) 그냥 가져. 내가 한턱낸 거야.

정답 (d)

해설 커피값으로 빚진 5달러를 돌려주는 상황에서, '내가 한턱낸 것이니 그냥 가져라'라며 돈을 거절한 (d)가 정답이다.

오답분석

(a) 질문의 owe(빚지다, 신세를 지다)를 반복해서 사용한 오답으로, 남자가 여자에게 5달러를 빚진 상황인데 여자가 자신이 신세를 졌다고 답한 것은 틀리다.
(b) 질문의 coffee(커피)와 관련된 grab(마시다, 먹다)을 사용한 오답으로, 돈을 갚으려는 상황에서 커피를 마시러 가자고 답한 것은 틀리다.
(c) 질문의 owe(빚지다)와 관련된 pay back(갚다)을 사용한 오답으로, 남자가 여자에게 5달러를 빚진 상황에서 여자가 자신이 곧 갚겠다고 답한 것은 틀리다.

어휘 owe v. 빚지다, 신세를 지다 treat n. 한턱

---

6 평서문 · 의견 전달

난이도 ●●○

W: This winter's been unseasonably mild.

M: _____

(a) And it's supposed to get even colder.
(b) It has been particularly harsh this year.
(c) Yeah, it feels more like fall.
(d) I know. Make sure to bundle up.

W: 이번 겨울은 계절에 맞지 않게 따뜻해.

M: _____

(a) 그리고 더 추워질 거야.
(b) 올해 유난히 혹독해.
(c) 맞아, 오히려 가을 같아.
(d) 알아. 옷을 꼭 껴입도록 해.

정답 (c)

해설 이번 겨울은 계절에 맞지 않게 따뜻하다는 말에, '오히려 가을 같다'라며 동의하고 있는 (c)가 정답이다.

오답분석

(a) 이번 겨울이 따뜻하다고 말하는 상황에서, 더 추워질 것(even colder)이라고 답한 것은 틀리며, 이번 겨울은 유난히 춥다(This winter's been really cold)와 같은 말에 적절한 대답이다.
(b) 이번 겨울이 따뜻하다고 말하는 상황에서, 올해 유난히 혹독하다고 답한 것은 틀리다.
(d) I know(알아)가 정답처럼 들려 혼동을 준 오답으로, 이번 겨울이 따뜻하다는 말에 옷을 껴입으라고 답한 것은 적절하지 않다.

어휘 unseasonably adv. 계절에 맞지 않게 harsh adj. 혹독한
bundle up phr. (옷을) 껴입다

7 평서문 감정 전달

난이도 ●●○

M: Paul's always giving me unwanted advice!

W: _____

(a) I'm sure he appreciates it.
(b) Just tell him to mind his own business.
(c) He could be more receptive to your advice.
(d) He knows you mean well.

M: Paul은 항상 나에게 원치 않는 충고를 해!

W: _____

(a) 그는 분명히 고마워할 거야.
(b) 그냥 그에게 자신의 일이나 신경 쓰라고 말해.
(c) 그는 너의 충고를 더 잘 받아들일 수 있을 거야.
(d) 그는 네가 좋은 뜻으로 그러는 것을 알아.

정답 (b)

해설 Paul이 항상 자신에게 원치 않는 충고를 한다며 불만을 표시하는 말에, '자신의 일이나 신경 쓰라고 말해라'라며 조언한 (b)가 정답이다.

[오답분석]

(a) Paul이 충고를 하는 것에 대해 불만을 표시하는 상황인데, 그가 고마워할 것이라고 답한 것은 틀리다.

(c) 질문의 advice(충고)를 반복해서 사용한 오답으로, Paul이 충고를 하는 것에 대해 불만을 표시하는 상황인데, 그가 충고를 더 잘 받아들일 수 있을 것이라고 답한 것은 틀리다.

(d) Paul이 충고를 하는 것에 대해 불만을 표시하는 상황인데, 남자가 좋은 뜻으로 그러는 것임을 그가 안다고 답한 것은 틀리다.

어휘 mind v. 신경 쓰다 receptive adj. 잘 받아들이는
mean well phr. 좋은 뜻으로 하다

---

8 평서문 감정 전달

난이도 ●●○

W: I'll fail biology if I miss another class.

M: _____

(a) Don't worry. I won't miss it.
(b) You shouldn't drop out just yet.
(c) But you're not excused from class.
(d) Then start taking your attendance seriously.

W: 내가 또 수업에 빠지면 생물학을 낙제할 거야.

M: _____

(a) 걱정하지 마. 나는 수업에 빠지지 않을 거야.
(b) 아직 중퇴하면 안 돼.
(c) 하지만 넌 수업에 빠진다고 양해를 구한 게 아니잖아.
(d) 그럼 출석에 진지하게 임해.

정답 (d)

해설 또 수업에 빠지면 생물학을 낙제할 것이라며 걱정하는 말에, '그럼 출석에 진지하게 임해라'라며 조언한 (d)가 정답이다.

[오답분석]

(a) 여자가 수업을 빠지고 있는 상황이므로, 남자가 자신은 수업에 빠지지 않을 것이라고 답한 것은 틀리다.

(b) 질문의 fail(낙제하다)과 관련된 drop out(중퇴하다)을 사용한 오답으로, 여자가 중퇴를 고민하고 있는 상황이 아닌데, 아직 중퇴하면 안 된다고 답한 것은 틀리다.

(c) 질문의 class(수업)를 반복해서 사용한 오답으로, 수업에 빠지면 낙제할 것이라는 말에 수업에 빠진다고 양해를 구한 게 아니지 않느냐고 답한 것은 틀리다.

어휘 fail v. 낙제하다, (시험에) 떨어지다
drop out phr. 중퇴하다, 탈퇴하다
be excused from phr. (양해를 구해) ~에서 빠지다
attendance n. 출석

---

9 평서문 의견 전달

난이도 ●●●

M: You should get Kelly's input on your proposal.

W: _____

(a) I'll run it by her later.
(b) I've helped her enough already.
(c) She hasn't implemented my comments yet.
(d) She'd be grateful for the feedback.

M: 네 제안에 대한 Kelly의 조언을 들어야 해.

W: _____

(a) 나중에 그녀에게 제안을 설명할 거야.
(b) 난 이미 충분히 그녀를 도왔어.
(c) 그녀는 아직 내 의견대로 실행하지 않았어.
(d) 그녀는 의견에 고마워할 거야.

정답 (a)

해설 제안에 대해 Kelly의 조언을 들어야 한다는 말에, '나중에 그녀에게 제안을 설명할 것이다'라며 나중에 Kelly의 조언을 구할 계획이라는 의미를 전달한 (a)가 정답이다.

[오답분석]

(b) Kelly의 조언을 들어야 한다는 말에, 이미 충분히 그녀를 도왔다고 답한 것은 틀리다.

(c) Kelly의 조언을 들어야 한다는 말에, 그녀가 아직 자신의 의견대로 실행하지 않았다고 답한 것은 틀리다.

(d) Kelly에게 조언을 한 상황이 아니므로, 그녀가 의견에 고마워할 것이라고 답한 것은 틀리다.

어휘 input n. 조언 proposal n. 제안
run A by B phr. A를 B에게 설명하다
implement v. 실행하다 grateful adj. 고마운, 감사하는

10 평서문 정보 전달 난이도 ●●●

W: The critics have now derided each movie in the *Ghost Town* trilogy!

M: ＿＿＿＿＿＿＿＿＿＿＿＿

(a) They should really reach a consensus.
(b) At least they've been consistent in their appraisal.
(c) That accounts for the high box office earnings.
(d) The filmmakers are clearly pandering to them.

W: 현재 비평가들은 「Ghost Town」 3부작의 각 영화를 조롱하고 있어!

M: ＿＿＿＿＿＿＿＿＿＿＿＿

(a) 그들은 정말로 합의에 도달해야 해.
(b) 적어도 그들은 평가에 있어 일관적이었어.
(c) 그게 높은 흥행 수입의 이유를 설명해.
(d) 영화 제작자들은 분명히 그들에게 영합하고 있어.

정답 (b)

해설 비평가들이 「Ghost Town」 3부작의 각 영화를 조롱하고 있다는 말에 '적어도 그들은 평가에 있어 일관적이었다'라며 영화가 일관적으로 혹평받았음을 말한 (b)가 정답이다.

오답분석
(a) 비평가들이 영화를 조롱하고 있다는 말에, 비평가들이 합의에 도달해야 한다고 답한 것은 적절하지 않다.
(c) 질문의 movie(영화)와 관련된 box office earnings(흥행 수입)를 사용한 오답으로, 비평가들이 영화를 조롱하고 있다는 말에, 그것(비평가들의 영화 조롱)이 높은 흥행 수입의 이유를 설명한다고 답한 것은 틀리다.
(d) 질문의 movie(영화)와 관련된 filmmakers(영화 제작자들)를 사용한 오답으로, 비평가들이 영화를 조롱하고 있는 상황인데, 영화 제작자들이 비평가들에게 영합했다고 답한 것은 틀리다.

어휘 deride v. 조롱하다 trilogy n. 3부작 consensus n. 합의 consistent adj. 일관적인 appraisal n. 평가 box office phr. (흥행물의) 수입 earning n. 수입, 소득 pander v. 영합하다

Part II

11 의문사 의문문 How 난이도 ●○○

M: Want to eat out tonight?
W: Sure! There's nothing in my fridge anyway.
M: How about Chinese or Italian food?
W: ＿＿＿＿＿＿＿＿＿＿＿＿

(a) I'd be fine either way.
(b) I don't have much of an appetite.
(c) I'll see what ingredients I have.
(d) I'll cook something Italian.

M: 오늘 밤에 외식하지 않을래?
W: 좋아! 어차피 내 냉장고에 아무것도 없거든.
M: 중국 음식이나 이탈리아 음식은 어때?
W: ＿＿＿＿＿＿＿＿＿＿＿＿

(a) 어느 쪽이든 좋아.
(b) 나는 식욕이 별로 없어.
(c) 나한테 어떤 재료가 있는지 볼게.
(d) 내가 이탈리아 요리를 할게.

정답 (a)

해설 남자가 외식을 제안하는 상황이다. How about을 사용하여 중국 음식이나 이탈리아 음식이 어떤지 묻는 말에, '어느 쪽이든 좋다'라며 긍정적인 답변을 한 (a)가 정답이다.

어휘 eat out phr. 외식하다 fridge n. 냉장고 appetite n. 식욕 ingredient n. 재료

---

12 조동사 의문문 Do 난이도 ●●○

W: I saw Ben's dance performance last night.
M: Me, too. He's talented, right?
W: Yes! Did you know he was that good?
M: ＿＿＿＿＿＿＿＿＿＿＿＿

(a) No, I'm not as talented as he is.
(b) I didn't until you told me about it.
(c) Well, he's just being humble.
(d) I was actually taken by surprise.

W: 어젯밤에 Ben의 춤 공연을 봤어.
M: 나도 봤어. 그는 재능이 있어, 그렇지?
W: 맞아! 그가 그렇게 잘하는지 알고 있었어?
M: ＿＿＿＿＿＿＿＿＿＿＿＿

(a) 아니, 나는 그만큼 재능이 없어.
(b) 네가 말해주고 나서야 알았어.
(c) 음, 그는 그저 겸손할 뿐이야.
(d) 나는 사실 깜짝 놀랐어.

정답 (d)

해설 Did you know ~라며 Ben이 춤을 잘 추는지 알고 있었는지 묻는 말에 '사실 깜짝 놀랐다'라며 Ben이 춤을 잘 추는지를 몰랐다는 의미를 간접적으로 전달한 (d)가 정답이다.

어휘 talented adj. 재능이 있는 humble adj. 겸손한 take ~ by surprise phr. ~를 깜짝 놀라게 하다

13 평서문 감정 전달
난이도 ●●○

M: I finally made my first client sale.
W: I heard. Congratulations!
M: It was only a minor one, though.
W: _____

(a) Don't worry about it. It's no big loss.
(b) That's OK. Everyone starts somewhere.
(c) Still, it's good you've built on that success.
(d) Keep it up, and you'll make a sale in no time.

M: 드디어 첫 고객 판매를 성사시켰어.
W: 들었어. 축하해!
M: 근데 대단하진 않은 것이었어.
W: _____

(a) 걱정하지 마. 큰 손실은 아니야.
(b) 괜찮아. 다들 초보로 시작하는 거야.
(c) 그래도 그 성공을 바탕으로 더 발전한 건 잘한 일이야.
(d) 계속 노력해, 그러면 금방 판매할 거야.

정답 (b)

해설 첫 고객 판매를 성사시켰는데 대단한 것은 아니었다며 겸손해하는 말에, '다들 초보로 시작하는 것이니 괜찮다'라며 격려하는 (b)가 정답이다.

어휘 sale n. 판매 minor adj. 대단하지 않은
keep it up phr. 계속 노력하다

14 의문사 의문문 What
난이도 ●●○

W: Tom, your essay wasn't up to your normal standards.
M: Sorry. I admit that it wasn't my best work.
W: What happened?
M: _____

(a) I wasn't trying to criticize you.
(b) I forgot. I'll submit it tomorrow.
(c) I rushed a bit near the deadline.
(d) I felt it was harshly evaluated.

W: Tom, 너의 에세이는 평소의 네 수준에 미치지 못했단다.
M: 죄송해요. 그것이 제 최선의 작업물이 아니었음을 인정해요.
W: 무슨 일이 있었니?
M: _____

(a) 당신을 비난하려는 게 아니었어요.
(b) 잊어버렸어요. 내일 제출할게요.
(c) 저는 마감 기한에 임박해서 약간 서둘렀어요.
(d) 저는 그것이 가혹하게 평가되었다고 느꼈어요.

정답 (c)

해설 Tom의 에세이가 평소 수준에 미치지 못하는 상황이다. 이에 What을 사용하여 무슨 일이 있었는지를 묻는 말에, '마감 기한에 임박해서 약간 서둘렀다'라며 에세이가 평소 기준에 미치지 못한 이유를 말한 (c)가 정답이다.

어휘 standard n. 수준, 기준 admit v. 인정하다
criticize v. 비난하다 submit v. 제출하다 rush v. 서두르다
harshly adv. 가혹하게, 심하게 evaluate v. 평가하다

15 의문사 의문문 When
난이도 ●●○

M: I heard Margaret got engaged last week.
W: Yeah. It's been a long time coming.
M: When's the wedding?
W: _____

(a) They haven't picked a date.
(b) She isn't considering marriage yet.
(c) They've only just started dating.
(d) It was last Monday, I believe.

M: Margaret이 지난주에 약혼했다고 들었어.
W: 맞아. 정말 오래 걸렸지.
M: 결혼식은 언제야?
W: _____

(a) 그들은 아직 날짜를 정하지 않았어.
(b) 그녀는 아직 결혼을 생각하고 있지 않아.
(c) 그들은 이제 막 연애를 시작했어.
(d) 내 생각에는 지난주 월요일이었어.

정답 (a)

해설 When을 사용하여 결혼식이 언제인지 묻는 말에, '그들은 아직 날짜를 정하지 않았다'라며 결혼식 날짜를 모르겠다는 의미를 간접적으로 전달한 (a)가 정답이다.

어휘 engaged adj. 약혼한
a long time coming phr. 오래 걸린, 벌써 행해졌어야 할
marriage n. 결혼

16 평서문 감정 전달
난이도 ●○○

W: Thanks for driving me to the airport.
M: No problem. Do you need me to pick you up, too?
W: Oh, I wouldn't want to trouble you again.
M: _____

(a) No problem. I'll just take the bus.
(b) I'm just sorry for making you wait.
(c) It's fine. I don't mind at all.
(d) Then I'd appreciate the ride.

W: 공항까지 태워다 줘서 고마워.
M: 괜찮아. 내가 다시 데리러도 올까?
W: 아, 또 너에게 폐를 끼치고 싶지 않아.
M: _____

(a) 문제없어. 그냥 버스 타고 갈게.
(b) 기다리게 해서 그저 미안해.
(c) 괜찮아. 나는 전혀 상관없어.
(d) 그럼 태워주면 고마울 것 같아.

정답 (c)

해설 폐를 끼치고 싶지 않다며 데리러 오지 않아도 된다는 의사를 표명한 말에, '괜찮다. 나는 전혀 상관없다'라며 다시 데리러 올 수 있다는 의사를 간접적으로 전달한 (c)가 정답이다.

어휘 trouble v. 폐를 끼치다 mind v. 상관하다
appreciate v. 고마워하다

17 평서문 의견 전달 난이도 ●●●

M: Is it too late to join the hike next week?
W: Of course not! So far, three others are coming.
M: Really? I was expecting more than that.
W: _____

(a) Well, not everyone's gotten back to me.
(b) It's exceeded my expectations, too.
(c) Don't count me out just yet.
(d) Yeah, they didn't respond on time.

M: 다음 주 하이킹에 참여하기엔 너무 늦었나요?
W: 전혀 아니에요! 현재까지, 세 명이 참여할 예정이에요.
M: 정말요? 저는 그보다 많을 거라고 예상하고 있었어요.
W: _____

(a) 음, 모든 사람이 저에게 답신을 주지는 않았어요.
(b) 저의 예상치도 넘어섰어요.
(c) 아직 저를 제외하지 마세요.
(d) 맞아요, 그들은 제시간에 응답하지 않았어요.

정답 (a)

해설 하이킹에 세 명이 참여할 것이라고 하자, 더 많은 사람을 예상하고 있었다는 말에, '모든 사람이 답신을 주지 않았다'라며, 참여자가 늘어날 가능성이 있음을 전달한 (a)가 정답이다.

어휘 get back to phr. ~에 답신을 주다 expectation n. 예상치
count out phr. 제외하다, 셈에서 빼다

18 기타 의문문 부정 의문문 난이도 ●●●

W: Did you hear Susan got laid off?
M: Actually, she quit. Apparently the work was unfulfilling.
W: Isn't she worried about finding another job?
M: _____

(a) No, she's already got something lined up.
(b) Yeah, especially one that suits her like the last one.
(c) The opposite. She's confident she'll keep her job.
(d) That's why she feels stuck here.

W: Susan이 해고되었다는 소식 들었어요?
M: 사실은, 그녀가 그만뒀어요. 보아하니 그 일이 만족스럽지 못했나 봐요.
W: 그녀가 다른 직장을 구하는 것에 대해 걱정하지는 않아요?
M: _____

(a) 아뇨, 그녀는 이미 뭔가를 준비했어요.
(b) 맞아요, 특히 저번처럼 그녀에게 잘 맞는 거요.
(c) 그 반대예요. 그녀는 자신의 일을 계속 해나갈 자신이 있어요.
(d) 그래서 그녀가 여기에 갇혀 있다고 느끼는 거예요.

정답 (a)

해설 Isn't she를 사용하여 Susan이 다른 직장을 구하는 것에 대해 걱정하지 않는지 묻는 말에, '그녀는 이미 뭔가를 준비했다'라며 Susan이 걱정하지 않는다는 의미를 전달한 (a)가 정답이다.

어휘 unfulfilling adj. 만족스럽지 못한 line up phr. 준비하다
suit v. 잘 맞다, 어울리다 confident adj. 자신이 있는
stuck adj. 갇힌

19 평서문 감정 전달 난이도 ●●●

M: I'm so upset with the classmate I was partnered with for a group project.
W: How come?
M: He passed off my idea as his own.
W: _____

(a) He shouldn't delegate work like that.
(b) In that case, refuse to take credit for it.
(c) You need to confront him, then.
(d) I wouldn't claim it as yours.

M: 그룹 과제 때문에 같이 일했던 반 친구 때문에 너무 화가 나.
W: 왜?
M: 그는 내 생각을 자신의 생각인 것처럼 행동했어.
W: _____

(a) 그는 일을 그렇게 위임해서는 안 돼.
(b) 그런 경우에는, 그것에 대한 공로를 차지하는 것을 거절해.
(c) 그러면 너는 그와 맞서야 해.
(d) 나는 그것을 네 것이라고 주장하지 않을 거야.

정답 (c)

해설 그룹 과제 때문에 같이 일했던 반 친구가 남자의 생각을 자신의 생각인 것처럼 행동해서 화가 났다는 남자의 말에 '그러면 그와 맞서야 한다'라며 조언한 (c)가 정답이다.

어휘 partner with phr. ~와 같이 일하다
pass off phr. ~인 것처럼 행동하다 delegate v. 위임하다
take credit for phr. ~의 공로를 차지하다
confront v. 맞서다, 마주하다

20 평서문 의견 전달
난이도 ●●●

W: Don't be too hard on yourself about the data loss. It was accidental.
M: I feel responsible, though. I should've made backups.
W: You can't expect to get everything right in your first month.
M: _____

(a) True, but leaking data is a big error.
(b) Regardless, I can't help but hold myself accountable.
(c) Still, I don't think it was my fault.
(d) I suppose. At least I saved the files.

W: 데이터 손실에 대해 너무 자책하지 마세요. 그것은 우연히 발생한 것이었어요.
M: 하지만 저는 책임이 있다고 느껴요. 제가 백업을 했어야 했어요.
W: 당신의 첫 달에 모든 것이 제대로 될 거라고 기대할 수는 없어요.
M: _____

(a) 맞아요, 하지만 데이터 유출은 큰 실수예요.
(b) 어쨌든 제 자신에게 책임을 묻지 않을 수 없어요.
(c) 그래도 제 잘못은 아닌 것 같아요.
(d) 그런 것 같아요. 적어도 파일은 저장해 놨어요.

정답 (b)

해설 데이터 손실에 대해 남자가 자신이 백업을 했어야 했다며 책임을 느끼고 있는 상황에서, 첫 달에 모든 것이 제대로 될 것이라고 기대할 수는 없다는 여자의 말에 '어쨌든 자신에게 책임을 묻지 않을 수 없다'라며 책임감을 느끼고 있다는 것을 전달한 (b)가 정답이다.

어휘 be hard on phr. ~을 책망하다, 나무라다
accidental adj. 우연히 발생한, 돌발적인
responsible adj. 책임이 있는 leak v. 유출하다
hold accountable phr. 책임을 묻다

Part III

21 중심 내용 주제
난이도 ●○○

Listen to a conversation between a husband and wife.

M: I just talked to our travel agent on the phone.
W: Are we off the waiting list now?
M: Nope. Still no tickets available for the cruise.
W: I knew we should've booked earlier.
M: He still thinks we have a chance.
W: Good. I don't want to spend another vacation at home.

Q: What are the man and woman mainly discussing?

(a) Whether they can get tickets for a cruise
(b) Which travel agency to use for their vacation
(c) When they should take their upcoming vacation
(d) What cruise trip they should choose

남편과 아내 간의 대화를 들으시오.

M: 방금 우리 여행사 직원과 통화했어.
W: 우리 이제 대기자 명단에서 제외되었어?
M: 아니. 구할 수 있는 유람선 여행 표가 아직도 없대.
W: 진작 예약했어야 했어.
M: 그는 여전히 우리에게 기회가 있다고 생각해.
W: 좋아. 나는 휴가를 또 집에서 보내고 싶지 않아.

Q: 남자와 여자는 주로 무엇을 논의하고 있는가?

(a) 유람선 여행 표를 구할 수 있는지
(b) 휴가 때 어떤 여행사를 이용할지
(c) 곧 있을 휴가를 언제 내야 하는지
(d) 어떤 유람선 여행을 선택해야 하는지

정답 (a)

해설 대화의 주제를 묻는 문제이다. 남자가 여행사 직원과 통화한 뒤, 구할 수 있는 유람선 여행 표가 아직도 없다(Still no tickets available for the cruise)라고 말한 후, 그래도 아직 기회가 있다는 내용이 이어졌다. 이를 '유람선 여행 표를 구할 수 있는지'라고 종합한 (a)가 정답이다.

어휘 travel agent phr. 여행사 직원, 여행사
available adj. 구할 수 있는

TEPS 서울대 텝스관리위원회 공식 기출문제집

Listen to a conversation between two coworkers.

W: Are you looking for your milk, by any chance?

M: Yeah, it's not in the office fridge.

W: I think I drank your milk accidentally. Sorry.

M: Oh, did you mistake it for your own?

W: Yeah, it's the brand I usually buy. I'll get you a new carton.

M: Don't worry. It's not a big deal.

Q: What is the woman mainly explaining to the man?

(a) Which milk belongs to her

(b) Why she bought new milk

(c) Where she placed his milk

(d) Why his milk is missing

두 동료 간의 대화를 들으시오.

W: 혹시 당신의 우유를 찾고 있나요?

M: 네, 사무실 냉장고에 없네요.

W: 제가 실수로 당신의 우유를 마신 것 같아요. 죄송해요.

M: 아, 우유를 당신 것이라고 착각했나요?

W: 네, 그건 제가 주로 사는 브랜드이거든요. 제가 새로 한 통 사드릴게요.

M: 걱정 마세요. 별일 아니에요.

Q: 여자는 남자에게 주로 무엇을 설명하고 있는가?

(a) 어떤 우유가 그녀의 것인지

(b) 왜 그녀가 새 우유를 샀는지

(c) 그녀가 그의 우유를 둔 곳이 어디인지

(d) 왜 그의 우유가 없어졌는지

정답 (d)

해설 여자가 남자에게 주로 무엇을 설명하고 있는지 묻는 문제이다. 우유를 찾고 있는 남자에게 여자가 자신이 실수로 남자의 우유를 마신 것 같다(I think I drank your milk accidentally)라고 한 후, 우유를 새로 사주겠다는 대화가 이어졌다. 이를 '왜 그의 우유가 없어졌는지'라고 종합한 (d)가 정답이다.

어휘 by any chance phr. 혹시   fridge n. 냉장고
accidentally adv. 실수로, 우연히
carton n. (음식이나 음료를 담는) 통, 갑
not a big deal phr. 별일 아니다

Listen to two friends discuss an election candidate.

M: I can't believe how well Mike Price is polling.

W: Well, he's telling people what they want to hear.

M: Are people that gullible? He can't possibly deliver.

W: I know. As if he's actually going to cut taxes and the deficit.

M: It's all just an opportunistic grab for support.

W: Some people are going to be sorely disappointed.

Q: What are the man and woman mainly saying about Mike Price?

(a) He faces many competing demands from voters.

(b) He has failed to deliver on his past election promises.

(c) He is making unrealistic promises to attract votes.

(d) He will lose support by the time of the election.

두 친구가 선거 후보에 관해 이야기하는 것을 들으시오.

M: Mike Price가 저렇게 잘 득표하고 있다는 걸 믿을 수가 없어.

W: 음, 그는 사람들이 듣고 싶어 하는 것을 말하잖아.

M: 사람들이 그렇게 잘 속아? 그는 도저히 (공약을) 이행할 수 없어.

W: 맞아. 마치 그가 실제로 세금과 적자를 줄일 것처럼 말이야.

M: 그것은 단지 지지를 얻기 위한 기회주의적인 움직임이야.

W: 어떤 사람들은 몹시 실망할 거야.

Q: 남자와 여자가 Mike Price에 대해 주로 말하는 것은 무엇인가?

(a) 유권자들로부터 많은 상충되는 요구에 직면해 있다.

(b) 과거의 선거 공약을 이행하지 못했다.

(c) 표를 얻기 위해 비현실적인 약속을 하고 있다.

(d) 선거일쯤에 지지를 잃을 것이다.

정답 (c)

해설 남자와 여자가 Mike Price에 대해 주로 말하는 것이 무엇인지 묻는 문제이다. 여자는 Mike Price가 사람들이 듣고 싶어 하는 것을 말한다(he's telling people what they want to hear)고 말했고, 남자는 Mike Price가 세금과 적자를 줄일 것처럼 말하는 것에 대해 그것은 단지 지지를 얻기 위한 기회주의적인 움직임(It's all just an opportunistic grab for support)이라고 했다. 이를 '표를 얻기 위해 비현실적인 약속을 하고 있다'라고 종합한 (c)가 정답이다.

어휘 poll v. 득표하다   gullible adj. 잘 속는, 아둔한
possibly adv. 도저히   deliver v. (공약·약속을) 이행하다
tax n. 세금   deficit n. 적자   opportunistic adj. 기회주의적인
sorely adv. 몹시, 심하게   competing adj. 상충되는

24 세부 정보 육하원칙
난이도 ●○○

Listen to a conversation between a customer and an employee.

W: Hello sir, how can I help you today?

M: I'd like to apply for a replacement bank card, please.

W: Certainly. Do you have any ID confirming your identity?

M: I have my passport. Will that work?

W: Sure. Now you just need to fill out this form.

M: No problem.

Q: Why does the man need to fill out a form?

(a) To prove his identity
(b) To renew his passport
(c) To open a new account
(d) To receive a new bank card

고객과 직원 간의 대화를 들으시오.

W: 안녕하세요 손님, 오늘 무엇을 도와드릴까요?
M: 대체용(새로운) 직불 카드를 신청하고 싶은데요.
W: 알겠습니다. 신분을 확인할 수 있는 신분증이 있나요?
M: 여권이 있어요. 괜찮을까요?
W: 물론이죠. 이제 이 양식을 작성하시기만 하면 됩니다.
M: 알겠습니다.

Q: 남자는 왜 양식을 작성해야 하는가?

(a) 그의 신분을 증명하기 위해
(b) 그의 여권을 갱신하기 위해
(c) 새 계좌를 개설하기 위해
(d) 새 직불 카드를 받기 위해

정답 (d)

해설 남자가 왜 양식을 작성해야 하는지 묻는 문제이다. 대화의 앞부분에서 남자가 대체용(새로운) 직불 카드를 신청하고 싶다(I'd like to apply for a replacement bank card, please)고 했고, 이어서 여자가 이제 이 양식을 작성하기만 하면 된다(Now you just need to fill out this form)라고 했으므로, 남자는 새로운 직불 카드를 신청하기 위해 양식을 작성해야 함을 알 수 있다. 이를 '새 직불 카드를 받기 위해'라고 바꾸어 표현한 (d)가 정답이다.

어휘 replacement n. 대체물, 교체물
bank card phr. (은행) 직불 카드 confirm v. 확인하다
passport n. 여권 fill out phr. 작성하다 form n. 양식, 용지
prove v. 증명하다 renew v. 갱신하다 account n. 계좌

25 세부 정보 육하원칙
난이도 ●○○

Listen to two friends discuss their plans.

M: I'm sorry, but I can't meet for dinner tonight.

W: Did your boss give you another last-minute assignment?

M: No, but I'm behind from taking a sick day last Friday.

W: How about tomorrow night, then?

M: Actually, I have a company dinner then.

W: OK, let's just catch up at Stacy's party on Saturday!

Q: Why is the man unable to meet the woman for dinner tonight?

(a) He has to catch up on work.
(b) He received a last-minute work assignment.
(c) He has to go to a company dinner.
(d) He is attending a party instead.

두 친구가 그들의 계획에 관해 이야기하는 것을 들으시오.

M: 미안하지만, 나는 오늘 저녁 식사 자리에 갈 수 없어.
W: 상사가 또 막판에 다른 업무를 줬어?
M: 아니, 하지만 지난 금요일에 병가를 내서 (업무에) 뒤처졌어.
W: 그럼 내일 밤은 어때?
M: 사실, 나는 그때 회식이 있어.
W: 그래, 그냥 토요일에 Stacy의 파티에서 만나자!

Q: 남자는 왜 오늘 저녁 식사 자리에서 여자를 만날 수 없는가?

(a) 밀린 업무를 해야 한다.
(b) 막판에 업무를 받았다.
(c) 회식에 가야 한다.
(d) 대신 파티에 참석한다.

정답 (a)

해설 남자가 왜 오늘 저녁 식사 자리에서 여자를 만날 수 없는지 묻는 문제이다. 남자가 지난 금요일에 병가를 내서 (업무에) 뒤처졌다(I'm behind from taking a sick day last Friday)라고 했으므로, 남자는 뒤처진 업무를 마무리해야 해서 저녁 식사 자리에서 여자를 만날 수 없음을 알 수 있다. 이를 남자는 '밀린 업무를 해야 한다'라고 바꾸어 표현한 (a)가 정답이다.

어휘 last-minute adj. 막판의, 막바지의
catch up phr. 만나다, 밀린 업무를 하다

26 세부 정보 육하원칙
난이도 ●○○

Listen to a conversation between two friends.

W: I'm considering moving back into my parents' house.

M: But I thought you loved your apartment and the area.

W: I do. It's just the rent's too high for me.

M: Have you thought about getting a roommate?

W: Maybe if I lived in a two-bedroom apartment.

M: That's true. Your current place would be too small for two people.

Q: Why is the woman considering moving?

(a) She does not like her neighborhood.

(b) She cannot afford her rent.

(c) She wants a roommate.

(d) She wants to live in a bigger apartment.

두 친구 간의 대화를 들으시오.

W: 부모님 집으로 다시 이사할까 생각 중이야.

M: 하지만 난 네가 네 아파트와 그 지역을 좋아하는 줄 알았어.

W: 좋아해. 그저 집세가 나에게 너무 비싸서야.

M: 룸메이트를 구할 생각은 해봤어?

W: 아마 내가 방이 두 개인 아파트에 산다면 (생각해 볼 거야).

M: 맞아. 네가 지금 있는 곳은 두 사람이 살기에는 너무 좁을 거야.

Q: 여자는 왜 이사를 고려하고 있는가?

(a) 그녀의 동네를 좋아하지 않는다.

(b) 집세를 감당할 수 없다.

(c) 룸메이트를 원한다.

(d) 더 큰 아파트에서 살기를 원한다.

정답 (b)

해설 여자가 왜 이사를 고려하고 있는지 묻는 문제이다. 여자가 부모님 집으로 다시 이사할까 생각 중이라고 한 뒤, 집세가 자신에게 너무 비싸다(It's just the rent's too high for me)라고 했으므로, 집세가 너무 비싸서 이사를 고려하고 있음을 알 수 있다. 이를 여자는 '집세를 감당할 수 없다'라고 바꾸어 표현한 (b)가 정답이다.

어휘 rent n. 집세 afford v. ~을 할 수 있다, 여유가 있다

---

27 세부 정보 Correct

난이도
●○○

Listen to a conversation between a doctor and a patient.

M: How long has your back been hurting?

W: About a week. It started after I moved some furniture.

M: I see. Give it two weeks. If the pain continues, we'll do an MRI.

W: But I have a tennis competition next week.

M: Sorry, but you'll need to avoid strenuous activity for a while.

W: OK, doctor. See you in two weeks, then.

Q: Which is correct about the woman?

(a) She has had back pain for two weeks.

(b) She hurt her back playing tennis.

(c) She has been scheduled for an MRI next week.

(d) She is advised against participating in a competition.

의사와 환자 간의 대화를 들으시오.

M: 허리가 아픈 지 얼마나 됐나요?

W: 일주일 정도요. 가구를 조금 옮긴 후에 아픈 것이 시작됐어요.

M: 그렇군요. 2주간 지켜보세요. 통증이 계속되면 MRI를 찍을게요.

W: 하지만 저는 다음 주에 테니스 대회가 있어요.

M: 안타깝지만, 당분간 격렬한 활동은 피해야 해요.

W: 알겠어요, 선생님. 그럼 2주 후에 뵐게요.

Q: 여자에 대해 맞는 것은 무엇인가?

(a) 2주 동안 허리가 아팠다.

(b) 테니스를 치다가 허리를 다쳤다.

(c) 다음 주에 MRI 촬영을 하기로 예정되어 있다.

(d) 대회에 참가하지 말라는 충고를 받았다.

정답 (d)

해설 여자에 대한 내용과 일치하는 것을 묻는 문제이다. 허리를 다친 여자가 다음 주에 테니스 대회가 있다고 말하자, 의사가 당분간 격렬한 활동은 피해야 한다(you'll need to avoid strenuous activity for a while)고 했다. 이를 여자는 '대회에 참가하지 말라는 충고를 받았다'라고 바꾸어 표현한 (d)가 정답이다.

어휘 furniture n. 가구 strenuous adj. 격렬한, 몹시 힘든 participate v. 참가하다, 참여하다

---

28 세부 정보 Correct

난이도
●●●

Listen to a conversation about a rock band.

W: Thunderwall is planning a reunion tour?

M: Yeah. Not only that—the members have reconciled with Johnny Burton.

W: Their first guitarist? He's rejoined them?

M: No. But they're back on good terms. He and lead singer Max Davis are actually starting a side project.

W: Wow. Didn't those two publicly disparage each other after Burton was fired?

M: Yeah, but I guess they've put their differences behind them.

Q: Which is correct according to the conversation?

(a) Thunderwall's original lineup has reunited.

(b) Davis will collaborate with his ex-bandmate.

(c) Davis replaced Burton as lead singer.

(d) The conflict between Burton and Davis was mere speculation.

록 밴드에 관한 대화를 들으시오.

W: Thunderwall이 재결합 투어를 계획하고 있다고?
M: 응. 그뿐만 아니야. 멤버들은 Johnny Burton과 화해했어.
W: 그들의 첫 기타리스트? 그가 다시 합류했다고?
M: 아니. 하지만 그들은 다시 사이가 좋아졌어. 그와 리드 보컬 Max Davis는 사실 부가적인 프로젝트를 시작하고 있어.
W: 와. 그 두 사람은 Burton이 잘린 후에 공개적으로 서로를 비난하지 않았어?
M: 맞아, 하지만 내 생각엔 그들이 서로의 차이를 과거의 일로 잊으려고 한 것 같아.
Q: 대화에 따르면 맞는 것은 무엇인가?

(a) Thunderwall의 초기 구성원이 재결합했다.
(b) Davis는 그의 이전 밴드 동료와 합작할 것이다.
(c) Davis는 Burton을 대신하여 리드 보컬이 되었다.
(d) Burton과 Davis 사이의 갈등은 단순한 추측에 불과했다.

정답 (b)

해설 대화의 내용과 일치하는 것을 묻는 문제이다. 록 밴드의 첫 기타리스트인 Johnny Burton과 멤버들의 사이가 좋아졌다고 한 뒤, 그가 리드 보컬 Max Davis와 부가적인 프로젝트를 시작하고 있다(He and lead singer Max Davis are actually starting a side project)고 했다. 이를 'Davis는 그의 이전 밴드 동료와 합작할 것이다'라고 바꾸어 표현한 (b)가 정답이다.

어휘 reunion n. 재결합, 재회 reconcile v. 화해하다
rejoin v. 합류하다 be on good terms phr. 사이가 좋다
publicly adv. 공개적으로 disparage v. 비난하다
put behind phr. (과거의 일로) 잊어버리다 lineup n. 구성원
collaborate v. 합작하다 replace v. 대신하다
speculation n. 추측

---

29 추론 Infer

난이도 ●●○

Listen to two coworkers discuss a promotion.

M: I heard Sam just got promoted to manager. What's going on?
W: I decided I didn't want the responsibility.
M: I bet the bosses weren't happy with that decision.
W: They seemed to understand. And Sam is qualified.
M: Maybe so, but he isn't nearly as well respected.
W: He just hasn't had as much time to get to know everyone here as I have.
Q: What can be inferred from the conversation?

(a) The woman is newer to the company than

Sam is.
(b) The woman considers herself underqualified for the role.
(c) The woman was originally offered the managerial position.
(d) The woman recommended the man for promotion.

두 동료가 승진에 관해 이야기하는 것을 들으시오.

M: Sam이 방금 관리자로 승진했다고 들었어. 무슨 일이야?
W: 나는 그 책임을 원하지 않는다고 결정했어.
M: 상사들이 그 결정에 만족하지 않았을 게 틀림없어.
W: 그들은 이해하는 것 같았어. 그리고 Sam은 자격이 있어.
M: 그럴지도 모르지만, 그는 거의 존경받지 못하잖아.
W: 그는 여기 있는 모든 사람들을 알아갈 시간이 나만큼 많지 않았을 뿐이야.
Q: 대화에서 추론할 수 있는 것은 무엇인가?

(a) 여자는 Sam보다 회사에 더 최근에 들어온 사람이다.
(b) 여자는 자신이 그 역할에 적합하지 않다고 생각한다.
(c) 여자는 원래 관리직 제의를 받았다.
(d) 여자는 남자를 승진 대상으로 추천했다.

정답 (c)

해설 대화를 통해 추론할 수 있는 내용을 묻는 문제이다. Sam이 관리자로 승진했다고 들었다며 무슨 일인지(I heard Sam ~ going on?) 묻는 남자의 말에 대해, 여자가 자신은 그 책임을 원하지 않는다고 결정했다(I decided I didn't want the responsibility)고 했다. 이를 바탕으로 여자가 관리직의 책임을 원치 않아 승진을 거절하였고, 대신에 Sam이 승진했음을 알 수 있다. 따라서 '여자는 원래 관리직 제의를 받았다'라고 추론한 (c)가 정답이다.

어휘 promote v. 승진시키다 qualified adj. 자격이 있는
respected adj. 존경받는 managerial adj. 관리의, 경영상의

---

30 추론 Infer

난이도 ●●○

Listen to a conversation about a TV program.

W: Have you ever caught Joan Webb's program on channel 10?
M: I've never heard of her.
W: She hosts a talk show called *Now* at 9 p.m.
M: Wait—doesn't Anne Coleman host that show?
W: Oh, she's just subbing in while Webb's on vacation.
M: I see. I only watched it once last week.
Q: What can be inferred from the conversation?

(a) Joan Webb's program got rescheduled last week.

(b) The man mistook Joan Webb for Anne Coleman.

(c) The man saw the show *Now* while Joan Webb was away.

(d) Joan Webb is guest-hosting Anne Coleman's talk show.

TV 프로그램에 관한 대화를 들으시오.

W: 10번 채널에서 Joan Webb의 프로그램을 본 적이 있어?

M: 난 그녀에 대해 들어본 적이 없어.

W: 그녀는 오후 9시에 「Now」라는 토크쇼를 진행해.

M: 잠깐, Anne Coleman이 그 쇼를 진행하지 않아?

W: 아, 그녀는 그저 Webb이 휴가에 가 있는 동안 대신하고 있는 거야.

M: 그렇구나. 나는 지난주에 그 토크쇼를 딱 한 번 본 게 고작이야.

Q: 대화에서 추론할 수 있는 것은 무엇인가?

(a) Joan Webb의 프로그램은 지난주에 일정이 변경되었다.

(b) 남자는 Joan Webb을 Anne Coleman으로 착각했다.

(c) 남자는 Joan Webb이 없는 동안 「Now」 쇼를 보았다.

(d) Joan Webb은 Anne Coleman의 토크쇼를 게스트로서 진행하고 있다.

정답 (c)

해설 대화를 통해 추론할 수 있는 내용을 묻는 문제이다. 남자가 Anne Coleman이 그 쇼를 진행하지 않는지(doesn't Anne Coleman host that show?) 묻자, 여자가 Anne Coleman은 Webb이 휴가에 가 있는 동안 대신하고 있다(she's just subbing in while Webb's on vacation)고 했다. 그리고 남자가 지난주에 그 토크쇼를 딱 한 번 본 게 고작(I only watched it once last week)이라고 했으므로, 남자는 Webb이 없는 동안 Coleman이 대신 진행하고 있는 토크쇼를 봤음을 알 수 있다. 따라서 '남자는 Joan Webb이 없는 동안 「Now」 쇼를 보았다'라고 추론한 (c)가 정답이다.

어휘 catch v. 보다, 목격하다 sub v. 대신하다, 대체하다

Part IV

31 중심 내용 주제
난이도 ●○○

Now this morning's top headlines. Thousands of people have taken to the streets following the federal government's announcement that it will reduce the budget for its environmental protection agency. This announcement is in keeping with a broad policy shift towards downplaying climate change and focusing on economic development. Protestors across the nation claim they will continue until their voices are heard.

Q: What is the report mainly about?

(a) The government's response to a protest

(b) The public's opposition to a policy change

(c) The government's refusal to revise a policy

(d) The public's demands for economic development

오늘 아침 주요 뉴스입니다. 연방정부가 환경보호청에 대한 예산을 삭감하겠다고 발표한 후 수천 명의 사람들이 거리로 나섰습니다. 이 발표는 기후 변화를 경시하고 경제 발전에 초점을 맞추는 광범위한 정책의 전환을 따르고 있습니다. 전국의 시위자들은 그들의 목소리가 경청될 때까지 계속할 것이라고 주장합니다.

Q: 보도는 주로 무엇에 관한 것인가?

(a) 시위에 대한 정부의 대응

(b) 정책 변화에 대한 대중의 반대

(c) 정부의 정책 수정 거부

(d) 경제 발전에 대한 대중의 요구

정답 (b)

해설 보도의 주제를 묻는 문제이다. 연방정부가 환경보호청에 대한 예산을 삭감하겠다고 발표한 후 수천 명의 사람들이 거리로 나섰다(Thousands of people ~ its environmental protection agency)는 말에 이어, 이 발표는 경제 발전에 초점을 맞추는 정책의 전환을 따르고 있다고 설명했다. 이를 '정책 변화에 대한 대중의 반대'라고 종합한 (b)가 정답이다.

어휘 headline n. 주요 뉴스 federal government phr. 연방정부 announcement n. 발표 policy n. 정책 downplay v. 경시하다 protestor n. 시위자 claim v. 주장하다 refusal n. 거부

---

32 중심 내용 요점

난이도 ●●○

Let's talk about a recent controversy over advice on antibiotic use. When we're prescribed antibiotics, we're usually told to finish the course rather than to stop when symptoms subside. Supposedly, this is because stopping the course early promotes antibiotic resistance. But a recent study suggests that this notion is misguided and that taking antibiotics for longer than necessary actually increases such resistance. Experts also admit that more research is needed on the optimum duration for antibiotics. Clearly, the evidence for completing the course of antibiotics is dubious at best, so isn't it time to stop advocating this message to patients?

Q: What is the speaker's main point about antibiotics?

(a) They tend to be prescribed too frequently.

(b) The guidelines for taking them need to be reconsidered.

(c) Patients often do not know when to take them.

(d) Development of more effective ones is crucial.

항생제 사용에 대한 조언을 둘러싼 최근 논란에 대해 이야기해 봅시다. 우리가 항생제를 처방받을 때, 우리는 보통 증상이 가라 앉을 때 (항생제 복용을) 멈추기보다는 약(항생제)을 끝까지 사용하라는 말을 듣습니다. 아마도 이것은 약을 일찍 중단하는 것이 항생제 내성을 촉진하기 때문일 것입니다. 그러나 최근의 한 연구는 이 개념이 잘못되었고 필요 이상으로 오랫동안 항생제를 복용하는 것이 사실 그러한 내성을 증가시킨다는 것을 시사합니다. 전문가들 또한 항생제의 최적 복용 기간에 대한 연구가 더 필요하다는 점을 인정합니다. 분명히, 항생제 복용을 완료하는 것을 옹호하는 증거는 기껏해야 불확실하기 때문에, 환자들에게 이러한 메시지를 주장하는 것을 그만둘 때가 되지 않았을까요?

Q: 항생제에 대한 화자의 요점은 무엇인가?

(a) 너무 자주 처방되는 경향이 있다.
(b) 항생제 복용 지침이 재고될 필요가 있다.
(c) 환자들은 종종 언제 항생제를 복용해야 할지 모른다.
(d) 더 효과적인 것을 개발하는 것이 중요하다.

정답 (b)

해설 항생제에 대한 화자의 요점을 묻는 문제이다. 최근의 연구는 필요 이상으로 오랫동안 항생제를 복용하는 것이 사실 내성을 증가시킨다는 것을 시사한다(a recent study suggests ~ such resistance)라고 한 뒤, 환자들에게 연구와 반대되는 내용의 메시지(항생제를 일찍 중단하는 것이 항생제 내성을 촉진한다는 것)를 주장하는 것을 그만둘 때가 되었다고 했다. 이를 '항생제 복용 지침이 재고될 필요가 있다'라고 종합한 (b)가 정답이다.

어휘 controversy n. 논란 antibiotic n. 항생제
prescribe v. 처방하다 symptom n. 증상
course n. (복용할 일련의) 약 subside v. 가라앉다, 진정되다
promote v. 촉진하다 resistance n. 내성, 저항
notion n. 개념 misguided adj. 잘못된
optimum adj. 최적의 duration n. 복용(지속) 기간
dubious adj. 불확실한 advocate v. 주장하다, 옹호하다

---

33 세부 정보 Correct
난이도 ●●○

Up next on today's episode of *Gardners' World*: Tips to consider if you want to grow a palm tree in a colder area. (a)Some palms can't tolerate subzero temperatures, and even those that do require special winter care. Before winter, (b)plant other vegetation with dense foliage around the palm to insulate it. (c)You can also add a layer of mulch around the palm's base to help prevent roots from freezing. As a final measure, wrap the trunk to keep it warm. Use burlap rather than plastic or bubble wrap (d)since these materials can actually cause damage.

Q: Which is correct about palm trees?

(a) All varieties are resistant to freezing temperatures.

(b) They are sufficiently insulated by their own foliage.

(c) Mulching their base protects their roots from the cold.

(d) Covering their trunks with plastic wrap prevents damage.

다음은 오늘 「Gardners' World」의 에피소드입니다: 바로 여러분이 추운 지역에서 야자수를 기르고 싶을 때 고려해야 할 조언들입니다. (a)어떤 야자수들은 영하의 기온을 견디지 못하며, 영하의 기온을 견디는 야자수라도 특별한 겨울철 관리가 필요합니다. 겨울이 오기 전에, (b)잎이 무성한 다른 식물을 야자수 주위에 심어서 그것을 단열하세요. (c)여러분은 또한 뿌리가 어는 것을 예방하도록 돕기 위해 야자수의 밑부분 주위에 뿌리덮개를 추가할 수 있습니다. 마지막 방법으로, 야자수를 따뜻하게 유지하기 위해 몸통을 감싸세요. 비닐이나 버블랩보다는 포대를 사용해야 하는데, (d)왜냐하면 이 물질들(비닐과 버블랩)은 실제로 손상을 가할 수 있기 때문입니다.

Q: 야자수에 대해 맞는 것은 무엇인가?

(a) 모든 품종이 영하의 온도에 강하다.
(b) 자신들의 잎으로 충분히 단열되어 있다.
(c) 밑부분을 뿌리덮개로 덮는 것은 그것들의 뿌리를 추위로부터 보호한다.
(d) 몸통을 비닐 랩으로 덮는 것은 손상을 방지한다.

정답 (c)

해설 야자수에 대한 내용과 일치하는 것을 묻는 문제이다. 뿌리가 어는 것을 예방하도록 돕기 위해 야자수의 밑부분 주위에 뿌리덮개를 추가할 수 있다(You can also add ~ from freezing)라고 했다. 이를 '밑부분을 뿌리덮개로 덮는 것은 그것들의 뿌리를 추위로부터 보호한다'라고 바꾸어 표현한 (c)가 정답이다.

오답분석
(a) 어떤 야자수들은 영하의 기온을 견디지 못한다고 했으므로, 담화의 내용과 반대된다.
(b) 잎이 무성한 다른 식물을 야자수 주위에 심어서 야자수를 단열하라고 했으므로, 담화의 내용과 반대된다.
(d) 비닐과 버블랩은 손상을 가할 수 있다고 했으므로, 담화의 내용과 반대된다.

어휘 palm tree phr. 야자수 tolerate v. 견디다
subzero adj. 영하의 vegetation n. 식물
dense adj. 무성한 foliage n. 잎, 나뭇잎
insulate v. 단열하다 mulch n. 뿌리덮개; v. 뿌리덮개로 덮다
trunk n. 몸통 burlap n. 포대 variety n. (식물 등의) 품종

34 세부 정보 육하원칙
난이도 ●●○

In today's biology lecture, we'll look at how male Costa's hummingbirds try to impress females. When breeding season arrives, the males perform high-speed dives, during which they twist their tail feathers to create a singing sound. During these performances, the females listen for shifting sound frequencies to gauge the speed of the dives. However, instead of performing dives in front of females like other hummingbird species do, male Costa's dive off to the side. This makes the frequency shift, and thereby diving speed, less obvious to females, boosting even weaker males' chances of success.

Q: Why do male Costa's hummingbirds dive off to the side rather than in front of females?

(a) To approach females without being seen

(b) To move their tail feathers more freely

(c) To magnify the sound of their dives

(d) **To make it difficult for females to judge their speed**

오늘 생물학 강의에서는 수컷 코스타벌새가 암컷에게 어떻게 관심을 끌려고 하는지 알아보겠습니다. 번식기가 되면, 수컷은 고속 급강하를 하는데, 이때 그들은 꼬리 깃털을 비틀어 지저귀는 소리를 냅니다. 이 행위가 이루어지는 동안, 암컷들은 급강하의 속도를 측정하기 위해 변화하는 소리의 주파수를 듣습니다. 하지만, 다른 벌새 종들처럼 암컷 앞에서 급강하를 하는 대신, 수컷 코스타벌새는 옆으로 급강하를 합니다. 이것이 주파수 변화를 만들어내고, 이로 인해 급강하 속도를 암컷들이 알기 어렵게 만들어, 더 약한 수컷들의 (구애) 성공 가능성도 높입니다.

Q: 왜 수컷 코스타벌새는 암컷의 앞이 아닌 옆에서 급강하하는 가?

(a) 눈에 띄지 않고 암컷에게 접근하기 위해
(b) 꼬리 깃털을 더 자유롭게 움직이기 위해
(c) 급강하하는 소리를 키우기 위해
(d) 암컷들이 그들의 속도를 판단하기 어렵게 만들기 위해

정답 (d)

해설 수컷 코스타벌새가 암컷의 앞이 아닌 옆에서 급강하하는 이유를 묻는 문제이다. 암컷 옆에서 급강하하는 것은 주파수 변화를 만들어내고, 이로 인해 급강하 속도를 암컷들이 알기 어렵게 만든다(This makes the frequency shift, and thereby diving speed, less obvious to females)라고 했다. 이를 '암컷들이 그들의 속도를 판단하기 어렵게 만들기 위해'라고 바꾸어 표현한 (d)가 정답이다.

어휘 hummingbird n. 벌새 impress v. 관심을 끌다
breeding season phr. 번식기 dive n. 급강하
twist v. 비틀다 shift v. 변화하다 frequency n. 주파수
obvious adj. 알기 쉬운, 명확한 boost v. 높이다, 돋우다

35 세부 정보 육하원칙
난이도 ●●●

In tonight's news, the senate is in upheaval over a relief bill for victims of Hurricane Walter. Senators from the northeast have accused their counterparts from the ravaged southwestern region of trying to profit from the disaster. They argue that the bill is packed with provisions unconnected to the disaster. Meanwhile, senators from the southwest have responded that their adversaries are wasting time and playing politics during a time of crisis. With tensions escalating, the bill is unlikely to be legislated anytime soon.

Q: What is the objection of northeastern senators to the relief bill?

(a) It pushes the timeline for funding back too far.

(b) It lacks a bipartisan consensus on funding.

(c) It promises insufficient funds for disaster recovery.

(d) **It is being used to secure funds for unrelated projects.**

오늘 밤 소식은, 상원이 허리케인 Walter의 피해자들을 위한 구호 법안을 둘러싸고 격변 상태에 있다는 것입니다. 북동부 지역의 상원 의원들은 파괴된 남서부 지역의 상원 의원들이 그 재난으로부터 이익을 얻으려 한다는 이유로 비난하고 있습니다. 그들은 그 법안이 재난과 관련이 없는 조항들로 가득 차 있다고 주장합니다. 한편, 남서부 상원 의원들은 상대측이 위기의 시기에 시간을 낭비하고 정치 놀음을 하고 있다고 응답했습니다. 긴장이 고조되면서 이 법안이 곧 입법화될 것 같지는 않습니다.

Q: 북동부 상원 의원들이 구호 법안에 대해 반대하는 점은 무엇인가?

(a) 자금 조달 일정을 너무 뒤로 미룬다.
(b) 자금 조달에 대한 초당파적인 합의가 부족하다.
(c) 재난 복구에 있어 불충분한 자금을 약속한다.
(d) 관련 없는 사업을 위한 자금 확보에 활용되고 있다.

정답 (d)

해설 북동부 상원 의원들이 구호 법안에 대해 반대하는 점이 무엇인지 묻는 문제이다. 북동부 지역의 상원 의원들은 파괴된 남서부 지역의 상원 의원들이 재난으로부터 이익을 얻으려 한다는 이유로 비난하고 있다(Senators from the northeast ~ from the disaster)라고 한 뒤, 그들은 법안이 재난과 관련이 없는 조항들로 가득 차 있다고 주장한다(They argue ~ unconnected to the disaster)고 했다. 이를 '관련 없는 사업을 위한 자금 확보에 활용되고 있다'라고 바꾸어 표현한 (d)가 정답이다.

어휘 senate n. 상원 (의원) upheaval n. 격변 relief n. 구호, 구제
bill n. 법안 accuse A of B phr. A를 B의 이유로 비난하다
ravaged adj. 파괴된 provision n. 조항
adversary n. 상대, 적 crisis n. 위기 escalate v. 고조되다
legislate v. 입법화하다 funding n. 자금 조달
bipartisan adj. 초당파적인 consensus n. 합의

36 추론 Opinion

난이도 ●●○

I'd like to bring your attention to the current regulations for online and traditional media. As you may know, companies who offer online streaming have in some ways started to eclipse even the most influential traditional media companies. But we can't forget that online content isn't restricted in the same way that films and television are. TV networks across the globe typically have to adhere to many regulations—and for good reasons. Online companies, on the other hand, are far less bound by rules. They're largely free to stream whatever they feel will maximize their popularity. This situation must be addressed immediately.

Q: Which statement would the speaker most likely agree with?

(a) TV networks should be granted the same freedom as online companies.

(b) Imbalanced regulations give online providers an unfair advantage.

(c) Traditional media companies fail to capitalize on online opportunities.

(d) Convenience is more important than content in securing popularity.

온라인 및 전통 미디어에 대한 현행 규정에 주목해 주시기 바랍니다. 아시다시피, 온라인 스트리밍을 제공하는 회사들은 가장 영향력 있는 전통적인 미디어 회사들마저도 어떤 면에서 능가하기 시작했습니다. 하지만 우리는 온라인 콘텐츠가 영화 및 TV와 동일한 방식으로 제한되지 않는다는 것을 잊어서는 안 됩니다. 전 세계의 TV 방송국은 일반적으로 많은 규정을 지켜야 하는데, 그럴 만한 이유가 있습니다. 반면에 온라인 회사들은 규칙에 훨씬 덜 얽매입니다. 그들은 인기를 극대화할 것이라고 여기는 것은 무엇이든 대체로 자유롭게 스트리밍할 수 있습니다. 이 상황은 즉시 해결되어야 합니다.

Q: 화자는 어느 진술에 가장 동의할 것 같은가?

(a) TV 방송국은 온라인 회사들과 같은 자유를 부여받아야 한다.

(b) 불균형한 규제는 온라인 제공자들에게 불공평한 이점을 준다.

(c) 전통적인 미디어 회사들은 온라인 기회를 이용하지 못한다.

(d) 인기 확보에는 콘텐츠보다 편의성이 더 중요하다.

정답 (b)

해설 화자가 가장 동의할 것 같은 진술이 무엇인지 묻는 문제이다. 온라인 스트리밍을 제공하는 회사들이 전통적인 미디어 회사들을 능가하기 시작했다는 내용에 대해 설명하면서, 온라인 회사들은 규칙에 훨씬 덜 얽매이므로 인기를 극대화할 것이라고 여기는 것은 대체로 자유롭게 스트리밍할 수 있다(Online companies, on the other hand ~ maximize their popularity)고 했다. 이를 바탕으로 규칙에 덜 얽매여 있는 온라인 회사들은 전통적인 미디어 회사들보다 콘텐츠 공급에 있어 더 자유롭기 때문에 이득을 보고 있음을 알 수 있다. 따라서 '불균형한 규제는 온라인 제공자들에게 불공평한 이점을 준다'라고 추론한 (b)가 정답이다.

어휘 eclipse v. 능가하다, 빛을 잃게 만들다 restricted adj. 제한된
adhere v. 지키다, 고수하다 regulation n. 규정, 규제
bound adj. 얽매인, 묶인 maximize v. 극대화하다
address v. 해결하다 immediately adv. 즉시
grant v. 부여하다 imbalanced adj. 불균형한
capitalize v. 이용하다 secure v. 확보하다

Part V

[37-38]

Your attention, please. The annual Boston Economics Conference will start soon. Before we begin, I have a few announcements. [38(a)]The opening lecturer, Mr. Bill Morrison, who was supposed to speak on oil price fluctuations at 11 a.m., is currently stranded at the airport due to inclement weather. So instead, [37/38(b)]Dr. Christina Kim will be taking Mr. Morrison's place. [38(d)]Her talk on this year's stock market outlook was originally scheduled for 3 p.m. tomorrow. Since Mr. Morrison is expected to arrive by tonight, [37/38(c)]he will give his presentation during Dr. Kim's original time slot. Thank you, and I hope you'll enjoy the conference.

여러분, 주목해 주십시오. 매년 열리는 보스턴 경제 학회가 곧 시작될 것입니다. 시작하기 전에 몇 가지 공지사항이 있습니다. [38(a)]오전 11시에 유가 변동에 대해 이야기하기로 되어 있던 첫 강연자 Mr. Bill Morrison은 악천후로 인해 현재 공항에 발이 묶여 있습니다. 그래서 대신, [37/38(b)]Christina Kim 박사가 Mr. Morrison의 자리를 대체하게 될 것입니다. [38(d)]올해 주식 시장 전망에 대한 그녀의 강연은 원래 내일 오후 3시로 예정되어 있었습니다. Mr. Morrison이 오늘 밤에 도착할 예정이기 때문에, [37/38(c)]그는 Kim 박사의 원래 시간대에 발표를 할 예정입니다. 감사합니다, 즐거운 학회 되시길 바랍니다.

어휘 announcement n. 공지사항, 발표 fluctuation n. 변동
stranded adj. 발이 묶인 inclement weather phr. 악천후

stock market phr. 주식 시장 outlook n. 전망

37 중심 내용 주제

난이도 ●○○

Q: What is the speaker mainly doing?

(a) Informing conference attendees of the talks available
(b) Notifying conference attendees of a schedule change
(c) Going over the format for conference presentations
(d) Introducing the guest speakers at a conference

Q: 화자는 주로 무엇을 하고 있는가?

(a) 학회 참석자에게 참석 가능한 강연을 알리고 있다.
(b) 학회 참석자에게 일정 변경을 공지하고 있다.
(c) 학회 발표 형식을 검토하고 있다.
(d) 학회에서 초청 연사들을 소개하고 있다.

정답 (b)

해설 담화에서 화자가 주로 하고 있는 일이 무엇인지 묻는 문제이다. 화자는 Christina Kim 박사가 Mr. Morrison의 자리를 대체하게 될 것이다(Dr. Christina Kim will be taking Mr. Morrison's place)라고 한 뒤, Mr. Morrison은 Kim 박사의 원래 시간대에 발표를 할 예정이다(he will give ~ Dr. Kim's original time slot)라고 설명했다. 이를 '학회 참석자에게 일정 변경을 공지하고 있다'라고 종합한 (b)가 정답이다.

어휘 attendee n. 참석자 go over phr. 검토하다

38 세부 정보 Correct

난이도 ●●●

Q: Which is correct according to the announcement?

(a) The oil price presentation will occur earlier than planned.
(b) Christina Kim will present a day later than originally scheduled.
(c) Bill Morrison will give his presentation tomorrow at 11 a.m.
(d) The first presentation will focus on the stock market.

Q: 발표에 따르면 맞는 것은 무엇인가?

(a) 석유 가격 발표는 계획보다 일찍 이루어질 것이다.
(b) Christina Kim이 당초 예정보다 하루 늦게 발표를 할 것이다.
(c) Bill Morrison은 내일 오전 11시에 발표를 할 것이다.
(d) 첫 번째 발표는 주식 시장에 초점을 맞출 것이다.

정답 (d)

해설 발표의 내용과 일치하는 것을 묻는 문제이다. Christina Kim 박사가 첫 강연자인 Mr. Morrison의 시간대에 대신 강연을 할 것이라고 언급하며, 올해 주식 시장 전망에 대한 그녀의 강연(Her talk on this year's stock market outlook)이라고 했다. 이를 '첫 번째 발표는 주식 시장에 초점을 맞출 것이다'라고 바꾸어 표현한 (d)가 정답이다.

오답분석

(a) 유가 변동에 대해 강연하기로 한 Mr. Morrison이 공항에 발이 묶여 있다고 했으므로, 담화의 내용과 반대된다.
(b) Christina Kim 박사가 첫 강연자인 Mr. Morrison의 시간대인 오전 11시에 강연을 한다고 했으므로, 담화의 내용과 반대된다.
(c) Mr. Morrison은 Kim 박사의 원래 발표 시간인 내일 오후 3시에 발표를 할 예정이라고 했으므로, 담화의 내용과 다르다.

[39-40]

Let's continue our discussion on US politics—more specifically, gerrymandering, which is the strategic redrawing of voting districts on election maps. By law, electoral districts are redrawn once each decade following a federal census. This measure is intended to ensure that each voting district contains roughly the same number of citizens. Unfortunately, [40]whichever party is in power at the time can use this redrawing to potentially tilt the outcome of future elections. They do this [39]by packing supporters of an opposing party into fewer districts or dispersing them across districts to dilute their influence. This can give one party an unfair advantage. As a result, for years, people have decried gerrymandering as a legal form of vote rigging and continue to appeal to federal courts to block it.

미국 정치에 대한 이야기를 계속합시다. 더 구체적으로는, 선거 지도 상에서 선거구를 전략적으로 변경하는 게리맨더링에 관해서요. 법에 따라, 선거구는 연방 인구 조사에 따라 10년마다 한 번씩 변경됩니다. 이 방식은 각 선거구가 거의 동일한 수의 시민을 포함하도록 하기 위해 의도된 것입니다. 불행하게도, [40]당시에 집권하고 있는 어떤 정당이든 이 변경 방식을 사용하여 향후 선거 결과를 잠재적으로 편향되게 할 수 있습니다. 그들은 [39]야당 지지자들을 더 적은 지역구로 묶거나 그들의 영향력을 약화시키기 위해 그들을 여러 지역구로 분산시킴으로써 이것을 합니다. 이것은 한 정당에게 불공평한 이익을 줄 수 있습니다. 결과적으로, 수년 동안 사람들은 게리맨더링을 투표 조작의 법적 형태라고 비난해왔고 연방 법원에 그것을 막아달라고 계속 호소하고 있습니다.

어휘 gerrymandering n. 게리맨더링(선거구를 당에 유리하게 개편함)

redrawing n. 변경, 재획정 voting district phr. 선거구
electoral adj. 선거의 roughly adv. 거의
in power phr. 집권하고 있는, 정권을 잡고 있는
pack v. 묶다, 모으다 disperse v. 분산시키다
dilute v. 약화시키다, 희석시키다 decry v. 비난하다, 헐뜯다
rigging n. (선거의) 조작 appeal v. 호소하다

---

39 세부 정보 육하원칙
난이도 ●●○

Q: Why are people opposed to
gerrymandering?

(a) It restricts the voting ability of certain
citizens.

(b) It leads to the expansion of the federal
government.

(c) It changes the electoral map to favor the
party in power.

(d) It contributes to the formation of radical
political parties.

Q: 왜 사람들은 게리맨더링에 반대하는가?

(a) 특정 시민들의 투표 능력을 제한한다.
(b) 연방 정부의 확장으로 이어진다.
(c) 집권당에 유리하도록 선거 지도(선거구)를 바꾼다.
(d) 급진적인 정당 형성에 기여한다.

정답 (c)

해설 왜 사람들이 게리맨더링에 반대하는지 묻는 문제이다. 선거구
를 전략적으로 변경하는 게리맨더링에 대해 설명하면서, 야당
지지자들을 더 적은 지역구로 묶거나 그들의 영향력을 약화
시키기 위해 그들을 여러 지역구로 분산시키는(by packing
supporters ~ dilute their influence) 것이 한 정당에게 불
공평하게 작용할 수 있다고 했다. 이를 '집권당에 유리하도록 선
거 지도(선거구)를 바꾼다'라고 바꾸어 표현한 (c)가 정답이다.

어휘 expansion n. 확장, 확대 favor v. ~에게 유리하다

---

40 추론 Infer
난이도 ●●●

Q: What can be inferred about gerrymandering
in the US from the talk?

(a) It has been blocked by federal courts in the
past.

(b) It alters the boundaries separating different
states.

(c) It primarily benefits citizens in small voting
districts.

(d) It twists the purpose of district boundary
redrawing.

Q: 담화에서 미국의 게리맨더링에 대해 추론할 수 있는 것은 무
엇인가?

(a) 과거에 연방 법원에 의해 차단되었다.
(b) 여러 주를 구분하는 경계를 변경한다.
(c) 주로 소규모 선거구의 시민들에게 이익이 된다.
(d) (선거) 구역 경계 재획정의 목적을 왜곡한다.

정답 (d)

해설 담화에서 미국의 게리맨더링에 대해 추론할 수 있는 내용을 묻
는 문제이다. 선거구 변경은 각 선거구가 거의 동일한 수의 시
민을 포함하도록 의도된 것이라고 한 후, 게리맨더링은 선거구
를 '전략적으로' 변경하는 것이라고 했으며, 집권하고 있는 어
떤 정당이든 이 변경 방식을 사용하여 향후 선거 결과를 잠재
적으로 편향되게 할 수 있다(whichever party is in power
~ future elections)고 했다. 따라서 '(선거) 구역 경계 재획
정의 목적을 왜곡한다'라고 추론한 (d)가 정답이다.

오답분석
(a) 담화에서 게리맨더링이 과거에 연방 법원에 의해 차단되었
는지는 언급되지 않았다.
(b) 담화에서 게리맨더링이 선거구를 전략적으로 변경하는 것
이라고는 했지만, 주를 구분하는 경계를 변경한다고는 추론
할 수 없다.
(c) 소규모 선거구의 시민들에게 이익이 되는지는 언급되지 않
았다.

어휘 twist v. 왜곡하다

VOCABULARY

문제집 p. 175

Part I

1 동사 어휘 complete
난이도 ●○○

A: 당신이 그 프로젝트를 제시간에 끝냈다니 믿을 수가 없어요.
B: 그것을 끝내려고 늦게까지 깨어 있었어요.

(a) 해결하다
(b) 모으다
(c) 함유하다
(d) 끝내다

정답 (d)

해설 I stayed up late to get it done(그것을 끝내려고 늦게까지 깨어 있었다)이라고 답하고 있으므로, 그 프로젝트를 제시간에 '끝냈다니' 믿을 수가 없다는 내용이 앞에 오는 것이 문맥상 자연스럽다. 따라서 (d) completed가 정답이다.

어휘 in time phr. 제시간에, 늦지 않게

2 동사 어휘 book
난이도 ●○○

A: 내일 새로 생긴 태국 음식점에 가보자.
B: 그래, 내가 전화해서 자리를 예약할게.

(a) 할당하다
(b) 주문하다
(c) 들어가다
(d) 예약하다

정답 (d)

해설 내일 새로 생긴 태국 음식점에 가보자는 말에, Sure(그래)라고 말하고 있으므로, 전화해서 자리를 '예약하겠다'는 내용의 응답이 오는 것이 문맥상 자연스럽다. 따라서 (d) book이 정답이다.

3 동사 어휘 diagnose
난이도 ●●○

A: 기침 때문에 진찰을 받았니?
B: 응. 나는 천식 진단을 받았어.

(a) 이름을 붙이다
(b) 지지하다
(c) 진단을 하다
(d) 처방을 하다

정답 (c)

해설 기침 때문에 진찰을 받았다고 했으므로, 보기 중 질병(천식)과

가장 잘 어울리는 '진단을 하다'라는 의미의 (c) diagnosed가 정답이다.

어휘 see a doctor phr. 진찰을 받다

4 명사 어휘 balance
난이도 ●●○

A: 우리 계좌에 돈이 얼마나 있어?
B: 현재 잔금을 확인해 봐야겠다.

(a) 분량
(b) 등기
(c) 잔금
(d) 청구서

정답 (c)

해설 계좌에 돈이 얼마나 있는지 묻는 말에, '잔금'을 확인해 보겠다는 내용이 이어지는 것이 문맥상 자연스럽다. 따라서 (c) balance가 정답이다.

어휘 bank account phr. (예금) 계좌

5 이디엄 have a good reputation
난이도 ●○○

A: 이 카페의 서비스는 훌륭해.
B: 맞아, 여기는 그것(서비스)으로 좋은 평판을 갖고 있어.

(a) 반응
(b) 평판
(c) 인상
(d) 용모

정답 (b)

해설 카페의 서비스가 훌륭하다는 말에, Yeah(맞아)라고 답하고 있으므로, 카페가 서비스로 좋은 '평판'을 가지고 있다는 내용이 이어지는 것이 문맥상 자연스럽다. 따라서 빈칸 앞의 has a good과 함께 '좋은 평판을 갖다'라는 이디엄 have(has) a good reputation을 완성하는 (b) reputation이 정답이다.

6 형용사 어휘 pristine
난이도 ●●●

A: 와! 네 차 아주 깨끗해 보여.
B: 막 세차해서 그래.

(a) 정화된
(b) 호화로운
(c) 아주 깨끗한
(d) 정제된

정답 (c)

해설 막 세차를 했다고 응답했으므로, 차가 '아주 깨끗해' 보인다는 것을 짐작할 수 있다. 따라서 (c) pristine이 정답이다. (a) purified는 '물이나 죄가 정화된'이라는 의미이므로 오답이다.

7 형용사 어휘 hasty

A: 이 집을 사기 전에 좀 더 생각을 했어야 했는데.
B: 맞아, 꽤 성급한 결정이었어.

(a) 성급한
(b) 변덕스러운
(c) 조잡한
(d) 싫증 난

정답 (a)

해설 집을 사기 전에 좀 더 생각을 했어야 했다는 말에, Yeah(맞아)라고 동의하고 있다. 따라서 빈칸에는 집을 산 것이 '성급한' 결정이었다는 내용의 응답이 오는 것이 문맥상 자연스러우므로, (a) hasty가 정답이다.

8 형용사 어휘 prudent

A: 개인 대출로 신용카드 빚을 갚아야 할까?
B: 아니, 그건 현명하지 않아. 너는 결국 더 많은 이자를 지불하게 될지 몰라.

(a) 재정의
(b) 관대한
(c) 정확한
(d) 현명한

정답 (d)

해설 개인 대출로 신용카드 빚을 갚아야 할지 묻는 말에, No(아니)라고 답한 뒤, 결국 더 많은 이자를 지불하게 될지 모른다고 응답하고 있으므로, '현명하지' 않다는 내용이 오는 것이 문맥상 자연스럽다. 따라서 (d) prudent가 정답이다.

어휘 pay off phr. 갚다 debt n. 빚 end up phr. 결국 ~하게 되다

9 형용사 어휘 brawny

A: 소파 옮기는 것을 도와줄 사람이 필요해.
B: 네 조카에게 요청해. 그는 건장하잖아.

(a) 건장한
(b) 풍족한
(c) 화를 잘 내는
(d) 낭비하는

정답 (a)

해설 소파 옮기는 것을 도와줄 사람이 필요하다는 말에, 조카에게 요청하라고 응답하고 있으므로, 그는 '건장하다'는 내용이 오는 것이 문맥상 자연스럽다. 따라서 (a) brawny가 정답이다.

어휘 nephew n. 조카

10 구동사 let on

A: Jeff에게 깜짝 생일 파티를 열어줄 거야?
B: 응, 그러니 네가 그것에 대해 알고 있다고 말하지 마.

(a) 말하다
(b) 다 팔다
(c) 둘러대다
(d) 말대꾸하다

정답 (a)

해설 Jeff에게 깜짝 생일 파티를 열어줄 것인지 묻는 말에, Yes(응)라고 했으므로, 그것에 대해 알고 있다고 '말하지' 말 것을 요청하는 응답이 오는 것이 문맥상 자연스럽다. 따라서 (a) let on이 정답이다.

어휘 throw a party phr. 파티를 열다

Part II

11 동사 어휘 rely

많은 나라들이 재생 가능한 에너지원을 사용함으로써 화석 연료에 덜 의존하려고 노력하고 있다.

(a) 의존하다
(b) 전달하다
(c) 태우다
(d) 이용하다

정답 (a)

해설 재생 가능한 에너지원 사용에 대해 이야기하고 있으므로, 화석 연료에 덜 '의존하려고' 노력하고 있다는 내용이 오는 것이 문맥상 자연스럽다. 따라서 (a) rely가 정답이다.

어휘 fossil fuel phr. 화석 연료 renewable adj. 재생 가능한

12 형용사 어휘 fluent

외국어에 유창한 것은 많은 취업 기회를 열어줄 수 있다.

(a) 필수의
(b) 가능한
(c) 일상의
(d) 유창한

정답 (d)

해설 많은 취업 기회를 열어줄 수 있다고 했으므로, 외국어에 '유창한' 것이 많은 취업 기회를 열어줄 수 있다는 내용이 오는 것이 문맥상 자연스럽다. 따라서 (d) fluent가 정답이다.

13 동사 어휘   qualify   난이도 ●●○

지역 청소년 농구팀이 어젯밤 토너먼트에서 <u>예선을 통과한</u> 후 주 (州) 선수권 대회로 향하고 있다.

(a) 증명하다
(b) 예선을 통과하다
(c) 권한을 부여하다
(d) 보증하다

정답 (b)

해설 선수권 대회로 향하고 있는 지역 청소년 농구팀에 대해 이야기하고 있으므로, 어젯밤 토너먼트에서 '예선을 통과했다'는 내용이 오는 것이 문맥상 자연스럽다. 따라서 (b) qualifying이 정답이다.

어휘 head v. 향하다 championship n. 선수권 대회

---

14 동사 어휘   suspend   난이도 ●●○

오후 2시에서 4시 사이에 정비를 위해 인터넷 서비스가 일시적으로 <u>중단될</u> 것이다.

(a) 제외하다
(b) 면직하다
(c) 연기하다
(d) 중단하다

정답 (d)

해설 인터넷 정비에 대해 이야기하고 있으므로, 인터넷 서비스가 일시적으로 '중단될' 것이라는 내용이 오는 것이 문맥상 자연스럽다. 따라서 (d) suspended가 정답이다.

어휘 temporarily adv. 일시적으로
maintenance n. 정비, 유지 보수

---

15 형용사 어휘   obligated   난이도 ●●○

외교관은 한 국가의 대표자로서 행동하고 국익을 해외로 진전시킬 <u>의무가 있다.</u>

(a) 함축된
(b) 의무가 있는
(c) 추측된
(d) 절제된

정답 (b)

해설 외교관의 역할에 대해 이야기하고 있으므로, 국익을 해외로 진전시킬 '의무가 있다'는 내용이 오는 것이 문맥상 자연스럽다. 따라서 (b) obligated가 정답이다.

어휘 diplomat n. 외교관 representative n. 대표자

---

16 명사 어휘   defect   난이도 ●●○

우리의 모든 제품은 사소한 <u>결함</u>마저 확인하기 위해 엄격한 검사를 거친다.

(a) 결함
(b) 장벽
(c) 분투
(d) 난제

정답 (a)

해설 모든 제품이 엄격한 검사를 거친다고 했으므로, 사소한 '결함'마저 확인하기 위한 것이라는 내용이 오는 것이 문맥상 자연스럽다. 따라서 (a) defects가 정답이다.

어휘 go through phr. ~을 거치다 rigorous adj. 엄격한
inspection n. 검사

---

17 동사 어휘   retain   난이도 ●●○

직원들을 <u>유지하기</u> 위해, 경영진은 직원들이 인정받는다고 느낄 수 있는 인센티브를 제공해야 한다.

(a) 상기하다
(b) 유지하다
(c) 예약하다
(d) 기억해 내다

정답 (b)

해설 경영진은 직원들이 인정받는다고 느낄 수 있는 인센티브를 제공해야 한다고 했으므로, 이것이 직원들을 '유지하기' 위한 것임을 짐작할 수 있다. 따라서 (b) retain이 정답이다.

어휘 management n. 경영진
appreciate v. 인정하다, 진가를 알아보다

---

18 이디엄   infringe upon   난이도 ●●○

저작권으로 보호받는 자료를 허가 없이 복제하는 것은 저자의 <u>권리를 침해한다.</u>

(a) 이용하다
(b) 침해하다
(c) 초과하다
(d) 불법 침입하다

정답 (b)

해설 저작권으로 보호받는 자료를 허가 없이 복제하는 것에 대해 이야기하고 있으므로, 이것이 저자의 권리를 '침해한다'는 내용이 오는 것이 문맥상 자연스럽다. 따라서 빈칸 뒤의 upon과 함께 '~을 침해하다'라는 이디엄 infringe upon을 완성하는 (b) infringes가 정답이다. trespass는 주로 '남의 토지나 가옥에 불법 침입하다', '사생활이나 시간 등을 침해하다'라는 의미를 나타내며 지문의 문맥에 맞지 않으므로 (d)는 오답이다.

어휘 reproduce v. 복제하다 copyright v. 저작권으로 보호하다

permission n. 허가

19 형용사 어휘 arid 난이도 ●●●

사막은 <u>건조하기</u> 때문에 식물들은 오랜 시간 동안 물 없이 자랄 수밖에 없다.

(a) 건조한
(b) 기운이 없는
(c) 활기 없는
(d) 거친

정답 (a)

해설 식물들이 오랜 시간 동안 물 없이 자랄 수밖에 없다고 했으므로, 그 이유로 사막이 '건조하기' 때문이라는 내용이 오는 것이 문맥상 자연스럽다. 따라서 (a) arid가 정답이다.

20 명사 어휘 volume 난이도 ●○○

기내 휴대용 수하물의 모든 액체 및 젤 류는 3온스 <u>용량</u> 이하의 투명한 병에 보관되어야 한다.

(a) 크기
(b) 물질
(c) 용량
(d) 몫

정답 (c)

해설 기내 휴대용 수하물에 보관될 수 있는 액체와 젤에 관해 이야기하고 있으므로, 빈칸에는 액체와 젤의 양과 관련된 어휘가 들어가야 한다. 따라서 '용량'이라는 의미의 (c) volume이 정답이다.

어휘 carry-on baggage phr. 기내 휴대용 수하물

21 형용사 어휘 eminent 난이도 ●●○

그녀의 수년간의 획기적인 연구로 인해, 그 학자는 자주 그녀의 분야에서 가장 <u>저명한</u> 사람 중 한 명으로 묘사된다.

(a) 저명한
(b) 수수께끼 같은
(c) 광활한
(d) 무관한

정답 (a)

해설 수년간의 획기적인 연구에 관해 이야기하고 있으므로, 그 학자는 가장 '저명한' 사람 중 한 명으로 묘사된다는 내용이 오는 것이 문맥상 자연스럽다. 따라서 (a) eminent가 정답이다.

어휘 groundbreaking adj. 획기적인 field n. 분야

22 명사 어휘 verdict 난이도 ●●●

배심원단은 피고가 무죄라는 <u>평결</u>을 내리는 데 몇 시간이 걸렸다.

(a) 법령
(b) 평결
(c) 화합
(d) 권한

정답 (b)

해설 배심원단에 대해 이야기하고 있으며, '피고가 무죄이다'라는 내용이 언급되고 있으므로, 배심원단이 피고가 무죄라는 '평결'을 내렸다는 내용이 오는 것이 문맥상 자연스럽다. 따라서 (b) verdict가 정답이다.

어휘 jury n. 배심원단 defendant n. 피고 innocent adj. 무죄의

23 동사 어휘 hamper 난이도 ●●○

안개 짙은 날씨는 실종된 등산객들의 소재 파악을 <u>방해하여</u> 지연을 초래했다.

(a) 산출하다
(b) 누설하다
(c) 착취하다
(d) 방해하다

정답 (d)

해설 안개 짙은 날씨가 실종된 등산객들의 소재 파악에 지연을 초래했다고 했으므로, 빈칸에는 '방해했다'는 내용이 오는 것이 문맥상 자연스럽다. 따라서 (d) hampered가 정답이다.

어휘 foggy adj. 안개 짙은 locate v. 소재를 파악하다 missing adj. 실종의

24 동사 어휘 plunge 난이도 ●●○

기업들이 실망스러운 분기 실적을 발표하면서 오늘 주식 시장은 약 10% <u>폭락했다</u>.

(a) 잠수하다
(b) 응축하다
(c) 폭락하다
(d) 충돌하다

정답 (c)

해설 기업들이 실망스러운 분기 실적을 발표했다고 했으므로, 주식 시장이 '폭락했다'는 내용이 오는 것이 문맥상 자연스럽다. 따라서 (c) plunged가 정답이다.

어휘 stock market phr. 주식 시장 corporation n. 기업 disappointing adj. 실망스러운 quarterly adj. 분기의 earning n. 실적, 이익

25 동사 어휘 verify
난이도 ●●○

강도 사건에 대한 John의 설명은 몇몇 다른 목격자들에 의해 입증되어 지지를 받았다.

(a) 입증하다
(b) 얻다
(c) 도발하다
(d) 승인하다

정답 (a)

해설 강도 사건에 대한 John의 설명이 지지를 받았다고 했으므로, 다른 목격자들에 의해 '입증되었다'는 내용이 오는 것이 문맥상 자연스럽다. 따라서 (a) verified가 정답이다.

어휘 account n. 설명, 이야기 burglary n. 강도
hold up phr. 지지를 받다 eyewitness n. 목격자, 증인

26 형용사 어휘 devout
난이도 ●●●

독실한 불교 신자인 중국 시인 Wang Wei는 이 종교에 대한 헌신으로 인해 '시인 부처'로 알려지게 되었다.

(a) 예리한
(b) 독실한
(c) 불투명한
(d) 간결한

정답 (b)

해설 불교에 대한 헌신으로 인해 '시인 부처'로 알려졌다고 했으므로, Wang Wei는 '독실한' 불교 신자라는 내용이 오는 것이 문맥상 자연스럽다. 따라서 (b) devout가 정답이다.

어휘 Buddhist n. 불교 신자 commitment n. 헌신

27 동사 어휘 exhaust
난이도 ●●●

만약 인간의 소비가 현재의 속도로 계속된다면, 많은 유한한 자원은 향후 50년 이내에 고갈될 것이다.

(a) 난도질하다
(b) 부식시키다
(c) 고갈시키다
(d) 포기하다

정답 (c)

해설 인간의 소비와 유한한 자원에 대해 이야기하고 있으므로, 유한한 자원은 50년 이내에 '고갈될' 것이라는 내용이 오는 것이 문맥상 자연스럽다. 따라서 (c) exhausted가 정답이다.

어휘 consumption n. 소비 finite adj. 유한한, 한정된
resource n. 자원

28 형용사 어휘 porous
난이도 ●●●

흙에 굵은 자갈을 넣어 더 구멍(틈)이 많게 하여, 물이 쉽게 흡수되도록 해라.

(a) 구멍(틈)이 많은
(b) 실재하는
(c) 회복력 있는
(d) 도움이 되는

정답 (a)

해설 흙에 굵은 자갈을 넣어 물이 쉽게 흡수되도록 하라고 했으므로, 굵은 자갈로 인해 흙에 '구멍(틈)이 많게' 된다는 것을 짐작할 수 있다. 따라서 (a) porous가 정답이다.

어휘 loose adj. (직물 등이) 눈이 굵은, 성긴 gravel n. 자갈
absorb v. 흡수하다

29 형용사 어휘 caustic
난이도 ●●●

일반 가정용 세제인 수산화암모늄은 매우 부식성이 있으므로 심각한 화학적 화상을 입힐 수 있다.

(a) 부식성이 있는
(b) 독성이 있는
(c) 통렬한
(d) 유지력이 있는

정답 (a)

해설 수산화암모늄이 심각한 화상을 입힐 수 있다고 했으므로, 매우 '부식성'이 강하다는 내용이 오는 것이 문맥상 자연스럽다. 따라서 (a) caustic이 정답이다.

어휘 ammonium hydroxide phr. 수산화암모늄
household n. 가정용의 cleaning agent phr. 세정제
burn n. 화상, 덴 상처

30 명사 어휘 repercussion
난이도 ●●○

최근 제안된 예산 삭감은 학교에 부정적인 영향을 미칠 수 있다.

(a) 겉치레
(b) 특권
(c) 개혁
(d) 영향

정답 (d)

해설 예산 삭감은 학교에 부정적인 '영향'을 미칠 수 있다는 내용이 오는 것이 문맥상 자연스럽다. 따라서 (d) repercussions가 정답이다.

어휘 budget n. 예산

GRAMMAR

문제집 p. 179

Part I

1 준동사 to 부정사
난이도 ●○○

A: 운전면허 시험이 긴장되니?
B: 아니. 큰 어려움 없이 통과할 것이라고 예상해.

정답 (c)

해설 빈칸 앞의 동사 expect는 뒤에 to 부정사를 목적어로 취하는 동사이므로 to 부정사 (a)와 (c)가 정답의 후보이다. 문맥상 특정 시점보다 이전에 '이미 통과했을 것'을 예상하는 것이 아니므로 (c) to pass가 정답이다.

어휘 driving test phr. 운전면허 시험

2 접속사와 절 관계대명사
난이도 ●●○

A: 최근에 괜찮은 영화 본 적 있니?
B: 지난 주말에 Bob Ferguson을 주연으로 하는 영화를 봤어.

정답 (a)

해설 선행사 one이 movie(영화)를 가리키므로 사물이고, 빈칸 이하는 주어가 없고 동사 starred와 목적어 Bob Ferguson만 있는 불완전한 절이다. 따라서 사물 선행사를 받으면서 뒤에 불완전한 절이 오는 주격 관계대명사 (a) that이 정답이다.

어휘 star v. 주연을 맡다

3 시제와 태 미래 시제
난이도 ●●○

A: 여행에서 언제 돌아오니?
B: 다음 주나 되어야 돌아와.

정답 (b)

해설 '다음 주나 되어야 돌아올 것'이라는 '미래' 상황에 대한 문맥이므로, 빈칸에는 미래의 계획을 나타내는 동사가 필요하다. 따라서 미래 시제 (b) won't be가 정답이다. 참고로, until은 미래완료 시제와 함께 쓰이지 않으므로 (d)는 오답이다.

4 접속사와 절 조건의 부사절 접속사
난이도 ●○○

A: 도서관이 폐쇄될까?
B: 응, 지역 사회가 그것을 지키기 위한 조치를 취하지 않는다면 말이야.

정답 (c)

해설 '도서관이 폐쇄된다(library be shut down)'와 '지역 사회가 그것을 지키기 위한 조치를 취하다(the community takes action to save it)'라는 내용은 '지역 사회가 도서관을 지키기 위한 조치를 취하지 않는다면 도서관이 폐쇄된다'는 조건 관계를 이룬다. 따라서 '~하지 않는다면'이라는 의미를 나타내는 조건의 부사절 접속사 (c) unless가 정답이다.

어휘 take action phr. 조치를 취하다

5 가정법 가정법 과거
난이도 ●●○

A: 내가 너무 빨리 나이 들고 있는 것 같아.
B: 나도 그렇게 느껴. 내가 다시 20대라면 얼마나 좋을까!

정답 (a)

해설 문맥상 다시 20대로 돌아가길 바라는 상황, 즉 현재 사실에 반대되는 상황을 가정하고 있고, 빈칸 앞에 I wish가 있다. 따라서 '~라면 얼마나 좋을까'라는 의미의 가정법 과거 구문 'I wish + 주어 + 과거 동사'를 완성하는 과거 시제 (a) were가 정답이다.

6 준동사 분사
난이도 ●●○

A: 주방 싱크대가 물이 빠지지 않아.
B: 음, 싱크대가 또 막힌 것 같네.

정답 (c)

해설 빈칸 뒤에 보기에 제시된 동사 clog(막히게 하다)의 목적어가 없고 주어 it과 clog가 '싱크대가 막히다'라는 수동의 의미로 해석되므로, 과거분사 (c) clogged가 정답이다. clog가 '막히다'라는 의미의 자동사로 쓰일 수도 있지만, 문맥상 싱크대가 '막히고 있는' 것은 아니므로 현재진행 시제를 만드는 (d) clogging은 오답이다.

어휘 sink n. 싱크대 drain v. 물이 빠지다
clog v. (파이프 등을) 막히게 하다

7 품사 부정형용사
난이도 ●●○

A: 에세이는 어떻게 되어 가고 있어?
B: 좋지 않아. 조금도 진전을 내지 못하고 있어.

텝스 치트키

some과 any는 모두 '몇몇(의), 약간(의)'라는 의미로 쓰이는데, some은 주로 긍정문에 쓰이고, any는 주로 부정문, 의문문, 조건문에 쓰인다.

정답 (c)

해설 문맥상 '진전을 내지 못하고 있다'라고 해석되며, not이 포함된 부정문이다. 따라서 부정문에 쓰이는 부정형용사 (c) any가 정답이다. progress는 불가산 명사이므로 (a)는 오답이다.

8 시제와 태　능동태와 수동태　난이도 ●●○

A: 동물 보호소에 있는 병든 개에게 무슨 일이 일어난 거야?
B: 완전히 회복될 때까지 다른 반려동물로부터 격리되었어.

정답 (d)

해설 문맥상 주어 It(병든 개)과 보기에 제시된 동사 separate(격리하다)가 '병든 개가 격리되다'라는 수동의 의미이므로 수동태 (b)와 (d)가 정답의 후보이다. '병든 개에게 무슨 일이 일어난 것인지(What happened to the sick dog)'라며 과거 시점에 대해 이야기하고 있으므로 과거 시제 (d) was separated 가 정답이다.

9 어순과 특수구문　도치 구문의 어순　난이도 ●●○

A: 나는 더운 날에 아이스크림선디를 먹는 것을 좋아해.
B: 나도야. 하지만 더 좋은 것은 아이스크림선디를 너와 같이 먹는 거야.

정답 (a)

해설 주격 보어인 better than that을 강조하기 위해 문두에 배치한 후 주어와 동사를 도치한 문장이므로, 동사 is 뒤에 주어로서 '아이스크림선디를 너와 같이 먹는 것'이라는 의미를 나타내는 sharing one with you가 온 (a) is sharing one with you가 정답이다. 참고로, one은 앞서 언급된 an ice cream sundae를 대신하는 부정대명사이며, sharing의 목적어로 쓰였다.

10 준동사　분사　난이도 ●●○

A: 나는 Gary가 그렇게 키가 큰지 몰랐어.
B: 맞아. 그의 농구 팀 동료 옆에 그가 있는 걸 보면, 그는 늘 작아 보였어.

정답 (d)

해설 주어 he, 동사 looked, 보어 short를 갖춘 완전한 문장이므로, 빈칸 이하(___ alongside his basketball teammates)는 수식어 자리이다. 보기 모두 수식어를 이끌수 있으므로 정답의 후보인데, 주절의 주어 he(그)와 보기의 동사 see(보다)가 '그가 보여지다'라는 수동의 의미로 해석되어 '그의 농구 팀 동료 옆에 그가 있는 걸 봤을 때'라는 자연스러운 문맥이 되어야 하므로, 과거분사 (d) Seen이 정답이다.

Part II

11 품사　부정대명사　난이도 ●●○

두 공무원 모두 뇌물을 제안받았지만, 둘 다 (뇌물을) 받지 않았고, 대신 경찰에 사건을 신고했다.

정답 (d)

해설 접속사 but으로 연결된 빈칸 이하(___ accepted)에 주어 없이 동사 accepted만 있으므로, 빈칸은 주어 자리이다. '두 공무원 모두 뇌물을 제안받았지만, 경찰에 사건을 신고했다'고 했으므로, '둘 다 뇌물을 받지 않았다'라는 문맥이 되어야 한다. 따라서 '(둘 중) 어느 것도 아니다'라는 의미의 부정대명사 (d) neither가 정답이다.

어휘 bribe n. 뇌물　incident n. 사건

12 품사　부사　난이도 ●○○

무릎 수술에서 회복하는 동안, Bob은 아주 조심히 운동하라는 말을 들었다.

정답 (b)

해설 빈칸 앞에 동사 exercise가 있고, 문맥상 '조심히 운동하다'라는 내용이 되는 것이 자연스러우므로, 빈칸은 부사 자리임을 알수 있다. 따라서 부사 (b) gently가 정답이다.

어휘 surgery n. 수술

13 시제와 태　과거 시제　난이도 ●●○

그 최고 경영자는 스캔들이 터진 지 한 달 만인 지난주에 그의 자리에서 물러났다.

 텝스 치트키

과거 시제와 함께 쓰이는 시간의 부사(구)
기간 + ago 지금으로부터 ~ 전에　　last night/week 지난밤/지난주
the other day 일전에, 며칠 전에　　just now 조금 전에
in the past 과거에

정답 (a)

해설 last week(지난주)라는 특정한 과거 시점에 '그의 자리에서 물러났다'라는 문맥이므로, 과거 시제 (a) stepped down이 정답이다. 특정 과거 시점에 진행되고 있던 동작을 말하는 문맥이 아니므로 과거진행 시제 (d) was stepping down은 오답이다.

어휘 step down phr. (직책에서) 물러나다　post n. (일)자리, 직책

14 수 일치　주어와의 수 일치　난이도 ●●○

미국 자동차 산업의 일자리 전망은 오랜 기간의 생산량 증가에도 불구하고 하락했다.

정답 (c)

해설 주어 Job prospects가 복수이므로 복수 동사 (a)와 (c)가 정답의 후보이다. 주어 Job prospects(일자리 전망)와 decline(하락하다)이 '일자리 전망이 하락하다'라는 능동의 의미로 해석되므로 능동태 (c) have declined가 정답이다.

참고로, decline이 '하락하다'라는 의미일 경우, 수동태로 쓰일 수 없다.

어휘 prospect n. 전망 auto industry phr. 자동차 산업
output n. 생산량

15 품사 전치사
난이도 ●●○

> 그 회사가 인수된 것은 많은 나이 든 직원들이 한꺼번에 일자리를 잃는 결과를 초래했다.

🔑 텝스 치트키

자동사는 전치사를 동반하면 목적어를 취할 수 있다.

'자동사 + in' 형태의 동사구
result in ~을 초래하다, 야기하다   succeed in ~에 성공하다
participate in ~에 참여하다   believe in ~을 믿다
persist in ~을 끝까지 주장하다, 고집하다

정답 (a)

해설 '많은 나이 든 직원들이 한꺼번에 일자리를 잃는 결과를 초래했다'라는 문맥이므로, '~을 초래하다'를 뜻하는 표현 result in을 완성하는 전치사 (a) in이 정답이다.

어휘 buyout n. 인수, 매수

16 접속사와 절 명사절 접속사
난이도 ●●●

> Mary의 추천서는 그녀가 그 직장을 얻는 데 도움을 준 것이었다.

🔑 텝스 치트키

의문대명사 what, who, which는 명사절을 이끌며, 그 자체가 명사절 내의 주어나 목적어, 보어 역할을 하므로, 뒤에는 주어나 목적어, 보어가 없는 불완전한 절이 온다.

정답 (b)

해설 동사 were 다음에 빈칸이 있으므로 빈칸 이하의 절(____ helped her get the job)은 동사 were의 보어 자리에 올 수 있는 명사절이다. 따라서 빈칸에는 명사절 접속사가 와야 한다. 빈칸 뒤에 동사 helped만 있고 주어가 없는 불완전한 절이 왔고, '~인 것으로' 해석되므로 (b) what이 정답이다. 여러 선택 사항 중 하나를 고르는 문맥이 아니므로 (c)는 오답이다.

어휘 recommendation letter phr. 추천서

17 준동사 분사
난이도 ●●●

> 면세 허용 금액인 600달러를 초과하는 물품을 휴대하는 관광객은 반드시 그 물품을 신고해야 한다.

정답 (d)

해설 주어 Tourists, 동사 must declare, 목적어 them을 갖춘 완전한 문장이므로 빈칸을 포함하는 어구(____ goods that

exceed ~ allowance of $600)는 수식어 자리이다. 따라서 수식어 자리에 올 수 있는 to 부정사 (c)와 분사 (b), (d)가 정답 후보이다. 주어 Tourists와 보기에 제시된 동사 carry (휴대하다)가 '관광객이 휴대하다'라는 능동의 의미로 해석되므로, 현재분사 (d) carrying이 정답이다.

어휘 exceed v. 초과하다 allowance n. 허용 declare v. 신고하다

18 동사와 조동사 요구의 주절 뒤 종속절의 동사
난이도 ●●○

> John의 사업이 휘청거리기 시작했을 때, 상황의 긴박함은 그가 그의 직원을 감축하도록 요구했다.

정답 (a)

해설 주절에 '요구 및 요청'을 나타내는 동사 require(요구하다)가 왔으므로 종속절(that절)에 '(should +) 동사원형'이 와야 한다. 따라서 동사원형 (a) make가 정답이다.

어휘 flounder v. 휘청거리다, 허우적거리다 urgency n. 긴박함

19 어순과 특수구문 생략
난이도 ●●●

> 비록 Eli는 파티에 더 오래 머무르고 싶었지만, 그는 그러지 않는 것이 좋겠다고 결심했다.

정답 (a)

해설 빈칸에 들어갈 말은 '파티에 더 오래 머무르지 않는 것이 좋겠다고 결심했다'라는 의미가 되어야 문맥상 자연스럽다. 이를 근거로 콤마 뒤에 들어갈 말을 완성하면 he decided he had better not stay at the party longer가 된다. 조동사 had better not 뒤에 앞서 나온 어구 stay at the party longer가 반복되므로 not까지만 쓰고 반복되는 내용은 생략한 (a) not이 정답이다.

20 문장 성분 목적어 자리
난이도 ●●●

> 새로운 임금 체계는 회사가 전년보다 더 높은 수익을 보고하는 결과를 가져왔다.

🔑 텝스 치트키

동명사의 의미상 주어는 소유격이 원칙이나 사람 및 무생물을 나타내는 명사인 경우 목적격을 쓰기도 한다.

정답 (d)

해설 동사 lead to는 '~라는 결과를 가져오다, ~로 이어지다'라는 의미이며, the company 이하의 어구(the company ____ ~ the year before)는 lead to의 목적어 자리이다. 목적어 자리에 올 수 있으면서 빈칸 뒤의 higher profits를 목적어로 취할 수 있는 동명사 (d) reporting이 정답이다. 참고로, the company는 동명사의 의미상 주어로 쓰였다.

21 시제와 태 　능동태와 수동태
난이도 ●○○

국제 축구 대회가 끝난 후, 그 경기장은 몇 달 동안 사용되지 않은 채로 방치되었다.

정답 (c)

해설 주어인 the stadium과 보기에 제시된 동사 leave(~인 채로 방치하다)가 '경기장이 ~인 채로 방치되다'라는 수동의 의미로 해석되므로 수동태 (c)와 (d)가 정답의 후보이다. After the international soccer tournament finished(국제 축구 대회가 끝난 후)로 보아, '과거' 시점에 이미 완료된 상황에 대해 이야기하고 있으므로, 과거 시제 (c) was left가 정답이다. 종속절의 접속사 After는 주절의 완료 시제와는 쓰이지 않으므로 현재완료 시제 (d) has been left는 오답이다.

22 동사와 조동사 　조동사 would
난이도 ●●○

노조는 요구가 충족될 것 같지 않더라도 입장을 바꾸지 않으려 했다.

정답 (b)

해설 '요구가 충족될 것 같지 않더라도 입장을 바꾸지 않으려 했다'라는 '과거'에 대한 문맥이므로, '~하려고 했다'라는 과거의 의지를 나타내는 (b) would가 정답이다.

어휘 union n. 노조

23 어순과 특수구문 　명사절 어순
난이도 ●●●

경기에서 Tigers의 세 번째 패배는 팀이 결승전에서 거의 탈락했다는 것을 의미한다.

정답 (a)

해설 빈칸을 포함한 어구(that ＿＿＿)는 동사 means의 목적어로, that이 이끄는 명사절이다. 명사절은 '명사절 접속사(that) (+주어) + 동사'의 어순이므로, 보기 모두 정답의 후보이다. 보기의 단어들이 '팀이 결승전에서 거의 (탈락했다)'라는 의미가 되어야 하고 부사는 '조동사 + 동사' 사이에 오므로, 주어 the team 다음에 부사 all but(거의)이 has been과 eliminated 사이에 올바르게 온 (a) the team has been all but이 정답이다.

어휘 series n. (연속) 경기 all but phr. 거의, ~외에 모두
eliminate v. 탈락시키다 playoff n. 결승전

24 품사 　명사
난이도 ●●●

비록 대부분의 사람들이 그 용의자가 유죄라고 생각했지만, 그는 (법률의) 한 세부 조항에 의거하여 가까스로 (유죄 혐의에서) 벗어났다.

정답 (b)

해설 보기에 제시된 technicality는 '전문적인 성질'을 의미할 때는 불가산 명사, '(법률·규칙 등의) 세부 조항'을 의미할 때는 가산 명사로 쓰인다. 용의자의 유죄 여부를 따지는 법률에 대한 내용이므로 이 문장의 technicality는 가산 명사이다. 따라서 가산 명사 앞에 쓸 수 있는 a, any를 포함한 (b)와 (c)가 정답의 후보이다. '그는 (법률의) 한 세부 조항에 의거하여 가까스로 (유죄 혐의에서) 벗어났다'라는 문맥이므로, '세부 조항에 의거하여, 절차상의 문제에 의하여'를 뜻하는 표현 on a technicality를 완성하는 (b) a technicality가 정답이다.

어휘 suspect n. 용의자 guilty adj. 유죄의
get off phr. 벗어나다, 모면하다 technicality n. 세부 조항

25 어순과 특수구문 　분사구문의 어순
난이도 ●●○

지각만큼 싫어하는 것이 없는 그 교사는 학생들이 매 수업마다 제시간에 와야 한다고 주장했다.

정답 (b)

해설 쉼표로 구분되어 있는 빈칸 이하(＿＿ as tardiness)는 문장에서 수식어 역할을 하는 분사구문이다. 분사는 목적어를 가질 수 있고, 보기의 nothing과 so much는 빈칸 뒤의 as와 함께 nothing so much as의 어순으로 쓰여 강조를 나타낸다. 따라서 '분사(disliking) + 목적어(nothing) + 부사(so much)'의 순으로 온 (b) disliking nothing so much가 정답이다.

어휘 tardiness n. 지각, 느림
on time phr. 제시간에, 시간을 어기지 않고

Part Ⅲ

26 시제와 태 　단순 시제와 완료 시제
난이도 ●●●

(a) A: Gina는 그녀의 파티에 충분히 많은 사람이 오지 않을까 봐 걱정하고 있어.
(b) B: 그녀는 왜 벌써 스트레스를 받고 있는 걸까? 그녀는 사람들에게 방금 그것에 대해 말했잖아.
(c) A: 그러니깐 말이야. 그리고 파티는 앞으로 2주는 더 지나야 열릴 거야.
(d) B: 그녀는 긴장을 풀어야 해. 그때쯤이면, 더 많은 사람들이 그녀의 초대에 응해 있을 거야.

텝스 치트키

미래완료 시제는 미래의 어떤 시점에 그 이전부터 해오던 행위나 동작이 완료되는 것을 나타내는 시제이다. 'by + 미래 시점'과 자주 함께 쓰인다.

정답 (d) will accept → will have accepted

해설 (d)에서 By then(그때쯤)을 통해 미래의 일에 대해 말하는 문맥임을 알 수 있다. '사람들이 초대에 응하는' 일이 2주 후에 완료될 것임을 알 수 있으므로, 'by + 미래'와 함께 쓰여 특정 미래 시점 이전에 시작된 일이 그 시점에 완료될 것임을 나타내는 미래완료 시제가 적절하다. 따라서 미래 시제 will accept는

미래완료 시제 will have accepted로 바뀌어야 맞다.

어휘　relax　v. 긴장을 풀다　invitation　n. 초대

---

27 **준동사**　현재분사와 과거분사
난이도 ●●○

(a) A: 시의회가 준비하고 있는 재활용 계획에 대해 아는 거 있어?

(b) B: 아니. 이 프로그램을 발표할 때, 그들은 어떠한 구체적인 세부 사항도 설명하지 않았어.

(c) A: 이상하네. 그들은 언젠가 분명히 공개 조사를 위해 그것을 공개해야 해.

(d) B: 내 생각에 그들은 계획을 완전히 밝히기 전에 더 큰 지지를 얻고 싶어 하는 것 같아.

정답　(b) announced → announcing

해설　(b)에서 주절의 주어they와 분사구문의announce(발표하다)는 '그들이 발표하다'라는 능동의 의미로 해석되므로 과거분사 announced는 현재분사 announcing으로 바뀌어야 맞다.

어휘　initiative　n. 계획, 결단력　city council　phr. 시의회
elaborate　v. 설명하다, 상세히 말하다
public scrutiny　phr. 공개 조사

---

28 **준동사**　동명사 관용표현
난이도 ●●○

(a) 파리지옥풀은 아마도 먹이를 잡는 특이한 방법으로 가장 유명한 육식성 식물이다. (b) 곤충이 그 식물의 감각털과 접촉하면, 그것의 포획 기관은 닫을 준비를 한다. (c) 그러나, 이 덫은 감각털이 추가적인 움직임을 감지하고 나서야 확 닫힌다. (d) 이 메커니즘은 부스러기를 포획하는 것을 방지하고 섭취할 가치가 있는 먹이를 포획하는 것을 보장한다.

정답　(d) worth → worthy

해설　'~할 가치가 있다'라는 의미의 worth와 관련된 표현으로는 'be worth + 명사/-ing'와 'be worthy of + 명사/-ing'가 있다. (d)에서 worth 뒤에 전치사 of가 사용된 것으로 보아, 'be worthy of + 명사/-ing'을 완성하도록 worth는 worthy로 바뀌어야 맞다.

어휘　Venus flytrap　phr. 파리지옥풀　carnivorous　adj. 육식성의
sensory hairs　phr. 감각털, 감각모　debris　n. 부스러기, 잔해
consumption　n. 섭취, 소비

---

29 **수 일치**　주어와의 수 일치
난이도 ●○○

(a) 내성적인 사람들에 대한 일반적인 오해는 그들이 사회적으로 무관심한 경향이 있다는 것이다. (b) 이 가정은 아마도 내향적인 사람들의 극단적인 독립성과 잡담을 싫어하는 것으로부터 기인한다. (c) 그들의 독립에 대한 갈망은 또한 종종 사회적 접촉에 대한 일반적인 무관심으로 오인된다. (d) 사실, 내성적인 사람들은 비록 약간 다른 형태일지라도, 다른 사람들만큼 인간적인 상호 작용을 필요로 한다.

정답　(a) are → is

해설　(a)에서 주어인 A common misconception이 단수이므로, 복수 동사 are는 단수 동사 is로 바뀌어야 맞다.

어휘　misconception　n. 오해　introvert　n. 내성적인 사람
aloof　adj. 무관심한

---

30 **품사**　전치사와 접속사
난이도 ●○○

(a) 장기 우주 비행의 주요 장애물은 우주 비행사들이 겪는 골밀도의 손실이다. (b) 우주에서의 무중력 상태는 뼈의 밀도를 매달 약 1%의 비율로 감소시킨다. (c) 이것은 결국 우주 비행사들의 임무 수행 능력을 떨어뜨릴 수 있기 때문에 심각한 문제이다. (d) 골밀도의 손실을 늦추기 위해서, 우주 비행사들은 저항 훈련을 이용하고 식이 보충제를 먹는다.

정답　(c) because of → because

해설　(c)에서 because of는 전치사이므로, 뒤에 주어(it), 동사구(can ~ compromise), 목적어(astronauts' ability ~ tasks)를 갖춘 완전한 절이 올 수 없다. 완전한 절을 이끄는 것은 접속사이므로 because와 절 사이에 있는 of를 삭제해야 한다.

어휘　obstacle　n. 장애물　bone density　phr. 골밀도
astronaut　n. 우주 비행사
compromise　v. (명예 등을) 떨어뜨리다, 위태롭게 하다
resistance　n. 저항　dietary　adj. 식이의
supplement　n. 보충제

READING COMPREHENSION

Part I

1 빈칸 채우기 문장 일부
난이도 ●○○

Ms. Roy께,

Greenhill 대학은 _____는 것을 알려드리기 위해 이 이메일을 보냅니다. 저희 학교를 고려해 주셔서 감사합니다. 늦어도 3월 31일까지 최종 입학 결정을 이메일로 알려 드리겠습니다. 궁금하신 점이 있으시면, 언제든지 문의해 주십시오. 참고로, 당신의 지원 번호는 50078입니다.

Greenhill 대학 입학처

(a) 당신의 지원서가 접수되었다
(b) 당신이 저희 프로그램에 합격했다
(c) 저희가 지원 기한을 연장했다
(d) 저희가 공식적으로 지원서를 받기 시작했다

정답 (a)

해설 빈칸이 있는 문장 Greenhill University is sending you this email to inform you that ____(Greenhill 대학은 ____는 것을 알려드리기 위해 이 이메일을 보냅니다)을 통해, 이 메일의 목적을 빈칸에 넣어야 함을 알 수 있다. 늦어도 3월 31일까지 최종 입학 결정을 이메일로 알려 주겠다(You will be informed ~ no later than March 31)고 한 뒤, 지원 번호를 알려주고 있다. 따라서 Greenhill 대학은 '지원서가 접수되었다'는 것을 알리고자 하는 것을 알 수 있으므로, (a)가 정답이다.

어휘 inform v. 알리다 institution n. 학교, 기관, 시설
no later than phr. 늦어도 ~까지 application n. 지원(서)
admission n. 입학(처) extend v. 연장하다

2 빈칸 채우기 문장 일부
난이도 ●○○

Choc-O-Chunk의 초콜릿 제조자들은 _____ 되어 기쁩니다! 오랜 세월 동안, 우리 Megachunk 초콜릿 바를 좋아하는 사람들은 훨씬 더 강력한 초콜릿을 경험하는(맛보는) 것을 추구해 왔습니다. 이제 Choc-O-Chunk는 Megachunk X와 함께 기대에 보답할 준비가 되었습니다! 이 초콜릿 바는 기존의 것과 동일한 전통적인 재료를 사용하지만 두께는 두 배입니다. Megachunk X는 비교해 볼 때 우리의 가장 두꺼운 초코바조차도 얇아 보이게 합니다. 오늘 한번 맛보세요!

(a) 지금까지 중 가장 두꺼운 초콜릿 바를 선보이게
(b) 이전의 초콜릿 바를 재출시하게
(c) 한 입 크기의 초콜릿 바를 발표하게

(d) 우리 초콜릿 바에 새로운 재료를 도입하게

정답 (a)

해설 빈칸이 있는 문장 The chocolate makers at Choc-O-Chunk are delighted to ____(Choc-O-Chunk의 초콜릿 제조자들은 ____ 되어 기쁩니다)를 통해, Choc-O-Chunk의 초콜릿 제조자들이 기뻐하는 이유를 빈칸에 넣어야 함을 알 수 있다. 새로 출시한 Megachunk X 초콜릿 바에 대해 설명하면서, Megachunk X는 비교해 볼 때 자신들의 가장 두꺼운 초코바조차도 얇아 보이게 한다(Megachunk X ~ by comparison)고 했다. 이를 바탕으로 Choc-O-Chunk는 '지금까지 중 가장 두꺼운 초콜릿 바를 선보이게' 되어 기뻐하는 것을 알 수 있으므로, (a)가 정답이다.

어휘 extreme adj. 강력한, 격렬한 deliver v. 기대에 보답하다
chunky adj. 두꺼운, 두툼한 by comparison phr. 비교해 볼 때
bite-sized adj. 한 입 크기의

3 빈칸 채우기 문장 일부
난이도 ●●○

인체의 특정 장기들은 퇴화한 것으로 간주되는데, 이것은 그것들이 한때는 도움이 되었지만(기능을 했지만) 지금은 불필요하다는 것을 의미한다. 예를 들어, 사람은 비장이 제거되더라도 겉보기에는 무사히 살아남을 수 있다. 하지만, 최근의 연구는 비장이 쓸모없기는커녕, 실제로는 면역 체계에서 중요한 역할을 한다는 것을 밝혀냈다. 유지 가치가 없다고 여겨지는 다른 장기들도 마찬가지로 가치 있는 기능을 가지고 있는 것으로 밝혀지고 있다. 예를 들어, 맹장은 건강한 장내 박테리아를 유지하는 데 도움이 된다. 이러한 발견은 _____는 것을 보여준다.

(a) 인체는 여러 개의 불필요한 장기를 가지고 있다
(b) 신체의 여러 장기들이 설명할 수 없는 역할을 한다
(c) 소위 퇴화한 장기들이라고 불리는 것들은 이유가 있어서 남아 있다
(d) 퇴화한 장기들을 제거하는 것은 신체가 기능하도록 돕는다

정답 (c)

해설 빈칸이 있는 문장 These discoveries show that ____(이러한 발견은 ____는 것을 보여준다)을 통해, 발견을 통해 알 수 있는 내용을 빈칸에 넣어야 함을 알 수 있다. 퇴화한 장기들에 대해 설명하면서, 최근의 연구는 비장이 쓸모없기는커녕, 실제로는 면역 체계에서 중요한 역할을 한다는 것을 밝혀냈다(recent research ~ in the immune system)고 한 뒤, 유지 가치가 없다고 여겨지는 장기들도 가치 있는 기능을 가지고 있다는 것이 밝혀지고 있다고 설명했다. 이를 바탕으로 퇴화했다고 여겨진 장기들 또한 신체에서 기능을 하고 있음을 알 수 있으므로, 이를 '소위 퇴화한 장기들이라고 불리는 것들은 이유가 있어서 남아 있다'라고 표현한 (c)가 정답이다.

어휘 vestigial adj. 퇴화한 serve a purpose phr. 도움이 되다
seemingly adv. 겉보기에는 spleen n. 비장
uncover v. 밝히다 immune system phr. 면역 체계
supposedly adv. 추정상, 아마
expendable adj. 유지 가치가 없는 appendix n. 맹장

190 텝스 무료 적중예상특강 Hackers.co.kr

4 빈칸 채우기 문장 일부

난이도 ●●○

몇 달 전, 남편과 나는 아들을 유치원에 보내야 할 때라고 생각했다. 우리는 언니의 권유로 먼저 사립유치원을 알아보았다. 유치원 자체는 좋았지만 등록금이 꽤 비쌌다. 그래서 우리는 공립유치원을 둘러봤는데, 공립유치원은 비용이 상당히 적게 들었고, 우리는 충분히 감명을 받았다. 우리는 집에가서 각 유치원의 장단점에 대해 생각해 보았다. 결국, 우리는 _____고 결정했다. 아들이 유치원을 좋아하는 것을 보고 우리는 우리의 선택을 후회한 적이 없다. 우리는 또한 우리가 절약한 돈으로 대학 등록금 마련을 시작하게 되어 기쁘다.

(a) 언니의 충고를 따르는 것이 가장 좋다
(b) 아들을 유치원에 입학시키기에는 너무 이르다
(c) 공립유치원은 우리의 기대를 충족시키지 못한다
(d) 사립유치원의 비용은 사립유치원의 혜택을 뛰어넘는다

정답 (d)

해설 빈칸이 있는 문장 Ultimately, we decided that ____(결국, 우리는 ____고 결정했다)을 통해, 글쓴이와 글쓴이의 남편이 결정한 것을 빈칸에 넣어야 함을 알 수 있다. 아들을 사립유치원에 보낼지 공립유치원에 보낼지에 대해 생각을 했다고 한 후, 자신들이 절약한 돈으로 대학 등록금 마련을 시작하게 되어 기쁘다(We are also happy ~ money we saved)고 했다. 이를 바탕으로 사립유치원 대신 돈이 적게 드는 공립유치원을 선택했음을 알 수 있으므로, 글쓴이와 남편은 '사립유치원의 비용은 사립유치원의 혜택을 뛰어넘는다'고 결정했음을 알 수 있다. 따라서 (d)가 정답이다.

어휘 preschool n. 유치원 private adj. 사립의
tuition n. 등록금 suitably adv. 충분히
pros and cons phr. 장단점 regret v. 후회하다
enroll v. 입학시키다 expense n. 비용, 경비
outweigh v. 뛰어넘다

5 빈칸 채우기 문장 일부

난이도 ●●●

점점 더 많은 경제 평론가들이 미국의 은퇴 저축률에 대해 경종을 울리고 있는데, 그들은 이것이 미래에 재앙적인 결과를 초래할 수 있다고 말한다. 그러나 그들의 예상이 항상 현실과 맞지는 않는다. 긴축된 재정 상황에서 은퇴자들은 종종 지출을 줄임으로써 적응한다. 그들은 또한 저축액은 그대로 두고 이자로 번 것만을 인출하는 경향이 있다. 이것은 은행 내 금액이 넉넉한 경우에도 큰 금액의 인출을 방지한다. 이러한 성향을 볼 때, 경제 평론가들은 마치 _____것처럼 보인다.

(a) 은퇴 대비 저축의 어려움을 잘못 판단하는
(b) 사람들의 은퇴 욕구를 충분히 이해하지 못하는
(c) 은퇴자들이 그들의 소비 습관을 과감하게 바꿀 것으로 기대하는
(d) 분수에 맞게 사는 사람들의 능력을 과소평가하고 있는

정답 (d)

해설 빈칸이 있는 문장 When looking ~ financial

commentators ____(이러한 성향을 볼 때, 경제 평론가들은 마치 ____ 것처럼 보인다)를 통해, 경제 평론가들에 대한 평가를 빈칸에 넣어야 함을 알 수 있다. 경제 평론가들은 미국의 은퇴 저축률에 대해 경고했지만, 사실 은퇴자들은 지출을 줄이고(cutting back on spending), 저축액은 그대로 두고(leave their savings intact), 이자만 인출하는(simply withdraw ~ interest) 경향이 있다고 설명한 뒤, 이것은 은행에 저축액이 넉넉한 경우에도 큰 금액의 인출을 방지한다(This prevents ~ bank is ample)고 했다. 이를 바탕으로 은퇴자들은 나름의 방식대로 재정을 잘 관리하고 있음을 알 수 있다. 따라서 경제 평론가들은 '분수에 맞게 사는 사람들의 능력을 과소평가하고 있는' 것을 알 수 있으므로, (d)가 정답이다.

어휘 commentator n. 평론가 alarm n. 경종, 경고
retirement n. 은퇴 disastrous adj. 재앙적인
down the road phr. 미래에, 장래에
square v. 맞다, 일치시키다 retiree n. 은퇴자
spending n. 지출 intact adj. 그대로의, 온전한
withdraw v. 인출하다 drastically adv. 과감하게
live within one's means phr. 분수에 맞게 살다

6 빈칸 채우기 문장 일부

난이도 ●●○

정부는 Unionville 교정 시설에 대한 합의가 이루어진 것을 발표하게 되어 기쁩니다. 당초 시설 보수를 위해 고용된 업체가 부도를 맞은 후로, 현장에서 일하는 하청업체 상당수가 용역대금 전액을 받지 못하고 있습니다. 오늘 정부와 은행, 그리고 새로운 건설사 간의 합의의 일환으로, 보수가 재개될 것이고 하청업체들은 그들이 받아야 할 금액을 받게 될 것입니다. 우리는 _____합의에 도달하게 되어 기쁩니다.

(a) 상여금 패키지 옵션으로 근로자의 충실함에 보상하는
(b) 미래를 계획하는 동시에 과거의 모든 대금을 정산하는
(c) 실패한 사업에 대한 책임을 이전 건설사에 묻는
(d) 관련된 모든 사람들에게 공정한 방법으로 사업을 중단하는

정답 (b)

해설 빈칸이 있는 문장 We are pleased to have reached an agreement which ____(우리는 ____ 합의에 도달하게 되어 기쁩니다)를 통해, 도달한 합의의 내용을 빈칸에 넣어야 함을 알 수 있다. 정부와 은행, 그리고 새로운 건설사 간의 합의의 일환으로, 보수가 재개될 것이고 하청업체들은 그들이 받아야 할 금액을 받게 될 것이다(As part of today's agreement ~ will receive what they are owed)라고 했다. 이를 바탕으로, '미래를 계획하는 동시에 과거의 모든 대금을 정산하는' 합의를 했음을 알 수 있으므로, (b)가 정답이다.

어휘 agreement n. 합의
correctional facility phr. 교정 시설, 교도소
renovate v. 보수하다, 개조하다 subcontractor n. 하청업체
site n. 현장, 장소 resume v. 재개하다 reward v. 보상하다
payment n. 대금
hold accountable for phr. ~에게 책임을 묻는
shut down phr. 중단하다

Bluesky 미디어사는 _____에도 불구하고 재정적으로 심각한 어려움을 겪고 있다. 전 분기와 비교했을 때, 운영비는 9,500만 달러에서 8,500만 달러로 줄었고, 수익은 16억 6,000만 달러에서 18억 1,000만 달러로 약 10퍼센트 급증했다. Bluesky는 이러한 증가는 TV 시청자가 증가했기 때문일 것이라고 말했다. 하지만 이러한 증가에도 불구하고 Bluesky는 살아남는 데 어려움을 겪어 왔다. 급감하는 영화 수익과 온라인 사업에서 얻어지는 아주 적은 수익으로 인해, 이 단일 영역(TV 프로그램)에서의 극적인 성장은 그 회사의 유일한 만회점이었다.

(a) 스트리밍 서비스를 제공하려는 움직임
(b) TV 프로그램 제작으로 인한 수익 급증
(c) 영화 수익의 전례 없는 급증
(d) 최근 주요 경쟁사의 인수

정답 (b)

해설 빈칸이 있는 문장 Bluesky Media Corporation ~ financially despite ____(Bluesky 미디어사는 ____에도 불구하고 재정적으로 심각한 어려움을 겪고 있다)를 통해, Bluesky 미디어사가 무엇에도 불구하고 재정적인 어려움을 겪는지를 빈칸에 넣어야 함을 알 수 있다. 수익이 16억 6,000만 달러에서 18억 1,000만 달러로 약 10퍼센트 급증했다(revenue jumped ~ $1.81 billion)고 한 뒤, 이러한 증가는 TV 시청자가 증가했기 때문일 것(this increase ~ television viewers)이라고 했다. 이를 바탕으로, Bluesky 미디어사는 'TV 프로그램 제작으로 인한 수익 급증'에도 불구하고 재정적으로 어려움을 겪고 있음을 알 수 있으므로, (b)가 정답이다.

어휘 dire adj. 심각한 strait n. (재정적인) 어려움, 경제적 궁핍
afloat adj. 살아남는, 생존하는 plummeting adj. 급감하는
venture n. (투기적인) 사업 saving grace phr. 만회점, 장점
revenue n. 수익, 수입 surge n. 급증
unprecedented adj. 전례 없는 spike n. 급증
acquisition n. 인수, 습득

언론의 자유라는 개념을 둘러싼 의견 불일치는 _____ 사실 때문일 수 있다. 언론의 자유에 대한 가장 오래된 개념인 'isegoria'는 5세기 아테네로 거슬러 올라갈 수 있다. 일반적으로 '언론의 자유'로 번역되지만, 그 단어는 문자 그대로 '공공장소에서의 평등한 발언'을 의미한다. 실제로, 이것은 모든 시민들이 집회 동안 공개적으로 토론할 수 있는 권리를 제공했다. 후기 개념인 'parrhesia' 또한 일반적으로 '언론의 자유'로 번역되지만, 그것은 공식적이지 않은 장소에서 솔직하고 심지어는 공격적으로 말하는 것을 내포한다. 오늘날, 우리는 언론의 자유에 대한 권리를 논의할 때 종종 이러한 대조적인 개념들과 씨름한다.

(a) 그 어구가 고대 그리스 사회에서 발달했다는
(b) 공개 연설과 비공개 연설은 미묘한 차이를 가지고 있다는
(c) 고대 그리스에서의 그것의 역할이 크게 오해받고 있다는
(d) 그것이 근본적으로 다른 두 가지 생각에서 비롯되었다는

정답 (d)

해설 빈칸이 있는 문장 Disagreements surrounding ~ the fact that ____(언론의 자유라는 개념을 둘러싼 의견 불일치는 ____ 사실 때문일 수 있다)을 통해, 언론의 자유라는 개념에 대한 의견 불일치가 발생하는 이유를 빈칸에 넣어야 함을 알 수 있다. 언론의 자유에 대한 두 개념인 'isegoria'와 'parrhesia'에 대해 설명하면서, 'isegoria'는 공공장소에서의 평등한 발언을 의미한다(the word literally means "equal speech in public")고 했고, 'parrhesia'는 공식적이지 않은 장소에서 솔직하고 심지어는 공격적으로 말하는 것을 내포한다(it connotes speaking ~ in non-formal settings)고 했다. 이를 바탕으로, 언론의 자유라는 개념에 대한 불일치는 '그것이 근본적으로 다른 두 가지 생각에서 비롯되었다는' 사실로 인한 것임을 알 수 있으므로, (d)가 정답이다.

어휘 disagreement n. 불일치 trace v. 거슬러 올라가다
translate v. 번역하다 literally adv. 문자 그대로
debate v. 토론하다 publicly adv. 공개적으로
assembly n. 집회 connote v. 내포하다, 함축하다
wrestle v. 씨름하다 subtle adj. 미묘한
fundamentally adv. 근본적으로 distinct adj. 다른, 뚜렷한

비록 남극 대륙의 대부분이 얼음과 눈으로 덮여 있지만, 드라이 밸리는 예외이다. 그 계곡은 인근 산들에 의해 해빙으로부터 보호되고 있고 바닷물로부터 많은 수분을 공급받기에는 너무 내륙에 위치해 있다. 그것은 또한 모든 물, 얼음, 그리고 눈을 증발시키는 강력한 바람을 겪는다. 이것은 극도로 낮은 습도와 완전한 강수량의 부재를 초래한다. _____, 남극 대륙의 드라이 밸리는 지구상에서 가장 건조한 곳으로 여겨진다.

(a) 실제로
(b) 비슷하게
(c) 여하튼
(d) 예를 들면

정답 (a)

해설 빈칸 앞 문장은 드라이 밸리가 매우 낮은 습도와 강수량의 부재를 겪는다는 내용이고, 빈칸 뒤 문장은 드라이 밸리가 지구상에서 가장 건조한 곳으로 여겨진다며, 빈칸 앞 내용을 강조하고 있다. 따라서 보기 중 앞 문장을 강조하는 내용을 나타내는 (a) In fact(실제로)가 정답이다.

어휘 Antarctica n. 남극 대륙 valley n. 계곡 sea ice phr. 해빙
inland adj. 내륙에 위치해 있는 moisture n. 수분
evaporate v. 증발시키다 humidity n. 습도
precipitation n. 강수량

연구에 따르면 매우 자신감 있는 사람들은 리더가 될 가능성이 더 높다. 이것은 부분적으로 자신감이 부족한 사람들은 리더의 지위를 추구하거나 리더의 지위에서 안정감을 느끼는 경향이 덜 하기 때문이다. _____, 리더는 자신의 능력을 과소평가할 때 실

제로 더 나은 성과를 보인다. 자기 회의는 리더들이 불필요한 위험을 감수하는 것을 방지하면서 더 많이 숙고하도록 촉진하는 것으로 보인다.

(a) 게다가
(b) 확실히
(c) 그럼에도 불구하고
(d) 바꿔 말하면

정답 (c)

해설 빈칸 앞 내용은 매우 자신감 있는 사람들이 리더가 될 가능성이 높다는 내용이고, 빈칸 뒤 문장은 리더가 자신의 능력을 과소평가할 때 더 나은 성과를 보인다는 상반되는 내용이다. 따라서 보기 중 내용의 양보를 나타내는 (c) Nonetheless(그럼에도 불구하고)가 정답이다.

어휘 confident adj. 자신감 있는 secure adj. 안정감을 느끼는 underestimate v. 과소평가하다 foster v. 촉진하다, 조장하다 deliberation n. 숙고, 심사숙고

Part II

11 어색한 문장 골라내기
난이도 ●○○

멀티태스킹은 당신이 유능하다고 느끼게 할 수 있지만, 전문가들은 이것이 실제로는 당신의 생산성을 떨어뜨릴 수 있다고 경고한다. (a) 이것은 우리의 뇌가 여러 높은 수준의 인지 기능을 동시에 수행할 능력이 부족하기 때문이다. (b) 멀티태스킹을 시도할 때, 우리의 뇌는 실제로 한 작업에서 다른 작업으로 왔다 갔다 하며 전환을 한다. (c) 이러한 (작업) 초점의 변화는 회복되는 데 시간과 반복을 요하며, 우리의 일을 늦춘다. (d) 또한, 음악을 듣는 것과 같은 일부 작업은 우리의 신경 경로를 크게 방해하지 않는다.

정답 (d)

해설 첫 문장에서 멀티태스킹이 실제로는 생산성을 떨어뜨릴 수 있다고 했다. (a)는 우리의 뇌가 여러 높은 수준의 인지 기능을 동시에 수행할 능력이 부족하기 때문이라는 것, (b)는 멀티태스킹을 시도할 때 우리의 뇌가 한 작업에서 다른 작업으로 왔다 갔다 한다는 것, 그리고 (c)는 이것이 우리의 일을 늦춘다는 것을 설명했다. 반면 (d)의 '음악을 듣는 것과 같은 작업은 우리의 신경 경로를 방해하지 않는다'는 내용은 지문의 전반적인 내용인 '멀티태스킹과 생산성 하락 사이의 연관성'과 관련이 없으므로 (d)가 정답이다.

어휘 efficient adj. 유능한 cognitive adj. 인지의 switch v. 전환하다 repetition n. 반복 restore v. 회복하다 interrupt v. 방해하다 neural adj. 신경의 pathway n. 경로

12 어색한 문장 골라내기
난이도 ●●○

Glendale 카운티의 새로운 의무 교복 정책은 학부모와 교사 모두로부터의 반발에 마주했다. (a) 학부모들은 이것이 불필요한 비

용이 되고 자신의 아이들을 당혹스럽게 할 수도 있다고 우려하고 있다. (b) 교사들은 학생들의 복장을 관리하는 것이 부담이 될 것이라고 주장하면서 시행에 대해 우려하고 있다. (c) 실제로, 연구 결과들은 보수적으로 디자인된 교복을 입은 학생들이 더 예의 바르게 행동한다는 것을 보여주었다. (d) 학교 이사회가 (의무 교복 정책의) 투표 전에 사람들에게 알리지 않은 것이 불만을 더했다.

정답 (c)

해설 첫 문장에서 새로운 의무 교복 정책이 학부모와 교사 모두로부터의 반발에 마주했다고 했다. (a)는 학부모들이 의무 교복 정책을 반대하는 이유, (b)는 교사들이 의무 교복 정책을 반대하는 이유, 그리고 (d)는 학교 이사회가 (의무 교복 정책의 투표를) 사람들에게 미리 알리지 않아 불만을 더했다는 사실을 언급했다. 반면 (c)의 '보수적인 교복을 입은 학생들이 더 예의 바르게 행동한다'라는 내용은 지문의 전반적인 내용인 '새로운 의무 교복 정책 시행과 이에 대한 학부모 및 교사의 반발'이라는 내용과 관련이 없으므로 (c)가 정답이다.

어휘 mandatory adj. 의무의 backlash n. 반발 needless adj. 불필요한 enforcement n. 시행 police v. 관리(규제)하다 attire n. 복장 clad adj. ~을 입은 conservatively adv. 보수적으로 discontent n. 불만, 불만스러운 것 school board phr. 학교 이사회 voting n. 투표

Part III

13 중심 내용 주제
난이도 ●○○

최근, 벌들이 농작물에 농약을 살포할 수 있게 하는 기술이 개발되고 있다. 아이디어는 간단하다. 우선, 농약 가루를 벌집 안에 넣는다. 그리고 나서, 그 가루가 입혀진 벌들은 다양한 식물로 날아가면서 그것을 퍼트린다. 블루베리부터 피망까지 이르는 작물이 이 기술을 통해 보호될 수 있다. 그러나 이 방법은 농약이 어디에 퍼지는지를 거의 통제할 수 없기 때문에 온실 안에서만 사용하도록 권장된다.

Q: 지문은 주로 무엇에 관한 내용인가?

(a) 벌 개체군에 대한 농약의 영향
(b) 다양한 농약 살포 방식
(c) 천연 농약 살포의 장점
(d) 농작물에 농약을 살포하기 위한 벌의 사용

정답 (d)

해설 지문의 주제를 묻는 문제이다. 벌들이 농작물에 농약을 살포할 수 있게 하는 기술이 개발되고 있다(technologies have been developed ~ pesticides to crops)고 한 뒤, 벌들이 구체적으로 어떻게 농약을 살포하는지에 대한 내용이 이어지고 있다. 이를 '농작물에 농약을 살포하기 위한 벌의 사용'이라고 표현한 (d)가 정답이다.

어휘 pesticide n. 농약 crop n. 농작물 beehive n. 벌집 coat v. 입히다 bell pepper phr. 피망 greenhouse n. 온실

14 중심 내용 주제

메모

제목: 복장 규정

Westfield Capital은 복장 규정을 변경하고 있습니다. 현재 여성 직원의 복장 규정 개수가 남성 직원의 복장 규정 개수보다 많습니다. 우리는 이것이 평등에 대한 우리의 의지를 반영하지 않는다고 생각합니다. 따라서 하이힐과 관련된 것과 같은 이러한 추가 요구 사항을 없애기 위해 내부 규정이 최신화되었습니다.

무엇이 적절한지에 관해 궁금한 점이 있으면 인사담당 관리자인 Shauna Lee에게 s.lee@westcap.com으로 이메일을 보내 주십시오.

Q: 주로 공고되고 있는 것은 무엇인가?

(a) 여성 복장 규정의 개정
(b) 복장 규정을 덜 캐주얼하게 만들기 위한 변경 사항
(c) 복장 규정 위반에 대한 새로운 결과
(d) 남성에 대한 추가 복장 규정 요구 사항

정답 (a)

해설 공고의 주제를 묻는 문제이다. 여성 직원의 복장 규정 개수가 남성 직원의 복장 규정 개수보다 많다고 언급한 뒤, 하이힐과 관련된 것과 같은 추가 요구 사항을 없애기 위해 내부 규정이 최신화되었다(Internal regulations ~ regarding high heels)고 했다. 이를 '여성 복장 규정의 개정'이라고 종합한 (a)가 정답이다.

어휘 modify v. 변경하다, 수정하다 dress code phr. 복장 규정
regulation n. 규정, 규례 reflect v. 반영하다
commitment n. 의지, 헌신 equality n. 평등
internal adj. 내부의 requirement n. 요구 사항
regarding prep. ~와 관련하여 appropriate adj. 적절한
revision n. 개정 consequence n. 결과
violation n. 위반

15 중심 내용 주제

초기 해적들은 동부 지중해의 바위투성이의 해안 지대에서 번성할 수 있었다. 해안의 숨겨진 동굴들은 해적들이 해안 무역로에 매복 공격을 할 수 있게 해주었다. 해안 토양은 바위가 많아 농업에 적합하지 않았기 때문에, 대부분의 해안 주민들은 생계를 위해 고기를 잡았다. 지역 수역을 항해하는 데 능숙한 이 가난한 어부들이 밖을 내다보고 부유한 상선들이 지나가는 것을 보았을 때, 그들이 왜 해적 행위에 의지하여 그들의 삶의 운명을 개선하려는 유혹을 느꼈을지 쉽게 상상할 수 있다.

Q: 지문은 주로 무엇에 관한 내용인가?

(a) 지중해 해적의 항해 기술
(b) 지중해 해적들이 사용한 습격 전술
(c) 지중해 해적 행위를 야기한 환경
(d) 지중해 지역 주민들과 해적들 사이의 무역

정답 (c)

해설 지문의 주제를 묻는 문제이다. 초기 해적들은 동부 지중해의 바

위투성이의 해안 지대에서 번성할 수 있었다(Early pirates ~ the eastern Mediterranean)고 한 뒤, 해안의 숨겨진 동굴들(The shore's hidden coves), 바위가 많은 해안 토양(the coastal soil was rocky)과 같은 농업에 적합하지 않은 환경으로 인해 어부들이 해적 행위에 의지하여 삶의 운명을 개선하려는 유혹을 느끼기 쉬웠다고 했다. 이를 '지중해 해적 행위를 야기한 환경'이라고 종합한 (c)가 정답이다.

어휘 pirate n. 해적 thrive v. 번성하다, 확장하다
rocky adj. 바위투성이의 coastline n. 해안 지대
cove n. 동굴 ambush n. 매복 공격
unsuited adj. 적합하지 않은 agriculture n. 농업
fisherman n. 어부 skilled adj. 능숙한
navigate v. 항해하다 merchant vessel phr. 상선, 무역선
tempt v. 유혹하다 turn to phr. ~에 의지하다
piracy n. 해적 행위 lot n. 운명 raid v. 습격하다, 급습하다
tactic n. 전술

16 중심 내용 요지

연구는 2008년 경제 불황기에 미국에서 고용된 교사들이 다른 시기에 고용된 교사들보다 학생들의 학업 성취도를 더 효과적으로 향상시켰다고 밝혔다. 이것은 보기보다 놀랍지는 않다. 경제가 불안정해질 때, 매우 능력 있고 교육받은 많은 사람들은 취업 기회가 부족해진다. 이 경우, 경쟁력 있는 급여를 받지 않는다면 불안정한 시기에, 경쟁력 있는 급여를 제공하는 일자리를 찾는 이 사람들은 교육 분야의 공석으로 돌아선 것으로 보인다. 이러한 효과는 불황기에 다른 부문에서 높은 급여를 주는 일자리의 상대적 부족으로 인해 강화되었다.

Q: 미국 교육에 미친 경제 위기의 영향에 관해 글쓴이가 주로 말하는 것은 무엇인가?

(a) 어려운 고용 시장이 유능한 사람들을 교직에 끌어들였다.
(b) 많은 사람들이 경쟁 우위를 얻기 위해 학교로 돌아갔다.
(c) 금융 위기는 교육에 대한 더 많은 투자를 장려했다.
(d) 신규 교사들에 대한 더 높은 기준은 교육의 질을 향상시켰다.

정답 (a)

해설 미국 교육에 미친 경제 위기의 영향에 관한 글쓴이의 요점을 묻는 문제이다. 경쟁력 있는 급여를 제공하는 일자리를 찾는 사람들은 교육 분야의 공석으로 돌아선 것으로 보인다(these people ~ in the education sector)고 했다. 이를 '어려운 고용 시장이 유능한 사람들을 교직에 끌어들였다'라고 종합한 (a)가 정답이다.

어휘 hire v. 고용하다 recession n. 불황, 불경기
academic performance phr. 학업 성취도
effectively adv. 효과적으로 falter v. 불안정해지다
competitive adj. 경쟁력 있는 unstable adj. 불안정한
vacancy n. 공석, 빈자리 bolster v. 강화하다
competitive edge phr. 경쟁 우위 standard n. 기준

17 세부 정보 Correct
난이도 ●○○

공개 경매 공지

Hillside 시는 ^(a)시의회에 도움을 주기 위한 공개 경매를 발표하게 되어 기쁩니다. 이번 경매의 주요 품목은 중고 경찰 오토바이 두 대로, 한 대는 Speed Star이고 한 대는 Motor-X이며, 모두 잘 정비되어 있습니다. ^{(b)/(c)}그 차량들은 1월 31일에 중앙 경찰서에 전시될 것이고, 경매는 2월 1일에 시 법원에서 열릴 것입니다. ^(d)경찰서에 들러서 경매에 나온 오토바이들과 다른 품목들을 구경하세요.

Hillside 시

Q: 다음 중 공고의 내용과 일치하는 것은?

(a) 경매 수익금은 경찰서에 직접 전달된다.
(b) 관람과 경매는 별도의 장소에서 열린다.
(c) 경매는 공개 관람일로부터 일주일 후에 열릴 것이다.
(d) 경매에 부쳐지는 품목은 오토바이뿐이다.

정답 (b)

해설 공고의 내용과 일치하는 것을 묻는 문제이다. 경매에 나온 주요 차량들은 1월 31일에 중앙 경찰서에 전시될 것이고, 경매는 2월 1일에 시 법원에서 열릴 것(The vehicles will be ~ at the city courthouse)이라고 했다. 이를 '관람과 경매는 별도의 장소에서 열린다'라고 바꾸어 표현한 (b)가 정답이다.

오답분석
(a) 시의회에 도움을 주기 위한 공개 경매라고 했으므로, 경매 수익금이 경찰서에 직접 전달된다는 것은 지문의 내용과 다르다.
(c) 전시는 1월 31일이고 경매는 2월 1일이라고 했으므로, 경매가 관람일로부터 일주일 후에 열린다는 것은 지문의 내용과 다르다.
(d) 경찰서에 들러서 경매에 나온 오토바이들과 다른 품목들을 구경하라고 했으므로, 경매에 부쳐지는 품목이 오토바이뿐이라는 것은 지문의 내용과 다르다.

어휘 auction n. 경매 benefit v. 도움을 주다, 이득이 되다
city council phr. 시의회 maintain v. 정비하다
vehicle n. 차량 courthouse n. 법원 lot n. (경매) 품목
proceeds n. 수익금 auction off phr. 경매에 부치다

18 세부 정보 Correct
난이도 ●●○

20세기 초, 어느 회색 늑대 한 마리는 10년 동안 약 2만 5천 달러 상당의 가축—오늘날 약 30만 달러 상당—의 죽음의 원인이었다. ^(a)그 늑대는 그것이 피해를 입힌 인근 도시의 이름을 따서 Custer Wolf라는 별명이 붙었다. ^(b)늑대에 대한 현상금은 꾸준히 500달러까지 올랐지만, 그 동물은 찾기 어려웠다; ^(c)한 남자는 5년 동안 그것을 추적하는 데 실패했다. 그것은 결국 7개월간의 사냥 끝에 숙련된 연방 사냥꾼 H. P. Williams에 의해 총에 맞았다. ^(d)현지인들은 소위 이 '거대한 짐승'이 비교적 일반적인 크기와 무게인 것을 알고 놀랐다.

Q: 다음 중 Custer Wolf에 대한 내용과 일치하는 것은?

(a) 그것을 죽인 사냥꾼의 이름을 따서 명명되었다.
(b) 그것에 부과된 현상금은 처음에 500달러로 책정되었다.
(c) H. P. Williams는 약 5년 동안 그것을 추적했다.
(d) 그것은 보통의 회색 늑대보다 크지 않았다.

정답 (d)

해설 Custer Wolf에 대한 내용과 일치하는 것을 묻는 문제이다. 현지인들은 소위 이 '거대한 짐승'이 비교적 일반적인 크기와 무게인 것을 알고 놀랐다(Locals were ~ size and weight)고 했다. 이를 '그것은 보통의 회색 늑대보다 크지 않았다'라고 바꾸어 표현한 (d)가 정답이다.

오답분석
(a) 늑대는 그것이 피해를 입힌 인근 도시의 이름을 따서 별명이 붙여졌다고 했으므로, 사냥꾼의 이름을 따서 명명되었다는 것은 지문의 내용과 다르다.
(b) 늑대에 대한 현상금이 꾸준히 500달러까지 올랐다고 했으므로, 현상금이 처음에 500달러로 책정되었다는 것은 지문의 내용과 반대된다.
(c) H. P. Williams가 아닌 다른 남자가 5년 동안 그것을 추적했다고 했으므로, H. P. Williams가 약 5년 동안 추적했다는 것은 지문의 내용과 다르다.

어휘 responsible adj. 원인이 되는 livestock n. 가축
equivalent n. (~에) 상당하는 것, 등가물
nickname v. 별명을 붙이다 wreak havoc phr. 피해를 입히다
bounty n. 현상금 elusive adj. 찾기 어려운 federal adj. 연방의
beast n. 짐승

19 세부 정보 육하원칙
난이도 ●○○

The Observer   2018년 12월 10일 월요일
기술

배터리 전력의 미래

Hilary Dunn
BE Electronics는 스마트폰이 5배 더 빠르게 충전되도록 할 신기술을 발표했다. 그 비밀은 실리콘보다 140배 더 빠르게 전기를 전달할 수 있는 탄소의 한 형태인 그래핀이다. 그래핀 배터리는 충전 시간을 1시간에서 12분으로 단축할 것이고 다양한 이점이 있을 것이다. 스마트폰의 배터리 용량을 최대 45%까지 높일 수 있고 최대 60℃에서 안정적인 상태를 유지할 수 있어서 미래 전기차에 유용하게 활용될 잠재력이 있다. 그 회사는 자사 신기술의 특허를 최근 출원했다.

Q: 다음 중 그래핀의 장점으로 언급되지 않은 것은?

(a) 스마트폰을 12분 만에 충전할 수 있다.
(b) 스마트폰 배터리 용량을 최대 45%까지 확장할 수 있다.
(c) 최고 60℃의 온도에서 안정성을 유지할 수 있다.
(d) 실리콘보다 5배 더 빠르게 전기를 전달할 수 있다.

정답 (d)

해설 그래핀의 장점으로 언급되지 않은 것을 묻는 문제이다. 그래핀은 실리콘보다 140배 더 빠르게 전기를 전달할 수 있는 탄소의 한 형태(graphene ~ faster than silicon does)라고 했다.

따라서 '실리콘보다 5배 더 빠르게 전기를 전달할 수 있다'라는 것은 지문과 다르므로 (d)가 정답이다.

어휘 charge v. 충전하다 carbon n. 탄소 convey v. 전달하다
boost v. 높이다 capacity n. 용량, 수용력
stable adj. 안정적인 potentially adv. 잠재적으로
apply v. 출원하다, 신청하다 patent v. 특허를 얻다
transfer v. 전달하다

20 세부 정보 Correct
난이도 ●●●

1928년, [a]신경과학자 산티아고 라몬 이 카할은 신경생성—새로운 뉴런의 탄생—이 성인의 뇌에서 불가능하다고 선언했다. [a]그의 발견은 [b]페르난도 노테봄이 다 자란 새들의 뇌에서 새로 만들어진 뉴런의 증거를 밝힐 때까지 [a]수십 년 동안 아무런 도전을 받지 않았다. 이것은 다 자란 고양이, 쥐, 그리고 다른 동물에서 신경생성을 입증하는 새로운 연구에 박차를 가하였고, 겉보기에 구식인 카할의 발견을 뒤집었다. 하지만 상식이 다시 한 번 바뀌고 있을지도 모른다; [c]/[d]아르투로 알바레스 부일라의 최근 연구는 살아 있거나 죽은 성인의 뇌 해마 영역에서 새로운 뉴런을 발견하지 못했다. 그의 연구 결과는 여전히 이의가 제기되고 있지만, 시간이 결국 이 논쟁을 해결할 것이다.

Q: 다음 중 지문의 내용과 일치하는 것은?

(a) 카할의 연구는 과학계에 받아들여진 적이 없었다.
(b) 노테봄은 인간을 대상으로 한 연구를 통해 카할의 이론에 도전했다.
(c) 알바레스 부일라의 연구는 카할의 초기 발견을 뒷받침한다.
(d) 알바레스 부일라는 살아 있는 인간에게서만 신경생성의 증거를 발견했다.

정답 (c)

해설 지문의 내용과 일치하는 것을 묻는 문제이다. 카할은 신경생성이 성인의 뇌에서 불가능하다고 선언했다(neuroscientist Santiago Ramón y Cajal declared ~ adult human brains)고 했고, 알바레스 부일라의 최근 연구는 살아 있거나 죽은 성인의 뇌 해마 영역에서 새로운 뉴런을 발견하지 못했다(research by Arturo Alvarez-Buylla ~ adult humans)고 했다. 이를 '알바레스 부일라의 연구는 카할의 초기 발견을 뒷받침한다'라고 바꾸어 표현한 (c)가 정답이다.

오답분석
(a) 카할의 발견은 수십 년 동안 아무런 도전을 받지 않았다고 했으므로, 카할의 연구가 과학계에 받아들여진 적이 없었다는 것은 지문의 내용과 반대된다.
(b) 노테봄이 다 자란 새들의 뇌에서 새로 만들어진 뉴런의 증거를 밝혔다고 했으므로, 노테봄이 인간을 대상으로 한 연구를 통해 카할의 이론에 도전했다는 것은 지문의 내용과 다르다.
(d) 알바레스 부일라는 살아 있는 성인뿐만 아니라 죽은 성인의 해마에서도 새로운 뉴런을 발견하지 못했다고 했으므로, 알바레스 부일라는 살아 있는 인간에게서만 신경생성의 증거를 발견했다는 것은 지문의 내용과 반대된다.

어휘 neuroscientist n. 신경과학자 neurogenesis n. 신경생성
unchallenged adj. 도전을 받지 않는 spur v. 박차를 가하다
overturn v. 뒤집다, 바꾸다 hippocampus n. 해마

deceased adj. 죽은 contest v. 이의를 제기하다

21 세부 정보 Correct
난이도 ●○○

촬영 공고

Lowell 대학 캠퍼스는 5월 13일 월요일부터 5월 15일 수요일까지 촬영 장소로 사용될 것입니다. 결과적으로, 일부 주차 제한이 시행될 것입니다. [a]5월 12일 일요일 저녁부터 University 거리에는 주차가 허용되지 않을 것입니다. [c]Reynolds 클럽, Mandel 홀, Bartlett 홀에 있는 짐 싣는 곳은 계속해서 진입할 수 있습니다. [b]차량은 여전히 도로를 따라 상시 자유 통행할 수 있을 것이고, [d]촬영이 끝나는 5월 15일 저녁에 다시 주차가 허용될 것입니다.

Q: 다음 중 공고의 내용과 일치하는 것은?

(a) 캠퍼스 내 주차 제한은 5월 13일부터 시작될 예정이다.
(b) University 거리는 촬영 중 차량 통행이 금지될 것이다.
(c) 짐을 싣는 트럭은 Mandel 홀에 진입할 수 없을 것이다.
(d) 주차 제한은 수요일에 해제될 것이다.

정답 (d)

해설 공고의 내용과 일치하는 것을 묻는 문제이다. 첫 문장에서 캠퍼스가 5월 15일 수요일까지 촬영 장소로 사용될 것이라고 한 뒤, 마지막 문장에서 촬영이 끝나는 5월 15일 저녁에 다시 주차가 허용될 것(parking will be ~ when filming ends)이라고 했다. 이를 '주차 제한은 수요일에 해제될 것이다'라고 바꾸어 표현한 (d)가 정답이다.

오답분석
(a) 5월 12일 일요일 저녁부터 University 거리에는 주차가 허용되지 않을 것이라고 했으므로, 캠퍼스 내 주차 제한이 5월 13일부터 시작될 예정이라는 것은 지문의 내용과 다르다.
(b) 차량은 여전히 도로를 따라 통행할 수 있을 것이라고 했으므로, University 거리는 촬영 중 차량 통행이 금지될 것이라는 것은 지문의 내용과 반대된다.
(c) Mandel 홀에 있는 짐 싣는 곳은 계속해서 진입할 수 있다고 했으므로, 짐을 싣는 트럭은 Mandel 홀에 진입할 수 없을 것이라는 것은 지문의 내용과 반대된다.

어휘 filming n. 촬영 restriction n. 제한 avenue n. 거리
loading dock phr. 짐 싣는 곳 lift v. 해제하다, 걷히다

22 세부 정보 육하원칙
난이도 ●●○

그들이 직접 게임을 하든 그냥 시청하든, 많은 젊은 미국인들은 온라인 게임을 즐긴다. 실제로, 최근 한 조사에 따르면 14세에서 21세 사이의 미국인의 73%가 작년에 온라인으로 비디오 게임을 하거나 시청한 적이 있는 것으로 나타났다. 이 중 59%는 게임을 했다고 답했고 58%는 실시간으로 온라인 게임 방송을 시청한 적이 있다고 답했으며 45%는 게임을 하는 것과 시청하는 것을 모두 했다고 답했다. 온라인 게임은 두 성별 모두에게 인기가 있다; 젊은 남성 10명 중 9명은 온라인 비디오 게임을 하거나 시청하고, 젊은 여성은 절반 이상이 온라인 비디오 게임을

하거나 시청을 한다.

Q: 조사가 14세에서 21세 사이의 미국인에 대해 밝힌 것은 무엇인가?

(a) 온라인 게임은 남성과 여성 사이에서 거의 동등하게 인기가 있다.

(b) 여성의 절반 이상이 온라인 비디오 게임을 하지도 않고 시청하지도 않는다.

(c) 그들 중 거의 4분의 3은 온라인 비디오 게임을 하거나 시청한다.

(d) 그들 중 거의 절반은 다른 사람들이 온라인 비디오 게임을 하는 것을 시청한 적이 있다.

정답 (c)

해설 조사가 14세에서 21세 사이의 미국인에 대해 밝힌 것이 무엇인지 묻는 문제이다. 14세에서 21세 사이의 미국인의 73%가 온라인으로 비디오 게임을 하거나 시청한 적이 있는 것으로 나타났다(73% of Americans ~ video games online)고 했다. 이를 '그들 중 거의 4분의 3은 온라인 비디오 게임을 하거나 시청한다'라고 바꾸어 표현한 (c)가 정답이다.

어휘 survey n. 조사 gender n. 성별, 성 equally adv. 동등하게

23 추론 Infer
난이도 ●○○

내가 첫 로맨틱 코미디 주연을 따냈을 때, 나는 황홀했다. 그 영화는 성공적이었고, 일련의 영화로 이어졌다. 하지만 나는 곧 나의 큰 행운이 사실은 저주였다는 것을 깨달았다. ^(c)영화감독들은 나를 로맨틱 코미디에 나오는 남자라고 생각하고 결코 진지하게 받아들이지 않았다. 나는 스스로 다른 모습을 보여주기 위해 필적적이었다. 결국 나는 연기력을 발휘할 수 있는 연극계로 눈을 돌렸다. ^(d)나는 결코 뒤돌아보지 않았고 현재 그 어느 때보다도 행복하다.

Q: 지문에서 글쓴이에 대해 추론할 수 있는 것은 무엇인가?

(a) 자신의 첫 번째 영화의 성공에 필적할 수 없었다.

(b) 처음에 갑작스러운 명성에 적응하는 데 어려움을 겪었다.

(c) 영화에서 비슷한 유형의 배역을 주로 제안받았다.

(d) 로맨틱 코미디 영화에서 연기하는 것으로 다시 전향할 계획이다.

정답 (c)

해설 지문에서 글쓴이에 대해 추론할 수 있는 것을 묻는 문제이다. 영화감독들은 자신을 로맨틱 코미디에 나오는 남자라고 생각하고 결코 진지하게 받아들이지 않았다(Movie directors ~ me seriously)라고 했다. 따라서 글쓴이는 로맨틱 코미디 영화의 배역만 주로 맡았음을 알 수 있다. 이를 바탕으로 '영화에서 비슷한 유형의 배역을 주로 제안받았다'라고 추론한 (c)가 정답이다.

오답분석
(a) 자신의 첫 번째 영화의 성공에 필적할 수 없었는지는 언급되지 않았다.

(b) 처음에 갑작스러운 명성에 적응하는 데 어려움을 겪었는지

는 언급되지 않았다.

(d) 연기력을 발휘할 수 있는 연극계로 눈을 돌린 후, 결코 뒤돌아보지 않았다고 했으므로, 로맨틱 코미디 영화에서 연기하는 것으로 다시 전향할 계획이라는 것은 잘못 추론한 내용이다.

어휘 land v. (배역, 일자리 등을) 따내다 leading role phr. 주연
ecstatic adj. 황홀한 curse n. 저주
peg A as B phr. A를 B로 생각하다 desperate adj. 필적적인
reinvent v. 다른 모습을 보여주다 demonstrate v. 발휘하다
adjust v. 적응하다 initially adv. 처음에

24 추론 Opinion
난이도 ●●○

어떤 사람들은 가축 대신 세포 배양으로 동물성 제품을 만드는 관행인 세포 농업(CA)을 사용하여 만들어진 육류가 미래의 식량이라고 생각한다. 하지만 CA는 그것이 건강하고 환경친화적이라고 주장되는 것처럼 건강하고 환경친화적인 해결책일까? 실험실에서 만들어진 육류는 그저 우리의 과도한 육류 소비 습관을 가능하게 할 뿐이다. 지지자들은 일반 육류보다 CA의 건강상의 이점을 내세우지만, 그들은 모든 종류의 동물성 단백질의 과잉 섭취가 수반하는 위험에 대해서는 언급하지 않는다. 또한, 일부 연구는 대규모의 공장에서 만들어진 육류 생산의 환경적 영향이 현재의 육류 생산과 크게 다르지 않을 것이라는 것을 시사한다.

Q: 화자가 가장 동의할 것 같은 진술은 무엇인가?

(a) 육류를 대량 생산하기 위해 CA를 사용하는 것은 불가능하다.

(b) CA의 지지자들은 그것의 실제 이점을 부풀려 말하고 있다.

(c) 육류 소비 추세는 CA가 인기를 끌 것 같지 않게 만든다.

(d) CA는 전통적인 농업보다 더 큰 건강 위험을 제기한다.

정답 (b)

해설 글쓴이가 가장 동의할 법한 내용을 묻는 문제이다. 지문에서 CA 지지자들은 모든 종류의 동물성 단백질의 과잉 섭취가 수반하는 위험에 대해서는 언급하지 않는다(they fail ~ protein entails)고 했고, 일부 연구는 대규모의 공장에서 만들어진 육류 생산의 환경적 영향이 현재의 육류 생산과 크게 다르지 않을 것이라는 것을 시사한다(some studies suggest ~ meat production)고 했다. 이를 바탕으로 글쓴이는 'CA의 지지자들은 그것의 실제 이점을 부풀려 말하고 있다'라고 생각함을 알 수 있으므로 (b)가 정답이다.

어휘 cellular agriculture phr. 세포 농업 cell n. 세포
culture n. 배양, 재배 excessive adj. 과도한, 과잉의
consumption n. 소비 advocate n. 지지자
tout v. (장점을) 내세우다 infeasible adj. (실행) 불가능한
proponent n. 지지자 oversell v. 부풀려 말하다
catch on phr. 인기를 끌다, 유명해지다 pose v. 제기하다

25 추론 Infer
난이도 ●●○

부활절 다음날 월요일과 같은 날에 해당되는, Sham el-Nessim은 적어도 기원전 2700년으로 거슬러 올라가는 이집트의 봄철 휴일이다. 그것은 봄의 도래를 기념하며, 그것의 이름은 계절에

따른 생명의 부활을 묘사하는 이집트 단어인 'shemu'에서 유래되었다. 이집트가 기독교화된 후, 그 휴일은 부활절과 연관되었다. 이후, ^{(a)/(b)}이집트가 아랍화되었을 때, 'shemu'는 발음이 유사한 'Sham el-Nessim'이 되었는데, 이는 '바람의 냄새를 맡다'라는 의미의 아랍어 구절이다. ^(d)이것은 우연히 현재 이집트인들이 이 국경일을 기념하는 방식이다: 공공장소에서 소풍을 함으로써 말이다.

Q: 지문에서 Sham el-Nessim에 대해 추론할 수 있는 것은 무엇인가?

(a) 여전히 'shemu'로도 불린다.
(b) 종교적인 기독교 휴일이 아니다.
(c) 이집트의 아랍 시민들에 의해 거부되었다.
(d) 어떻게 기념되는지를 나타내기 위해 이름이 지어졌다.

정답 (b)

해설 지문에서 Sham el-Nessim에 대해 추론할 수 있는 것을 묻는 문제이다. 이집트가 아랍화되었을 때, 'shemu'는 발음이 유사한 'Sham el-Nessim'이 되었다(when Egypt became Arabized ~ "Sham el-Nessim")고 했으므로, 이집트는 종교와 관계없이 Sham el-Nessim을 기념하고 있음을 알 수 있다. 이를 바탕으로 Sham el-Nessim은 '종교적인 기독교 휴일이 아니다'라고 추론한 (b)가 정답이다.

오답분석

(a) 이집트가 아랍화되어 'shemu'가 'Sham el-Nessim'으로 바뀌었다고 했으므로, 여전히 'shemu'로도 불린다는 것은 잘못 추론한 내용이다.
(c) 이집트의 아랍 시민들에 의해 거부되었는지는 언급되지 않았다.
(d) Sham el-Nessim이 '바람의 냄새를 맡다'라는 의미라고 했고 현재 이집트인들이 소풍을 함으로써 이 국경일을 기념한다고는 했지만 이는 우연이라고 했으므로, 어떻게 기념되는지를 나타내기 위해 이름이 지어졌다는 것은 잘못 추론한 내용이다.

어휘 fall on phr. (어떤 날이) ~에 해당되다 mark v. 기념하다
derive v. 유래하다 renewal n. 부활, 갱신
Christianize v. 기독교화하다 Arabize v. 아랍화하다
phonetically adv. 발음상으로 breeze n. 바람, 순풍
refer to phr. 부르다, 언급하다

Part IV

[26-27]

Julio's Hotcakes | 고객 만족 설문조사

Julio's Hotcakes에서 식사해 주셔서 감사합니다. 잠시 시간을 내어 귀하의 식사 경험에 대한 의견을 공유해 주십시오. 저희는 당신의 의견을 환영합니다.

어떻게 저희 식당을 알게 되었나요?
○ 입소문   ○ 광고판   ○ 온라인   ● 기타

평가해 주세요:

	형편없는	그저 그런	적당한	좋은	훌륭한
서비스	○	●	○	○	○
청결도	○	○	○	○	●
분위기	○	○	○	●	○
맛	○	○	○	●	○
가격	○	○	○	●	○

추가 의견:
²⁶저는 Julio's 식당이 동네에 있어서 항상 식당 옆을 지납니다. 제 친구와 저는 이곳에서 브런치를 먹어보기로 결정했습니다. 저는 블루베리 팬케이크를 원했지만, 주방에 블루베리가 떨어진 상태였습니다. 다른 팬케이크 중 그다지 끌리는 것이 없어서 저는 친구가 추천한 가든 오믈렛으로 선택했습니다. 저는 저희의 종업원 Suzie에게 양파를 빼 달라고 요청했습니다. 얼마 지나지 않아 음식이 나왔지만, 저의 요청이 이행되지 않았다는 것을 알았습니다. Suzie는 사과했지만 여전히 짜증이 났습니다. 오믈렛이 다시 나왔을 때, 그것은 맛이 있었습니다. 하지만 제 친구는 저를 위해 기다리느라 친구의 와플은 식어 있었습니다. 전반적으로, 그 경험은 훌륭하지 않았고, ^{27(a)/27(d)}메뉴가 늘어나 고기가 들어가지 않은 요리가 더 많아지지 않는 한, 저는 제가 다시 올지 의문입니다.

어휘 satisfaction n. 만족, 충족감 dining n. 식사
appreciate v. 환영하다 billboard n. 광고판
out of phr. ~이 떨어진, 동난 server n. 종업원
hold v. (특정 재료를) 빼다 fulfill v. 이행하다
apologetic adj. 사과하는 annoying adj. 짜증이 난
overall adv. 전반적으로 expand v. 늘리다, 확장하다
meatless adj. 고기가 없는 dish n. 요리

26 세부 정보 육하원칙   난이도 ●○○

Q: 평가자는 Julio's Hotcakes에 대해 어떻게 알게 되었는가?

(a) 그의 친구가 그곳에서 일한다.
(b) 자주 그곳을 지나친다.
(c) 광고를 보았다.
(d) 그의 친구가 추천했다.

정답 (b)

해설 평가자가 Julio's Hotcakes에 대해 어떻게 알게 되었는지 묻는 문제이다. '추가 의견'에서 자신은 Julio's 식당이 동네에 있어서 항상 식당 옆을 지난다(I walk by Julio's ~ my neighborhood)고 했다. 따라서 '자주 그곳을 지나친다'라는 (b)가 정답이다.

어휘 regularly adv. 자주 advertisement n. 광고

27 추론 Infer   난이도 ●○○

Q: 평가자에 대해 추론할 수 있는 것은 무엇인가?

(a) 채식주의자 메뉴를 선호한다.

(b) 다른 사람이 주문한 음식을 받았다.

(c) 느린 서비스에 실망했다.

(d) 블루베리 팬케이크를 먹기 위해 돌아올 것이다.

정답 (a)

해설 평가자에 대해 추론할 수 있는 것을 묻는 문제이다. 메뉴가 늘어나 고기가 들어가지 않은 요리가 더 많아지지 않는 한, 자신이 다시 올지 의문(unless the menu expands ~ I'll be back)이라고 했으므로, 평가자는 고기가 들어가지 않은 요리를 선호하는 것을 알 수 있다. 이를 바탕으로 '채식주의자 메뉴를 선호한다'라고 추론한 (a)가 정답이다.

> 오답분석
>
> (b) 다른 사람이 주문한 음식을 받지는 않았다.
>
> (c) 서비스가 느린지는 언급되지 않았다.
>
> (d) 메뉴가 늘어나 고기가 들어가지 않은 요리가 더 많아지지 않는 한 다시 올지 의문이라고 했으므로, 블루베리 팬케이크를 먹기 위해 돌아올 것이라는 것은 잘못된 추론이다.

[28-29]

Light Studios

Mr. Williams께,

²⁹⁽ᵃ⁾/²⁹⁽ᶜ⁾시간제 그래픽 디자인 직무에 대해 연락 주셔서 감사합니다. 그 채용 공고는 구체적으로 우리 출판물 일부의 이미지를 편집할 그래픽 디자이너를 채용하기 위한 것이었습니다. 유감스럽게도, ²⁹⁽ᵇ⁾귀하의 이력서에 이러한 종류의 이미지 편집 경력이 있다고 나와 있기는 하지만, 저희 요구 사항에는 충분하지 않습니다. 하지만, 저희 경영진은 당신의 영상 편집에 대한 풍부한 경험에 깊은 인상을 받았습니다.

저희는 유능한 사람들을 그들이 가장 적합한 곳에 저희의 직원으로 증원하는 것에 항상 열려 있습니다. 따라서 ²⁹⁽ᵈ⁾다음 주에 게시할 ²⁸영상 편집 직무에 대한 면접 기회를 드리고자 합니다. 만약 당신이 이 기회를 추구할 의향이 있다면 저희에게 알려주세요.

진심을 담아,

David Park

Light Studios 인사부

어휘 specifically adv. 구체적으로 edit v. 편집하다; n. 편집
publication n. 출판물, 간행물 extensive adj. 풍부한, 방대한
talented adj. 유능한, 뛰어난 fit adj. 적합한, 잘 맞는
pursue v. 추구하다

---

28 중심 내용 주제

난이도 ●●○

Q: 편지가 Mr. Williams에게 주로 알려주고 있는 것은 무엇인가?

(a) 두 번째 면접 제의

(b) 대체 취업 기회

(c) 채용 과정의 다음 단계

(d) 디자인 직무에 대한 요구 사항

정답 (b)

해설 편지의 주제를 묻는 문제이다. 편지의 초반부에서 Mr. Williams의 이미지 편집 경력이 그래픽 디자인 직무에는 충분하지 않다고 한 후, 후반부에서 영상 편집 직무에 대한 면접 기회를 주고자 한다(like to offer you ~ editing position)고 하였다. 이를 '대체 취업 기회'라고 종합한 (b)가 정답이다.

어휘 alternative adj. 대체의, 대안의

---

29 세부 정보 Correct

난이도 ●○○

Q: 다음 중 편지의 내용과 일치하는 것은?

(a) 이미지 편집 작업은 정규직이다.

(b) Mr. Williams는 이미지 편집 경력이 부족하다.

(c) Mr. Williams는 Light Studios의 두 직무에 지원했다.

(d) Light Studios는 영상 편집자 구인 광고를 게시했다.

정답 (b)

해설 편지의 내용과 일치하는 것을 묻는 문제이다. Mr. Williams의 이력서에는 이미지 편집 경력이 있다고 나와 있지만, Light Studios의 요구 사항에는 충분하지 않다(while your résumé ~ for our needs)고 했다. 이를 'Mr. Williams는 이미지 편집 경력이 부족하다'라고 바꾸어 표현한 (b)가 정답이다.

> 오답분석
>
> (a) 시간제 그래픽 디자인 직무라고 했으므로, 이미지 편집 작업은 정규직이라는 것은 지문의 내용과 다르다.
>
> (c) 시간제 그래픽 디자인 직무에 연락을 주어서 고맙다고 했으므로, Mr. Williams가 Light Studios의 두 직무에 지원했다는 것은 지문의 내용과 다르다.
>
> (d) 다음 주에 게시할 영상 편집 직무라고 했으므로, 영상 편집자 구인 광고를 게시했다는 것은 지문의 내용과 다르다.

어휘 insufficient adj. 부족한, 충분하지 않은

[30-31]

THE DAILY PRESS

흐름에 대항하다

최신 블록버스터 영화 「Storm Chaser」의 감독인 Dan Edison은 온라인 엔터테인먼트 회사 NetFilms와 충돌하고 있다. 그는 NetFilms와 같은 스트리밍 서비스의 증가하는 지배력이 ³⁰전통적인 대형 영화 제작사인 Bryson Pictures에 의해 배급된 그의 최신 영화의 극장 성공을 일반적인 일이 아니라 이례적인 일로 만들고 있다고 주장한다. Edison에 따르면, 스트리밍 플랫폼으로 직접 영화를 개봉하는 것이 영화관의 종말에 기여하고 있다.

³¹⁽ᵃ⁾그는 NetFilms가 경쟁사인 Greenboat의 선례를 따라야 한다고 말하는데, Greenboat의 창작 영화는 온라인에서 시청 가

능해지기 전에 90일 동안 극장 개봉을 한다. Greenboat의 2017년 깜짝 흥행작인 「Spaniel」은 이러한 전략의 재정적 실행 가능성을 증명한다. 그러나 NetFilms는 티켓 판매를 포기하고 그 대신 구독자들의 관심을 끎으로써 수익을 창출하는 것에 만족하는 것 같다.

NetFilms의 사업 모델이 비정통적인 콘텐츠를 지원할 수 있게 한 것은 사실이다. 예를 들어, [31(b)]NetFilms의 창작 영화인 「Bakersville」과 실험적 다큐멘터리인 「Main Drag」는 강력했지만 매우 특이했으며, 극장 개봉을 할 만한 일반적인 상연물이 결코 아니었다. 그러나 Edison의 발언을 가볍게 여겨서는 안 된다. 이러한 종류의 콘텐츠를 제작하려는 회사의 의지는 칭찬할 만하지만, 그들의 사업 관행은 간과할 수 없는 방식으로 업계에 해를 끼치고 있다.

어휘 butt heads phr. 충돌하다, 격돌하다
dominance n. 지배(력) theatrical adj. 극장의
powerhouse n. 대형 집단(회사)
the exception rather than the rule phr. 일반적인 일이 아니라 이례적인 일
contribute to phr. ~에 기여하다
demise n. 종말 follow in footsteps phr. 선례를 따르다
attest v. 증명하다, 입증하다 viability n. 실행 가능성
forgo v. 포기하다 revenue n. 수익
subscriber n. 구독자 unorthodox adj. 비정통적인
fare n. 상연물 remark n. 발언
commendable adj. 칭찬할 만한 overlook v. 간과하다

30 세부 정보 육하원칙   난이도 ●●○

Q: 어떤 영화가 전통적인 영화 제작사에서 제작되었는가?

(a) 「Spaniel」
(b) 「Bakersville」
(c) 「Main Drag」
(d) 「Storm Chaser」

정답 (d)

해설 어떤 영화가 전통적인 영화 제작사에서 제작되었는지 묻는 문제이다. 지문 초반에서 Dan Edison이 최신 영화 「Storm Chaser」의 감독이라고 했고, 이어서 전통적인 대형 영화 제작사인 Bryson Pictures에 의해 배급된 그의 최신 영화(his newest film ~ Bryson Pictures)라고 했다. 따라서 「Storm Chaser」가 전통적인 영화 제작사에서 제작되었음을 알 수 있으므로, (d)가 정답이다.

31 추론 Infer   난이도 ●●●

Q: 기사에서 NetFilms에 대해 추론할 수 있는 것은 무엇인가?

(a) Greenboat가 그것의 영화 개봉 전략을 모방하여 성공했다.
(b) 그것의 창작 영화들은 업계에서 불충분하게 대표되는 시장들의 수요에 응한다.
(c) 예술적 가치보다는 흥행에 더 관심을 가진다.

(d) Edison은 그것이 영화 산업에 미친 영향을 과장하여 말하고 있다.

정답 (b)

해설 기사에서 NetFilms에 대해 추론할 수 있는 것을 묻는 문제이다. 두 번째 단락에서 스트리밍 서비스 회사인 NetFilms는 티켓 판매를 포기하고 구독자의 관심을 끎으로써 수익을 창출하는 것에 만족하는 것 같다고 했고, 세 번째 단락에서 NetFilms의 창작 영화인 「Bakersville」과 실험적 다큐멘터리인 「Main Drag」가 극장 개봉을 할 만한 일반적인 상연물이 아니라고(its original movie ~ a theatrical release) 했다. 이를 '그것의 창작 영화들은 업계에서 불충분하게 대표되는 시장들의 수요에 응한다'라고 바꾸어 표현한 (b)가 정답이다.

오답분석

(a) Edison은 NetFilms가 Greenboat의 선례를 따라야 한다고 말한다고 했으므로, Greenboat가 NetFilms의 영화 개봉 전략을 모방하여 성공했다는 것은 잘못 추론한 내용이다.
(c) NetFilms는 티켓 판매를 포기하고 그 대신 구독자들의 관심을 끌어서 수익을 창출하는 것에 만족하는 것 같다고는 했지만, 예술적 가치보다 흥행에 더 관심을 가지는지는 추론할 수 없다.
(d) Edison이 스트리밍 서비스의 지배력이 자신의 영화의 극장 성공을 이례적인 일로 만들고 있다고는 했지만, NetFilms가 영화 산업에 미친 영향을 과장하여 말하고 있는지는 추론할 수 없다.

어휘 underrepresented adj. 불충분하게 대표되는
concern v. 관심을 가지다 box office success phr. 흥행
overstate v. 과장하여 말하다

[32-33]

브레턴우즈 체제

1944년, 제2차 세계 대전의 연합국 대표들이 국제 통화 상황과 관련된 문제들을 논의하기 위해 모였다. 이 회의는 대표들이 해결하기를 희망했던 전쟁과 관련된 경제적 여파와 지정학적 힘의 불균형에 의해 촉발되었다. 그 결과는 브레턴우즈 체제로 체계화되었는데, 이것은 [32]모든 참가국들이 그들의 통화를 달러에 결부시키고, 달러는 금에 고정되어, 따라서 동등성과 투명성을 증진시키는 것을 규정하는 합의였다.

이 협정은 독립 국가 간의 환율을 관리하기 위한 포괄적인 체제의 첫 번째 사례를 보여주었다. 체제의 원활한 기능은 함께 설립된 국제통화기금(IMF)의 도움을 받았는데, 국제통화기금은 환율을 감시하고 일시적인 지불 불균형을 완화하는 것을 돕는 일을 하는 기관이다.

브레턴우즈 체제에 의해 시작된 변화는 거의 30년 동안 만연했다. 그러나 [33]1960년대 중반에 미국은 인플레이션과 불황을 동시에 겪고 있었고, 이것은 그 체제를 유지하는 것을 점점 더 어렵게 했다. 1971년에 미국은 자국 통화를 더 이상 금에 결부시키지 않기로 결정하고, 달러를 내재가치에 의해 뒷받침되지 않고 오로지 법에 의해 가치가 결정되는 통화인 법정 화폐로 만들었다. 이것은 사실상 그 체제의 종말을 가져왔다.

어휘　representative n. 대표　Allied adj. 연합국의
convene v. 모이다, 소집하다　monetary adj. 통화의
landscape n. 상황　trigger v. 촉발하다
geopolitical adj. 지정학적인　codify v. 체계화하다
stipulate v. 규정하다　currency n. 통화　parity n. 동등성
transparency n. 투명성　comprehensive adj. 포괄적인
exchange rate phr. 환율　concurrently adv. 함께, 동시에
ease v. 완화하다　set in motion phr. 시작하다, 시행하다
prevail v. 만연하다　recession n. 불황
render v. 만들다, 되게 하다　fiat money phr. 법정 화폐, 명목 화폐
underpin v. 뒷받침하다　intrinsic adj. 내재적인, 고유의
spell v. 가져오다　demise n. 종말

32　세부 정보　육하원칙
난이도 ●●○

Q: 1944년 회의에서 대표들이 결정한 것은 무엇인가?

(a) 법정 통화는 모든 참가국에 의해 채택될 것이다.
(b) 환율은 각국이 독립적으로 정할 것이다.
(c) IMF가 기존의 브레턴우즈 체제를 대체할 것이다.
(d) 그들의 통화는 공통의 표준 단위에 결부될 것이다.

정답 (d)

해설 1944년 회의에서 대표들이 결정한 것이 무엇인지 묻는 문제이다. 1944년 연합국 대표들이 모여 브레턴우즈 체제를 체계화하였다고 한 뒤, 이 체제는 모든 참가국들이 그들의 통화를 달러에 결부시키는(all participating nations tie their currencies to the dollar) 것을 규정하는 합의라고 했다. 이를 '그들의 통화는 공통의 표준 단위에 결부될 것이다'라고 바꾸어 표현한 (d)가 정답이다.

33　중심 내용　주제
난이도 ●●○

Q: 세 번째 단락은 주로 무엇에 관한 것인가?

(a) 브레턴우즈 체제 개혁의 과정
(b) 브레턴우즈 체제 붕괴의 영향
(c) 브레턴우즈 체제 구축에 있어 미국의 역할
(d) 브레턴우즈 체제의 종말을 이끈 상황들

정답 (d)

해설 세 번째 단락의 주제를 묻는 문제이다. 1960년대 중반에 미국은 인플레이션과 불황을 동시에 겪고 있었고, 이것이 브레턴우즈 체제를 유지하는 것을 어렵게 했다(by the mid-1960s ~ to maintain the system)고 한 후, 1971년에 미국이 달러를 법정 화폐로 만들어 브레턴우즈 체제의 종말을 가져왔다고 설명하고 있다. 이를 '브레턴우즈 체제의 종말을 이끈 상황들'이라고 종합한 (d)가 정답이다.

[34-35]

Science World

유전자 수수께끼 풀기

[34]동물 DNA를 분석하는 과학자들은 생명에 필요한 특정 유전자가 일부 종에는 없는 것처럼 보인다는 것을 발견하고 당황했다. 예를 들어, 사막에서 사는 사막 쥐는 인슐린 생성을 조절하는 필수 유전자 Pdx1뿐만 아니라 Pdx1을 둘러싼 87개의 다른 유전자가 없는 것으로 보인다. 하지만 [35(a)]과학자들은 이 유전자들이 이 동물들의 조직에서 만들어 내는 화학적 합성물을 발견했다. 이는 유전자가 실제로 존재는 하지만 현재의 연구 방법으로는 발견하기 어렵다는 것을 시사한다.

동일한 현상이 조류 종에서 관찰되었다; 현재 274개의 유전자가 지금까지 게놈의 배열 순서가 밝혀진 조류 종에서 밝혀지지 않았다. DNA를 형성하는 4개의 '염기성' 분자 중 2개인 구아닌(G)과 시토신(C)이 이 유전자들이 발견되지 않는 이유라는 주장이 제기되었다. [35(c)]많은 GC 염기쌍을 가진 DNA 염기서열은 특정 DNA 염기서열 분석 기술에 문제를 일으키는 것으로 알려져 있으며, [35(d)]사막 쥐와 조류에게 보이지 않는 DNA 염기서열은 다른 염기쌍인 아데닌(A)과 티민(T)보다 이들 분자가 더 풍부하다. 과학자들은 그들이 곧 더 많은 단서를 밝힐 수 있을 것이라고 희망하고 있다.

어휘　analyze v. 분석하다　puzzle v. 당황하게 하다
gene n. 유전자　vital adj. 필수의, 중요한
detect v. 발견하다, 감지하다　compound n. 합성물
tissue n. (생물) 조직　unaccounted for phr. 밝혀지지 않은
sequence v. (유전자 분자의) 배열 순서를 밝히다; n. 배열 순서
to date phr. 지금까지　propose v. 제기하다
base n. (화학) 염기　molecule n. 분자
sequencing technology phr. 염기서열 분석 기술
unlock v. 밝히다, 드러내다

34　중심 내용　주제
난이도 ●●○

Q: 지문의 주제는 무엇인가?

(a) 일부 동물에서 겉보기에 매우 중요한 유전자의 부재
(b) 보이지 않는 것처럼 보이는 필수 유전자의 수수께끼
(c) 일부 동물에서 이전에 빠져 있던 유전자의 발견
(d) 일부 유전자에 의해 야기된 설명할 수 없는 생물학적 과정

정답 (b)

해설 지문의 주제를 묻는 문제이다. 과학자들이 생명에 필요한 특정 유전자가 일부 종에는 없는 것처럼 보인다는 것을 발견하고 당황했다(Scientists analyzing ~ some species)고 한 후, 사막 쥐와 조류에서 특정 유전자가 발견되지 않은 사실을 구체적으로 설명하고 있다. 이를 '보이지 않는 것처럼 보이는 필수 유전자의 수수께끼'라고 종합한 (b)가 정답이다.

Q: 다음 중 지문의 내용과 일치하는 것은?

(a) 사막 쥐에는 Pdx1의 화학적 생산물이 없었다.
(b) 조류 종에는 이전에 생명에 필수적이라고 여겨졌던 274개의 유전자가 없다.
(c) 현재 기술들은 GC가 많은 DNA 염기서열을 감지하는 데 어려움이 있다.
(d) 사막 쥐에게 존재하지 않는 유전자는 GC 염기쌍보다 AT를 더 많이 포함한다.

정답 (c)

해설 지문의 내용과 일치하는 것을 고르는 문제이다. 많은 GC 염기쌍을 가진 DNA 염기서열은 특정 DNA 염기서열 분석 기술에 문제를 일으키는 것으로 알려져 있다(DNA sequences ~ DNA-sequencing technologies)고 했다. 이를 '현재 기술들은 GC가 많은 DNA 염기서열을 감지하는 데 어려움이 있다'라고 바꾸어 표현한 (c)가 정답이다.

오답분석

(a) 과학자들은 Pdx1을 포함한 일부 유전자들이 이 동물(사막 쥐)의 조직에서 만들어 내는 화학적 합성물을 발견했다고 했으므로, 사막 쥐에 Pdx1의 화학적 생산물이 없었다는 것은 지문의 내용과 반대된다.

(b) 274개의 유전자가 지금까지 게놈의 배열 순서가 밝혀진 조류 종에서 밝혀지지 않았다고는 했지만, 이 274개의 유전자가 이전에 생명에 필수적이라고 여겨졌는지는 알 수 없다.

(d) 사막 쥐와 조류에게 보이지 않는 DNA 염기서열은 다른 염기쌍인 아데닌(A)과 티민(T)보다 구아닌(G)과 시토신(C)이 더 풍부하다고 했으므로, 사막 쥐에게 존재하지 않는 유전자는 GC 염기쌍보다 AT를 더 많이 포함한다는 것은 지문의 내용과 반대된다.

MEMO

MEMO

TEPS

서울대 텝스관리위원회 공식 기출문제집

초판 3쇄 발행 2023년 9월 18일
초판 1쇄 발행 2023년 1월 2일

지은이	서울대학교 TEPS관리위원회 문제 제공 해커스 텝스연구소 편집·해설
펴낸곳	(주)챔프스터디
펴낸이	챔프스터디 출판팀

주소	서울특별시 서초구 강남대로61길 23 (주)챔프스터디
고객센터	02-537-5000
교재 관련 문의	publishing@hackers.com
동영상강의	HackersIngang.com

ISBN	978-89-6965-337-6 (13740)
Serial Number	01-03-01

저작권자 ⓒ 2023, 서울대학교 TEPS관리위원회, 챔프스터디
이 책 및 음성파일의 모든 내용, 이미지, 디자인, 편집 형태는 저작권법에 의해 보호받고 있습니다.
서면에 의한 저자와 출판사의 허락 없이 내용의 일부 혹은 전부를 인용, 발췌하거나 복제, 배포할 수 없습니다.

외국어인강 1위, 해커스인강
HackersIngang.com

해커스인강

- 실제 시험과 동일한 성우 음성의 **무료 교재 MP3**
- 텝스 기출 어휘를 언제 어디서나 외우는 **무료 단어암기장 및 단어암기 MP3**
- 편리하게 채점하고 빈틈없이 분석하는 **모바일 자동 채점 및 성적 분석 서비스**
- 텝스 고득점을 위한 해커스 스타강사의 **본 교재 인강**

텝스 전문 포털, 해커스텝스
Hackers.co.kr

해커스텝스

- 매달 업데이트 되는 스타강사의 **텝스 무료 적중예상특강**
- 문법, 독해, 어휘, 청해 문제를 꾸준히 풀어보는 **매일 실전 텝스 문제**
- **텝스 기출 보카 TEST 및 텝스 단어시험지 자동 생성기** 등 다양한 무료 학습 콘텐츠

헤럴드 선정 2018 대학생 선호브랜드 대상 '대학생이 선정한 외국어인강' 부문 1위

시험 직후 즉시 공개!

해커스텝스 🔍 에서

텝스 정답+내 점수 확인!

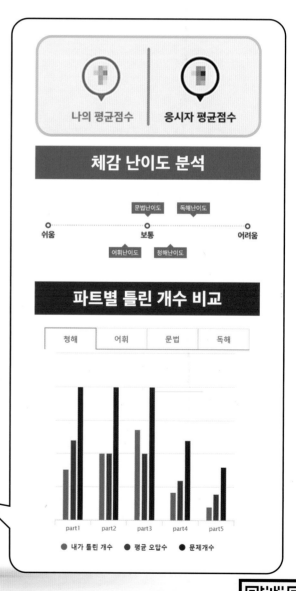

시험 당일 텝스 정답, 논란 문제, 만점 후기

해커스텝스 검색 에서 확인하세요!

텝스 가채점하고 내 점수 확인하자! ▶

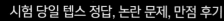